羊书：一种象形表意石头文

王毓红　著

商务印书馆
创于1897 The Commercial Press

2012年·北京

图书在版编目(CIP)数据

羊书：一种象形表意石头文/王毓红著. —北京：
商务印书馆，2012
ISBN 978-7-100-08980-7

Ⅰ. ①羊… Ⅱ. ①王… Ⅲ. ①岩画学—研究 Ⅳ. ①K879.42

中国版本图书馆CIP数据核字(2012)第038200号

本书为广东外语外贸大学外国文学文化研究中心研究成果

羊书：一种象形表意石头文

王毓红 著

商 务 印 书 馆 出 版
(北京王府井大街36号 邮政编码 100710)
商 务 印 书 馆 发 行
三河市尚艺印装有限公司印刷
ISBN 978-7-100-08980-7

2012年12月第1版 开本 710×1000 1/16
2012年12月北京第1次印刷 印张 41 插页 8
定价：98.00元

彩图 1　位于石炭井双疙瘩峰靠近山顶部南面的一块大石头（好像是从右边石壁上滚落下来的），其上布满各种图像

彩图 2　彩图 1 的局部

彩图 3　彩图 1 的局部

彩图 4　位于麦如井（下图）和宁夏博物馆收藏的贺兰山岩画（上图）

彩图 5　黑石峁岩画

彩图 6　大麦地岩画

彩图 7　中卫县岩画（位于东沟西侧山坡中部，面南）

彩图 8　位于一条东西走向山梁上的苦井沟岩画（面南）

彩图 9　贺兰口沟口岩画（位于沟的东壁，面西北）

彩图 10　石嘴山岩画（位于小枣沟沟口，面南）

彩图 11　宁夏博物馆收藏的贺兰山岩画。一块不大的石头三面刻有图像（左上图），其中顶部（右上图）与右侧面（左下图）主要各刻一个象人之形的形象，另一面（右下图）刻有数个象羊之形的形象

目录 Contents

导论 羊书的构想

人们比较普遍地把远古人类刻制在岩洞、洞穴、露天岩石表面上的印记或图形称为岩画（Rock art）[1]或史前岩石艺术（Prehistoric rock art）[2]，有时为了特指，也把描绘或刻制在洞穴内的称之为洞窟绘画艺术（Cave paintings art）。自19世纪后期西班牙、法国旧石器时代洞窟壁画被发现以来，全世界160多个国家的7万个遗迹中发现了4500万余幅非流动的岩画。[3] 20世纪80年代中期人们在中国贺兰山脉的岩石表面上也发现了这类岩画，而且至今不断有新的岩画被陆续发现。

岩画产生的特定年代及创制者特殊的身份决定了世界范围内学科意义上岩画的研究主要集中在考古学界。调查岩画分布状况、所处自然环境，考察岩画分布地点，给岩画定位并运用摄影、录像、拓制、复制、描述等多种手法记录岩画，测定、考证它的生成年代以及考察它的历史演变发展，分析它的历史文化内涵是学者们最初关注的焦点。他们采集、搜集、整理岩画，对岩画进行断代、说明，而没有去研究岩画本身的结构。他们所建立的岩画学概念、范畴，通常都是以考古学或历史学为基础的，他们的话语形态主要是描述说明、图录

---

[1] 罗伯特·G. 贝德纳里克（Robert G. Bednarik）在《岩画科学》里直接以“岩石艺术”（Rock art）指称岩画。详见 Robert G. Bednarik, *Rock Art Science:The Scientific Study of Palaeoart*, New Delhi: Aryan Books International, 2007。

[2] 英国学者保罗·G. 巴恩（Paul G. Bahn）指出：“史前岩石艺术（Prehistoric rock art）就是一种标记，一种被远古人类描绘、刻制或雕琢遗留在岩石或洞穴墙壁上的图像。”详见 Paul G. Bahn, *Prehistoric Rock Art: Polemics and Progress*, New York: Cambridge University Press, 2010。

[3] 这些数据引自伊夫·科庞给埃马努埃尔·阿纳蒂《艺术的起源》写的《序言》。参见〔法〕埃马努埃尔·阿纳蒂著、刘建译：《艺术的起源》，中国人民大学出版社2007年版。

统计式的，他们所形成的成果大多数是考察报告、图册、资料汇编类。[1]

20世纪后半叶以来，随着世界范围内岩画的广泛发现及其被重视的程度逐渐增强，岩画学逐渐从考古学离析出来，最终形成了一门有着明确研究对象的独立学科。人们从人种学、人类学、民族学、民俗学、社会学、宗教学、美术学、美学等领域审视并解读岩画，[2]其研究方法也变得多种多样且愈来愈严谨。但是，我们注意到，岩画至今主要仍表现为一门岩画艺术学。诚如它的名字（Rock art），它为自己明确规定的任务是研究岩画这门史前的艺术。它以艺术学科自居，其研究对象始终是整个人类艺术史的一个阶段。[3]

我们不禁要问：岩画本身究竟是什么？什么是岩画的现实？它是否只属于艺术史或人类历史演变发展的一个阶段？世界各地岩画的性质都是一样的吗？为什么绝大多数贺兰山岩画只是由简单棍棒形式结构的？为什么人们能从贺兰山岩画里挑出一些文字？这一切都对岩画学包括它的命名提出了挑战，也促使人们在重新反思岩画本质的同时，必须建立一种新的岩画观念，创建一种新的分析方法、一套新的概念和术语。

其实，岩画是一种特殊的视觉图形，这是岩画在现实中存在的形式。事实上，岩画只能是视觉语言的具体表述，在这一表述形式之外，岩画是无法存在的。这一表述形式本身具有生存论和存在论上的价值。如果充分意识到这个不容置疑、不容忽视的事实，我们不难发现：岩画的研究对象不是岩画考古学也不是岩画艺术学，而首先应该是岩画的内在现实，其目的旨在建立一门严谨、系统的学科。贺兰山岩画的研究亦不例外，在经历了考古学层面的勘察发现、收集、整理和初步描述说明阶段后，贺兰山岩画是由什么构成的？怎样运转的？应该是它关注的核心问题，而从视觉语言本身的形式要素对贺兰山岩画进行描述分析，则是它的首要任务。

一旦我们悬置起艺术史，悬置起各种理论，开始就贺兰山岩画本身并且为

---

[1] 关于国内外岩画尤其是贺兰山岩画的研究动态及其特点，作者已有专论，兹不赘述。参见拙作《贺兰山岩画研究话语形态评析》，《宁夏师范学院学报》2007年第4期。

[2] 托马斯·海雅德、约翰·克莱格（Thomas Heyd and John Clegg）曾对岩画进行了美学分析。参见Thomas Heyd and John Clegg, *Aesthetics and Rock Art*, Burlington, VT: Ashgate, 2005。托马斯·道森（Dowson Thomas）曾探讨了岩画与萨满的关系，参见Dowson Thomas, *Rock Art and the Shaman*, Cambridge: Cambridge University Press, 2005。

[3] 卡莫尼卡山谷史前研究中心主任、岩画艺术国际委员会主席埃马努埃尔·阿纳蒂研究岩画的最终目的是探讨艺术起源问题。详见其专著《艺术的起源》。

了贺兰山岩画而考察贺兰山岩画时，我们就默认了现代语言学、符号学的一个根本原则——贺兰山岩画是一个视觉语言形式符号系统。从最简单的形式元素到最复杂的图形，贺兰山岩画是一个个系统的集合。它由依据一些结构原则组装为各种组合的图形（或者说符号、形式）构成。于是，结构就成为我们研究贺兰山岩画的一个重要关键词。这里所说的"结构"首先指的是贺兰山岩画视觉语言符号系统的结构，它不是我们凭空想象杜撰出来的，某种程度上说是贺兰山岩画自己显现给我们的。这集中体现在以下三个方面：

一、不论是简单还是复杂，任何贺兰山岩画都是点、线、面这三个基本形式元素的搭配组合。尽管数量非常有限，但是这三个形式元素自身及其相互之间以其多样化的搭配组合结构了贺兰山岩画，并形成了整个贺兰山岩画视觉语言符号在能指层面上相互区别的七大系统，即基本上由点、线、面、线与面、点与线、点与面，以及点、线与面结构的贺兰山岩画。大多数贺兰山岩画分属于线、线与面结构的两个系统。

二、看似庞杂繁多的贺兰山岩画其实只包含一些数量有限的基本形类，这些基本形类的核心是象羊之形的形式，主体是象人、马、骑者、射手之形的形式。这些数目不多的基本形类却可以通过千变万化的组合衍化出大量新的岩画形式。尽管它们数量众多，这些形式却无一不是源自这些可以自由组合的基本形类，表现着它们所产生的岩画形式的结构。

三、就一个相对独立存在的单个图形及其组合关系而言，整个贺兰山岩画里主要包括大小不同、层次不同的26个系统。如下图所示：

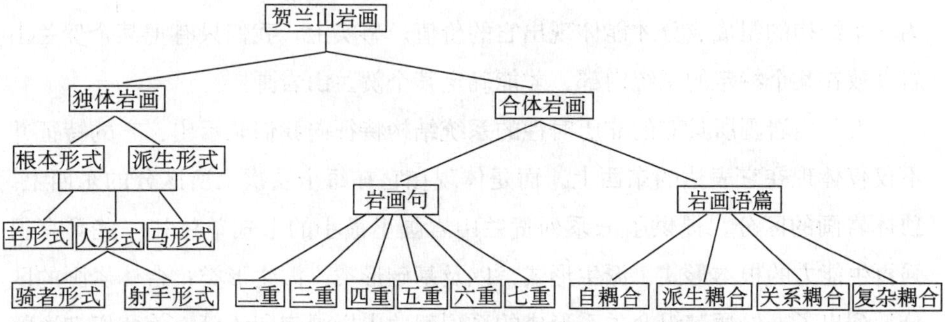

它主要包括独体岩画与合体岩画两大系统。独体岩画系统里存在着根本形式和派生形式两个亚系统，这两个亚系统又可分别区分出相对独立存在的六个

子系统，即根本羊形式、根本人形式、根本马形式，以及派生羊形式、派生人形式和派生马形式；其中人形式里又可区分出相对独立存在的四个子系统，即根本骑者形式、根本射手形式、派生骑者形式、派生射手形式。合体岩画系统里存在着岩画句和岩画语篇两个亚系统。前者又可以区分六个子系统，即二重句、三重句、四重句、五重句、六重句和七重句，后者又可以区分出四个子系统，即自耦合、派生耦合、关系耦合和复杂耦合。

因此，我们所说的结构首先指的就是上述三种情形：一些特殊的关系组合及其类型使各个似乎毫不关联的岩画在某一层次上可以彼此结合起来，这使整个贺兰山岩画视觉语言结构凸显出六个基本特征：(1) 它是三种基本形式元素和一些基本形类有系统地组织起来，并依据一些法则运转的。(2) 它是包含着众多既相互联系又相互独立子系统的一个整体性的视觉语言符号单位。(3) 这些子系统之间有着鲜明的层次区分，它们之间是上下隶属关系：每一个特定层次上的子系统都是更高一个层次上的次系统。(4) 由区分构成的贺兰山岩画因差异而存在，因对应而有价值。每一幅岩画只有通过与另一幅岩画的对应、近似或区分才具有意义。(5) 某一个特定系统里的某个特定贺兰山岩画都是这样界定的：通过该岩画与其他岩画的联系与区别。这样，每一幅贺兰山岩画都既相对立又相对应，各就各位隶属于某一个特定的系统。(6) 所有贺兰山岩画都处于关系之中，没有任何一个是脱离其他岩画存在的。每一幅岩画只有在与其他岩画的关系中才能被确定。这意味着，我们可以单独考察某一幅贺兰山岩画，但一定要把它同时置放在贺兰山岩画系统中考察。换言之，我们不能把每幅贺兰山岩画从整个贺兰山岩画视觉语言系统中摘出来孤立地考察，它只有作为一个结构的组成成分才能体现出它的价值。事实上，我们只有把某个贺兰山岩画放在某个特定的系统内部，才能确定某个贺兰山岩画。

贺兰山岩画所具有的非历时性的系统结构特征向我们昭示出：它的特征并不仅仅体现在它表达的东西上，而是体现在它在每个层次上所区分的东西上。独体岩画的区分，提供了一系列贺兰山岩画里最小的形式单位和一些具有很强再生能力的根本形式、派生形式，以及基础形类、派生形类；合体岩画的区分，列出了一份通过组合关系形成的系列贺兰山岩画句和语篇，使我们知道整个贺兰山岩画是一个组合建构的结果；贺兰山岩画句、语篇的区分，让纷繁复杂的组合分门别类。这些区分一方面使贺兰山岩画成为系统，在这个系统中，无论是上下系统之间的岩画，还是每个系统内部的岩画，彼此之间都相互牵连、相互依存；另一方面使贺兰山岩画交流具有可能性。由于贺兰山岩画是有系统地组织起来的并依据视觉语言符号规则运转，岩画创制者可以从一些基本形类及其类型出发重新组合成各种岩画形式、岩画系统，以及各式各样的岩画陈述。而对于观看它们的人来说，这一切都是可以识别的，因为他们身上也储存着同样的系统。

对贺兰山岩画所作的实地勘察，更加深了我们对贺兰山岩画视觉语言系统的认识。贺兰山岩画的形式单位实际上属于两个层面，当我们在视觉语言陈述内部考察它们的建构关系时，它们是处于组合层面，当它们被放在可能的替换关系中时，它们是处于聚合层面。每一幅岩画都属于一个系统结构层次并可以归入一个形式类别。我们认识、理解它的途径便是从岩画形式结构入手，描写这些关系、界定这些系统结构，从中发现总结出一些基本的结构规则、模式，并在各个岩画的相互隶属关系中去界定它们，更进一步，确定贺兰山岩画形式结构的特征。这意味着，我们要研究贺兰山岩画，需要梳理和描述的首先不是岩画的内容而是它的结构系统，也即对整个贺兰山岩画视觉语言符号系统进行全面、详尽且严谨的形式描写，而不掺杂任何先入为主的思辨和阐述。本书大部分章节的内容就是这样安排的。因为只有这样，我们才有可能构想出一个将贺兰山岩画视为视觉语言符号系统和等级化形式单位组合的岩画理论。

然而，全方位系统描述分析贺兰山岩画内在的形式结构只是我们认识贺兰山岩画的起点，考察它的功能、理解它的意义才是我们的终极目的。其实，“形式和功能是有连带关系的，要把它们分开即使不说没有可能，也是很困难的”[1]。作为一种视觉语言符号系统，以象羊之形图像为主体的贺兰山岩画在一定程度上反映着实在。遥远时代的生活，借助于贺兰山岩画重现在我们面前。岩画创制者通过刻制岩画使事物、事件，以及他们对它们的体验呈现出来，观看者首先把握图形，并且借助于图形把握被呈现出的事物、事件。因此，贺兰山岩画具有双重功能：对创制者来说，他重现了现实和他对现实的体验；对观看者来说，它重新创造了现实。这就使得贺兰山岩画成为主体间交流的最好工具。

---

[1] 〔瑞士〕费尔迪南·德·索绪尔著、高明凯译：《普通语言学教程》，商务印书馆1999年版，第187页。

事实上，贺兰山岩画具有缔造功能，它法象万物，建立起了一个图像世界，使万事万物重现；与此同时，它也具有统治作用，使世界受制于其自身的组织结构。它之所以如此，是因为贺兰山岩画是由各个子系统结构的视觉语言符号系统，是对世间万事万物和运动变化的形式化分类。远古人类的思想就是这样被冰封在岩画图式里，或者说被岩画的结构赋予了一定外在形状。而岩画又反过来在它的视觉符号系统中显示其中介的功能。因此，只有通过贺兰山岩画的形式结构，也唯有通过它，我们才可能接近并理解远古人类所处的实际现实世界，以及他们的精神世界。

贺兰山岩画的意义也存在于形式结构中。指称对象相同的岩画在能指层面上绝不重复。独体岩画里最基础的象羊、人、马之形的形式，也是贺兰山合体岩画里的基本组成成分。其中，羊形式是最基本、最普遍的一个组成成分。而以羊为核心的组成成分之间的多种组合则呈现出了一种关系结构的模式，它使可视的图像组合和概念联系起来。就各组成成分之间的关系而言，并列关系和限定关系是两种基本组合关系，横向组合和纵向组合是两种基本次序。成分之间既结构出了一些基本句型、句法关系，也形成了一些基本造句关系。而在贺兰山岩画语篇里，我们既看到了贺兰山岩画构词法和句法，也看到了语篇法。它们之间相互依存、相互制约最终使各岩画达到了相对完整而统一的程度。语篇整体内部的稳态结构更表明：组合创造了任何形式元素或者组成成分本身所不具备的东西。在这个意义上，组合的过程就是思维的过程，组合的结果就是思维的感性表示方式。贺兰山岩画中的种种语法形式就是创造岩画的精神活动运行的轨道，而具有逻辑形式的贺兰山岩画其实是一种以具体形式及其结构图示了世界的逻辑图像。这种逻辑图像即是思想，即是一个表达了一定的造句关系以及具体概念、派生概念和关系概念的系统化了的概念世界。

贺兰山岩画之所以具有如此双重功能，是因为它代表着人所固有的一种象征能力，也即借助于一个图像视觉符号表现现实的能力，以及能将这种符号理解成对现实表现的能力，也就是在某一个事物与其他事物之间建立其意指关系的能力。贺兰山岩画就是这样一个特殊的象征系统，它由两个层面组成。一方面，它是物理现实：借助于石头、石壁等载体得以呈现出来，借助于视觉器官被感知；另一方面，它又是非物质的结构，所指的交流，通过对事物或感受体验的描摹来替代事物或感受体验。这就是贺兰山岩画，一个双面的统一体。正因为如此，贺兰山岩画的象征才是中介的。它组织着思想并通过一个特定的形式自我实现；它通过视觉语言符号系统和表现性的表达，使一个主体的内心感受和体验得以被另一个主体把握；它在一种特定的、属于某一特定社会文化圈所固有的视觉语言符号系统中获得实现。

这样一个象征系统的存在向我们揭示了人类生生不息最根本也许是最深刻的一个事实：人类需要一个媒介，以便在人与客观世界之间、人与人之间架起一座桥梁。这不仅使语言与思想成为可能，也使文字、图像成为可能。变体繁多、具有表意的具体细微和精确性的象羊之形的图像的大量存在，以及其所拥有的基本词汇、句子和语篇表明：这种"象物之本"、"依类象形"的视觉图像符号就是古人所说的"书"、"文"或者"名"，一种以羊为基础形式的原始肢体语言——羊书。

通过贺兰山岩画将人设定在他与特定自然、特定时代、特定人与人的关系之中，我们就能确定一定社会。因为任何视觉言语符号活动总是在个别语言结构中实现的，它与个别人群、个别社会息息相关。一些被年代不同的人反复描摹、刻画过的贺兰山岩画明确昭示出：贺兰山岩画是在特定社会、特定人群中约定俗成的。人们从它的里面吸收文化，使其世代传承并对之进行改造。因此，除了详尽剖析贺兰山岩画内在形式结构以知其然外，为了更好地考察贺兰山岩画的本质属性，我们还有必要把它还原到它生存的历史文化语境中考其然。这主要是在综合考证分析古埃及铭文、表意汉字、甲骨文以及考古发掘资料、文献资料的基础上进行的。

与古埃及铭文、印第安人图画文字相比较，简略化、程式化地省略和抹去表示所指的能指的表现方式的存在，使得贺兰山岩画整体有别于一般意义上的绘画或图画艺术，而具有文字的特性。贺兰山岩画能指的约定俗成是施受关系的约定俗成，能指有所指就是在施受关系中有所指。整个贺兰山岩画中相对稳定、固定的组合关系以及程式化的抽象图形是在贺兰山岩画文本间的相互作用中完成的。这样，我们就解构了一种传统观念：即文字是记录语言的工具。事实上，语言和文字是两个符号系统。已知的世界各地很多早期原始文字基本上都是只表意的象形文字，它们不是用语词，而是采用象征手法，使用图像符号表达人们以最生动的方式说出的思想。贺兰山岩画自身所具有的象形、表达单个词、拥有词法和句法、系统性、形式的繁简与排列方式这些基本特质，也昭示出它是中国文字符号演变历程中结绳记事到甲骨文中间的一个重要的过渡环节。

甲骨文是已知中国最早的、比较成熟且有体系的文字。对它的形式描写(主要包括其构形结构类型、造字法及其特点、内在形式结构的建构与解构趋势)，一方面使我们更加深刻地认识到了象形甲骨文的本质特性，厘清了整个中国汉字演变发展的脉络；另一方面有助于我们重新审视贺兰山岩画的建构、承传以及特点，揭示它与甲骨文之间一脉相承的内在联系。我们的这一研究结果证明：贺兰山岩画是中国文字最原初的视觉符号——一种象形表意石头文。

古人立象以尽意。我们也不能否认这样一个事实：象形贺兰山岩画里的确存在着一些悦目的图像。作为一种无声、象形的视觉语言符号，除了理性的认知外，对贺兰山岩画的理解还需要我们凭借我们的眼睛、心灵去感知。实际上，我们能知觉到的贺兰山岩画就是某种物体的形状，也即由一定的点、线、面要素组成的图形。恰如有着正反面的一枚硬币一样，能所（也即画与书）不分离的贺兰山岩画作为一种表示成分，是一个有两个方面的存在物。书、画同出强调的是远古的画与书是象形文这种视觉符号的能指和所指两个方面：画即是它的外在形式或者说能指层面（所谓“画取形”），书即是它具有可识性的所指层面（所谓“书取象”也）。书与画实为一体，它们之间不存在先后次序：最早的图形或形式即是象形文的能指层面。这样一来，我们就解构了另外一个传统观念，即文字起源于图画。

因此，为了探究远古人类造书之妙，进一步深入理解贺兰山岩画的本质属性。我们还需要全面系统地考察贺兰山岩画视觉语言符号能指层面及其建构。我们的研究主要分两个步骤：首先相对共时、静态地描述并剖析贺兰山岩画形式感的微观、宏观结构，在此基础上探讨这种形式感的表现功能，阐述指称、摹态和表现是贺兰山岩画三种基本的能所关系，肖似、写意和抽象是其三种最基本的类型；其次，在最基本的视觉心理因素分析的基础上，以贺兰山岩画里最简单的知觉式样为切入点，历时性地详细描述分析它的建构、积淀、离析、建构……的过程，分析其形式感和能指优势的成因，揭示贺兰山岩画内在结构的演变规律。

总之，以贺兰山岩画内在形式结构为研究对象，描述分析它的组合建构，寻求它的语法规则及其特征，探讨它的功能、意义及其使用，理解它的系统并设法走近远古人类，是作者的最大梦想。

I　贺兰山岩画符号总论

如果一种非常遥远的语言能够发出缥缈的微光，让我们瞥见那些不能还原的差异，那该是多么有益的事。

——〔法〕罗兰·巴特

古人的最有力的表达方式，不是言辞，而是符号。他们不是去说，而是去呈现。

——〔法〕卢梭

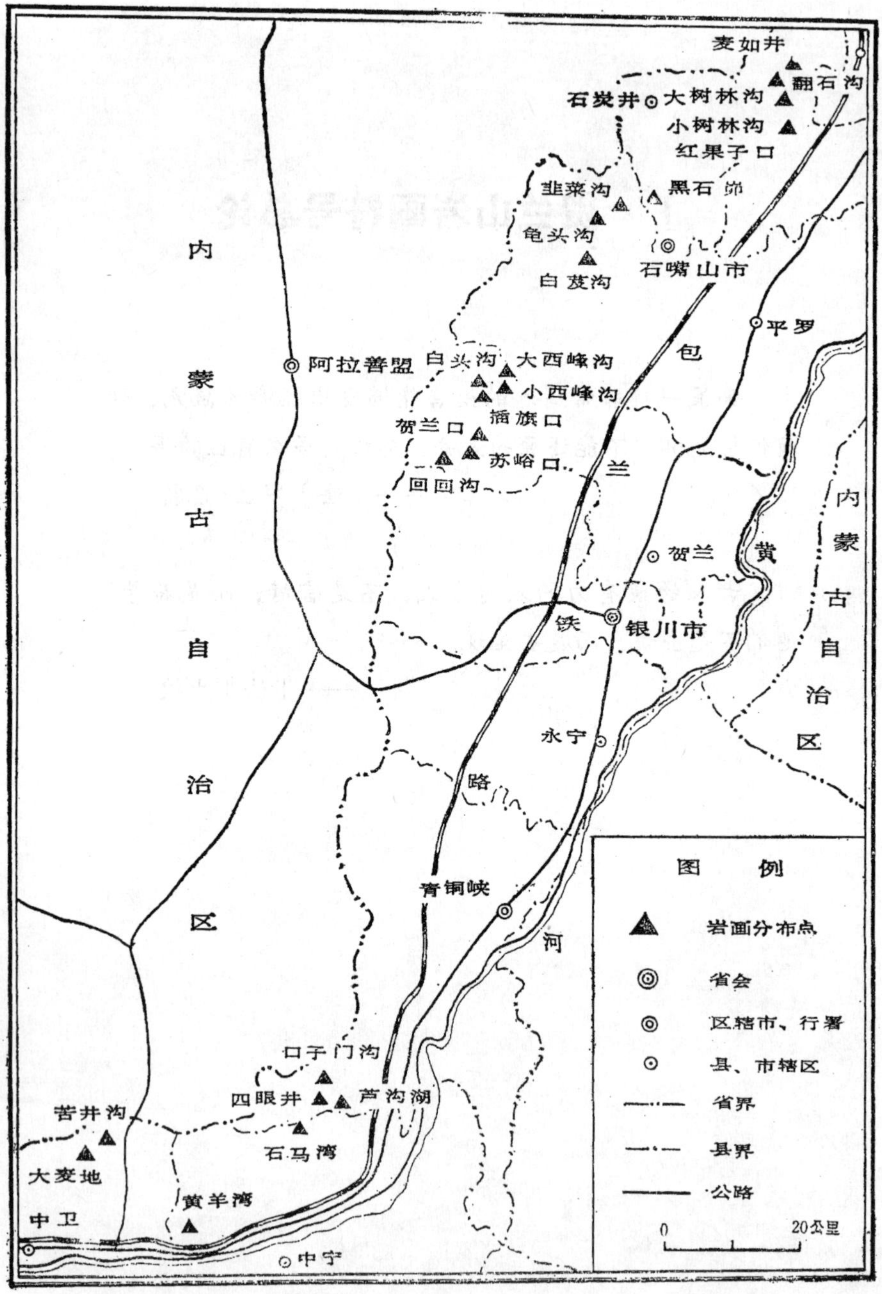
麦如井
翻石沟
石炭井
大树林沟
小树林沟
红果子口
韭菜沟
黑石峁
龟头沟
石嘴山市
白芨沟
平罗
内蒙古自治区
阿拉善盟
白头沟
大西峰沟
小西峰沟
插旗口
贺兰口
苏峪口
回回沟
包兰铁路
贺兰
银川市
黄河
内蒙古自治区
永宁
青铜峡
图例
岩画分布点
省会
区辖市、行署
县、市辖区
省界
县界
公路
0
20公里
口子门沟
四眼井
芦沟湖
苦井沟
大麦地
石马湾
黄羊湾
中卫
中宁

贺兰山岩画分布示意图

贺兰山（Helan Mountains）犹如屏障，屹峙宁夏回族自治区西北。“其山盘踞数百里，上多青白草，遥望如骏马，北人呼骏马为贺兰也。山多果实，又产铅，丹崖翠壁，巍然隆峻。”[1]然而，它的著名与其说是因为它天然的迤逦雄伟，毋宁说是因为它的傲岸和圣洁。这是一个被远古人类用身体和心灵触摸、浸泡过的山脉：尽管由于历史上地壳运动的变化，[2]我们已经不可能知道许多岩画在当时准确的位置，但是，我们发现北起麦如井、树林沟、双疙瘩峰、石炭井、黑石卯、韭菜沟、归德沟、白芨沟、大水沟和驴尾沟等，中经大小西峰沟、白头沟、插旗沟、贺兰口、苏峪口、回回沟、大韭菜沟和滚钟口等，南至广武口、四眼井、芦沟湖、大麦地和大通沟等，在连绵200多公里的崇山峻岭、沟壑峭壁和山地、山前草原以及沙漠、丘陵地带分布着各种各样的岩画。[3]其分布范围之广、稠密度之大，实属世界罕见。它们到底有多少？没有人也不可能有人能准确地回答出这个问题。它们究竟是什么？没有一个统一的答案。留给我们惊异与深思的是它的博大与神奇，恰如中国的汉字……

一、 作为表现体

在全人类的浩瀚历史中，人类从有生命的物质上升到有思维的生物大约在什么年代？考古生物学家20世纪在南部、东部非洲发现了人类最远古的化石遗址，其中有超过300万年的最为完整的一具早期人类骨架和距今约175万年的智人（Homo babilis）遗骨。智人能直立行走，使用粗陋的工具。这些工具包括取自自然的动物骨头、树木的枝干以及粗略打制的石块。在俄罗斯、波兰、乌克兰等地，考古学家发现了人类在冰河时代最后一个寒冰期用猛犸象骨

[1] 顾祖禹：《读史方舆纪要》第五册，中华书局2005年版，第2471页。唐代李吉甫撰的《元和郡县图志》中也有类似记载，其云：“贺兰山，在县西九十三里，山有树木青白，望如马，北人呼马为贺兰。其山与河东望，云山形势相接，迤逦向北。”（见中华书局1983年版，第95页）

[2] 贺兰山为强烈地震带，1739年银川附近发生8级地震，1561年在中宁、1709年在中卫都发生过7.5级地震。见《简明不列颠百科全书》第3册，第730页。

[3] 前面“贺兰山岩画分布示意图”引自许成、卫忠编纂《贺兰山岩画》，文物出版社1993年版。

建造的，距今约2.5万至1.4万年间的精美住屋。[1] 如果说被稍加粗略打磨或打制过的石块、用猛犸象骨建造的房子都是人类才智的见证的话（它不仅能够适应自然世界，而且能够对周围的环境进行有目的的改造。它不仅能够利用石头、棍子等天然的东西去谋取自己所需要的食物，而且能够用一个东西去敲打另一个东西，使之变成人类所希望的样子），那么，拉斯科、阿尔塔米拉和考斯科等岩洞里的岩画，则充分说明自5万年之前人类就在有意识地创制一种可以拿来有意义地代替另一种事物的东西。这种东西不是像太阳、闪电一样单纯地属于物理世界，而是人类创造力世界的一部分。

考古发现也证明：曾经居住在这个地球上的生物有很多种，但是只有人类给我们留下了能够穿越时空隧道的岩画，尽管那时人类的生活与其所追捕的动物并没有多少实质性的差别。其实，自从人类成为智人以来，他们就有意识地在岩石的峭壁上刻刻画画，留下自己的印记。这些印记广泛分布在世界各地的岩洞里或露天岩石上。中国有关史前岩画艺术的记载有约2300年的历史了。[2] 贺兰山附近有中国最早被认定的旧石器时期水洞沟遗址。自1920年以来，已经从中发掘出土了大量石制品、土石器制品、鸵鸟蛋皮装饰物等远古遗留物。近年来碳十四的测定表明：最早的贺兰山岩画的刻制时间大约在1.5万多年以前。贺兰山沿线的贺兰山金山林场、平罗县暖泉和明水湖也有新石器时代的文化遗存。而暖泉遗址中多处大小不一的浅穴式房址的发现，则充分证明在四五千年以前，人类已经定居在贺兰山下。

在人类已经发现的大量远古遗迹中，绝大多数是岩画。它是早期人类“最伟大的成就”，“无论人们怎么评价它，是巫术也好，艺术也好，总之它们发出了另一种呼声——显示了人类智慧的进程”。[3] 例如，贺兰山岩画就具有指示

[1] 这些房屋是迄今已知的地球上最古老的人工建筑物。考古学家复原后的一栋骨房就像精美的艺术品，其中最重的骨骼有250千克，搬动这样巨大而沉重的骨骼需要高超的技术和组织才能。

[2] 《韩非子·外储说左上》云：“赵主父令工施钩梯而缘播吾，刻疏人之迹其上，广三尺，长五尺，而勒之曰：‘主父常游于此。’秦昭王令工施钩梯而上华山，以松柏之心为博，箭长八尺，棋长八寸，而勒之曰：‘昭王尝与天神博于此。’”郦道元《水经注》亦记载：“河水又东北迳浑怀鄣西。《地理志》曰：‘浑怀都尉治，塞外者也。太和初，三齐平，从历下民居此，遂有历地之名矣。南去北城三百里。河水又东北历石崖山西，去北城五百里，山石之上自然有文，尽若战马之状，粲然成著，类似图焉，故亦谓之画石山也。……河水自临河县东迳阳山南。《汉书注》曰：‘阳山在河北，指此山也。东流，迳石迹阜西，是阜破石之文，悉有鹿马之迹，故斯阜纳称焉。”（详见《水经注校》，王国维校，袁英光、刘寅生整理标点，上海人民出版社1984年版，第75—77页）

[3] 〔英〕梅芙·肯尼迪著、牟翔等译：《考古的历史》，希望出版社2005年版，第13页。

能力，即它是像语言那样表述的，它让我们知道了那时人们的生活状况——北山羊、盘羊、绵羊、马、狗、骆驼等家畜在增长，弓箭、马车、斧头、衣服上的饰物、塔等这些依靠复杂技术创造的事物不断出现，羊在当时人们的生活中占据重要地位。[1] 岩画学者埃马努埃尔·阿纳蒂（Emmanuel Anati）认为，贺兰山岩画基本上是属于放牧为主的复合经济族群的，时间可追溯至新石器时代和青铜时代。[2]

图 A1

至于图 A1[3] 所示的贺兰山岩画中那些基本上以粗线条勾勒出来的象正面站立之形的人形象、象羊之形的动物形象以及同心圆圈状抽象图形都在提醒我们：它们不是一件件物体，不是一个个我们可以寻出自然的或超自然原因的物理事物，也不是使接受者随之而行动的一种简单的信号，[4] 而是用来表示或象征人、物或概念等复杂事物的，是人类把握世界、认识世界的思想图像。这样的岩画是一种过程，是人类心灵的一种一般功能：借助于坚硬的客观存在物，人类把自己看到的、想到的或记忆中的内容根据他的想象、依据一定规则刻画在石头和岩壁上。于是，岩画诞生了——这是些被人类想象过的图像或形式，人类同时生活在自己

[1] 整个贺兰山岩画中数量最多的是象羊之形的图形，这是本书论述的一个核心观点。

[2] 详见其《艺术的起源》，第 443—451 页。

[3] 宁夏博物馆收藏的贺兰山岩画。该岩画位于一块独立的石头上（如图 A1 所示），是作者 2008 年在原西塔地区宁夏博物馆院内采集的。以下所引贺兰山岩画摄影图，如不详注，均为作者 2003 年至 2009 年期间在宁夏博物馆、贺兰口、黑石卯、双疙瘩峰、滚钟口、苏峪口、石炭井、大麦地等地实地采集。由于解析的岩画数量繁多，为方便起见，我们首先按大写英语字母顺序编排每一章里所使用的图序，然后，再按英语小写字母的顺序编排每一个图里各个图的顺序。

[4] 符号不等于信号。在哲学、特别是在符号学中，信号（signs）或记号、标记与符号（symbols）概念有着严格的区别。信号属于物理世界，符号则属于人类意义世界。前者具有某种机械式的物理性质，后者则具有指称性的功能性价值。

构造的形式世界里。那种纯粹依赖具体的感觉材料（诸如视觉的、听觉的和触觉的）对现实世界里具体的、个别事物的理解已经不能令人满足了。人类开始从具象世界中创造性地抽象出一些普遍的形式，诸如点、线、面等，并用它们来思考、来表示物理事物或知觉对象。这种具有指称性、功能性价值的形式就是一种符号。[1] 那些距离我们约 5 万年前的人类正是以岩画这样的符号形式记录下了他们的思考和生活情况，写下了这个世界上的第一卷书。这既结束了人类被限定在他的生物需要和实际利益的范围内的洞穴般的生活，也意味着真正意义上的人的开端[2]——与动物相比，人类不再生活在一个单纯的物理宇宙之中，而是生活在一个他自己创造的符号宇宙之中。

二、能指与所指的统一

作为符号的制造者和接受者，尽管人类的所有感官都可以在其符号化的活动过程中发挥作用，但是，人类社会中最普遍、最丰富和最生动形象的符号系统显然是以视觉和听觉为基础的。贺兰山岩画就是这样一种我们凭借视觉能直接感知到的视觉符号系统——它通过眼睛，而不是声音、气味或者触觉传递信息。我们从贺兰山岩画中得出的一切知识都带有一种强烈的视觉色彩。例如，无论是从整块石头上被刻得密密麻麻的图 A1，还是从清晰的图 A2，[3] 正常视力的普通人都能很容易地从中分别识别出同心圆之形的图像，以及象人、羊、骆驼之形的图像等，更进一步，我们甚至能断定图 A2 里的羊形象不是静止站

---

[1] 埃马努埃尔·阿纳蒂论及岩画时虽然提及符号或符号体系，但他更多地认为岩画是一种艺术（见其《艺术的起源》）；盖山林只把岩画里那些“非再现性的几何图形或其他抽象形态的画面，如三角形、圆形、同心圆、矩形、十字形、格形，甚至有线段、平行或曲折的、规则或不规则的等等”称为“符号岩画”（见其《中国岩画》，生活·读书·新知上海三联书店 1997 年版，第 116 页）；陈兆复则把中国岩画中“那些由几何线条组成的各种符号图式”称为“抽象符号”或“岩画符号”（见其《古代岩画》，文物出版社 2002 年版，第 216—225 页）。本书首次把整个贺兰山岩画作为一个视觉语言符号系统研究，该部分开宗明义主要从贺兰山岩画在生存论、存在论意义上的存在以及它的结构关系出发，明确提出并论证了贺兰山岩画是一种符号的命题。

[2] 正是在此意义上，德国现代哲学家恩斯特·卡西尔把人定义为符号的动物，认为符号是人的本性之提示。符号化的思维和符号化的行为是人类生活中最富于代表性的特征（详见其《人论》上篇，甘阳译，上海译文出版社 1985 年版）。

[3] 西北第二民族学院编纂：《大麦地岩画》①，上海古籍出版社 2004 年版，第 153 页。

图 A2

立着，而正在行走，骆驼形象也如此。

年代久远，刻制在冰冷石头上的贺兰山岩画能变得这么丰富，是由于它们大都是一个个图画式的图像。即使那些比较抽象的图形，也能勾画出它们所表现的对象的某些视觉特征。如当我们看到图 A1 最上面那个引人注目的同心圆，以及图 A2 这个贺兰山岩画时，我们几乎不假思索就会知道映入眼帘的是些什么样的形象。这就是说，只要我们记住岩画的形象，就能分辨出它们、认识它们。显然，贺兰山岩画联结的是概念和视觉形象。这种视觉形象不是单纯物质的图像，也即纯粹物理的东西，而是我们的感觉给我们证明的视觉表象。它有两个基本要素：一是我们可以直接感觉到的图像；二是我们可以据此推知和理解的意义。我们用能指指代通过刺激人的感官而产生意义的图像（它在表意时是外在于人的），用所指指称图像所显示出来的意义。[1] 二者互为存在的依据是：唯有某图像确实显示出某种意义时才能被称为能指，所以能指的存在便预设了所指的存在。同样，所指之所以为所指，是因为有个能指在指示它，所以所指的存在也预设了能指的存在。贺兰山岩画就是能指与所指的统一：无论我

[1] 能指和所指的明确界说最早源于瑞士语言学家索绪尔。

们是要找出图 A2 里这个贺兰山岩画的意义，还是贺兰山岩画里用来表示“一只肥壮的羊与一只身体修长的骆驼”（它们两两相错上下组合，其间零星地点缀着一些大小不一的点状形式）概念的图像，都会发现图 A2 这类图像或形式、式样所认定的组合才是符合贺兰山岩画实际的。

这种对我们来说在某一方面或以某种能力代表某一事物的东西其实就是一种表现体：能指即它的表示成分，所指即它的被表示成分，两者的联合构成了符号。[1] 在图 A2 这幅贺兰山岩画中，图像和它所表示的“一只肥壮的羊与一只身体修长的骆驼”这个概念相像：图 A2 以图像模式成为“一只肥壮的羊与一只身体修长的骆驼”这个概念（所指）的能指。这样，图像就是能指，它所表示的“一只肥壮的羊与一只身体修长的骆驼”就是所指。两者的关系产生的第三个术语——图 A2 这个岩画成了一个视觉语言符号，一个意义的载体。因此，能指与所指的关系生成符号。正是作为能指和所指的统一体，贺兰山岩画才不是一个纯粹的物理存在，而是一个具有象征能力的符号。“这里所说的象征能力，从广泛的意义上讲，指的是通过一个‘符号’表现现实的能力，以及将‘符号’理解成对现实的表现的能力，也就是在某一物与某一他物之间建立起‘意指’关系的能力。”[2]

代替贺兰山岩画形象的能指就是贺兰山岩画的形式或者说表示成分，也即图像。这里所说的“形式”既指岩画作用于人的感官的外在形体、形态，也指它借助于一定表现手段和规则呈现出来的整体的视觉形象。这种形式是指某种结构、关系或是通过相互依存的因素形成的整体。因此，我们所说的贺兰山岩画的符号形式既指述事物具体的形式，也指述构成事物的结构方式，也就是内在抽象的逻辑形式。例如，目睹图 A3[3] 所呈现的这个贺兰山岩画形式，我们看到了象人、羊之形的图像或形式，也看到了结构它们的不同形式元素。如由于特殊制作法而形成的各种线勾勒出了这些图像的整体轮廓，形成了象羊、人

[1] 法国符号学家罗兰·巴特声称：“索绪尔选定了表示成分（能指）和被表示成分（所指），它们的联合构成了符号。这是最高的主张，我们必须永远记住它。”见〔法〕罗兰·巴特著，董学文、王葵译：《符号学美学》，辽宁人民出版社 1987 年版，第 34 页。

[2] 〔法〕埃米尔·本维尼斯特著、王东亮译：《普通语言学问题》，生活·读书·新知三联书店 2008 年版，第 13 页。

[3] 作者采集的大麦地岩画。位于枣刺沟中段北坡东西长 200 米左右的山梁东侧 8 米处，面南，高 0.78 米，宽 1.44 米。这里选取的是一个比较大的岩画语篇中的一部分图像形式。

图 A3

之形的形象，而用以结构这些形象的主体部分，也即躯干部分的则是通体被研磨平的实面，整个视觉空间中还零星地点缀着一些点状形式。当然，我们也看到了图像或形式之间的组合，如右边一个人形象似乎站在一个形体较大的羊形象的脊背上，他同时还面对着一只形体较小的羊形象。因此，与任何空间视觉图像一样，贺兰山岩画符号也是由点、线和面依据一定规则，通过多种表现手段或者组合关系结构而成的。点、线、面是贺兰山岩画能指层面结构的基本形式元素。这就意味着两点：一是我们能把所有贺兰山岩画符号进一步切分成基本的组成要素，也即分解成最基本的符号元素（或简称为符素）；二是每一个相对独立的单个贺兰山岩画图形都能被切分成同样的构成成分，它们都能被归结为点、线、面这三个可鉴别的、有区别性的形式要素或能指要素。而这正是贺兰山岩画的特点。在贺兰山岩画中，每一个岩画形式都是点、线、面三个基本形式要素依照一定规则自由组合的结果。例如，点、线、面这三个相当有限的符素就可以形成图 A3 里这样数量可观的图形及其组合，这就是几乎可以表现一切的贺兰山岩画符号的多样性的由来。

在贺兰山岩画视觉语言符号系统中，作为基本形式元素的点、线、面自身还可以通过其选择性和区别性的组合，形成一系列图形单位。如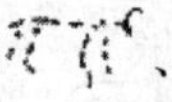、[1] 这两个分别完全由点、线形式元素结构的象羊之形的形式差异很大，、虽然都基本上是打磨的实面结构，但它们显然是两个完全不同的图像。比较之下，线结构的图形在整个贺兰山岩画里数量最多。这种线又有直线、曲线、斜线、短线、长线、细线、粗线、单线和双线之分。其中，每一种线都能独自结构出一定的图形，如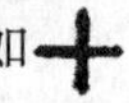、、就是分别完全由直线、曲线、双线独立结构而成的图形。在贺兰山岩画里，我们最常见的是由各种类型的线联合组合而成的图形，如、就分别是由曲线与斜线、短直线构成的图形。而且，在同一个图形里，有的线具有双重或多重性质。如与表示整个图案形状的曲线相比，我们也可以把最上面两个表示圆圈状的曲线称为短线。实际上，完全以一种类型或几种类型的线结构的图形在贺兰山岩画里很普遍。让我们惊讶的是，贺兰山岩画里同时存在着不少用多种复杂线条构造的岩画。如（图 A4 所示[2]）、中的线条密密麻麻但又井井有条，织就了一个个丰富多彩的图形。

点、线和面除了独立结构出相互区别的图形外，还相互搭配，共同组合出很多贺兰山岩画。这可分为线与面、点与线、点与面以及点、面与线四种情形。其中最常见的是第一种情形，后三种情形比较少见。如图 A3 里形体较大的两个象羊之形的形式都是由线与实面结构的，而、分别是点与线、点与面（由线条结构的虚面）结构，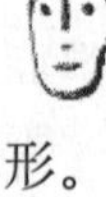、则是由点、线与面（其中前一个是虚面，后一个是实面）组合的图形。贺兰山岩画里一些复杂丰富的图形，往往是点、线和面结构。如多种复杂线条勾勒出了图 A5[3] 里动物头部及

[1] 许成、卫忠编著，宁夏回族自治区文物考古研究所编辑：《贺兰山岩画》，文物出版社 1993 年版，第 265 页。书中凡引贺兰山岩画复制图，如不详注，均出自此书。

[2] 引自王系松、许成、李文杰、卫忠编：《贺兰山岩画》，宁夏人民出版社 1990 年版，第 61 页。以下凡引贺兰山岩画拓片，如不详注，均出自此书。

[3] 引自西北第二民族学院编纂：《大麦地岩画》①，第 199 页。

图 A4

图 A5

整体轮廓形象，代表动物躯干的虚面结构内部点缀着无数点状形式元素。

总之，数量非常有限的形式元素点、线、面是贺兰山岩画的基础。它们自身及其相互之间以其多样化的搭配组合结构了贺兰山岩画，并形成了整个贺兰山岩画视觉语言符号在能指层面上相互区别的七大系统，即基本上由点、线、面、线与面、点与线、点与面，以及点、线与面结构的贺兰山岩画。大多数贺兰山岩画属于线、线与面两个系统。这表明单个贺兰山岩画图形内部比较普遍存在的两种基本结构模式是各种线以及线与面之间的组合。

三、组合关系与联想关系

一切图形共有的、相互区别的点、线、面这三个基本符素或形式元素，不仅能依据一定规则联结成一定图形或形式，而且可以彼此依照一定法则组合起来。这一切都表明，在贺兰山岩画视觉语言符号状态中，一切都是以相互关系为基础的。然而，这些关系又是怎样起作用的呢？

贺兰山岩画符号各形式单位之间的关系和差别都是沿着两个不同平面展开的。每个平面上都会产生出它们各自的价值，这两类间的对立可以使我们对它们的性质有一个更好的理解。它们对应于我们心理活动的两种形式。一方面，在贺兰山岩画符号内部，每个图形，由于它们是连接在一起的（不论是由点、线和面独立组合的，还是由点、线和面通过各种相互关系连接在一起组合而成

图 A6

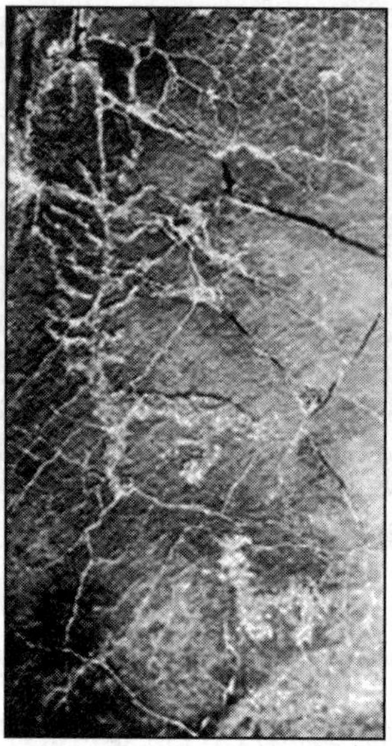

图 A7

的），彼此结成了以符号的视觉图像或图形特性为基础的关系。所以，贺兰山岩画通常是由两个或几个空间排列的形式单位组成的。贺兰山岩画符号能指之间的这种空间排列组合我们称之为组合关系。[1] 它具有非线性的立体性。这就是说，两个或两个以上的形式单位能同时出现在一个视觉空间内，在此每一个形式单位都是从它及位于它之上、之下或左边、右边的形式单位的对立中才取得它存在的价值。另一方面，在贺兰山岩画符号外部，各个有着某种共同特点的图形会在人们的记忆里联合起来，构成具有各种关系的集合。例如，看到图 A6 里（“鹿”）这个图形，我们会自然地联想到许许多多其他类似的图形，并能把贺兰山岩画里的 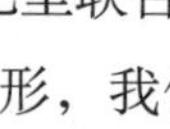 、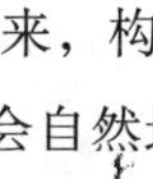 和 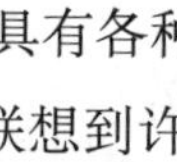 类图形与它联系起来，因为它们在某一方面都有一些共同点。凭着这种共同点，我们甚至能从图 A7，以及  、 和  这四幅贺兰山岩画里辨认出“鹿”图像，并把它们一一挑出来与前者归为一类。这种由某个特定贺兰山岩画引发的、人们心理联想组织起来的集合，与前一种组合关系完全不同。它不是以岩画图形自身内在

[1]　索绪尔在《普通语言学教程》里最早明确提出了语言学中的“句段关系和联想关系”。罗兰·巴特在《符号学美学》、《符号学原理》里分别把它们改称为横组合关系和纵聚合关系，或组合段平面与联想的平面。从贺兰山岩画实际情况出发，作者在此采纳并糅合了两人的说法，提出了组合关系和联系关系。

的空间排列组合为支撑，而是存在于人们的脑海或记忆里，属于每个人视知觉感知语言内部宝藏的一部分。这就是我们所说的贺兰山岩画里的联想关系。

位于贺兰山岩画内部的各形式单位之间的组合关系与位于其外部的（在人心里）联想关系的差异是明显的。前者是实实在在现实存在着的，它通常以两个或几个在现实的系列中出现的形式单位为基础，后者却把眼前不存在的、彼此具有某些共同性的图形联合成潜在的记忆系列。然而，两个平面又是密不可分、相互依存的：联想关系虽然不是现实的存在，但却离不开现实的存在。或者说，它的出现与存在完全是由现实存在的岩画图形所引发的。现实存在的岩画图形是一定联想关系得以存在的基础。如我们丰富的联想不会把、这两个贺兰山岩画归入到上述“鹿”图形集合里。从这个双重的观点看，一个贺兰山岩画里的能指要素就像积木搭起的房子里的各个组成部分，诸如房顶、门、屋顶等等。这些组成成分之间的搭配结构，也即它们在一定空间中的排列组合就是组合关系。而如果房顶是圆形的，人们也许会在心中把它与太阳、球类物体（房子实际的空间里并没有它们）相比较，二者形成的关系就是联想关系。

贺兰山岩画各形式单位之间的组合关系主要存在于两类岩画形式的内部：一是由最基本的形式元素结构的某个特定岩画。例如，不是单纯的点、线、面，而是内部各形式要素之间的组合关系结构了、和这三个贺兰山岩画图形，它们有一个支持它们的视觉空间。在这个空间中，多种能指要素彼此之间是相互组合的；二是由两个或两个以上意义完满的图形结构的岩画。这意味着基本形式元素通过一定组合关系结构的图形，彼此之间能同时被并置或者说排列在一起，从而形成一定的组合关系。例如，若以一个相对完整的图形为单位，图 A8 所代表的这幅贺兰山岩画符号里有两个图形。最左边的一个，从位于它右边的一个图形的排列组合中取得它的意义（由此传递出了“射羊”概念）。这就使贺兰山岩画符号中的组合关系涉及面很广：它既指用以结构岩画图形的点、线、面形式元素之间有规则的搭配，也指述任何相对独立存在的岩画形式之间的排列组合。换言之，我们这里提到的贺兰山岩画里的组合关系，同样适用于图形之间的组合，适用于各式各样的复杂单位（复合图形、多种图形组成的岩画）。

关涉单个图形内部结构，同时指涉两个或两个以上图形排列组合的组合关

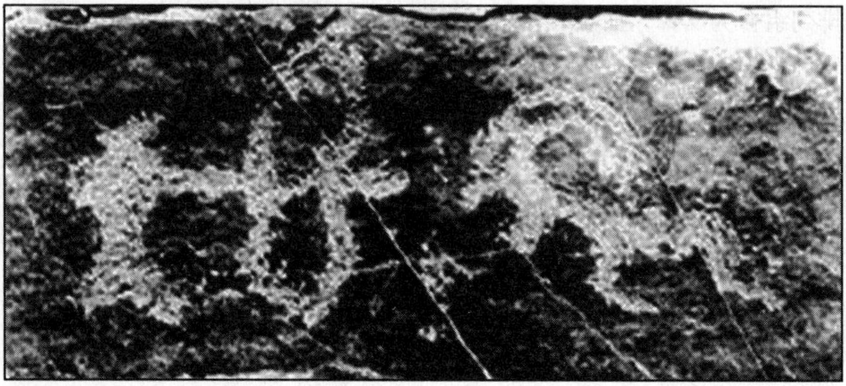

图 A8

系的存在，既决定了贺兰山岩画符号的无限多样性与丰富性，也决定了由此将可能会引发的贺兰山岩画联想关系的无限多样性与丰富性。相比较而言，由于是在因人而异的记忆中被联合的，联想关系本质上是一种潜在的替换关系，当然也就更加丰赡。

组合关系和联想关系都是贺兰山岩画自身所不可缺少的。任何贺兰山岩画里都存在着一定的组合关系与联想关系，当我们在整个贺兰山岩画系统中解析某一个贺兰山岩画时，当我们对其中某一个岩画进行分类时，这一点显得尤为突出。事实上，以下我们对贺兰山岩画所作的描述分析几乎都是沿着这两个关系轴进行的。

四、五种语法形式

（一）自由形式、唯一形式和黏附形式

贺兰山岩画具有组合性质。这就是说每一幅岩画都是由特定形式单位通过一定的方式组建起来的。组合关系因此也可以看成是语法的规则。这里所说的“语法的”，就是指相互联系的、共时的和表示意义的，它的指述对象是图形结构及其相互之间的关系，主要包括图形的各种范畴和图形变化的各种形式，以及各图形之间的关系。

收集整理了相当数量的岩画形式之后，我们发现贺兰山岩画的一个特征，即绝大部分岩画形式的部分相似。例如，在图 A9[1] 里，我们看到这两个岩画里都含有一个共同的、有意义的形式——象羊之形的图像。这是一个带有稳定意义的岩画形式或者说图形、符号，也可以说是图 A9 两个岩画符号里的一个共同成分。这种比较普遍的岩画形式既能单独出现，又能与其他岩画形式配合，因此，我们称其为自由语法形式，简称自由形式。至于图 A9 两个岩画里那些不同的部分，即左边岩画里形体较大、形状复杂的形式和右边岩画里形体较小、形状较简单的形式，则只出现在图 A9 这两个特别的岩画组合中。这就是说在整个贺兰山岩画系统中，它们既不单独出现，也不再与其他形式组合，是一种独一无二的构成成分。由于这种成分有一个固定的岩画形式和意义，我们因此称之为唯一形式。

贺兰山岩画里还有一些并不单独出现的成分，例如，添加在图 A10 上面这个羊形象背上、腹部的一个“丫”状形式，以及  和   动物形象上的一点（腹下）、两短竖线状形式（背上），它们只是附属在另一个岩画形式上，是较大岩画形式羊形象  和   里的一部分。就“形式”一词最广泛的意义来说，这种附属成分给基本岩画成分加上了某种形式上的限制（二者形成限定关系）。这种附加成分的岩画成分我们称为黏附形式。这种黏附形式也是一些有意义的单位。如  这幅岩画形式所表现的既然是某种特定的骆驼，又跟所有其他骆驼不同，我们也就认为其图形里的 （也即添加在骆驼形象上的一个多余部分）是一个岩画形式，准确地说是一种唯一岩画语法形式（只出现在某一个组合中）。正是由于这个黏附形式的添加，才使得  这个岩画形式所代表的骆驼与众不同。在整个贺兰山岩画系统中，这样的黏附形式种类繁多、形态万千。一般来说，不同岩画中，这种语法形式有的相同，如在  、图 A5 和图 A10 下图这三个不同岩画形式里的某一个岩画成分上，我们都能看到 （圆圈）这个黏附形式；

---

[1] 从双疙瘩峰一块布满岩画的独立巨石上摘出。

图 A9

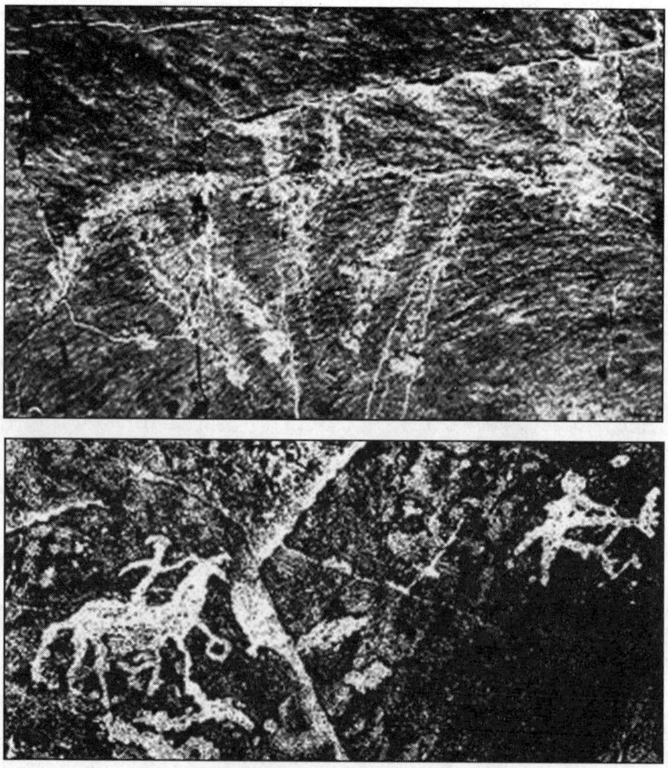
图 A10

有的则不同，如在和这两个岩画形式里，所有动物脊背上都添加有多余的黏附形式，但是，它们的形状完全不同。里的简单（只是两竖线），而里的复杂（像树枝一样的图案）。

（二）最小形式与复合形式

我们把凡是跟别的岩画形式在能所关系上有部分相似的岩画形式称为复合形式，这种复合形式通常由两个或两个以上的成分组成。它包括各种自由形式、唯一形式和黏附形式。作为一个语法单位，这些形式都不是孤立的，而是存在于一定的具体语境当中，也即一个复合形式之中。例如，在、图A5和图A10里，这些组合形式的共同部分（圆圈状黏附形式）不是游离在外，而是包含（包括在或是进入）在其中。它们是这些组合形式的实质性的成分或者成员。绝大部分贺兰山岩画都可以归为复合形式。这也表明贺兰山岩画的内部存在着一定的规则，相同形式成分的反复基本上结构了整个贺兰山岩画系统。

至于跟别的任何一个岩画形式在能所关系上没有任何部分相似的岩画形式我们称为最小形式。这里说的“最小”不是仅就能指层面也即形式层面而言的，因为它的形状可以很大也可以很小。这种最小形式之间可能有部分形式元素的相似，如和里都有一短竖状形式（一个是作为动物的两条腿，一个是作为动物的尾巴）。不过这种相似是纯粹形式上的，在意义上并不互相对应（我们所说的形式一定是符号学能指意义上的）。尽管最小形式通常都以唯一形式的身份出现，但是，在整个贺兰山岩画里，它们同样也是一个相对完满的单位。从这一切看来，每一个复合形式仅就它形式上可以确定的成分而言，完全是由不可再分的最小形式组成的。我们也可以称之为最终形式。在每一个相对完整、独立存在的贺兰山岩画里，它们的数目有的很大（如图A11[1]几乎是不可数的），也有的很小，如这幅岩画里就含有三个最小形式，即

[1] 这是从一块独立石头上拓下来的，为宁夏博物馆收藏。

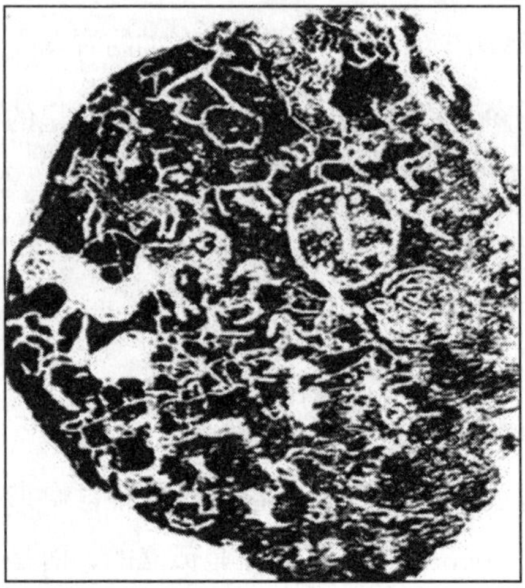

图 A11

（“人”字状抽象形式）、（圆圈）和（象飞鸟之形的图案）。图 A10 下面这个岩画形式里含有六个最小形式，即（一个不知名的动物形式）、（骑在马上的象人之形的形式）、（圆圈形式）、（象马之形的形式）以及位于骑者形象下面的（象马之形的形式）和（抽象形式）。[1]

不过，组合形式的结构决不都是这样简单。即使我们把所有的组合形式都只划分成它们的最终形式，我们还是无法真正了解贺兰山岩画视觉语言的各种形式。贺兰山岩画是一种视觉图像符号，任何一个视力健全的人，如果他有意识来分析岩画形式，他会告诉我们他在图 A10 下面岩画里直接看到的成分，[2] 也即直接成分（或者从视觉效果上说相对独立完整的形式）是两个形式：一个象动物之形（整个画面最右边的一个）和一个象骑者之形（包括它下面的部分）。前者又可视作一个最小形式，后者又可视作是一个复合形式（其直接成分是一骑者形象，包括它身上的三个黏附形式：马一只前蹄上带的一个圆圈、另一只前蹄下联结的一象马之形的形式和一个抽象形式）。因此，只有采用把意义也考虑在内的这种整体分析法，我们才能正确分析出每一幅岩画形式里的最终的简单成分。尽管我们从中分析出的每一个最终的简单成分都可以从形式层面加以描写，因为它总是包含一个或者一个以上的基本形式元素（点、线或面），但是只有把它置放在图 A10 下图这幅岩画具体语境里，我们才能发现它的意义。所以，导致人们会认为图 A10 下图这幅岩画是由一个动物和一个骑者这两个直接形式或成分构成的主要

[1] 拓片这部分颜色较深，从该岩画复制图我们可以更清晰地看到这两个图形。参见许成、卫忠编：《贺兰山岩画》，第 129 页。

[2] 我们的视力总是有能力把相对独立存在的事物视作一个整体。

原因是它们之间独特的排列（如决定于空间中的前后位置)。这就是说，虽然我们知道六个最小形式组成了图 A10 下图这样一个岩画符号（图形或者另一形式)，但是，这六个最小形式并不能完全说明这幅岩画的意义。这幅岩画的意义部分取决于这六个最小形式在这个岩画中的组合关系。

五、四种基本语法规则

每一幅贺兰山岩画都用形式的安排来表示一部分意义。因此，各岩画形式中的有意义的排列与组合，也即组合关系构成了贺兰山岩画的语法。总体来看，贺兰山岩画形式存在着变图形、变形态、变图序和形式的选择四种基本的组合关系，或者说语法规则。

（一）变图形

这是指基本形式要素的运用。在贺兰山岩画中，点、线和面这些基本形式要素本身并不构成岩画。它们只是作为元素出现在任何一个岩画形式的语法规则之中。象形是它们结构贺兰山岩画的一个基本原则。贺兰山岩画里象羊、马、人、鹿、虎之形的图形很多，但绝不雷同。换言之，贺兰山岩画里羊、马、人、鹿和虎图形变体众多，然皆为象形。由于绝大多数贺兰山岩画以肖物形为主，因形示意，不拘笔画之繁简，所以，在最严格的能指层面也即形式意义上，贺兰山岩画里没有绝对完全相同的岩画形式。[1] 每一个相对独立存在的岩画不同，如图 A12[2] 里四个看似相似实则不似的岩画都是实面与线结构。实面结构了象鹿之形的躯体部分，线条结构了象鹿之形的角、四肢部分。上面左边是一个面朝左，抬头张口行走中的雄鹿形象，它的角是两条向上大体垂直的平行线与横向平行的六条短线结构，右边是一个面朝右，低头站立鹿形象，它

[1] 这是本书研究所得出的一个重要结论，在以后论述中，作者会反复提到并征之以贺兰山岩画验证。

[2] 右下图为作者采集的大麦地岩画。其他三个都是被贺兰山岩画工作者从周边地区收集起来，放在贺兰口的岩画。它们各自位于一块独立的岩石上，图像外部轮廓上的白色线条为工作人员所描，以便更清晰地凸显图形。以下凡引此类岩画，如不详注，均出自贺山口。

的角是两个上面添加有两短平行线、向上并列的“丫”形图案状形式。下面左边是一个面朝右，略向后扭动高昂的头的肥壮鹿形象，它的角是一条向左弯曲的曲线与六条短线结构，右边是一个有着长长的脖子，鹿角上竖，精神抖擞慢步行走着的小鹿形象。差异性不仅存在于相对独立存在的单个独体岩画之间，也存在于所指相同的同一符号系统内部各个岩画之间。整个贺兰山岩画里像图 A12 这样相对独立存在的鹿岩画很多，若把它们放在一起对比，它们能指的差异性更鲜明。试把图 A12 里的四个象鹿之形的图形再与、相比较。同样，能指层面的差异性也体现在同一岩画里各个彼此相似的组成成分之间。如在这个岩画里，两个动物形式的结构相同（背上都有两条短竖线状黏附形式，这在整个贺兰山岩画里并不多见），但是，它们的具体形状却一个大一个小，相去甚远。因此，严格说来，这两个动物形式都是独一无二的唯一形式。

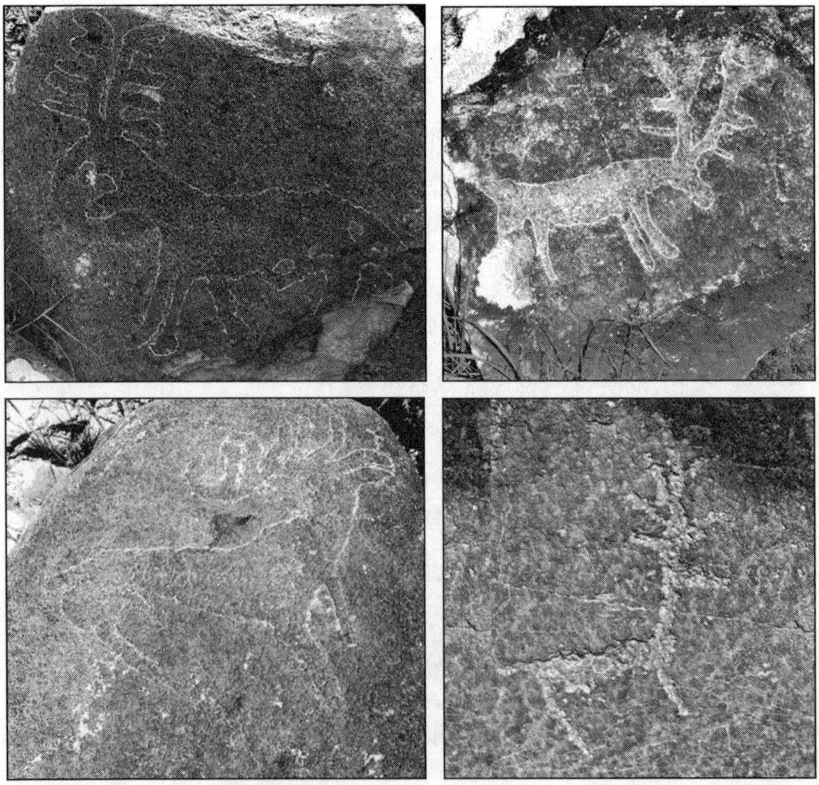

图 A12

（二）变形态

这是指某一特定岩画形式里黏附形式的运用、内部结构的调整、形象的抽象以及点、线、面基本要素的变换。例如，贺兰山岩画里有形态各异的象牛之形的图像。各个牛形象之间的区别有的主要借助于变换基本要素，如是面与线的结合，而则基本上是由面来结构的；有的主要借助于黏附形式的使用，如这个岩画形式的独特之处是在牛形象背部及身上添加多种图案（也即多种黏附形式），而在这个岩画里，两只牛形象的腹部都添加有一短线状黏附形式；有的则通过对形象的夸张，如在这个岩画里，用以代表牛角的两条弯曲的曲线被抽象夸大延长至牛的臀部，并与牛的尾巴相接。

在贺兰山岩画里，导致相同所指的（指称对象相同）岩画之间存在着本质性差异的根本原因，是由于它们内部形式结构的不同。例如，结构图 A13 这个复合岩画形式里两个象牛之形图像的形式元素都是点、线、面：点表示牛形象的眼睛，线既勾勒出了它的整体轮廓，又表示牛角、腿等，线结构的虚面表示牛形象的主体躯干。然而，这两个牛形象内部结构差异明显：上面一个弓着背，静止站立着，下面一个则前腿大大跨出，处于跳跃状态。同理，有两条腿的、三条腿的和四条腿的之间区别甚大，而没有臀部和尾巴且只有一条腿的与上述牛形象更是大相径庭。

图 A13

（三）变图序

这是指通过不断变化复合形式里各个成分在空间中排列组合的次序，使岩画形式各个不同。如，在、里，两个岩画图形（或者说岩画成分、成员）或者横着相对、或者竖着上下相错都能组合成一个更大的岩画形式。而在每一个拥有两个以上岩画成分（形式）的岩画里，各个岩画成分在岩画总的排列顺序里所处的具体位置往往也存在着差异。例如，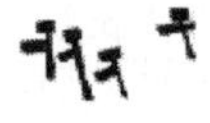与图 A14 里都有四个岩画成分，前者整体大致呈横向排列，后者则整体大致呈竖向排列。不仅如此，它们的组合方式也不同。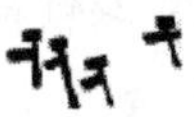里最右边的一个与左边比较紧密相随的三个保持着一段距离；图 A14 里最上边的一个与下面三个也并不位于同一条垂直线上。而在（两个羊形象前后相随）和（两个羊形象面面相对）这样拥有相同形象的岩画形式的对比中，岩画形式排列次序表现得最突出：它们可以方向一致，前后相随，可以方向相反，面面相对。同样，在整个贺兰山岩画里，我们也发现里的黏附形式永远都只处于牛形象（或羊、马以及其他动物形象）后腿根部分的下面，而不处于其上面。所有这一切都使得贺兰山岩画图序既纷繁复杂又有规律可循。

图 A14

（四）形式的选择

这主要包括一个最小岩画形式里基本形式元素的选择以及两个以上复合形式里岩画成分的选择。例如，里采用线和面（最下面一个）、短线与

长线（最上面一个）组合构成的两个动物形象给人的感觉完全不同。同理，里以面（很小、实面）结构的头部（上面一个动物的）与完全用线勾勒（实际上是镂空面）结构的头部（下面一个动物的）是这两个动物形象能指层面最显著的区别。而在一些复合形式里，这种差别集中表现为岩画成分的选择。人们可以选择两个或多个所指层面（如具体指称对象）相同的岩画成分重新构图，如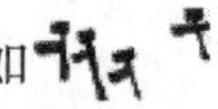里的四个抽象形式；可以选择两个或多个所指层面不同的岩画成分再次排列组合，如图 A14 分别是象骑者、羊、羊头之形的形式和一个非常复杂的抽象形式的组合，也是两个动物形式与一个问号状抽象形式的组合；也可以选择两个或多个能指层面完全不同的岩画成分重新组合，如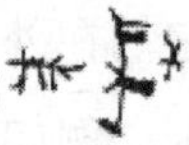里三个抽象图案形式的形状、结构完全不同；更可以同时选择两个或多个能指、所指不同的形式组合出一个复杂的复合岩画形式，如图 A15 基本上由三种性质不同的成分组合而成，即象羊、骑者、麦穗状形式。这三种成分又分别有九个（象羊之形）、两个（象骑者之形）和三个（麦穗状形式）变体。这些所指相同的变体能指层面也存在着程度不同的差异。如三个象麦穗状成分的区别突出体现在用以结构它们下半部分结构的形式元素上：有的是一条横线，有的是一个虚面圆圈状形式，有的是一个实面圆圈状形式。九个分散在各处的象羊之形的形式和两个象骑者之形的形式彼此之间亦如此。很显然，选择哪些岩画形式作为某一岩画的成分，其意义是有差别的。不断变换图形及

图 A15

其形态、同一形式中各种成分次序的复杂以及复合形式中各种岩画形式的选择，这一切都从不同方面规定了岩画形式的性质，因而都是一些有意义的语法单位。

六、语法中的抽象实体

黏附形式、最小形式、复合形式等语法形式都是在场的，都是岩画形式里实实在在存在的，是我们可以看得见的物质存在。然而，若从联想关系方面来考虑，贺兰山岩画语法里还有一种抽象实体。

每当我们把两个不同的岩画形式联想在一起，不只是感到它们在外部形式上有某种共同点，而且也是对支配着联想关系的性质作出了识别。例如，我们意识到、和，或者、和的关系，跟和的关系不一样。这样就把联想的系统和语法的系统联结起来了。正是我们的心理联想把各种同一类型的岩画形式、岩画形式的变换和结构岩画形式的要素等等固定在我们的记忆里。

这并不意味着联想只能停留在岩画的形式层面上。我们上面所说的是它聚集一些只在意义上有联系的岩画形式。试比较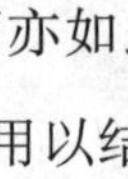、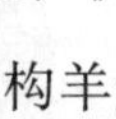、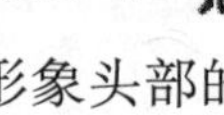、与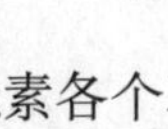、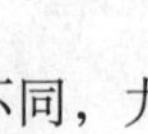、、，很明显，尽管它们彼此之间在能指层面上差异很大，但是，我们依然会毫不犹豫地把前四个归在一起（都是图案），而把后四个归在一起（都是羊形象）。语法方面亦如此，例如，在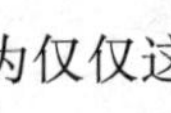、、和这四个象羊之形的岩画里，用以结构羊形象头部的形式元素各个不同，尤其是与（向上的一弯曲曲线与向上的一点状形式）毫无可供心理联想的类似之处，但是，我们还是会感到它们有共同的价值且用法相同，而毫不犹豫地把它们联合在一起（统称之为羊角），因为仅仅这

一点就足以造成联想。假如超越同一类事物，进行更广泛的联想，我们也会把、、和这些岩画形式或者说符号都联系起来，从而确定动物类岩画的概念。形式要素（点、线、面）的概念就是这样在贺兰山岩画视觉语言符号中取得它们的地位。有时，我们丰富的联想甚至会对已有的岩画形式进行再创造性的补充完形。例如，尽管没有形式上的支持，图 A14 里基本只有羊头部、没有身躯的羊和这个无尾巴的羊形象，我们也会认为它们有身躯、有尾巴——只是作者没有画出而已。

所有这一切都存在于贺兰山岩画之中，只不过是作为抽象实体而存在。这些抽象实体虽然存在于我们的意识之中，但是，若最后分析起来，它们总是以具体贺兰山岩画实体为基础的。这就是说，若没有一系列物质形式作为依据，贺兰山岩画里任何语法抽象都是不可能的。换言之，我们对任何抽象实体的想象，最后总还是要回到引发我们联想的贺兰山岩画形式上来。这一点最突出地表现在贺兰山岩画各岩画形式之间的组合与排列次序上。前面我们已经反复论述过：从组合关系方面来看，一个组合的价值往往跟它的各个要素的排列次序密切相关。例如，我们在分析图 A16 右边这个岩画的时候决不会只限于识别它们的各个最小形式，也即它们的各个组成成分，我们还会在这些成分之间看到某种排列组合以及次序：象人之形的形式位于马上还是马下意义显然不同。同样，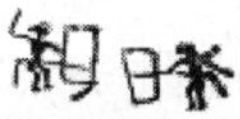的意义（两人面对面地格斗）决定于两个成分的位置。因此，这种岩画内部各语法形式的排列组合毫无疑问也是一种抽象实体。它们的存在

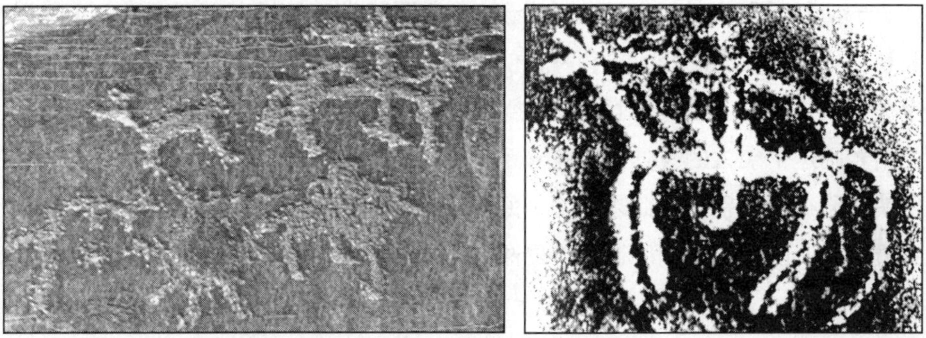

图 A16

包含在或者说分布在各个具体岩画形式的空间里，而不是在我们的心理联想中。这就是说在某个特定岩画空间之外，它的排列次序是不存在的。当我们说排列次序时，一定是就某个具体贺兰山岩画里各个成分而言的。如图 A15、图 A16 左边岩画里都有骑者形式和羊形式，它们之间的组合关系完全不同：前者左下边有一个骑者形式和四个羊形式，四个羊形式两两上下组合后横向并列在一起，骑者形式则独自位于其上面，整个复合形式呈向左上方倾斜状排列；后者骑者形式上下并列在右边，其他四个羊形式位于其左边，整个复合形式呈向右上方倾斜状排列。

七、独体岩画与合体岩画

以上我们从组合关系和联想关系出发，根据贺兰山岩画自身的性质区别出了五种语法形式，探讨了它们的排列与组合。在此基础上，我们进一步区分出了贺兰山岩画语法形式中的抽象实体。尽管我们可以把这些语法形式（包括它的排列组合与抽象实体）从具体岩画语境中拿出来单独分析，但是在实际运用中，它们往往是联系在一起的。如在里，唯一语法形式与骆驼形象之间也存在着一定的次序，是不能位于骆驼形象的下面的。至于对像图 A15 之类复杂岩画形式的分析更应该是综合的。所以，为了更加深入细致地研究分析贺兰山岩画，我们有必要按一定原则首先把整个贺兰山岩画分门别类，然而再对它们进行全方位综合考察分析。

一切科学研究始于对事物的分类。“所谓分类，是指人们把事物、事件以及有关世界的事实划分成类和种，使之各有归属，并确定它们的包含关系或排斥关系的过程。”[1] 而要对贺兰山岩画进行分门别类，首先就要把它们置于贺兰山岩画这个宏大的视觉语言符号系统之中，考察各个符号之间的关系，寻找出使它们相互有别、彼此之间明确的界限。众所周知，岩画是一种现实的客观物质存在。因此，我们所说的“岩画”是指岩画符号的视觉系统，是眼睛里看

[1] 〔法〕爱弥尔·涂尔干、马塞尔·莫斯：《原始分类》，上海世纪出版集团 2005 年版，第 2 页。

到的、实际中相对独立存在的一个个相对完整的图像。对有意识的人来说，这意味着我们视知觉经验中的贺兰山岩画常常为一个统一的整体，而不仅仅是某个部分，或者某一部分的一系列组成要素。换言之，我们看到的贺兰山岩画总是一个有轮廓的完整形式而非一系列的点、线、面。如图 A17[1] 所示，若把我们看到的这个贺兰山岩画视作一个相对完整的视觉系统的话，那么，在这个相对封闭的视觉场内，也即一个相对完整的整体内，我们的视知觉所能经验到的内容总的来说包括两个部分，即图形和背景。尤其是图形最引我们注目，它是我们视觉注意的中心。因为“注意的本质正在于它具有选择性。我们可以把注意力集中于视野里的某些东西，但永远不可能集中于所有东西。一切注意都必须以不注意为背景”[2]。图 A17 牢牢抓住我们视线的是仿佛被一个轮廓包围着、像是一个整体性的物体的两个图形，除此之外就是背景。它往往处于我们视知觉注意力的边缘，因为它看上去比图形离得远一些。我们注意到这个背景上有很深的坑状和线状的天然断裂纹，但是，与其左右两个岩画形式相比（这是两个圆形式样结构），它缺乏一个完满、相对完整统一的，也即相对封闭的、强固而美好的轮廓。或者说就整个图 A17 这个视觉场而言，两个有着封闭的圆形轮廓图形最突出，它们首先会抓住我们的视线。我们的视知觉经验即以此方式把图 A17 诉诸我们，表现为两个有意义的结构形式——圆圈形式样结构。这种不必有待于论证，而是我们直接感觉中的，准确地说我们视知觉经验中的相对完满的整体形式，用格式塔心理学（Gestalt psychology）的德语术语来说就是“格式塔”（Gestalt），意即指形式（form）或形状（shape），或更广泛的指方式（manner）。英文里运用得十分广泛的同义词是“最高的形式”（in top form），“完美的形式”（in good shape）。因此，若以我们视知觉经验中的、一个相对封闭的、独立完整的图形为单位，采用我们中国传统制字里“独体为文，合体为字”[3] 的说法，我们可以把整个贺兰山岩画视觉语言符号系统划分

[1] 位于两岸怪石嶙峋、沟宽谷深的贺兰口，距沟底 1.3 米，面东南，高 0.21 米，宽 0.45 米。

[2] 〔英〕E.H. 贡布里希著、范景中等译：《图像与眼睛》，浙江摄影出版社 1988 年版，第 7 页。

[3] 如元代郑杓《衍极·书要篇》引郑樵《通志·七音》云：“《七音》序曰：‘汉人课籀隶，始为字书，以通文字之学，江左竞风骚，始为韵书，以通声音之学。’然汉儒识文字而不识子母，则失制字之旨；江左之儒识四声而不识七音，则失立韵之源。独体为文，合体为字，汉儒知以《说文》解字而不知文有子母，生子为母，从母为子，子母不分，所以失制字之旨。”见《四库全书》第 814 册，上海古籍出版社 2003 年版，第 446 页。

图 A17

为两大子系统——独体岩画符号系统与合体岩画符号系统（为行文方便起见，我们简称为独体岩画和合体岩画）。凡是在我们的视觉场内，为我们所知觉到的、一个个相对独立完整的轮廓，也即一个封闭的图形就是一个自足的独体岩画。如图 A17 里就包含着两个这样的独体岩画形式，也即每一个圆圈形式样结构都是一个独体岩画。而由两个以上独体岩画所共同结构出来的一个在视觉空间上相对独立完整自足的图形或式样结构就是一个合体岩画。正如我们把整个图 A18[1] 称为合体岩画，具体言之，就是三重合体岩画形式或图形，也即由三个相对独立完整的独体岩画形式（即左右两个比较大的、基本呈正面水平站立的和中间一个比较小的、大致呈上下直立的象羊之形的形式）所结构的一个合体岩画形式。

我们这里所说的独体岩画形式，指的是一种内部有着一定结构关系的图形。这种图形往往具备不依赖其他因素而相对独立存在、相对完整自足等特点，诸如贺兰山岩画里的人（）、羊（）、马（）等形式。因此，若以一个相对自足完整的岩画形式为单位，那么，贺兰山独体岩画可以像、和一样，只有一个最小形式或者成分，可以有两个最小形

[1] 大麦地位于宁夏中卫县东园乡北约 30 公里的卫宁北山山地，是岩画分布的密集地带。该岩画位于榆树沟由北向南的一条岩脉上，面南，高约 0.06 米，宽 0.08 米。

图 A18

式或成分，[1] 如、里的射手与动物、人与马形象，也可以有两个以上的岩画成分，如里的两人和马形象。只要这个或这些岩画成分是见于我们视知觉经验中的整体。这就是说，尽管有的岩画里有许多相对完整的形式，如里有两个象人之形的成分和一个象马之形的成分（共三个成分），但只要它们之间通过一定的关系紧密联结在一起，也即形成结构，成为一个有结构的整体，我们就把它们统称为独体岩画或独体视觉语言符号。

而一幅合体岩画里则至少要有两个相对独立完整的岩画成分，也即它可以有两个成分，也可以有三四个成分，更可以有几十个成分（如图 A15 所示），只要这些岩画成分相对独立（在形式层面，它们各个之间没有联系）共同按照一定的次序存在于一个更大的岩画形式里。而这个因此有着自己结构的更大的岩画形式就是合体岩画（这个岩画在实际空间中也是相对独立存在的、在视觉上也是一个完整、自足的整体）。

从视知觉经验出发，以一个相对独立完整的整体为单位，这只是我们区别独体、合体岩画的第一步。事实上，正是以被视知觉感觉到或经验到的意义和

[1] 今后凡是在谈到合体岩画里的次要形式单位时，本书都把它们称为“岩画成分”(constituent)，以区别于一般最小形式和独体岩画形式。

图 A19

物体或现象[1]为出发点，我们发现与区别任何理论术语不同，贺兰山岩画存在于现实生活中，存在于物质化的贺兰山中的岩石上，存在于观察者直接的视知觉经验中。因此，在具体判断哪一幅岩画是独体岩画，哪一幅岩画是合体岩画时，我们的参照系往往更多地依靠我们视知觉场内的背景（也即岩画具体分布的位置），所有岩画就位于这些背景之上。如图 A19[2] 所示：这是一个有限的视知觉场或背景，场内或背景上有很多岩画。从一个物体转移到另一个物体的知觉中，我们看见物体的大致轮廓，从而知道是什么图形。位于最中心位置的是一片排列紧密的长方形形状的轮廓，其右边则有两个圆圈形形式，下面是一个小的钩状形式。整个图 A19 位于一条岩画分布相对比较集中，东西走向的岩脉上的岩石上。这就是说图 A19 的左右还有其他岩画。所以，假如把图 A19 置放在它实际存在的广袤的语境中，我们可以把它视作一个视觉场内的、一个相对完整独立的统一岩画，也即合体岩画。但是，我们随即又发现我们的界定过于简单。图 A19 这个视知觉场或背景本身并不是一块完整的岩石，而是四块相对独立完整的岩石的自然堆积。我们直接的视知觉经验告诉我们，背景有时起着决定性的作用。我们在阳光下和半黑暗语境中所看到的同一个物体

[1] 这里所说的“现象”是格式塔心理学上所使用的现象概念。它指称人们基本观察的材料即资料（givens）。而经验中的资料就是现象的经验（phenomenal experience）。

[2] 位于卫宁北山山地苦井沟一条东西向岩脉面南的岩石上，高约 0.78 米，宽 1.43 米。

的反差往往非常巨大。因此，若我们同时考虑到背景，也即岩画自身存在的环境，那么，从岩石自然存在的状态，也即一个相对独立完整的岩石出发，我们就会把图 A19 这个视觉场内的所有岩画视作四个相对独立完整的部分，即最上面的一大片、最下面的一个钩状物体或形式以及最右边上下两个圆圈状物体或形式。这样，图 A19 其实包括一幅合体岩画和三幅独体岩画，也即相对独立完整存在着的一个岩画形式。这里，同一个视知觉场内岩石自然的断裂也是我们之所以把图 A19 里的两个圆圈状形式视作两个相对独立完整的独体岩画的一个重要原因。

整个贺兰山岩画生存的具体语境也强有力地证明了我们上述判断的正确性。不论形状的大小，不论数量的多少，也不论其所处位置的高低远近，一幅我们视知觉能直接感觉到的、相对独立完整的贺兰山岩画，一般总是位于某个相对独立完整而平坦的一块岩石上。从这个意义上说，每一幅贺兰山岩画通常都是孤立地存在着，它们或者位于完全不同的地点，或者位于同一地点的不同岩石块上（以其自然断裂为依据），或者与其他岩画位于同一块大的岩石上，但借助于明显拉大的距离而彼此区分开。这里所说的岩画，既指独体岩画，也指合体岩画。这就是说不论这幅岩画本身有多大（一幅独体岩画也可能很大），这幅岩画里有多少组成成分（有些合体岩画里的成分几乎是不可数的），只要它是我们视知觉能直接经验到的、相对独立完整地存在着的一个整体形式，我们就把它统称为一个岩画或者岩画形式。如图 A20[1] 是位于大麦地整个呈东西走向的山梁上的一处岩画具体分布的实际情景。在这个视知觉场内，我们能直接知觉到的、相对独立完整存在的就是三幅岩画。它们分别位于整个视知觉场内最突出的三块较大的黑色石头上：最前面一块大致呈三角形，中间一块呈长方形，其后一块呈不规则形的上面有两小部分已经剥落。三块石头整体呈前后分布。第一块与第二块之间有一段距离，第二块和第三块一上一下，呈台阶状分布。因此，不同形状、不同位置的这三块石头之间的天然界线是很明显的。这种界线决定了我们在这个视知觉场内所能直接经验到的三个岩画形式。更进一步，我们会看到这三幅岩画里，各自又有一些相对独立完整的成分。很显然，它们都是合体岩画。

---

[1] 山梁岩画分布稀疏，高低不一。该岩画距沟底 1.7 米，面东南。

图 A20

因此，与其说独体岩画与合体岩画是我们人为区分的结果，毋宁说是贺兰山岩画自身呈现给我们的一种客观存在的实际现象或事实。独体岩画（一个独立的图形就是一幅岩画）是我们在贺兰山上所能找到（准确地说是看到）的、相对独立存在的最小岩画或者说岩画形式。如图 A21[1] 所示：这幅岩画的确是我们视知觉所能直接知觉到的最小的形式单位。虽然这块石头的一个侧面面积较大且比较平整，但是，其上只刻制了一个象羊之形的形式。而且，我们看到图 A21 这幅岩画所处的位置很奇特：它不是位于我们的视知觉所最容易感知到的地方。实际上，当我们目睹图 A21 这个视觉形式时，首先映入我们眼帘的就是一块横置在整个视觉空间中的大石头。象羊之形的岩画则位于这块石头的最底部。若不仔细寻找，我们很难看到它（它位于这块石头很隐蔽的地方）。这表明贺兰山岩画的制作者并不是因石而刻，也即依照石面天然是否相对平坦及其面积的大小而刻制岩画，而是根据自己的意愿而刻。正是根据自己的需要，他既没有把这个象羊之形的岩画刻在这块石头比较醒目的地方，也没有再在这块石头的其他部分刻制别的岩画形式。显而易见，假如我们现在看到的这幅岩画所处的位置，就是当时贺兰山岩画刻作者刻制它时所处的位置的话，那么在岩石的最下面这个部位刻制一幅岩画要比在它的中间或上面困难得多。然而，在整个贺兰山岩画里，像这样傲然独立存在的、相对完整的独体岩画形式

[1] 该岩画位于贺兰山苏峪口沟口处通往山上的一条小路边的一堆乱石中，距地面约 0.2 米。

图 A21

很多。只不过它们在位置、式样结构、形状、方向、大小等等方面有着程度不同的差异。如就实际存在的地理位置而言，图 A22 这个视觉空间中的岩画形式位于图 A21 这个独体岩画形式的最北边，彼此之间的距离两米左右。与图 A21 相比，图 A22 这个岩画形式的整体轮廓形状要大得多。它被刻制在一大块相对平坦的岩石上，周围都是一些相对较小的、没有刻制任何形式的石头。这是一幅合体岩画吗？它那相对完整独立的轮廓形式告诉我们它不是。它是一幅独体岩画——用以结构它的所有形式要素都不可分割地彼此紧密联结在一起。

需要强调指出的是：独体、合体贺兰山岩画与我们前面所说的作为语法形式的最小形式、复合形式不同。独体岩画形式可以是最小形式，也可以不是。例如，图 A21、图 A22 既是一幅独体岩画也是一个最小形式，而图 A23 这两个独体岩画却不是最小形式而是复合形式。因为它们都能被再次拆分为两个意义相对完满的形式单位，即象人之形的形式与一弓箭状形式、圆圈状形式与一象羊之形的形式。同样，合体岩画一定是复合形式，但复合形式却不一定是合体岩画形式，如图 A23 中就是两幅复合形式的独体岩画。因为当我们说一幅岩画是独体岩画形式时，主要着眼于它是否相对独立存在，而当我们说一幅岩画是最小形式时，主要着眼于它是否是一个可以再次分割的、意义相对完满的形式单位。在整个贺兰山岩画语境中，一个意义完满的形式单位可以独立存在也可以依附于其他形式存在，如图 A23 左图里的弓箭、右图里的圆圈状形式。

图 A22

当然，独体岩画也好，合体岩画也罢，我们的上述划分都不是绝对的，而是相对的。例如，若根据岩画所处石头或石块天然存在的语境，面对图 A19 最右边的两个圆圈状形式，我们可以说它们是两个独立存在的独体岩画形式，因为它们分别位于两个不同的石头上（注意：两个石头中间有着一条天然的断裂，此断裂一直延伸到岩石的底部，显然这是两块岩石）。但是，若完全从视知觉感觉到或经验到的一个相对独立完整的视觉形式的角度出发，我们也有理由把图 A19 最右边的两个圆圈状形式，视作一个统一的形式，也即由两个圆圈状形式或成分上下结构而成的一幅合体岩画。因为与同处于一个相对完整统一的、视觉空间中的图 A17 里的两个圆圈状独体岩画形式相比，图 A19 里的两个圆圈状形式之间的距离非常短。其实这只是一条断裂缝而已（上面岩石的左上角缺了一块），以致当我们初次注视图 A19 这个视觉空间的最右边时，我们可能忽略它的存在，而把图 A19 这个视觉空间的最右边视作一个相对完整统一的形式，即两个圆圈状形式上下组合的一个二重合体岩画。

然而，有时我们在判断一幅岩画是否是合体岩画形式时，即使两块岩石之间的间隙比较大，我们也会忽略不计。如图 A24[1] 所示：我们眼前所注目的一块石壁上也有一道深深的天然断裂痕。以此为界，它的上面似乎有五个相对完整的形式（其中有一个象马之形的形式），它的下面则有两个不同形式元素结构的象马之形的形式。显然，若依据天然的断裂痕，这是两个合体岩画形式。

[1] 这是贺兰口岩画。位于贺兰口沟口南面石壁的底部，距离沟底约 1 米。由于自然风化剥落，有些形式我们已经分辨不出来了。

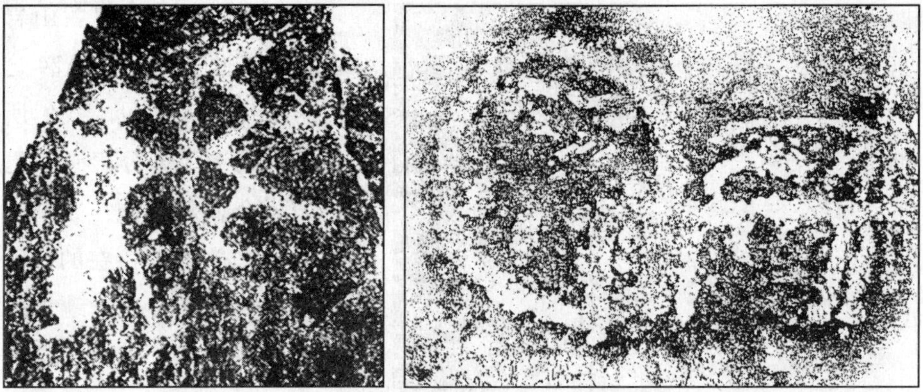

图 A23

但是，当整个图 A24 进入我们视知觉场中时，我们却会把它视作一个统一的、纵向排列组合的整体形式，也即一幅大的合体岩画。因为里面所有图形之间存在着某种联系。我们看到：最下面一个大的象马之形的形式的上面，紧紧依附着一个小的象马之形的形式，这个马形式向上倾斜排列着，其头部形式几乎挨着断裂痕，而断裂痕上面最下面的两个形式也距离断裂痕不远。这种排列似乎表明，断裂痕只是拉大了其中两个成分之间的距离，并没有从本质上影响图 A24 所呈现给我们的这个整体的视觉空间。或者说，图 A24 里的所有组成成分只不过是被刻制在一块不太完整平坦的石壁上。因为不管是位于断裂痕上面也好，下面也罢，它们都是处于同一个背景之上的、彼此之间有着一定联系的、相对完整的视觉形式。而“一个知觉野有组织起来的趋势”，即呈现为图形[1]，一个相对完整统一的有机整体。从这个意义上看，图 A24 这个视觉形式的确给我们呈现出了一个相对完整统一的总体轮廓，即一个纵向排列的组合。因此，在具体判定哪个岩画是独体岩画形式，哪个岩画是合体岩画形式时，我们一方面要充分考虑到岩画处的自然地理背景，另一方面，也要从格式塔心理学的视域，关心一个特定的视觉场，一个动力的整体。尤其关注视觉场内各个成分之间的关系。如果各个成分发生变化而关系保持不变，则整个图形或岩画形式也保持不变。

[1] 美国实验心理学史学者 E. G. 波林认为“一个知觉野有组织起来的趋势，呈现为图形。各部分造成了联结而部分的组合又形成结构（structure）。凡是一个有机体，都自然而然、不可避免地存在着组织”。参见其《实验心理学史》，高觉敷译，商务印书馆 1981 年版，第 697—698 页。

图 A24

其实，在整个贺兰山岩画里，像图 A19、图 A24 这样的情形并不多见。我们所能见到的绝大部分岩画都是作为一个相对独立、完整统一的形式单位而存在的，不管是就其实际存在的地理位置，还是就其自身内在结构存在的相对完整性而言都是如此。只是这些形式单位面积有的很小，有的则非常大。这突出表现在合体岩画上。如图 A25[1] 所示：上面一块长方形的大石块上下左右密密麻麻刻满了各种图形；下面一条呈长方形形状的岩脉上也密布着无数各种各样的图形。尽管数量不可数，但是，这些图形同样是由最小形式元素组合的，是我们可以辨识分解的最小形式。而且，它们也是依照一定组合关系彼此排列在一起。如图 A26、A27[2] 所附的就是下面这个岩脉上部分图形的拓片。因此，如果我们把拥有几十个成分的岩画称为合体岩画的话，那么，我们就应该把图 A25 里两个称之为可以再次逐级切分为一个个相对独立完整形式单位的巨幅岩画。

图 A21、图 A25 类贺兰山岩画的存在启发着我们的思考：无论是想了解贺兰山岩画的发生、结构及其运作机制，还是它的功能、意义，详尽描述分析独体、合体岩画形式都是我们研究工作的切入点。

---

[1] 上面为双疙瘩峰岩画，下面为大麦地岩画。

[2] 这两个拓片资料是作者从“2008 中国·银川国家岩画工作交流会议暨首届贺兰山岩画艺术节”岩画展（具体时间为 2008 年 7 月 6 日，地点为贺兰口）上收集的。

图 A25

图 A26

图 A27

Ⅱ 五种类型的构形模式

有形之类，大必起于小；行久之物，族必起于少。故曰：“天下之难事必作于易，天下之大事必作于细。”是以欲制物者于其细也。故曰：“图难于其易也，为大于其细也。”千丈之堤，以蝼蚁之穴溃；百尺之室，以突隙之烟焚。故曰：白圭之行堤也塞其穴，丈人之慎火也涂其隙。是以白圭无水难，丈人无火患。此皆慎易以避难，敬细以远大者也。

——韩非《韩非子·喻老》

世界上每一个形式都表达着某种意义。但是我们往往不理解其含义。

——〔俄〕康定斯基《论艺术的精神》

图 B1

无论是独体还是合体岩画，它们都是由点、线、面这些基本形式要素以及它们之间紧密的相互关系结构而成。在约占整个贺兰山岩画五分之一的独体岩画里，完全由一个单纯、孤立的点或者线或者面结构的非常少见，[1] 偶尔我们在合体岩画形式中能见到。如图 B1 里有四个相对独立存在、上下排列组合的形式，其中上面两个就是两条单纯的粗线或实面（相对下面两个形式元素而言）结构。这意味着：诚如汉字里的点、线状笔画形式，点、线、面本身通常并不是岩画符号，而只是用以结构某一个特定岩画形式的最小语法单位或者说形式元素。因此，如果说岩画是一幢建筑物，岩画的有意义的成分是建筑物的砖的话，那么，点、线、面就只能比作造砖用的、没有成型的、没有烧过的黏土。整个贺兰山岩画符号系统中真正有意义的最小的成分，就是由一个相对完整的图形组成的、实际中相对独立存在的独体岩画形式。因此，若把贺兰山岩画视觉语言符号系统视作一个整体的话，这种独体岩画就是其中的“词”。作为能所统一的符号，这些词的整体外观，也即图形就是它的一级能指，其二级能指就是形式元素构成该图形的结构方式。在岩画语法形式里，如果说前者是一种具象实体的话，那么后者就是抽象实体。正是依据图形，也即岩画形式这一具象实体，我们一方面可以毫不费力地区别出图 B1 里各个独体岩画形式，另一方面也会惊讶地发现（正如每个人一样）它们各个不同？！

[1] 在贺兰山岩画里，我们能见到面（尤其是虚面）结构的圆圈状独体岩画形式。一些看似一条线状独体岩画也往往是抽象羊、马形式。完全由纯粹、孤立点、线、面结构的岩画形式在单个图形或组合图形里比较多见，它们绝大多数是以附加成分面目出现的。关于这些后面有详细论述，兹不赘述。

它们之间存在着相同、相似之处吗？有什么规律可循吗？首先，我们可以看到许多独体岩画形式是属于同一类型的，如和这两种形态的羊形象以及与两种形态的马形象，无论是两种形态的羊图形，还是两种形态的马图形，它们彼此之间的相似性是不容置疑的，尽管仔细辨别后我们也可以从中区别出它们的差异性。有些独体岩画形式，如、、、和这五个牛图形之间以及、和这三个骆驼图形之间的差异性似乎较大，但从它们具有特征的部位(如牛头、驼峰)，也可以看出它们具有一致性的性质。因此，在格式塔心理学的视域中，从岩画形式存在的实际语境出发，我们不仅能区别出所有贺兰山独体岩画，而且还能发现许多同一性的组织单位。这些单位具有很强的排他性，我们很容易对它们进行分类。例如，我们会毫不犹豫地把和与和归在一起，并把它们统称之为羊图形或者羊形式、羊符号，而不是骆驼图形或骆驼形式、骆驼符号。

因此，基于这种认识，在充分考虑到组合关系、联想关系和能所关系的前提下，我们必须首先从能指（形式）层面入手，通过对独体岩画形式结构的描述，剖析其组合法则，显示岩画形式是如何由一定的形式元素及概念根据恒久的规则产生出来的，进而对整个贺兰山独体岩画作一个共时性的系统研究。要进行这样的研究，我们同样要从大量贺兰山独体岩画的实际存在这一现象出发，描述它们的存在、它们的形式结构模式，分析、总结出它们各自的结构特点，使之各有归属，并确定它们的包含关系或排斥关系。纵观整个贺兰山独体岩画，其丰富多样的式样结构形态中存在着一定的法则。下面，我们将条分缕析之。

一、根本型

贺兰山独体岩画的生存语境主要有三种：第一种是位于旷野里一块独立存

图 B2

在的岩石上，如图 B2[1] 所示：一块青色岩石比较大且平整的表面上满满当当地刻有一个象羊之形的形式或图像，羊形象长长的尾巴甚至延伸至石头的另一侧面。第二种是位于一块相对独立完整的石头上，如图 B3 左边就是位于一块相对独立完整的石头上的、一个象正面站立人之形的形式，与第一种不同的是，这块石头周围还有许多其他石头。第三种是在一块较大岩石上相对独立存在的岩画形式，如图 B3 右边是位于一块巨大岩石最下面拐角处的、相对独立存在的一个“十”字状独体岩画形式。因此，正如图 B2、图 B3 里象羊、象人之形的形式和“十”字状形式一样，、、、、、、、和这九个最小形式的贺兰山独体岩画可以是我们要研究的最简单的有意义的形式，也可以不是。图 B2、图 B3 左图象羊、象人之形的形式以及、和都表达了一个单一的概念。它们都有着明确的所指对象（依次分别指称羊、人、马、虎和牛）。而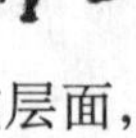、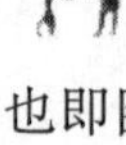、和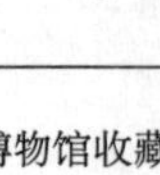这四个的意义则不确定。因为仅仅从能指的形式层面，也即图

[1] 宁夏博物馆收藏。

图 B3

形，我们不能确定它们具体的指称对象究竟是什么。若考虑到联想关系，我们也只知道它们表示的都是某种动物。至于图 B3 右图“十”字形式以及、和的所指我们更不能确定。与其说它们表达了某种概念，不如说它们表达的是一个心理上联合成一个统一体的概念组合。尽管存在着形式上的差异，这三组岩画有两个共同的特点。这就是独立性和不可再分性。“独立性”指的是它们能作为独立的符号（独体岩画）出现；“不可再分性”指的是它们都是不能再进一步切分的、最小的、有意义的形式单位。我们把这类独体岩画称为贺兰山岩画里的根本型形式（简称为根本形式），并用大写字母 A 表示它。[1]这种形式本身可以是一个完整的独体岩画形式（事实上，它们正因此而成为其所是），或者只是一个贺兰山独体岩画形式的一个成分（一个次要语法单位）。这相当于词根、词干，[2]或者词的根本成分。这意味着它们可以独自出现，也可以与其他成分联合在一起出现；可以只出现一次，也可以经常出现。从图 B4、

[1] 借用美国语言学家爱德华·萨丕尔对词的标示法。

[2] 这里所说的词根、词干指的是从一系列相同或相似（全部或部分相同或相似）的岩画形式的比较中所得出的、不能再分的共同要素，它们带有这些岩画形式所共有的意义要素。关于这一点，我们在下面的一系列分析中会进一步谈到，兹不赘述。

和三幅独体岩画我们可以看到：羊形式本身既可以是一个独体岩画，又可以以一个语法成分的身份分别出现在图 B4（即羊形式与一个圆圈状形式的联合结构）、和三个岩画形式里（在前两者，它只是作为一个根本成分；在后者，它则是词干）。这样，我们又可以把贺兰山独体岩画里的根本形式进一步区分为孤立型和再生型两大类。前者本身只独立出现，后者则组合力强，能彼此或与其他成分联结起来并存。

孤立型和再生型岩画的区分主要基于三点：(1) 前提条件是它们首先必须是独体岩画形式；(2) 从使用方式看它们是否能再次循环运用；(3) 从所指层面看独体岩画的性质。这就是说当判断某个独体岩画形式是孤立型或再生型时，我们暂时悬置起了它的能指。如和里属于再生型的羊图形的能指层面差异很大。虽然都是点（表示羊形象头部）、线结构，但它们内部形式结构完全不同：羊形象前面两条腿，后面一条腿，结构其主体躯干的是一条曲线；羊形象前面一条腿，后面两条腿，结构它主体躯干的是一条直线。图 B4 里有着两只长长弯曲角、紧紧触着圆圈状形式的尖尖嘴

图 B4

和一条弯曲后腿的羊形象也与、迥异。

因此，在整个贺兰山岩画系统中，孤立型根本形式就是不可重复的唯一形式，而再生型根本形式就是能同时出现在两个或者两个以上岩画（无论是独体还是合体）里的自由形式。一般来说，类似图 B2 和图 B3 左边、图 B4 右边和、、、这样的根本形式属于再生型，而图 B3 右边和、、、、、、之类则属于孤立型。绝大部分贺兰山岩画是由再生型岩画组成的。从这个意义上说，再生型根本形式才是整个贺兰山岩画里最基本的成分。

二、黏附型

在整个再生型贺兰山独体岩画符号系统中，还存在着图 B5 这样传递着对某一特殊事物印象的、最简单单纯的圆圈状符号。它虽然是密集点结构的一个虚面，但却是一个意义完整的不能再分析的最小形式单位、一个相对独立

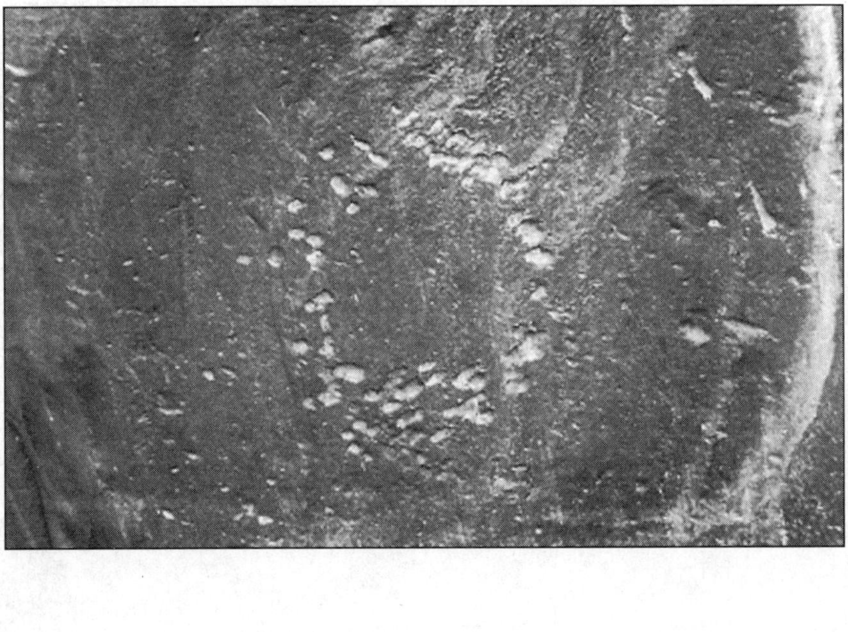

图 B5

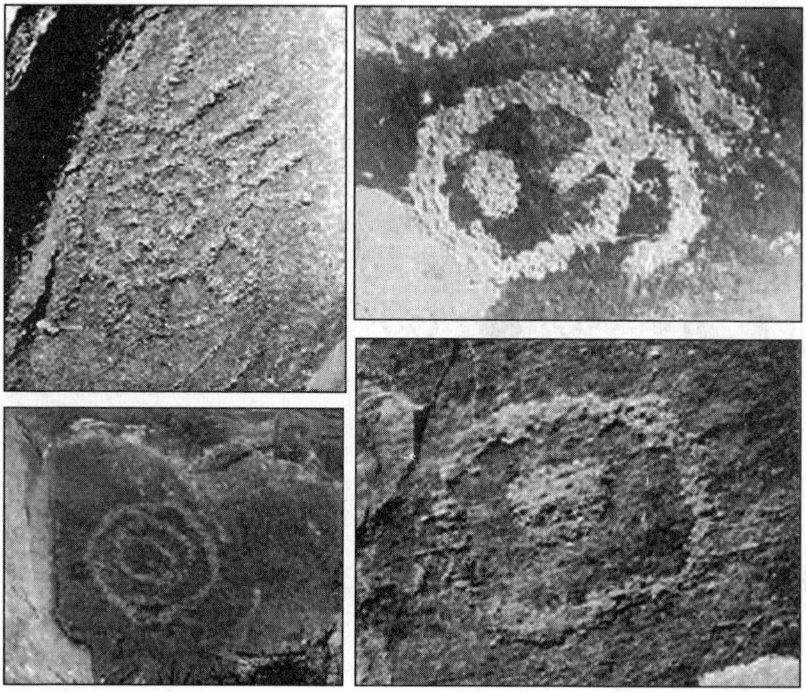

图 B6

存在于一块较大岩石上的独体岩画。这种独体岩画不是孤立存在的唯一形式，而是可以彼此重叠或与其他最小形式再次组合的、重复出现的再生型自由形式。例如，图 B6 里四个独体岩画都与圆圈形相关，但我们却不能简单地说它们都是圆圈形图形。它们中有的象光芒四射的太阳之形（一个圆圈内有众多点状形式元素，圆圈外又有众多线状形式元素），有的圆圈内部有一点状形式元素，有的圆圈内外分别有一点或线状形式元素，有的则是三个单圆圈形式相套的结构。图 B7 里两个独体岩画也如此。它们整体形状象勺子之形，有的圆圈内有四点，有的圆圈内又有一中间有三点的圆圈。总之，图 B6、图 B7 里每一个独体岩画都传递出了一个完全确定而可以了解的观念。它们都包含圆圈图形所赋予的同一基本印象，不过由于加上了别的要素成分，这个印象有了某种转折、改变，它们因此被规定得更具体确切了。在某种意义上，它们代表着从这个基本概念生发出来的复合概念，所以，我们可以把图 B6、图 B7 里六个独体岩画所代表的、、、、、类图形当作双重表达来分析。它们包含着一个基本概念或主体概念（即，一个圆圈），还包含着另一个抽象程度更高的概念，即关于、、、的（依次分别是图、、、内部或外部的黏附形式或组成部分），或者其中几个合并起来的，如、、、和（依次分别是图、、、和内部或外部的黏附形式）。

因此，如果我们用代数公式 A 来代表图 B5 这样一个根本形式（即图形或独体岩画），我们就得用 A + b 这个公式来代表图 B6、图 B7 里六个，以及、、、、和这些图形。A 成分本身既是一个完整的、能独立存在的独体岩画——，又是其他独体岩画或图形的根本成分—，其中是根本形式，符号“—”表示它还能以组成成分的身份与其他成分再次组合。与之相反，成分、、、、、和只是一个黏附语法形式。因此，为了准确起见，我们要在它们的前面加上符号“—”，也即—、—、—、—、—、—、—和—，以表示这些成分不能独立存在（因为它们不完整），只是某些岩画形式的一个组成部分而已。它们从某些方面进一步规范了 A。由于它们在绝大多数情况下不能独立使用，而必须附加或者连接在根本形式上，才能传递出一个可以了解的概念。所以，我们原来的公式 A + b 应该修改为 A + (b)，加小括号表示这个成分不能独立。这就是说，黏附语法形式（或者说语法成分）本身是不能独立存在的，它必须与根本形式或成分联合起来才能存在。而且，一般来说，它还必须和某一类的根本形式联合起来，才能充分发挥它的作用。例如，独体岩画里的一条短竖线形黏附形式（添加在动物腹部下面）和独体岩画里的一条短竖线形黏附形式（插在圆圈上面中间的）是全然不同的表示概念的符号，因为和在功能上不同类。

除很强的依附性外，我们从图 B6、图 B7 以及类似、、、、、、和这样的独体岩画中可以看到、、、、、、和类语法成分还具有以下四个显著特点：

第一，若以一个相对独立完整的、令人满意的心理单位为准绳，那么，它们的形态或者说种类非常纷繁复杂。有点、竖之类简单的笔画，也有复杂的图案，有叉、圆圈之类简单的符号，也有错综的构图。

第二，它们的位置非常灵活。有的加在根本形式的里面，可以是一个内加成分，如里的；有的加在外面，可以是一个外加成分，如里的；有的加在上面，可以是一个上加成分；有的加在下面，可以是一个下加成分；有的加在左边，可以是一个左加成分；有的加在右边，可以是一个右

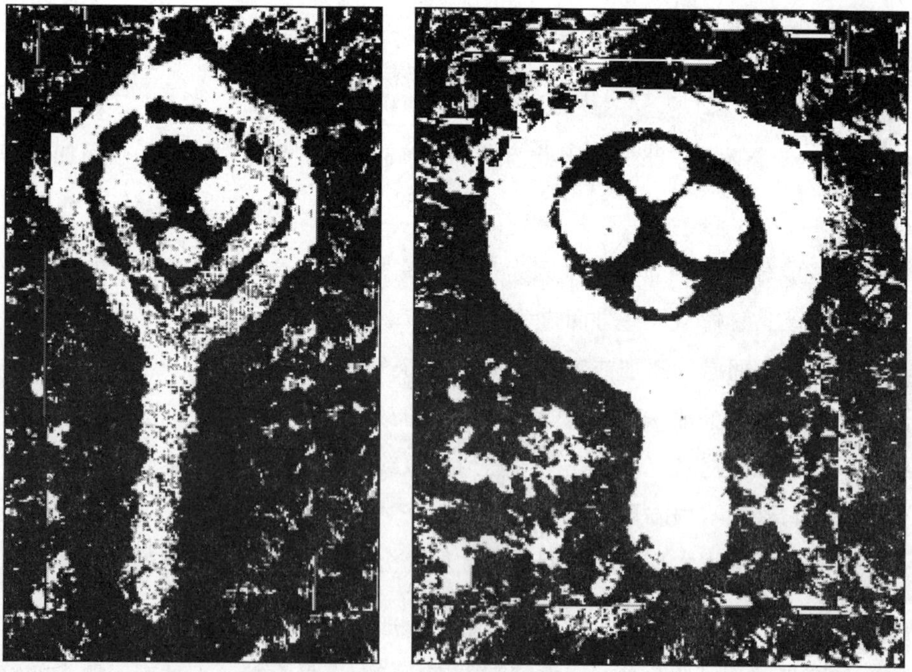

图 B7

加成分，如里上下左右所添加的点线状形式元素。这些语法形式，或者不如说语法增号也可以插入词干的中间，如里的一短直线，也可以是词干的全部或局部重叠（如里至少有两个圆圈）；也可以是词干内部的形式改变（改换空白，如圆圈内的一点）。

第三，同一幅独体岩画，其间附加的总的语法形式的数量不等。有的只有一个，如和，有的则有两个、三个，甚至更多，如不仅两圆相套，而且中间圆里有三点，整个同心圆外又有一直线，更是圆圈内外几乎布满了黏附形式。

第四，同一独体岩画里所有黏附形式的位置亦不相同。它们可以同时位于词干内或外（如图 B6），也可以彼此分开来，也即有的位于内，有的位于外

图 B8

(如图B7和)。

然而，无论它们是什么样的形状，也无论它们具体位于根本形式的什么位置，一般来说，所有黏附形式都是与其根本形式紧密联结在一起的，或者说它们之间没有缝隙。作为语法成分，这些黏附形式通常是依附于根本形式之上的附加成分。就其在整个图形里所占的比例而言，A远远大于（b）。然而，贺兰山岩画里也存在着图B8这样奇特的独体岩画：整个根本圆圈形形式被包裹在一个长长曲线状黏附形式内，与它相比，根本圆圈形形式显得很小、很不起眼，似乎只是这个大的曲线形式里面的一个组成因素。

三、抽象型

A+（b）类独体岩画的存在必须有这样一个条件：作为根本形式的A在整个贺兰山岩画里能作为一个独立的岩画形式出现。如本身就是一个完满的意义单位，一个能在整个贺兰山岩画视觉语言系统中反复运用的词。但是，我们要指出的是：一个根本形式虽然有时等于一个词，一个能独立存在的图形，这并不意味着它总是或者经常是作为一个词使用的。例如，与图B1、图B2代表的贺兰山独体岩画相比，图B9[1]里三个独体岩画形式结构比较复杂。一般来说，前者可以称之为最小形式，后者则可以称之为复合形式。我们不能把图B2、图B3、图B5里象羊、圆圈、“十”字形式本身再次拆分成两个或两个以上的最小形式单位，如我们不能把“十”字形式再次分成一横一竖（它们只是结构该图像的形式元素），圆圈分为两半。然而，我们却可以把图B9里的三个图像再次拆分为两个最小形式：左边底下是一个方框状形式、上面是一个“中”字状形式；中间是两个“中”字上下相连；右边是一方框状形式与一麦穗状形式的上下组合。其实，图B9里的三个以及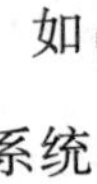、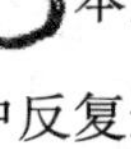、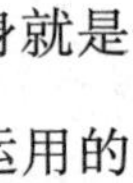、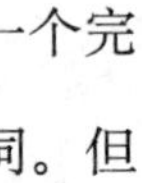和这五个独体岩画形式（或图形）里的（方框）是被我们抽象出来的

[1] 从图A25上面双疙瘩峰岩画里摘出，后面的图B10亦如此。

图 B9

东西（抽象实体），虽然它有意义，但却不能独立运用。贺兰山岩画里极少有完全由纯方框构成的独体岩画。[1] 可见，有时，贺兰山独体岩画里的根本成分与语法成分一样都要通过抽象过程才能得到。所以，我们似乎更宜于用 A +（b）来代表，而用（A）+（b）来代表。

需要经过抽象过程才能获得的（A），在原独体岩画或图形里的形式一般来说都是明显的，准确地说都是我们能看得见的。但也有个别我们看不见的。这些岩画里的形式需要我们靠想象才能看见。例如，是一个比较复杂的图形，但其中方框的形状我们是能够看得见的，而在图 B9 中间这个独体岩画形式里，我们所能看到的是半个方框（一条直线把上下两个长方形方框形式分为四半）。然而，我们又仿佛确实看到了方框，这就是想象中的整个方框。如果我们把和里的方框形称作实象（也即我们能看得见的形象）的话，那么，和图 B9 中间的就是虚象，也即我们想象中的形象（一个抽

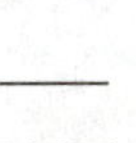

[1] 尽管在个别合体岩画形式，尤其是完全由人面结构的合体岩画形式里，我们会偶尔看到极个别相对独立存在的单纯方框状式样结构。但是，在整个贺兰山岩画里，独体方框岩画形式非常罕见。我们所能见到的一般都是其内部零星有着简单或复杂笔画成分的方框状式样结构。

象实体)。

这种从原独体岩画里抽象出来的实象或虚象（也即方框）在原独体方框岩画里可以略有改变（如下面部分稍微内收，而左边方框形略呈三角形），可以重叠（如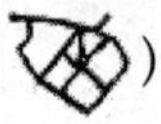）。但万变不离其宗：一切的改变都应在方框形的基础上进行。事实上，（A）相当于一个词根或者词干。它是我们从一系列有部分变化或者没有部分变化的同族岩画形式的比较中抽象出来的一个不可再分的语法形式，带有同族岩画形式所共有的意义要素。

至于（A）里的（b）亦很繁复。作为黏附语法形式（准确地说是语法增号），它具备上述 A +（b）型岩画里附加成分（b）的一切特点，如形态万千、位置灵活等。但由于与之配合的（A）是我们从中抽象出来的，它通常是原独体图形（岩画）的主干。就其在整个图形里所占的比例而言，（A）远远大于（b)。因此，从功能上来看，与 A +（b）相比，（b）更像是（A）的修饰成分。作为一条线，这种修饰性黏附形式可以穿插在方框里面（如），可以整个贯穿它（如），可以连接在方框的外面（如），也可以交叉在方框的里面（如），更可以像图 B10 这样几乎塞满整个方框。

图 B10

而且，与A+（b）型一样，在可以抽象出来的实象或虚象的（A）形式里（如方框），附加性修饰成分可以有一个（如），可以有两个（如方框上面一倒“个”字状形式，和下面三条短垂直竖线），可以有两个以上（如、）。它们可以都加在方框的里面（如），也可以同时添加在它的内外（如和），特别是，不仅六个大小方框相套，而且其中一个小方框里有一条短线，整个方框形外不同位置上又各有一条短直线。

四、异质型

若把某个根本形式放置在整个贺兰山岩画语境里考察，我们会发现在A和A +（b）型岩画里，尽管我们把和类图形称为实在存在的最小的贺兰山岩画成分（也即词或根本形式），但是，我们不能肯定它们是有着唯一固定能所关系的根本形式。例如，在仔细比较、、和这四个贺兰山岩画形式之后，我们会得出这样的结论：一定的图形表达和它所指称的对象之间并不是简单的互相对应。我们不能十分断定这个图形或独体岩画形式指称的对象就是现实生活中的动物——马。因为整个贺兰山岩画视觉语言符号中跟显然有关联的、、和四个岩画的存在就说明不能用于表示怀孕中的、身上有竖条的、跳跃中的和奔跑中的马，至少在它的使用范围的主要部分上仅限于表示抬头、静止中或者正准备行走的马。然而类似这种象马之形的形式能够出现在像图B11这两个独体岩画形式里，则表明它的确可能指称一般意义上的动物“马”，或者代表“马”这个特殊概念的整个范围。不过，若悬隔起所指，如果是“马”概念固定的表达形式，那么，它就是唯一的了。因为在整个

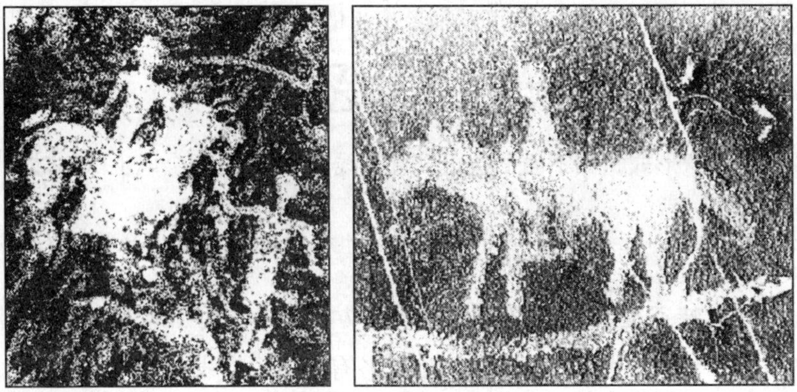

图 B11

贺兰山独体岩画里，与它完全一样的形式只有它一个。[1] 同理，、、、这四个图形或独体岩画形式亦如此，它们与一样都只用来特别表示一个拥有这种形态的马形象或者概念。

事实上，在贺兰山独体岩画语境中，这种类型的图像介于真正的根本形式马和类经过改变的图形的中间：它不只传递出一个概括的意思（马），它的身上同时牵挂着一些附带价值（诸如形体优美、前蹄略抬、正准备行走的马）。因此，公式 A 似乎不如 A ＋（0）这样能更准确地代表它。我们可以设想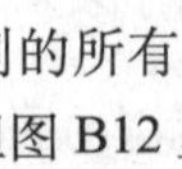是属于 A ＋（b）型的，只是（b）已经隐藏起来了，隐藏在 A 的形式里。但在实际的使用过程中，我们能感觉到它的存在。如图 B12 所示：在这个有着多个组成成分的合体岩画形式里，有四个实面与线结构的、形状比较大的象马之形的成分。它们不仅彼此之间内部形式结构不同，而且与我们上述提到的所有马形式在能指层面上也有着很大差异。如虽然与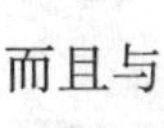大体相似，但图 B12 里的四个马形象都有四条腿。

通常，在某一特定的贺兰山独体岩画里，这些隐藏的成分都不是单一的。换言之，（0）可以有多种价值。这就是说 A ＋（0）型岩画的基本概念的潜在

[1] 关于这个问题，以下会详细论述到，兹不赘述。

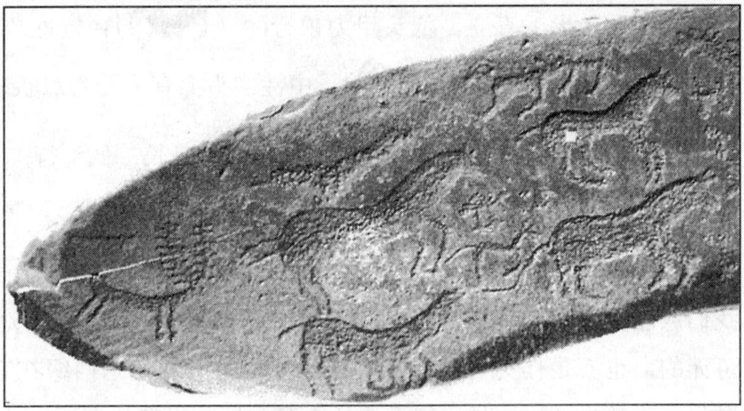

图 B12

形式改变，可以涉及不止一个语法范畴。例如，独体岩画这个图形或独体岩画形式不只传递出一个具体概念（牛），这形式（实际上比它的根本形式还少后半部分内容）同时至少还传递出了三个不同的、但是纠结在一起的形式概念：单数、性别（中性）和静止站立。所以完备的语法公式应该是 A +（0）+（0）+（0），虽然它外表的公式应该是（A）–。(A) 代表抽象的根本形式（牛），减号代表它能指层面实际缺少牛形象的一些内容。

与在象圆圈、羊之形的根本形式（如、）上添加黏附语法形式所形成的、、和类图形相比，、、和其实是由减去用以结构一个完整的牛、马和鸟图像里一些固有的内部形式结构元素形成的。如果我们把前者称为有语法加号的形式的话，那么，后者就是有语法减号的形式。

因此，在像这样的 A +（0）类独体岩画里，如果说 A 一般表示的是一种抽象种类的概念（马）的话，那么，(0) 通常表示的就是一些非常具体的概念。正因为具体，所以它们千奇百怪，绝不雷同。从、、和里我们都能抽象出“马”和“某个具体马”这两个抽象概念。但仅凭此，我们无法从众多图形中分辨出它们。只有当我们像这样如实地描绘

它们：怀孕、鬃毛直立、低头用力前行的（）；雄性、身上有竖条纹、站立并注视着正前方的（）；中性、头上有一无名点状东西、身上有竖条状花纹、正在跳跃着的（）；中性、身长、低头行走着的（），我们才能比较容易地把它们区别开来。从这个意义上说，正是由于（0）的存在，我们才能准确把握到A的存在。而且A所传递或者暗示出的（0）愈多，我们愈能更好地理解它。所以，与黏附形式完全不同，（0）对于A不是可有可无的，也不是作为可以随意拿下或添加的附加的东西缀在它的身上，而是融化在A的血液里，是我们无法从A身上剔除出来的东西。从这个意义上说，贺兰山岩画里用以表达“马”这类动物概念的独体岩画能指层面本质上是异质的。

五、复合型

这是指由两个相对独立完整的根本形式（图形）结构的独体岩画形式类型。如图B13[1]所示：右图岩画里有两个象根本羊之形的形式，它们一上一下组合，尽管挨得很近，但是它们彼此独立，相互之间绝不重叠；左图岩画里也有两个象根本羊之形的形式（位于左边），它们也是一上一下组合，所不同的是它们部分形式元素相互重叠：下面羊形象的两只角与上面羊形象的两条腿相连（其实是同一条线），下面一羊形象的尾巴又与位于其右边的一个三角形状蘑菇形式联结在一起[这实际上是一个A+（b）型羊形式]。因此，与右图一个岩画相比，图B13左图岩画里各个组成成分（或者说最小形式）之间没有丝毫间隙，彼此联结成一个统一的整体——贺兰山独体岩画。同理，与和相比（其中的两个根本形式是相对独立的），和这两个贺兰山岩画里的两个根本形式在能指层面上有一个显著特

[1]　上面从图A25双疙瘩峰岩画摘出，下面是宁夏博物馆收藏的贺兰山岩画。

征——不可分割性。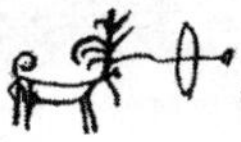里的两个图形（也即象鹿、弓箭之形的图形）是紧密联系在一起的，我们不能把分成（鹿）与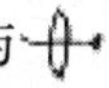（弓箭）两个根本形式或成分（也即两个相对独立完满的图形），而必须把它们也视作一个相对独立存在的完整统一的整体，也即独体岩画形式。里两个图形（即两个象羊之形）之间也是上下紧密联结在一起（上面一羊形象的前蹄与下面一羊形象的一只角似乎重叠在一起）。这种紧密结构表明：它们之间存在着一种不可分割的密切关系，我们必须把它们视作一个统一的结构单位。因此，根据贺兰山独体岩画形式存在的一般原则，和都是独体岩画形式。然而，与一般只有一个成分的独体岩画形式相比，它们显得很特殊。为研究问题方便起见，我们把它们，也即由两个或两个以上根本形式紧密联结而形成的一个意义单位称为复合型独体岩画形式，并用代数公式 A + B 表示。大写的字母 A 与 B 分别代表两个独立存在的根本成分。加号表示两个或更多的能独立出现的根本成分 A 联合成一个单位。在复合型贺兰山独体岩画形式里，A + B 只代表一种基本类型的岩画（图形）形式，它的形态实际上是非常复杂的，如图 B13 左图里的可以准确写作：A + B + C。

图 B13

（一）并列式与限定式

就同一个岩画形式里各根本成分之间的相互关系而言，A + B 类复合型贺兰山独体岩画形式主要存在着并列和限定两种基本形态。并列式指的是岩画中两个或两个以上的根本成分之间存在着并列或联结式的关系。例如，、里的两个根本成分是直接并列放置在一起的（也即上面一只鸟的头部紧紧抵着下面一只身体的前半部分，虎的前爪直接触摸着圆圈）。而仅仅从每个图形的能指层面上来看，、、这三个岩画里的两个根本成分都借助于一定的中介，一上一下地联结在一起（如借助的是一条横线状形式，借助的是一个小圆圈状形式，借助的是一条直线形形式）。因此，如果我们用 A + B 代表、和这种形式的话，那么，、这种形式，也即直接紧密并置在一起的两个或两个以上的形式（准确地说是成分）则应该用 AB 表示。假如从根本成分的能指层面或者说其形状来看，同一个并列式里，它们可以都直立（如），也可以一个直立、一个倒立（如），可以都基本上是实面的结构（如），可以都基本上是线的结构（如），也可以都是线与面的混合结构（如）。总之，它们可以是多种多样的，没有一定的规则。若从根本成分的性质来说，A 与 B 可以不同（如里象“虎”与“圆圈”之形的形式），亦可以相同（如里两只象“鸟”之形的形式）。相同性质的根本成分之间的结合其实是一种特殊的重叠式并列复合独体岩画形式（如、、），应该准确地用代数公式 A + A 表示，而不同性质的则适宜于用 A + B 表示。

而且，一幅复合独体岩画可以有几个 A 级的成分。例如，图 B14[1] 这个非

[1]　宁夏博物馆收藏的贺兰山岩画。右边是它的摄影图，左边是它的拓片。摄影图、拓片有的不清晰，所以行文中又使用了它的复制图，以便读者能真切地感受到岩画形式结构，并进行比较。

常复杂的形式里有六个成分，即一个主体象豹子之形的成分和五个象其他动物之形的成分之间的组合：豹子嘴里叼着一个动物、前后蹄各踩着一个动物（其中前蹄踩的一个只有后半部分且又连缀着一个呈倒立状的），身体的前半部分上还重叠着一象动物之形的形式（这个动物形象的整个身子几乎与豹子的前腿叠合并与豹子嘴里的动物形象的后腿部分重合）。这个并列复合独体岩画形式里有四个根本成分，即三个实面结构的象羊之形的形式，和一个线结构的象羊之形的形式的结合。因此，假如说 A + B 代表两个根本成分的联合，那么，A + B + C + D 和 A + B + C + D + E + F 就分别代表四个、六个根本成分之间的结合。

一幅岩画里各根本成分之间的并列关系还是相对简单的，真正复杂的还是它们之间的限定关系。在拥有两个或两个以上根本成分的复合独体岩画里，其中一个或几个根本成分功能上或者形式上变得依附于另一个根本成分，以至于具有语法成分的性质。为了与一般 A + B 型复合独体岩画形式相区别，我们用 A + b 来表示它。这里的 A 代表独立出现的根本成分，b 代表附属成分。在整个复合型贺兰山独体岩画中，这种复合限定型的独体岩画形式数目最多。从各根本成分之间的限定关系来看，这种岩画主要有统领式、包容式和主从式三种类型。

统领式指一个根本成分功能上统辖另一个或几个根本成分。如图 B15 里就是两个统领式复合独体岩画形式，它们分别象骑者之形、象人射击之形。显然，在这两个由两个根本成分（也即人与马、人与弓箭）结构的形式里，人形象处于明显的核心位置，它与另一根本成分之间是一种统治、驾驭的关系：是人在骑马，是人在使用弓箭。除这两种比较典型的图形外，贺兰山岩画里还有这样象人牵马之形的统领式复合限定型独体岩画：是人在牵马（马显示出顺从的意思）。

图 B16[1] 所例举的是两个包容式复合独体岩画，也即一个或几个根本成分形式被包含在另一个主要的根本成分里面。结构这种形式的同样是两个或两个

[1] 左图摄影图引自周兴华编：《中卫岩画》，宁夏人民出版社 1991 年版，第 96 页。

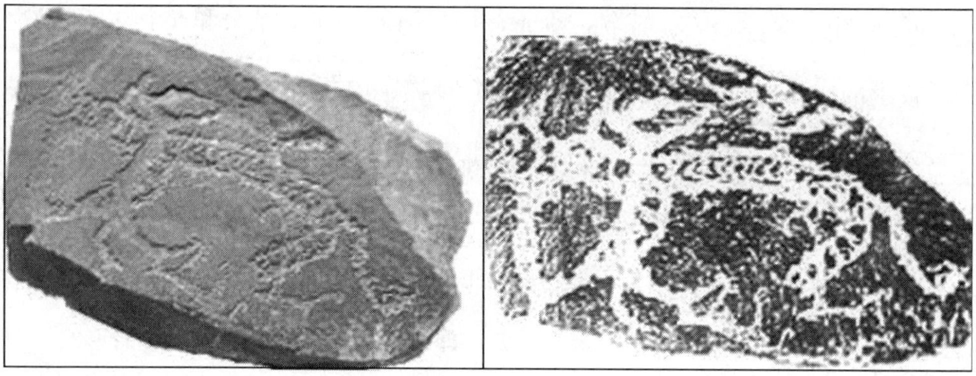

图 B14

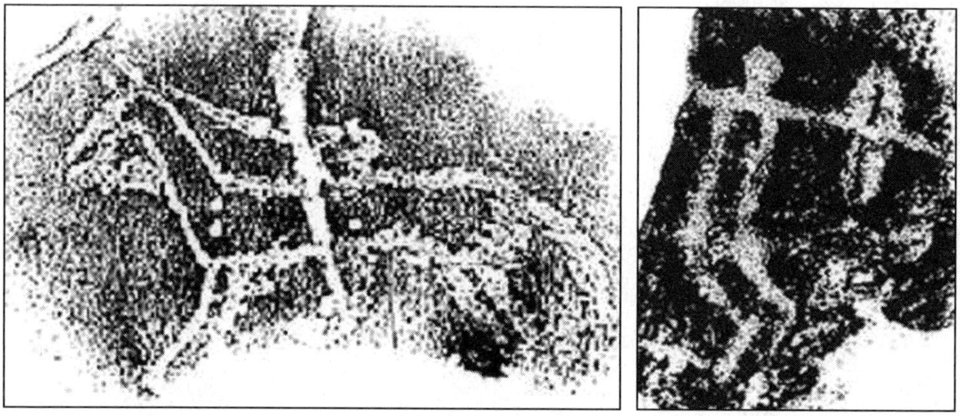

图 B15

以上的根本成分。与统领式相比，这两个或两个以上的成分在形状的大小上有着巨大的差别。不论每一个岩画形式里有多少根本成分，总有一个最核心的成分。它们分别是一个象羊、虎之形的形式，其巨大的形体几乎占去了整个视觉空间。与之相比，跟它们组合的另一个成分显得非常微不足道。若不仔细看，我们甚至会忽略它们。它们不仅形体小，而且所处位置也非常不起眼。它们都被包含在形体较大的羊或虎形象的腹下、双腿之间。这样，在这两个复合限定型的独体岩画里，尽管结构每一个岩画的两个根本成分之间存在着一定的距离，换言之，它们之间并不是像并列式与限定式里的两个根本成分那样天衣无缝地联结在一起，但是，我们依然可以把它们称作复合独体岩画形式。这一点

图 B16

同样是组成每一个岩画的各根本成分展示给我们的，也即它们通过形状大小及其特殊的组合结构昭示了它们之间的包容关系。所以，我们完全可以用 A + B 代表图 B16 里两个独体岩画。

包容式复合独体岩画的复杂性主要体现在两个方面：一是用以结构这种岩画的可以是两个相同的符号（如图 B16 左面是两个羊图形结构），也可以是两个不同的符号（如图 B16 右图形体较大的是一象虎之形的图像，形体较小的则是一个象鸭子或水鸟之形的图形）；二是主要根本成分可以包含一个成分，也可以包含两个或两个以上性质相同或不相同的成分，如这个虎形象下面就包含着四个完全不同的成分。若用公式表示可写作：A + B + C + D + E。

图 B17 上面两个以及是三个主从式复合独体岩画形式。这是指组成某一独体岩画的两个相同的根本成分形式上具有主从关系。与包容式相同，结构这种复合式独体岩画的两个相同的根本成分在形式上往往存在着鲜明的一大一小的差异。大的往往占居整个图形三分之一的面积，处于明显的核心重要地位，相反，小的则处于比较次要的地位。这一大一小的两个根本成分上下组合结构。这种岩画与包容式复合独体岩画有某种相似之处，即它们都主要借助于形状大小昭示出其间所包含的各根本成分之间的包容或主从关系，

图 B17

而且两个组成成分之间都存在着一定的距离。然而，它们之间的区别也是比较明显的。在包容式复合独体岩画里，形体较小的成分一般都位于形体较大的主要根本形式下面且被笼罩、涵盖。与之相反，在主从式复合独体岩画形式里，形体较小的成分通常都位于形体较大的主要根本形式的上面。尽管如此，就整体视觉效果而言，我们仍然不可能把具有主从关系的图 B17 上面两幅岩画的成分彼此分割开来——它们俨然也都是组合得相对完整、统一的整体形式。这意味着我们同样可以用 A + B 来代表它们。

结构主从式复合独体岩画形式的一般都是象人或动物之形的形式，较少见到像图 B17 下图这个由抽象形式结构的：两个形状大小相差不大的成分，上下组合在同一个视觉空间中。虽然它们没有紧密地联结在一起，但我们会很自然地把它们视作一个不可分割的整体形式——上面那个曲线状形式显然依附于下面那个坛子状形式。

有时，我们甚至会看到一些复杂的限定复合型独体岩画。例如，主从关系、包容关系同时并存在和里[1]：虎形象或者前腿与头部下颌

[1] 前者为大西峰沟岩画，从位于沟南靠近沟底山崖上一个五重合体岩画形式里摘出；后者为贺兰口岩画，位于金山村蓄水池的西南角，面上，长 1.44 米，宽 0.55 米。人们在采集后者时，往往遗漏了最上面两个和最下面一个抽象成分。此复制图为作者制作。

之间包含一形体小的羊形式，或者腹下及双腿之间含有四个形体较小的成分，而在它们的下面或上面又分别尾随着一个或两个形体较小的羊形式。

总之，由以上对三种形式的限定复合型独体岩画的分析可以看出：尽管是两个或两个以上独立出现的根本成分，但是，它们之间存在着明显的相互附属的关系。我们因此用 b 代替 A + B 型岩画里的 B，以便比较精确地标示出根本成分之间的这种关系。

（二）基本结构次序

我们现在知道了两种不同形式类型的 A + B 型复合贺兰山独体岩画：并列型和限定型。并列型里主要有 AB、A + A、A + B 三种形态，限定型里存在着具有多重性质的 A + b 型复合岩画。通常，A + B 型复合贺兰山独体岩画都采用其中的一种方式进行组合，但在拥有两个以上根本成分的一个复合独体岩画形式里，各根本成分之间的组合方式往往是多样的。例如，在我们前面提到的并列式复合独体岩画里，四个象羊之形的根本成分大致被分为左右两组。左边一组里的两个一上一下排列，右边一组里的两个一上（倒立）一下排列。这两组又再次左右排列，其中右边一组里的两个和左边一组里的两个成分之间又部分互相重叠组合在一起的。这样就形成了一个总体左右组合、其间各个成分又上下组合的、复杂的四重并列式复合独体岩画。更是如此。这是由六个根本成分结构的复杂独体并列式复合岩画。从结构上看，这是两大部分之间的组合：四个有包容关系的根本成分（三个小的、形似羊的形象涵盖在一个大的、形似豹子的形象下面）与另外两个有重叠关系的根本成分（形似羊的两个形象各自通过身体某一部分的相互重叠紧密联结在一起），既并置（豹子的嘴咬着一只羊的前腿）又重叠（豹子头的上半部分与另一只羊身体叠加在一起）结构成一个不可分割的统一整体。

当然，我们对 A + B 型复合贺兰山独体岩画所作的这种分类研究只是单纯就其根本成分之间的关系而言的。实际上，两个以上的根本成分的存在本身决定了我们还可以依据其结构次序对复合贺兰山独体岩画进行深入分类研

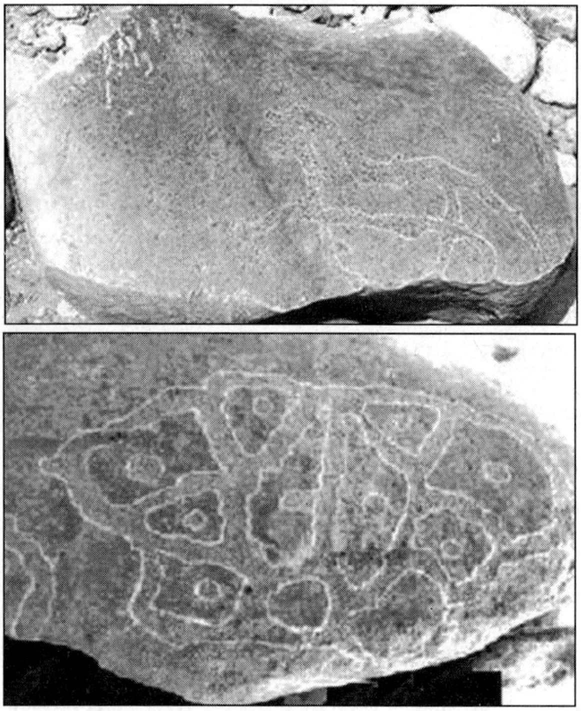
图 B18

究。在复合贺兰山独体岩画里，两个根本成分一般通过上下、左右（或前后）、内外（或互套）三种结构次序组成复合岩画。例如，、与里的两个组成成分之间是上下结构；与里的两个成分之间是左右或前后结构；与是内外或互套结构。这三种结构次序，复合贺兰山独体岩画里比较常见的是上下和左右结构。上下结构里还有一种比较特殊的图序，如图 B18 上面所示：这是一个 A + B 型独体岩画。两个动物形象上下相叠、相套，它们拥有一条后腿，上面动物形象的前腿部分几乎完全被下面动物所遮蔽。与 AB 类直接接触、部分重叠的两个形式相比，这两个象动物之形形象更是上下叠合在一起，密不可分。

至于三个或三个以上成分之间的结构次序，在复合贺兰山独体岩画里，我们最常见的情形有四种：第一种是通过串联组成复合岩画。如在与里，所有根本成分相互串联在一起。第二种是左右结构。如与，前者三个 A +（b）型羊成分前后联结在一起，后者总体上是左右结构，也即两个两两上下结构的 A + B 型形式再次横向左右排列组合。第三种是上下排列。如里的三个形状大小不一的根本羊成分一下两上，呈台

阶状组合。而在这个由五个动物成分结构的复杂独体岩画形式里，所有成分总体呈纵向上下排列。第四种是内外结构。这种情形主要出现在三个或三个以上根本成分的组合里。如组成这个复合独体岩画的两个根本成分一个在里一个在外，而结构这个复杂复合独体岩画的七个成分则四个在里三个在外。

除了这四种基本的结构次序外，整个贺兰山岩画里还存在着像图 B18 下面和这样整体组合式的结构次序。当然，这种结构次序非常少见。

（三）一种特殊的整体形式

至此，我们就各根本成分之间的关系及其结构次序对 A + B 这种基本类型的复合独体岩画进行了分类探讨。这是一种特殊形态的独体岩画：在整个贺兰山岩画视觉语言系统中，它介于词与句子之间。无论是在形式还是意义上，它都更加复杂。这种复杂性还集中体现在，与之类的岩画形式上。在这两个岩画形式里，象羊之形的根本形式周围的点或点状形式是黏附形式呢？还是另外一个或两个根本形式呢？换言之，这两个岩画形式到底属于 A +（b）型还是 A + B 型？如果属于前者，点或点状形式就是黏附形式，但它却与根本形式分离（这就是说它们在形式上或能指层面上不存在包含、主从和统领等关系）。如果属于后者，点或点状形式就是另一形式，但整个贺兰山岩画里并不存在纯粹由一个点结构的独体岩画形式。因此，我们只能把这两幅岩画归属于特殊的 A +（b）型。这种形式与一般 A +（b）型岩画形式之间的主要区别有两点：一是在这种岩画的结构里，（b）与 A 之间有空隙，如图 B19 上面这个 A + B 型独体岩画（两羊一上一下组合）里的点、笔画状形式；二是在这种岩画的结构里，（b）与 A 之间形式上不存在一个统领一个，或者一个包容一个的关系，但从视知觉心理学的角度看，它们确实又是一个相对完整统一的整体形式。如尽管有间隙，但我们很难想到要把图 B19 下面这个独体岩画里鹿角上面的小圈、图案形式与鹿形式本身分割开。

为了证明它们也是一个不可分的整体形式，我们再来看一下图 B20 里这些岩画形式。这里一共有六幅合体岩画。它们里面都有一个或两个类似，与的岩画。除根本形式外，每一幅岩画里多余的点或横、竖之类的简单笔画都不是随便放置在岩画里，而是紧紧挨着某一特定形式，以至于与它联合成为一个统一的整体形式。它们有的位于羊形象前腿的下面（如图 B20b 上面一个），有的位于羊形象的脊背上面（如图 B20d 左边一个），有的距离某一大的形式近一些（紧紧挨着它，如图 B20a 中间一个），有的则与它略微有一点距离（如图 B20c 里两个）。这些附着在某一特定形式旁边的简单形式元素显然对该形式起着限制、补充说明或修饰的作用，以便使它的表意性更加准确。如结构图 B20c 这个合体岩画的两个根本形式（即与）的旁边分别添加有一个或两个点状形式，而在图 B20a 这个复杂的合体岩画里，

图 B19

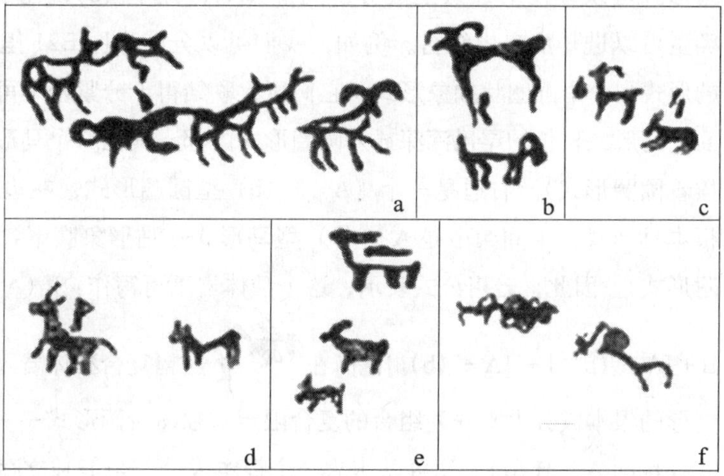

图 B20

只有结构中间一个复杂 A + B 型形式（是一个 A + B + C 型羊形式）的上面添加有一点状形式。

一般来说，根本形式上的这种添加物都是点、线之类的简单笔画，但也有一些简单的图案，如结构图 B20f 这个岩画的是两个象羊之形的形式，它们的前面（也即紧挨着羊嘴的前面）都紧挨着一个图案状形式。因此，正如与之类复合独体岩画一样，结构上述六个合体岩画的、与类形式也是一种特殊的复合独体岩画。只是就紧密性而言，它们里面各个组成成分之间的联结不如和之类强固的图形强。

六、小结

我们把贺兰山独体岩画区分为上述五种主要形式类型。这种划分是相对的。在贺兰山岩画里，这五种基本类型在实际运用过程中有三个特点：第一，它们可以在几个不同的方向变得相当复杂，如（0）可以有多种价值，A 可以从系列图形中抽象产生；第二，每种类型里的各部分可以重复。如一个独体岩画形式可以有几个 A 级的成分，几个（A），几个（b），几个 b；第三，各种类型可以进一步自由组合。例如，我们可以分辨出图 B21 里的四个象马之形的形式和一个圆圈状抽象形式，它们彼此联结得十分紧密不可分割（左边最上面一马形象长长的尾巴深深插入圆圈形式内部，其他三个马形象的头部也紧紧挨着圆圈形式）。右边是一个（A）+（b）型圆圈形式，左边上下两个是 A 型根本马形式，中间两个是 A +（b）型马形式（马形象腹下各有一个短线状黏附形式）。因此，若用公式表示，这个独体岩画可写作：[（A）+（b）]+ B + B + [A +（b）]+ [A +（b）]；而在这幅复合独体岩画里，由象人与马之形的根本成分上下并列组合的复合限定式独体岩画形式——象骑者之形的形式（也即 A + B 型），又可以作为一个根本成分，与能独立存在的另一象人之形的 A +（b）型人形式重新结构出另外一个复合限定式独体岩画，即象一人牵着一骑者之形的形式。因此，这个 A + B 型复合独体岩画准确、完备的代数公式实际应该写作：(A + B）+ [A +（b）]。

贺兰山独体岩画的复杂性决定了任何对它所作的简单定义都是行不通的。如我们现在至少知道不可能从功能的观点来给它下一个定义。我们不能说贺兰山独体岩画是一个概念的、符号性的图形对应物。因为它可以表达单个概念，不论是具体的、抽象的（如方框、圆圈等），还是类属的，如图 B22 中象动物之形的形式（因为仅从视觉上我们似乎并不确切地知道它的所指内涵），或纯粹关系性的，如（人牵马形式）和（两个圆圈形图形的联结和并置），也可以表达完整的思维，如射击、狩猎，或者是如这样形式复杂得多的限定式复合型形式，还可以表达二者之间的任何东西（如图 B21 所示的这种抽象出来的成分、根本成分以及语法加号之间的形形色色组合结构）。在后两种情况下，贺兰山独体岩画，作为整个贺兰山岩画视觉语言系统中最小的单位，就变得与句子没有什么差别。

任何贺兰山岩画里的任何一个成分只是一个形式、一个有一定图形的物质存在。它们的差异体现在其所包含的概念上。所以，贺兰山岩画里承担孤立概

图 B21

图 B22

念的根本成分和语法成分是可以互相比拟的。然而，每一个贺兰山独体岩画则不然。如果说根本成分和语法成分本质上是我们从独体岩画中抽象出来的最小单位的话，那么，独体岩画则是整个贺兰山岩画的实在的形式单位。虽然有时它可以与根本成分或句子这两种功能单位的任何一种相等（能表达一个相对独立的简单或者完满复杂的意思），但是，它通常居于这两个极端之间，也即体现一个或几个根本概念和一个或几个辅助的意思。

的确，有时我们很难确定贺兰山岩画中哪个岩画成分是独体岩画形式，哪个不是。但是，如果我们考虑到联想关系，考虑到任何一个岩画形式都存在于我们的视觉之中，都存在于我们的感觉之中，都是一个心理现实的话，那么，对和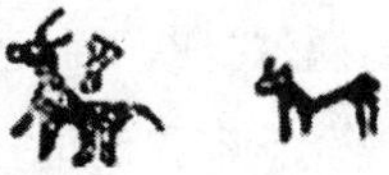这两个岩画形式，我们不会把前者羊形象以及其脊背上的一点这两个成分孤立起来看。同样，我们也不会把后者由一前一后两个不同类型的羊形式结构的岩画形式视作一个整体来看。因此，我们所说的独体岩画是从整个贺兰山岩画里分解出来的、具有不可再分性和一定意义的、最小的令人满意的单位，其功能相当于整个贺兰山岩画里的词。

这些词不是杂乱无章的，而是有一定规律可循的。我们从中总结出了五种不同形式类型。它们在能指层面拥有各自比较固定的组合关系。这表明贺兰山独体岩画不可能是个别人即兴创作出来的，而是由传统提供的，或者说是人们

图 B23

长期约定俗成的。

因此，正如根本成分和语法成分是从完成了的独体岩画里抽象出来的一样，用上述五种基本构形模式或者说组合关系，人们不仅可以复制出相应的五种基本形式的独体岩画，而且可以在遵循这些基本组合关系的基础上，有意识地创造出新的贺兰山独体岩画类型。这就是我们为什么发现这五种基本类型又异彩纷呈的原因。如图 B23 给我们展示了另外一种更复杂的复合独体岩画形式。这个形式的整体轮廓象奔跑之中的羊形象。但这个象羊之形的形式并不是一个根本形式，而是一个复合 A + B 型形式。一个大的根本羊形式的脊背上倒立着一个小的象羊之形的形式。两个羊形式上下紧密地联结在一起。在这个统一形式的左边，有一条几近平行的直线。它与代表大羊形式角的一条平行的直线似乎原本是一条直线，只不过被倒立的小羊形式偶尔打断了而已。这样的组合式样结构，显然是一个相对完整的整体形式，一个不容我们把它们分割开的统一形式。

然而，不论贺兰山独体岩画的形态多么复杂，我们总是能把它们一一归入上述五种基本形式类型。这说明贺兰山岩画的刻制者们通常总是严格遵循着五种基本构形模式创造新的独体岩画形式。但是，从整个贺兰山岩画来看，难得有新的独体岩画形式被有意识地创造出来。如图 B24 所示：这两个整个贺兰山岩画里罕见的、看似奇特的岩画，其实分别是两个比较典型的 A ＋ (b)、A + B

图 B24

型独体岩画。[1] 事实上，在贺兰山独体岩画里我们见到的最多的图形形象是羊、马和人及其组合，它们既构成了贺兰山独体岩画里的基本图形，亦构成了整个贺兰山岩画里的根本成分，其中最突出的是象羊之形的形式。它是整个贺兰山岩画里最根本的成分。

[1] 上面是一个象虎之形的形式，只是虎形象的头（一条向上延伸的曲线，它的上边还有三个大小不等的“丫”状形式）、脊背（虎形象脖子部位有一条较长的竖线、身躯中间部位有一条较短的竖线）上分别有三个黏附形式。下面是两个象一大一小牛之形的形式，其中形体较小的蜷缩在形体较大的腹下。在整个贺兰山岩画里，像这样由虎形象结构的 A +（b）型独体岩画，以及由牛形象结构的 A + B 型独体岩画非常罕见。两个岩画分别引自银川市贺兰山岩画管理处、贺兰山岩画保护与研究学会制作的《岩画中的虎》（第 18 页）、《岩画中的牛》（第 2 页）。

Ⅲ　三个初始符号

人所知道的而非仅由喧嚣扰攘中所听来的一切，都可以用三个词说出来。

——屈伦伯格尔

图像所表现的东西是图像的意义。

图像的真或假就在于它的意义与实在符合或者不符合。

要能看出图像的真假，必须将它同实在比较。

——〔英〕维特根斯坦

贺兰山岩画中典型的、普遍存在的、最引人瞩目的图形形象就是羊、人和马。其数量之多，形态之丰赡令人叹为观止。若把贺兰山岩画视作一个整体、一个大的视觉符号系统，那么，它们就是构成这个整体或视觉符号系统的三个最基本的初始符号。它们时而独立存在，时而与其他符号组合在一起，共同结构了绚丽多彩的贺兰山岩画长廊。当然，它们也是数量最多、最典型的独体岩画。本部分以独体象羊、人、马之形的岩画形式为研究对象，在全方位描述分析它们的形式结构及其特点的基础上，更加深入探讨了整个贺兰山独体岩画的形式结构及其特征。

一、羊符号

在整个贺兰山岩画里，动物形象是岩画形式里最突出、最普遍的形象，也是独体岩画里最主要的图形。羊、马、虎、鹿是其中最常见的四种动物图像。除此之外，偶尔还可以见到狐狸、狗、鸟以及一些不知名的动物图像。这些图像代表的是有关某一特殊动物的观念。如所代表或者说表达的是“羊”这个概念。

在整个贺兰山岩画里，这种能代表或表达出某一特定动物概念的图像或图形，最普遍的就是象羊之形的形式。它不仅是整个贺兰山独体岩画里最基本、最典型、最普遍的形式，而且也是整个贺兰山岩画里最基本、最核心的一个成分。这就是说，它可以作为一个独体岩画独自存在，也可以与其他任何形式进一步组合，从而结

图 C1

构出无限纷繁复杂的各种复合岩画形式。象羊之形的确是整个贺兰山岩画系统中数量最多、种类最多、形态最繁复的形式。而对这些形式所作的全面细致的比较研究结果也让我们瞠目结舌——它们绝少雷同，特别是独体羊岩画。

独体羊岩画在能指层面上的这种差异性使我们明白，我们不能简单地用 A 型代表图 C1 里的任何一个独体羊岩画：两个能指层面完全不同的独体羊岩画同时存在于贺兰山岩画视知觉场中，这一现象不断提醒我们：独体羊岩画里最典型的形式类型不是不能分析的纯粹的单一概念词——A 型，而是奇怪的过渡类型——A+（0）型。 在贺兰山独体岩画中，A 型羊岩画主要通过形式结构和概念结构两个方面的变换实现了其基本概念的潜在形式改变，也即过渡到 A+（0）型。下面，我们主要从四个方面论述羊岩画变体的构成及其特征。

（一）变换

这是指变换形式元素，也即通过具有语法特征的点、线、面这三个基本元素各自的多方面组合及其之间的多种相互关系，令各个贺兰山独体羊岩画既具有羊岩画的共同性，又有个别的差异性。

1. 点、线、面的独构

点、线、面各自以其特定的构图独立构筑出羊岩画。这既是独体羊岩画结构其形式的第一个方法，也是它在语法形式上的第一个特征——点、线、面独自的排列与组合。

例如，、是两个分别由点形成的线或槽和面（虚面）结构的两种不同形态的羊形式。这种基本上完全由点结构的独体羊岩画在整个贺兰山岩画里所占比例非常小，它们基本上完全是由敲打而成的点状形式元素结构而成的，如图 C2 所示：这种点形成的线往往凹凸不平。至于主要以面结构的独体羊岩画虽然不多但也丰富。通常用以结构羊形式的面都是实面，如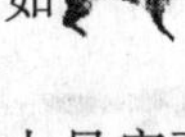、、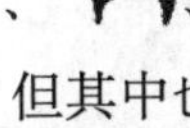、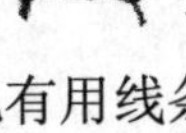、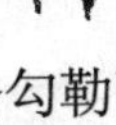、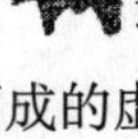这六个象羊之形的形式都基本上是实面结构。但其中也有用线条勾勒而成的虚面（如），更有把实面部分又凿空

图 C2

的镂空面（如）。而且，在每一个基本上由面结构的羊形式里，面部分在羊形式中所占的比例亦不同。有的基本上全部由面构成（如与），有的只是羊形象的某一部分由面构成（如里的头、身子和后腿）。

与点、面相比，由线结构的独体羊形式在贺兰山岩画里最多亦最丰富。这里所说的线有直线、斜线、平行线、曲线、单线、双线、粗线、细线等之分。不同类型的线能各自独立以其独特的布局结构出多种类型的羊形式。例如，图 C1 里的两个羊形式基本上是均匀的、不粗不细的线结构。与基本上是直线的结构。与基本上是曲线结构，准确地说是单曲线和双曲线结构。而与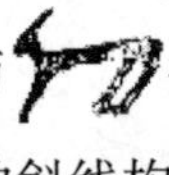很独特：前者主要由四条平行的曲线构成，后者则基本上由四条平行的斜线构成（即结构羊头部及角、前腿和两条后腿的线）。因此，同一种类型的线能结构出多种形态的羊形式。再比如、、和这四个羊形式基本上都是由直线构成，但每一个里直线的数目及其布局不同，且能互相搭配，并以其千变万化的布局构造出形式迥异的羊岩画。此外，各种线还存在着长、短之分。例如，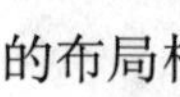和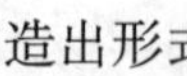基本上是长线与短线的结构，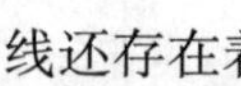和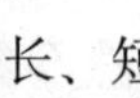基本上是长线结构。

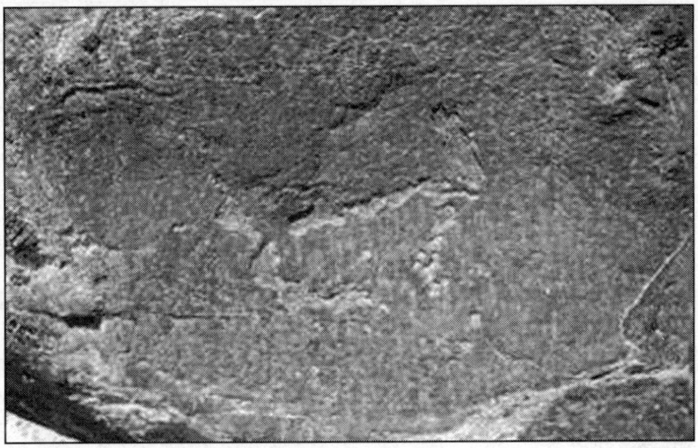

图 C3

除独立运用外，各种类型的线还可以相互搭配，联合结构出形态更加丰富多彩的羊形式。如图 C3 所示：用以结构这个羊形式头部的是一条短粗的直线，结构它的整体躯干的是一条长直线，而一条折线结构了它的前腿，一条曲线结构了它的后腿部分。于是，一个头大、前腿略微内收，后腿向内弯曲、试探性缓慢行走中的羊形象就这样被塑造出来了。

总之，点、线、面（尤其是线）各自能以其特定的语法形式独自结构出千姿百态的羊形式，并形成了贺兰山独体羊岩画在能指层面上相互区别的三大系统，即基本上由点结构的羊形式系统、由面结构的羊形式系统和由线结构的羊形式系统。其中最常见的是由线结构的羊形式系统。

2. 点、线、面的搭配

贺兰山独体羊岩画在能指层面上的差异性还源于点、线、面三要素之间的多种复杂搭配组合。其实，大部分贺兰山独体羊岩画是采用第二种语法形式，也即点、线、面依据一定规则相互交叉组合而成的，并由此形成了独体羊岩画在语法形式上的第二个特征——点、线、面之间的排列与组合。

这种排列与组合很复杂，主要包括三种，即点面与线、线与面、点与线。当然，它们的多种组合方式也因此结构了相应的三个贺兰山岩画独体羊形式系统。例如，、、和都是由点、线与面组合的四个独体羊形式。这里所说的点可以是虚点，也即镂空的点，如图 C4 里用来表

示羊眼睛的一个镂空的小点（就像一个小洞）[1]，也可以是实点，如与里用来代表羊形象尾巴和头部的点状形式。面一般用来代表羊的身体部分。如里羊身体的主体部分就是由实面结构的。实面也能结构出羊形象的头、脖子、臀和腿部分，如除两条腿外，实面几乎结构出了整个。而里羊形象的臀部和四条腿都是由实面结构出的。线的组合运用最灵活自由，它既可以与点、面搭配组合出多种形式（如、、、），也可以只与点组合，如与就是两个线与点结构出的羊形式。是一长曲线、四条两两平行的线和一点状形式的结构，其中的点状形式表示羊形象的头部。而则基本上完全由长短曲线和一个点状形式构成，其中的点状形式元素代表羊的尾巴。

由于面有实面与镂空面之分，线有多种类型，加之组合关系的多样性，因此，在由三种形式元素组合而成的贺兰山岩画独体羊形式系统里，我们最常见的是线与面组合的羊形式。如图 C4[2] 和图 C5 下图为我们分别展示的就是虚面与线、实面与线结构的两个不同形态的象羊之形的独体岩画。前者两条曲线结构的长长羊角插入虚面结构的羊躯体，形成了格状虚面，后者是实面、三条曲线和一条直线结构的羊形象。至于、、、、、、则都是贺兰山独体岩画里拥有线、面结构的七种典型例子：完全是镂空面和四条短线的组合，则完全是实面与两条短线的组合，基本上是实面与曲线的结构，是镂空面、两平行线和两短线的结构，基本上是实面、曲线与斜线的组合，是实

[1] 这个点其实就是岩石表面。刻制法是把周围石面敲凿得低于自然实面。

[2] 图 C4、C5 上面为大麦地岩画，图 C4 下面为黑石峁岩画，图 C5 下面为双疙瘩峰岩画。

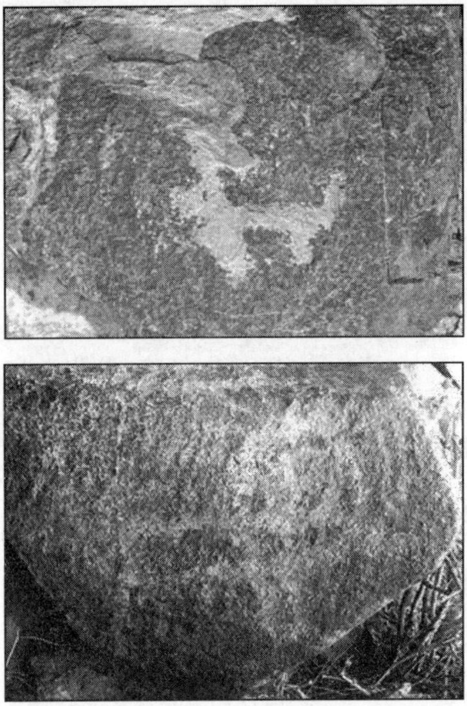
图 C4

图 C5

面、四条平行线和两条短线的组合，更复杂，它是镂空面、实面、长线、短线、曲线的复杂结构。这表明实面与镂空面不仅单独可以和各种类型的线（或者一种，或者一种以上）结构成羊形式，而且还可以联合起来与各种类型的线构成羊形式。从图 C5 上图这幅独体岩画我们可以更清楚地看到这一点：这是一个比较少见的象小羊之形的形式（有语法减号，即一个缺后腿部分的小羊形式）。一小块实面结构了小羊的头部，一呈长方形的虚面结构了它的身躯，而一条短斜线结构了小羊的前腿。这种综合运用两种以上形式元素及其多种形态结构的独体岩画，与运用单一形式元素结构的独体岩画相比，更加具有表现性。

通过以上描述分析我们可以看出：任何一幅独体羊岩画都反映了一种独特的建制。在贺兰山岩画系统中，它们不是孤立存在的，都是由最基本的点、线和面三种形式元素按照本身的性质和组合方式结构的意义单位。这样的形式既是我们通过语法分析所能得到的最小的意义单位之一，也是我们整个贺兰山岩画解剖工作中的最后一环。在整个贺兰山独体岩画系统中，若仔细比较审视每一个岩画形式，我们会发现贺兰山独体羊岩画在能指层面上最大的特点是异质性：岩画相互之间不会混同。这充分表明上述所提到的羊岩画各个都是介于一般真正的根本形式（如）和、、、、、、、、等经过改变的羊形式之间的。与相比，、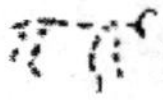、、、、、、和在传递出“羊”这个抽象概括意思的同时，向我们展示出了某些独特的、属于它们自身固有的价值（而不是只属于“羊”这个种类的东西）。例如，表示的是一只肥壮、低头、站立的小羊，表示的是一只个子高、英姿勃勃的羊，表示的是一只高大、强壮、严厉的羊……总之，它们都是 A +（0），或者 A +（0）+（0）、A +（0）+（0）……型独体羊形式。

（二）省略

、之类是非常肖羊之形的写实图像，使人一见可别。图 C6 里三个独体象羊之形的岩画则不然，最上面的只突出了羊的两只角，中间的仅仅刻出了羊头及其主体躯干，下面的刻出了羊头及其主体躯干和后半部分，省去了前腿部分。然而，这些对于我们要辨识它们的所指似乎已经足够了。

与上述所说的 A +（0）型相比较，我们不难发现图 C6 里的三个岩画形式是更简洁抽象的形式。但我们还是能把它们与我们的意识相联系，并从中抽象出羊这一更一般的概念形象来。因此，为了表示区别，我们把这类要依靠联想才能抽象出一般概念的根本形式用（A）表示。而这三幅独体岩画在整个贺兰山岩画里的共时存在则说明（A）意义的不确定性：它表示一般概念也表示许多具体概念，是一个联结的形式概念。例如，最上图岩画传递出的也许是两只大角、昂头站立的羊形象，中间岩画展示的或许是一个形体瘦小、安静的

小羊形象，最下图表现的也许是一个有两只大角，略弓背、腿短、胆小怕事的羊形象。、、、之类的独体岩画形式亦如此。它们在传递出单数中性“羊”这一基本概念的同时，还分别传递出了其他属于每个岩画自身特有的概念。例如，和至少还分别传达出了以下信息：头大、老羊、凶猛、一只有装饰物的角，以及头部滚圆、小羊、无后半部分、肥壮。而用以表示它们的比较完备的语法公式应该是：(A) + (0) + (0) + (0) + (0)。虽然图 C6 里的三个，以及、、和都是有着语法减号的根本羊形式，也即被制作者刻意省略掉一些内在形式结构元素的独体羊形式[严格说，它们能指层面的语法公式应该写作：(A)－]。

图 C6

(三) 添加

如果说抽象的、有着语法减号的羊图像是通过省略掉根本羊形式上一些形式元素实现的话，那么，贺兰山岩画里象羊之形形式的变体还有相反的一种，即在根本羊形式上添加一个或两个以上形式元素。如图 C7 所示：这是三幅独体羊岩画。对此，我们不会怀疑。然而，仔细观察，我们会发现上图这幅羊形象的腹部下面有一条多余的直线，中间图里这个有着长长脖子的羊形象的两角上又有多余的一条横线，它与代表整个羊躯干的下面一条横线呈上下水平状（由此形成的是两条水平平行线)，下图羊形象的背上则有一条向羊形象头部延伸的多余曲线。显然，这三个是由黏附形式与根本形式焊接的一种独体羊岩画类型。

这种类型的独体羊形式的形态丰富多彩。诸如、、、、、、、、、、、、这 13 个独体岩画都是把各种可变的附加语法形式粘贴在一个根本形式——羊形式上。这个根本形式当然是在整个贺兰山岩画中能独立出现的自由形式。它往往有着基本固定的语法规则。而黏附形式则不同，它可以由任何形式担当，尤其是点、线之类的笔画形式以及圆圈之类的简单图案形式。这些黏附形式的形状也不是单一的。如添加在（羊形象的脊背上)、（羊形象脖子的上面）和（羊形象身子前半部分，也即镂空面里上的一点）这三个象羊之形的根本羊形式上的，虽然都是一点状形式元素，但是它们具体的形态完全不同。里的形状最小，里的像一条短粗线状，而里的形状则像一个逗号。面状黏附形式元素也如此。这里所说的面主要指虚面，即由线结构的镂空面，如与里黏附在根本羊形式，也即羊形象头部、尾巴部和腹部上的都是各种圆圈状形式。有的是圆形，有的是扁圆形；有的形状较大，有的形状较小。

图 C7

在整个贺兰山独体羊岩画系统中，根本羊形式上最普遍的黏附形式是线。这里所说的线主要有短线和曲线。在具体应用时，它们的形态不仅异彩纷呈，而且在根本形式里所处的位置也很灵活：它们可以添加在根本羊形式的角上（如）、头部（如）、脊背上（如）、腹下（如）、臀部上面（如）和尾巴上（如与），也可以添加在羊形象躯体里（如）。一般来说，一个根本羊形式上只添加一个附加成分。但例外也并不少见，如（黏附形式有三处，分别位于羊形象的头部、背上、背下靠后）和（黏附形式有两处，分别位于羊形象的腹下、臀部）。总而言之，多种形态的黏附形式可以添加在根本羊形式的任何位置，由此造就了大量千姿百态的A+（b）型羊形式。

（四）搭配

各种类型的羊形式与另外一个或两个、两个以上形式搭配结构出的复合独体羊岩画，是贺兰山独体羊岩画里形式格局最繁复的一种。如果说A代表各种类型的羊形式的话，那么，B就代表各种类型的其他形式。例如，这个独体岩画是两个根本形式之间的搭配组合，即一个象羊之形的形式与一个象人面之形的形式的联结，若用公式可表示为AB（即羊与人面形式的直接组合）。而图C8是一个A +（b）型羊形式（根本羊形象的前腿部分有一竖线状黏附形式），与一个车轮状图案形式[1]的结合，若用公式可表示为：[A+（b）]+B。至于图C9上图则是左边一个A+（b）型羊形式（根本羊形象的后腿根部有一短竖线状黏附形式），与另一个A+B型羊形式的结合。这个A+B型羊形式又是一个A+（b）型羊形式（即左边后腿根部有一短竖线状黏附形式的羊形式）与一个抽象羊形式，即（A）+（0）型羊形式的结合。因此，若用公式表示，图C9上图这个独体羊形式可写作：[A+（b）]+{[A+（b）]+（A）+（0）}。

上述是贺兰山岩画里比较常见的三种A+B型独体羊岩画，为方便起见，我们都用公式A+B表示。然而，在贺兰山岩画里能与羊形式结构的另外一个

[1] 在整个贺兰山岩画里，这是一个相对独立存在的根本形式。

图 C8

形式比较有限。通常，它们主要由另外一个羊形式，以及象人、马之形动物形式和各种抽象形式组成。[1] 其实，在整个 A + B 型独体羊岩画里，最普遍存在的是以图 C9 上图为代表的重叠式 A + B 型独体羊岩画——A + A 型，也即两个或两个以上羊形式的结合。而且，在 A + B 型独体羊形式里，可以有几个 A 与 B 级成分。例如，是四个大小不一的根本成分（三个象羊之形的形式和一个象人之形的形式）的组合形式，它们三上一下，彼此部分形式元素重叠，从而结构出一个坚固的统一整体形式，其代数公式应该是 A + A + A + B。图 C9 下图这个复合独体岩画形式的结构则比较复杂。它是六个象羊之形形式之间的相重、相叠的式样结构，即左边一个侧面羊形象头部重叠着一个倒立抽象羊形象，尾巴部分联结着一个形体较小的虚面结构羊形式，右边一个形体较大的 A + （b）型羊形象的头部与一只竖立的羊形象重叠，这只竖立的羊形象的尾巴部分又与一个倒立羊形式重叠。我们根本没有办法把这六个形式拆开，而只能或必须把它们视作一个统一的 A + B 型岩画整体，其完备的代数公式应该写作：A + A + A + A + A + A。

至于似乎由六个根本成分组成，即四个不同类型的羊形式（最右边一大一小两个两两相套，左边两个上下组合并与右边两个紧密联结）和两个长方形图案形式的搭配组合。这些形式如蟒蛇一样相互盘绕，彼此重复叠压。整个形式上下统一，稳定坚固，是一个典型的不可再分的 A + B 型独体岩画形

[1] 其中羊与人、马形象的组合很普遍，亦比较复杂，下面会专门论述，兹不赘述。

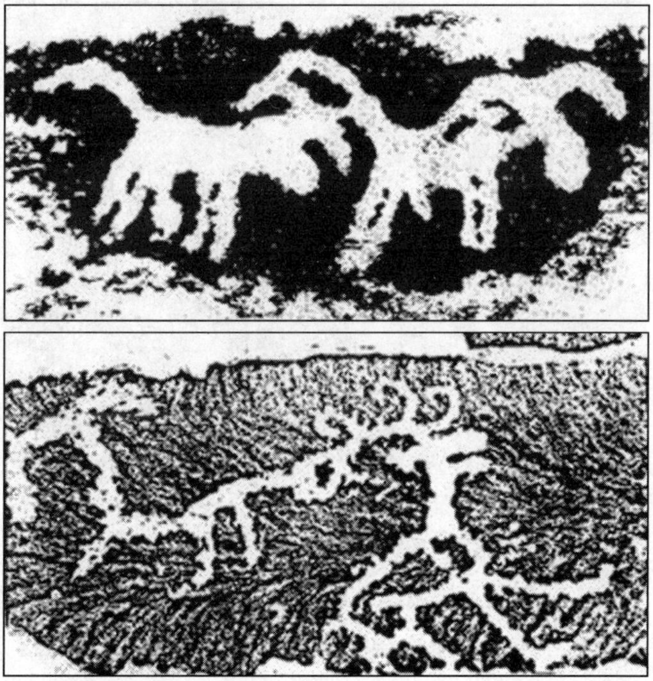

图 C9

式，其公式似乎更应该是 A + A + A + A + B + B 。

在整个贺兰山 A + B 型独体羊岩画里，能与各种独体羊岩画 A 结构的“另一形式”可以是任何类型、任何形态的形式，如图 C8 里羊形式与车轮形式的结构。与各种独体羊岩画 A 组合的另一个成分的复杂性往往决定了 A + B 型独体羊岩画的复杂性，而另一个成分的复杂性又往往是由 A +（b）型岩画形式决定的。如与图 C8 相比，图 C9 上图岩画显得比较复杂。图 C10 更是如此。这是一大一小两羊左右结构的一个 A + B 型独体羊岩画：位于左上角的是一个形体较小的根本羊形式，羊形象的尾巴部分直接与位于其右边的一个形体较大、头上有着繁复黏附形式的羊形象重叠。正是这个复杂 A +（b）型羊形式的存在，整个图 C10 这个独体羊岩画显得复杂多样。

一般来说，贺兰山岩画里各种独体羊形式 A 往往通过以下两种方式与另外一些形式联结在一起：（1）直接与其他形式联结。如 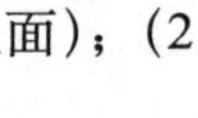 里羊与人面形式之间没有丝毫间隙直接结合（羊形象头部紧紧抵着人面）；（2）借助于其他

图 C10

媒介。如图 C8 里两个形式借助于两条上下平行线（形成一长方形状形式）串联起来。事实上，除两个根本成分的重叠性和多级性这两个特征外，复合型贺兰山独体羊岩画形式结构的特点还集中体现在其结构方式上。在能指层面上，就结构同一岩画的两个成分之间的关系来看，贺兰山岩画里还存在着并列式、重叠式和限定式等多种复合型独体羊岩画。

1. 并列式

独体羊岩画里的两个或两个以上成分之间的关系是并列的，我们称为并列式独体羊岩画，如图 C8 所示。这就是说仅从岩画形式，我们看不出其中的各个成分在地位和功能上有什么明显不同。一般来说，一个独体岩画里各组成成分之间的并列次序有左右和上下两种情形。在 A + B 型独体羊岩画形式里，成分之间的联结主要有以下两种方式：

（1）成分零距离接触。这是指两个或两个以上成分之间的直接联结。例如，下面羊形象的尾巴与上面羊形象的一只后腿紧密挨在一起。而上面动物形象向下延伸的尾巴或一只后腿与下面羊形象尾巴相连，便分别形成了和这两个独体岩画形式。同样，与右边羊形

象借助于向上翘起的尾巴，与左边羊形象的后腿或头部连接起来。除羊尾巴外，羊腿是贺兰山岩画作者用以结构A＋ B型羊岩画的一个重要媒介。如在与里，作者通过延伸上面羊形象的一只腿分别把它们与下面动物形式、羊形式联结成一个整体。有时，我们也能见到与这样的岩画，也即三个根本羊形式上下相错的叠加结构形式。前者中间形体较大的羊形象的脊背上站着一个形体较小的羊形象，尾巴下面又与另外一只羊形象的角相连，后者两只形体较小的羊形象分别与一只形体较大的羊形象前后紧密相连。尽管通常只是某一个部分直接相连，但是，这种由成分之间通过自身所固有的形式结构元素而组合在一起的复合型岩画非常严密——两个成分之间几乎没有任何缝隙。

(2) 与此相反，在A＋ B型独体羊岩画形式里，两个或者两个以上成分之间联结的媒介有时来自外面，这就是说，有的A＋ B型独体羊岩画成分之间是借助于自身以外的另一异类媒介联结在一起的。例如，两个不同部位有着不同黏附形式的A＋ (b) 型羊形式与，借助于一个圆圈状抽象形式再次上下组合了另外一个A＋ B型羊形式，而一条明显的长曲线把里一大一小两两相对的两个羊成分并联在一起。因此，如果我们用A＋B代表由后一种媒介联结的A＋ B型独体羊岩画的话，那么，我们就应该用AB代表前一种。AB类结构在贺兰山独体羊岩画里比较常见，而且组合方式也比较多样化。

另外，在这种并列式A＋ B型独体羊岩画里，两个或两个以上成分之间也存在着一定的次序。它们可以横着并排在一起（两个成分的所指往往相同），如，也可以纵向垂直或相错叠加在一起（两个成分的所指可以相同，也可以不同），如；可以方向一致（如里的两个羊形象都面朝左，里的则都面朝右），也可以不一致，如

与里两个根本成分的方向一左一右。当然，也有比较复杂的组合，如里的所有成分整体上是上下组合：下面一个，上面五个。上面五个之间又存在着四层次序，即总体呈上下结构、最上面两个相叠横向组合、下面三个里的两个相叠后再次与另一个左右排列。

2. 重叠式

这是指在贺兰山独体羊岩画里，两个或者两个以上成分之间的重合结构。在 AB 类 A＋ B 型独体羊岩画里还有一种非常特殊的组合，这就是两个或两个以上成分之间的互套。一般来说，这种组合的独体岩画里都有两个根本成分，它们之间相互套联得如此紧密，我们根本无法把它们单独拿出来。因为一个根本成分里的某个组成部分同时也是另一个根本成分里的某个组成部分。这个组成部分可以相同，也就是说两个根本形式拥有同一个相同的组成部分，也可以不同。例如，在、这两个独体岩画里，除头部外，两个羊形象在其他方面都相同——同样的身体、四肢；在、里，两只羊形象甚至只有一个头，换言之，两个羊形式共同拥有一个头形式；而在和里，右边羊形象的长角或尾巴与左边羊形象的尾巴或角交缠，上面一个羊形象的前腿则直接插在下面羊形象的脊背上。除了相同和不同外，相重相叠的两个羊形式有时彼此呈叠压覆盖状，以至于我们看不到它们的全貌，如和里的两个羊形式就是如此。我们既看不到右边羊形象的后半部分或尾巴部分，也看不到左边羊形象的前腿部分或头部部分。总之，无论其具体组合方式有多么大的差异，与普通 AB 类独体羊岩画相比，羊形式之间这种相套、相重、相叠的组合，似乎更适宜用公式 A（b）代表。（b）表示两个里的另一根本成分 B，已经失去了相对独立出现的力量，变成了一个依附性非常强的黏附成分。

在重叠式 A＋ B 型独体羊岩画里，还有个别杂糅以上两种媒介组成的岩画。例如：是五个根本成分的组合（即两个羊形式与三个长方形形式并列组合结构，可用公式A + A + BBB代表），两只羊形象通过一条曲线并在一起，由三个长方形结构的一个图案与右边一只羊形象的臀部联结得如此紧密，以至于成为其身体的一部分——羊尾巴？而则是两个互套根本成分（结合成一个整体）与另一根本成分的并列结构[可用公式A（b）+ A代表]。

即使是在这种重叠式A + B型独体羊岩画里，两个或两个以上根本成分之间也存在着一定的次序。它们总体的排列组合次序基本上有横向和纵向两种。与里两个成分一左一右横向重叠，与里的两个成分一上一下纵向叠加，这两种排列次序都十分鲜明。在重叠式贺兰山独体羊岩画里，比较独特的排列次序就是像与这样的，也即两个根本成分看似一高一低，实则前后重叠。所以，就其整体形态而言，这两个依然是横向排列组合的独体岩画形式。

3. 限定式

在一个A + B型独体羊岩画里，各成分所处的地位和功能存在着明显的差异，其中总有一个处于比较明显的核心地位，在整个独体岩画里起着主导地位。我们把这样的独体羊岩画形式称之为限定式。这又可细分为以下三种情形：

（1）统辖型：指一个成分统领一个或几个其他成分。此种类型里最典型的是象射手之形形式和象动物之形形式之间的搭配组合（这种结构传递出的一个直观概念是“射猎”），以及象骑者之形形式和象马或羊之形形式之间的组合。例如，就所指层面而言，在这个独体岩画形式里，射手形象（一个象射手之形的根本成分）比另外两个羊形象（象羊之形的根本成分）优越得多：他正在捕杀两只羊（其中形体较小的倒立在形体较大的上面，似乎已经被射中）。而在图C11这个由四个成分搭配组合的独体岩画里，象骑者之形的形式

图 C11

位于正中央，它分别借助于刻意延伸的三条线与其右边的两个根本羊形式、左边的一个 A + B 型羊形式（两羊形式相互重叠结构）联结为一个整体。居于整个岩画中央位置的骑者形象似乎统领着四只羊形象。

（2）包容式：指在拥有两个或两个以上根本羊成分的独体岩画里，通常形体比较大的把形体小的包容在自身所固有的结构里。如在、、和这四幅独体羊岩画里，一个形体比较小的、相对独立存在的成分（短竖线、羊形式、图案）分别被含在位于其上的另一个形体比较大的根本羊形式的里面或者说下面。[1] 两者之间形成明显的包含关系。

而在与这两个独体羊岩画里，作为两个组成成分的象羊之形的形象，下面一个形体比较大的有意想把位于其上的另一个形体比较小的涵盖在自己的结构里。前者用故意夸张伸长的脖子想挽住位于它上面的另一个羊形式；后者试图利用夸张弯曲的背部套住位于其上面的另一个羊形象。而这个独体羊岩画更加奇特：后面一个形体比较大的羊形式几乎把前面一个形体比较小的羊形式完全隐括在自己的形式里。贺兰山独体羊岩画里这种包容式的 A + B 结构常见的是两个根本羊形式之间的组合，但也有两个以上

[1] 请仔细比较，这与前面所说的 A +（b）型不同：在 A +（b）型里，（b）是直接添加在 A 上的；而在这里，两个成分相对独立，应该用 A + B 代表。

图 C12

根本羊形式之间的组合，如就是三个根本羊形式之间的包含结构：一大一小两个羊形式上下包含所形成的一个包容式 A + B 结构形式又再次与另一羊形式（位于它的前面）左右包含，从而形成了一个更加复杂的包容式 A + B 结构形式。而图 C12 展示给我们的则是贺兰山岩画里比较罕见的一大一小两个包容式、镂空面结构的羊形式，与另外一个抽象形式（位于小羊形式左边一个横放置的“门”字状形式与一小圆点结构）的搭配组合。

（3）主从式：指两个根本成分里的一个占据主要地位，另一个则处于从属地位。两个成分之间存在着主从关系。如、、和这四个独体岩画有一个共同的特点，即都有两个根本成分。其中一个的形体比另一个的大，明显处于主导地位。另一个形体比较小的则依附于其上，处于明显的从属地位。两个根本成分通常都是上下紧密叠加在一起（都是小的在上面），或者上下排列在一起。与包容式 A + B 结构形式相比，这种主从式 A + B 结构形式里的两个成分之间没有明显的包含与被包含的关系，尽管它们之间联系也比较紧密。实际上，这四个组成成分的形状大小及其结构基本相似的独体岩画形式差别很大。这主要体现在每一个岩画形式里，用以结构两个组成成分的形式元素不同。就下面一个大羊形式而言，如果说是粗线结构的话，那么，就是细线结构，如果说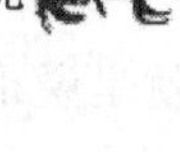基本上是实面结构的话，那

么，就是虚面的结构。至于小羊的内部形式结构也完全不同，有的似乎正在跨越，有的似乎正在行走，有的有三条腿，有的只有两条，而且还没有尾巴。总而言之，这种完全由象羊之形的形式结构的主从式独体岩画，彼此之间差异很大。

当然，以上我们对限定式 A＋ B 型羊岩画的划分只是相对的。事实上，它们之间是可以相互联合起来的。如是一幅由多种组合方式组合起来的一个更加复杂的限定式羊岩画，它含有四个成分：其中两个（人与弓箭形式）组合成 A＋B 型的射手形式，另外两个羊形式一上一下组合出另一 A＋B 型羊形式，这两个 A＋B 型形式之间又再次相互组合出一个更大的、统一的 A＋B 型形式，即射猎形式。

（五）小结

主要从点、线、面三种形式元素的多种复杂组合、各种语法形式的运用以及语法中抽象实体的作用三方面，我们分析了独体羊岩画的形式结构，主要包括形式的建构及其基础形式格局的变换。在此基础上，我们主要进一步区分出了四种不同类型的独体羊岩画形式，即 A、A＋（0）、A＋（b）和 A＋B 型，并剖析了每一种里羊岩画的不同形态，如 A＋ B 型里的 AB、A（b）、A（b）＋A 和 A＋ A 等。这些基本类型之间往往又相互组合，如在图 C13 这个并列式 A＋B 类结构形式里，下面一只羊形式本身即是一个 A＋（b）型羊岩画形式，准确说应该是 A＋（BBB），即一根本羊形象尾巴与另一个三圆圈式样上下相套抽象形式的叠合。作为一个组成成分，这个复合 A＋（BBB）型形式又与位于它右边的另外一个根本羊成分组合，从而再次结构出了图 C13 这个复杂独特的复合独体羊岩画形式。

结构方式的多样性决定了其结构形式的复杂性和丰富性：独体羊岩画形式相互之间不会混同。这种近似语言学的严格分析，把复杂多样的独体羊岩画形式的内在结构形式及其特点呈现出来。它让我们又一次发现并证明了我们前面的一个论点：不重复性。也就是说正如整个贺兰山岩画里的其他独体岩画形式一样，独体羊岩画形式彼此之间绝不雷同。能指层面这种差异性是贺兰山独体羊岩画形式最醒目的特征。如在与这两个独体岩画形式里，同样是在羊形象尾巴部分粘贴一短线状形式，它们最终的形式却完全不同：不仅羊形式彼此差异大（一大一小），就是短线状形式也不一样（一长一短，一大致呈横向，一大致呈竖向）。

图 C13

二、人符号

除羊形象外，类似图 C14 里象人之形的图像（包括人面）是整个贺兰山岩画里比较常见的另外一个根本形式，也是另外一个重要的独体岩画形式。作为独体岩画，它可以独立出现（如图 C14[1]），也可以作为根本成分与其他成分组合，从而进一步结构出形态多种多样的复合独体人岩画形式。下面，我们将以独体象人之形的岩画形式为论述目标，通过对不同形式类型的独体人岩画的剖毫析厘，分析其结构规则及其语法特征。

（一）搭配

作为根本形式，象人之形的形式与另外一个或两个形式的组合是贺兰山

[1]　这是被贺兰山岩画管理处工作者收集起来放在贺兰口的岩画，为使图像清楚起见，管理处工作人员用白色颜料勾勒了原图像的轮廓（下面图 C15、图 C16 亦如此）。贺兰山岩画里很少见如此标准写实的正面人形象。它的左边似乎还有一个形象，只是几乎完全风化了。

图 C14

独体人岩画里比较典型的形式类型。这里所说的人形式包括象人面之形的形式。能与人形式进一步组合成独体岩画形式的其他根本形式主要有象马、弓箭、羊之形的形式以及各种图案形式等等。从岩画中人与其他成分所结构的关系来看，在每一个人岩画形式里，各个根本成分之间主要存在着并列和限定两种关系。

并列关系指两个根本形式之间或者直接或者借助于一定媒介并联成另外一个复合独体人岩画。一般来说，独体人岩画主要通过以下三种方式与另一个形式组合：

（1）重合。这是指人与另一形式连接得非常紧密，以至于部分形式元素叠合在一起。如在和里，象人之形的形象胳膊与图案、双脚与长方形重叠，我们看不见人持图案的象手之形的形式和人站在长方形东西上的象双脚之形的形式。

（2）零距离。这是指人与另一形式之间没有任何空隙，紧密相连。如在、里，羊形象的嘴顶在人面形象上，一个象站立之形的 A + (b) 型人形式直接站在一个象两羊前后重叠的 A + B 型羊形式上。

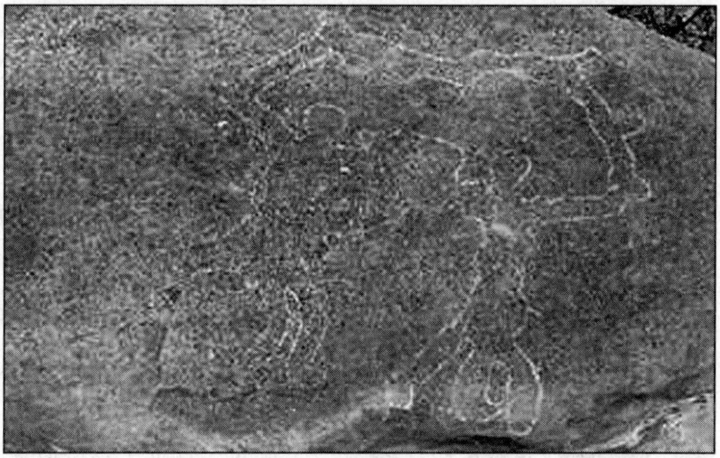

图 C15

（3）借助于一定的媒介。这是指人形式与另一形式之间往往存在着其他形式元素。如与两人形式之间的一条明显的短线。[1]这种结构关系里的人形式可以是根本形式，也可以是其他类型的形式。如图 C15 所示：一条较长的曲线把两个 A +（b）型人形式（两象根本人形式的人形象两腿中间都有一条较长的添加线）联结为一个不可分割的整体图像（这是两个舞动中的人形象，其中右边一个手上举起的似乎是一直立羊形象）。

限定关系指两个根本成分里，人根本形式处于核心主导地位。它与另一个或两个、两个以上根本成分之间存在着一定的主次等限制关系。这又可细分为统治关系与包容关系。例如，在贺兰山岩画中最常见的以人为核心的射手和骑手形式里，作为根本成分的人显然驾驭着另一根本形式（弓箭、马或者骆驼、羊）。而像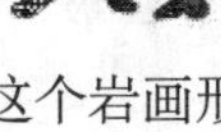里所呈现出来的这种人与动物直接接触的独体人岩画比较少见。在这个岩画形式里，人形象与动物形象之间存在着限制、统辖关系（人似乎正在用手往下按着动物的头部，而动物则低着头、弯曲着整个身体，呈现出驯服的样子）。在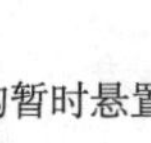这个独体人岩画形式里，作为根本成分的人形象不仅

[1]　这里所说的形式结构暂时悬置起了所指，只是就岩画符号的能指层面而言。

图 C16

在形体上远远大于另一个根本形式，而且还对它呈现出包裹状（即把它笼罩在高高抬起的一只胳膊下）。从我们看到，除了上述并列与限定关系外，人形式还可以与另一根本羊成分互叠、互套形成穿插关系，从而结构出独特的复合独体人岩画形式。

尽管各个根本成分之间存在着并列、限定、穿插关系，但是，这类 A + B 型独体人岩画形式里作为根本成分的人形象有一个共同的特征，即他们都是添加过特殊黏附形式的“变形”人。例如，里人形象的臀部后面有一短横线形式；里的人形象仿佛一只展翅的大鸟：两臂舒展似乎要飞腾，身体的后面有翅膀（有两个短线状形式），下面有四条腿；里的人形象似乎身着骑马装。至于图 C16 里的两个人形象更独特：它们一大一小，形状相似，都头带特殊装饰，呈蛙状。

而从所指来看，在由人形式结构的 A + B 型独体岩画里，A 与 B 两个根本成分可以相同（如图 C16 以及与），亦可以不同（如与）。当然，与其他 A + B 型独体岩画一样，在同一个人形式结构的 A + B 型岩画里，可以有几个 A 级单位，也可以有几个 B 级单位。例如，是一较大的舞蹈中的人形式与一个倒立羊形式和另一个较小的站立人形式的组合，它可以写作：A + A + B。而且，A 级、B 级单位有多种多样的复杂形式，如里除一鹿和人形式外，左边是一个复杂的 A +（b）型形

式（最下面是一只低头的羊形象），因此，这个独体岩画形式至少应该写作[A+（b）]+B +C。

（二）骑者与射手形式

骑者与射手是整个贺兰山岩画里两个比较常见的形象，也是因组合而结构的 A + B 型独体人岩画里出现率最高的两个形象，尤其是前者。尽管它们自身是 A + B 型岩画形式（也即作为根本形式的人与另一根本形式，主要是马和弓箭的结合），但是，它们之间紧密完整的组合实际上已经成为贺兰山岩画里可以与象羊、马、人之形的形式相媲美的另一个重要根本形式。所以，为更好地描述它们起见，我们用代数公式 AB 型表示这类岩画形式。AB 中间去掉加号代表它们之间紧密的联结。与只有一个成分的简单自由形式相比，作为一种复合自由形式，骑者与射手形式可以独立出现，也可以再次与其他成分二次组合成另一岩画形式（可以是独体也可以是合体，这里只谈独体）。

1. 骑者形式

象骑者之形的形式首先属于 A + B 型独体人岩画。尽管就所指层面而言，它们都是骑者形式，但是，无论是从其组合结构方式还是根本成分之间的关系来看，这种岩画最大的特点是差异性。这就是说它们在能指层面上个个不同。导致这种差异性的原因主要有以下四点：

（1）运用不同的形式元素。我们常见到的象骑者之形的形式主要由面或线结构而成。例如，主要由线条勾勒出的镂空面组成，与里的象人、马之形的形式主要是实面结构。而主要由长线与短线结构而成，则基本上是曲线的结构。当然，与其他形式一样，大多数骑者形式是线与面的结构，只不过在不同形式里，面所占的比例不同而已。如与基本上实面结构的相比，里只有马形象的头部是实面结构。

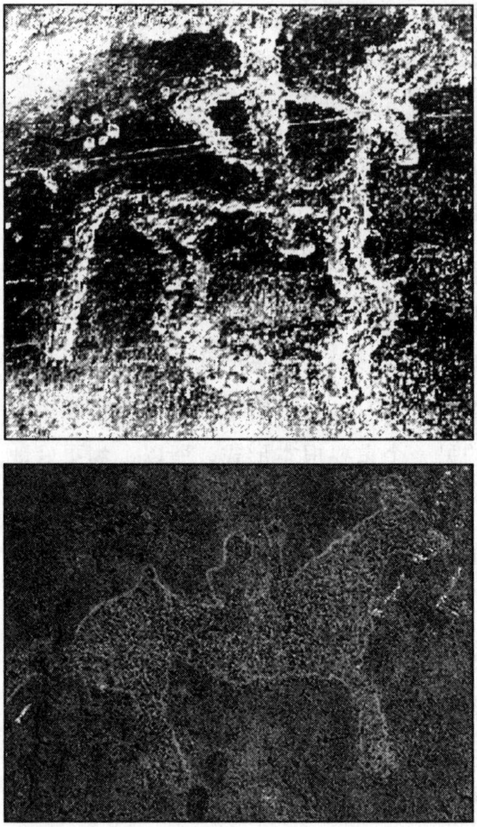
图 C17

（2）利用黏附形式。在各种骑者形式里，黏附形式主要添加在马形象上。例如，添加在马形象腹下的一点状形式，连接在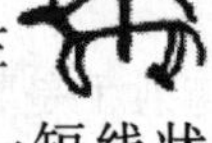马形象两个后蹄上的一短线状形式。通常，马形象上只有一处有黏附形式，如图 C17[1] 上图独体骑者岩画里，添加在马形象头部右上角的一长方形状黏附形式。有时，我们也能看到例外的情形，如在图 C17 下图这个独体骑者岩画里，实面结构的马形象的背上、臀部各有一条短竖线状形式。而这个马形象不仅脊背上有两条短线状黏附形式，而且尾巴和前腿部分都各有一短线状黏附形式。至于马形象上黏附形式的形态更是多种多样，既有简单的点或线形式元素（如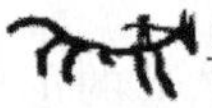与），也有简单或复杂的图案形式（如与里添加在马形象腹下的方框状形式）。

（3）变换根本成分的内部结构。如与里人形象内部结构基本相同（似乎都正在张开双臂，仰面高歌），而马形象内部结构则相差很多（一个扬头十分欢快地奔跑，一个低头沉闷地慢行）。与则与之相反。在这两个骑者形式里，马形式内部结构大致相同（都方向朝左，不

[1]　上图引自《大麦地岩画》①，第 210 页，下图为作者采集的贺兰口岩画。

紧不慢地走着），人形式内部结构则不同（前者轻轻拉着缰绳，悠闲地骑在马上，后者则身体前倾：一手抓缰绳，一手拍打着马的臀部，催促马前进）。而在与里，马形式和人形式的内部结构都大致相同，但不完全等同。它们彼此之间存在着一定的差别（前者人与马形式处于相对静止站立状态，后者则似乎要飞跑起来：人的双腿已经离开地面）。

(4) 多种组合方式的使用。在骑者岩画里，人形象与另一根本形式（通常是马）之间一般都是上下并列在一起

图 C18

（人上马下，人往往骑在马身上），但也有的悠闲地坐在马身上，如，有的站在马身上，如，有的则似乎跪在马身上，如，有的则整个穿插在马形式上，如与。另外，在图 C18 里，两个骑者形象一个似乎双手紧握缰绳正在飞奔，一个则一手拉缰绳，一手向后鞭打着马的臀部，催马快行。与之相适应，两个马形象或者尾巴飘扬、两腿大大张开，或者前腿弯曲、臀部翘起，都处于奔跑状态。

当然，以上四方面的分析只是就某一独体骑者岩画形式的最主要方面而言。其实，上述岩画形式告诉我们：很多骑者岩画是利用多种语法形式综合结构而成的。例如，、、、、是五个

都带有象马鞍之形（黏附形式）的骑者形式。就它们而言，两个组成成分，也即象人之形的形式和象马之形的形式，在能指层面上绝不相同。骑手形象有的悠闲，有的匆忙，个个不同。如与里的人形象虽然比较相似，但后者的身子更前倾。至于马形象更是变化多端。里的马脖子下似乎带有铃铛类饰物，马形象的头上多一点状东西，里马形象在奔跑，里的马形象比较强壮且身上饰物众多。不仅如此，就是每个骑者形式所共同拥有的黏附形式——马鞍之间的差异也很大。如它们有的呈实心圆圈状（即实面结构），有的呈虚心圆圈状（即虚面结构），有的呈田字形，有的呈小正方形。

就整个贺兰山独体岩画而言，独体骑者岩画形式的复杂性不仅体现在其自身形态的绚丽多彩上，而且还体现在它与其他形式的二次组合上。若把骑者视作一个相对统一完整的独立存在的根本形式，它和其他根本成分可以再次组合成各种形态的另外一个独体岩画形式。例如，就是作为根本成分的骑者形象与另一根本成分（人的形象）之间的并列组合，则是骑者形式与羊形式的再次组合。我们可以用（A + B）+ B 分别代表与类特别的独体岩画，其中的括号表示 A + B 联结得非常紧密，我们完全可以把它们视作一个相对完整统一的整体，B 代表另一根本形式。在（A + B）+ B 这个公式里，A、B 作为一个单位成分可以有几级，也可以以多种形式类型出现。如在里，一个象骑者之形的形式同时与两个象人之形的形式组合（其中一个人形象站立在骑者形象的正前面，拦住他的去路，另一个人形象则低头跪在骑者形象的下面，似乎向他乞求着什么）。整个图形可以用（A + B）+ B + C 表示。而在里，骑者形式里的马形式是一个 A +（b）型结构（除与骑者形式前面动物相连的一条线外，马形式下面也拖着一长线状形式），所以，它完备的公式应该写作：A + [A +（b）] + B。

2. 射手形式

独体人岩画里另一个重要的 A + B 型岩画就是象射手之形的形式。这是作为根本成分的象人、弓箭之形的两个成分之间的组合。一般来说，它们之间的组合方式是限定性的并置，如在与这两个独体岩画里，人手持弓箭，而人与弓箭之间没有任何距离——人的胳膊和手往往与箭弓相互重叠。与骑者形式一样，贺兰山独体人岩画里的射手形式亦是姿态横生。例如，、、、这四个比较典型的独体射手岩画之间的差异主要体现在以下两个方面：

（1）结构岩画的两个根本成分各个不同。与里的箭都已经射出，人形象一个站立着，一个半跪着；与里的箭都没射出（人似乎正在拉满弓），人形象一个跪着，一个站着。

（2）人与箭的组合方式。尽管人都是侧身持弓箭，但有的把箭放在弓的最上面（如图 C19 所示），有的放在中间（如），有的把弓箭竖起来拿着（如），有的则斜着拿（如）。至于弓的形状也不同，有的呈圆形（如表示拉满弓？），有的呈长扁形（如）。

可见，由人与弓箭形式结构的射手形式变体众多。与骑者形式一样，它们作为一种自由形式既能独立出现，又能作为一个完整独立的根本形式与其他根本形式再次组合。就组合对象而言，在整个贺兰山独体岩画里，射手形式的再次组合突出表现在它与羊形式的组合上。从两者之间的关系来看，这是

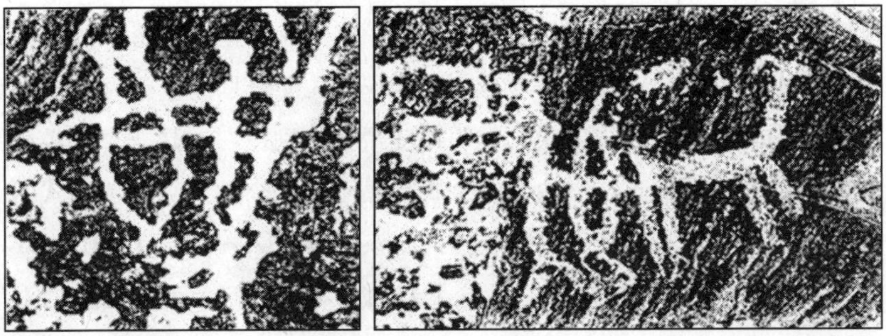

图 C19

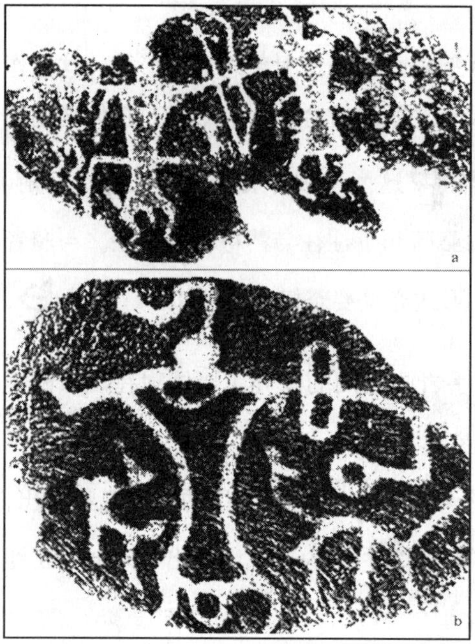

图 C20

一种统治性的限定式组合（它传递出来的概念是人射羊）。如在图 C19 里，一个射手形象直接用弓箭抵着一个羊形象，从两者在空间中排列的顺序及位置来看，主要存在着横向或纵向两种排列情形。如图 C19 里羊形象位于射手形象的正前面，二者左右组合，里射手形象位于羊形象的上面，两者一上一下结构。这种组合里还有一种比较特别的方式，如里两个根本成分上下相错（羊形象在上，射手在下）。射手形式二次组合而成的 A + B 型象射羊或射猎之形的形式，还可以再次与其他成分组合，如里的射手形象似乎站在一只大的羊形象身上射杀另一只较小的羊形象，这样的形式也应该用（A + B）+ B 公式表示。

因此，在由射手与其他根本成分再次组合的这种独体人岩画形式里，也可以有几个 A、B 级单位，这些形式单位也可以有多种多样的形态。这意味着射手形象本身以及它与其他根本形式之间的组合可能变得很复杂，如在图 C20b 这个岩画里，由于多种黏附形式的使用和特殊的组合方式，射手形象很繁复：人头、身上都有黏附形式，弓箭上也有黏附形式（一朝下向内的“√”状形式上又有一小圆圈），这显然是一个复杂的 A +（b）型结构形式。而同它再度组合的两个根本成分——羊形象分别一左一右位于其肋下。这两个羊形象也由于内部结构的改变和黏附形式的运用而变得很特别。左边是一个比较少见的呈倾斜状放置的小羊形式，右边是一个臀部黏附着一个向上倒立羊形式的 A + B 型结构。整个图 C20b 完备的代数公式应该写作：[A +（b）] + B + [A + B]。相比较而言，图 C20a 显得简单。这个岩画基本上是三个形态各异的射手形式的组合，[1] 也即可以用 A + B + C 表示。

总之，多种语法形式及其组合方式结构了以人为核心的 A + B 型独体岩画形式。这种岩画形式形态多样，互不相同，尤其是以骑者、射手为代表的形式又能作为独立出现的根本成分，与其他一个或两个、两个以上根本成分再次组合，从而形成了特殊的次独体岩画形式类型（A + B）+ B。

（三）内部改变

我们说人形象是一个自由形式的根本形式，它可以独立存在。这意味着它是一个有着特定概念和意义的岩画形式。但是，若把它置放在整个贺兰山岩画，特别是独体岩画形式里，正如所有其他岩画形式一样，它的意义就显得不是那么单一了。例如，若在特定的贺兰山岩画语境中，我们完全有理由把图 C21[2] 里这个独体岩画视作象人之形的形式。事实上，这是贺兰山岩画里比较典型的象人之形的形式：一圆圈状形式表示人的叉在腰上的两臂，一倒“丫”形结构了整个略侧面站立之形的人的躯体和双腿。只不过与图 C14、图 C15 为代表的一般象根本之形的人形象相比，图 C21 里这个人形象更加高度抽象化，涵义更复杂：它的指称对象是人，但不是一般抽象概念上的“人”，而是一个无头、双手叉在腰间，身体略呈侧面，面向左边大步行走着的人形象。同理，、、、、是五个独体人岩画形式。尽管它们都表示一个抽象概念——人，但是，它们外形不啻霄壤：和两个象人之形的人形象似乎都在跳舞，然而装束打扮和姿态都不同。至于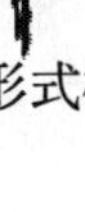、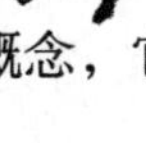和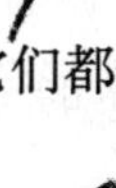这三个独体象人之形的岩画形式更是多种意义纠结在一起的形式概念，它们都表示出了单数、性别（中性）和姿态三种概念。（单数、中性、侧坐）、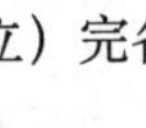（单数、男性、正面坐或弯曲双腿站立）和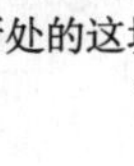（单数、中性、倾斜站立）完备的

[1] 彼此之间主要借助于弓箭串联成一个不可分割的整体。
[2] 黑石峁岩画。位于散落的一堆岩石间，岩画所处的这块岩石的上面有明显的断裂痕。

图 C21

语法公式都应该是 A + (0) + (0) + (0)，尽管和外表的语法形式公式应该是(A) –。(A) 代表它们都是抽象词干（也即抽象根本人形式），减号代表它们作为人的形象并不完整（分别缺头部分和整个右侧）。

而导致上述根本人形式涵义复杂、彼此区别的一个重要原因是内部形式结构的变换。如、和都是三个根本人形式，虽然有的是实面与线结构，有的是线结构，有的是点与线结构，但是，、与之间最突出的区别分别在于：一个没有右半边，一个完整，一个没有头部。而作为根本人形式，、和三个双臂张开人形象之间的差异则主要在于：身体向右侧转，右腿向左前方跨出，面朝左站立；左腿向右前方跨出，一前一后甩着胳膊，正在艰难地前行；则正面站立、右腿向旁边略跨出半步，双臂平举。

（四）限定

独体人符号的多样性还集中体现在 A + (b) 型人形式的繁复上。在这类岩画里，根本人形式的内外往往添加有品种繁多的黏附形式，这些形式很像是添加在人形象上的装饰品，它们对人形象起着进一步修饰、限定的作用。如人形象右臂处有一条弯曲线，似乎代表人手持的某种东西，人形象头上有一短横线状形式，人形象头上一月牙形形状，以及图 C22 最右边人形象头两侧的两条短曲线，似乎都表示人头上戴的帽子（注意：它们形状不同）。而人形象腰间一条若即若离的横线状形式，则很像是腰带。

同一个独体人岩画中可以添加多个修饰限定性的黏附形式。这样构造的

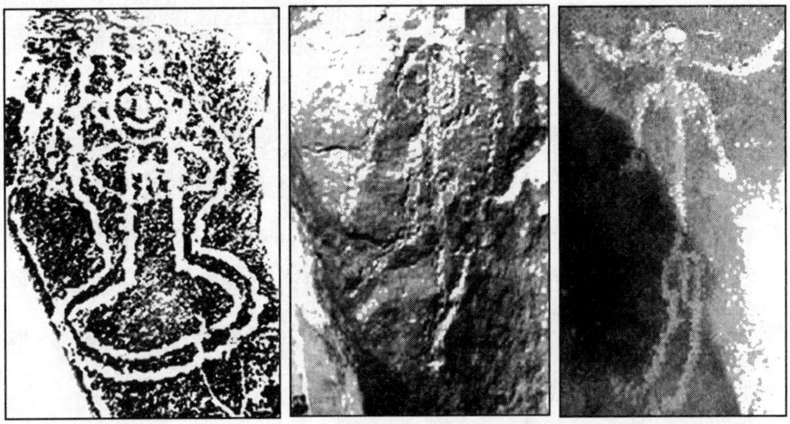

图 C22

A + (b) 型人形式也表达了更加丰富多彩的内涵。如表示的是一个被束缚着的人形象，图 C22 中间岩画表示的是一个被圆状框子罩着、似乎位于洞穴中的人形象（即），图 C22 最左边人形式外依形环绕着一条长曲线，它表示的似乎是一个被供在室内或洞内崖壁上的人形象（即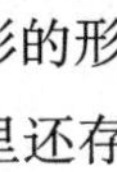）。至于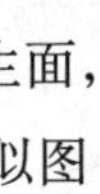与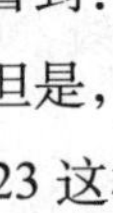则分别表示的是一个头上戴着小辫状饰物，背着双手，挺着肚子，迈出前腿行走中的正面老人形象，以及一个头戴帽子，双臂张开，双手持有棍状武器的武士形象。

图 C23

从这些人形式我们看到：尽管由于黏附着不同形状的黏附形式，这些象人之形的形式别开生面，但是，它们都是非常像人的图像。与之相比，贺兰山岩画里还存在着类似图 C23 这样与写实性相差比较远的象人之形的独体岩画：“田”字形不仅结构了人的主体躯干，而且其内部、周围又点缀着众多小麻点，整个人形式最下面还有一个象羊之形的形式（即整个人形象踩在一只实面结构的形体较小的羊形象背上）。高度抽象化以及多重限制性附加成分的添加，使得图 C23 所指称的“人”这一含义更丰富。

（五）人面

贺兰山岩画里独具特色的独体人岩画主要是由象人面之形的形式结构而成的。这些独体人面岩画形式在能指层面上最大的特点是差异性。可以说，它们都属于 A +（0）型形式。这主要体现在其内部结构和外部结构上。为更清楚说明问题起见，我们将依据形式元素的组合、语法形式、规则的运用以及形式格局的变换等，把整个贺兰山人面岩画细分为具象人面与抽象人面两种，以便更好地描述分析这种岩画的建构及其特征。

1. 具象人面

凡象人面之形的图形，我们称之为具象人面。在整个贺兰山岩画里，完全由线或者点、面结构的人面非常罕见。这就是说绝大多数人面都是由点、线和面相互组合而成的。依照常识，凡符合象人面之形这一称号的图形不仅应该具备一些基本的形式单位，也即两只眼睛、鼻梁、嘴巴等，而且，作为人面的各个器官，它们在人面部应该有着固定的排列次序（如鼻子位于中间、两眼分布在其左右、嘴位于其下等），也即各形式要素之间应该有着固定的排列组合。如这个贺兰山象人面之形的独体岩画形式就符合这一标准。若以此为基础形式单位去衡量整个贺兰山岩画里的其他独体人面形式，我们就会发现每个岩画都不同。它们在表示出“人面”这一单一的抽象概念的同时似乎还附带着很多其他的价值。这种不同主要是通过以下两种基本方式实现的：

第一，改换内部形式要素。这主要包括五个方面的内容：（1）增加内部形式要素。如里似乎用来表示鼻子的一条竖线被延伸至头顶外，而似乎用来表示嘴的形式上面又多加有一条两头略弯曲的线；（2）减少内部形式要素。如、里分别缺少表示人眼睛[1]、嘴的形式元素；（3）在减少一些主要人面形式要素的同时添加另外一些细枝末节的人面形式要素。如去掉了鼻子形式要素而增加了两道眉毛和两撇胡须这些更细微的人面形式要素，

[1] 如果前面人面内部倒“几”字状形式上面表示的是眼睛的话，那它就缺少表示眉毛的形式元素。

和里没有表示眼睛的却有表示牙齿的形式元素；(4) 改变形式要素的形状。如人面圆形外部轮廓似乎被挤压得很不规则，这个人面则以两单圆圈和半圆圈代表眼睛；(5) 变动形式要素原有的位置。如里鼻子和眼睛这些形式要素都位于整个人面的最下面。可见，人面内部形式要素及其结构的改变有的小（如只去掉嘴形式元素）、有的大。变动比较大的往往从多方面同时改变一个人面形象（如改变了人面轮廓的形状，添加了两条多余的平行线，刻出了表示牙齿的直线，省去了表示鼻子、嘴、眉毛的形式元素）。然而，人面无论怎样改变，我们还是比较容易辨认出它们，并把它们归为同一类——象人面之形的独体岩画。[1]

第二，改换外部形式要素。这主要指在人面外部增加各种黏附形式。这些形式有的添加在人面的最上面（如上一条曲线），有的在下面（如人面下两条曲线状图案形式元素），有的在左右两边（如两边两条折线状形式元素），有的则同时添加在人面的上、下部分（如上下线状形式元素），有的比较奇特，贯穿整个人面并延伸到外面（如里三个圆圈状形式元素被一条线串起，横穿整个面部，其中两个圆圈的下面还分别连着两条由内到外的线）。这样，就数量而言，有的人面外部只添加了一个黏附形式，有的则添加了两个或两个以上；就位置而言，有的添加在人面外围的上下部分，有的添加在左右两边，更有的横着或竖着插在内外。同一个人面上的两个黏附形式可以相同，如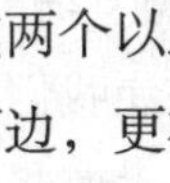左右两边两个曲线状形式，也可以不同，如在与里，两个人面上下都有黏附形式，但每个人面里的两处黏附形式完

[1] 贺兰山岩画里象人面之形的岩画集中分布在贺兰口。这里例举的就是其中的一些。关于此，我们在最后一部分有更详尽的论述，兹不赘述。

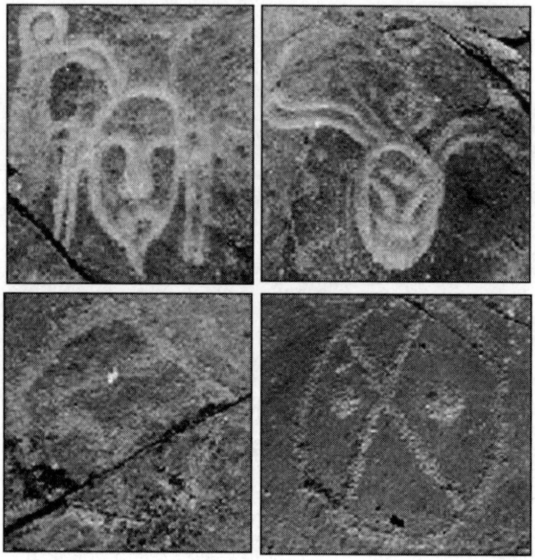

图 C24

全不同。人面四周也都可以有黏附形式，如图 C24 左上图人面左右两边两条平行线、头上左边两条缀有实心同心圆式样结构的弯曲平行线、人面下部一个小三角形状图案形式。还有一种就是通过减去部分外部形式完成对人面的改变，如、是两个半圆形状。即便如此，借助于联想关系，我们还是能把它与象人面之形的形式归为一类。

总之，内部形式要素的改换和外部黏附形式的增添，使得象人面之形的形式真正千人千面。

2. 抽象人面

凡主要由联想关系形成的人面图形，我们称之为抽象人面。通常，无论多么奇异、复杂，A + (0) 型象人面之形的形式我们一望之下便知它们指称的对象是人面，因为它们与现实生活中的人面比较相像。除此之外，贺兰山人面岩画里还有一些看似与人面相差很远的图形。如图 C24 右上图这个外部三处有着黏附形式（两条平行曲线、一个糖葫芦状抽象形式）、内部有着一个去掉点的“立”字状形式元素的圆圈状形式，以及图 C24 下面两图中两个内部仅有着两三条笔画状形式元素的圆圈状形式，很难让我们确信它们指称的具体对象就是人面。而我们最终认为它们依然是人面，主要基于以下三点：

（1）它们所处的特殊语境。贺兰山岩画里的人面集中分布在贺兰口，在进入沟的沟口南面比较平坦的石壁上密密匝匝、重重叠叠布满形式各异的人面像。这里所例举的人面即选自此。

（2）这些岩画形式里实际所呈现出的一些具有某种（人面）共同点的形式要素（物质实体），使我们把它们联系在一起。诸如人面轮廓通常所具有的圆形形状，以及象人眼睛、鼻子之形的形式等等。

（3）联想关系所形成的集合。这些岩画在人们视知觉感知中所引发的形式往往能超越它们实际所呈现给我们的样子。除捕捉到它们本来的面目外，我们的心理联想还能抓住每个特定场合把各形式要素联系在一起的种种关系性质，从而有多少种关系，就造成多少个联想系列。例如，、、、和等岩画形式里有一个共同的形式要素——眼睛。然而，、、也可以出现在以曲线为基础形式要素的系列里（试把它们跟内部结构主要由曲线构成的和比较一下），、和也可以出现在半圆圈这个共同形式要素构成的系列里（试把它们跟人面轮廓是半圆形的和比较一下）。有时，我们的心理联想也可以只根据所指的类似对上述岩画进行归类，如我们会毫不犹豫地把、视为与、和一样的东西（即人面），或者相反，只根据能指要素的共同性归属人面岩画，如我们会把图 C24 右上图人面、和，以及图 C24 左上图人面、与归为一类（它们内外形式元素结构及其语法形式、规则相似）。

因此，有时是形式和意义（能指和所指）都有共同性，有时是只有形式（能指）或意义（所指）有共同性。任何一个人面岩画形式都可以在我们的记忆里唤起一切可能跟它有这种或那种联系的岩画形式。这种联想集合里的各项要素一方面没有一定的数目，我们甚至可以通过想象从一定的形式要素里抽象出一定的概念，如从、、、、、、和等这些看似与人面毫无关联的岩画形式里，[1] 我们可以抽象出一个共同的人面的概念（这是些抽象变形的象人面之形的形式）；另一方面也会进入由我们心理

[1] 这些都是从贺兰口人面群像里摘出来的相对独立存在的人面。

联想构成的人面集合里，如面对和，我们会很自然地填充进去两只或一只象人眼睛之形的形式，正如看到和，我们会很自然地把其中所缺少的人的眼睛和嘴巴形式填充进去一样，我们也会剔除与里的多余成分，补充进它们所必须具备的成分；即使、和这三个不完整的人面图形，我们也很容易凭借我们的想象把它们补充完整。正因为、、、和类人面是我们利用联想关系构创出来并且集合在一起的，所以，应该用（A）代表它们中的每一个。

这些被我们抽象出来的人面也并不仅仅表示单一的人面概念，而是同时附带着很多其他价值。如，至少表示一个只有一只眼睛、没鼻子且面部轮廓不完整的人面，可用公式（A）+（0）+（0）代表；则表示有着粗大的眉毛、两只眼睛、嘴、头上有饰物、两边颊各有两个小圆圈的人面，可用公式（A）+（0）+（0）+（0）+（0）+（0）代表。有时，我们不能确定添加在（A）型人面上的黏附形式究竟指称什么，如添加在图 C24 所例举的三个（A）+（0）型人面形象上的两条平行曲线、一个糖葫芦状抽象形式、内部只有一曲线、两小点和“×”状形式元素。

图 C25

总之，贺兰山岩画中象人面之形的形式诡异多变，变体众多，差异性是它们在能指层面上最大的特点。除常见的 A+（0）型人面形式外，贺兰山岩画里还能见到一些类似图 C25 里这样 A+B 型人形式，即根本人形式与人面形式的结合。我们看到一个内部有着复杂结构的人面形象的上面联结着一个贺兰山岩画里罕见的、拥有比较完整面部的站立人形象，两个形式上下相套成一个不可分割的统一整体。

（六）小结

象人之形是贺兰山独体岩画里的一种主要图像。这种人形象上可以附加多种多样的黏附形式。作为根本形式，它也可以和多种根本形式，尤其是象马、羊、弓箭之形的形式组合，从而进一步形成 A + B 型象骑者、射手、射羊（或射猎、狩猎）之形的形式。这三种形式又可以作为一个独立存在、组合能力极强的、普遍的自由形式，也即作为一个复合根本形式再次与其他各种黏附形式和根本形式组合，形成一种独特的（A + B）+ B 式 A + B 型人岩画形式。在贺兰山独体人岩画里，一种特殊的形式就是象人面之形的形式。作为一种 A + (0) 型根本形式，它们同样可以自由地与多种形式组合，尤其是与形态万千的黏附形式组合，从而形成了贺兰山岩画长廊里独具魅力的人面形式。

一般来说，人形式与人面形式区别鲜明。人形式基本上只是勾勒出人的整体轮廓，用以结构人形象头部的通常只是表示人整个身体躯干的竖线的最上面部分（如、），有时只是一圆圈（如）。这就是说，贺兰山岩画里象人之形的形式大都是正面站立的、比较抽象简单的棍棒类线条结构，没有刻画出人面部五官特征，而有着简单或复杂内部形式结构的人面形象，通常又没有刻画出人的整体轮廓特征。因此，孤立看，图 C25 呈现的是一个 A + B 型人形式，若把这个我们从整个贺兰口人面群像中摘出来的图像，还原到它生存的具体语境和整个贺兰山岩画人形式语境中，则它更应该是一个 A + (b) 型人面形式（即上面有着一个象人之形黏附形式的人面），也可以说是一个 A + A 型人面形式，即两个一大一小人面借助于一些线条上下联结起来。

三、马符号

马形象也是整个贺兰山岩画里比较普遍存在的根本形式（或称图形、符号），是除羊、人形象外，另一个重要的独体岩画形式。作为独体岩画，它可以独立出现，也可以作为根本成分与其他成分组合，进一步结构出形态多种多样的复合独体马岩画。本部分我们将以独体马岩画形式为论述目标，通过对不同形式类型的独体马岩画形式的剖析，分析其结构规则及其语法特征。

（一）变体

跟独体羊岩画一样，独体马形象基本的形式类型是变体众多的A+（0）型。这种形式的马岩画在能指层面上相互区别：它们都是既表示单一抽象的马概念，又表示自身——一个独一无二的唯一形式。这些形式主要是利用各种语法特征形成的。

1. 不同形式元素的运用

独体马形式充分利用基本形式元素造型，也即通过点、线、面及其相互之间的组合结构出各种形态的独体马岩画。这些形式有些形式元素完全不同，如基本上是实面结构，、都是线结构；有些则完全相同，如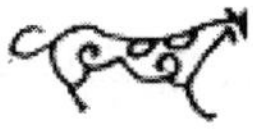、和都是点、线、面的组合结构。然而，形式元素的一致并不意味着搭配组合的一致。如在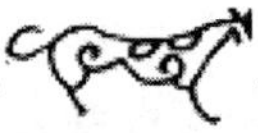、、这三个马形式里，相同的点形式元素都位于马形式的头部代表马形象的耳朵，而且，这三个马形象的整体形式都是由线勾勒出的虚面结构。但是，孤立的形式元素不能说明问题，重要的是它们在具体语境中的运用。我们看到除头部形式外，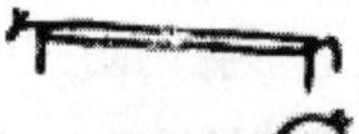这个象马之形的形式基本由两条平行的长直线和三条短直线构成，基本是一长长的弯曲线（结构出虚面，代表马形象的身体部分）和四条短斜线（分别代表马形象的四条腿）的组合结构，而这个马形式的主体尽管是由一曲线结构出的虚面和两条短斜线构成，但它与差别很明显：虚面里面还有四条小的半圆圈状曲线，外面（代表马形象的臀部）还有一向上弯曲的线（代表马形

象的尾巴)。同理，两个完全由线结构的与的形式格局显然也完全不同。而不同形式元素的运用是导致它们之间差异性的一个重要原因，如结构里马形象头部的是与其整个身体连成一体的一长曲线，而里的马头部形象则似乎是由另外一条向下的短线结构而成。

2. 形式单位的变动

独体马形式众多变体往往是通过变动用以结构马形象的部分形式单位来实现的。这主要存在着以下三种情形：

(1) 变动腿部形式。、、、和五个独体马形象都是线结构，但有两条腿，有三条腿，有四条腿。至于、更独特：用以代表马形象后腿和尾巴部分的线形式是重合的，也即一条线同时表示马后腿和尾巴部分。

(2) 改变头部形式。有着不同头部形状的独体马岩画形式在整个贺兰山岩画里比较常见。这些形式的具体形状大致可以分为有耳朵的（如）和无耳朵的（如）两类。且不说这两类之间的差异很大，就是在同一类里，各个岩画形式之间的区别也很明显。例如，没耳朵马形象的头部形式，通常基本上都是由实面（有的面积大，有的小）结构而成的。尽管如此，它们亦大相径庭。有些呈点状，如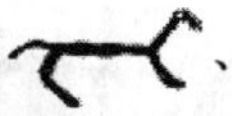、与；有些呈短线状，如、和。即使都是呈点状的或短线状的，它们彼此之间的具体形态也不同。如似乎是个向上的竖点，则是个横向的椭圆点；是一条短细线，则是一条短粗线。同理，都是有耳朵的马形象，（很长，向后）、（较短、直立）与（较长、直立）亦不同。至于则是以上两类的综合，由面构成的马形象的头部与其前腿部分联成一整体，上面又有象点之形的耳朵形式。

(3) 变动尾巴形式。不同尾巴形式也是造成马形象各异的一个重要原因。如对于与这两个整体形状比较相似的马形式来说，尾巴部分似乎是

它们之间在形式上的明显差异（一个尾巴向上翘，一个没有尾巴或者说其尾巴部分与腿部分重合在一起）。其实，就整个贺兰山岩画独体马形式而言，马尾巴形式在大小、长短、粗细以及具体形态上存在着很大的差别。有些马形象的尾巴形状比较大（如里的好像松鼠的尾巴），有些比较小（如里的只是一点状形式），有些比较长（如与），有的比较短（如与），有的向上（如与），有的向下（如、与）。即便是都向上的马尾巴形式，它们的具体形状也不同。如略向后直立，则是曲线形，而似乎只是一点。即使都是形体较长且向上的曲线结构，它们的形状也不同（如与）。同理，即便是都向下或者都朝后，每一个独体马尾巴形式的具体形态亦不同。如、、和四个马尾巴形式之间微妙的区别令我们赞叹不已。

3. 形式结构的调整

如果说不同形式元素以及形式单位的变动涉及的只是独体马岩画外部的形式格局的话，那么，由不同动作和神态导致的马形象之间的差异所涉及的就是它们内部的组织结构。如、、、、和六个基本由线、实面结构的独体马形象所呈现给我们的动作明显不同：有的正在行走（如），有的正在低头用力前行（如），有的正在跳跃（如），有的正在奔跑（如）。从形式相近的和中，我们可以更清楚地看到由变动马形象内部结构而产生的两者之间的本质差异。它们分别表示的是：单数、中性、抬头、站立和单数、中性、低头、站立中的马形象。

以上我们从形式元素的运用、形式单位的变动以及内部结构的调整三方面综合解析了一些具有代表性的独体马岩画。大部分独体马岩画形式之间的区别是显著的。这往往表现在它们之间的区别是多方面的。这种区别不仅体现在不同形式要素的运用上，也同时体现在形式单位的变动和内部结构的调整上。正是这种区别造成了贺兰山岩画独体马形式在能指层面上的差异性，并最终形成了一系列的A+（0）型独体马岩画形式。即使在一些相同相近的形式里，这种差异性也或多或少地存在着。试把与、与、与这三组独体马岩画形式相互比较一下，我们不难看到每一组里的两个都整体相似而实际不同：与都是由线勾勒的虚面以及点和线构成的马形象，但它们颈、头以及腿部分形式元素不同。和、与基本都是实面结构的马形象。然而，它们头部的形式结构各个不同。和尾巴部分也存在着细微的差异：一个略下垂，一个略上翘。与整个身体的形式结构也不同：前者整个身体的后半部分略微隆起，似乎正在低头沉思；后者身体挺直，神情专注，似乎正注视着正前方。总之，若仔细比较，我们会看到内部结构的调整是导致每组里马岩画形式最终成为A+（0）型的原因。

（二）附加与修饰

贺兰山岩画里常见的马形式是由于黏附形式（主要是语法加号）的运用而形成的。从功能上看，马岩画形式里的黏附形式可分为以下两种：

第一种是属于语法加号的附加成分，即在原有的根本形式基础上添加一些多余的黏附形式，从而改变马形象。这种附加成分不仅形态万千，而且位置很灵活。例如，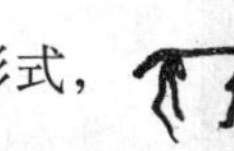里一半圆圈状形式位于马形象的腹部，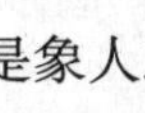脊背上有两个短竖状形式，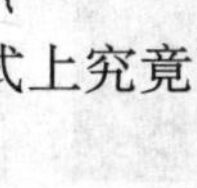马背部穿插着一长竖线形式（似乎是象人之形的形式），以及里添加在马形象腹部的比较复杂的图案形式（似乎是马鞍）。至于一个马形式上究竟可以添加多少黏附语法形式则没有一定的规则。

有些有一个，如和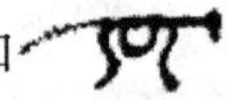里分别黏附在马形象的后脊背和腹下的一圆圈状形式；有些有两个，如里分别黏附在马形象后腿部分的一短斜线和一短直线，以及马脊背上的两短直线形式。图 C26 里展示的是一个头上面有着一“丫”状、腹下面有一点状添加成分的独体马形象。

第二种是修饰成分，即在不改变基本马形象的前提下，适当增加一些附加成分或者省去马形式里固有的一些形式元素。如、、和这四个马形象身上都有比较复杂的附加成分。这些成分具有以下四个特点：(1) 形态多样。有圆圈状形式（如），有竖条状形式（如），有斜纹状形式（如）。(2) 一个马形式里可以有两个以上的黏附形式。如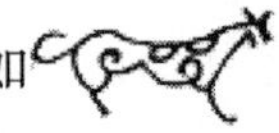里四个圆圈或半圆圈状形式，里三个方框状图案形式，以及里两个花格状图案形式。(3) 在同一个马岩画形式里的不同位置上，两个或两个以上具有相同性质的黏附形式的形状大小不同。如里有两个由线条交错结构的同样图案，较小的一个位于整个马形象身体的前半部分（大致是脖子部分），较大的一个则位于后面（大致是臀部）。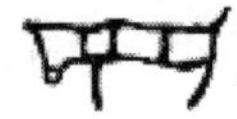里三个方框的大小也不相同。(4) 同一个岩画形式里往往

图 C26

有几种不同样式的形式单位。如里有圆、长方形等完全不同的几何形式。而很独特。尽管与一般马图像相差甚远，但是考虑到联想关系，我们依然会把它视作一个象马之形的形式——这是省去了用以代表马形象头部形式元素的马形式，或者说是一个拥有语法减号的独体马岩画形式。一般来说，在贺兰山岩画里，绝大多数独体型独体马岩画都是通过附加各种语法加号实现的，只有少数是通过语法减号结构的。

（三）组构

马形式作为根本成分可以与一个或两个、两个以上象人、马、动物之形的形式，以及简单笔画、图案状抽象形式进一步组构出另外一个复合独体马岩画形式。例如，图 C27 里是两个形式元素、内部形式结构大致相似的根本马形式之间的组合结构。两个面面相对的马形象借助于两个羊形式联结为一个统一的视觉空间整体形象。两个羊形象既是媒介又是整个独体岩画里两个重要形式单位。它们都是面结构，上面一个是实面，下面一个是虚面，两个上下相套，下面一个羊形象的头部分与上面一个的前腿部分重叠。两马形象的前腿部分分别与上面一羊形象的头部、后腿部分重叠。因此，这个独体岩画其实是两个根本马形式与两个羊形式的组构。这种复杂独特的组合在整个复合独体马岩画里非常罕见。我们常见的是马形式与人形式以及马形式与马形式（马形式的重叠）之间的相互组合。马与人形式组合而成的典型独体岩画形式就是上述的骑者形式。除此之外，最多的复合独体马岩画就是马形式的反复结构。

从组成成分之间的关系来看，马形式的再次组合主要存在着并列和限定两种关系。马形式之间的并列大部分是上下结构（如），偶尔也存在着马形式与其他形式的左右结构（如）。如果我们用 A 代表作为根本成分的马形式的话，那么，在并列式 A + B 型马岩画里，还可以有几个 B 级单位，如似乎是四个马形式上下左右并联在一起，公式 A + B + B + B 可以代表它。而在复合独体马岩画里，两个根本成分之间的限定关系主要体现在以

图 C27

下两个方面：

（1）包容关系：指两个根本成分在形式上一个包容一个。如在里，下面一个马形象借助于伸长的脖子和延长的尾巴似乎把位于其上面的一个马形象包裹起来，而在里两个马形式上下相叠、相套，上面一个马形象的前腿部分刚好位于下面一个马形象弯曲的脖子空间里。

（2）主从关系：指两个根本成分在形式上存在着明显的大小之分，在空间中所处的位置亦不等。如在图 C28 里，形状较大的马成分占据着整个视觉空间大部分面积，处于核心位置，而形状较小的马成分像黏附形式一样紧紧位于其上。一大一小两个马形式这种上下结构，昭示出两者之间可能存在着的依从关系。值得注意的是：这种马岩画也存在着众多变体。这既体现在马岩画整体形式的迥异上，也体现在马岩画形式内部各个组成成分之间的差异上。例如，都是限定性主从关系的马岩画形式，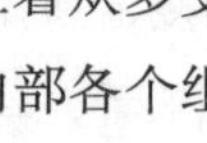与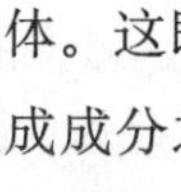不一样。前者两个根本成分的方向一致，后者则相反（上面一个向右，下面一个向左）。而且，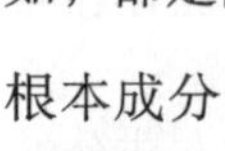里形体较大的形象在低头前行，形体较小的则似乎卧在它的上面；里形体较大的形象在奔跑，形体较小的则似乎站在它的身上。

总之，异质型、黏附型和复合型是贺兰山岩画里三种比较重要的、普遍的

图 C28

独体马形式类型。这些类型也存在着多种具体形态和表现方式。它们的存在丰富了贺兰山独体岩画形式。然而，无论是从形式结构的类型还是表现形态以及它们在整个贺兰山岩画里的运用来看，与独体羊、人形式，尤其是羊形式相比，独体马形式显得略单一、简单。事实上，在整个贺兰山岩画里，最多的是独体羊形式，其次才是人形式与马形式。

Ⅳ 两种形态类型及其语法概念

我们使用语言的主要目的之一，是为了陈述关于事物、关于人和关于事件的事实。如果我们想要实现这一目的，就必须以某种方式首先解答下述问题：第一个问题是："你正在谈论着什么（谁，哪一个）？"第二个问题是："你关于它（他、她）正在述说什么？"为首先解答第一个问题所要完成的任务是进行指称（或识别 [identifying]）的任务。为首先解答第二个问题所要完成的任务是归属性的（attributive）（或描述性的 [descriptive]，或分类性的 [classificatory]，或归因性的 [ascriptive]）的任务。

——〔英〕P. F. 斯特劳森《论指称》

摹状词可能有两种：限定的和非限定的。一个非限定的摹状词是一个这种形式的词组："一个如此这般的东西"：一个限定的摹状词是一个这种形式的词组："那个如此这般的东西。"

——〔英〕B. 罗素《摹状词》

一、基础形式和派生形式

以羊、人和马为代表性根本形式，我们已经对贺兰山独体岩画的形式结构进行了系统而详尽的描述分析。这主要包括一个岩画里形式元素的选择、内部结构的变换、次序的调整以及黏附形式的使用等。一般来说，贺兰山独体岩画的形式结构比合体岩画的更为繁琐。形式元素选择、内部形式要素变换和外部增添形式的特征更是层出不穷，而且往往是不规则的，即只限于特殊的成分或结合体。但是，在一个再生型根本形式里，各组成成分的基本次序大致都是十分固定的，由此我们有了羊等形式概念。尽管它存在着多种多样简单的、复杂的形态，诸如像、、、、这样一些含义上有所不同的变体。因此，各个贺兰山独体岩画之间的区别在其形式结构里表现得很明显。依据其形式结构，我们把它们分别归入五种类型的构形模式里。其中 A 是一个最基础的形式。这个基础形式可以作为独立的根本形式出现，亦可以作为岩画里一个组成成分出现，也即它可以是一幅独体岩画或只是一个结构独体岩画的单位。其余所有类型的岩画都是在此基础成分基础上衍生成的复合岩画。

所以，依据 A 这个基础形式，我们可以把所有类型的独体岩画再次区分为基础形式和派生形式两大类。基础形式主要包括一般 A 和 A＋（0）型。[1] 无论有多少价值依附在 A 上（从而变成 A＋（0）型），在形式层面上，同一岩画形式，严格说来，A＋（0）型与 A 型只是相对而言。如图 D1 里的以及、、、、和所示：孤立看这七个都是 A 型独体羊岩画形式，而一旦把它们放在一起，它们又都是 A＋（0）型，个个附带着许多具体价值，却都有着毋庸置疑的一般羊形式的结构次序。派生形式通常指其他形式出现在基础形式中的结构。从功能上来看，这个“其他形式”以组成成分的面目出现，且主要有黏附形式和根本形式两种。所以，A、A＋（0）型以外的其他三种类型的构形模式都属于派生形式。

[1] 省去部分内在固有形式元素的根本形式，从能指层面来说，已经是从根本形式衍生出来的派生形式。

图 D1

在基础形式里，有些是作为唯一形式的，我们称为孤立型；有些是作为自由形式的，我们称为再生型。在贺兰山岩画里，大部分独体岩画的基础形式是属于重复性再生型的，这就是说：一方面，它们不仅能作为一个独体岩画形式独立出现，而且还能作为根本成分以多种方式再次与其他成分自由组合成新的独体岩画；另一方面，不论是独体岩画还是由它们结构的新的独体岩画，都能再次作为根本成分反复出现在很多合体岩画结构中。贺兰山岩画里存在着不少这种基础形式，诸如象人（包括人面）、羊、马、虎、鹿等动物之形的形式，以及圆圈、长方形、脚印等图案和抽象符号形式。假若从它们在整个贺兰山岩画里出现的次数来看，它们之间又存在着很大的差异。据此，我们可以把它们再次划分为三大类，即经常出现的核心基础形式、比较常见的根本基础形式和比较少见的次根本基础形式。羊形式是整个贺兰山岩画里的核心基础形式，人和马则属于根本基础形式，虎、鹿、抽象形式等属于次根本基础形式。这些基础形式是整个贺兰山岩画的最根本形式或者称之为原初符号形式。它们作为一种再生力极强的力量结构了整个贺兰山岩画视觉语言系统。

基础形式形态的多样化、黏附形式的繁复决定了派生形式的形态所具有的多样性，但多样化与杂乱无章是两个概念。实际上，有些相同的黏附形式在一些不同的基础形式里，往往有着固定不变的次序。例如，添加在图 D2 独体象根本马、羊之形形象，以及、和这三个根本形式里的都是一条短线状的黏附形式（代表雄性性器官），它们在这些不同基础形式里所处的位置相同。

有些形式虽然是由基础形式派生而来，但是，它们并不是唯一形式。在整个贺兰山岩画里，它们与基础根本形式非常相像：作为自由形式，它们既能独立出现又能作为组成成分出现在其他结构里。例如，贺兰山岩画里普遍存在的属于 A +（b）型结构的象雄性人、羊、马之形的独体岩画形式，以及属于 A + B 型的象射手、骑者、射猎、双羊等之形的独体岩画形式。在整个贺兰山岩画里，它们时而单独出现，时而与其他成分组合，其功能已与基础根本形式没什么差别。因此，我们又能把派生形式区别为派生根本形式和派生次要形式两种。派生根本形式的典型代表是象骑者和射手之形的独体岩画形式。派生次要形式则主要包括那些由派生而来的唯一形式。这些形式结构不会再次出现在其他岩画形式里。

这样，对于贺兰山独体岩画形式，我们就有了基础形式与派生形式两大基本形态类型。前者又可分为核心、根本和次根本基础岩画形式三种；后者有派生根本形式和派生次要形式两种。在具体运用过程中，无论何种类型、何种形态的岩画形式，其组合方式都变化莫测。如就是一个基础形式与两个派生形式 [左下角是一个 A +（b）] 型，右边是一个 A + B 型的组合结构。

当然，我们还可以从多种角度对各种独体岩画形式进行分类。

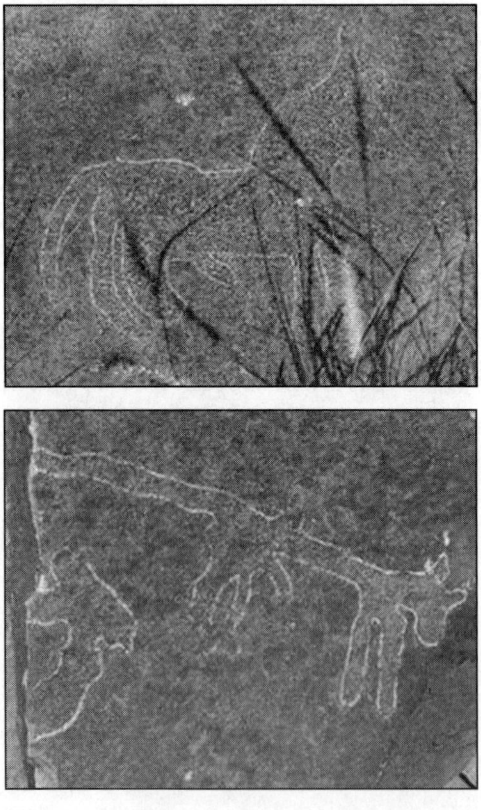

图 D2

例如，就形式的繁简程度而言，我们可以把所有的形式分为简单形式与复杂形式两种。前者包括所有根本形式，后者包括各种派生形式。我们也可以把形态繁杂的派生形式再次区分为简单派生形式和复杂派生形式两个亚类。我们也可以把所有的贺兰山独体岩画分为具象和抽象两大类。前者主要包括根本形式，如象羊、人和马之形的形式等等，后者主要包括各种图案以及一些笔画状形式。

二、语法概念

我们这里所说的“语法概念”是指独体岩画形式（由语法形式结构的）所蕴涵或表现的意义。以上，我们主要对整个贺兰山独体岩画的能指层面作了共时系统的研究。然而，贺兰山岩画不仅仅只是一个表示成分，就像有着正反面的一枚硬币一样，它是一个有两个方面的存在物：外在的能指与内在的所指的统一。这在很大程度上取决于它外在形式中所体现出来的写实现象。本部分我们的论述目标是贺兰山独体岩画形式的所指。

（一）基本概念

1. 羊形态句法

尽管离我们非常遥远，但是，作为一种视觉图像符号，我们看到的大部分贺兰山岩画表现的都是我们现在仍然能够在现实生活中见到的事物。从这个意义上说，贺兰山岩画基本上属于有着具体的生活原型的图形。绝大部分 A 与 A +（0）型岩画形式尽管高度抽象，但基本上都是写实的。下面，我们将以独体羊岩画形式为个案，描述分析并阐述这一现象。

贺兰山独体羊岩画形式所指的就是一个单一的抽象概念——羊。点、线、面自身及其相互的组合结构大部分情况下能够反映被指称的现实生活中的实物——羊。贺兰山独体羊岩画符号中最常见的形态是形式元素线与线、线与面之间的组合结构。前者往往能勾勒出羊这种动物的物种结构，后者则能在此基础上强化羊形象造型的写实性和质感。大部分贺兰山岩画里都有羊图像。除少数斜置着的正面形象，以及横立、竖立着的倒立形象外，绝大多数羊图像表现的都是横置着的羊侧面形象。这些形象造型绝大多数是平面两条腿的羊，也有立体四条腿的。有侧面一只角的，也有侧面两只角的羊形象。写实的表达法构成了羊形象的各种特定的形态，使其结构通过模拟反映了实际现实羊的一些特征，并因此构成了特定的羊形态句法。如我们完全有理由把、、、、和这六个独体羊岩画形式所展示的分别视作正面站立着、急急行走中、奔跑着、跳跃着、低头吃东西或喝水以及正在排便中的羊形象。

除表示羊各种动作以外，贺兰山独体羊岩画形态中还有更令人信服的表达图像性的情形。在一些表达方式里，人们常常直接可以观察到羊的身体状况，可以轻易分辨出羊的属类、性别以及大小等等。如运用曲线构成强调式，岩画制作者形象地用这个独体岩画表示了盘羊这一种属；利用实面的造型，刻制者形象地用这个独体岩画表示了一只正处在怀孕中的母羊形象；而由在一般羊体结构规则中添加一条短线构成这个独体岩画，刻制者

图 D3

形象地表示了雄性羊形象。至于以及图 D3 两个岩画里两个幼羊形象，则是圆润、平滑的线条和富有特征的表示头部的实面的组合结构。

此外，还有大量丰富多彩的其他例子能展示描绘羊形象的贺兰山独体岩画的内部语法结构。这种语法以其点、线、面，特别是线与线、线与面的巧妙搭配组合来表达羊的各种神态和情状。请看、、、、、这六个独体岩画里所呈现出的羊形象：这里所塑造的羊形象，有的愤怒（如），有的欢呼雀跃（如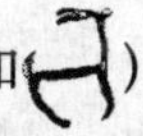），有的仰天长啸（如），有的沉默不语（如），有的趾高气扬（如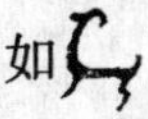），有的回头自视（如）。

由此可见，一定的点、线、面的组合结构总是支撑着某一观念，从而这些具有图像性质的结构或外在体貌使岩画生动的表达具有鲜明的痕迹——这是一种有象符号。羊形式内部语法结构跟羊动物形象有紧密关系。换言之，贺兰山独体羊岩画能指层面和意义之间存在着显而易见的联系。每一个羊形式的能指层面都包裹着一定的所指。它的能指不论其形式，所指不论其所属范畴，都是同一现实的羊形象实体的两个方面。这种实体是只有把能指和所指联系起来才能存在的。

2. 典型化的符号

作为一种能所统一的实体，大部分贺兰山独体羊图形都是现实生活中个别、具体、可感的羊的名副其实的直接表象，它们指向事物和概念，也即外部世界。具象是羊形式能指层面最大的特征，而其所指则是生活原型。这就是说，它们不违背经验事实，不仅在现实生活中有可以验证的所指对象，而且它们的视觉功能——鲜明的真实性和客观性，亦表明它的能指与现实之间有形式方面的联系。由此我们可以看到贺兰山岩画独体羊形式生成的一个基本特点：模仿现实中存在的事物。而且，这种模仿不是一个简单的复制过程，而是一个典型化的再创造过程。除大量写实性羊形式外，就语法形式而言，贺兰山岩画独体羊形式里还主要存在着下面两种形态的羊形式：

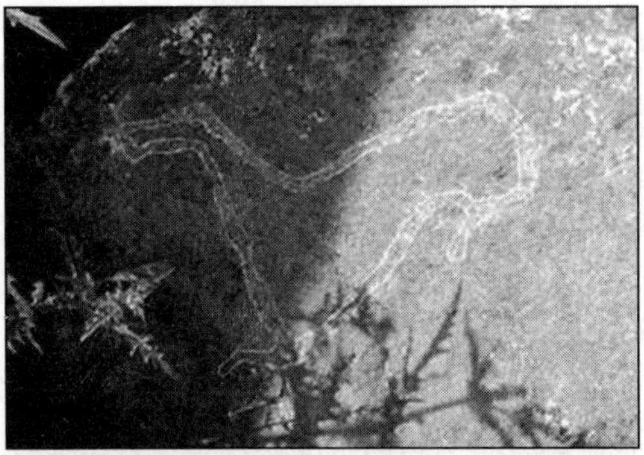

图 D4

第一种就是运用一定的语法手法，特别是黏附形式和形式元素的选择（也即通过增加或减少点、线、面三种基本形式元素）对羊形象进行变形。如图 D4 上图这个几乎完全由一条蜿蜒曲线结构的独体岩画图像栩栩生动：这是一只悠闲地卧着的羊形象。而、、、、和六个独体岩画所描绘的羊形象，有的腹部与腿部是一个整体（如），有的腹部是延绵的虚面（如），有的角被向后延伸（如），有的脊背上有一点（如）。尽管如此，我们仍能很容易地识别出它们并且把它们与现实生活中的羊形象联系起来。

第二种就是对羊形象进行简化或抽象化的处理。与第一种语法手法相比，这种手法更加抽象：它往往舍弃面、点，只以不同线条的组合暗示出羊形象。如这个象羊之形的形象没有头部，没有后半部分。而里的羊形象更复杂。它缺少后腿和尾巴部分，角和一只前腿也被延伸，变得像正在飞翔的鸟一样。图 D4 下图这个独体羊形式则基本上是最简单的五条线的结构：一条横线结构了羊的整体躯干，四条略为倾斜的线两两分为两组，分别构成了羊形象的前后腿形式。

以上两种语法手法所表现的羊形式并非只是描摹现实生活中羊的客观样子，而是利用点、线、面三种基本形式元素对羊形象进行抽离、集中、概括和综合的处理。

这种典型化手法尤其充分运用在对一些个性化羊形象的刻画上。如果对贺兰山岩画独体羊形式作一扫描，我们不难发现它们大多表现的是羊形象最典型的一瞬间的特性。例如，、、、、、、和是独体象跳跃羊之形的八个变体。几乎同一特定瞬间的动作和情态却有如此多的造型。同时跳跃，它们之间的差异竟是如此巨大。从形式元素上看，有的基本上是实面结构，有的是线结构，更多的则是实面和线结构。当然，它们之间本质上的差别主要体现在内部形式结构上。就羊形象而言，有的我们能看到两条腿，有的有四条腿，有的有三条腿；有的有角，有的没有，有的角短，有的角长，有的有两个角，有的只有一个。同样，有的刻出了羊的尾巴，有的没有，有的尾巴长，有的尾巴短，有的尾巴向下，有的向上，有的甚至向后。至于具体动作和神情更是千差万别，有的前双腿内收，后双腿向后伸展，正在全力以赴跳跃（如），有的前后腿伸展如燕，凌空腾起（如）。即使四条腿同时都悬空向前扑，它们的姿态亦不同，如与，前者显得轻松愉快，后者显得相当吃力。当我们看到、、和这四个前后双腿都内收屈腿、神情迥异的羊形象时，我们会更惊讶于贺兰山独体羊岩画符号能指层面上的差异性。

即便是处于大致相同动作中的羊形象的神情亦迥异。乍看不少贺兰山独体羊岩画似曾相识，但只要稍加审视，我们便发现它们不是同一只羊形象。如、两个羊形式之间的区别很微小，它们仿佛是有着不同神情的同一只羊形象：与前边的形式相比，后边的羊形象似乎只是轻提前蹄，正准备行走。同样，与相比，这个羊形象嘴巴略张开，似乎很快乐。因此，贺兰山岩画独体羊形式是一个个具有典型化的羊形象：每一个都具有某种共性，但同时又是独一无二的“这一个”！正是在这一意义上，我们说贺兰山岩画独体羊形式是一种典型符号。其特定的外观对应着特定的意义，能指与所

指不可分离。[1] 正如差异性是它们在能指层面上的特性一样，拥有明确的指称对象是贺兰山岩画独体羊形式在所指层面上最显著的特征：它们是一个个可辨别的实体。

由以上描述分析可以看出，贺兰山岩画独体羊形式具有相辅相成的两个方面，它既指向事物和概念，即外部世界，又指向自身：一个个独特的、有差别的羊形式结构了整个贺兰山独体羊岩画系统。这个系统是一系列形式差别和一系列观念差别的结合。同理，贺兰山独体岩画里的每一个基础形式（如人、马等），基本上都与每一个羊形式一样，表达的都是一个单一的非常具体的概念或者称之为基本概念（如动作、神态等）。正常的表达法是只用独立的根本形式，而不涉及关系。

（二）派生概念

1. 概说

从严格的形式观点出发，前面我们已经简略地叙述了贺兰山独体岩画形式用哪几种主要语法形式改变、安排根本形式，使之衍生出另一种形式——派生形式。因此，如果说以羊为代表的基础形式表达的是基本概念的话，那么，由基础形式派生出的派生形式表达的就是一种派生概念。例如，这一独体马岩画或者说独体马形式就是一个派生 A +（b）型形式，也是一个派生语法结构形式。它一方面带有由此生成的基础形式（作为根本形式）所传达出来的具体概念——马，另一方面又带有附加形式所赋予的新意义——雄性。这种新的意义使得它的所指变得更加具体明确：里这个派生马形式的基础形式所表示的基本概念，指整个一类动物——马，不论是雄性、雌性。而作为派生马形式，它只限于指这类动物里的雄性。我们的这一判断也是基于这个岩画符号里标志出了雄性马勃起的性器官，也就是说马这个根本形式有一个雄性附加成分——后腿部分的一短线状形式。这是一个特殊的语法单位，其功能是指雄性。这一意义明显的附加成分在贺兰山岩画里运用得非常

[1] 这是就一般意义上而言的。因为我们至今无法准确确认每一个贺兰山岩画的意义。只能从严格的视觉形式角度，判断它们可能传递出的概念。

图 D5

普遍，从、以及图 D2 和图 D5 所例举的我们可以看到：除马形式外，它可以用于作为基础形式的其他动物形式上，更可以用于作为基础形式的人形式上。如果说象人、牛、羊之形的基础形式表示的是基本概念的话，那么，添加在它们下面的一短竖状黏附形式表达的就是次要概念，它从某种程度上进一步规范了基本概念，使其表意更加具体。同样，贺兰山岩画里普遍存在的和这两种 A + B 型派生形式是基本概念人与马、人与弓箭并列结合而形成的派生概念——骑者和弓箭手或射手。与之相比，和则分别是作为根本成分的羊形式与已有的派生形式（射手与骑者）再次组合而形成的次派生形式。当然，它们表达的概念也应该是次派生概念——射猎、骑者与羊。由此可见，基本概念确定了，派生概念也就容易确定了。而我们之所以能把和破译为射手和骑者，也正是基于它们的写实性。

然而，仅凭借肖似与否，我们是无法辨认出所有贺兰山岩画的。例如，图 D6 这两个独体岩画像何物？它们指称的对象究竟是什么？同样，我们也不知道、、、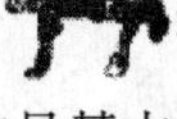和几个派生形式的所指。如果说以羊为代表的基础形式表达的是基本概念的话，那么，这些形式表达的似乎是一个心理上联合成统一体的概念组合。我们所能肯定的只是：它们也是一些有意义的形式。正如代表雄性的黏附形式（一短线）一样，和里刻意添上去的一个点（一个位于基础形式的下边，一个位于基础形式的左边）和图 D6 上图这个岩画里的一横线和多个点（位于一曲线基础形式的最下面）以及

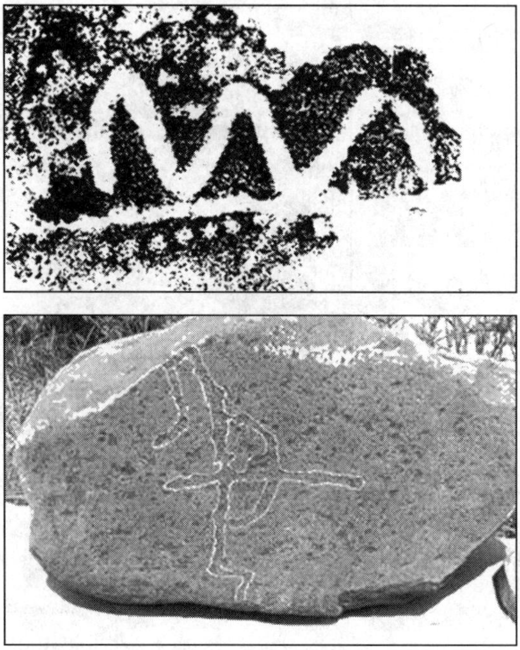

图 D6

、和三个动物形象脊背上或尾巴部分额外添加的一条短线，都是具有内在的功能价值的语法单位。当然，正如骑者和射手一样，这个贺兰山独体岩画形式里骑者与一羊形式的组合排列也是有意义的。

因此，为了避免猜测之嫌，事实上也是为了更好地理解贺兰山岩画，我们必须仍从严格的视觉形式观点出发，描述一切已知贺兰山岩画用哪几种主要语法程序让次要概念对基本概念（体现在不可分析的岩画形式或者岩画的根本成分里）起限制性或定形性的影响。这就是说，我们有必要描述派生形式的语法结构或者说概念结构。

2. 语法结构

语法结构与形式结构是统一的。在语法结构的层次上，也存在着与其形式结构相应的一定的格局。如果说以羊为代表的语法结构主要体现在微妙的内部结构的变换调整和形式元素的选择上，那么，派生形式的语法结构则主要体现在以下四个语法程序上：

（1）并置程序：指把两个或更多个成分排成一定的次序联结起来，而不改变这些成分本身。例如，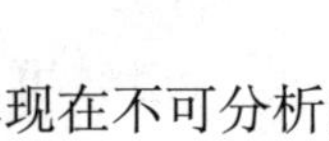、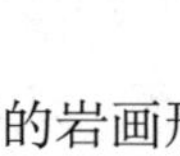两幅独体岩画形式里并没有像、那样清楚地建立起“射手与羊”、“骑者与马”这两个观念之间的关系。每幅岩画里的两个成分似乎都是采取最简单、最经济的表达某种观

图 D7

念的方法被放在一起。结构它们的两个成分，也即根本羊形式与A+（b）型派生羊形式、根本骑者形式与根本羊形式只是简单地左右或上下并列在一起，这种形式格局并没有明确给我们昭示出它们之间的关系。不过，当人们看到一个相对独立存在的岩画形式里的两个、两个以上组成成分紧密地放在一起，而不给它们以某种连贯的意义是不可能的。从心理上说，只要两个或更多的概念同时出现在人的视界里，人总要设法用某种关系把它们联系在一起；从理论上说，有无数可能把、里的两个概念（即羊与雄性羊、羊与骑者）糅成一个有意义的概念群，甚至完整的思想。当然，图 D7 里的三个最小形式（最上面两个象人之形的形式和下面一个形体巨大的框状形式）尽管潜在着种种可能的、组合成一个独体岩画形式的结构方式，而且不同人会有不同的排列组合法，但是其中总有一些是可以用通常的、令人满意的形式表达出来的，如纵向上下排列（两人形式位于框状形式上面）或者横向排列（两人形式在左边、框状形式在右边，或者相反）。

贺兰山独体岩画里有些派生形式，用组成成分本身的结构表达各种关系，也就是说岩画里各组成成分本身的属性决定着岩画的意义。试比较、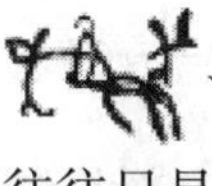、和。在这四个独体岩画形式里，各组成成分的次序往往只是修饰的原则，而不是严格的语法原则。不论射手位于羊的右下角，还是后面、上面（站在羊身上），都很少有或全没有分别，除了可能是修饰上的

或风格上的不同外。每一个岩画形式表示的基本概念都是“射猎”。在这种语法结构形式里，每个岩画形式里的各组成成分之间的关系是内在地规定着的。与此相反，在和里我们就再不能不讲究次序了：人形式绝对不能位于马形式的下面，否则岩画的意义就会改变。次序在这两个岩画形式里具有真正的功能价值。

（2）附加程序：指在基础形式上添加一些黏附形式。不同基础形式上附加的成分以及位置可以相同，如里代表雄性马的一短线可以添加在人以及其他动物形象上。这个羊形象背部的短线我们在其他动物形象背部也能看到。然而，我们常见的是不同的基础形式上附加成分亦不同。从前面对羊、人、马三个基础形式上附加成分的分析，我们知道：一个基础形式上可以有一个附加成分，也可以有两个甚至更多。多样化的附加成分几乎可以加在这三个基础形式的任何地方，尤其以人形式（尤其是人面）的添加更复杂多变。但是，无论多少，无论有几处，人、羊、马这三个主要基础形式里的附加成分都只是用来表达限制基础形式（根本成分）的具体意义的观念，而不影响基础形式在整个岩画里的地位。例如，和两个羊形式上的附加成分（一逗点和臀部的一短线）只是在某种程度上形容基础形式，也即基本概念（羊）的内在意义。同理，即使添加了附加成分，我们也不会把认作骆驼，而和里的附加成分表达了被动、性别这些更严格的意思。

（3）复合程序：指把两个或更多的形式合成一个派生形式。这里又可以分为三种情况：第一种是两个或更多基础形式的合成。如常见的人与弓箭、人与马之间的组合；第二种是两个或更多派生形式的再次合成，如图 D8 上图[1] 是两个一大一小 A + (b) 型派生羊形式的上下包容式结构；第三种是根本形式与派生形式的重组。如图 D8 下图是根本羊形式与派生骑者形式的组合（马后腿直接插入羊躯体里），和则分别是根本人面形式与派生骑

[1]　从位于一块石头另一面的、一个比较大的合体岩画里摘出的相对独立的图像。宁夏博物馆收藏。

者形式、根本羊形式与派生射手形式的组合。

这三种语法程序所复合的派生形式，其整体的意义和组成它的成分的基本意义并不一致。例如，骑者的意义和人、马加起来的价值并不一致。骑者这个形式的统一性由于人骑在马上而更有保证。这是从视觉上说的，骑者形式里各成分之间的关系都是明确表示出来的。同理，图 D9 左边这个派生独体岩画里一大马鹿与位于其下面的三只小马鹿的组合亦如此。正是这一组合向我们昭示了它们之间可能存在着的母子关系。与相比，似乎更明确告诉我们了“射猎”这个概念。因为羊这个形式的存在更准确地规定了它的意义。同样，图 D9 右边这个派生独体岩画也没有更明确地给我们传达出了骑者的意义。而（派生人形式与骑者形式的组合相当清晰地传递出人牵骑者这一意义）则比更明确地向我们传达出了骑者派生形式与另一或两个组成成分之间的关系。

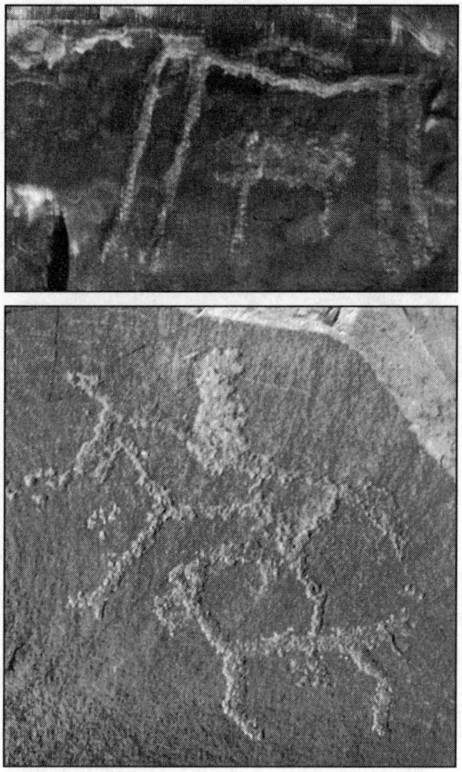
图 D8

当然，每一幅独体岩画里各成分之间的关系并不都是这样鲜明地被展示出来。如从心理上说，里各个成分之间的关系都是暗含着的。而图 D9 右边独体岩画里各组成成分之间的关系看似明了，实则隐晦（三个形式被上下串联成一个整体）。总而言之，派生复合语法程序的类型是五花八门的。这些类型在功能上、复合成分的性质和次序上都有所不同。

（4）重叠程序：指同一个基础形式重复运用而形成的组合规则。如图 D10 所示：两个一大一小的象动物之形的形式上下叠加组合。形体较小的通常位

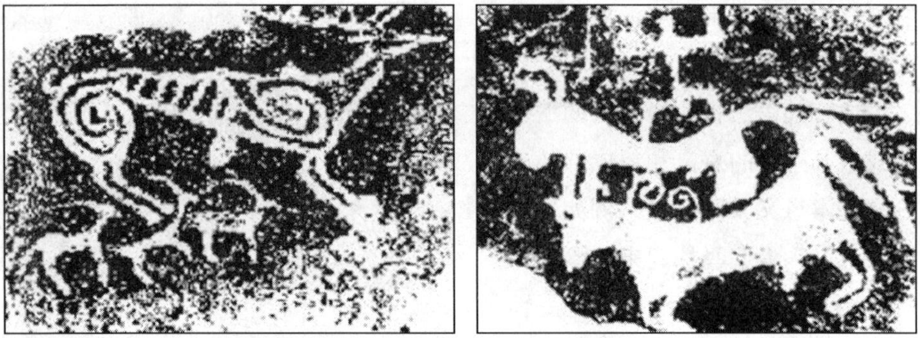

图 D9

于形体较大的下面。这也许是一种最自然的语法程序。在任何表现手法里，这种不说自明的象征性语法程序，一般用来指述双数、重复、惯常的行为、体积的延展，以及增加了的强度、持续性等。贺兰山独体派生岩画形式里最普遍存在的就是羊与马两基础形式的重叠式样。如、、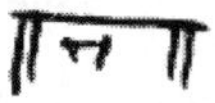、、与是一些比较常见的羊根本形式的重叠派生形式。、和里呈现的是贺兰山独体羊岩画里三种稳固的重叠形式。这些形式通常都是由形式结构上很相像的一大一小构成。而且大的只有一个，小的则不一定，有时会有两个或两个以上（如图 D11 左下图和图 D9 左图所示）。大的或者把小的包裹在自己的下面或者把它驮在自己的上面。这种 A + B 型语法结构形式同时也是一种主次程序（两个成分里总有一个大的处于主要地位），它相当明确地昭示了其概念结构所传递出来的基本意义——母子。

从两个成分的次序来看，重叠程序可分为纵向和横向两种。组成、和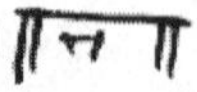的两个成分之间一上一下叠合在一起。这种上下纵向结构里比较特别的例子是：两个形式所代表的羊形象几乎呈倒立状上下套在一起，整体呈纵向排列。与之相反，、与呈

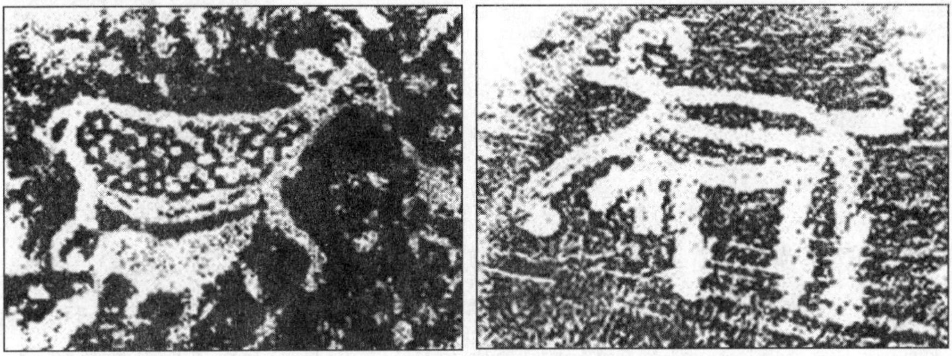

图 D10

横向水平排列。而就同一独体岩画里两个成分之间重叠的程度而言，有的完全重复，如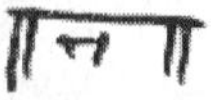里较小的羊根本成分几乎完全被涵盖在较大羊形象的里面；有的部分重合，如里只是两个羊形象的头部和尾巴部分重叠在一起；有的则只是紧密联结在一起，如里前后两个成分借助于一条明显的短线结构在一起，而、和类形式的语法功能比单纯的重叠显然要更复杂些。虽然其基本的概念似乎总是“重合”或“叠加”，但是，它们同时传达出了“合而为一”的意思。

重叠程序里最简单的重叠就是两个根本成分的简单上下或左右并置。在这种形式里，根本成分的重叠时常和某些附加成分连用。如是根本形式与派生形式的结合，也即象羊之形的根本形式与象射手之形的派生形式[A +（b）型人与弓箭形式的结构]的组合。而则是两个派生形式的结合，也即一个 A +（b）型动物形式与一个复合 A + B 型形式（即射猎，这又是派生射手形式与另一根本羊形式的再次结合）的组合。

综上所述，派生形式主要以四种语法程序表达了派生概念。这些形式的特点集中体现在它们既能独立存在又能与其他形式相互配合。它们之中的每一个都是一个特定的观念的外表标记。这观念可以是一个概念、一个印象或彼此有一定联系而成为一个整体的几个概念或几个印象。

三、具体概念

（一）命名

无论是从岩画形式本身，还是其概念表达方式，也即语法结构方式来看，独体岩画传达出来的主要是具体概念，包括基本概念和派生概念。这些概念不是纯粹的抽象实体，而是有着物质内容的具体对象，如某种动物、东西、动作、品质等。特别值得我们深思的是：它们基本上是依托具体物象的具体个性化的行为动作传达出来的。下面，我们仍主要以独体羊岩画或符号为个案说明之。

若把贺兰山独体羊岩画形式视作一个系统，那么，这个系统最触目的特征便是相异性——其间没有一个符号雷同！如图 D11 所例举的就是四个比较典型的独体羊符号。右边两个是比较写实的羊符号：上图是一个行走中的羊形象，它有着粗线结构的比较长的角，下图是一个虚面结构出躯干的侧面站立羊形象；左边两个是比较抽象的羊形象：上图一个有着夸张的头部（整个形状呈圆圈形），下图是一个 A + B + C 型羊形象（即一大两小羊形式相套结构）。肖似羊符号与抽象羊符号之间的差异性很突出，两个肖似羊符号、两个抽象羊符号之间的差异性也很明显。因此，贺兰山独体羊符号系统给我们以启迪的不是单个羊符号，而是它们之间的关系：一个羊符号很大程度上取决于其他符号的能指。尤其是那些属于同一个能指场中的符号的能指。如、、、、、、、和，这九个象羊之形符号指称的都是处于相对静态中的羊形象。这些羊形象的长相、造型、神态等等有些差异比较大，有些则差异很小，以至于有的只要稍微变动一下能指，就有可能引起相近的所指雷同。因此，羊符号能指与所指之间存在着对应关系：对于任何能指层面上的变化，所指层面上都有一个相应的变化。换言之，一个能指对应着一个特定的所指——每一个羊符号都具有固定的能所关系：一个符号表达一个意义，没有符号重叠。

这一切都说明了什么？贺兰山岩画作者为什么要创制出这样一个贺兰山独

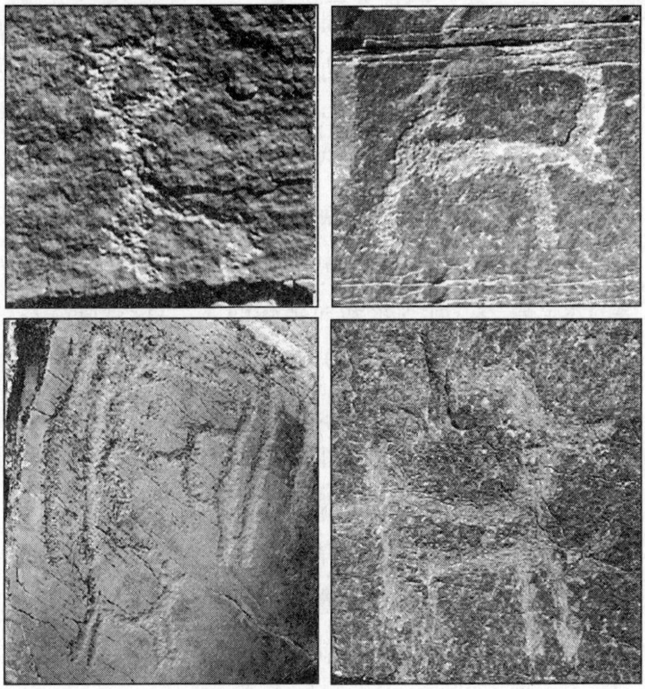

图 D11

体羊岩画系统？仅仅是为了反映抑或是表现世界吗？不，是为了认识世界。

贺兰山附近的旧石器时代遗存——水洞沟遗址的发掘资料以及金山林场、平罗县暖泉和明水湖新石器时代的文化遗存都说明，数万年以前贺兰山周边地区就有人类居住。[1] 商周至春秋战国，贺兰山及其周围是猃狁、羌戎、匈奴等民族游牧和狩猎的地方。贺兰山岩画让我们窥见到了当时人们的现实生活：北山羊、盘羊、绵羊、马、狗、骆驼等家畜在增长，弓箭、带车轮的马车、斧头、衣服上的饰物、塔等这些依靠复杂技术创造的事物不断出现。整个贺兰山岩画中数量最多的羊图像的存在，充分说明羊在当时人们生活中所占据的重要地位。世界各地考古发现证明：人类对驯养牲畜、编织、制陶等文明技艺的掌握是在新石器时代牢固确立起来的。通过对美洲和菲律宾现存一些原始土著部落人们生活的分析，法国人类学家克劳德·列维－斯特劳斯指出：“今日人们

[1] 水洞沟遗址发掘出土的土石制品中包括大量石叶。它们与西伯利亚阿尔泰地区 4 万年左右的石叶很相似。这是一种从石核母体上剥离下来的修长、规整、两侧平行的石片，可以进一步加工成矛头、石刀、尖状器等工具。能制作石叶向来被看作充分进化了的人类的标志。

不会再把这些巨大的进步归结于一系列偶然发现的偶然积累，或者认为它们是由于对某些自然现象的被动的领悟所致。这些技术发明中的每一种都要人们花费几个世纪之久的时间去积极而又系统地进行观察，并通过无数次实验来对大胆提出的假设加以核实。”[1]

在人类由个别的、一点一滴的经验逐步获得关于某种事物的知识，以及改变某种事物的技术的过程中，“知识与理解的追索，在最可知事物中，所可获得的也必最多（凡为求知而求知的人，自然选取最真实的也就是最可知的知识）”[2]。而“能使我们识知事物，并显明事物之间的许多差别，此于五官之中，以得于视觉者为多”[3]。在现实世界中，为我们感知的存在总是具体的、个别的。而贺兰山独体羊图形给我们展示了关于贺兰山岩画本质的一幅特殊图画，即贺兰山岩画中的独体羊图形都是对现实生活中存在的独体羊的对象的命名——在整个贺兰山独体羊图形系统中，我们找到了下面这种观念的根源：每个图形都有一个确定的意义。这一意义与该图形相关联。图形代表的乃是对象。贺兰山独体羊符号就是人对某一事物或概念的命名，即刻画物象以名之。古人把人在事物上契刻称为“铭”，而“铭”，“名”也。许慎《说文解字》云：“名，自命也，从口从夕，冥也，冥不相见，故以口自名。”[4] 黄侃认为古文“名同命”、“命同名”。[5] 段玉裁旁征博引注《说文解字》“名”曰：“古文作铭，今文皆为名。”“许意凡经传铭字皆当作名矣。郑君注经乃释铭为刻。刘熙乃云：‘铭，名也。记名其功也。吕忱乃云：‘铭，题勒也。’”[6]

贺兰山独体羊符号就是人对某一事物或概念的命名。尽管形态万千，但这种命名活动主要采用实指或被给予两种方式命名。实指采用的是通过描画羊这一实物及其动作来表示的方式。这是贺兰山独体羊符号主要的命名方式。这种视觉符号表述了贺兰山岩画作者对外界事物的认识，这种认识是外界“羊”这一动物的特性或特征在他们意识中的反映。当他们对这一动物命名或根据某个名称去识别所命名的对象时，他们往往依据这一事物的某种特性或特征，

[1] 〔法〕克劳德·列维－斯特劳斯著、李幼蒸译：《野性的思维》，商务印书馆 1987 年版，第 19 页。
[2] 〔古希腊〕亚里士多德著、吴寿彭译：《形而上学》，商务印书馆 1959 年版，第 4 页。
[3] 同上书，第 1 页。
[4] 许慎：《说文解字》，中华书局 1963 年影印，第 31 页。
[5] 黄侃：《说文笺识》，中华书局 2006 年版，第 5 页。
[6] 段玉裁：《说文解字注》，上海古籍出版社 1981 年版，第 56 页。

图 D12

如、、、、和所示：稍具备关于生活中羊这类动物常识的人不仅不难分辨出哪个是盘羊、羚羊……以及它们在做什么，而且能发现它们各具特色。“羊”这类视觉符号命名的是实际上被叫做“羊”的那种动物的某些特定形态和动作。它们如同生活中实际存在的一样真实、丰富多彩，没有完全统一的外貌。这就是说在整个贺兰山独体羊岩画这个视域里，图 D12 这两个岩画图像所表示的应该是一个头上有着特殊繁复饰物、高傲地站立着的雄性羊形象和一个有着修长的身躯，前腿、后腿似乎都坠着东西，吃力前行着的羊形象，而不只是一般动物种类意义上的“羊”。若用英国哲学家 B. 罗素的话来说，用来命名的这种蕴涵着唯一性的“羊”形式本质上就是一种“限定摹状词”[1]。这种摹状词的描述是真的，它“通过说指称对象就是那个具有一些识别性特性的唯一对象，从而真正地给出了一个名称”[2]。这种以实物的命名，人见之即能叫出它的名字，而这种命名活动所依据的则主要是对羊动物特性的了解。因此，识别和掌握事物的本质属性，对于准确地确定名称的指称对象具有重大意义。

与实指命名相反，被给予采用的是通过改变羊这一实物及其动作来规定名称所指的对象。如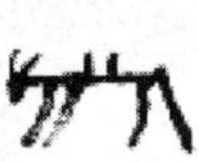、、、和所示，一短线或一曲线加在尾巴上、一短线加在身子上以及一头又出现在尾部等等，所形

[1] 〔英〕B. 罗素著、晏成书译：《摹状词》，引自〔美〕A.P. 马蒂尼奇编：《语言哲学》，商务印书馆 1998 年版，第 400—413 页。

[2] 〔美〕索尔·克里普克著、梅文译：《命名与必然》，上海译文出版社 2001 年版，第 73 页。

成的这些视觉命名名称或符号之所以被应用到羊这一动物身上，并不是由于羊这一动物体现了由一短线或一曲线加在尾巴上、一短线加在身子上以及一个羊头又出现在尾部等等，所形成的“羊”这个专名的“含义”所构成的那些特性，而是由于人们这样命名它们：一短线加在羊尾巴上这种视觉羊符号产生后就被它的作者取了这个名称，其他人见到它后也用这个名称称呼它。在这里，当我们看到它们被描画出来时，并不是羊这种动物的“含义”在起作用，而是由于人们把这个名称给了它。[1] 例如，现实生活中不存在像这样前后有两只头的羊，而贺兰山独体岩画中却有这样的图案。这一视觉符号名称中所用的点、线、面形式元素与它所依附的名称（羊这一动物）不是同义的，只不过是作者借助于它们来规定名称所指的对象罢了。这就是说，当作者用某个确定的点、线、面，或者用某种独特的起识别作用的特性，去规定某个名称所指的对象时，那种特性所起的作用在这个场合并不是作为这个名称的同义词，而不过是作为规定所指对象的手段。与直接指称对象的实指相反，这种被给予的命名或者指称活动实质上是一种人为的虚指——它可以直接指称对象，而不把任何特性归属于这个对象。

无论是实指还是虚指，每一个贺兰山独体羊符号都是对一个个有着明确指称对象的事物或概念的命名。这就是说每一个贺兰山独体羊符号都有属于自己的专名。它指称的是一个特定的对象，“它的涵义和它的指称之间的正常联系是这样的：与某个指号对应的是特定的涵义，与特定的涵义相对应的是特定的指称”[2]。这样的个体化命名不容易造成事物的混淆，有利于区别，更有利于人们对它们的使用。正如现实生活中每一个人都有自己的名字一样，给一个个事物命名实质上就是用特定的符号把它们标示出来，便于人们在实际上更好地认识它们，掌握它们，使用它们。众多贺兰山独体羊符号具有不同的能指这一事实，难道不就在于这些符号具有不同的用处吗？

---

[1] 《公孙龙子·名实论》里就提到了这种命名法。其云：“夫名实谓也。知此之非也，知此之不在此也，明不谓也。知彼之非彼也，知彼之不在彼也，则不谓也。”王琯注解曰：“事物本原无名，经人指称，乃为某名。其由人而得之实，非实真体，亦经人指称，乃为某实。凡是名实，举由谓生。而谓之于心，经长期之训习，于名于实，举有准则。”详见《公孙龙子悬解》，中华书局 1992 年版，第 91 页。

[2] 〔美〕G. 弗雷格著、肖阳译：《论涵义和所指》，引自 A.P. 马蒂尼奇编：《语言哲学》，第 377 页。

（二）原始肢体语言

中国人很早就非常重视给事物命名，认为“名者，天地之纲，圣人之符。张天地之纲，用圣人之符，则万物之情，无所逃之矣”[1]。命名活动反映了人们对世界的认知能力。汉刘熙《释名》里有“名，明也，名实使分明也”之说，清王先谦引《荀子·正名》篇疏之曰：“制名以指实，上以明贵贱，下以辨同异，是名训为明之义也。”[2]贺兰山独体羊岩画作者既能给现实实际存在着的事物命名，又能给现实生活中不存在的事物进行命名：羊不仅仅是由于有用才被他们认识的，羊之所以被看作是有用或有益的，正是因为它们首先已经被认识了。贺兰山独体羊符号正是人们对一个个具体的事物或概念命名的结果。它们向我们敞开着，渴望我们的呼唤。虽然我们无法准确叫出它们的名字，但命名者的思维习惯和特点终究不能不在他们的命名方法上留下自己的痕迹。

这些岩画的作者拥有大量概念，但这些概念与我们的概念不同。就贺兰山独体羊岩画这个系统而言，岩画的作者没有关于羚羊、藏羚羊、北山羊、绵羊、盘羊等类的术语。在贺兰山独体羊岩画里，不仅每一类羊符号不同，就是同一类的羊符号亦不同。当我们想知道“盘羊”这个概念时，我们会找到一系列“盘羊”，准确地说是一个个特定具体的“盘羊”：每个符号的意思都是“这个前腿弯曲的站着的”盘羊，或“那个右腿抬起站着的”盘羊等等，而不表示“任何一个站立的盘羊”。每个盘羊符号都用于特殊的意义，表示非一般意义的盘羊形态。事实上，在贺兰山独体羊岩画系统中，用于表达彼此相近的概念的图形或形式数量之大，有时使人很难对它们进行分类比较。如贺兰山独体羊图案里数量最多的是北山羊。它们虽属于同一种类，数量亦最多，却各个都有专门的名称，也即都是实名词。例如，贺兰山岩画作者对于静止站立着的北山羊就有下面专门的名称：低着头的、注视着前方的、四条腿的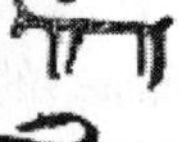、两条腿的、臀部翘起的、小公羊、老公羊……单个拿出来，每一个羊符号似乎既代表北山羊这个类，又代表某

[1] 申不害：《大体》，引自严可均：《全上古三代文》，商务印书馆1999年版，第53页。
[2] 王先谦：《释名疏证补》，上海古籍出版社1984年版，第178页。

一特定的北山羊。若把它们放在整个贺兰山独体北山羊符号系统中分析，则有不同的符号用于不同形状的北山羊，但没有一个符号用于北山羊的一般概念。同理，整个贺兰山独体羊符号系统中也没有一般的性别概念，如、里表示的不是雄性羊，而是、这两个性器官勃起的公羊。因为如果以是否画出性器官为判断雌雄的标准的话，那么，整个贺兰山岩画系统中雄性羊很少。事实上，除个别怀孕的羊和阴茎勃起的公羊外，从绝大多数贺兰山独体羊岩画中我们是看不出性别的。

独体羊岩画的确是一种“关于创造性表达的通用语”[1]。在贺兰山独体羊符号中，不只是在种类、性别的范畴中才出现具体表现的需要。一切羊的形状、姿态和动作都有自己专门的符号来表示。就视觉效果而言，整个贺兰山独体羊符号可分为表现动态和静态中的羊形象两大类（如图 D13 所示）。表示动态中的羊形象占绝大多数，少数表示静态中的羊形象也只是相对而言。如图 D13 里有四幅独体羊岩画，我们可以说位于左下角的羊形象处于站立中，其他三个则分别处于行走、跳跃中。假如我们把左下角这幅岩画从图 D13 里拿出来单独分析，则从羊形象略向内扭动的脖子、躯体，我们不难发现它也处于动态运动中。同理，、、、、、、、和也都只是处于相对静止站立状态中的羊形象。

事实上，贺兰山独体羊符号总是运动的描写。它们表达的或者是羊的姿势，或者是它们的习惯动作，或者是被捕捉时的情状。这些动作同样也有繁多的形式。例如，、、、、和显示出，仅行走就有踱步、慢走、快走、急走、大步流星等区别。其间又可再次区分出众多的形式，如、、、和是五个慢步行走中的羊形象。它们的神态、步态各种各样：精神抖擞、雄赳赳气昂昂的藏羚羊（如）；老年身体虚弱、拖拉着腿缓慢行走中的北山羊（如与

[1] 〔英〕保罗·G. 巴恩语著，郭小凌、叶梅斌译:《剑桥插图史前艺术史》，山东画报出版社 2004 年版，第 1 页。

图 D13

)；天真活泼的小盘羊（如)；鸣叫着的羚羊（如)。这五个符号惟妙惟肖地描绘出了羊的动作神态。对刻制这些岩画的作者的意识来说，羊的一般的慢步概念从来不是孤立存在的。慢走永远是借助形式元素点、线、面来描写的、按一定方式的走。这种描写甚至能画出处于某一特定动作中的羊的最细微特点，如前面所例举的一组处于正在跳跃中的羊形象。在这里没有哪只羊是叫不出名字来的，每个跳跃中的羊都有专门的名称，但对跳跃本身却没有名称——我们所知道的都是每个正在跳跃中的羊。换言之，当我们想在贺兰山独体羊岩画里探寻“跳跃”这个概念时，我们会发现一群行色不同的正处于这种动作中的羊形象。可以毫不夸张地说，在贺兰山独体羊岩画里，羊的每一种神态、动作几乎都有相应的形式，这就是说每个羊都有名称，都被区别得清清楚楚，以至于人们一眼望去便能知道它们是谁。

即使那些看似相像的羊形象之间也存在着细微的差异。例如，与

是两只非常相像、处于静止中的盘羊形象，[1] 其区别主要在于前面一只后面的两条腿是线与面糅合的结构，后面一只的则完全是线的结构；与表示的是两只正在跨越中的羊形象，前面一只只有一只角，低着头，尾巴略上翘，小心翼翼的，后面一只则注视着前方，尾巴下垂，从容不迫；与表示的是两只处于静止中的羊形象，它们似乎都在沉思，其区别主要在于后面的一只画出了一只角，前腿稍稍有点内敛，似乎在准备前进而且尾巴微微翘起；与、与也如此。这五组彼此相近的羊形式特别注意表现出具体细节，以彰显出符号之间细微的差异。值得一提的是，它们并不是我们努力从整个贺兰山独体羊岩画系统中寻找出来的。实际上，与这两个独体岩画不仅分布在同一个地点，而且几乎位于同一个位置（它们都是大麦地新井沟岩画）。很显然，它们之间在形式上的这种细微的差别不是出于偶然，也不完全是由于作者以肖物形为主、因形示意，所以不拘笔画繁简之故，[2] 而是作者刻意所为。其实，与、与、与、与以及与的同时存在，进一步为我们昭示了贺兰山独体羊岩画的另一个突出特征——表意的精确性。因为在整个贺兰山岩画系统中，类似这五组需要我们仔细辨认方能把它们彼此区别开来的羊岩画形式普遍存在。

总之，对独体羊岩画能指的形态差异所作的上述分析使我们认识到：贺兰山独体羊岩画精确细致地按羊及其行动呈现在人们视觉里的那种形式来表现关于它们的观念。这些岩画共同的倾向是描写客体羊在空间中的形状、轮廓、运

[1] 贺兰山独体岩画差异性的发现与研究，作者除主要从田野实地考察中细察外，还整理比较分析了大量已经正式出版或展出的贺兰山岩画摄影图和拓片资料，以及已经出版的贺兰山岩画复制图资料。这两个羊岩画引自周兴华编：《中卫岩画》，第 331 页。

[2] 罗振玉在《殷墟贞卜文字考》里曾以甲骨卜辞里羊、马、鹿、犬和龙众多变体为例，反复指出："古象形之文，以肖物形为主，不拘字画之繁简向背。""古象形文字，第肖物形，不必拘拘于笔画繁简异同。""古象形字，因形示意，不拘笔画。"见《罗雪堂先生全集·三编·一》，台湾大通书局有限公司 1989 年版，第 333—338 页。

动方式，一句话，描写那些能够感知和描绘的东西。这些符号力求把它们想要表现的东西的可画的和可塑的因素结合起来。这是一种原始肢体语言——贺兰山岩画作者借用羊这一动物的各种姿势在向我们诉说着。这种类似哑语的符号具备已知的原始语言的一切特点，诸如表义的具体、细微和精确性以及语汇的丰富性等。而整个贺兰山独体羊符号系统则酷似一部字典：一个个不同字（象羊形文字）组成的语词海。其实，中国古代最早就把像贺兰山岩画这样依类象形、象物之本的视觉图像符号称之为“文”、“书”或“名”，也就是我们今天所说的文字。[1] 至于羊符号之外的其他贺兰山独体岩画就更不用说了。它们中有的本身就是表达某一单一概念的唯一形式，有的即使同时存在着根本形式与派生形式两种类型，也与典型的羊形式一样彼此有别。这些有着明确具体内涵的物质实体构成了整个贺兰山独体岩画的主体。这一点，我们会在下面各部分的论述里反复提到并加以论证。

四、小结

没有区别便没有鉴别。在对整个贺兰山岩画作科学考察时，我们研究工作的第一步就是对所考察的对象加以分门别类。我们的做法是先以典型的独体岩画形式（如羊、人和马），也即贺兰山岩画视觉语言中最基本的形式为研究目标，系统详尽地描述分析了其形式结构及其特点，在此基础上，归纳了贺兰山独体岩画的两大形态类型，剖析了其语法概念和表意特征。我们的研究结论主要有三点：

（1）能指（图像）与所指（羊、人、马）的结合，表征出了贺兰山岩画中的三个比较普遍的最小形式单位——羊、人和马图像，其中羊图像又最根本、最普遍。

（2）在羊、人和马图像系统内部，对能指的分析必须参照其所指，反之亦然。岩画能指之间的对立导致了它们意义上的差别。

---

[1] 陈梦家曾考证说：汉以前，“文字”的名称经过三个时期。第一个时期称文字为“文”；第二个时期称文字为“名”；第三个时期（秦始皇时期）称文字为“文”、“名”、“文字”。详见其《中国文字学》，中华书局 2006 年版，第 255 页。关于这个问题，本书后面有专章论证，兹不赘述。

(3) A +（0）型形式的普遍存在说明贺兰山独体岩画里能指与所指之间的关系，其实是形态灵活多样的能指的差别与由它引起的所指的差别之间的相关性。就指称对象的类别而言，能指与所指之间不存在同构关系。象羊、人、马之形的图像指称的不是笼统概念意义上的羊、人、马，而是独具特色的每一个具体的羊、人、马或者羊、人、马形象之外的其他概念。

至此，我们已经知道了独体岩画形式有着多种表现形态、结构方式以及它们用哪些主要程序让次要概念对基本概念（体现在不可分析的形式或形式的根本成分里）起限制性或定形性的影响，知道了独体岩画通常表达一个单一概念或是一个心理上联合成统一体的概念组合。然而，我们的研究不能仅仅停留在相对静止层面。因为我们集中探讨的都是一个个相对独立存在的岩画，而没有充分考虑到它们能否与其他形式连接造句以及它们如何与其他形式组合。所以，为了全面深入地理解贺兰山岩画，我们必须进入另一动态的研究领域——合体岩画形式，也就是说必须研究应用中的各个岩画形式。如果说我们上述研究旨在阐明贺兰山独体岩画的存在方式及其特征的话，那么，我们下面的研究将着重考察它们在实际运用过程中的出场方式及其特征。

V　成分之间的六种组合

一个词的意义并不是人们听到或说出它时所具有的经验：一个语句的意思也不是这样一些经验的复合物。——(“我仍然还没有等到他”这个语句的意思是如何由它的单个语词的意义组成的呢？）语句是由单词构成的，这就够了。

——〔英〕维特根斯坦《哲学研究》

视觉语言的句法表现的是组合逻辑的机制。句法是用来建立从原因到结果的联系以及进行评估的准则，这是为了解释周围世界所产生的各种现象。

——〔法〕埃马努埃尔·阿纳蒂《艺术的起源》

我们一直从构形元素、结构特点及其语法结构和形式的统一性等方面研究贺兰山岩画里的独体岩画形式，把它看作一个意义整体。但是，诚如维特根斯坦所说：单个的独体岩画或者说某种命名还不是贺兰山视觉语言活动中的一步——正如把一枚棋子放在棋盘的棋位上还不是一着棋一样。在一个东西已经被命名之后，我们可以说，至此还什么也没有做。如果不是在贺兰山视觉语言活动中，那么，它甚至连一个名称也还没有得到。因此，维特根斯坦引弗雷格语断言："一个词只有作为语句的一部分才有意义。"[1]贺兰山岩画正是这样。绝大多数独体岩画形式都积极参与多种组合，从而形成了各式各样的合体岩画形式，也即两个或两个以上相对独立的形式或成分出现于某一组合形式中的形式结构。这种合体岩画形式是贺兰山岩画的主体。其数量和类型以及结构都十分浩繁。仅从组成成分的数量上来说，有二重组合（也即同一个岩画形式里有两个独立存在的岩画成分，或准确地说组成成分，以下依次类推）、三重、四重、五重、六重、七重组合，也有八重、八重以上甚至多得数不清的组合。依据每一幅合体岩画里组成成分（它可以是任何类型的岩画形式，只要它相对完整独立地存在）的数量及其在整个贺兰山岩画里的数目，[2]我们把整个贺兰山合体岩画大致划分为两大部分，即八个以下和八个以上。前者指二至七重合体岩画，后者指八个以上（含八个）的合体岩画。

合体岩画体现为独体岩画之间以及独体岩画与其他形式之间的组合，同一幅合体岩画里两个或两个以上组成成分被合并在一个视觉空间里，其自身的性质及其各组成成分之间的相互关系和排列次序自然成为它们形式结构的关键。所以，为了全面系统地了解各种合体岩画组合的内在逻辑，我们仍然不得不把它们分门别类，以多种多样的语法单位来一一分析它们。本部分我们论述的具体目标就是二至七重合体岩画形式。

---

[1]〔英〕维特根斯坦著、李步楼译：《哲学研究》，商务印书馆1996年版，第36页。

[2] 我们之所以把整个贺兰山合体岩画分为八个以下和八个以上，是因为合体岩画里有七个或七个以下组成成分的相对多一些，而八个或八个以上的则相对少一些。

一、二重岩画

（一）概说

二重合体岩画指由两个相对独立的形式[1]组合而成的一个相对独立完整存在的岩画形式。如图 E1、图 E2 所示：尽管平坦的石头表面还有其他空间，但是，在这两块孤立存在的石头上，只有两个相对独立完整的视觉形式。它们或者大体一左一右、或者一上一下组合在一个视觉空间里。图 E1 里两个成分挨得很近，但彼此之间有明显的距离，而不像独体岩画形式那样彼此联结成另外一个相对统一的整体形式。这种岩画是除独体岩画之外，整个贺兰山岩画里相对独立存在的最小的岩画形式。换言之，它们是贺兰山上实际存在的、相对独立的一个完整形式，即最简单的（也即组成成分的数量最少的）合体岩画形式，而不是我们任意从某一幅比较大的岩画里摘出来的两个形式。从能指结构及其功能上看，这种岩画形式主要有以下四种组成成分：

（1）根本形式：指岩画里的两个成分或其中一个成分是根本形式。如图 E1 最下面是一个象根本牛之形的牛形式。而是两个根本羊形式的组合，右边是一个根本骆驼形式。

（2）派生形式：指岩画里的两个或其中一个成分是派生形式。如图 E1 右上边是一个复杂 A + B 型派生马形式，即一大一小两马形式的上下组合结构，其中下面形体较大的又是一个 A +（b）型派生马形式。而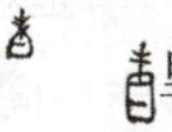里的两个和里右边的一个成分都是派生形式。前者是由语法加号结构的，后者则是一个有着语法减号的牛形式。[2]

（3）抽象形式：指岩画里的两个或其中一个成分是抽象形式。如图 E2 是一个象动物之形的形式与一个曲线状抽象形式组合的二重岩画，也是一个

[1] 从功能上说，在合体岩画里，这些形式都是组成成分。因此，为区别于一般形式，我们在以下论述中，以组成成分或成分指称结构合体岩画的各个相对独立存在的形式。

[2] 黏附形式添加在根本长方形形式的内外、下面便构造出了、，里则缺乏牛形式的后半部分和腿部分。

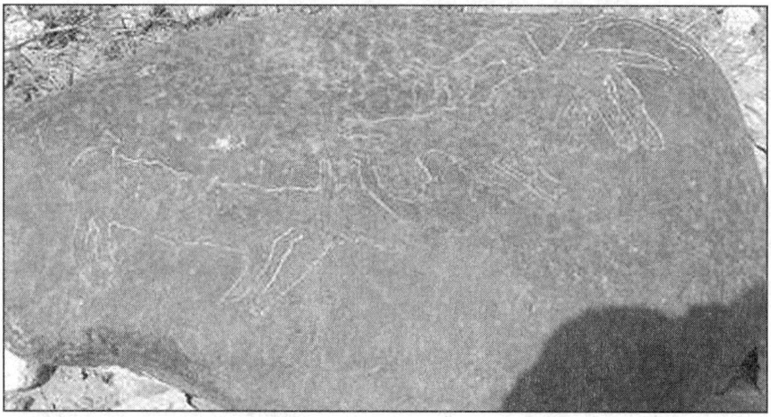

图 E1

抽象形式与一个象骆驼之形的形式的组合。依据形式结构的繁简，我们又可以把这些抽象形式划分为简单与复杂两大类。简单的大都是一些几何图案、笔画、字母状形式，如与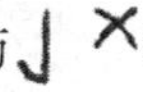都是由这类抽象成分结构的二重岩画；复杂的大都是一些图案状形式。如右边抽象形式，以及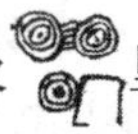里的两个抽象形式。

（4）唯一形式：指岩画里的两个或其中一个成分是唯一形式。如上面两个圆圈状相连的抽象形式，以及里的两个抽象形式。

可见，二重岩画里各组成成分的形式比较复杂。有根本形式、派生形式，有抽象形式、唯一形式。这些不同性质的组成成分之间可以相互组合，例如，里一个是根本形式、一个是派生形式；里一个是唯一形式，一个是根本形式。同一种性质的组成成分也可以共同组合成一个二重岩画，如是两个根本羊形式的组合，是两个复杂抽象形式的组合。在贺兰山岩画里，比较常见的二重岩画是以根本形式和派生形式组合而成的。

同一个二重合体岩画里的两个组成成分之间存在着并列和限定两种关系。例如，和里的两个成分或者一左一右或者一前一后并列排列在一个视觉空间里。而和里两个组成成分在能指层面存在着明显的依附关系。它们都是一个象动物之形的形式与另一个最简单的抽象笔画形式的组合。每一个岩画形式里，两个组成成分不仅性质不同，形状大小亦不同。一个

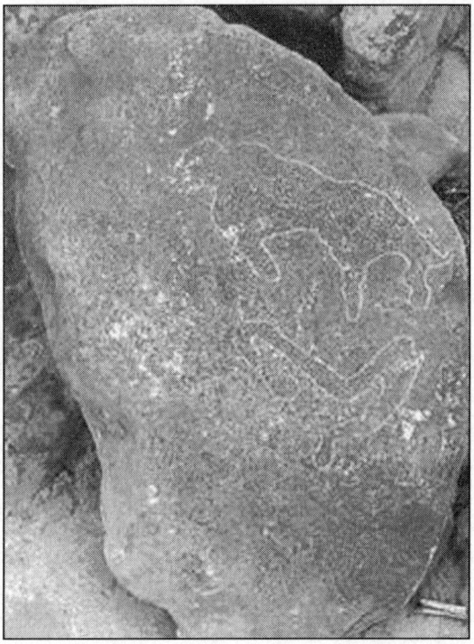

图 E2

占去绝大部分空间，处于核心位置，一个则占很小的空间，处于最下面。然而，无论是并列关系还是限定关系，它们都与两个组成成分在空间排列的次序密切相关。在同一个二重岩画里，两个组成成分之间主要存在着以下两种排列组合的顺序：

（1）横向排列：指两个组成成分基本上呈水平方向排列。它们之间存在着距离和方向上的差异。例如，虽然与里的两个组成成分整体上都是横向排列，但是，它们之间不仅距离有大小之别，而且方向亦有别（前者里两个组成成分似乎一上一下，后者则一致）。

（2）纵向排列：指两个组成成分基本上一上一下排列组合。这里又有两种情形：一种是两个组成成分上下相对，如图 E2 里的两个以及和里两个成分一个位于上，一个位于下，上下相对，整体形状呈一竖线形；另一种是两个组成成分上下相错，如在图 E1 和、里，两个成分虽然总体一上一下，但它们上下错开，整体形状呈一斜线形。

由以上分析可以看出，二重岩画形式结构比独体岩画形式结构简明。排列次序的特征更是单一，而且往往很有规则——或者横向或者纵向。然而，简单并不意味着单一。这主要表现在三个方面：首先，两个组成成分在能指层面上往往不雷同。它们不仅属于不同性质的根本成分，而且在形式格局上也大相径庭。如里的两个组成成分截然不同。其次，两个性质和排列次序相同的成分也不同。如与、里的两个成分就是如此。最后，即使在两

个各方面都非常相似的成分之间也存在着细微的差异。如里的两个组成成分看似一样，但它们在形状上还是存在着大小之别（左小右大）。里的两个组成成分则不仅在形状的大小上有差异，而且内部的具体结构亦不同。

因此，为了更深入细致地分析二重岩画，我们有必要按组成成分的性质对它们作更进一步的分类研究。而在各种各样的组成成分里，最基本的是羊成分，其次是人、马成分。这意味着没有羊成分参与组合的二重岩画很少。因此，为了全面系统地了解贺兰山二重岩画，我们首先依照有无人成分，把整个贺兰山二重岩画分为有人成分的和无人成分的两大类，然后再依照有无马成分，把它划分为有马成分的和无马成分的两大类，最后依照有无羊成分把它划分为有羊成分的和无羊成分的两大类，于是，我们便有了人成分、马成分、羊成分参与组合的二重人岩画、二重马岩画和二重羊岩画。下面，我们将依次对它们进行细致的描述分析。

（二）二重人岩画

在整个贺兰山二重岩画里，人（含人面）作为一个组成成分，不仅可以重复结构（如），而且还可以与动物、抽象符号等多种事物组合。如图 E3 就是一个象根本人之形的形式与一个象根本牛之形的形式的组合，图 E4 里是根本人形式与简单笔画或图案状形式的结构，是人面与根本羊形式的组合。除简单根本人形式外，人成分还以派生形式参与二重岩画的组合。如与里各有一个 A + (b) 型人形式，里则有一个人与骆驼并列结构的 A + B 型人形式，有些是唯一形式，如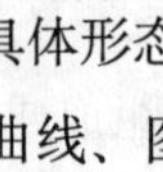里半跪着的人形象。

即使都是同一种类型的人形式，它们的具体形态亦不同。例如，在图 E4 下图、图 E5 这三个二重合体岩画里，与另一曲线、图案抽象形式、羊形式组合的分别是一个比较少见的象呈蛙形正面站立的人形式和头戴大礼帽、双手叉腰，

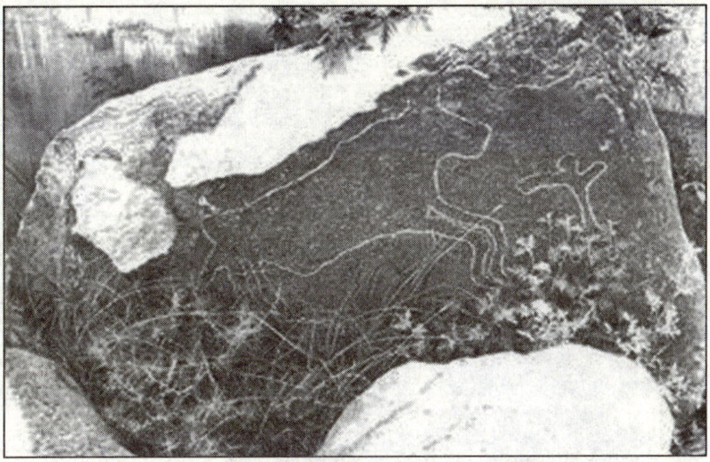

图 E3

以及一只脚下有一“√”状形式的 A +（b）型派生人形式。而在图 E4 上图，以及、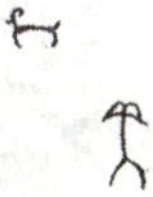、、、和这七个二重岩画里，尽管人形象都是比较常见的一般根本人形式，但是，无论是在形式元素的运用上，还是内部形式结构上，它们都相差甚远。有的完全由线结构，有些是点、线结构，有的主要是实面的结构，有的人形象两手叉腰在快乐地奔跑，有的人形象两手叉腰在伫立观望，有的一手向前一手向后侧立与羊形象面面相对。

而能够与人形式组合的另一组成成分也多种多样。例如，图 E3 里实面结构的牛形象略向前跃起，神态逼真。图 E5 上图里虚面结构的羊形象前腿抬起，面对对面的人形象，呈作揖状，生动形象。且不说不同类型的组成成分不一样，就是同一性质的组成成分之间也不同。如、、、、和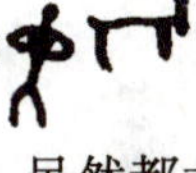里的羊形象差异很大。严格说来，它们都是 A +（0）型根本羊形式。虽然都大致处于静止站立状态，但是它们的内部形式结构、外部形态等都有着程度不同的差异。仅以羊角为例，有的有，有的没有，有的长，有的短，有的直竖，有的弯曲，有的略微弯曲，有的弯曲得程度大些。

同一岩画里两个组成成分之间主要存在着并列与限定两种关系。如

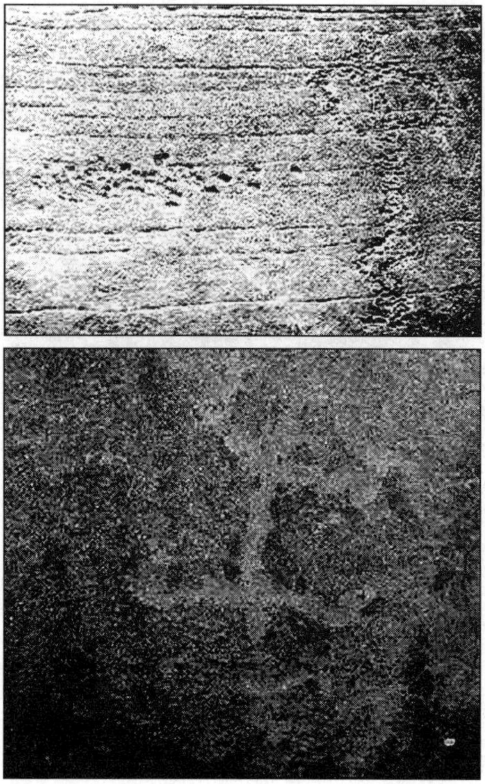
图 E4

与里的根本人形式与羊形式分别一左一右地直接并列放置在一起，而、和里的两个成分之间存在着主次关系。人形式形体较大且位于整个画面中心地位，与之相反，另一组成成分则比较微小，似乎是依附于人形式之上的修饰成分。它们或者位于其上，或者位于其右上角，或者只作为一点状形式点缀在其旁边。同样，与里的根本人形式也都比较小且位于整个画面的一角，显示出明显的一大一小，一正一偏的区别。两人成分结构的也如此，左边复杂派生人形式比较大且略位于整个画面的前面，右边根本人形式比较小且略位于它的后面，两个成分显示出一大一小，一前一后的主次之别。

至于二重合体人岩画里两个组成成分之间的排列组合次序，则可分为横向和纵向两种。横向指人与另一组成成分大致呈水平排列，如和；纵向指人与另一组成成分大致呈上下排列，如与。这种排列有时两成分上下并不相对而是相错，如在、和里，两个组成成分整体呈纵向排列，它们上下之间相距的距离或大或小，但都一左一右相互错开排列。

在整个贺兰山二重合体人岩画里，最突出的是以骑者和射手两个 A + B 型派生根本形式为中心组合的岩画。为方便论述起见，我们分别称之为骑者、射手二重岩画。

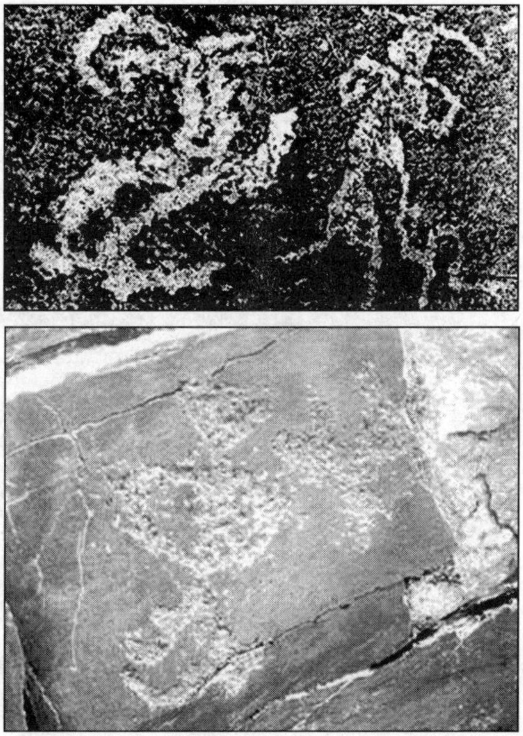

图 E5

1. 骑者二重岩画

有象骑者之形的成分参与组合的二重合体岩画，我们称之为骑者二重岩画。而能与骑者形式组合的大都是各种类型、多种形态的象羊、马等之形的动物形式。如图 E6[1] 所例举的就是骑者分别与根本羊形式、马形式组合的二重岩画。与独体骑者形式一样，在由骑者这一派生根本形式组合的二重人岩画形式里，骑者形式变体繁多。造成这种现象的原因主要有以下三个方面：

（1）不同形式元素的运用。如图 E6 上图骑者形象的头部是虚面结构，下图的则基本上是线结构。而  里骑者形象完全是线结构，  里的主要是线与实面结构，  里的则是点、线与虚面的结构。

（2）黏附形式的增加。如图 E6 上图与骑者形式组合的是一个背上有两条短竖线的马形象。[2]  与  里马形象的腹下也分别添加有圆圈、方形黏附形式。

（3）内部结构的变换。一般来说，骑者形象是侧面结构式样，偶尔也有

[1]　拓片引自西北第二民族学院编纂：《大麦地岩画》②，上海古籍出版社 2004 年版，第 180、262 页。

[2]　即 A +（b）型派生马形式，两条竖线表示的也许是马鞍。

图 E6

正面骑者形象。即使在都是正面而且骑者形象似乎都坐在马上的、里，骑者形象也不同。至于侧面的骑者形象有些悠闲地坐在马上（如图 E6 下图），有些慢慢踱步（如），有的正在扬鞭催马前进（如），有的似乎停下来正与别人攀谈（如）。

能与骑者组合的另一成分主要有人形式和抽象形式。作为一种组成成分，当这些形式参与骑者形式组合时，往往又呈现出多种多样的具体形态。有的是派生形式（如左边的派生人形式），有的是抽象形式（如里的马形式），有的是唯一形式（如左边人形式），有的是另外一个骑者形式（如、）。即使是相同性质的根本形式，它们在与骑

者形式进行组合时亦姿态横生。例如，如果我们把视为象骑者之形的形式的话，那么，我们也可以把里的视作一个更加抽象的骑者形式。

在二重骑者岩画里，骑者和另一组成成分之间的组合方式基本上是并列的。若按排列次序，这种并列组合又可以区分为横向和纵向两种。其中以图E6里所例举的两成分大致左右横向排列的占绝大多数。像里大致一上一下搭配组合以及里呈垂直状纵向排列的比较少见，而像这样几乎呈一条水平线横向组合，以及里两成分一前一后整体呈对角线状排列的更是罕见。

2. 射手二重岩画

有象射手之形的成分参与组合的二重合体岩画，我们称之为射手二重岩画。射手为核心组成的二重岩画比较简单的一面，主要体现在组成成分的相对单一、两者关系及其组合方式的相对稳定上。通常与它组合的另一成分是动物形式，主要有象羊、鹿之形的形式。而组成每一个再生性射手二重岩画的两个组成成分之间基本上存在着一种鲜明的统治式的限定关系，即射手形象正在向动物形象射箭。例如，在这个有再生性射手形式的二重岩画里，作为组成成分的射手形式直接面对着羊形式。两形式整体基本上呈横向水平排列，也有呈倾斜状上下排列组合的（如），更有呈垂直状上下组合的（如图E7所示）。

排列组合次序在这些岩画里往往具有重要的语法意义。如图E7里射手与其组成成分大致纵向排列组合的式样结构并没有传递出“射猎”的意义。在这个再生性射手二重岩画里，射手形象并没有用弓箭对着象羊之形的形式，而只是与它保持一段距离，上下并列在一个合体岩画形式里，它们之间没有某种明确的联系。事实上，在这个二重岩画里，与射手形式组合的另一个

图 E7

成分是一个比较复杂的 A + B 型派生形式（即）。这是一个 A + (b) 型骑者形式与一个根本羊形式之间的并列组合。这就是说，这个再生性射手二重岩画形式里的羊形式并不是组成成分，也即与其上面根本射手形式组合的相对完整独立的成分，而只是结构其中另一个成分的形式单位。或者说，构成图 E7 这个再生性射手二重岩画的两个组成成分是上面的射手形式和下面的一个 A + B 型派生形式，而不是羊形式。因此，再生性射手二重岩画形式并不意味着射手与动物形式之间存在着唯一的射猎关系。

二重岩画形式复杂的一面也体现在射手形式自身的多样性上。这主要是由以下三个原因导致的：

(1) 不同形式元素的运用。例如，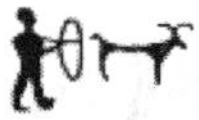里的基本上是实面结构，图 E7 里的基本上是线的结构， 里的则是点状实面和比较粗的线的联合结构。

(2) 射手形式内部结构的变换。有的射手形象原地站立（如），有的跨出一步（如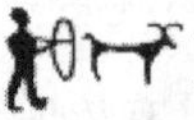），有的正面对着羊（如 ），有的侧对着羊（如）等。

(3) 搭配次序的差异。这主要是指 A + B 型射手形式的内部结构形态，也即人形式与弓箭形式的组合方式。一般来说，作为组成成分的人与弓箭形式

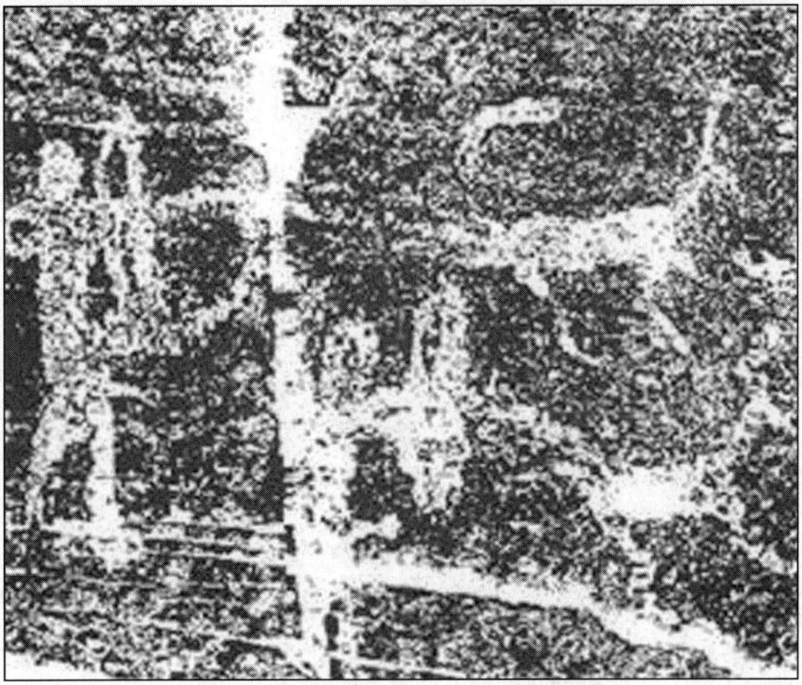

图 E8

的典型组合结构所传达出来的明确概念意义是“人形象两手拉弓射击”（如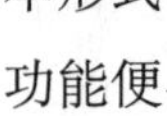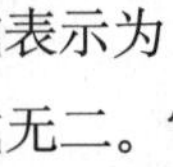），但也有人一手拿弓箭的组合结构（如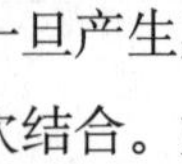）。

作为二重岩画，射手二重岩画形式最引人瞩目的是它的再生性。由于与射手组合的对象主要是动物尤其是羊形象，换言之，射手这一派生根本形式比较固定的搭配形式是动物图像。因此，射猎动物又成为一个 A + B 型次派生根本形式，可用代数公式表示为（A + B）+ B。这种次派生根本形式一旦产生其功能便与一般根本形式无二。它可以单独出现也可以与其他成分再次结合。如图 E8[1] 里两个射手与两个羊形式分别前后紧密并列成两个相对完整的整体——射羊形式（即与）。这两个次派生根本形式具备一般根本形

[1] 石面部分岩石剥落形成了很多裂块、裂缝，所以拓片里有些白色空白部分并不是岩画里的因素。为了更清楚起见，我们在行文中又援引了它们的复制图。

式的属性，作为相对独立的成分，它们能相互组合出图 E8 这个二重岩画形式（即）。[1]

3. 余论

以人为中心的二重岩画形式既形态多样又有骑者与射手两个典型形式。在与其他形式组合时，通常都只有一个人形式。它或者以根本形式出现，或者以派生形式出现，但也有两个或三个人形式的二重合体岩画。如是三个人形式纵向叠合排列：上面一个飞舞的形象，下面两个紧密连接在一起的人形式，这实际上是一个 A + B 型（准确地说是 A + A + A）二重合体岩画形式（上面一个与下面两个之间有间隙）。是两个人形式结构的二重合体岩画，也即一 A +（b）型人形式与另一 A + B 人型形式的结构。其中的 A + B 型形式里的 A 代表的又是一 A +（b）型人形式，B 代表的则是一复杂的抽象图案形式。

（三）二重马岩画

我们把马成分参与组合的二重岩画称为二重马岩画。如图 E9 下图所示：在这样一块相对独立存在的岩石上，仅仅刻着两个相对独立完整的图形：左上角一个实面结构的小图案，右边一个 A +（b）型派生马形式。作为一个相对完整统一的视觉空间里的两个组成成分，这两个形式共同结构了一个相对封闭完满的更大一级形式单位——二重合体岩画。这种岩画里的两个形式可以以各

[1] 而且还可以与另外一些成分再次组合出图 F52 这个更加复杂的岩画。这个岩画形式的核心主体是射猎动物这一次派生根本形式（即）。一个复杂的黏附形式（即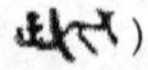）加在它的左下角（也即射手形式的下面），给它又加上了一种特殊的限制。作为一个相对完整的整体，再次与位于其右下角一个羊形式（即）组合，从而形成了一个比较复杂的二重合体岩画——射猎动物次派生根本形式与羊根本形式的结构（即）。

图 E9

种类型、各种形态的面目出现，如图 E9 上图是派生马形式与射手形式的组合。因此，若在整个贺兰山岩画语境中，就组成成分的性质而言，马形式与另一成分组合形成的二重马岩画主要有三种形态，即马形式的重复结构，以及马形式与抽象符号、其他动物形式之间的结构。

马形式与抽象符号的组合在二重马岩画里比较常见。与此相反，它与动物形式的结构比较少见。这些抽象符号形式有些比较简单，如右上面一短横线形式以及最上面和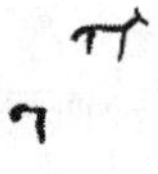左下角一短曲线形式；有些比较复杂，如 右边、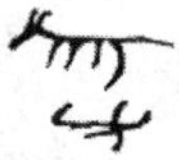下面各有一个线结构的图案成分。作为组成成分的马形式可以是单一的根本形式（如），可以是 A +（b）型形式（如）。[1] 而用于结构马形式的形式元素也多种多样。有完全由线勾勒

[1] 即根本马形式上添加了一个“丫”状黏附形式。在贺兰山岩画语境里，我们完全有理由把它视作抽象骑者形式。

成的马形式（如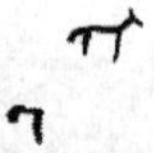），有由点、线、面（如）或线与面的联合结构的马形式（如）。至于在马形式与动物形象的结构里，有的动物以具象形式出现，如下面是一个具象羊形式，有的则以抽象形式出现，如上面是一个抽象动物形式。

在每一个二重马岩画形式里，两个组成成分之间存在着以下两种基本关系：

（1）并列：指两个成分之间没有明显的大小、主次之别，它们或者呈水平状横向排列在一起（如图 E9），或者呈纵向上下组合在一起。这里又有两种情形：一种是两个成分一上一下呈垂直状排列（如）；一种是两个成分一前一后、两两相错、纵向组合（如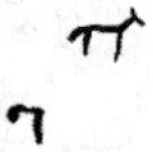）。

（2）限定：指两个成分之间有着一定的大小、主次之别。如里两个成分一小一大，小的很像大的附属成分。同理，里马形式上面的一笔画状形式与其说是与它一样的一个单列的根本成分，不如说是对它起着修饰说明作用的一个附加形式。

二重马岩画里最典型的形态是复沓式马形式，也即马形式之间的相互组合（准确地说应该是 A + A 型重叠式马岩画）。尽管两个成分都是马形式，但是，贺兰山岩画里所有复沓式马岩画均不同。这种不同主要体现在以下七个方面：

（1）组合次序。二重复沓马岩画里两成分之间的排列次序存在着纵向、横向两种情形。纵向还可以再分为直线型、斜线型和平行线型三种。如里两个成分上下整体呈一竖直线状排列，里的两个相错，整体略呈倾斜对角线状排列；而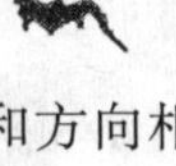里的两个则呈平行线状排列组合。同样，横向还可以再分为方向一致和方向相对两种。如在里，尽管

后面一个组成成分有点向上，但它与前一个成分在方向上保持一致，因而整个二重岩画基本上呈横向排列，而在里两个马形象亲密接触、面面相对。

（2）就各个组成成分的方向而言，有的两个或左或右完全一致（如、），有的则一左一右面面相对（如）。

（3）就每一个形式里两个组成成分的类型而言，都是具象形式，里上面是一个具象的马形式，下面则是一个抽象的马形式，上面一个是抽象根本马形式，下面一个是A+（b）型马形式。

（4）就结构每一个形式里两个组成成分的形式元素而言，有些两个成分相同，如都是点、线、虚面结构，、是实面与粗线结构，基本上都是粗线结构；有些则不同，如上面是实面、粗线、点结构，下面是点、细线结构。

（5）就每一个形式里两个组成成分内部的形式结构而言，它们完全不同。图E10两个A+（b）型马形式，左边马形式只有一处添加有一个黏附形式，

图E10

右边的则有三处添加有三个不同形态的黏附形式。[1]上面一个有四条腿，下面一个有两条腿，、里都有一个低头行走，一个朝相反方向跳跃的马形象。

（6）就结构每一个形式里两个组成成分的形状而言，它们都有着大小之别。有的上面一个大，下面一个小，有的左边一个小，右边一个大。如、里两个马形象的动作几乎完全相同，但它们的形体一个大一个小。

（7）就结构每一个形式里两个组成成分之间的距离而言，有的比较短，有的比较长。如与所示。

除以上比较显而易见的形式特征外，二重复沓式马岩画之间的差异性还体现在那些由相近、相似组成成分结构的形式上。例如，都是整体上下垂直纵向排列，每个岩画里两个成分的方向有些相同（如与里的两个都面朝左，与里的都面朝右），有些不同（如与上面一个都面朝左，下面一个则都面朝右）。同一个岩画里方向相反的两个组成成分有的很相像（如里的与），有的则区别鲜明（如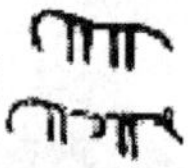上面是根本形式，下面是派生形式），而同一岩画里方向相同的两个组成成分之间的区别亦比较明显。如与上面都是根本形式，下面都是派生形式；与里都有一个形体较大的成分和一个形体较小的成分。虽然有着多方面的差异，但是，上述二重复沓式马岩画里各个组成成分之间并不存在明显的主次性限定关系，而只存在着简单的并列关系。

---

[1]　两个马形象后腿根部都有一个短竖线形形式，右边的臀部上边和尾巴上还分别有一点状、折线状黏附形式。

（三）二重羊岩画

在上述有人、马形象的二重岩画里，羊形象不少。这就是说与人、马组合的另一根本形式是羊形象。只不过为了论述方便起见，我们以人、马形象为中心，人为地把贺兰山二重岩画里凡是有它们的都一一分别归入二重人、马岩画形式里而已。其实，若以羊形象为中心，整个贺兰山二重合体岩画里的大部分应该属于二重羊岩画形式。羊形象作为根本形式是结构贺兰山二重岩画的最基础成分。如图 E11 就是一根本羊成分与一抽象成分结构的二重岩画。一块表面比较平坦、独立存在的红色石头上有两个相对独立的岩画形式，它们一上一下呈向右上角倾斜状并列。这种有羊成分参与的二重岩画在贺兰山岩画里广泛存在。

从与之组合结构的对象来看，[1] 作为组成成分，羊形式可以以多种形态的根本形式和派生形式与多种类型的动物形式组合成二重羊岩画。例如，它可以与骆驼（如）、狗（如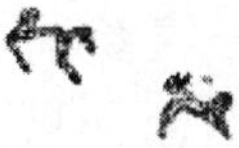）、牛（如）、飞鸟（如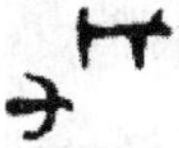）、虎（如）以及一些不知名的动物（如）成分组合。这些组合对象的形式类型通常都各个不同。有些对象以根本形式出现，如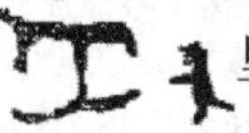里的一站立动物形式，有些以 A +（b）型方式出现，如里只有半部分的鹿形象，里动物形象脊背上面添加的一点状黏附形式，有些则以 A + B 型形式出现，如里的成分本身就是一个羊形式与虎形式之间的组合结构。

即使同一种类型的成分也完全不一样。如与里与羊成分组合的另一个成分、都是象狗之形的形式，但它们之间的差异

[1] 这里的论述对象里除去了前面已经论述过的羊与人、马的结合。

图 E11

很大。[1] 、里的牛成分也如此。是线与虚面结构，则是线与实面，而、里都有一个不知名的动物成分，但其内部结构差异很大：俯身行走，直立。

作为根本形式，羊成分与另一动物成分之间构成的往往是并列关系。其排列组合方式主要有总体大致横向和纵向两种。横向的两个成分或者方向一致（如），或者方向相反（如）。纵向的比较复杂，主要有上下垂直和倾斜两种情形。前一种里两个成分的方向完全一致（如），后一种里依据两个成分的排列次序又可以分为整体呈斜线和对角线排列两种。呈斜线排列的一般上下相错，一前一后（如）。呈对角线排列往往一上一下比较明显。这里又可以分为三种情形：一种是两两相对，方向相反（如）；一种是两两相随，方向一致（如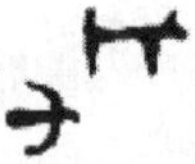）；一种是两两相背，方向相反（如）。

与羊成分组合的另一类比较普遍的组成成分就是抽象符号形式。这些形式不仅种类多，而且形态丰富。这些成分有的是作为根本形式（如），有的是作为 A +（b）型派生形式（如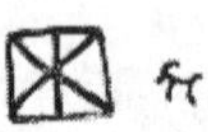）。但大部分是作为根本形式的唯一形式，如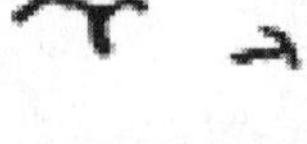里的抽象形式。即使同一性质的形式

[1] 属于 A 型，属于 A +（b）型。

之间，亦存在着差别。如和里的方块形式，它们不仅在两个岩画里的次序不同（一左一右），而且形态各异。[1]

在与羊组合的各种抽象符号里，最值得我们注意的是一些由最简单的点、线构成的形式。这些形式虽然很简单，但却是岩画里有机的组成成分。它们中有的仅仅是一点状简单形式，如这个羊形式上的一点就是该岩画里的组成成分，正是它与羊形式结构成了二重岩画；有的只有一竖，如图 E12 里位于羊形象左边的成分；有的只有一横，如里位于羊形式左边的一个成分；有的有两个以上点状形式，如所示。[2]

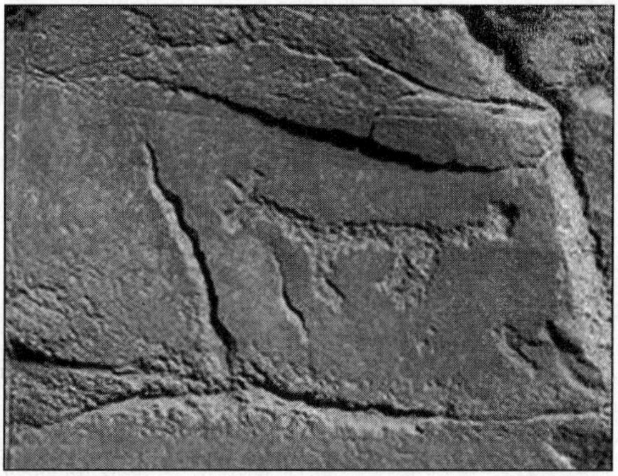

图 E12

在贺兰山岩画里，简单的点、线有些相当于附加成分黏附在羊形象上（如）。有的相当于修饰成分点缀在羊形象周围，如里羊形象脊背上的一点以及里羊形象右下角的一撇。但它们中的大部分是作为一个与羊形式一样的组成成分出现在某一特定合体岩画里。如图 E12 里的一竖形式与位于其右边的羊形式一样相对独立地占有该岩画形式里二分之一多的空间，与里的一点也如此。在二重羊岩画里，这些简单或复杂的笔画状形式与各种羊形式之间的关系主要是一种限定式的修饰关系。一般来说，比羊形式小的且与羊形式挨得比较近的笔画形式，似乎都对羊形式起着注释说明的作用。如与其左边较长的一竖线形式相比，图 E12 羊形象前腿前面一短弯曲

---

[1] 是一个（A）型根本形式， 则是一个（A）+（b）型派生形式。

[2] 从完整、圆满的一个整体概念出发，我们把这个图形里羊形式以外的所有点视作一个统一的单位，也即无数点结构的一个成分，从而把归为二重合体岩画。

曲线似乎与羊形式联结得更紧密。因此，结合上下语境，与其说它是整个岩画里一个相对独立的成分，不如说是修饰羊形象的形式元素。、、、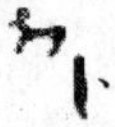、、和亦如此。

除简单的点、线状笔画形式外，能与羊形式组合的其他抽象形式还有各种各样的图案。这些图案有的比较简单，如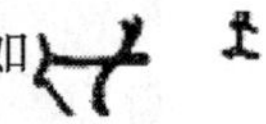右边、左边各有一个符号形式，下面则有一个象弓箭状形式，然而，大部分比较复杂。如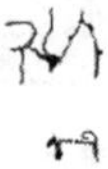里一个点、线、面结构的三角形状的饰物，里一个有着内外复杂添加黏附形式的圆形结构，里由线结构的象两臂上举向上飞腾的人形式，里点、线和实面结构的图形，以及里线结构的一个抽象形式。即使是同一性质的图案，它们亦不同。如、里各有一个象弓箭状形式，它们不仅内部结构不同，而且在不同岩画里所处的具体位置也不同。

尽管形状有着大小之别（如、里两成分一大一小），但是，在羊与各种抽象符号形式组成的二重岩画里，两个组成成分之间的关系基本上是并列的。它们或者呈横向排列：有的一左一右并排在一起，有的一前一后相互尾随；或者一上一下呈纵向排列；或者上下呈倾斜状对角线排列。至于里两个成分之间与其说存在着某种限定关系，不如说存在着某种修饰关系。因为除形状大小反差很大外，这个岩画里两个成分之间并不存在彼此包容、统领关系。

而能与多种动物和抽象符号形式组合的羊形式也丰富多彩。这主要是由以下三个原因导致的：

（1）形式元素的选择。有些基本上是面的结构（如），有些是线的结构（如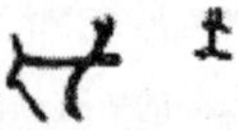），有些是点、线结构（如），有些是线与

图 E13

面的结构（如图 E11 所示），有些是点、线、面结构（如）。其中最多的是线的结构。

（2）羊形式内部结构的变换。羊形象神态万千。有跳跃的，有静止站立的，有慢步的，有跨越的，等等。如图 E11 里有着长长角的、努力向上攀行着的羊形象，与图 E12 里瘦劲、若有所思、正在踱步中的羊形象迥然有别。

（3）类型多样。在与另一成分组合时，羊形式可以是这样的根本形式，可以是、类 A +（b）型根本形式，可以是上面这样抽象的羊形式，更可以是如图 E13 所示的 A + B 型派生形式。[1]

---

[1] 上图右边是一个倒立的羊形式，左边是一个两羊重合形式［后面一羊形象的头部与前面一 A +（b）型羊形象的后半部分重叠］；下面岩画左边一个羊形象的头部直接穿插在前面一个 A +（b）型羊形象的后腿里。

（四）二羊复沓

最常见、最典型的二重羊岩画是复沓式的，也即两个羊成分之间的相互组合。如图 E14 所示：这是三个二重羊岩画。六个羊形式能指层面彼此不同，同一岩画里两个羊形式之间也存在着细微的差异。其实，整个贺兰山岩画里这种复沓式二重羊岩画非常繁杂，但彼此绝少重复。这既表现在岩画之间的差异上，也表现在每个岩画形式里各组成成分之间的区别上。下面，我们将主要从描述并分析其多种语法形式特征和次序入手，探讨复沓式二重羊岩画能指层面上的这一突出特性。

1. 不同形式元素的选择

任何其他二重岩画都没有复沓式二重羊岩画多样。从形式元素的选择上来看，这些岩画里有些两个成分基本相似，如与里的都是实面或虚面结构，图 E14 里的都是线结构；有些则明显不同，如里的一个实面结构、一个虚面结构，与里的一个线结构、一个虚面或实面结构。在基本上由相同形式元素组成的岩画里，两个组成成分有时会很相像，但仔细辨认，我们会发现它们之间的差异是明显的。如图 E14 三个岩画里的羊成分都是线结构。但它们在线的选择上不同：上图主要是曲线、横线、折线结构；中间主要是

图 E14

横线、平行线结构；下图主要是折线、平行线结构。每一个岩画内部两个成分在线的选择上也存在着细微的差别，如上图左边羊形式主要是曲线、折线结构，右边则主要是横线、折线结构；中间左边羊形式主要是长曲线与平行线结构，右边主要是短曲线与平行线结构。即使是在都是虚面、线结构的里，用以结构羊形象躯体的虚面，一个呈线椭圆形状，一个则呈长方形。总之，不同形式元素的选择使得上述二重复沓羊岩画都是唯一的形式。

2. 次序的搭配

尽管复沓式二重羊岩画里两个组成成分之间的排列次序基本上有横向和纵向两种，但是，与其他二重岩画相比，在横向和纵向复沓式二重羊岩画里，两个组成成分之间又存在着多种排列组合方式。

当两个组成成分基本上呈横向排列时，它们之间往往存在着一种基本关系，即两两相随。这是指两个组成成分之间一般距离不大，且方向一致。这又可以分为水平型和倾斜型两种。例如，有些岩画里两成分呈水平型排列，即两成分基本上是在一条直线上（如、与）。而倾斜型指两成分基本上是在一条略向上的斜线上（如与）。

在基本呈水平横向排列的二重羊岩画里，还有一种比较特殊的组合方式，即改变两个组成成分的方向，如、和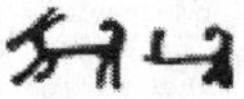，这三个岩画里的两个组成成分总体是呈横向水平排列的，它们几乎呈一条直线组合。但是分开来看，里一个成分横向正面排列，一个则是纵向倾斜性侧面排列；里一个纵向垂直、一个横向正面放置；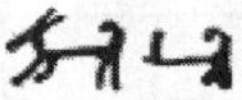里一个横向正面、一个横向颠倒并列。与方向一致的、、、、和相比，在方向完全不同的、和里，两个组成成分之间最鲜明的特征就是差异性。这集中体现在两个成分的排列次序上。

而当两个组成成分基本上呈纵向排列时，它们之间的关系比较复杂。一般来说，有以下五种：

（1）两两相对：指同一个岩画里两个组成成分上下面对面排列。如在、里，两个组成成分一个正面，一个颠倒，上下相对。与两两简单并列的结构相比，这种结构方式既呈现出了一正一反的对比，又显示了两个组成成分之间比较紧密的联系。

（2）两两叠加：这是比较常见的一种形式，指同一岩画里两个组成成分基本上处在一条竖线上，一上一下，相互叠加在一起。如在、这种相互叠加的形式里，两组成成分之间不仅距离不等（有的小，有的大），而且方向亦可以一致，可以不一致。

（3）两两相错：指在同一个岩画形式里两个组成成分大致一上一下呈向上斜线形排列。这里又有两种情形：一种是两者整体略呈倾斜状排列，如、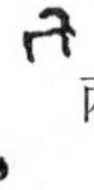两成分之间的距离较大，两成分方向相背，两两略错，总体呈向上倾斜的斜线状排列。而两成分之间的上下距离虽然较短，但一上一下，总体略呈一条向左上角倾斜的斜线排列；一种是整体呈对角线状排列。如图 E15 里两个羊形象自身都呈倾斜状：右边一个身体竖立、整体向左上方略倾斜；左边一个呈俯冲状，向右下方倾斜。两个成分相对，一个略上一些，一个略下一些，两者既没有在一个水平线上，也没有上下垂直纵向排列，而是总体呈向左上角略微倾斜状结构。

图 E15

（4）两两相背：指在同一个岩画里两个组成成分一个呈横向排列，一个呈纵向排列。如、里的两个组成成分，其中下面一个都是横向侧立，上面一个则都呈向左上角倾斜的斜线状，这样，同一岩画形式里两个组成成分的方向就大致相背。

（5）两两平行：指在同一个岩画形式里两个组成成分大致一上一下相互错开，其整体形状呈纵向平行线形排列。如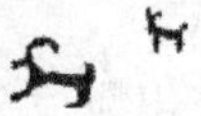、、所示，这种排列虽然也可以称为倾斜对角线形排列，但与一般对角线状排列组合相比，在这种排列里，两个成分本身都呈水平线状，且横向上下平行并列。

不论是在横向还是纵向结构形式里，不仅每一个岩画形式不同，就是同一个岩画里的两个组成成分之间也存在着程度不同的差异。有些彼此之间差异大，如图E15左边是一个头上有着添加物的派生羊形式，右边是一个根本羊形式，里一个是根本羊形式，一个是既有语法加号又有语法减号的A+（b）型形式。里一个是线结构，一个是面、线结构；有些彼此之间的差异小，如、和，以及和里的两个成分很相像，前三个的区别集中体现在内部形式结构上，后两个的则主要体现在方向上。

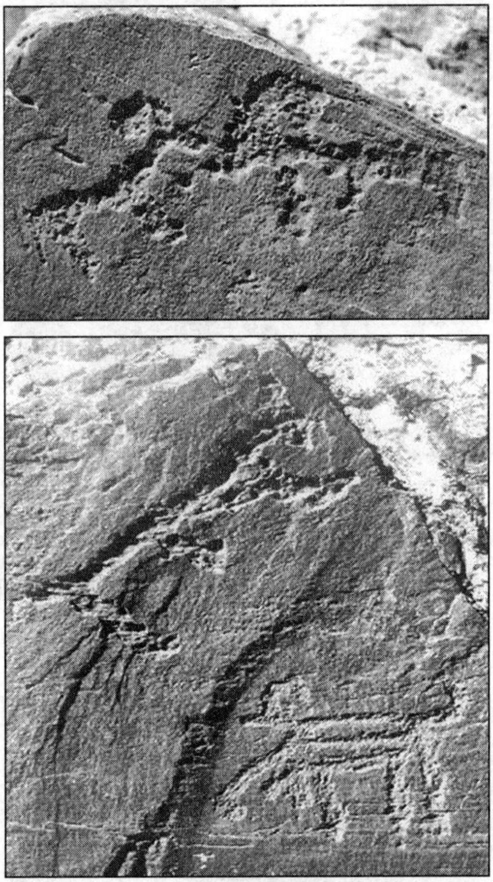

图E16

除基本横向、纵向排列组合外，贺兰山二重羊岩画里还有一种罕见的横向、纵向倾斜式图序。例如，在图 E16 这两个二重羊岩画里，羊形象或者一左一右横向排列，或者一上一下呈对角线状组合，两羊形象本身或者前腿高高抬起、整个身体轮廓呈垂直状面面相对，或者一左一右整个身体形状呈水平直线或倾斜线排列。

3. 组成成分之间的关系

从每一个岩画里两个组成成分之间的关系来看，并列与限定也是复沓式二重羊岩画里的两种基本关系，其中最突出的是限定关系。这种限定关系里面最普遍存在的是主从关系。形状的大小是我们识别两个组成成分的依据。在贺兰山岩画里，存在着许多像图 E16 里这样一大一小的二重羊岩画。若按照组成成分之间的次序，我们可以把这些岩画再次细分为以下三种类型：

（1）横向组合：指组成同一岩画的两个成分一大一小前后相随或一左一右相对，总体呈横向水平排列。如、和所示，这三个岩画形式里的两个组成成分之间存在着三点共同性：一是形状上都存在着明显的大小差异；二是都按照大的在前，小的在后的秩序排列；三是方向都一致。至于、、与这四个二重羊岩画形式里的两个成分亦是一大一小的组合，它们的方向或者一致（如与里的两个都向右），或者不一致（如与里的两个两两相对）。与、和相反，与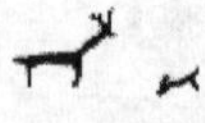里的两个排列次序是小的在前，大的在后。而则是大的在左，小的在右。在这种横向水平结构的形式里，两个成分之间的距离有的比较短（如与），大多比较适度（如、和），也有的比较长（如）。

（2）倾斜组合：指组成同一岩画的两个一大一小的成分一上一下，总体呈对角线状排列。如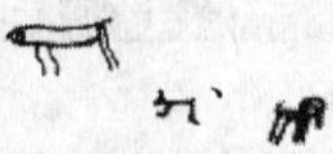、、和这四个岩画里

的两个组成成分也是一大一小，它们基本上都是大的在前，小的在后。前面一个跟后面一个不仅有大小、前后之别，而且略微有上下之别。比较特别，两个成分整体呈向左上方的斜线状，但小的则向上并颠倒着排列在大的前面。然而，无论是横向组合，还是倾斜组合，“相随”或“相从”是这四个岩画里两个组成成分之间的结构所传递给我们的基本概念。

(3) 纵向组合：指组成同一岩画形式的两个成分一大一小呈竖线状排列。如、、、所示：前两个或者小的在上大的在下，或者大的在上，小的在下，两个上下之间距离很小，无论是在上还是在下，大的成分都似乎笼罩着小的，两者形成一种相互包容关系。里的两个大小不一的成分，方向一致，上下距离较大，而里较小的成分则直接倒立排列在大成分之上。除次序外，、、和四个岩画在形式的选择（如分别是线、虚面结构)、内部形式结构（如里形状较小的没尾巴）等方面也存在着差异。然而，形状上的大小之别才是它们之间最重要的差异。因为形体上的大小，比较明显地呈现出了两个组成成分之间的主从关系：形体较大的一个通常所占视觉空间也较大，显示出它在整个岩画形式里的主导地位，形体较小的恰恰相反。有时，它很像形体较大成分上的一个装饰物（如)。因此，与横向组合、倾斜组合相比，纵向组合里的两个组成成分的结构形式通常给我们暗示了两者之间相互依从的关系。

4. 黏附形式的运用

从形式类型来看，二重羊岩画里根本羊形式占大多数。图 E16 下图 A +(b) 与 A + B 型羊形式的结构，以及类似这样派生 A + B 型羊形式与根本羊形式之间的二重组合很少见。

其实，除完全由根本羊形式结构的二重羊岩画外，我们常见的是根本羊形式与 A + (b) 型羊形式之间的组合结构。如图 E14 下图有一个 A + (b) 型

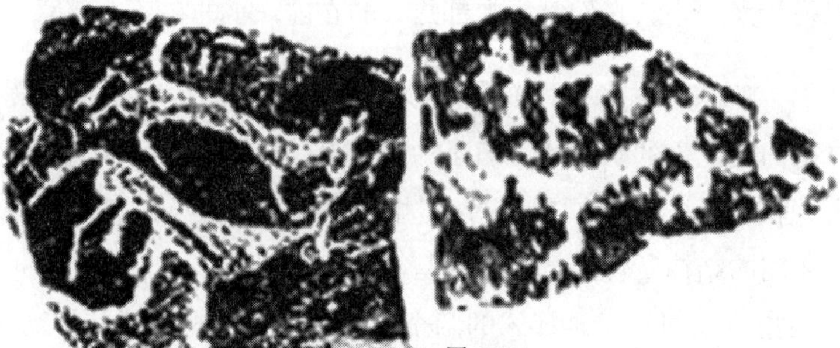

图 E17

派生羊形式，图 E17 两个岩画里也都有一个 A +（b）型羊形式。这类形式式样繁多，在根本羊形式里所处的位置也变化多端。例如，、上面都有一个成分是 A +（b）型羊形式，也即都是各带有一个附加语法形式的成分。虽然都是一短线，但这两个黏附形式的具体形状及其所处的具体位置不同。里的是一短弯线，加在羊形象前腿下方，里的是一条对角线加在羊形式的后腿根部。当然也有像 这样添加在羊形象躯体上的横线状黏附形式，以及添加在 右边羊形式上的三角形状黏附形式（加在羊形象腹下）。黏附形式在图 E18 这两个二重羊岩画里运用得最独特：上图是两个方向都朝右、两两相随的羊形象组合。其中右边是 A +（b）型羊形式，它的前面又有一短竖线形式，左边羊形象头上又有很多点状形式。这一短竖线和很多点状形式虽然没有直接黏附在羊形式上，也没有成为岩画里相对独立的成分，却距离它们很近，对它们起着某种修饰限制作用。位于图 E18 下图两个羊形象前面的三四个点状形式更鲜明地体现出了这一点。

一般来说，每一个形式上只有一个附加成分，这些语法加号有的简单，如上面羊形象前腿下面有一短竖线状黏附形式，以及 左边羊形象后腿下面只有一小点状黏附形式，有的复杂，如 、 里添加在羊角上的一线状形式，这一黏附形式延伸至羊尾巴上并与其重合在一起。有时，黏附形式的运用会不同程度地对原形式有所改变，如

图 E18

右边羊形象前腿部分的附加成分使它的腿形状面目全非。而从里（上面羊形象的后腿下面有一线形黏附形式），我们可以更清楚地看到黏附形式作为一个鲜明的区别性特征，对于两个相似组成成分的重要性。

二重复沓羊岩画里两个组成成分之间也常利用各种抽象形式达到相互区别的目的。例如，在、、、、、、这七幅岩画里，都有一个需要我们借助于联想关系把它们复原为表示一般抽象概念的羊形象。它们之间的区别只体现在其抽象程度的高低上。若按照从前往后的顺序，前三个里的、和抽象程度最高，中间两个和次之，最后两个和更次之。这就是说，有的抽象性很强，有的则相对比较具体写实。尽管如此，它们都不是我们完全臆想出来的，而是我们的视知觉能感知得到的——结合上下语境，我们很容易把它们与位于其上或下的羊形象联系在一起。

5. 内部形式结构的改变

二重羊岩画里的两个组成成分之间存在着某种程度的相似性。无论是形式元素的选择，还是内部形式结构的特征，图 E19 三幅岩画里的两个羊形象彼此很相像。贺兰山岩画里类似这样的二重复沓羊岩画很多。它们或者都是由同一种形式元素构成的（如与），或者内部形式结构大致相同（如与）。但是，两个组成成分相似、相近并不等于相同。它们之间微妙的差异性集中体现在改变两个成分内在的形式结构上。例如，羊形象头部形式结构的改变是图 E19 三幅岩画[1] 以及、里两个组成成分之间的主要差别，和也如此。两幅岩画上面或者是有一只角的，或者是没有角的羊形象，下面则都是一个有两只角的羊形象。两个羊形象都有角，只不过左边一个更弯曲，而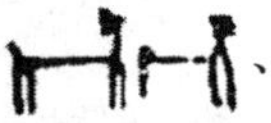、里两组成成分的区别集中在羊形象的腿部分。右边一个有三条腿（形式），左边一个有四条腿；里上面一个有两条腿，下面一个则有四条。至于里两个组成成分则在头部角的长短和腿数量的多少上都存在着差异。、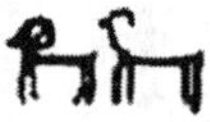里两个看似相近相似的根本羊形式，一前一后呈横向水平排列组合。它们之间细微的差别既体现在结构羊头部的形式元素上（基本上是实面结构，是线的结构），也体现在其内部相同形式元素的具体形状上。都是两条腿形式，有的是两条垂直线的结构，有的则是两条对角线的结构。另外，这两幅岩画里组成成分内部的形式结构也不同，如左边一个有一条上翘的尾巴形式，右边的则没有。

总之，尽管多方面存在着个体的差异性，复沓式二重羊岩画总体上比较简洁明了，它们的形式格局里也有一定的规则。这主要表现在四个方面：一是两个组成成分大部分呈横向或纵向排列；二是每一幅岩画里两个组成成分之间存

[1] 上图岩画右边羊形象有两只角，左边的则没有；左下图岩画上面羊形象有两只向后弯曲的角（表示盘羊），下面羊形象则有两只比较短且向上直立的角；右下图岩画左边羊形象有一短、一长两只角，右边羊形象则有一只角。

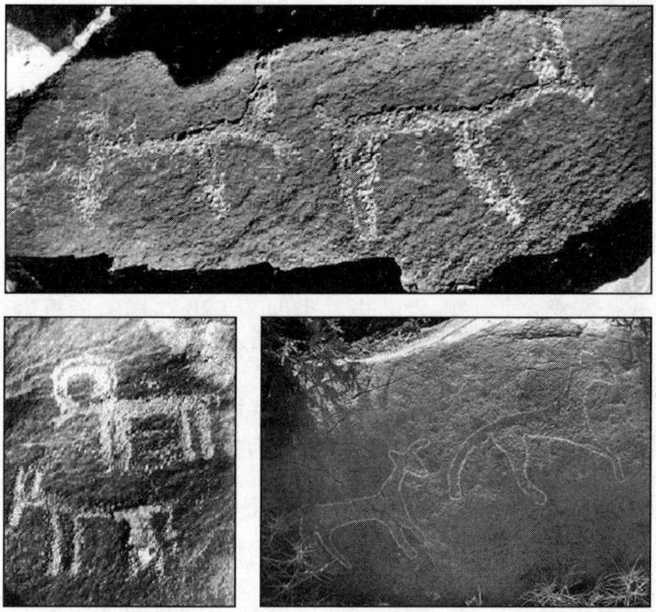

图 E19

在着并列和限定两大基本关系；三是岩画形式之间不雷同；四是每幅岩画里两个组成成分之间存在着多种差异。

（五）小结

二重岩画形式结构比较复杂。羊形式是最基本的一个成分，它既可以反复结构出典型的复沓式二重羊岩画，也可以与任何类型、任何形态的其他成分再次结构出二重岩画，特别是能够与人、马和抽象成分搭配组合。在完全由羊成分结构的岩画里，两个横向或纵向组合的成分，彼此之间通常或者比较紧密、或者比较疏远地简单并列在一起，这就是说二者之间通常并没有形成鲜明的统领、包容等关系，但我们不能因此就认为它们之间没有联系。其实，只要把两个不同的成分并置在一起，无论它们之间怎么排列组合，无论它们之间的距离有多大，要想象它们之间不可能有丝毫的联系是困难的。而在羊成分与人、马成分结构的二重岩画里，比较典型的是它与射手、骑者成分的组合。尽管羊成分可以和射手或骑者成分上下或左右简单并置在一起，但是，它们之间往往能结构出一定的限定关系。

二、三重岩画

一个岩画形式里有三个相对独立的组成成分，我们称之为三重岩画。如图E20所示，这个岩画独立存在于一块比较平坦的大块岩石上，即使该岩面还有多余的空间，也即还有足够刻一两个同样大小图像或形式的位置，贺兰山岩画的制作者们也没有再刻。这就是说他们只刻了三个形式结构不同的根本羊形式。在整个贺兰山岩画里，类似图E20这样的三重岩画很多。而能用来结构这种三重岩画形式的独立成分亦很多。它们之中数量最多的是属于A型根本形式的羊、人和马形式，尤其以羊形式占绝大多数。这三个形式是三重岩画形式里最基本的成分：一方面，作为根本形式，它们是三重岩画里最普遍的组成成分；另一方面，作为一个最基本的构形单位，它们又派生出许多新的形式。因此，当我们以是否有它们存在为标准进行归类时，我们发现除了我们划分出来的三重羊岩画、三重人岩画和三重马岩画外，整个贺兰山三重岩画所剩无几。我们这种划分的步骤是：首先以羊形象（作为组成成分）为尺度，把凡是有它的三重岩画都挑出来归为第一类；其次以人为尺度，把凡是有人形象参与的形式都挑出来归为第二类；最后以马为尺度，把凡是有马形象的都挑出来归为第三类。这种分类统计结果表明：第一类在整个贺兰山三重岩画里占绝大多

图E20

数。下面，我们就把它作为我们论题的出发点，聚焦于岩画里各组成成分的性质及其之间的组合方式和关系，对这种岩画形式进行系统描述分析。

（一）羊与人成分

在羊、人、马三个基础形式里，羊与人形式结构的三重岩画最多。如图 E21 所示：上图岩画里两个派生羊形式与一个派生人形式呈一水平直线状左右并列在一起，三个形象都很独特：人形象似乎头戴帽子，一手持一个东西，站在两个面面相对的羊形象后面；下图是一个射手、鹿和复杂派生羊形式的组合。

羊、人成分参与组合的三重岩画形态的多样性，我们从图 E22 所例举的十个岩画可以看得很清楚：它们中有些是一个羊与两个人形式的组合（如图 E22f、i），有的是两个羊与一个人形式的组合（如图 E22a、c）。大部分羊形象是以形态多样化的 A 型根本形式参与组合，如图 E22g 里抽象根本羊成分  与 ，图 E22c 里具象根本羊成分  与 。它们中有些是线、实面结构（如  与 ），有些是线结构（如  与 ），有的正在悠闲地行走（如  和 ），有的正在吃力地攀登（如  与 ）。也有两种以派生根本形式出现的羊形象：一种是多样形态的 A+（b）型，诸如添加在 、 和  尾

图 E21

图 E22

巴、脊背、腹部的半圆圈、短线状黏附形式，穿插羊角上的长棍状附加形式，以及、类有着语法减号的形式；一种是 A + B 型，如简明 A + A 型的和（两羊头尾相联结上下叠加组合）。

同样，从图 E22 我们可以看到：在羊与人的三重组合里，作为组成成分的人形式都是唯一形式。它们中有简单的根本人形式、与，有构形奇特的抽象、具象根本射手形式、与，有繁复的派生形式（两羊、一人形式结构）。即使岩画里两个构形基本相似的人成分之间也差异很大。如图 E22b 里的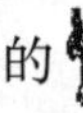与、图 E22f 里的与，以及图 E22i 里的与。

无论是作为根本形式还是派生形式，无论是一个还是两个，三重岩画里羊与人成分之间一般存在着以下两种基本关系：

（1）并列关系。这是指形状大小基本相同的三个成分或者整体呈一直线或斜线型形状排列（如图 E22g、j 所示），或者整体呈三角形形状排列（如图 E22a、c、d 里人与两羊成分的结构），它们之间没有鲜明的相互包容，相互制约关系，而只是似乎简单随意地放置在一起。

(2) 限定关系。这种关系主要有以下两种情形：第一种是主次关系。如图 E22j 是以人为中心结构的一个三重岩画，其中形体最大且位于右上角的 A + B 型复杂派生人成分占去了整个视觉空间三分之二的面积，而与它组合的另外两个羊形式则处于比较劣势的地位：一个位于左下角，一个形体很小的位于复杂派生人成分的左上面，很像是它的附属品。因此，若不是两成分之间存在着一定的间隙，我们会把它们视作一个整体。第二种是统治关系。在羊与人结构的三重岩画里，最常见的是羊与派生人形式——射手的组合。在这种组合里，两个组成成分之间内在的限定关系似乎是天然的，如图 E22c、g 里射手形象用弓箭直接对着一只或两只羊形象。

(二) 羊与具象成分

这是指有具象动物成分参与组合的三重岩画。这种岩画里通常都有一个或两个羊成分。它们一般都是以根本形式出现的。但是，由于内在形式结构的异质和不同形式元素的运用，它们之间存在着程度不同的差异。这既体现在结构每个岩画的各个羊成分之间，如图 E23d、e、f 里的、和，也体现在同一个岩画里两个羊成分之间，如图 E23a 里的与，以及图 E23g 里的与大相径庭。即使在那些十分相似或相近的形式之间，其差异性也是明显的，这主要体现在同一岩画内部两个组成成分上。如图 E23b 里的内部形式结构基本一样，用以结构它们的形式元素也完全相同，区别主要在于左边的尾巴比较短且向后直伸，右边的则比较长且下垂。同样，图 E23c 里的内部形式结构基本相同，区别主要在于左边一个的躯体基本上是虚面结构，右边一个的则是实面结构。因此，严格说来，图 E23 里的羊成分都属于 A+ (0) 型。

这些羊形式的变体通常都和各种各样的马、牛、虎以及一些不知名的动物形式组合。如图 E23a、c、g 里象牛、虎之形的形式，以及图 E23d、e、f 里

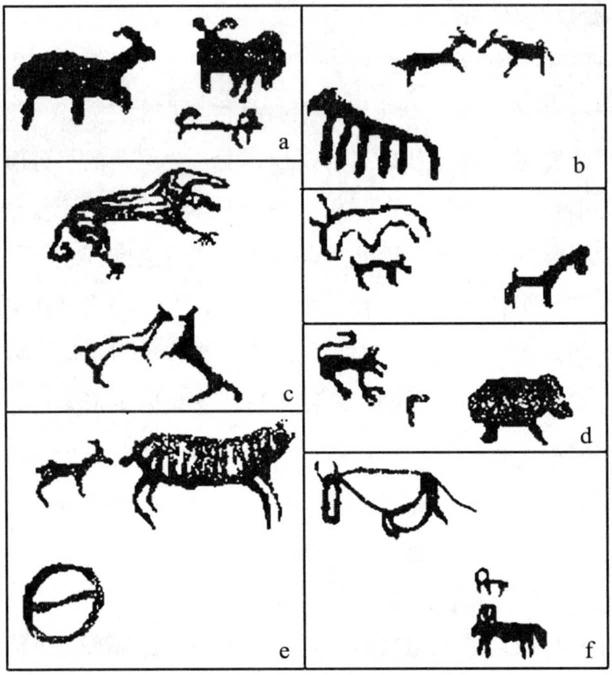

图 E23

不知名动物形式。这些动物成分有的以根本形式出现（如图 E23a、c、e 里的、、），有的以 A +（b）型派生形式出现（如图 E23b、g 里的、），有的以有着语法减号的形式出现（如图 E23d、f 里没有尾巴或头部的、）。

一个或两个羊成分与其他动物组合的整体形状尽管多姿多彩，但依然有规律可循。除图 E23e 里三个成分左右横向并列组合外，其余都按 2/1[1] 分组或行排列组合，也即从左到右或从上自下，所有成分被划分为两组（即两个一组、一个一组）组合。有些单列成分位于另外两个一组的右或左下角（如图 E23d、b、f），有些单列成分位于另外两个一组的上面或下面（如图 E23c、g、f）。两个一组里的成分性质可以相同也可以不相同（如图 E23c 里面面相对的两羊成

[1] 这里的数字代表着每组里成分的数目，即 1 代表每组里只有一个成分，2 代表每组里有两个成分，/ 代表它们左右或上下两组之间的界限。

分，图 E23f 里羊与不知名动物成分），它们可以上下纵向或左右横向排列组合（如图 E23b 两个左右组合的羊成分，图 E23g 里两个上下结构的羊成分）。由于距离和次序有别，即使都按 2/1 组合的图序之间也存在着一定的差别。若以组为一个单位，则上述岩画里都有两组。它们之间的排列组合整体或呈一条向右或左上方倾斜的对角线状（如图 E23b、d、g），或呈一个形状多样的三角形形状（如图 E23c 是一个正三角形，图 E23a 里一个倒三角形，图 E23f 是一个斜三角形）。

在多样化的组合里，并列与限定仍然是每一个形式里各组成成分之间的两种基本关系。这一点主要是从每个岩画里各组成成分之间的排列次序和形状大小两方面体现出来的。例如，图 E23d、e 里分别是羊与不知名动物、马或抽象成分的并列组合。而图 E23c、b、g 里的羊成分则处于明显的次要地位（它们的形状比岩画里的其他两个要小）。

（三）羊与抽象成分

羊与抽象成分组合的三重岩画比较常见。绝大多数这类岩画里都有两个羊成分。这就是说，类似这样完全由抽象成分结构的三重岩画，以及、这样由一个羊成分与两个抽象成分组合的三重岩画很少。

在整个贺兰山三重岩画里，能与两个羊成分结构的抽象形式五花八门。就其繁简程度而言，大致可分为繁简两大类。其中最多的是比较简单的笔画、图案类抽象形式。如图 E24 所示：它们之中有的只是一个非常不起眼的小方框状形式，有的是一短线状形式、、，有的是一个钩状形式、，有的则是单圆圈状形式。这些非常简单的抽象成分在与两羊成分组合时一般都是孤立的，也就是说它们在整个画面里是相对独立存在的，与两个羊成分（它们常常联系在一起）之间没有十分明显的形式上的关系。这就是说它们并不是明显地依附于周围某个成分。根据上下文，我们可以辨识出这类抽象形式的所指，如我们可以认为图 E24b 中间的就是一个高

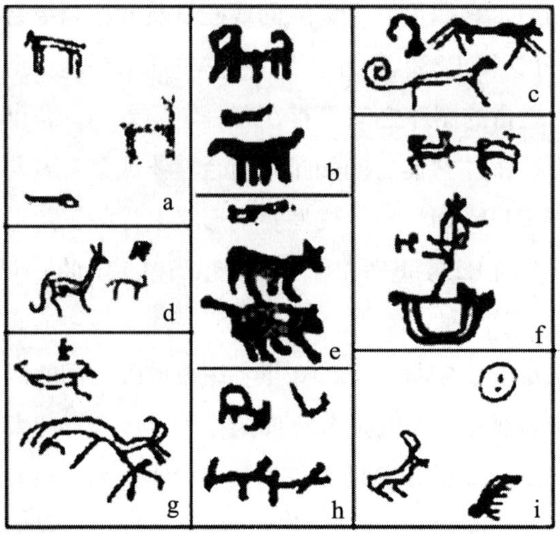

图 E24

度抽象的羊形式，图 E24g 最上面的即是一个高度抽象的人形式。

像图 E24f 里这样繁复的抽象成分比较罕见。在与羊成分结构的三重岩画里，我们通常见到的比较复杂的抽象成分大都是（A）+（b）类的抽象型方框状成分。如图 E25 所示：参与这六个三重岩画组合的都有一个由抽象出来的独体 A 型根本形式——长方形派生出的 A +（b）型派生形式。多样化的附加成分基本上都是内附加，即加在长方形的内部。它们或者只有一条或两条线状笔画形式（如与），或者有由数条线、线与点结构的复杂图案形式（如与），或者有两个上下组合的羊形式（如）。它们中有的只有内附加（如），有的只有外附加（如[1]），有的则内部既有附加形式，内外又穿插着简单或复杂的其他黏附形式（如、）。在这些拥有方框状抽象成分的三重结构里，一个或两个羊成分通常都位于这些抽象成分的外面，但也有位于里边的（如）。

从图 E24、图 E25 我们可以看出：能与多种抽象成分组合的羊成分亦异彩纷呈。它们中有些由于不同形式元素的运用，彼此恍若异物。如仅从外在形式上我们难以把图 E24c 里的两个羊成分、与图 E25a 里的两个羊成分、联系起来，即使同一岩画里也存在着类似的差异，

[1] 从形式结构的角度，在贺兰山岩画里，这个形式要视作上下同时有外黏附形式的派生长方形形式。参见前面第二部分第三节里相关论述。

如图 E24d 里的两个羊成分，一个基本上是线与虚面结构的，一个是线结构的；有些则由于内部形式结构不同而相互区别，如图 E25d 里的两个羊成分与，一个横向左右放置，一个纵向垂直倒立；有些则由于分别属于不同形式类型而差异很大。如图 E24f 里的与，图 E24h 里的与，以及图 E24g 里的与。[1]

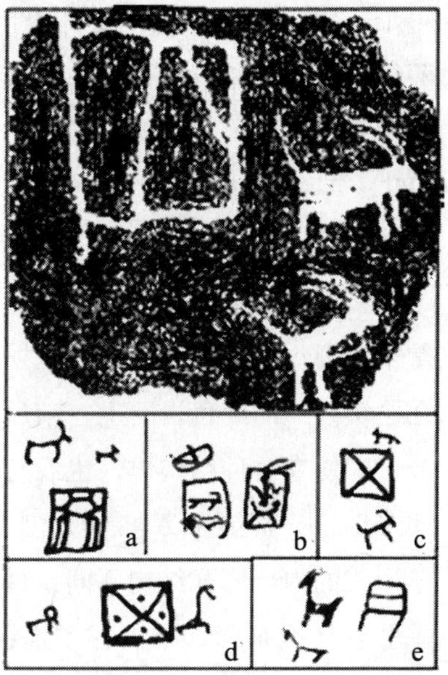

图 E25

在羊与各种抽象成分组合的三重岩画里，各组成成分之间的关系主要有并列和从属两种。并列关系是指每一个岩画里羊成分与各种抽象成分既没有明显的主次、大小之分，也没有距离上的远近差别，它们随意并置在一起（如图 E24a、i）。相反，从属关系是指同一形式里羊成分与抽象成分之间既存在着明显的主次、大小之分，也存在着距离上的远近之别。例如，图 E24f 里一个形体较大的复杂抽象成分居于整个视觉空间的中央地位，其余形体较小的根本或派生羊成分则或者龟缩于其左上边（它距离复杂抽象成分很近，似乎只是附属于它的一个黏附形式），或者位于其最上面边缘地带。同样，图 E24c 里的抽象成分紧挨着其周围的羊成分，很像它上面的黏附形式。

除图 E25d 这样大致呈横向水平排列的组合外，在羊与抽象成分组合的三重岩画里，最常见的图序有两种：(1) 不分组组合。这里又有两种情形：一种是所有成分纵向上下呈一直线状排列（如图 E24b、图 E25c）；另一种是成分各自为政，分别位于视觉空间三个不同位置，整个图形呈三角形状排列组合（如图 E24a、i）。(2) 按 1/2 分组组合。这里也有两种情形：一种是两组（即

[1] 它们依次是：一个根本形式，一个两羊前后相联结的 A + B 型派生形式；一个根本形式，一个两羊前后相叠相套的 A + B 型派生形式；一个（A）– 型派生羊形式，一个羊与人上下相连接的 A + B 型派生形式。

一个一组，两个一组）整体纵向上下组合（如图 E24c、图 E25a）；另一种是两组整体横向左右组合（如图 E25b、e）。

（四）三羊复沓

整个贺兰山三重岩画结构里最多的形式是三个相对独立的羊成分组合的三重羊岩画。这些羊成分可以是根本形式，也可以是派生形式。如图 E26 所示：在这块独立的红色岩石上，前后相随呈一字形并列着三个相对独立的根本羊成分。即使在这种结构里，也没有一个羊形式完全相同。这就是说所有根本羊形式严格说来都属于 A +（0）型。如图 E26 里由相同形式元素结构的三个根本羊形式的内部形式结构不同：最右边一个羊形象弯着腰、脖子努力往前伸，似乎驮着什么东西，吃力往前走；中间一个慢慢悠闲地走着，似乎呈静止站立状，神态安详；最左边一个拉直脖子，头往前伸，呈跳跃状在拼命赶路。

图 E27 也如此。这 11 幅三重岩画里的羊成分都属于根本形式，但它们之间绝不雷同。这既体现在不同形式元素的运用上，也体现在内部形式结构和组合次序等的差异性上。如图 E27d 里形体较大、线与镂空虚面结构的、，与图 E27k 里形体较小、线结构的、相差很大；图 E27c 里三个上下排列紧密的羊成分与图 E27a、f 里三个上下排列疏松的羊成分截然不同。即使每一幅岩画里三个组成成分之间亦存在着程度不同的差异。例如，组成图 E27f 的三个成分形式元素、内部形式结构都完全不同。它们分别是线、虚面、实面结构，有的横向侧立，有的纵向直立，有的向右上角斜

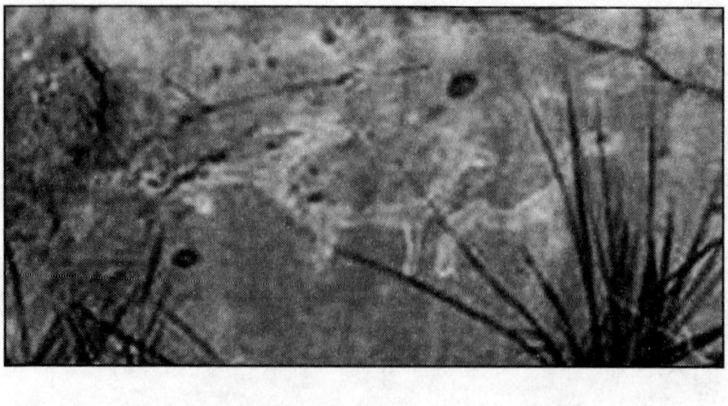

图 E26

图 E27

立。图 E27h 也如此，三个羊成分两个呈对角线状分别向右或左上方斜立，一个呈横线状倒立。与之相反，图 E27e、j 里三个基本线或线与实面结构的羊形象彼此很相像。前者之间微妙的区别主要体现在羊形象内部形式结构上：有的呈臀部抬起、头朝下状，有的前半身略抬起且朝右上方倾斜状，有的头朝左、身体侧立呈水平状；后者三个羊形象之间的差异集中体现在羊头部特别是两只角上：右下面羊形象的一只角弯曲、一只角直立；中间的两只角较长且呈两条向后伸展的平行线状；左上角的两只角分开呈倒“八”字状。图 E27i、k 里组成成分也如此。用以结构前者的形式元素基本相同，羊形象内部形式结构也基本相似，区别主要在于有的羊形象有两只角，有的有一只角，有的则没有角；[1] 后者右边一个羊形象与左边两个的区别主要体现在它是线与实面结构上，左边线结构的两个羊形象之间的差异集中体现在内部形式结构上：最左上角的是一个处于跳跃中的羊形象，位于它右边的则是一个处于慢步行走中的羊形象。

除各个不同的 A +（0）型根本羊形式外，整个贺兰山岩画里用以结构三重羊岩画的还有大量派生羊形式。这些形式同样都属于 A +（0）型，也即它

[1]　这是严格形式意义上的，或许作者没有刻出羊角，或许这是没有羊角的小羊形象。

图 E28

们个个独特，如图 E28 里三个都是 A +（b）型派生羊形式。有的羊形象头上有一个小半圆状形式（似乎是一个戴着帽子的羊形象），有的尾巴部分有一斜线、头上有像鹿角一样的饰物，有的大腿根部有一短线状添加形式（公羊的标志）。就整个贺兰山三重羊岩画能指层面而言，图 E29 里繁复的派生羊形式主要可分为以下三大类：

（1）有语法加号的羊形式，也即在原根本羊形式上添加某些黏附语法形式。如羊形象脊背上面的一横线状形式，、和羊形象腹下一条或两条短竖线状形式，以及穿插在羊形象背上的一条竖线。

（2）有语法减号的羊形式[1]，也即减去用以结构根本羊形式的部分形式结构元素。图 E29 里这类派生羊形式变体最多，诸如没有后半部分的，没有头部侧立或倒立的、，没有四条腿的、和，没有主体躯干只有头部的，以及只有主体躯干没有头部的。[2]

（3）复合羊形式，也即两个具象羊形式的组合结构。如图 E29b 右下面是一个具象羊形式与一个抽象羊形式上下相套形成的一个限定性派生羊成分

[1] 此类羊形式一般也是以根本羊形式为基础的，所以，可以理解为由根本羊形式派生而来的形式。

[2] 这里有一种可能：这些躯体不全的羊形象有的也许是日久风化的结果。但是，在贺兰山岩画里，这样的羊图像是比较普遍的，而且很多保存很完整的岩画里也存在着这样的现象。

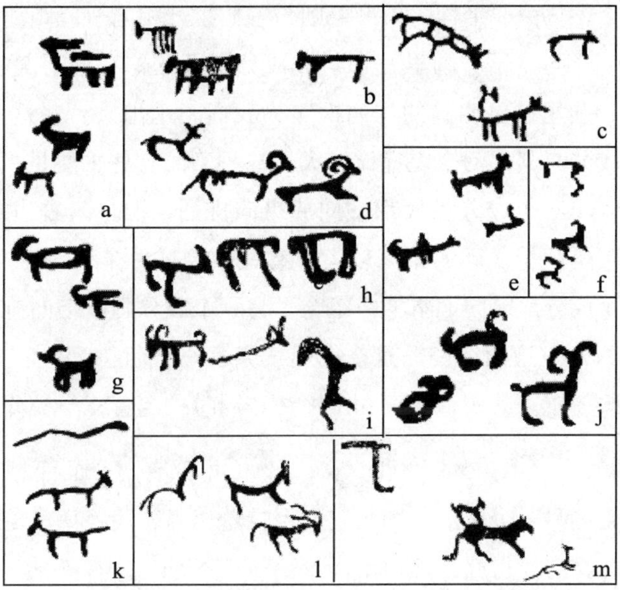

图 E29

。图 E29m 中间则有一个两个具象根本羊形式上下叠加形成的限定性派生羊形式。

而与这两种派生羊形式组合的其他两个或一个根本羊成分亦都是根本羊形式的变体。它们有的抽象（如图 E29m 里的与），有的具象（如图 E29a 里的与），有的侧立，有的倒立，有的跳跃，有的相对静止，有的两只角很长很大，有的则无角。总之，千变万化，不拘泥于形。

尽管能指层面存在着种种差异，但是，在三重羊结构里，作为组成成分的三个羊成分之间却只存在着一种基本并列关系。这种并列若按三个组成成分自身的性质来看，可分为两种情形：一种是三个组成成分很自然地放在一起，其间看不出先后、主次之分。它们或者三个并排，或者一个在上两个在下，或者两个在上一个在下；另一种是三个组成成分之间往往存在着二次搭配组合的情形，即它们先配对，剩一个单个的，然后两个配对的作为一组再次与剩下的一个组合。如结构图 E27b、图 E29a 的三个组成成分，总有两个明显地与另一个之间存在着差别。这种差别是岩画形式本身显示给我们的，而不是我们分析出来的。如图 E27b 两个主要由线与实面结构的羊形象一上一下紧紧相连，而一个主要由线结构的羊形象则与它们拉开相当一段距离且位于它们的下面。

同一幅岩画里三个组成成分之间的这种亲疏关系在图 E29 所例举的很多岩画里以更明确的排列次序为我们昭示出来。在这些岩画里，总有一个组成成分与其他两个差异比较大。这种不同有些主要是由距离产生的，如图 E29b、m 里三个成分虽然都横向或纵向排列，但是，右边或左上角一个与左边或右下角两个之间的距离较大；有些主要是由排列次序产生的，如图 E29j 左边两个成分呈纵向上下相错组合，另一个成分则呈横向排列位于它们的右边。而图 E29i 左边两个侧立且横向呈一条水平线状排列，右边一个则直立呈一条垂直线放置。其实，距离和次序往往同时决定着三个成分之间的远近亲疏关系。例如，和里都有两个面面相对的羊形象，而与它们组合的另一个羊形象则与它们保持着相当一段距离。与两个亲密接触的羊形象相比，它显得格外孤单。

就三重羊岩画的整体形状而言，上述并列可以再次区分为以下两种：

（1）线形。如几乎呈一条标准的水平线排列，整体呈一条略向上倾斜的线形排列。与之相反，有些呈一条垂直线状排列（如图 E27g、图 E29k），有些整体呈一条向右或左上角倾斜的对角线状组合（如图 E27a、d、图 E29m），有些整体呈半弧线型排列（如图 E29i、l）。

（2）三角形。这是三重羊岩画最典型的一种整体图序模式。例如，结构这类岩画的三个成分有的一上两下（如），有的两上一下（如），有的左一右二（如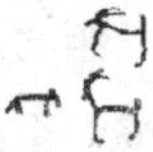与），有的左二右一（如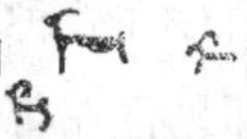和），整体呈多角度、多种形状的三角形形状排列组合。与一般三重羊岩画一样，用以结构这种岩画的三个羊成分都是羊形式的变体。不同岩画之间的羊成分不同，如都按左二右一组合的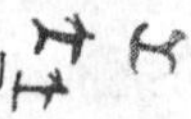与里的三个组成成分差异很大，这突出体现在不同形式元素的运用上：前者三个都是线结构，后者则都是线与实面结构。同一岩画内部三个羊成分亦差异明显。它们中有的是彼此之间差异很大的具象与抽象羊形象的组合（如图 E29k、l、m），有的是彼此之间差异较大的根本与派生羊形象之间的组合（如图 E29c、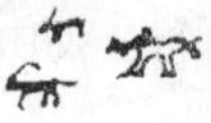），有的是形体较大

与形体较小的羊形象之间的组合（如与）等等。组成成分具体的排列次序也是致使每个呈三角形组合的三重羊岩画千姿百态的一个重要原因。如都是按左一右二比例组合，左边一个成分面朝右且与位于其前面的一个成分再次横向排列；则完全相反：左边一个成分面朝左且与位于其后面的一个成分再次横向排列；更是独特：左边一个与右边上下组合的两个面面相对，且与位于下面的一个横向组合。

（五）三重骑者岩画

除羊之外，人形式是贺兰山三重岩画里的一种主要组成成分。由它参与结构的三重岩画亦丰富多彩。其中最突出的就是骑者与其他形式的三重组合，为方便论述起见，我们把它称为三重骑者岩画。

人形式以 A + B 型派生骑者形式参与组合的三重岩画很多。但像图 E30 里骑者、马和抽象图案形式、三个根本骑者形式、根本人形式和两个派生 A + B 型人形式，以及三个派生骑者形式的组合很少见。

虽然基本上是性质相同的成分之间的组合，但是，结构图 E30 每一个岩画的三个组成成分各个不同。图 E30b 里根本人形式与两个派生人形式之间，以及两个派生 A + B 型人形式之间（一个是两人结构的，一个是人

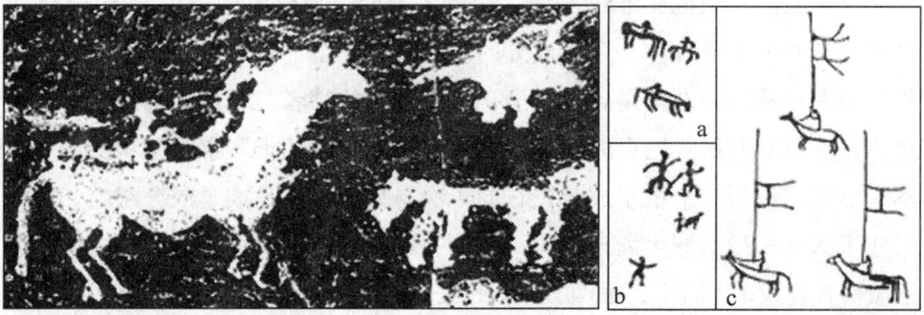

图 E30

与动物结构）的差别是显而易见的。与之相比，图 E30a、c 里的三个组成成分乍看起来很相像。它们都是三个骑者形式的复沓（A + A + A 型）。但复沓并不等于重复。图 E30a 里三个骑者成分在形状大小和图序上相差甚远。整体形状大致相同的图 E30c 里的三个骑者成分，除具体位置不同外，用以结构它们的人、马形式之间亦存在着细微的差异。如都站在马背上，里的人形象似乎猫着腰，与里的虽然都直立在马上，前一个头抬得较高，后一个则略低着头。至于三个马形式的区别或者体现在用以结构马形象头部的形式元素上，如里的主要是虚面结构，和里的主要是实面结构，或者体现在马形象的内部形式结构上，如里的马形象前腿高抬，里的则略微内收。图 E30c 三个骑者形式之间的微妙差别甚至还体现在像一面旗帜的黏附形式上。因此，严格说来，结构图 E30 每个岩画的每一个成分都属于 A +（0）型。

图 E30 这四个岩画的排列组合方式亦比较特别。图 E30c 严整如尺量丈算，三个骑者形象都面朝左前方，其中两个一前一后水平排列，另一个位于其上方中间位置，整个岩画形状呈一个标准的正立三角形；图 E30a 下面一个骑者形象向右下倾斜，上面两个紧密并排但一左一右方向相反，整个形状呈一个向左上方倾斜的三角形；图 E30b 里两派生人形式一上一下相错位于右上角，下面一根本人形式位于左下角，整个形状呈一个向右上方倾斜的锐角三角形；图 E30 左图岩画里的三个成分两个上下组合位于右边，一个单列位于左边，所有成分呈一个横向放置的锐角三角形形状排列组合。

事实上，除类似图 E31 左图这个骑者与两人成分组合，以及图 E31h 这样骑者与一个羊成分、一个人成分的组合外，在整个贺兰山岩画里，我们常见的骑者三重岩画大多是各种类型、各种形态的骑者与羊形式的组合。一般来说，参与骑者形式组合的人形式绝大多数都是呈“十”字状结构的抽象根本人形式。作为一个根本成分，它们再次与另外一个马或羊成分组合，从而形成了 A + B 型的派生人形式——骑者。这些派生形式多姿多彩，有些骑者形象骑在马或羊脊背上，如图 E30 四个岩画里的七个骑者形象，以及图 E31 里

图 E31

的 、和；有些骑者形象则整个身体插在马或羊躯干上，图 E31 里的大多如此，如 、和；有些是具象骑者形式，如图 E30 四个岩画里的七个骑者形象，以及图 E31 里的、；有些则是抽象骑者形式，如图 E31 里的 、和 ；有些是根本骑者形式，如图 E31 十一幅岩画里各有一个；有的是派生骑者形式，如图 E30c 里三个 A + B 型骑者形式[1] 之间的组合。作为一个相对独立完整的整体，骑者成分之间的差异也体现在用以结构它的人、马或羊形式上。如图 E30c 里主要由虚面、线结构的马形式显然与图 E31a、b 里主要由线结构的差异很大，图 E31h、i 里完全由线结构的人形式与图 E31c、j 里主要由线、实面结构的

[1]　也即骑者作为一个根本成分与另一个相对完整独立的组成成分的组合。这里，骑者形式上多余的部分（也即象旗帜之形形式）是另一 A 型根本形式 ， 则是它的派生形式，也即在它之上再次添加黏附形式后形成的一个 A +（b）型成分。

人形式不同。

当然，仅从图 E31 我们也能看到：与骑者组合的羊成分也形态各异。不同形式元素可以结构出多样化的羊形式，如虚面、线结构的，基本实面结构的、，线结构的等等。、类根本羊形式占绝大多数，也有借助于尾巴和头部联结成一个 A + B 型派生羊形式的和同时在羊形象脊背和腹部添加短线状黏附形式的，以及有着语法减号的派生羊形式、。有些是具象羊形式，如、，有些则是抽象羊形式，如、和，绝大多数羊形象呈侧立状横放（如），也有呈垂直状直立的羊形象，以及呈向右上角倾斜状放置的。

在各种组合里，骑者与其他两个组成成分之间都是一种并列关系。如图 E31 所示：这种并列关系在有些岩画里只有一个层次，如图 E31a、b、c、e 里骑者与另两个组成成分或者呈一条垂直线、或者呈一条略向左或右上角倾斜的斜线排列组合。而在其余岩画里则有两个层次。如无论是就组成成分的性质和内部结构，还是图序而言，图 E31d 里三个成分之间的组合明显可以划分为两个层次。两个动物形式一左一右呈八字组合（即），再与骑者（即）上下并列，整个图形呈纵向垂直状。图 E31f 里的与，和图 E31g 里的与也如此。而图 E31h与、图 E31i 里的与，以及图 E31j 里的与则整体或者朝略向右或左上角倾斜状排列组合。

类似图 E31d 里的这种并列在骑者三重岩画里很普遍。在这样的并列组合里，或者骑者形式单列，再与另外两个上下或左右排列比较紧密的成分组组合（如图 E31g、j）；或者骑者与另一成分联合后再与其他成分组合，如图 E31h 里骑者与人成分左右并列在左边，与处于其右上角一动物拉开一段距离，图

E31i 里骑者与一羊成分前后并排位于上面，与其下面一羊成分之间保持着一定距离。

（六）三重马岩画

与三重骑者岩画相比，有马成分参与的三重岩画的数量比较少。然而，无论是就图序还是组成成分而言，它们都不单一。如图 E32 所示：马成分可以独自结构出三重岩画，也可以和其他羊（如图 E32 左图最下面一个成分）、人面（即  与 ）和抽象形式（如复杂图案 、圆圈状符号，以及符号  和方框状成分 ）联合结构出三重岩画。它们可以以根本形式或派生形式出现，如图 E32 左图里形体修长的根本马形式，以及 A+（b）型的  与 A+B 型的 ，也可以以具象或抽象形式出现（如只有马头部形象的成分 ）。由于内部形式的变换、不同语法形式的运用，以及不同形式元素的选择，不同类型马形式之间区别鲜明，同一类型马形式之间也差异明显。例如，都是根本马形式，图 E32b 里实面结构的  与图 E32f 里线结

图 E32

构的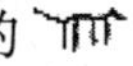能指层面迥然不同。同样，都是线与虚面结构，图 E32c 里的与图 E32d 里的一个直立纵向，一个侧立横向。至于每一个岩画里的三个或两个马成分也区别显著。如图 E32a 里分别由线结构的、镂空虚面与线结构的与，以及图 E32f 里都是线结构的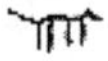、和。

马成分参与组合的三重岩画图序没有一种比较固定的秩序。它们中有的整体纵向呈一条垂直线组合，如图 E32 左边岩画里马成分与一个抽象圆圈状成分和羊成分的上下结构，图 E32b、d 也如此；有的整体横向呈一条水平线组合，如图 E32a；有的整体纵向呈略向右上角倾斜状上下组合，如图 E32 e、g；有些两上一下或一上两下呈正或斜三角形状组合，如图 E32c、f。

若从岩画内部三个成分之间距离远近来看，马成分参与结构的三重岩画里主要存在着两种情形，即距离大致均等和距离不等。如图 E32d、e、f 里总有两个成分之间距离很近，另外一个则距离它们较远。与之相反，结构图 E32 里其余五个岩画的三个成分之间距离基本相当。区别只在于有的彼此之间距离较长，有的较短。换言之，有的三个成分之间排列得比较紧密，有的则比较疏松。尽管排列次序存在着上下、左右之别，距离存在着远近之分，但是，图 E32 八个岩画里的三个组成成分之间都只存在着最简单的并列关系。

这种并列关系并不意味着三个组成成分地位相等。例如，仅从排列次序来看，在图 E32d、e、f 里，、和两个联结得比较紧密，而与距离它们较远的另一个成分明显区别开来。这种排列组合方式暗示着三个组成成分里距离较近的两个成分之间可能存在着的某种更亲和的关系。

（七）小结

羊形式是三重岩画里的基本成分，人、马形式次之。没有它们出现的形式不多，尤其是没有羊形式出现的三重岩画很少。事实上，整个贺兰山岩画里，像和这样完全由抽象成分组合的、没有羊成分的三重岩画非常罕

见。我们甚至可以毫不夸张地把贺兰山三重岩画称为三重羊岩画。羊形式在这种岩画结构里具有多类型、多形态的特点。它们可以与各种类型、各种形态的成分搭配组合，比较常见的有骑者成分、人成分、马成分和抽象成分。与此同时，它们也自相叠合。在整个贺兰山岩画里，无论是就数量还是形态类型，由各种羊成分重复形成的三重岩画都可以与由各种羊成分重复形成的二重岩画相媲美。每一幅三重岩画里各组成成分之间的基本排列次序存在着横向和纵向两种，其中以纵向为主。纵向排列的各个成分的整体形态大部分呈正、倒或斜三角形状，也有呈一条直线形状的。这样的排列组合结构往往彰显了各个组成成分之间可能存在的多种关系。也许由于多了一个成分，成分之间分组排列现象开始比较明显地出现在三重岩画里。

三、四重岩画

一幅岩画里有四个相对完整独立的形式或组成成分，我们称之为四重岩画或形式。与三重岩画相比，羊形式也是四重岩画里的一个最基本的成分。在整个贺兰山岩画里，像这样没有羊成分的四重岩画很少见。所以，我们在此论述的四重形式准确地说就是四重羊形式。这种岩画里常见的是有两个或两个以上的羊成分。下面，我们主要根据每幅四重岩画里羊数量的多少，对这种以羊为核心的四重岩画进行全面而系统的描述分析。

（一）四羊复沓

我们把有四个羊成分[1]的四重岩画称为四重羊岩画或羊成分的复沓（简称为四羊复沓）。它是整个贺兰山四重岩画里最普遍的一种。如图 E33 就是四个羊形式的组合。在这块红色岩石上，四个象羊之形的形式两上、两下呈一略向

---

[1] 这里所说的羊成分不是从数量上来说的，而是就一个相对独立存在的完整形式而言。例如，从数量上来说，图 E34b 里有五个羊形式，但是，从组成成分来说，图 E34b 里有四个羊成分。因为最下面其实是两羊形式联结的一个 A + B 型羊形式。

右倾斜的四方形形状排列组合。两上、两下呈横向左右排列的两个羊形式之间的距离虽然较短，但彼此之间有间隙。与三重羊岩画相比，四重羊岩画的组合次序整体上比较单一，绝大多数整体上都呈纵向上下排列。这就是说，四个羊形式整体都呈横向水平方向排列的情况非常罕见。

然而单一中却有着诸多变化。如图 E34、图 E35 所示：尽管整体大致都纵向组合，但总体来看，有的呈垂直线状上下排列（如图 E34b、c），有的则呈一斜线状排列（如图 E34d、i），而且，每一个岩画形式里各组成成分之间的次序也存在着很大的差异。有的四个成分都叠加成一行（如图 E34d），有的四个成分大致沿着对角线排列（如图 E34f、i，图 E35c），有的四个成分大致呈一条弧线状组合（如图 E34h），更多的则分组排列。这里又存在着以下两种情形：

（1）按 3/1 左右组合：这是指四个成分首先被划分为三个一组、一个一组，然后两组再重新左右组合。单列的一个或者位于其他两个的左边（如图 E34a、c、g），或者位于其右边（如图 E34b、e）。有的侧立横向放置，有的直立纵向放置。

（2）按 2/2 左右或上下组合。这是指四个成分首先被平均划分为两个一组，然后再左右组合。图 E35b 里的四个成分因距离远近，一分为二划分为两组（即两个距离较短的一组，两个距离较大的一组），上下倾斜排列；图 E35d 里的四个成分则因形体大小，一分为二区分为两组（即两个形体较小的一组，两个形体较大的一组），上下倾斜组合。

如果深究的话，我们在整体纵向组合的图序里能看到横向排列的情形。例如，在图 E35a、e 里，四个成分上下左右之间保持着大致相等的距离，整个图序呈正四方形。与图 E34d、f 类岩画相比，它们横中有纵，纵中有横：我们有理由认为岩画作者先从左到右或从右到左刻制完上面两个羊形式后，再刻制下面两个，或者相反，先从左到右或从右到左刻制完下面两个后再刻制上面两个。当然，我们也有理由认为岩画作者先从上往下或从下往上刻制完左边两个之后再刻制右边两个，或者相反，先从上往下或从下往上刻制完右边两个之后再刻制左边两个。

总之，四重羊岩画的排列组合方式整齐中存在着变化。在这种结构形式里，各个成分之间的关系基本上是并列的。

四重羊岩画里的羊形式亦多样化。有的是根本形式，有的是派生形式。不

图 E33

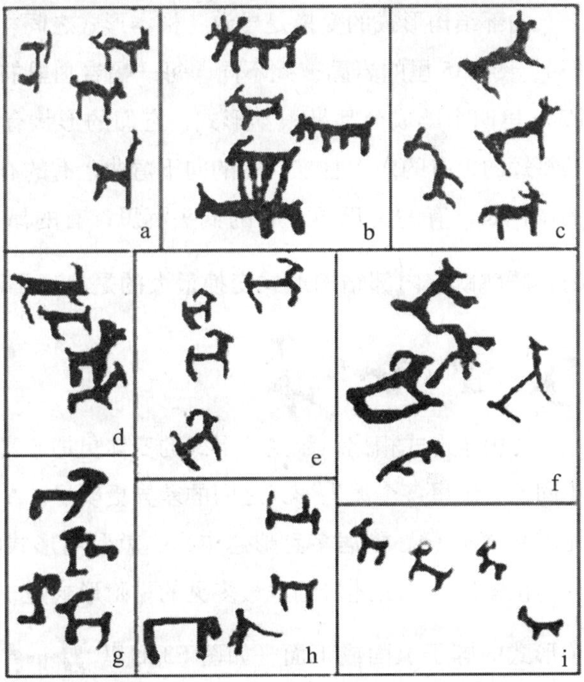

图 E34

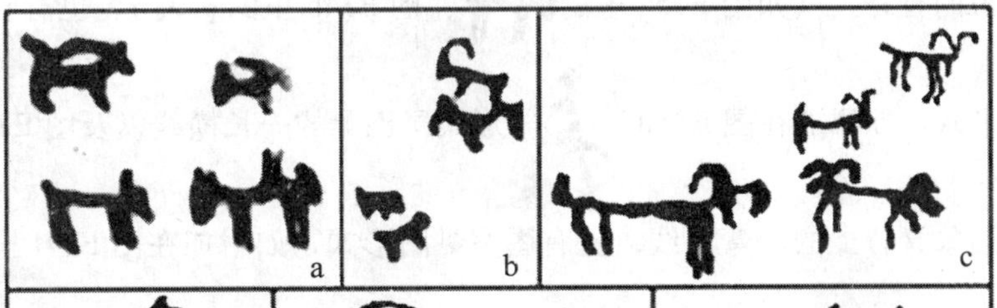

图 E35

同形式元素的选择是导致各根本形式之间相互区别的一个重要原因。例如，图E34d里基本上由实面结构的羊形式与图E34e里基本上由线结构的羊形式差异很大，都是虚面结构的（图E34b）、（图E34f）、（图E35a）和（图E35d）迥然不同。即使是同一个四重羊形式里，每一个羊成分的形式元素结构也不同。如图E34f右边是一个虚面结构，其余基本上是线的结构。有的基本是细线结构，有的则是粗线结构（如图E34e、图E35a）。

内部结构形式的变换是导致各根本形式之间相互区别的另一重要原因。图E34、图E35里的岩画彼此不同，每一幅岩画里的四个组成成分亦不同。如图E35e里四个羊成分都是根本形式，它们的形状有大有小，有的角长长的，有的短短的，有的向上直立，有的向下弯曲，有的有两条腿，有的有四条腿，有的尾巴长，有的尾巴短，有的低头沉思，有的昂首挺立，有的静止站立，有的奔腾跳跃。内部结构形式变换最大的是出现了不少直立的羊形象，如、、、和。

与根本形式相比，派生羊形式的变体更加丰富复杂。由于附加或附减形式不同，岩画里各个派生形式之间的差异更明显。A+(b）和A+B型形式都有，尤其是A+（b）型居多且形态丰富。就黏附形式的形状和它们在羊形式上所处的位置而言，上述岩画里最多见的黏附形式是一短竖线形。它们可以添加在羊形式的脖子上面或下面（如图E34b里与），可以加在羊形象的脊背上（如图E35a里的、图E34h里的）。也有长线形的黏附形式，如添加在图E35d羊形式尾巴上的一长横线以及图E35a羊形象脊背上的一弯曲线，更有图案黏附形式，如附加在图E34f里羊形象后蹄上的一个十字形图案。一般来说，每一个羊形式上只有一个语法加号，而且有黏附形式的地方往往只有一处，但（图E35c）这个羊形象头

部和尾巴部都有，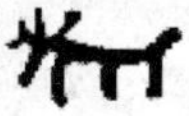（图 E34b）这个羊形象的头部则有两个短竖线状黏附形式。

除基本上都是语法加号外，也存在个别语法减号的现象，如图 E35b、d 以及图 E34h 里分别存在着与、与，以及与这样或者没有头部，或者没有前半部分，或者没有前腿，或者没有后半部分的羊形式。与 A +（b）型相比较，A + B 型形式的形态比较简单。如图 E34b 里的、图 E34g 里的，以及图 E35d 里的都是根本羊形式上下组合形成的 A + B 型派生羊形式，尽管其中有的是抽象形式（如下面一个、右边比较小的一个），有的是有着语法减号的羊形式（如下面一个）。

（二）二三羊组合

除四羊组合结构外，贺兰山合体岩画里还存在着许多由两个或三个羊成分结构的四重岩画形式。其中三个羊成分与另一个成分结构的四重岩画形式比较常见。如图 E36 所示：在一块相对独立的石壁上两两一上一下刻制着四个清晰可见的图像，它们整体呈纵向上下组合，彼此之间间距均等。除右上角一个没有明确所指的抽象动物形式外，[1] 其他三个都是形态各异且头部有着特殊饰物的黏附型羊形式。与一般四重岩画相比，这四个组成成分周围还零星地点缀着众多点状形式。它们显然不是组成成分，而是对四个成分及其组合起着进一步补充说明作用的修饰形式。

图 E37 里七个有着三个羊成分的岩画差异性也很大。与它们搭配的另一成分有的是内部形式结构不同的根本人形式（如与），有的是简单或复杂的唯

[1] 考虑到贺兰山岩画里羊形式变体繁多，在整个语境上下文里，我们也可以把它视作一种黏附型的羊形式，也即头大且头上有着特殊饰物的羊形象。

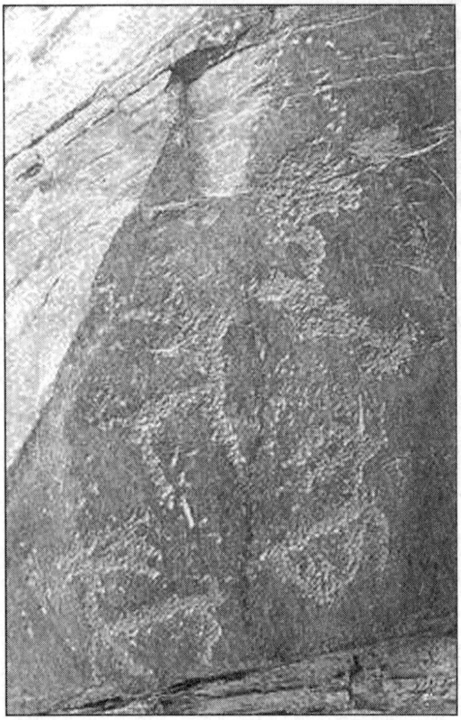

图 E36

一图案形式（如、与），有的是抽象笔画形式（如图 E37c 里的）。虽然都有三个羊成分，但是，这七个岩画里的羊成分之间完全不同，同一岩画里的三个亦各异。如七个岩画里各有一个或两个形态特别的羊成分，即、、、、、和。与它们组合的其他两个羊成分之间也存在着明显的差异。如图 E37a、g 里分别有一个直立的派生羊形式和根本羊形式；图 E37d 里的乍看很相像，若仔细比较，则不难发现、和内部形式结构差异很大。

图序也是图 E37 里七幅岩画相互区别的一个重要因素。总的来说，三羊成分在岩画里有以下三种类型的排列组合方式：

（1）纵向线型。如图 E37e 里三羊与另外一个抽象成分上下呈一条垂直线结构；图 E37d 里三羊成分单列上下垂直组合后，再与另外一个抽象成分左右并列。

（2）三角形型。如在图 E37c 里三个羊成分整体呈向左上角倾斜的正三角形状排列组合，而与之组合的另一抽象成分则位于左下角，与之呈横向水平组合，于是，整个图 E37c 图形就呈标准的正三角形状。

（3）长方形型。如图 E37g 里三个羊成分呈向右上角倾斜状排列组合，与它们组合的其他一个成分单列位于它们的左边，由此结构的岩画整体形状呈向右上角倾斜的长方形；图 E37f 里的四个成分呈上下纵向长方形状排列，与之相反，图 E37b 里的则呈左右横向长方形状组合。

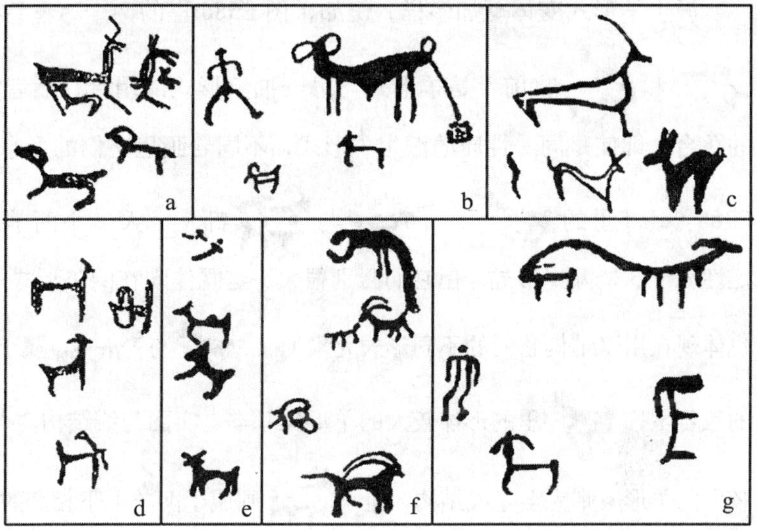

图 E37

两羊成分参与组合的四重岩画也不少。与三羊结构的四重岩画相比，这种岩画独特之处在于与两羊组合的大多数是形态各异的抽象形式，诸如笔画、图案、人和动物形式。如图 E38d 里分别是一个蛙状根本人形式和头部有特殊语法加号的 A +（b）型派生人形式与一个根本羊形式再次结构的一个复杂的 A + B 型派生人形式。这个组成成分本身似乎就是一个复杂的句子。图 E38e、c 里分别有两个抽象形式，前者是简单、复杂的圆圈状形式（即与），后者是简单抽象图案形式（即与）。图 E38g 里则分别有一个动物形式和一个抽象笔画形式（即与）。图 E38a、b、f 里与两羊成分结构的尽管基本上都是形态亦各异的横竖笔画状形式，但它们在每个岩画里所处的具体位置完全不同，而且它们都与羊成分保持着大致均等的距离，俨然以岩画中一个独立成分自居。与这些抽象形式组合的两羊形式也多种多样。如图 E38a、e 里的两个根本羊形式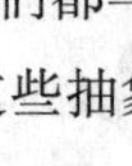与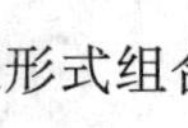、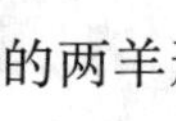与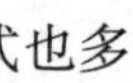，前者一个近乎纵向直立，一个近乎侧面横置；后者一个形体较大没有角，一个形体较小有两只角，彼此之间差异明显。

派生羊形式变体更加多样。例如，图 E38d 里的两个 A + B 型派生羊形式  和 ，前者是羊形式与另一抽象形式的组合，后者则是两羊形式的叠合。即使是同一性质的派生羊形式，不同岩画里它们的形态亦不同。如图 E38b、c、f 里的 、 与  都是一大一小两羊形式结构的限定性 A + B 型派生形式，但它们区别很大。这既体现在两羊形式的内部结构上，也体现在用以结构它们的不同形式元素上。 与  属于两羊上下包含的包容型， 里的形体较大的羊形象基本是实面与线结构， 里形体较大的羊形象则完全是线结构。至于  则属于两羊上下相套的叠加型。

虽然就整体形状而言，图 E38 里也有三角形状，如图 E38b、c、d、f 里的四个成分大致都依照向右或左上角倾斜状排列组合，从而整体形成了角度大小不等的三角形形状。然而，也许主要与抽象形式组合且羊形式比较少，与三羊结构的四重岩画相比，两羊结构的四重岩画的图序比较整齐、单一。这突出体现在线性排列组合比较常见上。如图 E38a、e、g 里的所有成分整体大体分别呈对角线（向右上角倾斜）、垂直线、横线排列组合。

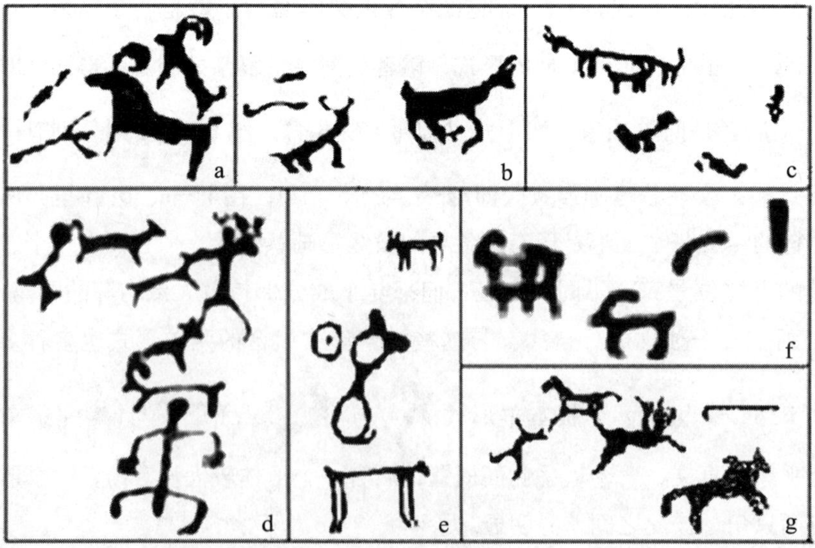

图 E38

（三）羊与骑者成分

在贺兰山四重岩画里，除抽象形式外，骑者是与羊形式组合最多的一个成分。从一幅四重岩画里骑者成分的数量来看，主要存在着以下三种情形：

（1）一骑三羊：指一个骑者、三个羊成分的结构。这种结构里的四个成分在排列组合时比较有规律，它们往往都被分为两大组并列在一起。骑者或者自成一组与其他三成分并列，如图 E39b、e 里骑者形式都单列，分别位于三羊形式的最上面和左边；或者与一个或两个成分结成一组后再与另外一个成分并列，如图 E39d 里骑者与一羊成分上下组合后再与右边两个羊成分左右并列组合；图 E39c、g 里骑者与两羊成分呈上下垂直状或三角形状排列后，再次与另一羊形式呈横向排列。而在具体的组合过程中，每幅岩画里的各个组成成分之间在排列组合上也存在着很大的差别。如在图 E39b、e 里，骑者形式的位置不同（图 E39b 里的在最上边，图 E39e 里的在最左边），其自身的形态和三只羊形式亦因内部结构的变换、不同形式元素的选择以及黏附形式的运用而有所区别。图 E39b 里是一根本骑者形式，图 E39e 则是有着语法加号的 A +(b) 型派生骑者形式。同样，在图 E39c、g 里，都单列于最左边的两个羊成分内部形式结构不同：尽管都处于动态运动状态，但是，一个是由不同形式元素结构的具象根本羊形式与，一个则是有着大而漂亮头部的派生羊形式。不同的组合当然呈现出了各个成分之间的关系，如图 E39e、

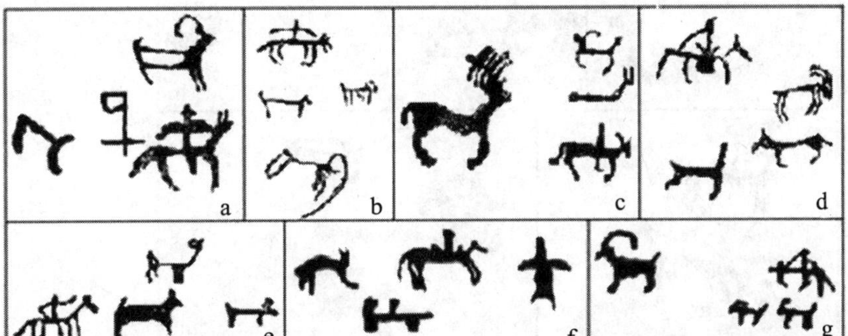

图 E39

g 里骑者与羊形式之间的排列组合非常形象地传递出了“放牧”意义，而图 E39b、c 里骑者形式只是作为岩画中一个相当独立的成分，简单地与三羊成分上下、左右并列在一起。

（2）一骑两羊、一骑一羊：指一个骑者、两个或一个羊成分的结构。例如，图 E39a 里四个成分分成左右两组组合，位于右边比较紧密地挨在一起的三个成分上下排列，其中有一个以唯一形式出现的抽象成分（即 ）距离骑者成分很近。图 E39f 则是一个骑者、羊成分与一个象人、兔子之形的成分的组合。参与这两种结构组合的成分都比较独特。如只有一粗竖直线和两小短线的象骑者之形的形式 、象兔子之形的形式 、基本以实面结构出的象人之形的形式 ，以及同时有着语法加号和减号的抽象羊形式 ，而它们之间的搭配组合次序也与众不同：四个成分或前或后，或上或下，各自为政，彼此之间保持着均等的距离，即使上下纵向排列，也绝不两两相对。

（3）两骑两羊或一羊：指有两个骑者、两个或一个羊成分的四重结构。如图 E40 里都有两个骑者形式。其中除图 E40b 是两骑一羊一马结构外，其余都是两骑两羊组合。图 E40b、c 整体都被划分为两组左右或上下排列。前者两两组合，其中右边的两个上下相错，左边的两个左右并列，整个形式呈一字形

图 E40

横向排列；后者一个羊成分单列位于右上角，其他三个成分上下组合呈三角形状，整个形式呈略向右上角倾斜的长方形组合。相比较之下，图 E40a、d[1] 更是按成分组组合的典范：所有成分鲜明地分为两组左右并列，其中一个骑者成分单列在左边，另外一个骑者成分则位于右边与位于其上的两个羊成分呈垂直线纵向组合。

骑者数量多少和图序固然是骑者四重岩画相互区别的主要特征，但不是唯一的。事实上，用以结构骑者四重岩画的各个组成成分之间也绝不雷同。如图 E40a、d 不仅整体排列次序相同，而且各个位置所处的形式亦相像，也即左边单列的两个骑者形式与，以及右边相同位置上相互对应的三个形式，即两两相连的与、与，无论是在不同形式元素的选择上还是内部形式结构上都几乎一样。然而，若把它们从具体语境中一一挑出来放在一起，它们之间的差异性便显现出来了。

（四）羊与射手成分

派生射手形式也与羊形式通过多种组合关系结构出四重岩画。如图 E41 所示：作为组成成分，射手可以和三个羊成分结构，可以和两个羊成分、一个抽象成分组合，也可以和一个羊成分、两个抽象成分结构。在这样的四重岩画里，射手成分一般都是以形态各异的具象或抽象的根本形式出现，如与，也有复杂派生射手形式，如，也即在射手这一形式的基础上，又增加了两个羊黏附形式，它们串在射手形式的下面。羊成分一般都是形态比较简单的根本或派生形式，如、、、和，但也有比较复杂的派生形式，如图 E41d 里有三个形态各异的 A + b 型羊形式，它们都是

[1] 两个岩画右边都有三个上下垂直结构的成分。上面两个不能视作两羊相连的一个成分。与一般借助于一条线联结为一个统一整体的派生形式相比，这两个羊形式之间的连线不是作者刻意添加上去的黏附形式，而是他刻完上面一个后顺势刻下面一个时自然留下的连笔。就像我们上下书写时会连笔一样。这说明刻制者对所要刻制的图像十分熟练，刻制速度也很快。

图 E41

两个羊形式相叠相套的复合形式。有的共享一头一身子，有的共享一身子和两条腿或四条腿、。抽象成分也都是比较简单的笔画或图案形式。

与一般四重岩画相比，有射手成分参与组合的岩画的独特性主要不在于成分的复杂性上，而在于各个成分之间的组合图序。不论是分组或分行排列，还是整体呈纵向或横向组合，图 E41a、c、d 里射手与羊成分之间的排列组合都结构出了一个稳固的不可分割的整体，传递出了“射羊”这样一个比较明确的概念。[1] 然而，图 E41b、e 里射手与羊成分都只是岩画里一个相对独立的成分而已。这就是说，它们简单并列在一个视觉空间里，二者组合出的结构关系更加隐晦，并不具有让人目击便知其意义的形象性。这也表现在与之组合的成分的复杂性上。除分别位于整个视觉空间最上面和最下面的一个简单根本羊成分外，图 E41b 里与射手成分组合的还有一个派生倒立羊成分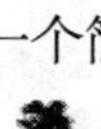和一个简单的抽象笔画成分，图 E41e 里则有两个唯一抽象形式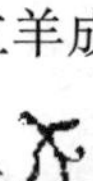与。总之，有射手、羊成分同时参与组合的四重岩画图序表明：岩画内部各个成分的性质、每个成分的具体位置，以及它们上下、左右之间的排列次序往往能昭示出一定的意义。

[1] 射手形象都或者位于羊成分的前面，或者位于其后，并且用弓箭直接对着一只或三只羊形象，关于此，后面有集中论述，兹不赘述。

（五）羊与其他成分

通常，两个或三个羊成分与抽象形式、骑者形式以及射手形式组合出四重岩画。有时，我们也能见到一些例外。例如，两个羊成分还可以和马成分组合（如图 E42d），[1] 三个羊成分还可以和一个不知名的动物成分组合（如图 E42e）。事实上，除极个别完全由马成分结构的四重岩画外，整个贺兰山四重岩画里完全没有羊形式的极少。与比较普遍存在的拥有两个或三个羊成分的形式相比，我们还可以见到一些有一个羊成分的四重岩画。如图 E42a、b 所示：象羊之形的成分可以和三个性质完全不相同的动物成分组合，也可以和三个性质完全相同的动物组合。而图 E42c 是一个羊成分与一个人成分、一个不知名的动物成分和一个抽象马成分的结构，图 E42f 则是一个羊成分与两个人成分和一个马成分之间的组合。

在这种四重岩画里，羊形式一般都是由不同形式元素结构的、形态各异的根本形式。如实面与线结构、与，虚面与线结构的，以及线结构的之间区别显著，就是同一岩画里基本由线结构的、与之间亦区别明显。与之组合的其他形式的类别、形态更是多样。且不说不知名动物、马、人等不同性质的形式之间存在着巨大差异，就是同一性质的成分也绝不相互重复。例如，无论是排列次序、形式元素的选择、内部形式结构，还是形式类型，图 E42 各个岩画里的马形式完全不同，即使同一岩画里的三个马成分也都是唯一形式。、、、、、这些主要由实面、虚面、线结构的马形式，有些是根本形式，有些是派生形式，有些是 A + B 型，有些是 A +（b）型，有些是具象形式，有些是抽象形式，有的有头无尾，有的跳跃，有的站立，有的正立，有的倒立……至于不知名的动物形式（如、、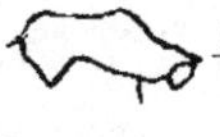与

---

[1] 中间一个抽象成分（即）可以视作马成分，也可以视作羊成分。

图 E42

）之间，以及各种类型的人形式之间的差异更鲜明。如似乎正在跳旋转舞蹈，双臂伸展、两腿叉开，整个身体略向右上方倾斜，则略屈双膝、一手持一物品。总之，在这类四重岩画里，我们看到了形态奇异的人、马和不知名动物形式，其中很多都是整个贺兰山岩画里的唯一形式。它们的出现给我们的解读造成了一定的困难。

（六）比较稳定的结构形态

在由两个或者两个以上成分组合的合体岩画形式里，各组成成分如何相互搭配？孰先孰后？孰左孰右？换言之，每个成分应该安放在什么地方？怎么样安置？等等，这些都是至关重要的问题。在二重岩画形式里，我们已经找到了其组合结构的两种最基本也是最简单天然的方法，即或者两两一上一下上下排列，或者两两一前一后左右排列。这些方法在三重岩画形式里得到了进一步的运用。而且，为了更好地使用这种方法，三重岩画形式里的三个组成成分也仿照二重形式有了相互之间的搭配组合，它们通常都按两个一组、一个一组的组合顺序或者上下、或者左右相互组合排列。这种结构形态在四重岩画形式里得到比较明显的呈现。从上面的描述我们已经看到了这一点。为了更清楚地描述并分析说明四重岩画里这种结构形态的特点，我们有必要把这一话题单列出来讨论。

在整个四重岩画里，类似这样四个组成成分完全横向水平排列的比较少。与之相反，我们普遍见到的是以下四种类型的结构形态：

第一种是一线型，即所有组成成分整体上下一条线排列。按组成成分的性质，这种排列又可以分为三种情形：（1）同一类型的相同性质的成分之间的组合，如图 E43e 是四个根本类型的羊成分的结构；（2）同一类型的不同性质的成分之间的组合，如图 E43b、d、f 都是四个根本形式的组合。图 E43b 是两个羊成分、两个抽象图案成分结构，图 E43d 是两个人成分和一个羊成分、一个抽象图案成分结构，图 E43f 则是三个羊成分与一个抽象圆圈形式的组合；（3）两种类型的相同性质的成分之间的组合，如图 E43a 是 A+（b）型派生羊形式与根本羊形式的组合，其中上面是两个分别有着语法减号和语法加号的羊成分，下面是两个根本羊成分；（4）两种类型的不同性质成分之间的组合，如图 E43c 是一个 A+（b）型派生羊形式与一个根本羊形式和一个抽象形式以及 A+（b）型派生人面形式之间的组合。由此可知，任何组成成分都能被上下纵向排列。有时为了增强这种向上性，有的形式甚至被竖立起来排列，如图 E43b 最下面一垂直站立的根本羊形式，以及图 E43d 最上面向右上角行走中的奇特的人形象。

图 E43

第二种是分组型，即所有组成成分分组（或行）上下、左右排列。这种情形主要发生在完全由羊成分结构的四重岩画里。其分组组合方式一般来说有两种：

（1）所有成分分成三组或行搭配。这里又有两种情形：一种是按 1/1/2 排列，如从右到左，图 E44a 共有三行：第一、二行是一前一后两个马形式，第三行是一个 A +（b）型派生马形式与其下一根本羊形式的上下组合；另一种是按 1/2/1 排列，如从右到左，图 E44b 共有三行：第一行是一个根本羊形式，第二行是两个羊成分的上下叠合，其中上面是根本羊形式，下面是派生羊形式，第三行是一个 A +（b）型派生羊形式。

（2）最常见的是所有成分分成两组或行搭配。它们有的按 3/1 排列组合，如图 E44e、f 左边都有三个上下垂直组合的根本羊形式，右边则都有一个单列羊成分，而图 E44g 上面有三个倒立的根本羊形式，下面有一个派生羊成分；有的按 2/2 排列组合，如图 E44c、d 里都有两行，前者左边是一个根本羊成分与一个派生羊成分的上下垂直组合，右边是两个根本羊成分的上下结构，后者左边是一个抽象成分与一个倒立羊成分呈对角线状上下结构，右边则是一个派生羊成分与一个根本羊成分的结构。而在图 E44h 里，按 2/2 搭配的四个羊成分被鲜明地划分为上下两行排列组合。如果说在图 E44a、b 里各组成成分之间分行或组排列的情况还不十分明朗的话，那么，在图 E44c，尤其是图 E44d、f、g、h 里，分行或组上下或左右组合的情况已经非常明确了。这一点，我们在所有成分整体呈一线型排列组合的图 E43e、f 里也能清晰地看到：这是两个典

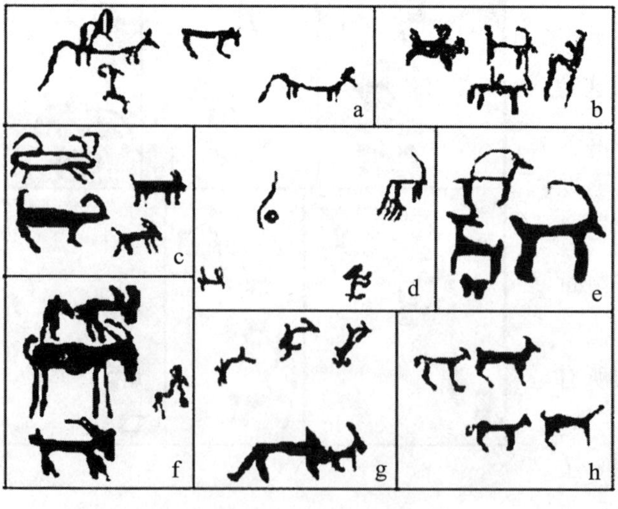

图 E44

型的所有成分分左右两行、从上往下排列的四重岩画。

第三种是围绕型，即三个或两个成分以其他一个或两个为中心排列组合型。如图 E45 所示：这四个四重岩画里都有一个或两个（如上面最中间两个）形体较大的羊成分（如、），它们不仅占据着比较大的视觉空间面积，而且以奇特或复杂形式类型或组合方式显得很突出。而与它们组合的其他成分的形体则较小且大都呈依附状位于形体较大成分的周围。如最下图岩画里有一个复杂派生羊形式。它位于左边，占据整个视觉空间一半的位置，其独特性不在于它是一个 A + B 型派生羊形式，而在于它的图序：一虚面结构的大羊形式下面重叠着两个一左一右的根本羊形式，它们占用了原本应该在这个位置刻画出大羊形象腿部的空间。它的右边又有三个形体较小的羊成分，其中两个根本羊形象面朝 A + B 型派生羊形式，一个 A +（b）型派生羊形式则面朝相反方向。虽然这三个羊成分与左边形体较大的羊成分之间保持着一段距离，但是，就其组合关系而言，我们很难不把它们视作一个统一的整体形象。所以，就组成成分的多样性和组合的复杂性而言，四重形式都超过了三重形式，它们似乎负载着更多更为复杂的意义。

图 E45

四、五重岩画

图 E46 所例举的就是一块面积较大，但却仅仅刻有五个图像的一块石头。它位于一堆石头边缘。我们把这样一个相对独立存在的、由五个组成成分结构的完整形式称为五重岩画。用以结构这个岩画的五个成分都是羊形式。它们之间存在着两个层次：一个单列位于最上面，位于其下的四个又按 2/2 被划分为左右并列的两组上下组合，整个图形呈塔状纵向排列组合。

其实，在整个贺兰山五重岩画系统中，无论是就数量，还是所占视觉空间面积而言，羊形式都是其中的核心成分。像这样没有羊形式参与其中的五重岩画很少。因此，羊也是五重岩画里的一个最基本的成分。下面，我们就以羊成分的多少对贺兰山五重岩画进行分门别类的描述分析。

（一）五羊复沓

这里所说的“五羊复沓”，指一个岩画里有五个作为组成成分的羊形式，也即羊成分的重复。这里所说的重复是就形式本身的性质而言，而不是就其外在的形式也即能指层面而言。其实，正如前面所说的二、三、四重羊岩画形式

图 E46

一样，仅就能指层面而言，不同的五重羊岩画形式不同，就是同一岩画形式里各个组成成分之间亦彼此不同。例如，图 E46 和图 E47 所例举的就是两个差异较大的五重羊岩画。首先，它们整体形式的形状完全不同，即一个总体纵向上下呈一直线状组合，一个则大体横向左右呈一略向左上方倾斜的对角线状排列；其次，它们分别按 1/2/2 或 1/4 分组组合。尽管都有一个单列成分，但是它们一个位于其他四个成分的最上面，一个则位于其他四个成分的最左上边。最后，用以结构每个岩画里羊成分的形式元素不同。图 E46 五个主要是实面结构，图 E47 五个则主要是线结构。至于每个岩画内部各个组成成分之间亦泾渭分明。如图 E47 岩画里五个虽然都是线结构，但它们有的是根本形式，有的是派生形式（右边形体最大的一个），有的正在跳跃，有的正在行走，有的面朝左，有的面朝右，有的形体较大，有的形体较小；图 E46 岩画里单列在最上面的羊成分与其他四个区别明显。这五个以根本形式出现的羊形象有的形体较大，有的较小，有的相对静止，有的跨越、跳跃。总之，图 E46、图 E47 里是两个存在着差异性的五重羊岩画。

事实上，贺兰山五重羊岩画变体众多。如图 E48 所示：除整体形状和图序两个明显的差异外，结构这八个五重羊岩画的 40 个羊形式各个不同。它们大多是线结构的根本羊形式，其中有的是具象根本形式（如 、），有的是抽象根本形式（如 、）。由于内部形式结构的变换，这些具象、抽

图 E47

象根本羊形式之间又存在着或多或少的差异（如、与）。即便是同一幅岩画里的五个根本羊形式之间也差异很大。如图 E48d 右下面的与其他四个图形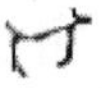、、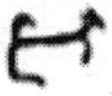和区别就很明显。其他四个尤其是左边两个（与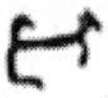）似乎一样，其实差之千里（没有尾巴）。同理，图 E48g 里一个有着四条腿的羊形象与同一岩画里的其他四个羊形象（即只有两条腿的、、和）之间区别鲜明。其实，就算我们刻意要从图 E48 里挑出两个能指层面相同的根本羊形式也不可能。

至于那些派生羊形式更是形态多姿。例如，有的有语法加号（如、），有的有语法减号（如、），有的很复杂，如图 E48e 左边最上面一个有着多重黏附形式的羊形式，图 E48c 左上面有一个双重性质的派生羊形式，即一个 A +（b）型羊形式与其前后抽象符号形式（一点和数小点）的再次联结；有的很简单，如图 E48e 左边最下面一羊形象头部上面添加的一条钩状短线（即）。A + B 型派生羊形式也如此。有的复杂，如图 E48e 右下面是一个侧立羊形式与一个直立倒置羊形式的上下结构（即）；有的简单，如图 E48b 最上面有一个母子型派生羊形式（即大羊套小羊形式）。

从图 E48 里我们也可以看出，根本形式与派生形式的羊成分之间有着多种组合方式，最基本的无非两种：一种是根本形式与根本形式之间的组合（如图 E48d、g）；一种是根本形式与派生形式的组合（如图 E48b 、c）。在第二种情况下，每一岩画形式里，派生形式的数量不等。有的只有一个，如图 E48f 里的；有的有两个，如图 E48c 里有两个 A +（b）型派生羊形式（即、），有的则有三个，如图 E48e 里的、和，前两个是 A +（b）型，后一个则是 A + B 型。

同一幅五重羊岩画里，各组成成分之间的排列次序或者整体呈纵向上下排

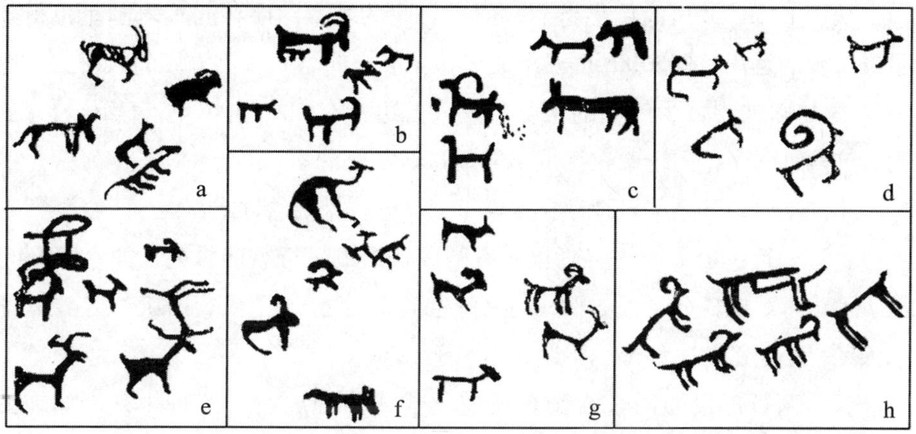

图 E48

列（如图 E48f），或者整体呈横向左右排列（如图 E48h），或者整体呈三角形排列（如图 E48d），但其总的趋势大致都呈上下纵向或略向左、右上方倾斜排列。通常情况下，五羊成分大体是按分组排列的。例如，图 E46、图 E47 里都有一个明显单列的成分，它们或者位于其他四个成分的上面，或者位于其他四个成分的左边，与它们保持着一定距离。而图 E48c、g 则依据两个位于左或右边、三个位于右或左边的次序排列。

同一个岩画内部，每一个成分组里的各个成分之间通常存在着以下两种关系：

（1）相同：指它们在形式类型上一致。如都按 1/4 排列组合的图 E46 和图 E48d 里的五个成分皆是根本羊形式。它们只是在内部形式结构上存在着细微的差异。

（2）不相同：指它们属于不同形式类型。如图 E48c 左边两个一组里的一个是根本形式，一个是派生形式（即 ），右边三个一组的又再次分为上下两组（即 ），即上面两个根本羊形式、下面一个派生羊形式。同样，图 E48h 右边一个派生羊形式  单列，左边四个两两一组、上下并列组合（即 ），这四个一组的羊成分有的是根本形式，有的是派生形式。

从图 E48h、c 里我们也看到，四重岩画的基本图序在五重岩画里也得到了进一步的运用。图 E48h 里五个成分整体呈横向略向右上方倾斜状排列，图 E48c 里的则被划分为鲜明的两行排列（右边三个、左边两个上下组合）。然而，这两种图序排列现象在五重羊岩画并不多见。

总的来说，五重羊岩画存在着以下三种分行排列的方式：

（1）一行：也即同一岩画里所有的成分组成一行纵向排列，如在图 E48f 里，不论各组成成分是根本形式还是派生形式，同一类型的根本形式不论其形状大还是小，都呈一线形上下结构在一起。

（2）两行：也即同一岩画里所有组成成分分成左右两行排列，如在图 E48g 里，右边上下结构的两个与左边上下结构的三个之间有一段距离，它们明显处于不同的位置。

（3）三行：也即同一岩画形式里所有组成成分分成左右三行排列，如在图 E48h 里五个羊形式分三行组合在一起：前面一个单列一行，中间两个一上一下形成第二行，后面两个上下相错形成第三行。

（二）四羊结构

五重岩画里有不少是由四羊与其他一个成分结构而成的。如图 E49 展示给我们的就是四羊与一个“丨”状抽象笔画形式的结构。这个抽象形式位于整个视觉空间最左下方。之所以把它视作一个相对独立存在的形式或成分，基于以下两点考虑：从该岩画整体非常明确的分组排列顺序来看，它完全可能是与左上边一羊形式上下组合的另一个成分；从岩画里四个羊成分之间均保持着一定的距离来看，它完全应该是岩画中与四个羊形式一样的一个相对独立的成分，而不是依附于某个羊形式之上的黏附形式。除这个奇特的“丨”状抽象成分外，图 E49 还又一次强化了一直萦绕在我们头脑中的另一个观点：即使作为同一岩画里的各个组成成分，羊形式彼此之间也绝不雷同。左右边羊形式的区分主要借助于虚面、实面两种形式元素的选择。右边三个实面结构的羊形式则分别属于不同形式结构类型：最上面是一个有着有语法加号的派生羊形式（羊形象背上有一短线形式），中间是一个有着语法减法的派生羊形式（无头），最下面则是一个根本羊形式。

图 E49

其实，与五重羊岩画相比，四羊成分与另外一幅异质性成分组合的五重岩画更加丰富多彩，变体繁多。如图 E50 所示：这八幅由四羊参与组合的五重岩画之间的差异性集中体现在以下四个方面：

（1）与之组合的另一成分的性质不同。它们中主要有人形式、鹿形式、骆驼形式，以及月牙形图案形式和斜置“V”形符号。即使都是骑者形式，它们的具体形态也不同。如有派生形式，以及内部形式结构不同的根本形式与。

（2）四羊形态不同。例如，都是线结构的根本羊形式，图 E50d 里的四个羊形式（即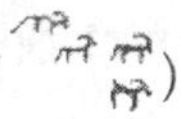）与图 E50f 里的（即）完全不同。同一岩画里的四个羊形式也各个不同。如图 E50c 最下面线与虚面结构的羊形式与其他三个实面、线结构的界线明显，图 E50b 里三个实面结构羊形式与另一个线结构的差异很大。而图 E50a 最下面一个派生 A +（b）型羊形式更不同于其他三个根

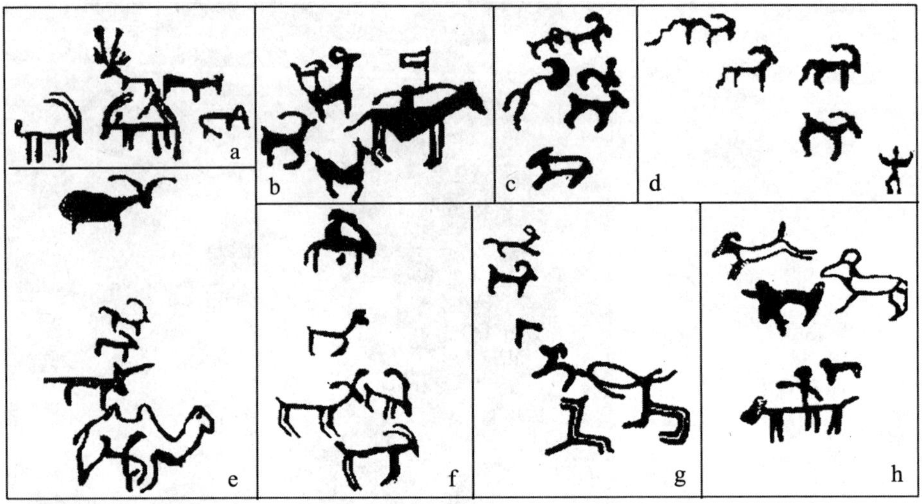

图 E50

本羊形式。即使同一岩画里相近的成分之间也存在着细微的差异，如图 E50d 里的、、和都是根本羊形式，但它们内部形式结构不同。

（3）图序不同。分组或分行的次序在四羊复合的五重岩画里都存在。一般来说，四羊成分与其他一个成分的组合方式主要存在着四种情形：第一种是四羊成分相对比较集中联合在一起，而与另一成分并列。如图 E50b、d 里的另一成分都单列，但前者位于四羊成分的最右边，后者则位于其最下面。就各个组合成分之间的距离而言，图 E50d、f 里的四羊与另一成分之间存在着更明显的分行现象；第二种是另一个成分与三羊相对集中联合在一起，而与另一羊成分并列。例如，根据所有成分之间上下距离的远近，图 E50c 可以划分为按 4/1 搭配组合的两组，即抽象图案、两个根本羊形式和位于它们上面的 A + B 型羊形式（两羊重叠）结构，以及一个单列的根本羊形式。这两组整体纵向并列在一起。图 E50e 里的五个成分更鲜明地展示了这种排列方式：下面一组（即上下排列紧密的四个成分其中一个为骆驼形式），与位于其上的羊成分之间距离较大；第三种是另一成分以不同方式穿插在四羊成分中间。例如，图 E50a 里的鹿形式与其下面、右边羊形式挨得很近且位于最上面；第四种是另一个成分与一个羊成分联结紧密，而与另外三个羊成分保持着一段距离。如图 E50h 最下面是一个骑者与一个小羊形式的上下组合，其上则是三个呈三角形结构的羊成分。

(4) 整体形态不同。内部各个成分之间不同的排列组合方式导致了各个岩画整体形状的差异。总的来看，四羊复合的五重岩画有三种整体形状：一种是一字型，如图 E50a、b 里的所有成分大致左右横向排列；一种是对角线型，如图 E50d、g 里的五个成分整体向左上角倾斜排列；一种是垂直线型，例如，无论距离远近，图 E50e、f、h 里的所有成分一律都上下纵向组合。图 E50c 亦如此，虽然上面四个成分有向右上角倾斜的趋势，但是，其最下面有一个与其他成分方向相反、横向水平放置的羊成分，它的存在令整个图形大致呈垂直状。

(三) 两种主要成分

1. 人成分

除羊外，人、马形式是贺兰山五重岩画里的两种主要成分，尤其是人（包括人面）形式参与结构的岩画不少。作为组成成分，它可以和四羊复合（如图 E50d、b、f），图 E51 下图是三个骑者成分、一个羊成分和一个抽象圆点状成分纵向呈对角线状组合的五重岩画。作为一个统一岩画形式里相对独立完整的组成成分，骑者成分是人与马再次结合的 A + B 型派生形式，其中中间一个骑者成分里的人形式本身就是 A + B 型派生形式（即根本人形式与弓箭形式结构）。三个骑者形式形体比较大且位于整个视觉空间的中心位置，统领着形体较小的羊形式（位于左上面）。图 E51 上图[1] 则是一个特殊派生 A +（b）型人形式（人形象头上的两条弯曲的双曲线）与横向左右排列的四个钉子状抽象成分的上下组合。因此，无论是组成成分还是排列次序，有人成分参与结构的五重岩画都比较复杂。仅从人成分的数量上来看，就有以下两种情形：

(1) 一个人成分：指五重岩画里有一个人成分。如图 E52 所示：这个人成分可以是派生人面形式（如图 E52b 里的），也可以是根本人形式（如图 E52c 里的），但绝大多数是派生人形式（如图 E52a 里人与两羊上下结构

[1]　收藏于宁夏博物馆的贺兰山岩画。

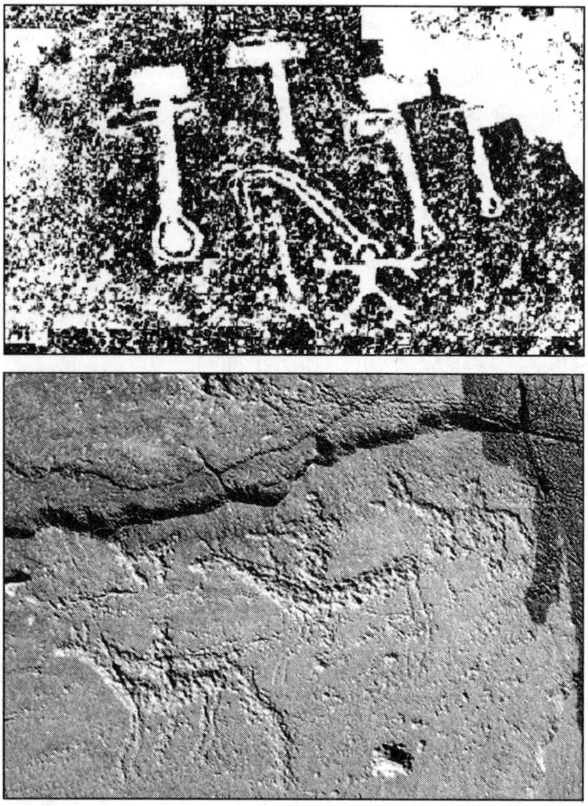

图 E51

的 A + B 型形式和图 E52g 里抽象骑者形式），其中又以射手形式最为普遍，如、和。这些类型、形态多样的人成分能和类型、形态多样的各种成分组合。就组成成分的性质而言，这又可划分为两种情况：一种是人成分和同一性质的成分组合，如图 E52b、c、d、g 都是人成分与羊成分的结构。除外，这些羊成分都是根本羊形式的变体，它们中有些是实面或虚面与线结构（如、、、），但大多数是线结构（如、）；有些是抽象形式（如、），但大多数是具象形式（如、），有些形体较大（如、），有些则较小（、）；另一种是人成分和两种或两种以上性质的成分组合。如图 E52e 是射手成分与一个抽象笔画形式和四个羊形式的组合，图 E52f 是射手成分与三个抽象形式、一个根本羊形式的结构，图 E52a 则是派生人形式与两个抽象形式（即、）、一个派生羊形式和一个根本牛形式的组合。至于人成分与四个各具特色羊成分之间的组合次序则基本存在着横向和纵向两种，其中有些呈鲜明的分组组合，如图 E52a、b、d、g、f，前四个都按 2/3 或纵向或横向结构，后一个则按 4/1 上下组合，即上面四个，下面一个。

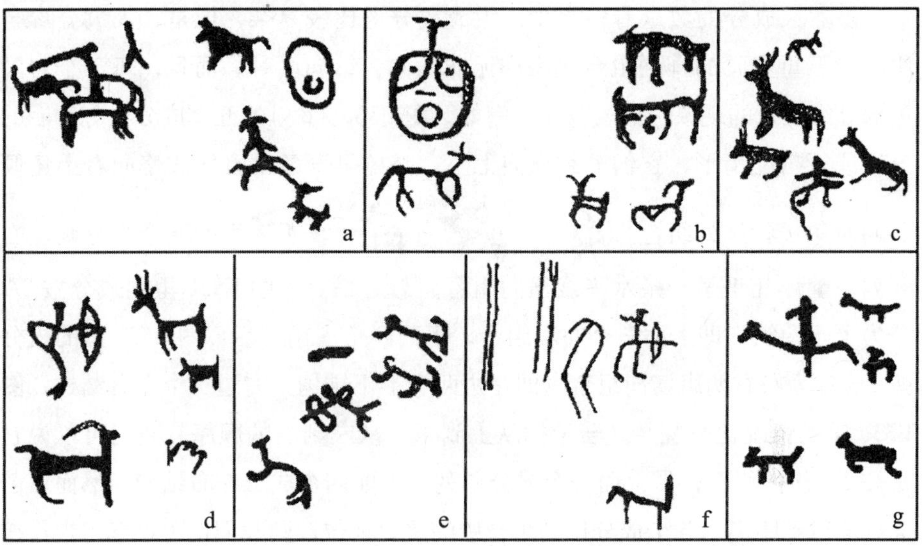

图 E52

（2）两个或两个以上人成分：指有两个或两个以上人成分参与结构的五重岩画。如图 E53 所示：无论是就形式类型还是形态来说，与有一个人形式参与组合的五重岩画相比，这五个岩画里的两个或两个以上人成分以及与之组合的其他成分更加丰富多彩。图 E53b、d 里有两个人成分，前者是奇特的根本和派生人形式、与两个派生羊成分、、一个不知名动物成分的组合，后者是 A + B 型复合派生形式、与两个具象（即、）、一个抽象羊成分的组合。图 E53a、c、e 里有三个人成分，它们分别是两个根本、一个派生人形式、、与一个具象、一个抽象羊成分的组合，一个根本、两个派生人形式、、与一个根本羊成分、抽象成分的组合，以及三个比较复杂 A + B 型派生人形式、、与一个抽象、一个具象羊成分（即、）的组合。

虽然人成分的数量有多有少，组成成分也比较复杂，但是，人成分参与组合的五重岩画的排列组合次序亦无非横向、纵向两种。而且，每一个岩画内部分组或行的现象也比较普遍。例如，图 E53a、e 里的五个成分没有鲜明的分组或行搭配情形，它们一致纵向上下、整体呈一条垂直线或略向右上角倾斜的对角线状排列组合。里的五个成分则左右并列，整体几乎呈一条水平线横向组合。与之相反，图 E53b 里的成分按 3/2 分为上下两组，即上面三个左右组合，下面两个一前一后；图 E53c 里的成分按 2/3 分为左右两组横向组合，即左边两个上下结构，右边三个左右结构；图 E53d 里的情况比较复杂。若依据从上到下、从左到右的顺序，我们可以说它是按 1/4 纵向组合，即上面一个成分单列、下面四个成分左右结构。然而，若充分考虑到距离在各个成分排列组合中的重要地位，则我们也可以把它视作按 1/3/1 排列组合，即上面一个成分单列，左下面三个成分整体上下且呈一条向左上角略微倾斜的斜线状组合，右下面一个成分单列。这样，岩画内部同时交织着纵向、横向两种组合序列，整个图形呈环形形状。

2. 马成分

在整个贺兰山岩画里，马成分参与组合的五重岩画虽然比较少见，但是，它们的形式结构很有特色。五个马成分可以相互组合（如图 E54d）；四个马成

图 E53

分可以搭配上另外一个羊成分（如图 E54b）；两个马成分可以和一个羊成分、两个不知名动物组合（如图 E54c）；一个马成分可以和两个羊成分、两个抽象成分组合（如图 E54a、e）。这些马成分各个都是马形式的变体。这主要体现在三个方面：(1) 不同形式元素的选择。如不同形状的实面、虚面结构使图 E54d、f 里的五个马形式区别鲜明；(2) 不同形式类型。有形态各异的根本、派生马形式和具象、抽象马形式。如都是派生马形式，同一岩画里（即图 E54b、f）的、和不一样，与迥异，它们与图 E54a、图 E54d 里的、之间也存在着很大差异；(3) 内部形式结构不同。如都是实面与线结构的根本马形式，图 E54d 里的是一个头大、身体瘦削、尾巴长长向后伸展、正在慢慢低头行走中的马形象，而图 E54e 里的则是一个头长、身体肥胖、尾巴长长下垂、小心翼翼地抬起前腿、试探性向前跃起的孕马形象。同一岩画里马成分的内部形式结构也不同，如图 E54c 里的与都是实面与线结构的根本马形式，且都是低头缓慢行走中的马形象，它们之间比较明显的区别既体现在形体大小有别上，也体现在一个无尾巴、一个有尾巴上。

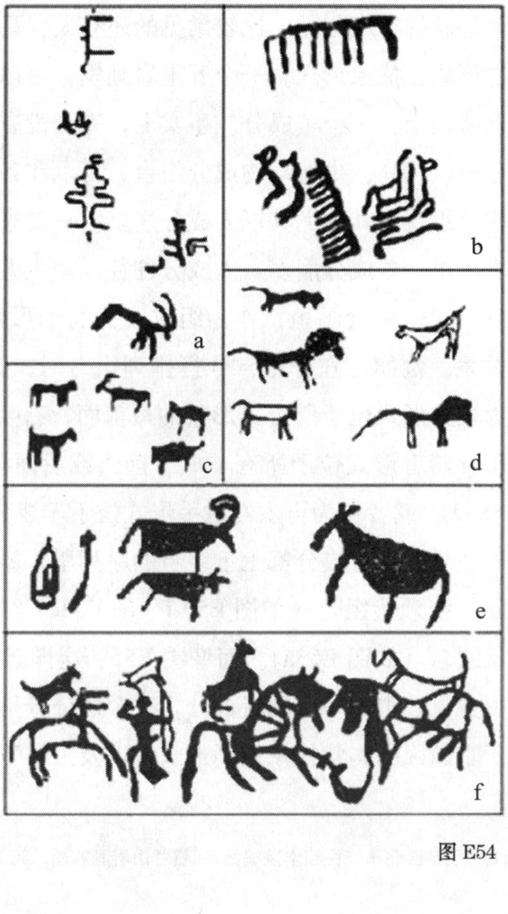

图 E54

而能与马成分参与五重岩画组合的其他形式也很丰富。它们中既有常见的羊、射手形式，也有牛形式和一些不知名的动物形式，更有不少抽象唯一形式。至于马成分与其他成分之间的排列组合亦比较有规律。如除图 E54a、f 里所有成分或者纵向或者横向呈一直线状组合外，其他岩画里都程度不同地存在着分组或分行排列的现象。如图 E54b、e 都按 1/4 组合，前者单列的一个在最上面，其余四个位于其下，所有成分纵向上下组合；后者单列的一个在右边，其余四个位于其左边，所有成分横向左右组合。图 E54d 里的五个成分按 3/2 横向组合，即左边三个一行，右边两个一行。图 E54c 里的五个成分则被清晰地划分为三行，按 2/1/2 横向组合，即左边两个一行，中间一个单列，右边两个一行。

（四）小结

与三重、四重相比，五重岩画的组成成分、排列组合次序更加多样化。除最基础的羊成分外，比较常见的还有人、马形式，以及一些属于唯一形式的动物形式、抽象形式。一个五重岩画里，可以有五个、四个、三个羊成分，也可以有两个、一个羊成分。事实上，完全没有羊成分的五重岩画很少。各种羊成分可以和马、牛等动物成分组合，可以和各种抽象成分组合，也可以和多种人成分组合，其中尤其以人成分居多。一般来说，在羊与人成分同时并存的五重岩画里，羊成分居多，人成分往往以派生人形式——骑者或射手形式出现。而且，同一幅岩画里，作为组成成分的羊形象与人形象之间往往构成一种限定关系。例如，在分组、分行排列组合时，人形象通常都是单列。它们或者作为根本形式位于所有羊形象的最前面，召唤着它们（如图 E50d）；或者作为再生性骑者形式位于所有羊成分前面或后面统领或驱赶着它们（如图 E50b、图 E53d）；或者作为再生性射手形式位于羊成分后面捕杀它们（如图 E53a、d、e）。即使是在所有成分都上下组合的序列里，骑者形象也位于其他四个成分的最上面呈统领状组合（如图 E50 f、图 E53e），射手形象也与羊形象面对面呈射猎状组合（如图 E53a）。而像图 E55[1] 这样五个成分似乎随意并列在一起的组合很少见：中间一个骑者成分，三个成分分别位于它的周围且距离它很近，即位于它前面的钩状抽象笔画形式，以及上、下面的派生马形式，而一个直立状的

[1] 引自西北第二民族学院编纂：《贺兰山岩画》①，第 238 页。

图 E55

羊形式则孤立地位于整个视觉空间的最左边。尽管如此，这依然是一个以骑者形式为核心成分的五重岩画。

五、六重岩画

从组成成分的数量来看，贺兰山岩画里还存在着不少六重岩画。如图E56[1]所示：在一块相对完整的石面上刻有相对独立存在的六个图像，即五个象骆驼之形的图像和一个“十”字状符号（位于右上面），它们彼此之间保持着一定距离，大致按左边三个、右边三个上下结构在一个相对完整统一的视觉空间里。我们把这样有六个成分组合的岩画称为六重岩画。虽然存在着几乎完全由骆驼结构的六重岩画，但是，羊、人（包括人面）、马图像依然是其中最基本的三个组成成分，尤其以羊为最根本。这就是说没有羊成分的贺兰山六重

[1] 口子门沟岩画。该岩画右上面的抽象符号形式的右边部分石面已经破损。从整个形式格局来看，它很可能是一个大部分已经剥落的骆驼图形的一小部分。

图 E56

岩画很少。下面，为表述方便起见，我们首先以人形象为中心，把凡是有人形式的都挑出来，称之为人成分六重岩画，然后再以羊形式为中心，把凡是有羊形式的都挑出来，称之为羊成分六重岩画，最后，把剩下的都统称之为其他形式六重岩画，一一剖析之。

（一）人羊组合

由于羊成分是一个最基础的成分，所以，虽然我们首先以人成分为标准，把凡是有人成分参与的岩画归为一类，称之为人成分六重岩画，但是，没有羊成分参与组合的这种岩画非常少。[1] 为了突出强调这一点，我们把此类岩画改称之为人羊组合。

在人、羊成分共同参与组合的六重岩画里，作为组成成分的人形式变体很多。它们大多是派生骑者形式、根本人形式和射手形式，其中各种形

[1]　如图 E56、图 E60d、e 这样完全由骆驼与抽象符号、人与牛、人面组合的六重贺兰山岩画。

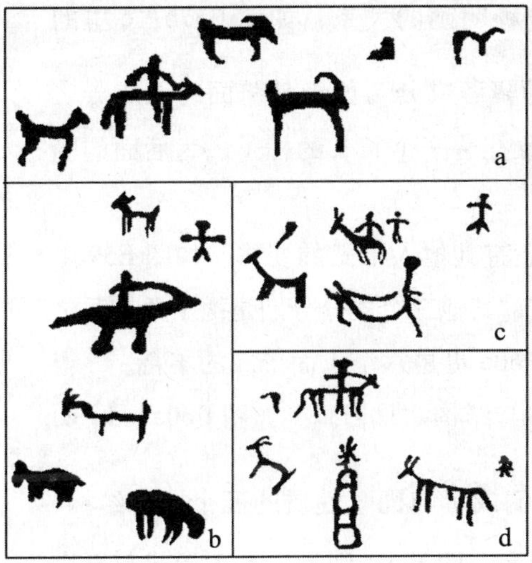

图 E57

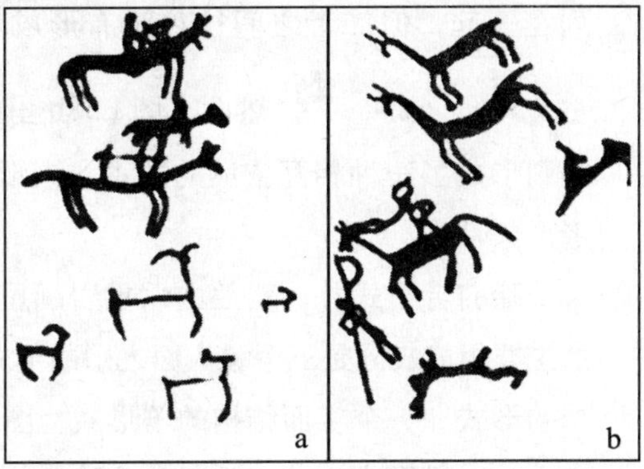

图 E58

态的骑者形式居多。如图 E57 所示：这些骑者形式有的是根本骑者形式，如、、；有的是派生骑者形式，如。显而易见，它们各个都是 A +（0）类型骑者形式。除骑者形式外，图 E57b、c 里分别还有一个或两个人形式（其中图 E57c 里一个是根本形式，一个是派生形式），而与人形式组合的其他成分主要是具象或抽象羊形式，如图 E57a、b 里分别有三、四个羊形式。其次还有其他动物、图案和抽象符号形式。如图 E57c 里的不知名动物形式，图 E57a 里一点状抽象符号和图 E57d 里一个复杂的方框状派生图案形式。

在有派生骑者形式参与组合的六重岩画里，图 E58 里所例举的两个比较奇特。这突出体现在以下两个方面：

（1）派生骑者形式形态的变化。一般来说，骑者形式都是马与各种形态的根本人形式的结构，而图 E58 里则有马与派生人形式——射手之间的组合（即）。这种结构形式还可以再次与一 A +（b）型派生羊形式结构出另外一个更加复杂的派生形式。

（2）骑者成分与人成分的密切组合。一般来说，同一语境中，与骑者成分排列比较紧密的另一成分是羊或其他动物成分。有时，人成分也会和它并列在一起，但二者之间往往没有形成一种明确的关系，如图 E57b、c 里的 、。然而，图 E58b 里的骑者成分与位于其前面的人成分之间则形成了一种相互依赖的关系：人形象扛着一个长长的杆子，为后面的骑者形象带路。

除骑者形式外，贺兰山六重岩画里还有其他人形式的变体。如图 E59 里的主要组成成分是三个象人面之形的形式，其他三个成分分别是两个象人手之形的形式和一个实面结构的羊形式。图 E60e 更是六个人面形式的集合。[1] 根本人、射手形式，以及派生射手形式也参与结构六重岩画。如图 E60a、d、c、b 里的  与 ， 与 ，它们或者与同一性质的五个成分结构，如图 E60c 是派生射手与五个羊形式的组合，图 E60d 则是根本人形式与五个牛形式的组合；或者与两种或两种以上不同性质的成分结构，如图 E60b 是射手形式与三羊、两个抽象形式的组合，图 E60a 则是根本人形式与一个根本牛形式、三个羊、一个抽象形式的组合。

与骑者形式一样，上述例子里的人面、根本人形式和派生射手形式也都是以 A +（0）型形式出现在各个岩画中，与它们组合的其他形式也是如此。例如，同样都是用相同形式元素结构的牛符号，图 E60d 里的 、、、 和  区别明显，而它们与图 E60a 的  更是大相径庭。

从各组成成分之间的形式结构我们可以看到，人成分参与的六重岩画里存在着两种基本图序：第一种是所有成分上下排列，整体呈纵向组合；第二种是所有成分左右一前一后放置，整体呈横向水平组合。其中第一种占主要地位。在很多岩画里，这两种基本图序往往是交织在一起的，且呈明显的分组或行排列的情形。如图 57c 按 5/1 分组排列，即左边五个、右边一个，在所有成分横向略向右上倾斜组合的序列内部，五个成分按 2/3 再次分组左右排列，其中三个一组的又按 2/1 上下组合。复杂的图序揭示了同一岩画内部各组成成分之间存在着的两种基本组合关系：

---

[1] 从贺兰口人面群像中摘出。里面的同心圆、圆圈状形式代表的都是人面。关于这一点，后面还有进一步的论述，兹不赘述。

（1）限定关系。这突出表现在有骑者、射手成分参与结构的岩画里。骑者成分往往是岩画里的核心成分。它们或者位于其他成分的最前面，或者位于它们的中间，或者位于它们的最上面。如图 E57a、b 里的骑者形象位于所有羊形象的中间，似乎正在驱赶着它们，图 E58 里骑者形象位于动物形式的前面，似乎统领着它们，而图 E60b 里则有一个射羊语词（即）。

图 E59

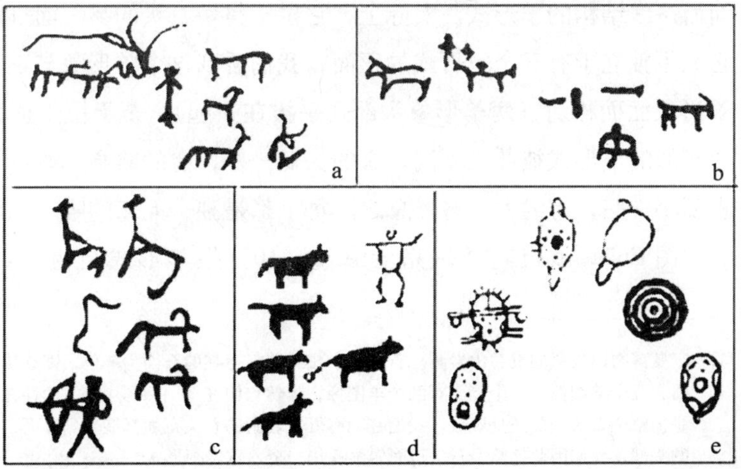

图 E60

（2）并列关系。如在图 E60d、c 里，人成分与其他组成成分分组或行排列，前者按 4/2，也即左边上下四个，右边上下两个；后者按 3/3，也即左边上下三个，右边上下三个。在这种组合里，各个成分之间只是依一定次序并列在一个相对完整统一的视觉空间里。

（二）羊成分的结构

我们把凡是没有人成分参与的、有羊成分的六重岩画统称之为羊成分六重岩画，为行文简便起见，我们改称为“羊成分的结构”。图 E61[1] 呈现给我们的是六个羊成分复沓形成的一个六重羊岩画。在一块独立存在的深灰色长条形石头正面，除了从顶部至下部深深凿刻着六个相对独立存在的羊成分外，再没有凿刻其他任何形式，整个视觉画面整洁明净。六个羊成分上下之间距离很近，有的部分形式元素之间几乎挨在一起，却错落有致，绝不重叠。很显然，它们是一个统一岩画形式里的六个组成成分。换言之，整个图 E61 这个岩画是由六个相对独立的羊成分建构起来的。它们虽然拥有同一个指称对象、性质相同，而且大都是实面与线结构、羊形象神情相同（都低着头），但是绝不雷同，正如独体羊岩画一样。这是六个彼此之间非常相似又有细微差别的羊形式。若按照从右到左的顺序，右边第二个没有角的羊形象与它们五个的区别明显。其他五个羊形象头上都有两只角，它却有一个向下的短线状添加形式。五个有两只角的羊形象内部形式结构略有区别。尤其是最左边最上面有一个身体不是实面而是线结构的羊形式。实际上，它位于整块石头的另一面（即侧面）。然而，它又不独立于有五个羊形式的正面。我们看到这个羊形象与正面最左上面一个羊形象面面相对（两羊形象头部几乎挨在一起）。至于位于正面的其他三个看似相似的羊形式彼此也不同，有的头低一些，有的略高一些，有的前腿弯曲的程度小一些，有的大一些，总之，每个都是独一无二的唯一羊形式。

图 E62a、c 也同样是完全由 A +（0）型羊形式结构六重岩画。这两个

[1] 宁夏博物馆收藏的贺兰山岩画。若以一个相对独立存在的石面为单位，则这块石头两面有岩画：正面有五个羊图像，一个侧面有两个羊图像。虽然它们在造型和图序等方面存在着差别，但是，无论是把整个石头横放还是竖放，我们在刻有五重岩画的石头正面都能看到侧面二重岩画里一个羊图像的头部。我们因此把整个石头正面岩画视作一个六重岩画形式。

图 E61

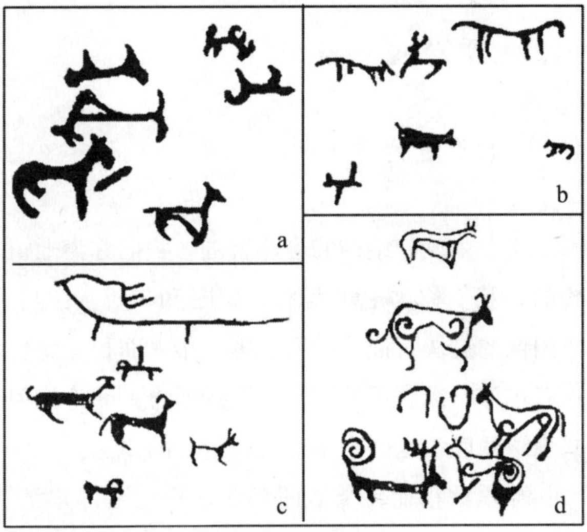

图 E62

岩画里的羊形式与图 E61 里的相比更是千姿百态。它们中有的非常写实，如、，有的非常夸张，如，有的正面侧立，有的倒立，如、和，所有成分都分组并列。图 E62a 里的按 4/2 组合，即左边四个，右边两个，图 E62c 里的按 1/4 组合，即上面一个，下面五个。成分组内部又存在着分组现象，如两个岩画最下面都有一个相对单列的羊成分。

羊符号除彼此结构外，还与其他动物或抽象形式结构。如图 E62b 最右上角有一个马成分，下面有两个不知名的动物成分，最左下角有一个抽象图案形式。图 E62d 则是一个羊形式与三个马形式、两个抽象圆圈形式的结构。这些马形式、抽象形式也都是唯一形式式样。如图 E62d 里三个马成分有的是根本马形式，有的是派生马形式，即使都是虚面结构的与也差异很大。至于与它们组合的羊成分与亦都是唯一羊形式。在羊与抽象成分、其他动物成分的组合里，所有成分都分组组合：图 E62d 按 1/5 大致整体纵向，其中五个一组里又存在着横向排列；图 E62b 按 3/3 横向排列后再纵向组合。

六、七重岩画

（一）七羊复合

由七个成分结构的合体岩画，我们称为七重岩画。而由七个羊成分反复结构的，我们称为七羊复合。如图 E63 所示：与上述五重岩画一样，刻有七个羊图像的这块石面让我们思考：偌大面积上为什么稀稀拉拉只刻七个？岩画制作者也许已经有了数字“七”的概念，无论如何，同一个视觉空间内七个羊形式表达的应该是一个相对完整统一的概念。

与六重相比，类似图 E63 这样完全由羊结构的七重合体岩画比较多。如图 E64 所示：由图序、不同形式元素的使用和内部结构的变换等所造成的这六个岩画之间以及每一个岩画内部各组成成分之间的差异是非常明显的。有的岩画里各个成分之间的组合比较紧凑（如图 E64d），有的则比较松散（如图 E64e）；有的岩画里所有成分整体纵向排列（如图 E64d），有的则按分组或行排列（如图 E64c、f）；有些岩画完全由根本羊形式构成（图 E64b、c），有些则由根本、派生羊形式构成（如图 E64a、e）。除图 E64a 外，其他岩画里都有一个或两个形体比较大且基本由实面结构的羊成分，但它们形态各异。其中图 E64b 里的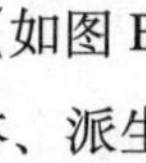更以其独特的垂直倒立，与其他岩画里侧面正立的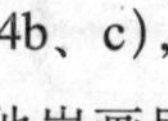、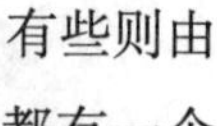、

图 E63

、和形成了鲜明对比。同一岩画内部七个成分亦都是羊符号的不同变体。如图 E64d 里都是根本羊形式的变体，其中完全由相同形式元素结构且组合得比较紧密的与里的两个羊形式，也因内部形式结构不同而程度不同地存在着差异。图 E64e 里侧面站立的三个羊成分与直立或倒立（即）的四个羊成分之间界限分明。即使都是侧面站立，它们中有的分别是实面或线结构的根本羊形式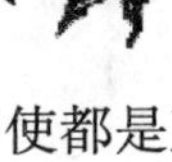与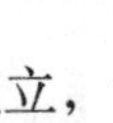，有的则是两羊相套的 A + B 型派生羊形式。同样，即使都是直立，它们中有的是内部形式结构不同的根本羊形式与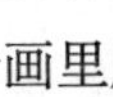，有的则是 A +（b）型派生羊形式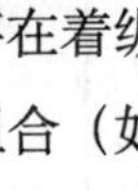。

与其他所有合体岩画一样，七重羊岩画里也存在着纵向和横向两种基本图序。有的岩画里所有羊成分整体大体呈纵向上下组合（如图 E64 里六个岩画所示），有的则呈横向左右组合（如图 E65 里三个岩画所示）。在整体横向、纵向排列的序列里又程度不同地存在着纵向、横向排列，而岩画内部各个成分之间存在着一种最基本的组合关系——分组或行并列。这主要存在着以下两种情形：

（1）分为两组或行：指岩画里的七个成分分为两组或行并列组合。这里又有三种组合方式：一是按 1 / 6 组合，如图 E64a、c 里的左边一个成分单列，右边六个成分相对集中上下结构，图 E64e 则右边一个成分单列，左边六个成分上下倾斜结构；二是按 4 / 3 组合，如图 E64b、f 里的所有成分都被分为上下垂直结构的左右两行，即左边四个、右边三个；三是按 5 / 2 组合，如图 E64d 里的左边有五个相对集中纵向组合的成分，右边则有两个上下垂直结构的成分。

（2）分为三行：指岩画里的七个成分分为三组并列组合。如图 E65 所示：这是三个很有特色的七羊岩画。岩画里的所有成分不仅分行组合，而且排列工整匀称。有的按 2/2/3 组合，即左边、中间各两个上下结构的成分，右边则有三个成分上下结构；有的按 2 / 1 / 4 组合，即中间一个成分单列，左边两个、右边四个上下结构；有的按 4 / 1 / 2 组合，即中间一个单列，左边四个、右边两个成分上下结构。

尽管拥有比较固定、一致的组合关系，但是，用以结构每个岩画里的羊成分及其形式格局不同。如图 E64a、c 都是左边一个单列、右边六个上下结构的岩画，单列羊成分  与 ，以及结构各组里的羊成分大相径庭（前者

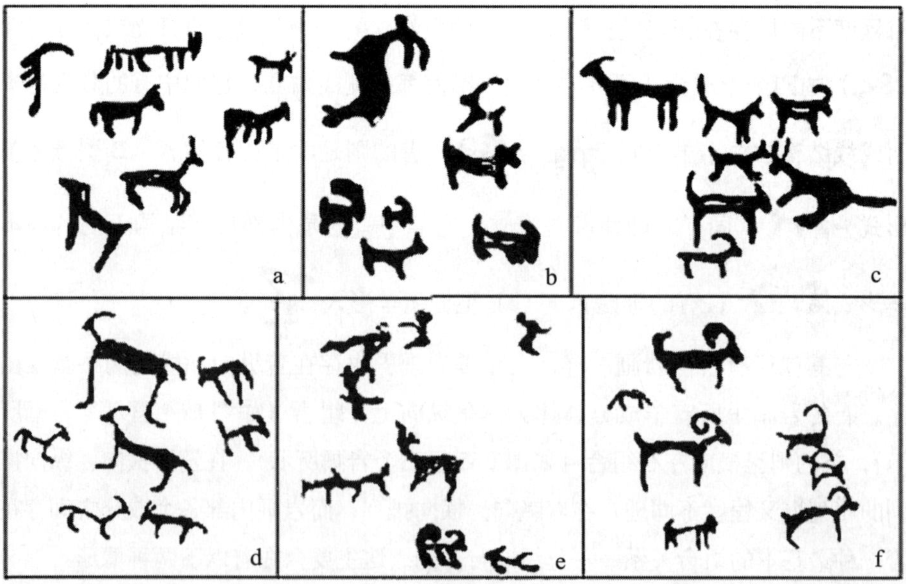

图 E64

是根本与派生羊形式的组合，后则完全是根本羊形式的其他变体）。从单列成分与成分组之间的距离来看，图 E64a 里的比较长，图 E64c 里的则比较短；从成分组里各个成分之间的距离来看，图 E64a 里的彼此较大且排列疏散，图 E64c 里的则较小且排列紧密。同理，都分三行组合，无论是就组成成分及其结构，还是彼此之间的距离而言，图 E65 里的三个岩画都存在着明显差异。有的完全是七个 A +（0）型根本羊形式的组合，有的则是根本、派生羊形式的结构。同样都是一大一小两羊上下相含相套的 A + B 型羊形式，图 E65a 两两上下结构的  与图 E65b 里分别与其他根本羊形式结构的 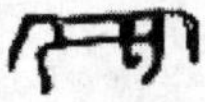、 和  显然不同。就左边一个成分组而言，而图 E65c 里的与其他两个相差很大。

在分组或行组合的并列结构里，各个成分的地位是相等的，不论它们的类型、形态有多么不同，它们都是作为一个相对独立存在的成分并列在同一个视觉空间里。然而，成分之间不同的搭配组合却暗示了它们之间可能存在着的某种关系。因为每一个岩画内部，各组或行之间往往存在着比较鲜明的差异。

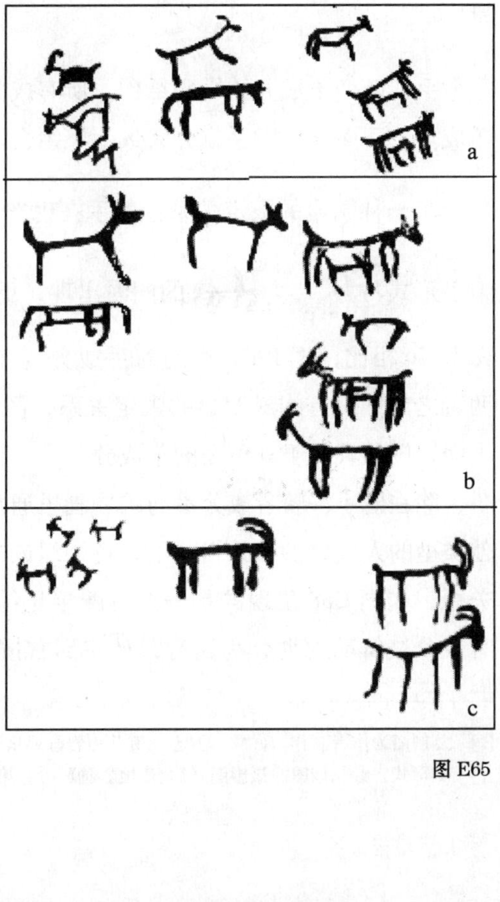

图 E65

（二）羊人结构

贺兰山岩画里比较常见的另一种七重岩画是由羊成分与人成分组合而成的。如图 E66 所呈现的就是派生射手成分（位于左下角）与六个羊成分结构的七重合体岩画。整个岩画形式呈纵向上下组合，岩画内部各个成分之间

图 E66

存在着非常鲜明的进一步分组组合关系：上面三个、中间一个、下面三个。这种组合关系展示了各个成分之间亲疏远近关系。如最下面一组里横向左右并列的射手和两羊形式，以其内在密切的逻辑关系，而完全相对独立于岩画里的其他成分。与最上面三个上下并列的羊成分相比，最下面一组里各成分之间是一种限定式组合关系。

其实，与单纯羊成分结构的七重岩画相比，除并列外，在有人成分参加的七重岩画里，限定是岩画内部各个组成成分之间存在的另一种基本组合关系。如图 E67c[1] 是三个射手、四个羊成分的纵向结构。所有成分分两组组合，上面两个横向并列着羊成分，下面三个射手成分大致上下组合，其间穿插着两个羊成分。成分之间形成了一种明显的限定关系：射手在射羊。岩画中根本射手形式及派生射手形式、的同时出现，更加深了这种关系。然而，与图 E66、图 E67c 相比，图 E67d 里的射手成分与羊成分只是上下简单地并列在一起，两者之间并没有构成明显的限定关系。图 E67b 则不同：骑者成分单列位于最上面，统领着位于其下面的羊成分。

除在射手、骑者成分参与的岩画里通常形成程度不同的限定关系外，在其他类型的人成分参与的岩画里，各个组成成分之间往往存在着一种简单的并列关系。如图 E68 呈现的是一个有着罕见组合关系的七重岩画。我们可以说所有成分被鲜明地划分为四行，从左到右按 1/1/4/1 排列组合（即羊成分、人成

[1]　复制图为作者制作。许成、卫忠《贺兰山岩画》里漏掉了右上角一羊形式和左上角大羊形式上的小羊形式。参见该图的摄影图（《大麦地岩画》①，第 122 页）。

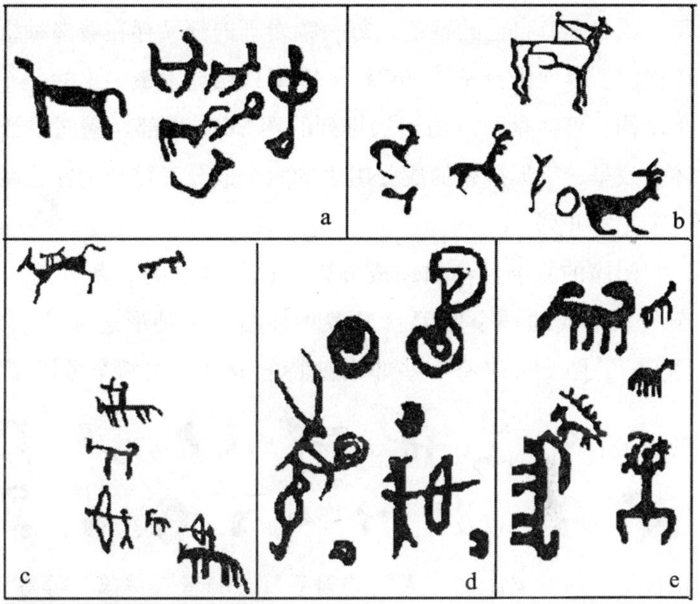

图 E67

图 E68

分、两个象脚丫之形的成分和两个羊成分、一个羊成分），可以说它们被划分为五组排列（即三个单列，中间两组一上一下组合），也可以说它们被分为两组上下组合（即上面五个一组横向结构，下面两个一组上下排列）。整个图序横向组合中又有纵向组合。然而，维系各个成分之间的却是一种简单并列关系。

图 E67a 、e 里也分别有一个根本人形式和派生人形式，它们都作为一个成分组里的成员与其他成分或横向或纵向组合在一起。尽管整体上我们可以把图 E67 里五幅岩画的组合次序划分为纵向和横向两种，但是，我们不难发现：

每一幅岩画有自己的特色，每一幅岩画内部又存在着多种组合形态。例如，整体横向、纵向组合是图 E67a、c 在形式格局上最突出的差异。而在两成分组上下结构、整体呈正三角形状排列的图 E67b 内部，横向组合非常明显：下面整体大致呈一字形排列的成分组里的六个成分又可分为左边两个上下搭配、右边四个左右并列。

图序的复杂性与组成成分之间比较复杂的关系有关，而导致成分之间复杂关系形成的一个原因就是多种性质、多种形态成分的加入。我们注意到图 E67、图 E68 里有一些非常独特的成分，如两个象脚丫之形上下紧密并列的成分、、、、和、、、、、，以及、、、、、、，它们指称的都不仅仅是一般意义上的“人”、“射手”、“骑者”、“羊”等等。图 E67d 里的射手形象不是按照贺兰山岩画里的一般惯例用弓箭对准羊形象，而是背对着它。这也许因为它是整个贺兰山岩画里的唯一派生射手形式（似乎戴着一顶大礼帽的射手），而它面对的也是整个贺兰山岩画里的唯一派生羊形式；也许是因为它们身处的特殊语境：位于它们周围的不是羊或其他动物形式，而是、、、和五个我们不能仅仅凭借其象某物而判断其所指的抽象形式。作为位于特殊语境中，且与贺兰山岩画里一般射手、羊图像不同的唯一形式，、指称的对象也许是与我们望文生义得出的“射手”、“羊”完全没有关系的其他事物。[1]

（三）羊与其他成分

一般来说，七重岩画里都有羊成分。与羊组合的其他成分种类也比较多而且复杂。除各种人形式和其他动物形式外，最多的就是各种抽象形式，特别是一些简单的抽象笔画形式（如图 E69a、b 里的、、）。与同一岩

[1]　这一点我们从有多重黏附形式的根本人、羊、马等形式上可以清楚地看到。见前面相关论述。

画里的其他成分相比，这些形式虽然在形状和所处位置上都不引人注目，但是，它们都相当独立，并没有紧紧依附于某一形式（也即不是作为黏附形式出现的），而是各自占有与其他成分大致相当的空间位置。很显然，它们都是作为一个相对完整的组成成分而与其他成分组合。在这样的形式结构里，这些抽象笔画形式与其他成分之间往往是一种并列关系。它们或者与羊成分分行并列在一起（如图 E69b），或者与其他成分并列在一起（如图 E69a）。若结合其上下语境，我们很容易把它们视作某一个图像的抽象形式，如、分别是 A＋（0）型派生马形式、羊形式。然而，这并不意味着岩画里的所有抽象笔画形式都如此。如位于图 E69a 右下角一羊形式旁边的一点状形式。它与羊形式之间距离很近，从一个相对完整统一的形式出发，与其说它是岩画里的另一个组成成分，不如说它是修饰羊成分的附属品。

在羊与抽象形式结构的七重岩画形式里，还存在着一些比较特殊的形式。如图 E69c 里除了五个羊根本形式和左下角一 A＋B 型派生羊形式（一大一小两羊叠合）外，就是一个形体较大且很复杂的抽象成分。从它右边联结着一个抽象羊形式可以看出，这是一个复杂的派生羊形式，而图 E70 里的三幅岩画里都各有两个动物形式。如用夸张手法刻制出的两个左右、上下排列的象牛之形的成分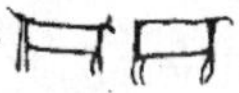、，以及两个罕见的直立、象鸟状之形的成分。

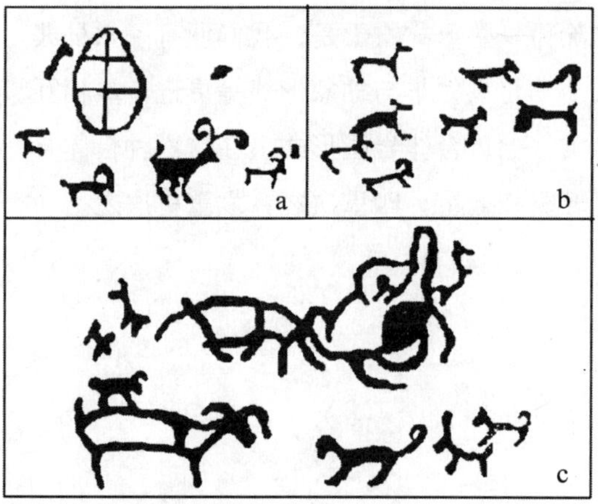

图 E69

图 E70

在整个组合序列里，这些独特的动物成分或者位于中心位置，或者位于边缘地带，与岩画里的其他成分左右并列、整体呈一字状横向组合。

七、小结

从以上对合体岩画形式结构的粗略描述我们可以看到：贺兰山岩画绝不仅仅只是一部字典，而是一种表达的艺术。象羊、人、马等之形的形式可以组合起来，可以不断重复出现在各种类型、各种形态的合体岩画里。任何一个合体岩画都是构建的结果，是由各个相对独立完整的独体岩画，准确地说是成分，一个一个地构筑起来的，而不是作为一个完整、统一的形式一下子生成的。这意味着具备语法形式的独体岩画本身又作为要素进入合体岩画。

事实上，独体岩画的统一性已经指明了它与合体岩画的关系，使合体岩画有可能被划分为一些组成成分。通过这些成分，合体岩画的真实特性才为人们所认识。这样，贺兰山岩画视觉语言仿佛是从这些成分中建立起了合体岩画的统一性。大量有着固定结构规则的根本形式、派生形式，如象羊、人、马、骑者、射手、母子之形的形式等等，可以通过多种组合关系结构出形式多样的合体岩画。这样的根本形式、派生形式完全是分离、独立的单位，因此，在更严格的意义上，我们可以说合体岩画的统一性是由独体岩画构成的，而把一个独体岩画与另一个组合起来的行为意味着选择。这种选择也是在独体岩画世界中进行，选择某个形式的同时意味着排除另一些形式。于是，我们便有了六种典型的合体岩画，即由羊与羊、羊与人、羊与马、羊与抽象形式等更进一步相互组合的二重、三重、四重、五重、六重、七重合体岩画形式。在这六种合体岩画里，最普遍存在的是二重、三重、五重和七重，四重次之，六重更次之。

VI　句法分析

你对我说："你理解这一表达，是吗？那么——我就在你所熟悉的意思上来使用这个表达。"——就好像那种意思是那个词所带着的一种气氛，被带进了词的每一种使用中。

例如，如果有人说："这在这儿"这个语句（在说该语句时他用手指着面前的一个对象）对他是有意思的，那么他就应当问问自己，这个语句实际上是在什么样的具体环境中才被使用的。在那里它的确是有意思的。

——〔英〕维特根斯坦《哲学研究》

当两个相对独立的岩画形式结合成一个有唯一且固定所指的新岩画形式时，就出现了组构，也即组装建构。除独体岩画外，每一幅合体岩画都是一个个成分组构的结果。因此，我们对独体岩画和合体岩画形式的详尽描述分析，实质上就是从静态和动态两个方面全面系统地研究贺兰山岩画。至此，我们已经知道了独体和合体贺兰山岩画的形式结构、表现形态及其特点，以及一幅独体贺兰山岩画如何与其他成分搭配组合从而结构成一幅合体岩画的，也已经从严格的形式观点出发，展示了二至七重贺兰山合体岩画的形式格局。下面，我们将对所呈现出来的种种现象作更进一步深入的分析和阐释。组成成分的种类、特点和功能，以及它们之间的排列次序、结构关系是我们本部分的主要论述目标。

一、九种类型

在任何一幅贺兰山合体岩画里，一个形式总是作为某个较大形式的一个成分出现。这个可以有两个成分、三个成分，甚至七个成分的较大形式也是一个相对独立存在的岩画形式，也就是说不用任何语法结构包括到任何较大的岩画形式里去，单凭这个事实就可以把它们划分出来。我们因此把它们称为贺兰山岩画里的句子。换言之，与独体岩画形式一样，我们也可以凭借是否独立存在及其成分的数量，来区分贺兰山岩画里的句子。于是，我们便有了二重句、三重句、四重句、五重句、六重句和七重句。

一般来说，每一个合体岩画形式里组成成分的数量既决定了每一种类型的句子，也决定了它们的大小或者说长短。因此，我们又可以轻易地把贺兰山岩画里六种类型的句子再次区分为长句和短句两大类型。凡是五个成分以下的句子我们称为短句或者小句；五个成分以上的我们称为长句或大句。通常，短句或小句里各组成成分比较单一，这主要体现在相同性质、同一类型的形式往往组合在一起。

在能指层面上，根本形式一般比派生形式相对简洁。依据此，我们也可以把贺兰山岩画所有句子划分为简单句和复杂句两大类型。基本上由根本形式结构的句子我们称为简单句（如是由两个根本羊形式结构的二重句），

图 F1

而有一个或一个以上复杂派生形式的句子我们称为复杂句（如图 F1 就是由三个派生形式与两个根本形式组合的复杂五重句。左上面是一个复杂派生射手形式、右下面是两个异常复杂的派生羊形式。无论是头部、腹部、尾巴还是腿上，这两个羊形象上都有黏附形式，尤其是头部的黏附形式非常繁复）。

任何合体岩画都是由两个或两个以上的成分组成的，因此，若从各组成成分之间的关系来看，整个贺兰山合体岩画又可以分为对等句、反复句和主次句三种。凡是没有明显的大小、主次之分，各组成成分直接并列在一起的合体岩画形式我们称为对等句，如里两个根本羊形式面对面的并列；凡是相同形式的重叠组合我们称为反复句，如也是两个简单根本羊形式组合的反复句；凡是各组成成分之间有着明显的主次之别的我们称之为主次句，如在二重句里，无论是从大小还是其所处的位置来看，

图案成分都处于明显的核心位置。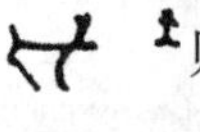则相反，根本羊成分形状较大，占据的空间面积也大。

如果充分考虑到贺兰山岩画是诉诸我们视觉的，那么，我们非常有必要依据合体岩画里各组成成分之间排列组合的距离，把贺兰山岩画句分为紧缩句和宽疏句两类。凡是各组成成分之间排列得非常紧密，也即它们之间的距离非常短的合体岩画形式我们称之为紧缩句，反之，凡是各组成成分之间排列得比较疏松，也即它们之间存在着一定距离的合体岩画我们就称为宽疏句。如图 F1 就是紧缩五重句。位于一块独立石头上的这五个简单或复杂成分，彼此挨得很近却不重合，尤其是下面两个复杂派生羊形式之间的距离很短。最上面三个呈左右横向排列的复杂派生射手形式、人形式和根本羊形式也如此。则是个紧缩六重句，即三个根本羊形式、两个派生羊形式与一个抽象形式的上下组合，它们之间的距离短得几乎为零。相比较之下，、、就是宽疏二重句，在这些句子里，我们的视知觉很容易一下子就把两个组成成分区别开来，因为无论是横向水平并列还是纵向上下组合，它们之间都存在着相当一段距离。

当然，以上分类都是相对的。事实上，从不同角度出发，依据不同分类标准，绝大多数贺兰山岩画句，我们都能把它们归为两个或两个以上不同的类别。例如：既是一个短句也是一个复杂句（虽然它里面有一个派生形式成分）和反复句。而就组成成分的数量而言，图 F1 是一个短句（五重句），就繁简程度来说，它又是一个复杂句。

二、七种形类

对七重以下贺兰山合体岩画的扫描从另一个方面进一步印证了我们对独体岩画所作出的一些重要的结论是正确的。独体岩画是一个相对完整、独立的意义单位——符号。它们可以以多种面孔自由地出现在合体岩画里。我们对合体岩画形式的研究实质上是对应用中的，也即处于某一特定语境中的独体岩画形式的更进一步研究。这种动态研究的一个重要意义是让我们知道了贺兰山岩画里哪些形式是经常出现的？它们是如何出现的？哪些是罕见的？这些形式有什么共同的特点？

我们的描述分析表明：每一个岩画句里的每一个成分都在两个方面同语法形式相联系。一方面，每一个成分即使是最简单的抽象形式，也表现出有意义的语法结构（准确地说是词法），如左上边一成分其实是 A + B 型羊结构形式。另一方面，合体岩画里的每一个成分，作为一个具体的视觉语言形式，总是伴有某种语法形式的：它在某种组合中出现，而这些有规律出现便构成了这个成分的语法功能，准确地说是组合功能（也即句法）。贺兰山独体岩画里的每一种形态类型的形式（也即基础形式与派生形式、简单形式与复杂形式以及具象形式与抽象形式）都具有以下三种组合功能：其一是都能在任何一种句型里出现；其二是都能在任何一种句型里的任何位置出现；其三是每一种里都有一些仅仅依靠自身重叠就能结构出句子的形式。在独体岩画形式系统里，羊、人和马是三大基础形式，其中羊是最基本的。这一点在合体岩画形式里亦如此。在六种（二重至七重）贺兰山岩画句里，羊形式始终是一个最根本的成分，人和马形式也是两个基本的成分。它们以多种形态和灵活的位置或者与其他成分组合或者重叠自构，结构出了千变万化的合体岩画形式。例如，、、、、五个岩画里的基本成分是根本羊形式。它们在不同岩画里位于不同位置，呈现出不同形态。、里的几乎占去了整个视觉空间，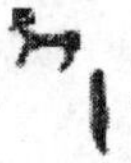、里的或位于另一成分之上或位于其下，则完全是抽象、具象羊形式结构。

这里，我们看见了每一形式的功能决定于选择的语法单位。这些语法单位共同组成了语法形式。我们把那些具有相同功能的形式归在一起，称为形类。这样，我们就有了主格形类与次格形类、普通形类与唯一形类以及反复形类。凡是在合体岩画形式里占核心位置的就是主格形类，反之，就是次格形类，如在里，图案是主格形类，根本形式羊是次格形类；凡是在岩画句里经常出现的形式就是普通形类，反之，就是唯一形类，如羊、人和马形式就是普通形类，和里的两个抽象笔画形式也是普通形类，而上面一个不知名动物则属于唯一形类；凡是在同一个岩画里能反复出现的形式就是反复形类，如里的羊形式。

根据造句功能，我们也可以把所有岩画形式分为简单形类和复杂形类。大凡简单岩画句里，那些简单的形式就是简单形类，主要包括各种根本形式、抽象形式以及那些只有一个黏附形式或有语法减号的派生形式。如里的两个成分和里的五个成分都属于简单形类，而那些有两个或两个以上黏附形式的派生形式我们称为复杂形类，由它们结构的岩画句就是复杂句。例如，图F1就是一个复杂的五重句，其中一个成分是A+B型的形式（也即射手形象），两个是A+（b）型复杂羊形式，在这两个基础派生形式之上又有多重黏附形式，如此使得原本就是复杂派生形式的两个羊形式变得更加繁复复杂，而由它们结构的句子亦如此。这个紧缩六重句则不然。除一个

图F2

A+（b）型派生羊形式（羊形象腹下有一“十”字状黏附形式）外，句中其余都是简单形类。因此，虽然由于彼此之间距离短或零距离，整个句子显得繁复，但它是一个基本由简单形类结构的简单六重句。

一个复杂形类往往体现出了很强的再生能力，这种再生能力也体现在由它或它们所结构的岩画句里。例如，图 F2 是拥有一个复杂形类的复杂句，这个复杂形类主要由中间一个象 A+（b）型派生马之形的形式（马形象腹部、头部各有一短竖线状黏附形式）和黏附在马形象两耳上的两个倒立、侧立羊形式，以及黏附在马形象前腿下的一“门”字形黏附形式结构而成。它占去整个画面三分之二的空间，位于其右边一倒立“丫”状形式很像是它的修饰成分，而不是一个与它一样的句子里的独立成分（从这个简单抽象形式与复杂派生马形式之间的距离来看，它应该是二重岩画句里的一个成分）。图 F1 也如此。整个句子里下面两个挨得很近的复杂派生羊形式占去大部分空间位置，构成了句子的核心。图 F3[1] 更让我们看到了复杂形类（位于中间的一派生人形式与两羊形式的组合）在整个句子里的辐射能力——岩画句里的所有成分似乎都串联成一个整体。这个复杂形类主要由一蹄部、背部有着多重黏附形式的羊形式和一射手形式结构而成。它位于整个画面的中央，具有很强的吸引力——它的四周比较紧密地环绕着不少其他成分（下面一复杂图案，上面一派生羊形式和根本羊形式的叠合，左右分别是一根本羊形式和倒立派生羊形式）。

图 F3

某些形式可能由于跨类表现出不寻常的组合或造句功能。羊形式就是一个最典型的例子。在整个贺兰山岩画里，它是一个不受任何限

[1] 宁夏博物馆收藏的贺兰山岩画。

制的、最自由的形式。它通常是作为普通形类出现在各种类型的岩画句里。这当然是就整个羊形式的形式类别而言。其实，若就每一个合体岩画里的每一个羊成分来看，正如它们在独体岩画系统中的情形一样：它们个个都是唯一形类。这既表现在每一个岩画句里的羊形式不同，也表现在同一个岩画句里的反复羊形类亦不同。例如，无论是从形式元素的选择、图序，还是内部形式结构来看，图 F4 两个合体岩画里的羊形式迥异。图 F4 上图岩画里有三个羊成分：最右上角是基本实面结构的、处于跳跃瞬间的羊形象，中间是我们在任何其他贺兰山岩画形式里见不到的唯一形类——一个完全由线结构的、处于相对静止状态的 A +（b）型派生羊形象（羊形象尾巴向上蜿蜒延伸，与另一形式结合），左边是一个虚面与线结构的、似乎正收起双腿准备跳跃的羊形象。三个羊成分呈明显的分组组合：两个位于下面，一个位于其上。图 F4 下图岩画里有五个羊成分：它们主要由面结构而成。其中实面结构的有三个，它们分别位于右下角、右上角和左下角；虚面结构的两个分别位于左上角和右边中间。这五个羊形象基本都处于奔走或跳跃状态。在能指层面，它们中没有一个与 F4 上图岩画里的羊形式相同或大体相同。

图 F4

而在仔细辨别图 F5 两幅岩画里的各个成分后，我们会发现即使是同一个岩画句里乍看一样的成分，实际上亦各个有别。这是贺兰山岩画最让我们惊异之处。总之，我们可以说，图 F4、图 F5 里的羊形式是普通形类，也可以说它们是唯一形类，也可以说它们是反复形类。羊形式这样跨类的存在表明：形类并不是互相排斥的，而是彼此交叉和重叠的，还可以一个包括在另一个里面，如此等等。如图 F2 里中间的一个复杂形类同时也是该岩画句里的主格形类。

而我们之所以要区别出上述形类，只是充分考虑到了每一岩画形式的使用。这让我们了解到了每幅独体岩画在各种类型合体岩画里的情况，也即各种独体岩画形式的造句功能。这种区分是宏大的，这样区分出来的类别也是比较大的类别。例如，它忽略了各种基础根本形式里的各种派生现象，而以基础根本形式为标准，把凡是以某一基础根本形式为核心的形式归为一类（这就是普通形

图 F5

类）。这样的一些大的形类其实就是范畴。主格形类与次格形类、普通形类与唯一形类、反复形类以及简单形类和复杂形类，这七个差不多同等大小的形类里又有着种种形式及其种种派生形式。如普通形类里可以划出羊、人和马三大基本范畴。羊范畴里又可以进一步区分出普通形类、复杂形类、简单形类等。但是，无论是大范畴还是小范畴，它们都从某些方面规范了贺兰山岩画形式。例如，普通形类把只出现一次的形式同反复出现的形式区分开来；主格形类这一范畴划出了一个岩画句里主要的成分和次要的成分。由于每一个大的范畴里都有一些小的范畴，每一些小的范畴里又都包含众多形形色色的形式，因此，一般认为，贺兰山岩画的丰富性是依靠它所使用的不同形式的数目。不过，这个数目是不定的。因为每一个形式可以按照句型及其形态结构的类推方式自由地构造。如在统计了里的、和三个象羊之形的形式后，我们要不要把其中的象羊基本模样的、特别是象羊头之形的分别算作第四、第五个羊形式呢？它们显然并不含有其他三个羊形式里的一些基本形式要素，如羊头部、躯体、腿等。如果算的话，那么，贺兰山岩画形式（这里具体指称具有组合功能的成分）的数目实际上是无限的。对比分析一下上述独体、合体岩画的形式格局，我们就会知道二重至七重合体岩画里所运用的岩画形式（也即成分）比独体岩画形式要丰富复杂得多。然而，即便如此，与独体岩画形式一样，象羊、人和马之形的形式仍然是结构二重至七重贺兰山合体岩画的最普通的成分。它们在所有六种类型里所占百分比总是最大的，尤其是羊成分。

三、四种基本组合图式

在一个合体岩画里审视不同类型的独体岩画的运用，只是我们研究独体和合体岩画的一个目的。其实，某一个组成成分形式元素的选择对于一个合体岩画来说，往往显得并不十分重要。如我们对图 F4 这两个合体岩画形式里，用以结构各个组成成分的形式元素的分析对我们理解整个合体岩画的结构关系不大。与独体岩画形式相比，看到这两个合体岩画，我们最想知道的是岩画里的这些不同的形式究竟是如何被联结成一个整体的？在什么情况下，各种形式出现于不同的岩画中？因此，我们对贺兰山合体岩画的研究主要集中在以下两个方面：一是搭配，也即在某一种岩画句和某一种岩画句的某一个岩画里各组成成分的选择；一是次序，也即某一种岩画句和某一种岩画句里的某一个岩画里各组成成分之间的排列顺序。这两个方面的研究所涉及的其实是贺兰山岩画的句法结构。从对二重至七重合体岩画的描述以及对其组成形类、句型及其形态的分析，我们知道一个形式在较大的形式里出现也是按次序、内部形式结构变换、形式元素选择等这些语法单位来安排的。而任何有意义的、重复出现的这些成套的语法单位就是句法结构，或者称之为组合图式。总体来看，贺兰山岩画句在能指层面上可辨识的组合图式主要有主格—次格、并列、成分组和重复四种。

（一）主格—次格

主格、次格形类依照一定组合关系能结构出各种类型的主次句。如图 F6 所示：在这个独立石头的表面从上往下依次刻制着三个图像：最上面是一个象马之形的形式，它下面有两个形式：左边是一个派生马形式，右边是一个象动物之形的形式。三个形式里最引人瞩目的是位于右下角的象动物之形形式。与

图 F6

岩画里其他两个形式相比，它的形体最大，且几乎占据了整个视觉空间右边的位置。与岩画里其他两个形状较小且分别位于最上面和左上边的其他两个形式相比，它显然是一个主格形类，其他两个形式则是次格形类，三个成分整体呈纵向上下排列，从而结构出了一个独特的三重复杂主次句。

这种主格和次格形类结构可以出现在任何类型的合体岩画句里，如图 F7 所示：它可以出现在二重、三重、四重岩画里，也可以出现在六重、七重岩画里。在拥有主格—次格组合图式的岩画句里，各种成分往往是通过多种语法关系结构在一起的。如图 F7 这五个岩画句里主要存在着以下三种语法单位：

（1）选择。这是指用以结构岩画的形类及其形态的选择。贺兰山独体岩画形式里 A + B 型派生形式结构所体现出来的一大一小相套、相叠加结构模式，在合体岩画里应用的结果便是形成了一批拥有主格—次格结构的合体岩画。如图 F7 所示：这些岩画里都有一个、两个或三个成分属于主格形类，其余的则属于次格形类。这些主格形类、次格形式可以是羊、人、马以及其他抽象形式。主格形类里有的是根本形式，如图 F7d 里三个象马之形的形式，更多的则是异彩纷呈的派生形式，如 A +（b）型的、，A + B 型的，A+（b）型与 A+B 型混合的，以及非常繁复奇特的。相比较而言，次格形类主要是些简单的根本形式和抽象形式，如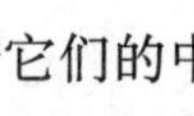、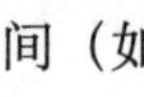、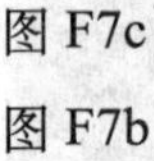、。

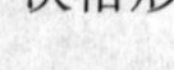

（2）次序。这是指各个岩画内部形类之间的排列组合序列。例如，主格形类通常位于整个画面比较突出醒目的位置：它们或者位于次格形类的上面（如图 F7b、d），或者位于它们的前面（如图 F7e），或者位于它们的中间（如图 F7c）。次格形式则位于主格形类的旁边或下面，或者夹杂在它们中间（如图 F7b）。

（3）变换。这主要指岩画里各个组成成分内部形式结构。同一个岩画内部，主格形类的形状不仅比次格的大，而且其形式元素、结构也与次格形类明显不同。例如，图 F7e 最前面主格形类基本是实面结构，一个次格形类则完全是线结构；图 F7a 则一个是实面结构，一个是虚面结构；而图 F7d 里三个主格

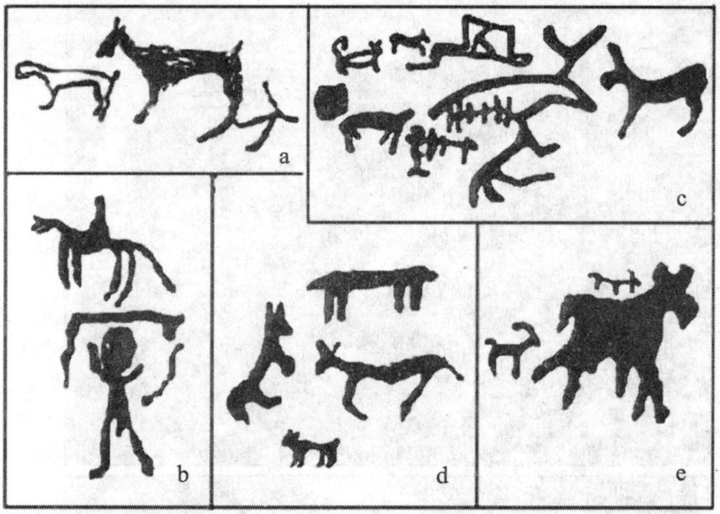

图 F7

形类与一个次格形类基本上都是实面与线结构，但它们内部形式结构不同：主格形类里的几乎呈直立状、呈跳跃状，呈攀登状，次格形类则呈慢步行走状。

这种结构的意义集中体现在展示出主次这一点上，即任何一个主格形类就是一个岩画里的中心成分，相反，次格形类就是一个岩画里的次要成分。假如贺兰山岩画句里主格—次格结构的两个直接成分是不能互换的，我们就说这个结构有中心和边缘两个位置。中心位置即岩画句里主要成分所处的位置，边缘位置即岩画句里次要成分所处的位置。当然，这里所说的“中心”、“边缘”都是相对而言的。通常情况下，存在着巨大差别的主格形类与次格形类是直接并列组合在一起的（如图 F7d 和图 F7b 里的各成分）。但是，图 F8 里这样的主格—次格结构在各种类型的贺兰山岩画句里也并不少见。在这种岩画结构里，主格形类几乎占据着整个画面，而其中的次格形类则几乎边缘化到了不存在的地步：上图是一个二重合体岩画，然而主格形类 [一个 A +（b）型骑者形式，马形式头部两处有黏附形式] 几乎充满该岩画视觉空间，而形体小且位于主格形类（即骑者形式）右上拐角的一倒 U 状次格形类，仿佛是它的点缀；[1] 下图也是一个二重岩画，即一个 A +（b）型鹿形式与三个羊形式（其中两个是两

[1] 大麦地岩画。该岩画右边破损，从整体形式来看，这应该是一个羊形式。

图 F8

羊相叠的 A + B 型羊形式）结构的主格形类，和一个形体较小的、位于右上面的次格形类的组合。次格形类虽然是一个羊形式，但是人们很容易忽视它。因为与其旁边主格形类相比，它显得非常渺小。与其说它是该合体岩画里相对独立完整的一个组成成分，不如说是依附于主格形类之上的附属品。

（二）并列

与主格—次格结构相反，贺兰山岩画句里还普遍存在着对等句。在这种岩画句里，各组成成分之间存在着一种平等并列的关系，没有明显的主次之分。既然各组成成分没有主格、次格形类的区分，那么，假如并列在一个岩画里，它们之间的差别就明显地体现在距离上。同一个岩画里有些成分之间的距离较长，有些较短，有些则介于两者之间。据此，我们可以把所有贺兰山岩画句里的并列结构再次分为以下三个亚类：

（1）停顿结构。岩画句内部各成分之间存在着较长的距离，成分之间这种排列组合我们称为停顿结构。而拥有这种结构的岩画句就是宽疏句。如图 F9 所示：成分之间距离较大是这三幅岩画短句最显著的特征。最上图是两个羊形式组合的二重岩画，左图是三个虚面结构的马形式上下结构的三重岩画，右图分别是一个里面有点状语法加号的方框状形式，与一个钩状笔画形式的组合。无论是二重、还是三重岩画，无论是羊或马形式，还是抽象形式，无论是根本形式，还是派生形式，结构这三个短句的两个或三个成分彼此之间存在着较大的距离，它们或者左右横向、或者上下纵向并列组合。在一个相对完整统一的视觉空间里，作为组成成分它们几乎分别位于整个画面的两端。这当然是就视觉空间的整体或者说整个句子、而不是针对个别成分而言的。如在图 F10 这个五重岩画句里，中间三个成分之间的距离确实很短，但若把它们视作一个相对完整的成分组，从整个句子来看，它们与句里其他成分之间的距离还是比较长的。因此，和图 F9 里的三幅岩画一样，图 F10 也属于停顿并列结构。只不过在三重以上的岩画句里，各成分之间停顿的次数通常有多有少罢了。例如，如果我们把图 F9 里两个二重岩画视作有一个停顿的、并列结构的二重句的话（即左右边或上下各一个），那么，我们毫无疑问可以把图 F9 左边这个视作有两个停顿的、并列结构的三重句（即所有成分从上到下按 1/1/1 组合）。同样，我们也可以把图 F10 视作有两个停顿的、并列结构的五重句（即所有成分从左到右下按 1/3/1 组合）。

（2）紧缩结构。与拥有停顿结构的宽疏句相反，有些岩画句里各组成成分之间距离很短。成分之间这种排列组合我们称为紧缩结构，拥有这种结构的岩画句即为紧缩句。例如，图 F11 两个岩画里的各个组成成分或者上下或者左右紧密地排列组构在一起。上图四重短句里从上到下一个挨一个纵向排列着形状大小相当的两个象羊形式和一个动物形式，右下角还有一个与它们保持着一定距离的、形状较小的倒立羊形式。上面三个成分离得很近，彼此之间仅仅存在着一点间隙，有些甚至挨在一起。然而，与两成分之间通常有明显联结形式，或彼此之间有部分形式元素相互穿插、相套的贺兰山独体岩画形式相比，我们

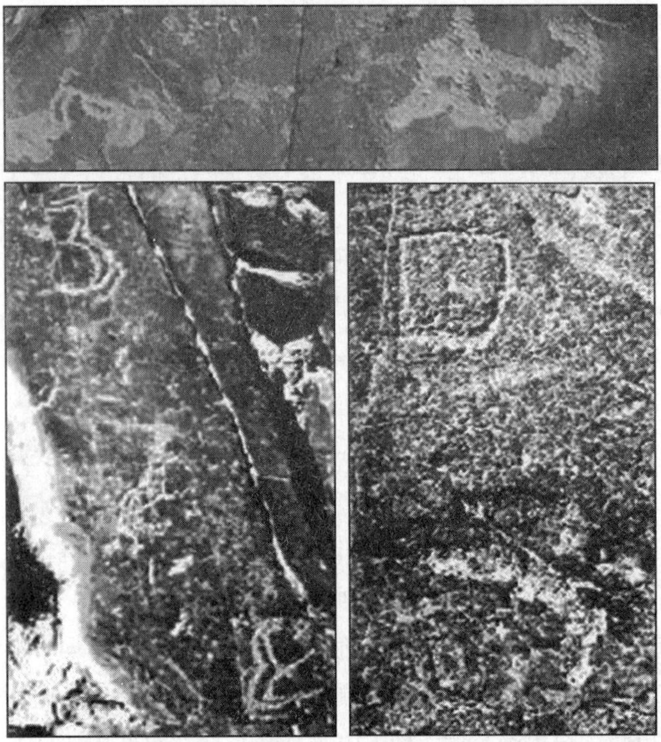

图 F9

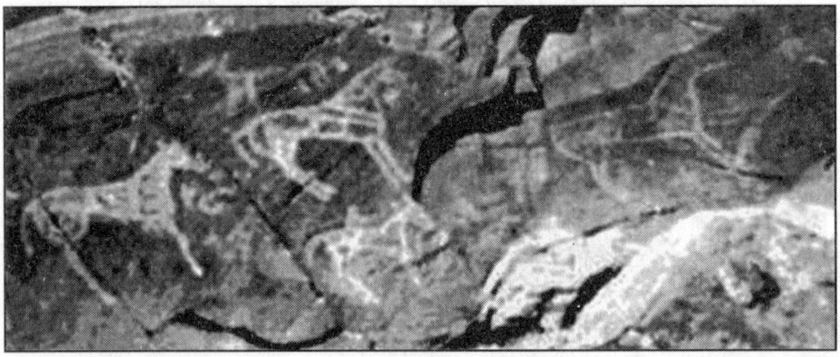

图 F10

很容易能从这个岩画短句里分辨出四个相对独立完整的形式。其实，这是作者依石头形状大小，量体裁衣刻制的一个四重岩画句。[1]

当然，如果两个或者两个以上成分挨得太近，它们往往就合成一个成分了。因此，从视觉效果上来看，在贺兰山岩画紧缩句里，有些成分之间存在着

[1] 而不是由上面派生形式（三个动物形式结构的一个 A + B 型成分）和下面根本羊形式组合的二重岩画句。

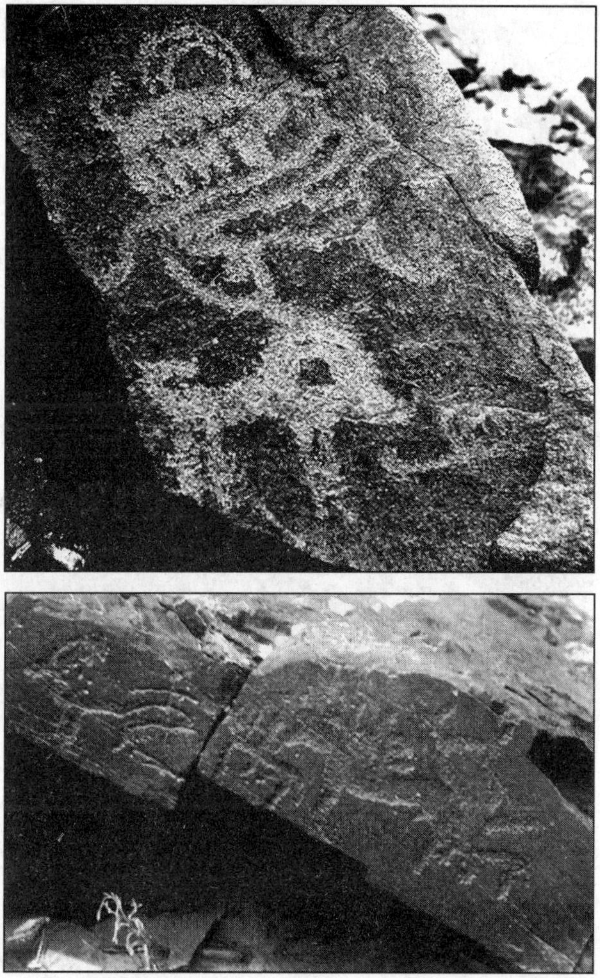

图 F11

合成一个或两个、两个以上成分的趋势。如在图 F11 上图四重句里，上面一个 A+(b) 型羊形式与下面一个动物形式上下紧紧挨在一起，中间几乎没有空隙，中间一个虚面结构的动物形象的后腿与其下面一个基本上实面结构的羊形象弯曲的角有小部分形式元素重叠在一起。

图 F11 下图这个复杂六重岩画长句也如此。在旷野里一块部分已经剥落、倾斜放置的石头表面刻有六个能分解出的单个图像。它们是三个复杂形类，即左边派生羊、人形式的再次组合、中间两个派生骑者形式（马与射手形式的组合），以及三个简单形类，即右边两个根本羊形式和一横线状抽象形式。六个

图 F12

成分左右排列呈一字型横向组合。尽管彼此之间结合得很紧密（有的甚至挨在一起），但我们不能简单地把它们或它们中的两个或两个以上视作一个成分。

（3）均停结构。在有些岩画句里，各组成成分之间大致间距相等地并列在一起。成分之间这种排列组合我们称为均停结构，拥有这种结构的岩画句即为均停句。如图 F12 是一个六重简单句，也是一个均停句。五个象骆驼之形的形式和一个抽象的长方形形式按 3/3 分两行，左右上下并列组合。六个组成成分彼此左右、上下之间距离基本均等，排列整齐有序。

在这种均停并列结构的岩画句里，组成成分可以以任何类型、任何形态出现。这就是说它们可以是根本形式、派生形式，也可以是具象形式、抽象形式。这里，我们只考虑到各成分之间的距离，而暂时悬隔起了其他因素。例如，结构  这个二重短句的两个羊成分，一个是根本形式，一个是派生形式，一个面朝左呈水平横向静止站立，一个面朝右呈对角线状跳跃前进。而图 F13 左图则是由两种不同性质的成分结构的三重岩画句。至于各个成分之间的排列次序，我们也悬隔起来了。如  与图 F13 左图都是三重岩画句，两个岩画句的序列差异很大（一个横向、一个纵向组合），我们仍把它们的句法结构归入均停并列结构系列。

停顿、紧缩和均停三种基本结构，只是就岩画句内各个成分之间的组合关系而言。其实，并列句法结构的意义在于：尽管它们在间距上存在着长短之别，但是，每一个岩画句里各个组成成分的地位是平等的。一般来说，它们都在岩画句里占据着大致相等的空间。例如，我们不能说图 F13 右图是主格—次格结构。尽管其最上面两个成分连缀在一起，形状较大，但是，从它与位于其

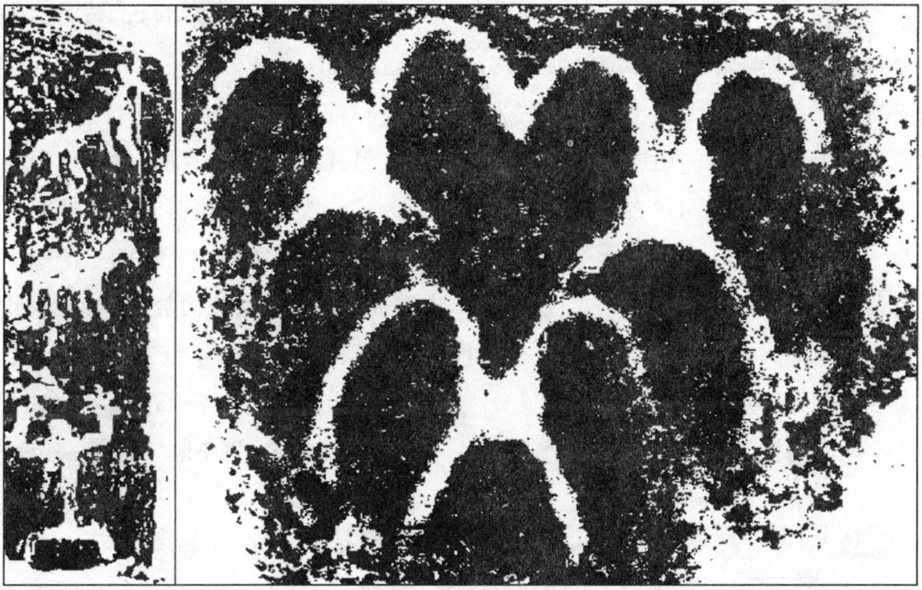

图 F13

下的另外一个成分（即）之间的距离来看，它不是的派生形式，也即两个的联结，而是句中的两个成分。[1] 因此，从整体上看，图 F13 右图是一个拥有均停并列结构的三重句。正是充分考虑到各个组成成分之间大体相当的距离，我们把凡是由并列句法结构的岩画句称为对等句。

（三）成分组

这是指在三重以上的句子里，有些句子里的所有成分首先被明确地划分为若干个成分组，然后彼此再组合在一起。我们把这样的岩画句结构称之为成分组结构。例如，图 F14 两个岩画里的所有成分都被鲜明地划分为两部分。岩画成分之间的组合实际上就是两个成分组之间的组合。两个成分组都大致呈横向水平排列，其组成成分能指层面互不雷同。如上图岩画里虽然都是线结构的象羊之形的形式，但是，这些羊形象有的形体大，有的形体小，有的正低着头，

[1] 就像我们写字时往往会连笔一样。

有的昂着头，尤其是左边两个羊形象面朝右，且上下垂直重叠组合，与右边一个面朝左单列的羊形象形成鲜明对比。下图岩画里两个成分组最大的区别体现在图序上：左边两个上下结构，右边两个一前一后左右组合。

至于岩画句里的组成成分到底应该分成几组（或几行）？则每种句型里的情形不一样。三、四重岩画句通常分成两组，五、六、七重岩画句里往往存在着三组。如图 F14 所示：上图岩画句[1] 里有五个相对独立的成分，即三个形体较大的象羊之形的形式、一个形体较小的羊形式、一个阿拉伯数字“7”状的抽象笔画形式。它们主要因距离、所处位置和形状的大小，分为三组组合：上面（略靠右）是两个形体较小的成分上下略错结构，下面是三个形体较大羊成分的左右结构，其中左边两个上下垂直，右边一个单列。图 F14 下面是一个由三个象骑者之形的复杂形类和一个根本羊形式结构的四重句。四个成分主要依据图序鲜明地被划分为左右两组：左边两个纵向排列，右边两个横向组合。图 F14 两个岩画句里这两种图序在同一类型的岩画句里有很多变体。这主要既体现组成成分上，也体现在多种具体组合关系上。对此，

图 F14

[1] 最上面形状较小的羊形式已经部分剥落。

我们前面已经有所描述分析，兹不赘述。这里，我们将结合前面相关论述，着重以三重、五重短句为例，对贺兰山岩画句里分组组合现象作更进一步的概括总结。

三重、四重岩画句通常分两组组合。如图 F15 所示：三重岩画句里的单列成分往往在形式类型或形式元素的选择、内部形式结构、图序等方面，与其他两个存在着差异。如图 F15a 里的形状比另外两个的小，图 F15b 的形状则比另外两个的大。与两羊形式组合的单列成分可以是一个抽象笔画形式，可以是一个派生人形式，也可以是另外一个根本或派生羊形式（如、）。这些单列成分可以位于其他两个成分的右边，可以位于它们的上边或尾随其后。至于两个一组里的两个成分可以都是简单形类（如 ），可以一个是简单形类、一个是复杂形类（如），可以都是根本形式，可以一个是根本形式、一个是派生形式。它们之间可以一上一下垂直组合（如），也可以一左一右横向排列（如），更可以向右上方相错并倾斜组合（如）。

五重岩画主要存在着以下两种分组排列的情形：

（1）2/3：指五个成分分成两组排列，每一组里的成分数量分别是两个、三个。例如，在图 F16 里，结构岩画的五个成分按 2/3，也即左边上下两个羊成分（即根本羊形式和派生羊形式），右边上下两个羊成分、一个“一”字状

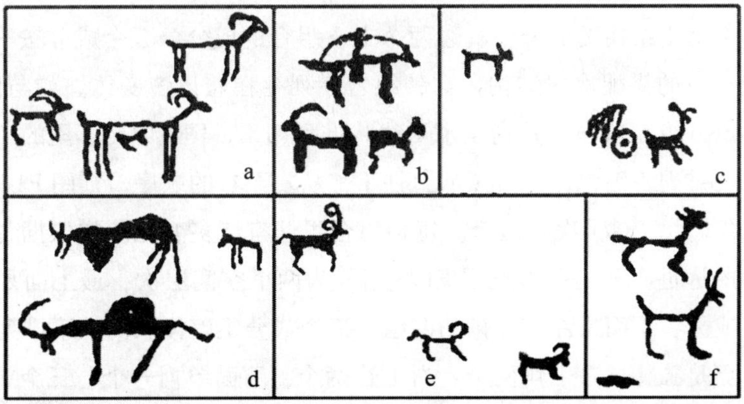

图 F15

图 F16

抽象成分，分两行组合。五重岩画句里这种组合图序有很多变体。如从图 F17 里的六幅岩画我们可以看到，成分组可以由不同性质、不同类型的成分构成，也可以由相同性质、同一类型的成分构成，如图 F17a 里两个成分组都是根本形式与派生形式的结构，而图 F17b 里的则都是根本羊成分结构。除上下垂直组合外，两个一组里的两个成分还可以横向排列（如），或倾斜向上组合（如），由它们结构的成分组还可以位于三个一组的上面（如图 F17a）。三个一组里的成分亦如此。结构它们的可以都是根本成分，也可以一个根本成分、两个派生成分。除上下垂直结构外，它们还可以一上两下上下组合（如图 F17d），更可以左右横向呈“一” 字形并列（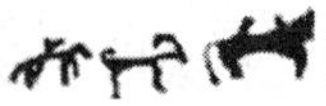）。

（2）1/2/2，也即五个成分分成三组排列，每一组里的成分数量分别是一个、两个、两个。如图 F17c 里存在着三行：左边一个单列的成分、中间两个上下结构的成分、右边两个上下组合的成分。五个成分按一个单列、两两一组的搭配次序结构，这种组合序列存在着诸多变体。如与图 F17c 里三个成分组左右横向并列呈水平线状排列相反，图 F17e、f 里的三个成分整体纵向排列。因此，若按照从上往下、从左至右的顺序，则图 F17e 、f 分别是按 1/2/2 、2/2/1 次序组合。每种组合里又有诸多变化。如依据各成分之间距离的远近，我们可以把图 F17e 划分为两个空间层次：最上面是一个单列的羊成分，下面是左右并排的两组，三个成分组整体纵向上下排列组合。图 F17f 更是独特：左上角两个、右上边两个、下面单列一个，三个成分组整体呈一

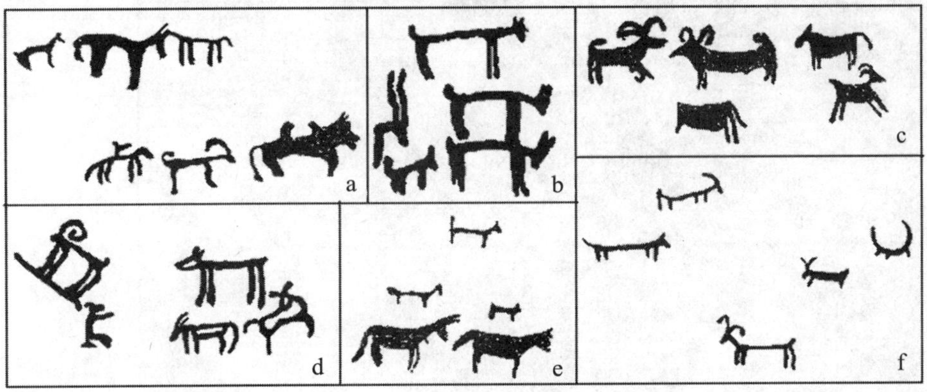

图 F17

个倒三角形上下组合。

三重、五重岩画句里分组或行排列的现象在整个贺兰山岩画句里很普遍。这种以成分组为一个形式单位的组合主要有以下十个特点：

（1）所有成分会因多种因素而被刻意划分为若干个成分组或行排列。

（2）两个成分结构的成分组最典型。

（3）四重以下短句里分组现象比较简单，五重以上长句里比较复杂。

（4）在五重以上的长句里，三个成分结构的成分组比较常见。

（5）通常，组成成分的数目愈多，分组分得愈细。从五重句型开始，同一个岩画句里有了三个、四个、五个甚至六个成分组。

（6）成分之间的搭配没有固定规则。相同形类可以组合成一个成分组，不同形类也可以组成一个成分组。

（7）无论有几个成分组，无论它们之间如何搭配，羊成分都是复现率最高的一个。

（8）成分组之间可以左右或上下并列组合，尤其以总体上下序列最为常见；同一类型岩画句里各成分组之间的组合序列变体众多。

（9）成分组里的成分在能指层面上因对立而存在。它们既不同于其他成分组里的成分，也区别于同一成分组里的其他成分。

（10）成分组的划分是作者因表达需要而设计的，而不是因石面面积的大小而为。例如，在图 F18 里，我们能清晰地分辨出六个相对独立存在的

图 F18

成分。尽管下面还有很大空间，[1] 但它们被鲜明地按 5/2 划分为两组：即上面四个横向组合（其中一个为复杂形类，即射手、羊形式结构的派生形式），左下边两个上下组合。两个成分组不仅一上一下位置不同，而且内部各个成分之间的组合图式完全不同。显然，岩画句内部成分组结构的存在本身即传递出了某种意义：左下角成分组与上面成分组因彼此之间比较长的距离，以及在整个视觉空间中所处的位置而相互区别——虽然它们里面都有一个象羊之形的形式。

（四）重复

凡是由同一个组成成分反复组合的结构我们称之为重复结构。这是就每一个岩画句里各组成成分的一般性质而言的。这种结构只存在于完全由反复形类结构的反复句里。如图 F19[2] 所示：这是六个羊成分结构的反复句。它们在能指层面存在着程度不同的差异性。左上面是一个粗线结构的、形体较小的根本

[1] 实际上，这部分已经剥落。然而，无论它刻满其他形式，还是空着，都不影响我们的分析。因为无论如何，我们看到了左边两个上下排列紧密的形式。

[2] 宁夏博物馆收藏的贺兰山岩画。为说明问题起见，这里同时例举出该岩画的摄影图与拓片。

图 F19

羊形式，下面是三个排列紧密呈“一”字状横向组合的羊形式，它们中两个是内部形式结构有着差异性的根本羊形式，一个是 A + B 型派生羊形式（即最右下面形体较大的羊形象背上有一形体较小的小羊形式），上面是两个 A + (b) 型派生羊形式（其中上面一个腹下有一圆圈状实面黏附形式）。

贺兰山岩画各种句型里都存在着大量这样的反复句，前面我们已经有详尽描述分析，兹不赘述。这里，我们在以上描述分析基础上，进一步概括总结出其结构的四大特点：

(1) 任何一种类型的岩画句里都存在着重复结构，其中二重句占绝大多数，三重次之，四重更次之。

(2) 羊、人、马、虎、鹿等动物符号以及各种抽象符号都能独自以多种方式重复结构出反复句，其中尤其以羊符号的反复最为普遍。在整个贺兰山岩画句里，只有它，也唯有它能结构出任何类型的岩画句。[1]

(3) 组成成分之间的对立。不同岩画之间、同一岩画内部里，组成成分可以以多种形态的根本形式、派生形式出现。它们本质上都属于 A + (0) 型岩画，也即能指层面绝不雷同的形式。它们或者在形式元素的选择、内部形式结构上，或者在图序上存在着程度不同的差异。

[1] 完全由人、马、虎、鹿以及各种抽象形式结构的反复句非常少见。

（4）拥有重复句法结构的不同句型之间的区别是鲜明的，同一句型拥有重复句法结构的岩画句之间的区别也是明显的。这主要体现在组成成分和图序的差异性上。如都是羊重复结构的三重句，有的整体轮廓形态呈标准的正或倒三角形排列，有的呈一纵向直线排列，有的呈向上倾斜斜线排列，有的则呈水平状直线排列。

四、七种造句法

贺兰山岩画的世界是一个有序的世界。每一个岩画图像都是由一定的形式要素以一定的方式相互关联结构而成。独体岩画中存在着多种语法规则，合体亦如此。任何一幅二重至七重岩画无一不是各种成分的组合结构。更重要的是，这个组合结构并不是各种成分杂乱无章地堆积的结果，而是一个有序的逻辑世界。于是，从岩画句层面，我们又对二重至七重贺兰山岩画作了一个比较全面的剖裂玄微。我们依据其在岩画句里出现的频率及其多种造句功能把整个二重至七重贺兰山岩画里的成分划分为七大形类，即主格、次格、普遍、唯一、反复、简单和复杂形类，并分析了每一种形类的特点。我们又依据使用成分的多少、各成分之间的关系及其能指层面上的特点，把整个二重至七重贺兰山岩画区分为短句与长句、小句与大句、对等句、反复句与主次句等等。所有这些分门别类研究的目的只有一个，那就是深入认识每一个合体岩画形式的内部结构。因此，在此基础上，我们进一步探讨了岩画的句法结构。我们的具体做法是：把每种形类置放在具体的岩画句语境当中（也即动态研究形类的运用），描述分析它们在各种岩画句里的联结方式，从而归纳总结出了贺兰山岩画句里普遍存在着主格—次格、并列、成分组和重复四种句法结构模式。

尽管同时兼有两种或两种以上句法结构特点的一些岩画句的存在[1]说明我们这种分类和划分都是相对的，但是，它却是我们认识并理解六种基本合体岩画形式的一个重要方法。我们的这一研究表明：每一个贺兰山岩画句同时也是

[1]　如图 F19 这个六重句我们既可以说它是由重复结构结构的，也可以说它是由紧缩并列结构结构的。

一个逻辑图像。被我们称之为贺兰山合体岩画的东西并没有我们所想象的那种形式上的单一性或无序性。与独体岩画形式一样，它们也是存在着一定规则的图式。四种句法结构是整个贺兰山岩画句里最普遍的模式。其中重复图式，特别是能指层面差异性的羊成分的重复最为突出。

贺兰山岩画句里最普遍的形式——羊符号的存在及其广泛运用[1] 充分说明：现实生活中存在的具体感性的事物是岩画作者一切思维的出发点。因为“思想对象，所谓的抽象对象、感性事物的状态和属性，均存在于感性对象的形式之中。因此，离开了感觉我们既不可能学习也不可能理解任何事物，甚至在我们沉思时，我们也一定是在沉思着某种影像。因为影像除了无质料外，其余都类似于感觉对象”[2]。因此，思维的实质在于反映。为了反映，思维者必须将他的周遭的事物组成若干个单位，并根据自己的需要对它们进行分离或组合。这就是说没有一种思维可以完全脱离实在。思维的实质也就存在于它对一切感性形式的区分与整合能力上。没有一种思维能不借助于我们一般的感性形式进行。事实上，只有在这些感性形式中我们才能理解和把握思维。贺兰山岩画就始于人类最先的反映行为，它具有能够被感知的品质，是一种事实、一种人类给自己建造的事实的图像。[3] 以羊形象为典型代表的具体物象是贺兰山岩画句里最基本的成分，它们以多种组合关系建构了贺兰山岩画世界。因此，从根本上说，贺兰山岩画里的所有关系都是用具体物象或者说岩画自身的具体形式展示出来的，根据各种形式及其组合所带的标记，我们就可以确定不同的形式是怎样联结成各种类型的合体岩画的。如果说我们上述四种句法结构模式的分析主要停留在能指层面上的话，那么，本部分我们将转移到所指层面，依据各种具体成分的内部形式结构及其组合而形成的句型、句子的特性，更深入地寻找有形式标记的语法关系。我们将探寻贺兰山岩画句法结构是如何用具体形式及其结构表达造句关系和概念世界的。

---

[1] 事实上，绝大部分贺兰山岩画里都有它。

[2] 〔古希腊〕亚里士多德著、秦典华译：《论灵魂》，《亚里士多德全集》第三卷，中国人民大学出版社1991年版，第83页。

[3] 维特根斯坦说：“我们给我们自己建造事实的图像”，“图像是一种事实”。见维特根斯坦：《逻辑哲学论》，商务印书馆1996年版，第29页。

（一）次序

任何一个二重至七重岩画句无非是两个或两个以上形式的联结。作为抽象实体的图序因而理所当然地成为贺兰山岩画句最基本、最有力的联结方法，或者说表达造句关系的根本方式。主格—次格结构也好，分组结构也罢，任何句法结构都离不开次序。然而，这些抽象实体并不是完全抽象的，它们有着坚实的物质基础。在每一个岩画句里，它们都是借助于一定的具体形式呈现给我们的。例如，与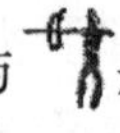是两个常见的表达了某种具体概念的贺兰山独体岩画形式。如果我们把这两个符号——羊与持弓的人（或射手）任意放在一起，就几乎不能不把它们用某种方式联系起来。不说别的，仅仅把这两个形式、概念凑合起来放在一个视觉空间里就会强制我们产生它们之间存在着某种关系的感觉。如图 F20 里的两个短句所示：射手或者位于羊形式的后面，用弓箭直接对着前面的羊形象；或者位于两个羊形式的对面，用弓箭直接对着前面的一个羊形象。当然，如果我们从中要知道射手射羊动作是否完成了或者他是否射死了羊，那是不明智的。其实，与的前后并列是一个最简单的叙述结构（或者说陈述形式），它只不过陈述了射手射羊的事，正如任何一个简短的叙述所表现的一样，我们完全可以把图 F20 里二重、三重贺兰山岩画转译为两个句子。在这两个句子里，射手是主语，射击的动作是谓语，羊是宾语。很显然，

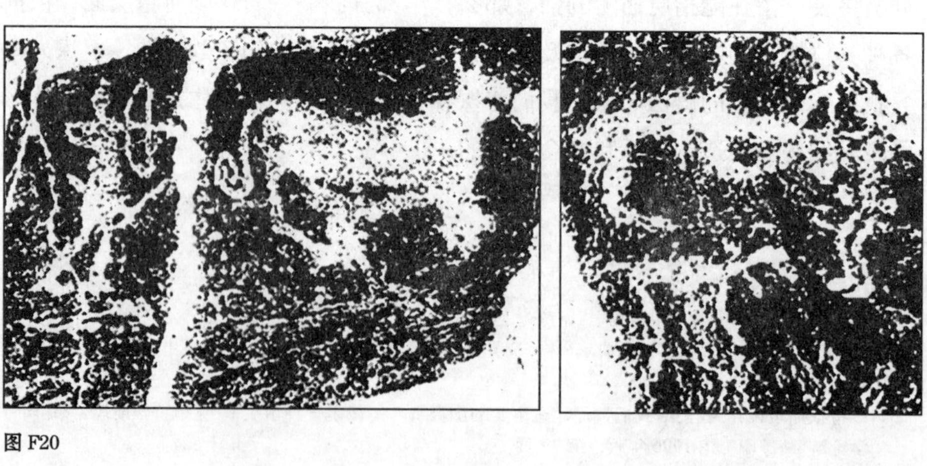

图 F20

这两个贺兰山岩画表现的是“做什么”？而不是“怎样做”？它描述的主要是动词，而不是副词、名词或任何一个形容词。[1] 这就是说，并不是对所有造句性的组合或者说联结，我们都会同样敏感。相比较之下，我们会首先关注二重岩画句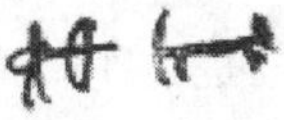（也即射手直接面对羊）和（射手追赶北山羊），而对射手是站着还是跪着射北山羊（如），以及所射羊是大还是小、是肥还是瘦，则不容易注意。如图 F20 右图二重岩画句里与射手组合的是一个形体大、肥壮的羊形象，而在图 F21 这个二重岩画句里，射手射击的是一个瘦高形体的羊形象。同理，我们更关注图 F20 右图岩画里的射猎语词（即射手与羊结构的派生形式），而对位于其下面的另一羊形式则易忽略。

因为就造句关系而言，持弓人与羊两个形式面对面的直接并列产生的是动宾句法结构，这一句法结构传达出来的基本概念是射羊。至于射手是站着射羊，还是跪着射羊，他射死了一个还是两个等等，对造句而言都是一样的。也就是说在造成命题时，我们只需对射手的内部形式结构进行适当调整而无需改变整个动宾句法结构。即使有时射手的具体动作以及他所直接面对的具体对象的性质也都丝毫不能改变动宾这一句法结构本身。例如，二重岩画句给我们传达出来的是射手召唤北山羊的意思，而在二重岩画句里，射手直接面对的是鹿，和里则是其他动物。这些变化都属

图 F21

[1] 贡布里希曾在《西方艺术中的动作和表现》里对图画文字风格做过类似分析。见《图像与眼睛》，范景中等译，第 104—105 页。

于贺兰山岩画造句所使用的具体素材上的变化，如把羊换成鹿，把射手射击的动作换成召唤的动作，这些都不影响动宾结构关系本身。因为以二重岩画句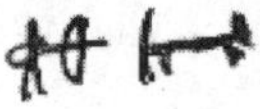为代表的贺兰山岩画形式的造句关系基本上是用组成成分在岩画句里的位置来表达的。多样化的射手形态、鹿等其他动物不过是射手（）、羊（）在动宾结构（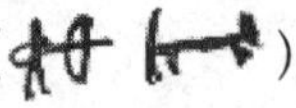）这一横组合关系轴上的一个替换单位而已，我们可以假定其他形态的射手和其他动物的缺席。

可见，只要每个独体岩画形式在更大一级的岩画形式里排成某种次序，彼此之间就不仅会建立某种关系，并且会在不同程度上互相吸引。大概正是这种不同程度的吸引力，最终引起成分之间形成一种超稳定的结合——这就是我们前面反复提到的一个个复杂的独体岩画形式。它们或者由两个根本成分组合成，如射羊或射猎形式，[1] 或者由一个根本成分和黏附形式组合（如里明确标示出来的男性射手形式）等等。这些复杂的独体岩画形式作为一个自由形式、一个组成成分，又能与其他形式结合或重叠，再次组成一个新的独体岩画形式或者合体岩画句。例如，是射羊形式（即 A＋B 型派生形式）与另一雄羊形式 [即 A＋（b）型派生羊形式] 结合所形成的一个复合独体岩画形式。图 F22 里是一个繁复派生射羊成分[2] 与一个简单根本羊成分组合的二重句。也如此。而则完全是由两个派生射羊成分组合的二重句。

然而，无论形态多么复杂、运用多么灵活（事实上，它是一个自由形式），在上述由射手与羊凝结成的独体岩画或岩画句里，我们发现射手与羊之间往往维系着一种固定不变的组合关系。这就是说和类复杂形式里持弓人与羊之间通常存在着一种比较稳定的排列次序。换言之，它们拥有动宾句法结构：持弓人往往用弓箭直接指向羊或其他动物形象，[3] 否则，其意义就不同了。例如，在图 F23 这两个短句里，射手位于羊形式的上面，两个成分上下

[1]　如图 F20 右边派生形式射羊、都是一个 A＋B 型独体岩画形式。

[2]　即一个复杂派生射手形式与一个复杂派生羊形式的结合。

[3]　这意味着人与弓两个根本形式组成的是一个动词结构。

图 F22

纵向组合；在这个独体岩画形式里，持弓人与羊形象背靠背并列在一起；在里，持弓人站在羊形象身上。虽然联想关系也允许我们把它们按“射羊”概念联系在一起，但是，图 F20、21、22 里岩画句的存在，会让我们在作出上述判断时产生犹豫。

因此，次序是决定持弓人与羊之间构形（包括构词、造句）的根本因素：次序不同，结构不同，意义亦不同。在这里，次序本身是有意义的单位，正是它传达出了持弓人与羊之间可能存在的种种关系。所以，如果把持弓人、羊以及它们之间明确昭示出来的次序都计算在内的话，那么，“射猎”这一动宾句法结构实际上是一个完整的主语—谓语—宾语结构。这里，主语的承担者是持弓人，谓语是“射击”，宾语的承担者是以羊为主的动物形象。拥有这一句法结构的独体或合体岩画给我们陈述的是持弓人射击动物这种行为。

图 F23

至于这种句法结构究竟出现在何种类型、何种形态的岩画语境当中？结构它的具体成分究竟是什么样的形态？则无关宏旨。这一点我们从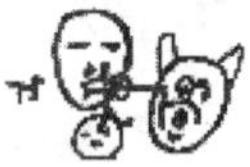、这两个二重岩画句里可以更清楚地看到：这两幅岩画里都有一个独特的射猎成分，它们都是派生人形式。里射手形式手里的弓箭几乎与其前面的羊形式后半部分重叠。里的一个射猎语词竟然覆盖在三个人面形式上面。[1] 尽管如此，、这两个二重合体岩画形式的基本句法结构所呈现出来的基本意义仍是射猎。

作为一个完整的主语—谓语—宾语结构，除次序外，在“射猎”动宾句法

[1] 大麦地岩画。据采集者许成、卫忠记载：该岩画具体位于苦井沟以西地区呈东西走向的山梁上，面南，高 0.14 米、宽 0.24 米。画面上图像的凿刻分早晚两部分。早期的是三个人面像，后期的射猎图在人面像上凿刻，刻痕颜色泛黄褐色，与石面颜色反差较大（详见许成、卫忠编著《贺兰山岩画》，第 334 页）。这种内部添加有射手（或人形式）、羊等形式的人面，在贺兰山岩画里还有别的形态，参见图 F32a。

图 F24

结构里，承担主语与宾语的同样是有着严格规范的形式。例如，用以结构派生射手成分的一定是人与弓箭形式，而不能是人与羊或其他抽象形式。同样，射手射击的对象一定是羊或其他动物形式，而不是其他抽象形式。如图 F24 这个二重岩画句里的射手与抽象形式的上下组合并没有形成我们上面所说的动宾句法关系。这里，次序固然重要，但成分本身也重要。

（二）搭配

贺兰山岩画句另一个比较普遍的、通过特定具体物象之间的组合来表达造句关系的方法就是搭配。贺兰山岩画里有一个非常常见的普通形式，这就是复杂骑者形类，也即作为根本形式的人与马（或羊）的复合形式。这个派生形式是一个自由形式。它既可以独立也可以与其他形式组合。在与多种形式的组合里，最常见的是它与另一动物（一般是羊或马）的组合。如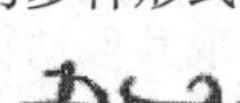这种由骑者和羊形式组合的叙述结构，也即二重并列句，能传达出另一个概念：人放羊或放牧。这一概念的严格的形象化写实表现还体现在骑者与羊形象的排列次序上：骑者一定在羊的后面。即便是在图 F25 左图这个很少见的骑者与羊形式结构的二重岩画句里亦不例外。[1] 这一组合的统一性和凝聚力是如此的巨大以至于它们最终能合成另外一个更加复杂的（A + B）+ B 型派生形式。例如，独体岩画形式与二重岩画句显然不同。前者羊形式的尾巴与骑者所骑马的头部完全重合：作为一个相对独立完整的形式，我们显然不能把这一形式再次拆分为两个独立的形式（或者概念）——骑者、羊来理解，它传达的也应该是一个统一的概念；后者可以分成骑者和羊形式两部分，这种由两部分构成的惯用形式我们称为谓语型。

在这样的谓语型形式里，我们把施事者（骑者）称为主语，而把他的动作（放牧）称为谓语。至于羊形象则是一个受事者，一个主语动作的承担者。正是它暗示给我们主语所从事的动作。这一完整叙述形式的语法结构（或者说概念结构）是施事—动作结构，它所形象传达给我们的是“人（或骑者）放牧”的概念。当然，我们也可以说以和为代表的岩画结构形式是传递出“羊被放”概念的受事—动作结构。但是，不论我们称它们为施事—动作结构，还是受事—动作结构，在复杂形类、二重短句里，骑者形象给我们的印象总是动作的实施者，而羊形象则是被实施的东西。

这种主—动叙述句法结构与动作—受事叙述结构（即动宾结构）最大区别在于：在以射羊形式为代表的动作—受事结构里，射手与羊的位置一般是不能调换的。正是这种次序传达出了此形式结构的意义。而且，在这种结构里，射手形式传达出来的是一个动词性概念——射击，而不仅仅是弓手或手持弓箭的人。至于与它组合的另一形式则往往是这动作的直接承担者。而在以“放牧”为代表的主动句法结构里，人与马形式的组合所传达出来的骑者是一个名词性概念，与它组合的另一个或一些形式往往是叙述他的行为的。由于在这一结构里，羊或其他动物是必不可少的，所以，严格说来，这也是一个主语—谓语—宾语句法结构。“骑者”形式是主语，羊或其他动物形式是宾语，这两个具体

[1] 位于最下面的羊形象的一只角与骑者所骑马的一条前腿重合，因此，它其实是骑者形式上的一个黏附形式，而不是整个句子中与骑者、右边另一羊形式一样的一个相对独立存在的成分。

图 F25

物象的搭配组合所传达出的抽象语法概念——“放牧”是谓语。这样，这一句法结构所传达出来的完整的概念就是：骑者放羊。

然而，事情往往并不这样简单。如图 F26[1] 所示：在这两个基本由骑者、羊成分结构的岩画句里，放牧句法结构并不十分明朗。图 F26 左图是一个三重岩画句。其中最上面的骑者是一个复杂的派生形式：它是骑者与一蛇形曲线状形式的紧密联结（结构骑者形式的马形象尾巴上的黏附形式）。而与之组合的其他两个成分虽然都是内部形式结构不同的根本羊形式。但是，它们并没有尾随在骑者形式之后，而是纵向并列在骑者形式的下面。同样，图 F26 右图是一个分组排列的紧缩五重岩画句：左边是一个“口”字形方框状抽象形式，右边是三羊与一骑者形式的上下垂直组合。而图 F25 右图这个二重句里的骑者形式既是一个放牧者，也是一个狩猎者（准确地说是一个骑着马的射手）。即便是这样，我们也不能简单地说整个这个二重句所传达出的是动宾句法关系。因为在以射猎为典型代表的动宾句法关系里，次序通常都具有决定性的意义。射手往往直接面对着猎物。在这一句法结构里，作为具体射击动作的实施者的射手形式本质上是一个动词。但是，图 F25 右图这个岩画里不存在这样的次序：骑

[1] 左边为宁夏博物馆收藏的贺兰山岩画。右边摄影图引自《大麦地岩画》①，第 242 页。

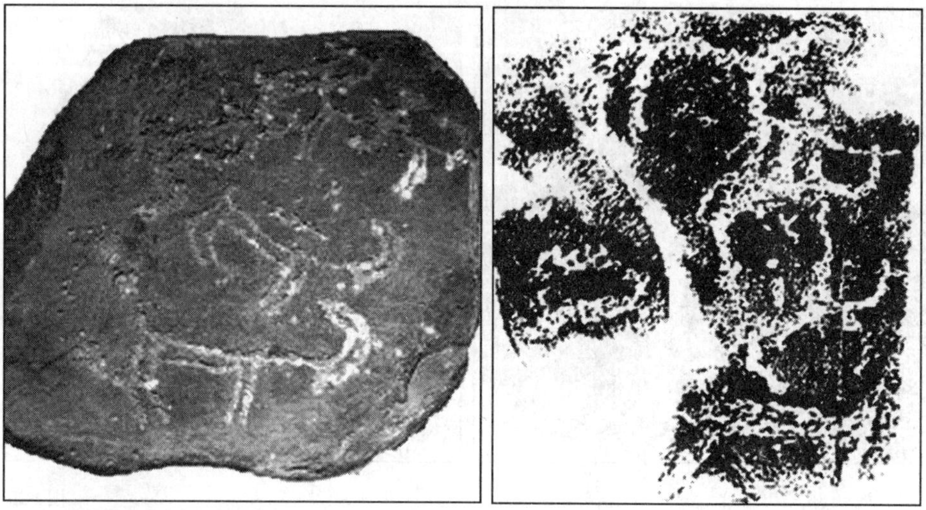

图 F26

在马上的射手形式的弓箭并没有直接对着羊形式。因此，我们完全可以说这依然是一个派生骑者形式，确切地说是一个手持弓箭或者正在射击的骑者形式，而位于其右边的（与它并没有形成某种明显的限定关系）其他成分与它形成的是一种非常明显的左右并列关系。

然而，明显限定关系的不存在，并不意味着图 F25、图 F26 里的四个岩画句里各成分之间没有任何其他关系。射猎为典型代表的动宾句法关系和为代表的主谓句法关系，都让我们知道了一个合体岩画句的价值往往跟结构它的各个成分之间的组合关系密切相关。当我们分析一个合体岩画句时，我们并不限于识别它的各个组成成分，我们还会在这些成分之间看到某种连续的顺序。组合次序因此毫无争议地是一种语法抽象实体，而这个实体的存在依赖于包含着成分序列而排列在视觉空间中的各个具体成分及其搭配。这一点很明显：与射手搭配的另一成分如果不是动物形象，而是一个抽象图案或者花之类植物，那么，无论如何我们是得不出“射猎”这一意义的。所以，贺兰山岩画里任何抽象的句法总是以具体的物象实体为基础的。实际上，只有排列成某种序列的具体图像成分才能传递出某种意义。若暂时悬隔起次序，充分考虑到搭配在一个岩画句里的各成分的形式，我们不难发现：凡是骑者形式出

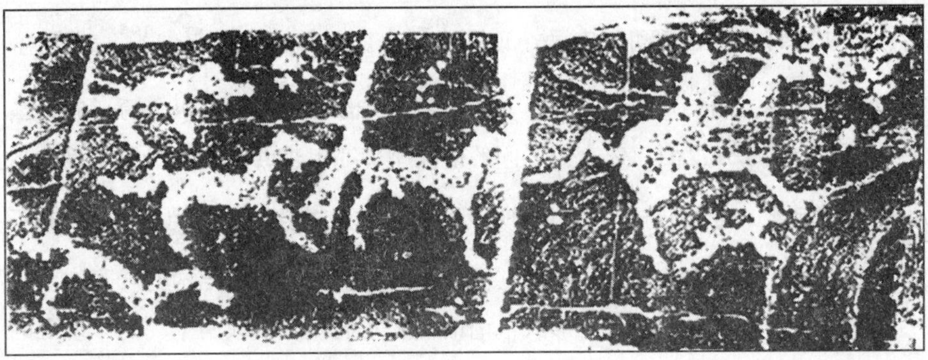

图 F27

没的地方一般都有数量不等的各种羊形式。这就是说与骑者形式搭配组合的通常都是羊形式。这种搭配本身就暗含了某种意义，因为任何岩画句中的任何意义和功能只有在某种具体图像形式的支配下才能存在。因此，当我们看到图 F25、图 F26 里一个个图形时，我们往往会毫不犹豫地认为它们都是传递出“骑者与羊”、“骑者放羊”意义的句子。

其实，在整个贺兰山岩画句里，所有成分都纵向上下组合的放牧句并不多，[1] 我们所能见到的由骑者形式结构的合体岩画大多数都是类似  或图 F27、图 F28 这样搭配组合：与骑者形式组合的另外一个成分是各种类型、各种形态的羊形式。骑者成分通常或者位于其他羊成分的前面，或者位于其中间、后面。[2] 它们与羊成分整体横向或者纵向并列组合。在这种施事—动作结构里，骑者与羊形象之间可能存在的关系是不言而喻的。

这种搭配的句法结构所呈现出来的句法关系具有相对的稳定性。骑者、羊或动物成分可以是根本形式，也可以是派生形式；一个岩画句里可以有一个骑

[1] 这类岩画句的出现也反映了整个贺兰山岩画发展演变的一个趋势，即书写方式的渐趋纵向化。这又是另外一个问题，后面章节有专论，兹不赘述。

[2] 图 F27 这样骑者在前、羊尾随其后，所有成分呈一条横线状组合的图序，就像无声的肢体语言，生动形象地表达了“放牧”这一基本概念。图 F28 呈现的则是一种比较特殊的情形：即拥有主格—次格结构的主谓句。主格形类骑者位于整个视觉空间核心位置，其上下分别有一个、三个形体较小的象羊之形的次格形类，它们之间的搭配组合表达了一种鲜明的统领关系，明确叙述了骑者的行为。

者、羊或动物成分，也可以有两个或两个以上。例如，是两个骑者成分（或主语）、三个羊成分（或谓语）结构的六重句。两个骑者成分虽然位于三个羊成分上面，但它们之间的搭配所传递出来的基本句法关系是相当明确的。因此，这种岩画句也只是所使用的具体素材及其数量与不同而已。这就是说在造句关系上，它仍然是拥有主—动句法结构的岩画句。

即使在骑者（主语）与羊形式（谓语）之间插入一个或两个、两个以上的抽象符号形式，这些另类成分的加入也并不会从根本上改变“人放牧”这一叙述式谓语型句结构本身，只是使它的表意更加确切。如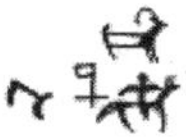这个四重句中间一个抽象成分的存在，并不影响我们对整个句子所传递出来的“放牧”基本意义的理解。同理，里紧密附在骑者与羊成分旁边的四个小点以及一斜线似乎只是对它们起着进一步的说明作用。

图 F28

(三)零距离

在岩画句排列组合时，各成分之间有了一定的先后、左右、上下次序后，紧接着一个问题就是距离。这就是每个成分组合时彼此之间应该保持多大的间隙。可以说，在把一个个成分联结成更大的单位（合体岩画形式）时，距离显得格外突出。尤其是在骑者这个典型形式里，我们看到了距离这一抽象语法实体在表达一切构形和造句关系时所处的重要地位。作为根本形式的人形式若不是零距离地与马形式接触，就不会产生“骑者”的概念。因此，放松或拉近两个成分之间的距离是贺兰山岩画构形或造句的一个基本手段，也是它表达构形或造句关系的一个重要方法。当拉近成分之间的距离时，整个岩画形式是高度综合的形式。例如，图 F29 呈现的就是一块密密麻麻，布满象羊、马之形形式的独立石头。这些动物形象有的大，有的小，一个挨一个，一个套一个，看似杂乱无章，然而它们一律头略朝向右上方倾斜方向运动的动作似乎又在告诉我们什么。

同理，图 F30 这个岩画形式，乍看是由多种成分组合的独体岩画，细看则是一个通过多种语法关系连接在一起的一个复杂的形式（或者说合体岩画形式）。这些被凝结为一体的复杂形式表达的是“群”、“组”之类统一的概念。图 F30 这个岩画句里的组成成分是屈指可数的。它们都是我们的视觉能从中识

图 F29

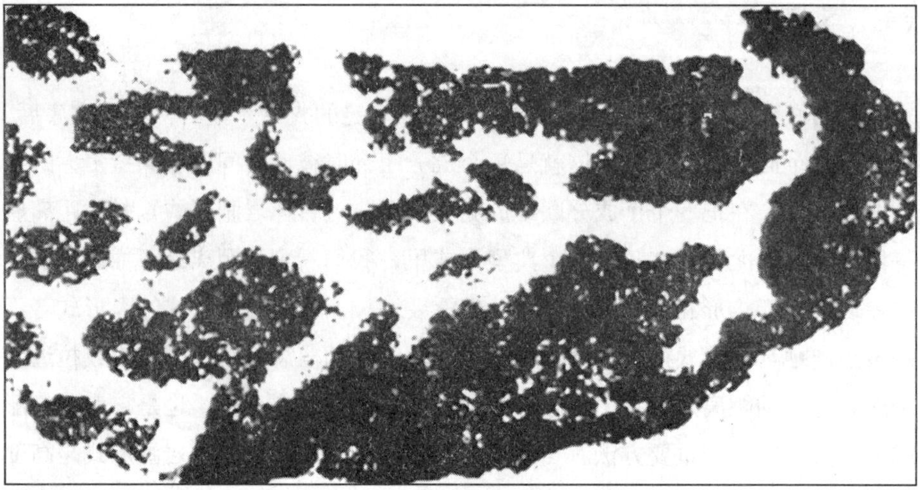

图 F30

别出的肖似符号，也即五个象羊之形的形式。然而，我们的视觉不能区分出图 F31 下面两个岩画里的各个成分，尽管它们也是一个个成分组合的结果。

其实，这些复杂形式不过是类似、这样的序列——其中各成分之间的距离基本上被取消了而已。作为一个有意义的成分，大凡每一个岩画形式里那些被取消了彼此之间距离的各组成成分本身已经失去了它们的相对独立性。例如，图 F31a 是三个成分组的结构，其中右边的成分组明显地是原来有序的八个独立羊形式[1] 被紧缩在一起造成的，从而与邻近的两个成分保持着视觉空间上的距离。这个距离当然也是心理上的距离。它让我们不得不把整个图 F31a 自然分为三个相对独立完整的组成成分，即右边八羊结构、左上角的图案和左下角的射手形式。

这些凝结形式的共同特点是复杂的构造被高度浓缩为一体，各个成分不能被割裂，也不能被改变。这些凝结形式里的组成成分有的完全或部分能被我们辨认出来。正是作为一个拥有相对完整统一概念的高度综合形式，这些凝结形式在功能上往往与单一的基础形式无二。这就是说它们是可以不依附于任何其

[1]　按贺兰山独体岩画形式结构的一般法则，我们也有理由把它们视作一个复杂形类（即右边两大五小羊形式上下相套、相包含结构）与一个简单形类（即右上边一个根本羊形式）的组合。

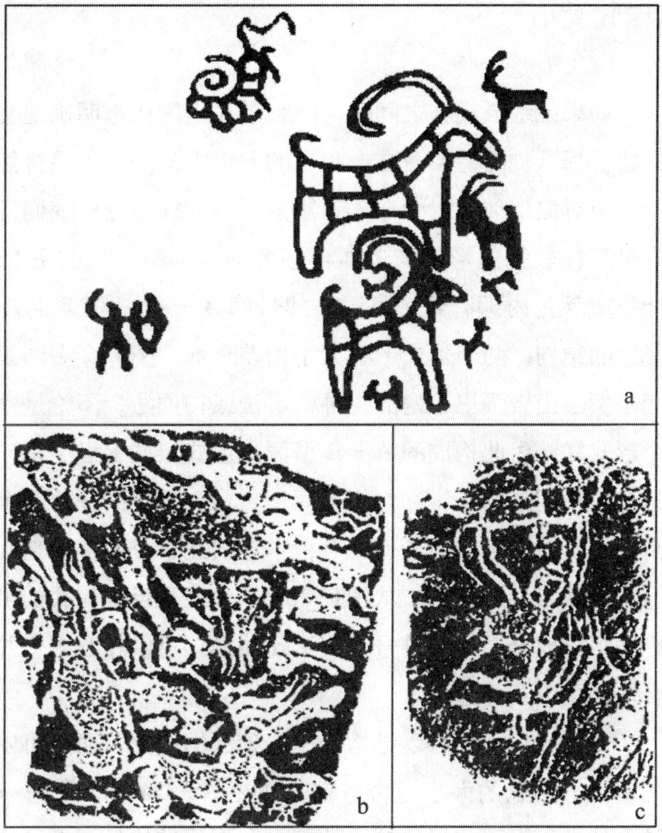

图 F31

他形式的自由形式或语法单位。在整个贺兰山岩画中，它们既可以独立，也可以与其他根本形式或语法单位合成，出入任何句型、任何语境之中。例如，图 F31c 两个骑者形式与的上下垂直组合，以及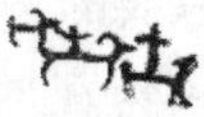让我们看到派生骑者、甚至骑射（或骑猎）形式可以独立存在，也可以作为一个组成成分彼此或与其他形式组合，从而形成一个新的复杂复合形式。

总之，贺兰山岩画里的一些复杂形类往往是被高度综合化了的凝结形式。决定这些形式的唯一巨大力量是各成分之间的距离。考虑到这一点，我们不难理解为什么贺兰山岩画里有那么多唯一形式的成分组或短句。因为，如果抛开序列，仅仅收紧或者取消各组成成分之间的距离太容易做到了。如图 F31b 里的各组成成分之间只是零距离接触，几乎无次序可言。

（四）大小

如果说组成成分之间的次序和距离通常相当明确地昭示了一定的造句关系的话，那么，它们自身在形状上的大小则又是一种最自然的构形法和造句法。

由对派生独立岩画形式和复杂形类的描述分析我们已经知道，很多派生形式是形体较大的形式与形体较小的形式的结合。如图 F32 左图二重句里的复杂形类就是内部有着繁复语法加号的 A＋（b）型派生人面形式与一个根本羊形式的结构。两个形式形状大小相差悬殊。图 F32 右图里一大一小两羊上下相套是贺兰山岩画里普遍的一种构形法或构词法。不论是性质相同还是不同，两个形式联结由此构成的 A＋B 型派生形式实质上已经是一个新的形式单位。无论是能指还是所指，它们都不同于它包含其中的任何一个形式。与意义独立完满、相对独立存在的任何一个根本形式或成分一样，它们也是一个所指具有唯一性和稳定性的符号。从图 F32b[1]这个三重反复句我们可以看到，作为一个独立的组成成分，这种符号具有造句功能，可以相互组合并与其他成分一起参与合体岩画形式的建构。

形状大小不仅可以结构出一个独立的成分，而且可以组句，也即利用岩画句中成分形状的大小组合造句。如在图 F32a 里，作为一个独立成分，由形状较大的派生人面与形状较小的根本羊形式结构的一个形体较大的复杂形类，再次与一形体较小的根本羊形式并列组合，从而组构出了一个主格—次格结构的二重短句。在这种拥有主格—次格结构的岩画句里，成分形状的大小往往用来强调语义上的对比，标明同一个岩画句里，哪个或哪些成分是主要的，哪个或哪些成分是次要的。所以，正如次序和距离，成分形状的大小往往也能够相当明显地标示出它们之间可能存在着的某种关系。

事实上，一些贺兰山岩画句里的造句关系主要是由具体成分形状的大小来表示的。例如，在图 F33 这个三重岩画句里，中间一个成分非常突出。这既集中体现在它的形状比其他成分的大得多上，也体现在它结构的复杂性上。这是两个 A＋(b) 型派生羊形式再次组合的一个复杂形类，即 A＋B 型派生羊形式。其中左边一个羊形象的头上有复杂的黏附形式。这个复杂成分上面是一倒立羊

---

[1] 最下面是一个根本羊形式，其上两个派生羊形式。尽管是同一性质的符号，但它们能指层面的差异性明显，如两个派生羊形象一左一右方向不同，其中内含的小羊形象也是一个朝左一个朝右。

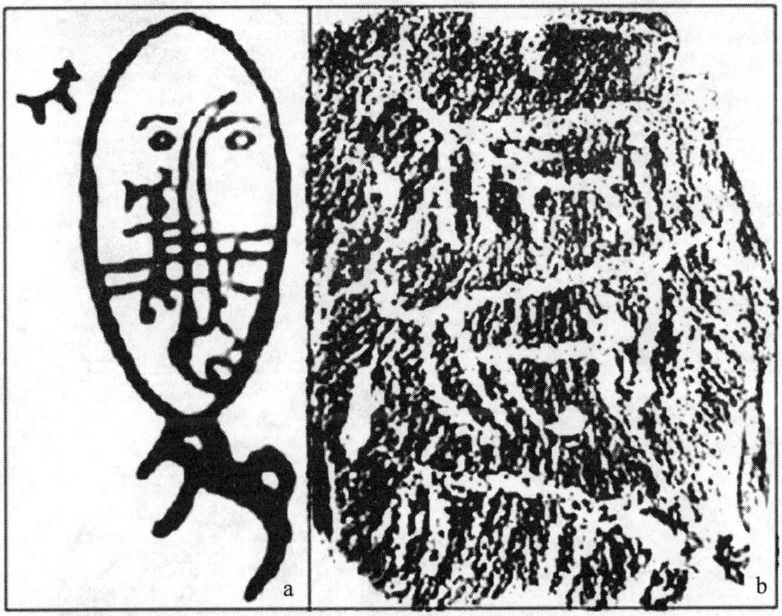
图 F32

图 F33

形式，右边是一个半圆圈状抽象形式。

一般说来，在大小形式结构的主次句法关系里，形状最大的成分都是比较复杂的派生形式，与之相反，形状较小的成分都是比较简单的形式。从数量上来看，形状大的往往只有一个或两个，形状小的则相对较多。有时，我们也能看到图 F34 里所呈现的情形。这两个都是由一大一小两个成分结构的岩画短句。而用以结构它们的大小成分都是比较简单的根本形式，尽管有些成分的形式元素比较复杂，如上图二重句里两个成分都是虚面、点与线结构，其中形体

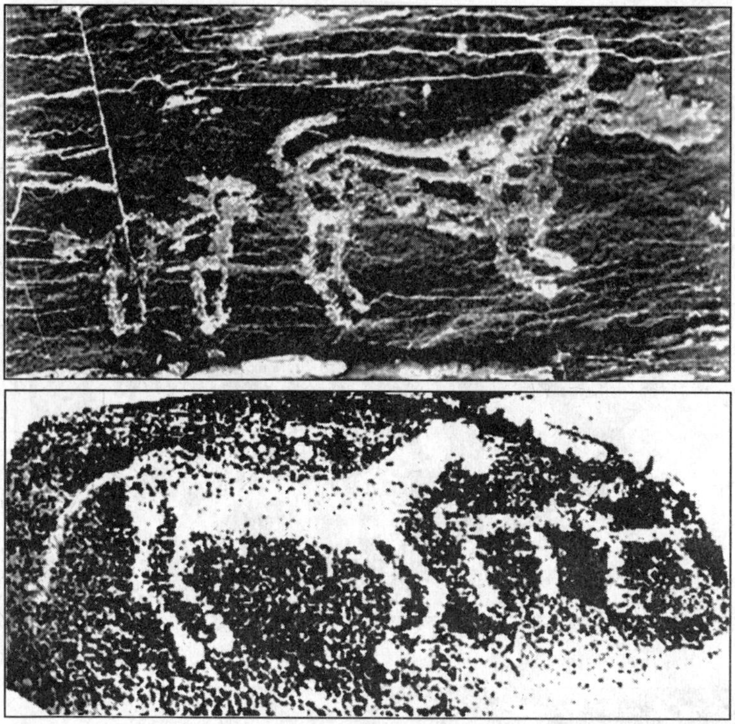

图 F34

较大的主格形类更是一个由平行曲线结构的镂空面形式；下图三重句里则有两个形体较小的成分。

然而，无论是复杂还是简单，形状最大的成分通常都或者处于中心位置，如图 F33 里派生羊形式霸道地位于整个视觉空间的最中央；或者处于最醒目的位置，如图 F34 里形状最大的马形式虽然位于旁边，但却占有整个视觉画面近三分之二的空间。而与图 F33、图 F34 里两个形状最大的成分组合的其他成分则相形见绌：它们不仅形状很小，而且处于相当边缘的地带。

各组成成分形状上这种十分明显的差异性，以及主次句法关系的集中体现者——形状最大的成分在整个句子里的醒目位置，都昭示了组成成分之间存在着的主次关系。如图 F35 这个著名的贺兰山岩画[1] 就可能指出其中形状最大的成分以某种方式限制了其他成分所处的范围。即使粗略计算，这也是一个四重

[1] 该岩画位于回回沟内，西距沟口 1 千米。岩画凿刻在北崖山梁中央的一块巨石上，距沟底 30 余米。整个画面东南，高 1.32 米、宽 2.15 米。画面左侧是一头巨大动物，这是贺兰山岩画个体图像中最大的一幅。

图 F35

岩画句。其组成成分分别是一复杂派生形式、一个派生骑者形式、一个根本羊形式和一个"√"状简单抽象形式（位于最左边）。其中最引人瞩目的是复杂派生形式。[1] 它的形状最大，几乎占去了岩画的所有空间，整个岩画句乍看似乎是一个独体岩画形式，也即一个复杂派生形式。[2] 这主要是因为与它相比，其他三个组成成分的形状显得太小了，以至于可以忽略不计——它们分别龟缩在它的最前边和最后边边缘地带。换言之，在整个视觉空间中，它们所占据的面积相当有限。与其说它们是与大的复杂派生形式一样的组成成分，不如说只是大的复杂派生形式周边的修饰（例如其最前面，也即作为根本形式的大动物嘴上面的一个羊成分，很像它的黏附形式）。

同理，图 F33 这个岩画里各成分所呈现出来的主次序列也暗含某种类型的

[1] 这是一个 A +（b）型派生形式，有外附加和内附加两种黏附形式。外附加成分有二，即分别位于这个巨大动物形象嘴、后腿下面的一个根本羊形式、一个圈状抽象形式。内附加成分有两部分，即位于动物头部的三个圆状图案形式，和位于它躯体内的五个大小不一的 A 型羊形式。

[2] 埃马努埃尔·阿纳蒂在《艺术的起源》里把它作为独体岩画研究。关于此图的收录情况很多：有的只有复杂派生形式，有的只有复杂派生形式的部分内容，如在李祥石和朱存世编《贺兰山与北山岩画》里，他们不仅把这幅岩画作为独体岩画收录，而且所收录的这一复杂派生形式里也没有外附加成分。详见李祥石、朱存世著，宁夏文物管理委员会办公室编：《贺兰山与北山岩画》，宁夏人民出版社 1993 年版，第 102 页。

图 F36

关系。因为这个二重句里所昭示出来的结构方式（即形状小的附在形状大的上面）是贺兰山岩画里最典型的一种构形法。而这个三重句里形状小的形式（一个人形式和一个虎形式）整个被涵盖在形状大的下面。

这种用不同形状的大小来标志成分之间关系的做法，在贺兰山岩画句里很普遍。如图 F36[1] 呈现给我们的就是主次序列里最奇妙的一种：由于自然剥落和人为地反复拓印，该岩画最下面已经模糊。然而，我们依然能大致断定这是一个三重句。三个羊成分呈略向右上角倾斜状上下组合，其中间是一个主格形类，也即形体较大的复杂派生羊形式。一个虚面结构的羊形象的躯体里包含着两个形体很小的实面结构羊形式，它的双腿之间也包含着一大一小两个实面结构的形体较小的羊形式。这个四羊包含结构的复杂派生羊形式是整个贺兰山岩画里的唯一形式。与贺兰山岩画里普遍的一种构形法，即一大一小两羊（或其他动物形式）或上或下相套相比较，图 F35 里这样形体较大的牛躯体内包含着形体较小的羊形象的结构方式非常罕见，而像图 F36 里四羊相含相套结构出的一个相对独立完整的组成成分更是绝无仅有。如果说一大一小两羊（或其他动物形式）或上或下相套表示两羊形象之间可能存在着的母子或父子关系的话，那么，形状较大的羊形式内包含着形状较小的羊形式，这种形式结构表现的或

[1]　参见前面插页彩图。

许就是一个孕羊形象，准确地说是一个身怀两个小羊的母羊形象，而它双腿之间两个一大一小羊形象的存在，说明它已经有两个孩子了。

（五）重复

贺兰山岩画里最重要、最普遍的表达造句关系的方法之一就是使用同样的具体形式（或符号、组成成分）。相同性质的成分可以重复组合出各种类型的岩画形式。这是贺兰山岩画句最为显著的一个特点。二羊复合句有之，三羊、四羊、五羊、六羊、七羊复合句亦有之。为什么要采用相同性质成分复沓的原则造句呢？这样造出的岩画句有什么意义呢？我们来看这样一个事实：贺兰口，位于贺兰县西侧约 50 公里的贺兰山中部，距银川市西北约 50 公里，地属贺兰县金山乡金山村。这里沟宽谷深，两岸山峰突兀高耸，怪石嶙峋。沟内有终年流淌不断的泉水。入沟内 10 多公里即可到达海拔 3556 米的贺兰山最高峰砂锅洲。从沟口沿沟而进，在通往最高峰的路上，准确地说，在沟谷南北两岸的断崖石壁上分布着各种类型的岩画，有独体也有合体，有人面形象也有羊形象，有根本形式也有派生形式。其中有很多是羊形式。沟两侧石壁上的所有羊形象有一个整体特征，即若沿着沟壁往沟里走，石壁上刻制的所有羊形象的头也都是朝着这个方向；若出沟往外走，则沟壁上刻制的所有羊形象的头也都是朝着这个方向。很显然，这些羊形式是建立在同一性原则之上的，它们起着记号或标签的功能。恰如红绿灯一样，任何人只要能看到同样的标记，就明白了某种关系，也即红绿灯所指示的意义。对这样的标记，重要的是知道它们所传达出来的信息，至于它们具体在哪里出现，或怎样表现的则是后话了[1]——它们整体上被公认为是同一类的了。

贺兰山岩画视觉语言所体现出来的这种“一致”原则，最典型的莫过于羊形式的复沓了。换言之，在贺兰山岩画里，羊符号的“一致”运用得最广泛。这个原则的本质不外乎此：同类的符号，特别是造句上起同等作用的，或用同样方式和其他成分相联系的，外表上要用同一的或功能上相等的形式标出

[1] 如每一个羊形式究竟是独体的还是合体的，或者说是以独体形式出现的，还是以岩画句形式出现的。

来。[1] 通向贺兰山主峰的贺兰口沟口南北两侧石壁上指示方向的羊形象基本上都是作为根本形式，这就是说没有其他形式的羊形式。若有，它也与表示方向无关。例如，在沿沟口往外的路上，大部分羊形象的头也都是朝东，个别朝向相反的羊形象一律都没有头（或者说它们都是有着语法减号的派生羊形式）。这就是说，凡是表示一致性关系的形式的外观也都是一样的，反之亦然。正是在这一点上，一致法与次序法取得了联系。

这种力求指称要在外表上明确的做法让我们明白：岩画作者用各种形式要素所结成的各种符号传达的都是很具体的现实内容。如果说次序、距离、大小所表现的构形、造句关系还只是暗含在其外表形式中的话，那么，一致关系则是我们能直接看到的。因此，从心理上说，次序、距离、大小与一致法是略有区别的。前三者借助于暗示并凭借人们的联想关系起作用，而具有命令性和强制性的一致法则不容人们有丝毫马虎。

（六）双数

在一个相对独立的形式上添加一个黏附形式，或增加另外一个形式，是贺兰山独体岩画构形的一个基本法则。人们不仅运用双数概念构造独体岩画，而且用以组建岩画句。贺兰山岩画里存在着很多造句关系是由具体形式的双数来体现的句子。这突出体现在拥有成分组结构的句子里。

各种类型的岩画句里都存在着分组排列组合的现象。这种成分组结构有一个最显著的特点就是相互配对，也即两个性质相同的成分之间的组合。如图F37所示：这个岩画里我们能辨认出四个形式：上面一个象鹿之形的形式，其右上角有一个形体较小的抽象形式，下面是两个象羊之形的形式。它们两两相插相套。[2] 因此，这是由三个成分组合的三重句。这些成分有的以根本鹿形式出现，有的以派生羊形式出现，有的以抽象形式出现，而且明显分为上下两组上下组合。两组里都有两个成分，它们可以相同，也可以不同。尤其是相同性质符号之间的两两紧密结构往往具有超稳定性。与以大小两羊上下相套为代

---

[1] 这里说的“外表上要用同一的或功能上相等的形式标出来”是就能所统一体的羊符号而言。实际上，若悬隔起所指，仅就能指层面而言，一致句法关系里的羊形式也都是A+（0）型。

[2] 实际上这是两个根本羊形式结构的一个A+B型派生形式或复杂形类。

表的A+B型岩画形式一样，图F37下面这个包含两个形式的成分也是一个独立符号。它的指称对象及其所指内涵当然也就不可能等同于结构它的任何一个形式的。双数构形的意义即在于此。

图F37

两个相同或不同的形式不仅可以结构出一个相对独立存在的、意义完整的复杂形类，而且可以作为组成成分，准确地说是作为两个一组的成分组，组合出各种各样的岩画句。在整个贺兰山岩画系统中，羊、人、马是结构双数成分组的三个普遍形式，尤其以羊形式最为常见。两个性质相同或不同的成分相互配对的现象虽然在各种句型里都有，[1]但比较普遍地存在于三重句里。例如，从最简单和最肤浅的观察出发，彼此之间的距离使得图F38里[2]两个为一成分组的现象非常醒目。

贺兰山岩画就这样以极其简便和自然的方式把每个成分分成组，然后再标示为岩画句里的构成部分。于是，对于我们的感性直觉和外部观察来说，双数就不再只是一个抽象的纯数学概念，而是一个活生生的现实存在。

至于在同一个岩画形式里，两个为一组的成分组究竟如何排列则没有任何规则。它可以像图F38里那样与另一个成分上下组合，可以排在另一个成分的左边，如，可以排在它的右边，如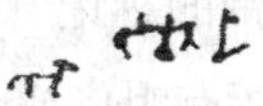，更可以位于另一成分

[1]　参见前面有关六种岩画句的描述分析。

[2]　图F38所列举的为黑石卯岩画。这是一个按2/1成分组上下组合的三重反复句，其中上面两个根本羊形式左右呈水平状并列，下面一个根本羊形式单列。

图 F38

的上面（如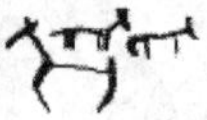）或下面（如）。在不同岩画句里，即使处于大致相同位置，成分组的两个成分的具体排列亦不同。如与里的成分组都位于另一成分的上面，前者两两呈垂直纵向组合，后者则大致呈横向排列。当然，这种差异也体现在成分组两个成分的内部形式结构上。如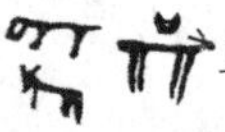与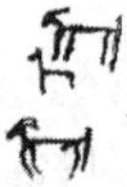里的成分组都是两羊成分结构。虽然都是根本羊形式，但是，它们的具体形态不同。

位置的灵活多变和能指层面的差异性表明：成分组的次序和内部形式结构不影响我们对上述岩画句用如此简单、感性的方式所传达出来的双数概念的理解。图 F39 里两个岩画句更明确说明了这一点。图 F39a 六重句两两配对：性质相同的成分搭配在一起，不同的也搭配在一起。根据两个一组的三个成分组及其相互之间的组合所带的标记（它们之间相对独立存在），我们可以很容易地确定这个六重句里的所有组成成分之间是如何结构的（它们相互区别地呈环形并列组合）。

与不同性质的组合相比，两个性质相同成分结构的成分组稳固性更强。如图 F39b 里的七重句所示：即使在两人面组合里加入一个马成分，我们也会忽

图 F39

略它。这就是说看到，我们很自然地会把下面两个人面视作一组，[1] 尤其是在图 F39b 这个七重句语境中：其他两个成分组都是两人面组合，这说明两人面成分组本身已经成为一个相对独立、意义完整的形式单位。它的区别性正源于它的稳固性。

有时，成分之间的组合次序也是我们划分成分组的一个重要依据。如图 F40 所示：使我们把左边两个成分归为一组的原因不是别的，而是它们之间的上下组合。正是这种组合所形成的一个相对统一完整的视觉空间或整体形式，使得这个三重句里三个成分之间按 2/1 组合的现象一目了然。与此同时，这种组合也拉开了它与岩画句里另一成分之间的距离，二者之间的句法结构昭然若揭：右边单列的成分与它们既有区别又有联系。这种感性的句法结构，或者说感性的形式生动地传达出了岩画作者明确的二元意识：岩画句里所有的成分被明显地划分成两个一组的相对完整的统一体。这一划分显然存在于作者“思维的规则中、感觉的追求中和无法探明的人类和大自然的有机组织的最深的根源中”[2]。

而整个贺兰山岩画里大量存在的以羊成分为核心的 A + B 型复杂形类（准

[1] 实际上，这又是一个相对独立存在的按 1/2 组合的合体岩画形式。

[2] 此为洪堡特语。德国语言学家威廉·冯·洪堡特曾撰有“论双数”一文，专门探讨了语言中所体现出来的双数概念。详见其《语言与人类精神》，钱敏汝译，北京师范大学出版社 1997 年版，第 17 页。

图 F40

确地说是 AA 和 A + A 型派生形式)，和二重、四重短句及其之间多样的组合关系则充分说明：双数概念非常鲜明地进入了岩画构形与造句中，两元关系在贺兰山岩画中占据着重要的位置。

（七）抽象形式

各种抽象形式在贺兰山岩画构形、造句中具有重要地位。我们已经知道，贺兰山岩画里不少 A +（b）型和 A + B 型复杂形类都是由具象形式与抽象形式结构的。如是两个具象羊形式与一“？”状抽象形式结构、是一个形体较大的抽象羊形式与一个形体较小的具象羊形式结构。同样，具象、抽象形式也可以作为相对独立的组成成分，彼此组合结构出任何类型、多种形态的岩画句。

大小也好，双数也罢，前面我们所说的四种造句关系基本上都是由具象形式直接表示的。在贺兰山岩画里，还存在着不少由抽象形式与具象形式联合起来表示一定造句关系的句子。如图 F41 所示：这两个二重句，上图一个是根本羊形式与图案形式结构、下图一个是 A + B 型具象羊形式与一个月牙状笔画形式结构。在这种岩画句里，抽象形式与其他具体形式直接并列在一起，它们

图 F41

之间没有明显的主次区别。特别是岩画制作者给简单的抽象形式也留有一席地位：岩画句里的两个抽象形式，即图案和一短曲线，明显占据着与另一成分（具象形式）相同的空间位置。这充分表明它们不是依附在其周围某个成分上的黏附形式，而是一个相对独立的组成成分。

除类似图 F41 这样作为句中必不可少的组成成分外，就抽象形式的样式来看，贺兰山岩画句里还主要存在着以下两种具有造句功能的抽象形式：

（1）抽象具体形式。贺兰山岩画里大量派生形式是抽象形式与具象形式的联结。这种复杂形类可以作为独立成分与其他成分组合出一个更大的形式单位。如图 F42 中间有一个形体较大的成分：下面一个 A +（b）型羊形式，羊形象头部最前面有两条向上延伸的平行曲线，曲线末端上又有一根本羊形式（羊形象的两条腿与曲线部分叠合），尾巴部分也有一条向上延伸的单曲线，它

图 F42

上面也有一个根本羊形式（羊形象后腿直接插入曲线内部），两条曲线的中间或者说上面两个根本羊形式中间又有一个“×”状抽象形式。整个三羊结构成分的主体部分虽然是一圆圈状抽象形式，但其基本形态依然是下面一个形体较大的羊形象，准确地说是有两个羊黏附形式的派生羊形式。只不过与一般有黏附形式的 A +（b）型羊形式相比，图 F42 中间这个更加抽象化而已。这个形体较大的抽象具体羊形式具有一定的造句功能，它位于整个岩画句核心位置，具有整合、统领位于它左右边其他两个羊成分的作用。

（2）抽象黏附形式。在派生岩画形式里，点、线等简单笔画状抽象形式，往往把两个相对独立、意义完满的形式联结为一个统一的整体形式，也即 A +（b）型和 A + B 型派生形式。同样，我们也能看到一些在岩画句结构中起造句作用的抽象黏附形式。它们在岩画句里主要起着三种作用：

第一种是串联。两个组成成分或成分组有时会被抽象黏附形式连接起来。例如，图 F43a 里五个羊成分分为两个成分组：两个一组、三个一组。它们呈倾斜状分别位于整个视觉空间的两端。然而，奇特的是，岩画作者刻意用一长长的曲线串联起独立的两组。这条线的一头与两个一组里的一个羊成分紧密连成一体，致使这一 A 型羊形式变成 A +（b）型；另一头则与三个一组里的一个 A 型羊形式相接（但不是连成一体）。这样，这一条长曲线就不仅仅只是某

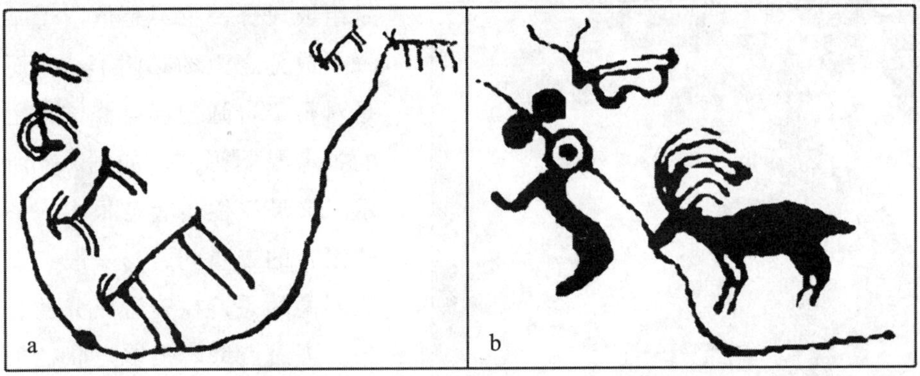

图 F43

一个根本羊形式上添加的语法增号，而是一个结构岩画句的单位。换言之，形式的附加成分不只表示派生概念，有更深远的意义——它是造句关系的符号。图 F43b 也如此。一条抽象曲线黏附形式把两个复杂形类羊成分连构起来，两个成分由此变得不能被割裂，也不能被改变。这使得我们必须把两者视作一个统一整体形式考虑。墨西哥人的古文字里也有类似的表示法。这种文字纯粹是画出来的单个图像，如果没有一个图像能确切地表达意思，人们就把若干图像用线条连起来。[1]

第二种连构。两个组成成分有时会借助于一些抽象黏附形式组合得更加紧密。这些黏附形式基本上是点、线等画状形式，如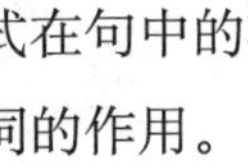、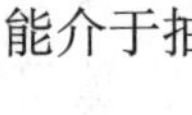、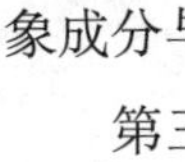、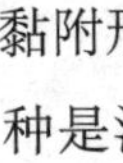所示。与作为组成成分的抽象形式不同，这些抽象形式与岩画句里具象形式之间的距离很近且位于它们之间，起着连接两个成分的作用。或者说，它的存在使得两个成分之间产生了某种特定的关系，使得我们必须把这两个成分视作一个统一体看待。严格地说，这种抽象形式在句中的功能介于抽象成分与黏附形式之间，它们在岩画句里主要起着连接词的作用。

第三种是注释或补充说明。贺兰山岩画句里还有一种比较常见的抽象形式。无论从所占视觉空间的位置，还是与其他成分之间的距离来看，它们都不

[1] J.G. 赫尔德在分析说明为什么有的语言可以仅仅是图像和感觉的简单汇合，而没有任何相互联系和限定关系时，列举墨西哥人古文字里这种表示法说明，若干图像与线条“这类联系必须从他们的整个生活世界来推想或预卜”。见其《论语言的起源》，姚小平译，商务印书馆 2009 年版，第 75 页。

图 F44

是组成成分，也不是依附于某一个成分之上的黏附形式，而是对整个岩画句起着修饰作用的抽象黏附形式。如图 F44 所示：这是派生骑者与根本人形式组合的二重句。与一般二重句不同的是，在骑者成分的右边、下面点缀着很多点状抽象形式，以及一个“一”状笔画抽象形式，根本人形式下面也有不少点状抽象形式。从整个二重句的形式结构来看，这些没有完全黏附在根本人形式和派生骑者形式之上，但却比较紧密地依附于它们的抽象形式，不是岩画句组成成分，而只是整个二重句的附加形式。因为虽然这些抽象形式以及它们与人、骑者成分之间都保持着一定距离，但它们与两个成分在形状上鲜明的大小关系及其所处空间位置，很容易使我们联想到它们是一个统一体。特别是这些抽象形式集中位于两个成分的下面及边缘地带，更明确昭示出它们的从属地位。总之，在图 F44 这个岩画里，与其说点、线状抽象形式是其中的一些组成成分，不如说它们是从属于某一成分或整个岩画句的特殊黏附形式，其功能只是对其所依附的某个成分或岩画句进行特别的解说，或者说注释。

值得注意的是：在所有抽象形式里，有一些普遍形式，也即自由形式，它们不仅可以反复出现在很多句子里，而且在不同岩画句里具有不同的功能。例如上述例子里经常出现的一横线状形式。在有的岩画句子里，它是一个必要的组成成分，如、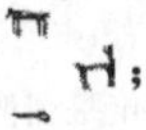；在有的岩画句里，它似乎是连接词（如、）；在有的岩画句里，它则好像是注释词（如图 F44 以及

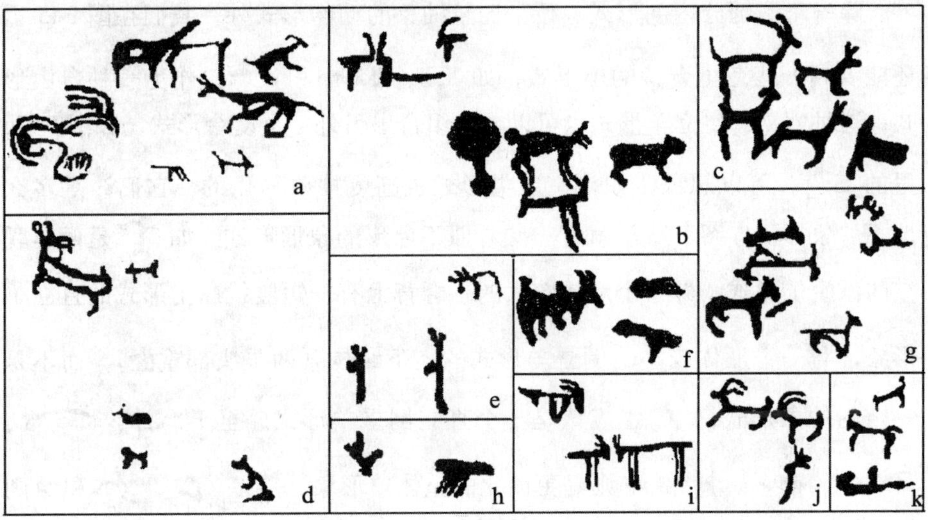

图 F45

里的“ ”)。

在基本上由具体形式结构的贺兰山岩画里为什么还出现了具体与抽象形式结构的岩画句？它向我们传达出了什么？尽管我们不能准确知道这些抽象形式具体的指称对象及其意义，但是，从这样的句法结构，我们能发现贺兰山岩画演变发展的一个趋势——简化。例如，在图 F45 这些岩画句里，我们能看到省略了部分内部结构形式的组成成分。它们中的大部分只有动物形象特别是羊形象的前半部分，如 、 、 、 、 ，有些只有头部，如 、 、 。尽管它们形体不完整，但是在岩画上下文中，我们还是会把它们视作一个形体完整的动物形象。同理，我们不难把图 F45a、d 里的 、 ，图 F45f 里的 与 ，以及图 F45c 最右边的 也都视作羊成分。贺兰山岩画里这类有着语法减号的羊形式非常普遍。它们可以作为独体岩画，诸如 、 、 、 和 ，可以与任何类型、任何形态的岩画组合，如我们会毫不犹豫地把 、 、 和 里的两个成分都视作羊形式。

除省略了部分内部形式单位、比较抽象的动物形式外，我们在图 F45 里还能看到一些造型奇特的羊形式，如 、 和 。作为一种自由形式，这种直立、倒立羊形式也可以再次组合出另外一个复合形式，如图 F45g 里的 。可以想象，如果说这类形式也高度抽象简化的，它们该是多么地不“象形”！图 F46 里就有一些看似不象形的象形形式。如 是两羊联结的派生羊形式，即一个形体较大的、脊背上有一短竖线黏附形式的直立羊形象，与一个形体较小的倒立羊形式的上下结构（两羊头部重叠），而不是完全的抽象形式， 也应该是一个直立倒立羊形式。至于 、 、 、 、 和 则是更简化的整体羊形象。 、 、 和 则是酷似羊头部或羊角的抽象符号形式。这种高度简化现象的存在使得我们有

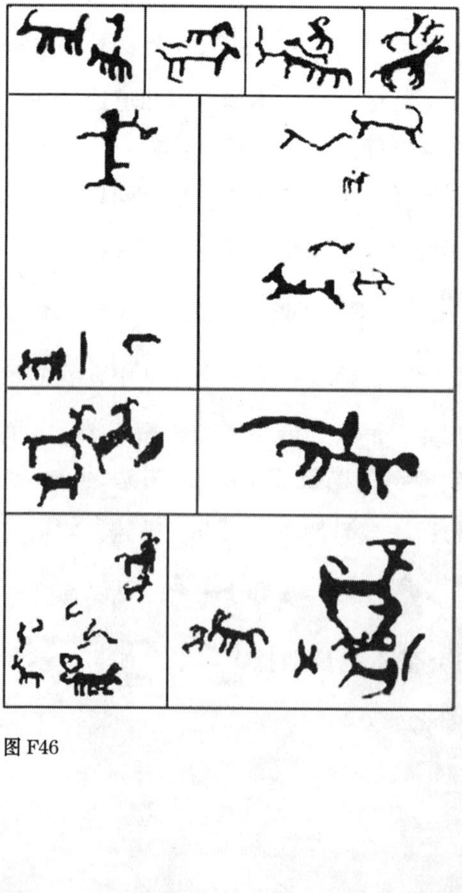

图 F46

图 F47

理由把图 F46 岩画句里的、、和也都视作羊形式，也即非常抽象简化了的羊形式。

也许正是由于贺兰山岩画里所体现出来的这种具体向抽象、复杂向简单的演化规律，让我们理解了为什么贺兰山岩画里还存在着一些完全由抽象形式与抽象形式结构的岩画句。这些岩画句虽然通常都是短句，但它们并不都是由简单笔画、图案状抽象成分组合的简单句，而是由复杂形类结构的复杂句。例如，图 F47 上面一个成分很繁复：这是一个抽象具体形式，也即两个派生 A+(b) 型象正面站立人之形的形式，与一个根本马形式的联结；下面一个则很奇特：这是一个有着内外黏附形式的派生方框状抽象形式。两个复杂形类上下纵向组合构造出了图 F47 这个二重句。

五、概念世界

维特根斯坦说："在语言中不能表现任何'违反逻辑'的东西，就像在几何学中不能用坐标来表现违反空间规律的图形，或者给出一个并不存在的点的坐标一样。""虽然我们能在空间上表现一个违反物理规律的事态，但是我们不能在空间上表现一个违反几何规律的事态。"[1] 从对上述七种造句法的剖析，我们更进一步确信：作为图像的贺兰山岩画所具有的形式是一种逻辑形式，这种逻辑形式即是实在的形式。它所呈现出来的一切（意义）都是实在具体物象的图像，都与实在相符合（射猎图像即是一幅实在的图像）。在整个贺兰山岩画里，"射猎"或者说"射羊"是一个普遍的图式。它既是独体岩画形式，也是合体岩画形式里的一个基本成分。因此，为了更好地说明问题起见，我们仍以它为话题展开我们这部分的分析。

图 F48 上图是一个最短、最简洁的射羊（或射猎）岩画句。粗略的分析就能揭示出这个二重句里有两个不同的基本概念用几种方法互相联系起来。这两个概念是：持弓人或射手、羊。射手和羊的内部形式结构以及它们之间的排列顺序使我们能看见射手和羊之间所可能存在着的关系，也不难造成"射羊"

[1] 〔英〕维特根斯坦：《逻辑哲学论》，第 31 页。

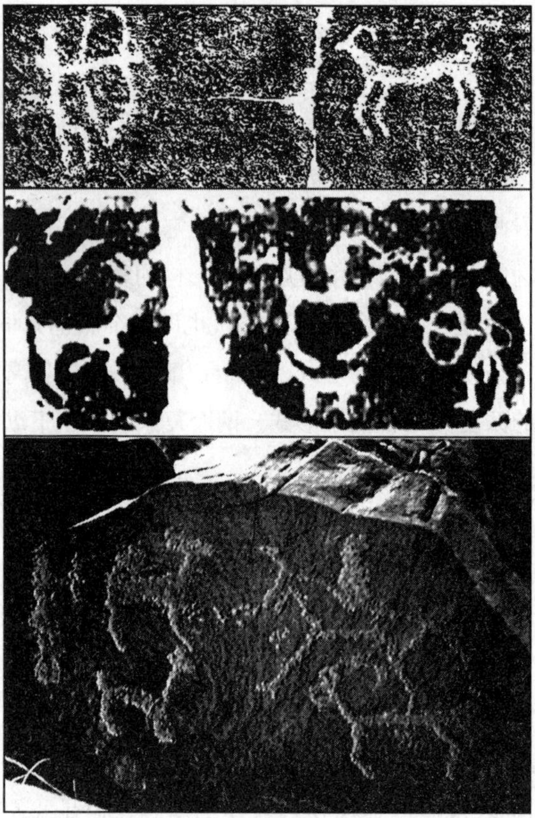

图 F48

或“射猎”这动作的印象。换句话说，“射手”、“羊”和“射羊”这些成分都指明了一个具体视觉空间上的概念。即使去掉左边一羊成分，之间还是存在着“射羊”、“射猎”关系。同理，若分别去掉右边两个羊成分或左边两个羊成分，把图 F48 下面两个四重岩画句改为二重句，也丝毫不影响其句法关系所传递出来的基本“射羊”概念。与也如此：去掉左边一个羊成分，整个句法关系展示出来的基本概念依然是“射羊”。

因此，“射羊”或“射猎”这种句法关系不受该岩画句中成分的多少、两个成分（也即射手和羊形式）的具体类型及其形态、数量多少以及各成分之间距离远近（如图 F48 上图二重岩画里射手与羊形象之间距离较远）的束

图 F49

缚。这就造成了贺兰山岩画里多种类型、多种形态的射羊句。不同类型射羊句之间的区别是明显的，如图 F48 两个四重句与三重句、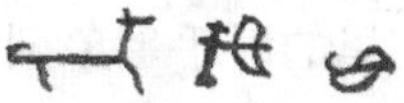最大区别在于前者比后者多一个成分（其中一个是骑者与羊组合的派生形式）。同一类型射羊句之间也存在着程度不同的差异，如三重句、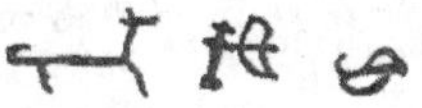和组成成分的性质、类型、图序、数量都相同（也即一个根本射手形式，两个根本羊形式），但组成成分的形式结构及其在句中所处位置或方向不同。[1] 而它们与图 F49 这个看似相似的三重句差异更大。这突出体现在图 F49 里的两个羊成分上。它们一个是虚面结构、形态奇特的根本羊形式（即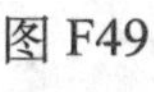），一个是两羊左右相连的 A + B 型派生羊形式。

当然，即使射手与羊形式的具体形态千变万化，也不能从根本上改变上述岩画句都是射羊句这一点，更不能否定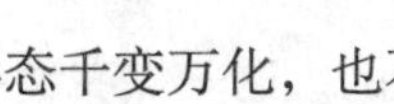、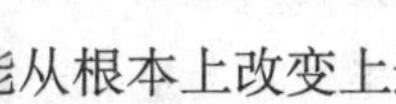和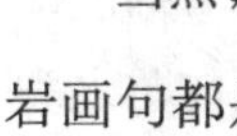以及图 F49 本质上是完全相同的三重句——具有相同句法关系、传

[1] 与是根本射手形式，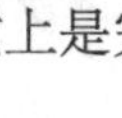则是派生射手形式。都是根本形式的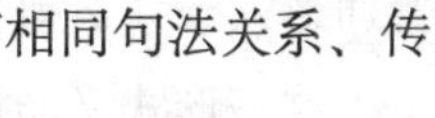、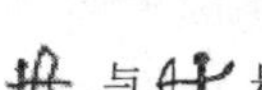与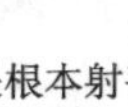彼此有别。射手成分在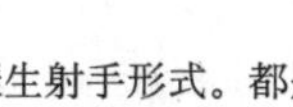和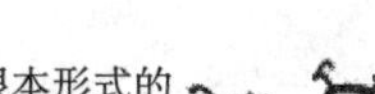里位于中间，在里则位于右边。两羊形象在里都面朝左，在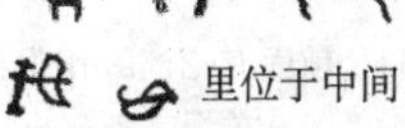里则都面朝右。

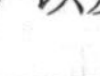

递出相同的基本概念。

然而仔细比较的形式分析告诉我们，尽管我们一眼就看到、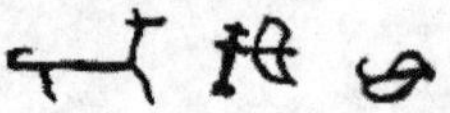和以及图 F49 这四个合体岩画形式里的三个成分（它们所传达出来的都是“射羊”这一基本概念），但是，它们并不是像我们所看到的那样被直接地展示出来的。从某种意义上说，一个“射手”是一个完全统一的概念，[1] 从另一种意义上看，它又是“一个持弓的人”。根本形式“人”所传递的概念绝不是有关人的身份的，而是有关某种生产动作的（射击），而这动作的概念本身又是以另一个有关某类东西（弓箭）的概念为基础的。作为 A + B 型派生形式，“射手”这一形式的功能与独立的“人”和“弓箭”完全不同：它是指从事某种动作的人。这就是说“射手”概念并没有直接说“射羊”，它不过表明射手和狩猎活动有足够密切的关系。事实上，从图 F50 我们可以看到：射手可以在其他岩画句里做射羊以外的其他事情。图 F50a 是一个二重句，其中射手形式射的是一复杂图案形式，图 F50c、d 里射手形象都正在射派生人形式或另一射手形式，而图 F50b 这个二重句里的射手形象则毫无射击目标。

这并不是说贺兰山岩画的表意不准确，恰恰相反，这正是它表意非常具体明确的体现——每一个形式都离不开特定的语境。换言之，任何岩画形式或成分都是一定话语情境中的形式或成分，都是整个贺兰山岩画中的一个形式或成分。例如，、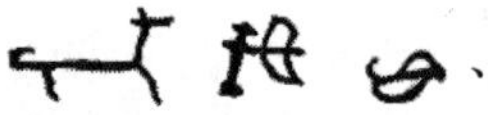、和图 F49 这四个三重句里的射手就是指从事射羊的人。它们把表示基本概念的人与弓箭这类名词变成从事者名词（射手）。这一专有名词与羊形式一样，在最严格的能指层面上是非重复性的。这一点我们从整个贺兰山岩画可以清楚地看到。由根本形式人与弓箭结构的射手这一 A + B 型派生形式，在功能上的确与羊之类普通形式没什么差别：它可以与羊或其他动物再次组合为另一复杂派生形式射羊，这一形式又能自由地与其他任何形式组合出各种各样的岩画形式。

[1] 前面有论述：作为根本形式的人与弓箭结构成一独体形式——“射手”，这一基本派生形式通常与另一羊根本形式再次结构出另一复杂派生形式“射羊”或“射猎”。由于使用的普遍性，“射手”与“射猎”在功能上已与一般普通形式无二。事实上，它们与羊、人、马这些根本形式一样，是贺兰山岩画里的基本成分。

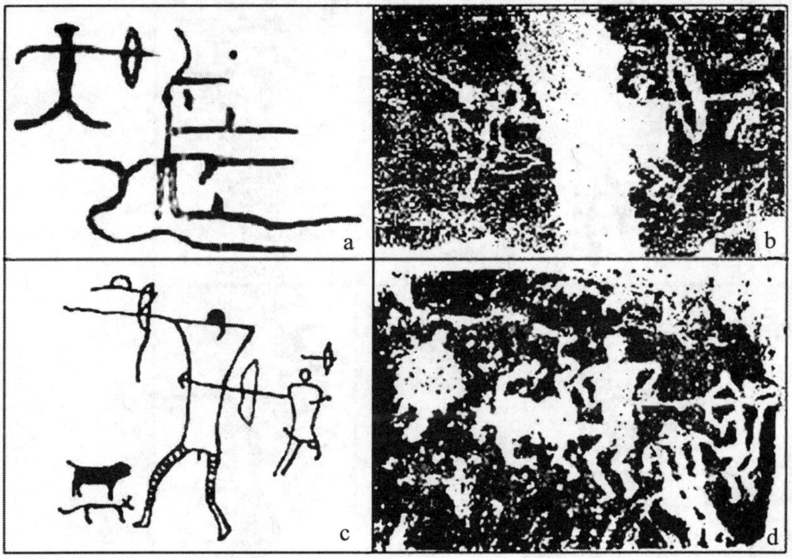

图 F50

尽管如此，独一性是它们最显著的特征。图 F51 里五个三重射羊句的同时存在充分说明了这一点。它们与、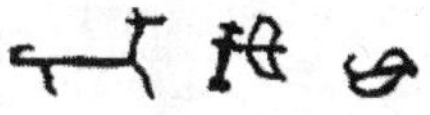、和[1] 以及图 F51 相似，都把三个成分（也即射手、两羊形式）、两个基本概念（射手与羊）合并在一个视觉空间形式里。但是，其中的射手形象千差万别。除一个派生形式外，其余都是根本形式。它们中有的跪着双手拉弓（如），有的站着单手持弓箭（如），有的一手叉腰一手持弓箭（如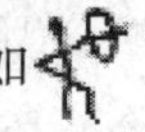），有的把弓箭抵在胸前（如）。射手内部形式结构上的差异甚至也体现在弓箭上。有的形似展翅飞翔的小鸟（如），有的形似椭圆形（如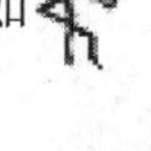），有的形似菱形（如）。而与、

[1] 为方便表述，此处及下面我们用图 F49 的复制图。

图 F51

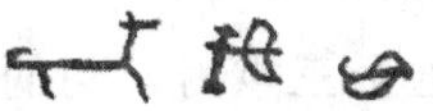、和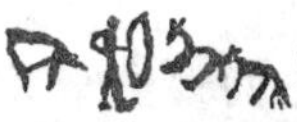完全不同的是，图 F51d、e里除射羊句法结构外，还分别有一个骑者形式和一个抽象形式。而且，图 F51 五个三重句里射手与羊形式都是纵向上下排列的，尽管射手与羊成分（其中一个也好，两个也好）之间存在着十分稳固的次序（也即射手形象手中的弓箭一定要面对着羊形象）。

射羊句中类射羊语词以及图 F52 和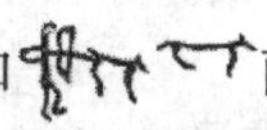两个二重句的存在告诉我们：射手的派生形式——射羊或射猎在造句时亦如此。这就是说在每一个岩画句里，它们的形状都不一样，也即它们都是作为唯一形式出现在每一个岩画句里。作为一个统一体，如果说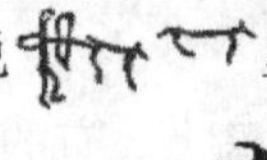里的（即派生射羊形式）是一个基本形式或者根本形式的话，那么，和图 F52 里的就是它的派生形式（其中射手形式上有黏附形式）。当然，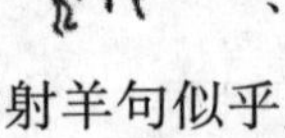、图 F51e 和图 F52 这三个由射羊成分和羊形式成分再次凝结成的射羊句似乎反复强化了

“射羊”概念。

值得我们反复强调的是：上述所有射羊句里的羊成分也是各个不同。这种不同既体现在各个岩画句之间，也体现在同一个岩画句里。图 F51a 里两只羊形式的同时存在及其所处特殊位置明确表明，射手正在射的是一个正在艰难地攀登的根本羊形象 ，而不是一只洋洋得意、左顾右盼的派生羊形象 。同理，图 F51b 里的两个羊成分与图 F51c 里的两个羊成分的内部形式结构完全不同。前者里一个是具象形式 ，一个是抽象形式 ；后者里一个是根本形式 ，一个是派生形式 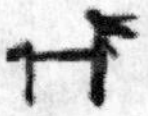。而每一个岩画句里射手形象直接射击的总是其中的一个形式，如在图 F51b 里，射手面对的是一只站立着的大羊形象 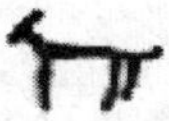，另一只形态奇特的  则似乎已经匍匐位于射手形象的脚下。

我们已经知道：A 型岩画形式和 A +（0）型岩画形式所表达的概念是不同的。因此，严格说来，上述岩画句里的射手、射羊和羊形式都属于 A +（0）型岩画形式，而不属于 A 型。因为如果它们是 A 型根本形式，就能作为一个独立的岩画形式出现，即指整个一类射手、射羊和羊形式，不论它们的大小，不论它们是什么形式元素结构的，不论它们是以什么形式出现的。而上述岩画句的同时存在说明：图 F49 里的射手、羊只限于指这一个射手、羊形式；图 F52 里的射羊、羊形式也只限于指这一个射羊、羊形式。它们传达出来的意义应该是这个一手叉腰的射手正在射两个前后紧密相连的羊、这个射手正在射一只肥壮的大羊。上述其他岩画句依此类推也都如此。这就是说每一个岩画句里每一个成分都是特指。

然而，“被指称物越具体，就越有必要通过一个区别性的特征确定指称的特性所在，而这个区别性特征本身可能就很复杂”[1]。这体现在整个贺兰山岩画里每一个射羊主题的形式也都是特指。尽管它们中有的是独体岩画形式，有的是合体，有些是二、三重句，有些是六重、七重句，但是，这些岩画形式都可以从整个贺兰山岩画这一参照系中获得独一且个别的特性。如图 F53 所示：这四个例子与我们上面所例举的所有射羊句子相比都是复杂句。这种复杂性集

[1] 〔法〕埃米尔·本维尼斯特著、王东亮等译：《普通语言学问题》，第 236 页。

图 F52

中体现每个岩画句里组成成分的丰富上。首先，有的有两个射手成分，有的有两个或两个以上的羊形式；其次，每个岩画句里都存在着三个性质完全不同的成分。这就是说除了基本的射手和羊形式外，这些岩画句里还有其他形类的成分。如各种抽象成分、人成分；最后，组成成分本身形式复杂。有的是多重派生形式，如图 F53d 左上角两个根本人形式与一个弓箭形式的组合，而图 F53c 里一个射羊句法结构里的骑射人形式又与其周围两个人形式、弓箭状形式和抽象形式联结在一起。组成成分的繁复使得原本简单的射羊句变得十分复杂，如图 F53b[1] 里结构出射羊句法结构的是一个有着黏附形式的派生骑者形式与一个根本羊形式，射手形式却位于羊形式的前面。

一般来说，组成成分的多样性主要有三个造句功能：一是使得原本单一的射羊主题复杂化；二是造成同一话题每个岩画句之间的差异性。例如，每个岩画句里羊形式和其他形式的数量就有很大差异；三是使表意更加精确化。可以说，上述岩画句里的“射羊”概念都有着特殊的内涵和外延。

这种力求每一个形式或组成成分指称要在外表上明确的情形是贺兰山岩画里一个显著的特征。独体岩画如此，合体岩画句也如此。前面我们在对合体岩

[1] 复制图引自李详石、朱存世著，宁夏文物管理委员会办公室编：《贺兰山与北山岩画》，第 216 页。

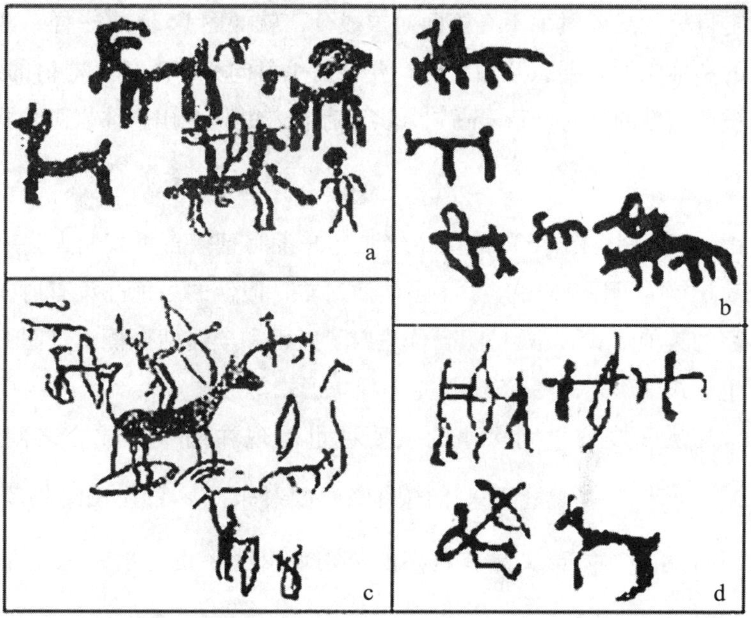

图 F53

画形式进行分类扫描时已经发现并描述了这样一个现象：不仅每一幅合体岩画形式不同，就是同一幅合体岩画里的各个成分之间亦不同。如果说独体岩画形式能指层面的异质性，使得每一个岩画都是真正的这一个的话，那么，合体岩画句里各个组成成分之间能指层面的异质性，则具有重要的指称功能：正是它建立起了确定的指称概念。正如一个个独体羊岩画形式，上述射羊岩画句里的羊成分和射手成分也都是各个不同的这一个！它们每个都既传达出了一般羊、射手概念，又传达出了作为它们自己的这个羊、射手形式的概念。因此，我们可以说，贺兰山合体岩画句里的每一个组成成分都起着代词的功能（表达着确定的指称）。如果没有这一点，同一射羊主题就不会存在上述那么多种呈现方式（只要有一个就行了）。

现在让我们换一个角度再次审视一下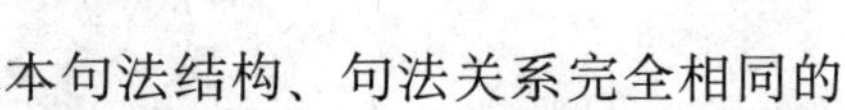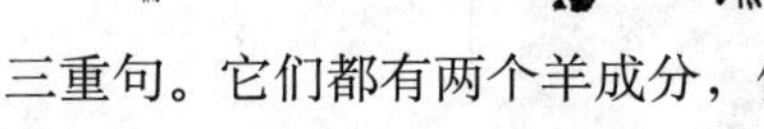这四个基本句法结构、句法关系完全相同的三重句。它们都有两个羊成分，但这并不改变射羊这一主题。然而，假如我们把岩画句成分的次序改变一下，彻底打乱它原有的动作—受事结构及其关系格局。例如，把射手成分放在两羊成分的上面，就像图 F54 里一样，射手无射

击目标，或者射手不直接面对羊成分，就像图 F53d 里一样，两个射手（具象的和抽象的）要么互相对射，要么射手射向另一对相互对射的射手们。那么，被调整后的这两个新岩画句（实际存在着的贺兰山合体岩画形式）显然就不再是、、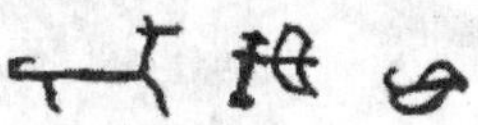和了。因为图 F54、图 F53d 这两个岩画句并没有直接告诉我们人"射羊"这一具体动作行为（图 F53d 里射手虽然面对羊，但他的弓箭并没有射向羊而是射向上面的其他形式），只是明确传达出了射手和羊这两个概念（图 F54 里是一个派生形式羊形式，图 F53d 里是一根本形式羊形式）。

组成成分之间次序的重要性也体现在两个羊成分之间。如果我们把里两只羊的顺序颠倒过来，尽管句法结构不变，但岩画句所传达的具体意义是有区别的：它表示射手正在射一只小羊，而不是一只肥壮的大羊或成年、壮年羊。同样，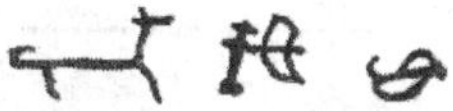、和里两羊固有的次序也是不能任意调换的。所以说，改变这三个射羊岩画句里任何成分的次序，就有可能改变它的意义和造句关系。

图 F54

世界就是这样被远古人类用句法规则展现在我们面前：、、和这四个本质上相同的、只有三个成分的岩画句实际上传达出了很多概念，为表达清楚起见，我们把其中主要的一些列表如下：

一、具体概念

- 1. 陈述里的施事者：射手
- 2. 陈述里的受事者：羊
- 3. 动作：射击

可分析成

- 根本概念
  - 1. 名词：人
  - 2. 名词：弓箭
  - 3. 名词：羊
  - 4. 动词 ：使用弓箭
  - 5. 动词：射击
- 派生概念
  - 1. 从事的：用 A + B 型构形法合成（射手）
  - 2. 表示大小的：用内部形式变换表达（大羊、小羊）
  - 3. 双数的：用 A + B 型构形法合成（两羊联结的复合羊形式）

二、关系概念

可分析成

- 指称
  - 1. 对施事者的确定指称：用整个贺兰山岩画句里同时存在的射手形式之间的差异性表达，这两句中射手成分本身都是唯一的特指
  - 2. 对受事者的确定指称：用整个句子里各成分之间的次序以及同时存在的羊形式之间的差异性表达，这两句中羊成分都是特指
- 数
  - 1. 施事者的单数：用一个射手成分表达
  - 2. 受事者的复数：用两个羊成分表达
- 施受关系
  - 1. 射手成分的主语性质：用射手形式的内部结构（射手的姿态是正在射击）及其位置在一个羊成分前面来表达
  - 2. 羊成分的宾语性质：用羊成分的位置在射手成分前面表达

可见，、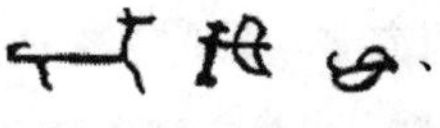、和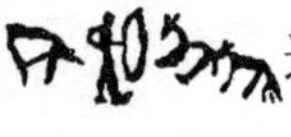这四幅贺兰山岩画里常见的只有三个成分的短句就表达出了17个不同的概念，其中五个是根本的和具体的，三个是派生的，六个是关系性的。这种分析让我们再一次认识到贺兰山岩画表意的直接性、具体性和象形性。恰如语言是世界的图解一样，贺兰山岩画这种逻辑图像也是世界的图示。它依附于实在，直接触及实在——三个具体概念射手、两羊和射击都是直接呈现出来的，“主语”和“宾语”这两个关系性概念，只由具体成分处在动作成分的前后来表达。指称的确定性、数这些在同一个岩画句里也表达出来了。可以说，无论是根本形式还是派生形式，无论是射手还是羊，无论是大羊还是小羊，无论是单羊还是两个羊的复合，每一个成分都在传达出一个特定的具体概念（东西、动作、品质）的同时也表达了指称、数之类关系性的观念。

这样的岩画句就是一个相对完整的表达思想的载体：它不仅传达出了一些最基本或者根本概念，而且还用一些关系性概念把它们连接起来，从而构成了一个确定的、基本的命题形式。在这个基本图像形式里，具体概念之间的关系是确定的。我们知道一个具体概念是如何直接或间接地与其他具体概念联系在一起的，这就是说岩画句传达出了基本的造句关系。当然，这种造句关系，如这个动作——受事结构所表达的施受关系是我们借助于联想关系，从成分之间的次序里判断并抽象出来的一个抽象实体。与射手、羊这样非常具体的形式相比，它显得比较抽象，但是并非完全没有具体性：这种施受关系具体是通过我们可以感知的射手与羊这两个根本形式概念之间的排列组合表达出来的。因此，准确地说，贺兰山合体岩画句里、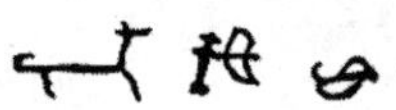、和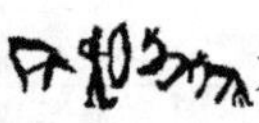为典型代表的四个动作—受事结构，是一种以具体形式及其结构图示了世界的逻辑图像。这种逻辑图像即是思想，即是一个系统化了的概念世界，它所表达的是一种具体关系概念。

Ⅶ 语篇分析

稳态（homeostasis）这个词不是表示某种固定不变的事物，表示一种停滞状态。它表示这样一种情况——一种可变的而又保持相对恒定的情况。

——〔美〕W. B. 坎农《躯体的智慧》

当然，一个结构是由若干个成分所组成的，但是这些成分是服从于能说明体系之成为体系特点的一些规律的。这些所谓组成规律，并不能还原为一些简单相加的联合关系，这些规律把不同于各种成分所有的种种性质的整体性质赋予作为全体的全体。

——〔瑞士〕皮亚杰《结构主义》

从能指和所指及其关系出发，我们对七重以下合体岩画形式作了全面系统的描述分析。由此，我们知道了独体岩画如何通过组合变成了合体岩画。然而，贺兰山岩画里还存在着很多七重以上的合体岩画形式。从组成成分的数量上来看，它们可以区分为可数的和不可数的两种。所谓“可数的”是指有些合体岩画形式里组成成分的数量是比较容易用数来确定的，如八重、九重、十重、十一重、十二重等合体岩画形式；与之相反，所谓“不可数的”是指有些合体岩画形式里的组成成分的数量众多，人们不容易清点。由于“可数的”合体岩画形式在整个贺兰山岩画里所占比例较小，所以，我们不再像七重以下岩画形式那样，把它们一一列出来描述分析。然而，为了把它们与七重以下合体岩画句区分开来，我们把它们与其他不可数的合体岩画放在一起，统称为贺兰山岩画语篇。本部分我们论述的具体对象就是八重（含八重）以上合体岩画。

一、意义的聚合体

我们所说的贺兰山岩画语篇仅仅是就合体岩画里组成成分的数量而言的。七重以下合体岩画所具有的一切特征，我们在八重以上合体岩画也即语篇里都能看到。例如，与岩画句一样，岩画语篇也必然涉及数个组成成分。这些成分通常都是一些相对独立的功能意义单位，如果单列出来，它们就是一个个独体岩画形式。这些形式大致可以分为两大类：一类是基础形式，一类是派生形式。绝大多数基础形式是具象形式。羊、马和人依然是其中最基本、最根本的三个形式，尤其是羊。此外，还有一些诸如简单的笔画和图案之类的抽象形式。派生形式里最多的也是具象形式。骑者和射手仍然是其中最基本、最根本的两个派生形式。可以说，岩画句与岩画语篇一样，都是由一个个有意义的形式或成分建构起来的，它们所使用的形类没什么区别：用来结构岩画句的成分，也用来结构岩画语篇。至于我们在分析岩画句时谈到的四种基本组合图式、七种造句法，同样也适用于岩画语篇。因此，从本质上说，岩画语篇只是一个放大了的岩画句而已。如图 G1[1] 里两个语篇所示：岩画语篇只是一个更

[1] 上图为贺兰山管理处工作人员收集放在贺兰口岩画，下图为宁夏博物馆收藏的贺兰山岩画。

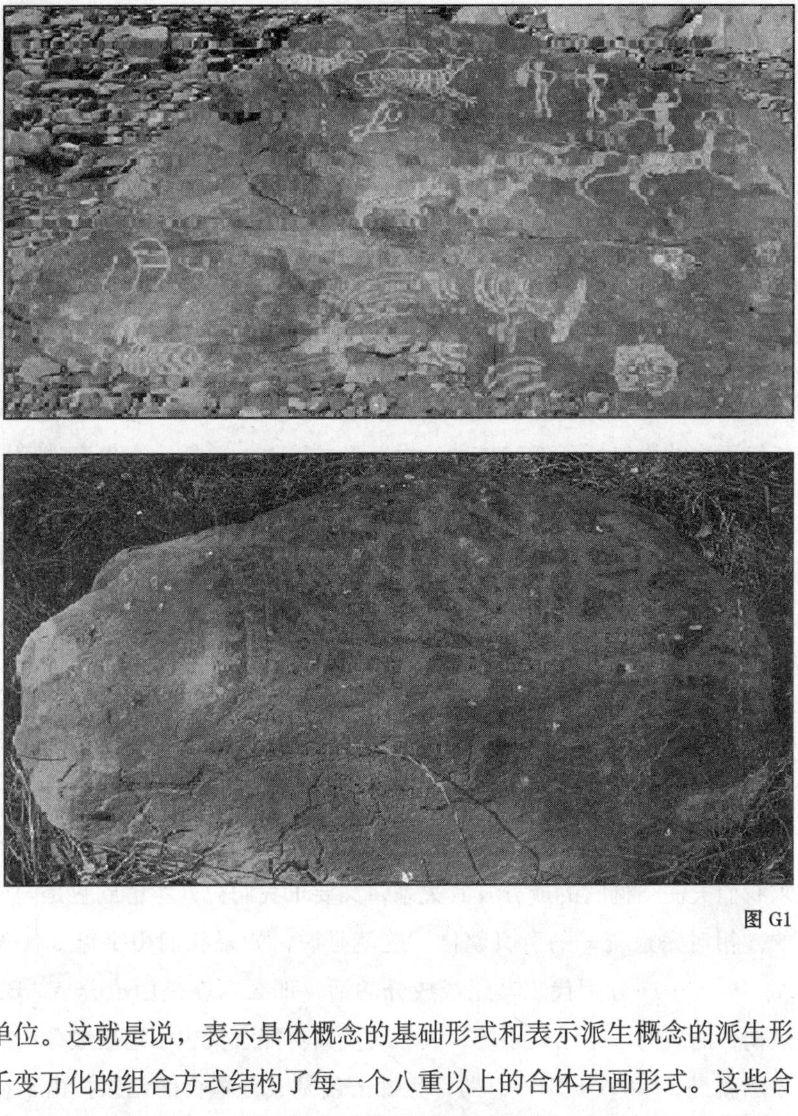

图 G1

大的形式单位。这就是说，表示具体概念的基础形式和表示派生概念的派生形式同样以千变万化的组合方式结构了每一个八重以上的合体岩画形式。这些合体岩画形式也是一个集合，一个由各种成分组合的成分组。如图 G1 两个岩画形式里都包含着数个可以解析出来的、相对独立存在的岩画成分。在属于同一个成分组的成分之间存在着相似性和相异性关系。图 G1 上图是一个拥有成分组结构的语篇。按从上往下的顺序，三个成分组依次是三个射手成分和四个虎成分结构的七重射猎句、三个羊成分和三个马成分组合的六重句，以及包括一个“月”字形的六个抽象成分结构的六重句。三个成分组里的成分不相同，即使每一个成分组里性质相同的成分彼此之间也不同。如三个射手成分、三个羊成分、三个马成分和六个抽象成分都具有同中有异、异中有同的特点。图 G1 下图是一个拥有零距离结构的紧缩语篇。其间不存在明显的分组排列现象，但是成分之间程度不同地存在着差别。若按其性质可以大致分为三类：一是比较多的是各种形态的象羊之形的形式；二是象马之形的形式（如右边两个头朝右上角放置的形象和一个左右放置的马形象）；三是多种抽象形式（如左边一梯子形形式、同心圆）。总之，各种类型、各种形态的成分之间也都程度不同地存在着某种相似性和相异性关系。除此之外，在每一个单列的成分和成分组之间，还存在着整体与部分或部分与整体的关系，这便是意义的基本结构。

由于每个八重以上的岩画形式也是一幅独立存在的岩画，也就是说，不用任何语法结构包括到任何较大的岩画形式里去，单凭这个事实就可以把它们划分出来。因此，与岩画句相比，岩画语篇更是一个多重意义结构的聚合体。例如，图 G1 下图这个语篇中成分的数量多且几乎不可数，内容也庞杂。与之相适应，它们的意义似乎也并不是那么简单地直接被呈现出来。尽管结构图 G1 两个语篇的最基本成分都是羊，也即有着实在基础的、可以辨识的具体物象，但是，由一个个有特定功能意义的成分组装起来的语篇，它们的意义绝不等于一个个具体成分功能意义的简单相加。图 G1 下图这个语篇里的每一个具体意义成分，都只是该语篇大厦的建筑材料，而不是大厦本身。事实上，成分间关系的存在是意义产生的必要的先决条件。因此，对每一个语篇意义的理解既要求我们关注结构它的成分及其关系，又要求我们充分考虑到它是一个独立存在的、相对完整统一的意义整体。这就是说，如果我们用字母 S 代表语篇，用 A、B、C……分别代表其组成成分的话，那么 S 就是由成分 A、B、C……通过耦合而成的一个结构系统，其性质及其功能意义也由这些成分组成。用公式表示就是 $S=(A+B+C\cdots)$，也即语篇是成分耦合的结果。由于在场（也即在语篇之中）是每一个成分存在的条件，每一个成分都或多或少地部分体现着整体的某些功能意义，所以，这个公式应该修改为：$S=(S_A+S_B+S_C\cdots)$。这意味着，恰如绝大多数独体岩画形式和岩画句都是表达具体概念的具象形式一样，由同样成分结构的岩画语篇也是表意单位。既然是表意单位，那么，我们知道一个语篇里绝对不可少的，必须表达的，非此语篇就不成其为令人满意的意义单位的是什么呢？显然，要表达，必须要说到某个东西、动作、品质，也就是必须要有一些基本或根本概念以及和它们相应的形式或者成分。

基于以上认识，我们以下的研究将努力把每一个语篇的整体与部分结合起来，把有组织的整体看作是由一些互相联系的成分组成。我们的具体操作步骤是：首先对比描述语篇中成分所具有的性质及其功能，其次深入剖析形成它们结构的可能机制，最后分析整个语篇的整体功能意义。

这里还有一个问题：如何找到一个合理地将整体分解成部分的方法？与每一个独体岩画形式和岩画句一样，每一个岩画语篇都是整个贺兰山岩画里的一个唯一形式或者说语篇。这就是说贺兰山岩画语篇也具有独一性，彼此绝不重复。它们有些复杂，有些简单，但都包含着至少八个以上相对独立存在的成分。因此，与上面我们对岩画句分析时所采用的方法一样：依据是否相对独立存在（往往与周围其他成分不紧密联结），也即是否是一个相对独立的形式或词，我们就可以很容易把一个整体语篇分解成一个个相对独立的成分。每一个语篇似乎只能看作由这些成分组成的整体（这一点是由语篇自身显示给我们的），而不能看作由各种形式元素组成的整体。因此，语篇中的每一个成分都形成语篇的功能意义，都是在语篇之中真正起作用的意义成分。换言之，语篇的性质及其功能意义由存在于语篇之中的成分来组成。从这些成分互相耦合就可以说明语篇的功能及其意义。下面，我们就采用这种方法研究贺兰山岩画语篇。

二、羊自耦合

凡是八个或八个以上反复形类结构的语篇我们称之为自耦合语篇。重复结构是它的突出特征。在整个贺兰山岩画里，这种由性质完全相同的成分自身通过不断重复出现而形成的岩画语篇基本上完全是由羊形式结构的。所以，这里所说的“自耦合语篇”准确地说应该是“自耦合羊语篇”，简称“羊自耦合”。如图 G2[1] 所示：一块部分已经破损、相对独立的石头上刻满各种各样的羊形式。清晰可数、形体比较大的有 20 个，它们大都是实面或粗线结构的根本羊形式，也有个别 A + B 型派生羊形式，这些羊形式彼此之间保持着大致均等的距离，整体呈半环状横向组合在一个视觉空间里。其间，还有一些形体较小的

[1] 宁夏博物馆收藏的贺兰山岩画。

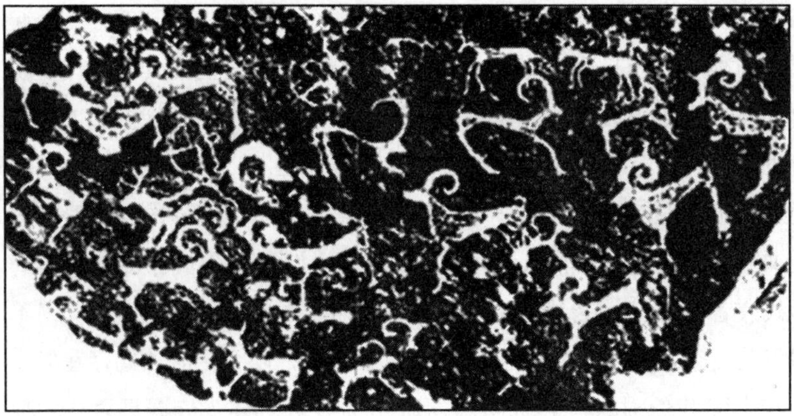

图 G2

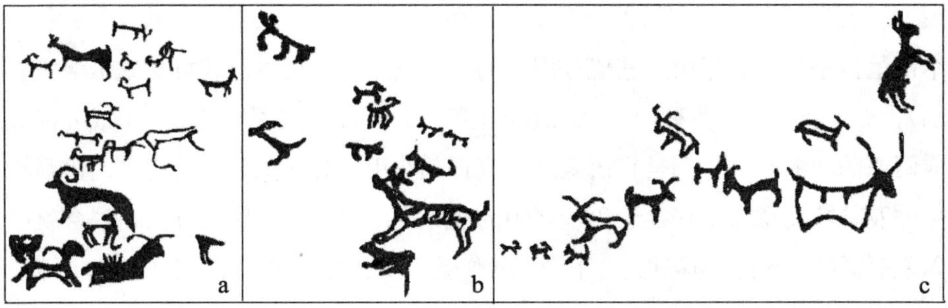

图 G3

羊形式，它们中有的是根本羊形式，有的是 A ＋（b）型羊形式。作为组成成分，它们零星地夹杂在拥有均停并列结构的语篇中。如此，整个语篇里大小羊形式错落有致，疏密相间。同一视觉空间中相互并列的 20 多个羊成分之间最显著的特征依然是区别性、唯一性，也即它们能指层面的差异性。

若结合图 G3、图 G4 和图 G5 我们可以更清楚地看到这一点。这些语篇遵循我们前面所论述的一致性原则，所有成分都是清一色的羊形式。然而，与完全由羊形式结构的独体岩画和岩画句一样，无论是羊自耦合语篇彼此之间，还是每个羊自耦合语篇内部各个组成成分之间，都具有相异性。

首先，结构羊自耦合语篇的成分在类型、形态以及数量等方面不同。有些语篇由一种形式类型构成，如图 G3b、c 是具象羊形式集合；有些由两种以上形式类型的成分组成，如图 G3a 是具象与抽象羊形式结构。从不同形式类型，我们还可以进一步描述图 G3 里的三个语篇。例如，除最下面一个复杂形类，也即 A + B 型派生羊形式外，图 G3b 里的其他羊成分都属于根本羊形式，图 G3b 其实是根本形式与派生羊形式的结构。图 G3a、G3c 也如此，而图 G3a 里复杂形类和简单形类的存在，以及图 G3c 里唯一形类和普通形类的存在，使我们完全可以把它们分别称之为复杂与简单形类、唯一与普通形类的集合，而从图 G3 里所有羊成分自身的结构类型而言，它们都是唯一形类。例如，三个语篇里的简单形类彼此不同，诸如图 G3a 里的、、、、与图 G3b 里的、、、，以及图 G3c 里的、、、和。图 G3b 里的与、图 G3c 里的与看似很相似，然其内部形式结构存在着差异。同一语篇里各个羊成分也都是唯一形类。例如，图 G3c 里三个实面、线结构的、和，以及虚面、线结构的、和，彼此因对立而共存。即使横向并列组合在一起的三个形状较小的羊成分（也即  ）亦区别鲜明。复杂形类更是如此。例如，图 G3b 里主要由镂空面、实面结构的 A + B 型羊形式、图 G3c 里主要由实面、虚面和线结构的 A +（b）型羊形式和，与图 G3a 里完全由线结构的复杂派生羊形式、判若异类。同一语篇里的派生羊形式、、、与（图 G3a）也互不重复。与看似相似且都是派生羊形式，前者有语法加号（具象羊形式上一图案形式），后者则有语法减号（抽象实面羊形式缺少腿部形式元素）。至于语篇里组成成分的数量，则有的多，有的少。如图 G3b 里有 9 个、图 G3a 里有 14 个、图 G3c 里则有 11 个。

其次，语篇里各个成分之间的次序往往不同。这主要表现在它们并不是一个简单的成分集合，成分之间存在着程度不同的层次关系。这主要有以下三种

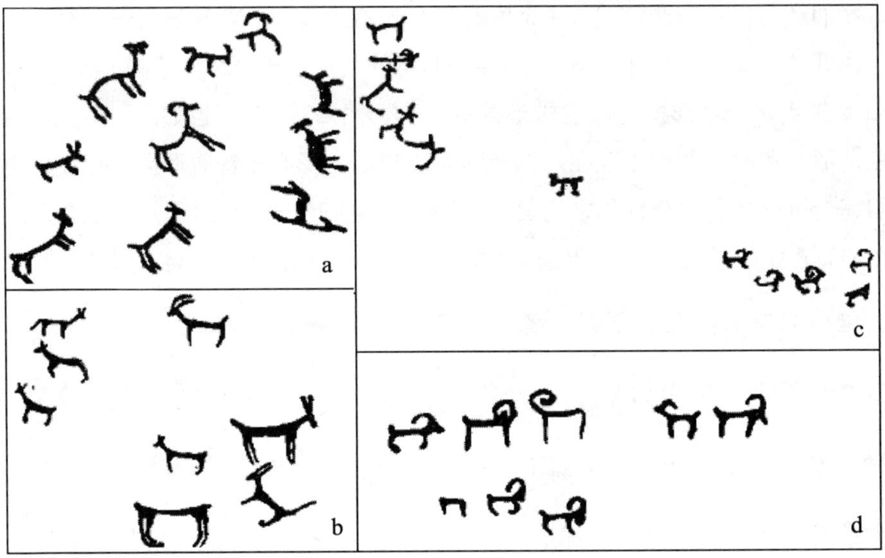

图 G4

情形：(1) 有的语篇整体采用一字形横向、纵向排列组合的方式，有的则采用对角线状。例如，图 G4a 里的所有成分基本上呈垂直线状上下排列，图 G4d 里的则基本上呈水平线左右排列，图 G4c 里的所有成分大致呈对角线。(2) 有的语篇采用再次分组排列的方法，有些则只有一次。与图 G3a、c 里各成分之间不存在明显分组排列现象不同，图 G4 四个语篇里的所有成分都按分组或行结构。如图 G4c 里基本按 3/1/5 分为上下三组组合，图 G4d 里按 3/3/2 三组上下结构等。(3) 一般来说，大部分语篇都主要采用某一种次序排列，如图 G4a 是纵向分行排列的典型范例。其间所有成分从左到右按 3/4/3 左右上下排列，绝大多数呈罕见竖直形态的羊形式本身也突出说明了这一点。但也有的语篇综合采用两种次序进行排序，如图 G4d 里的所有成分在总的横向分组排列的序列里又存在着纵向组合，图 4Gc 则在总的纵向对角线序列中又有横向排列。

最后，语篇中的成分有大小、主次之别。整个贺兰山岩画里像图 G2 和图 G4 这样各组成成分之间没有明显差别的羊自耦合语篇不多。大部分语篇内部各个组成成分之间都有着明显的大小、主次、繁简之分。例如，图 G3 三个语

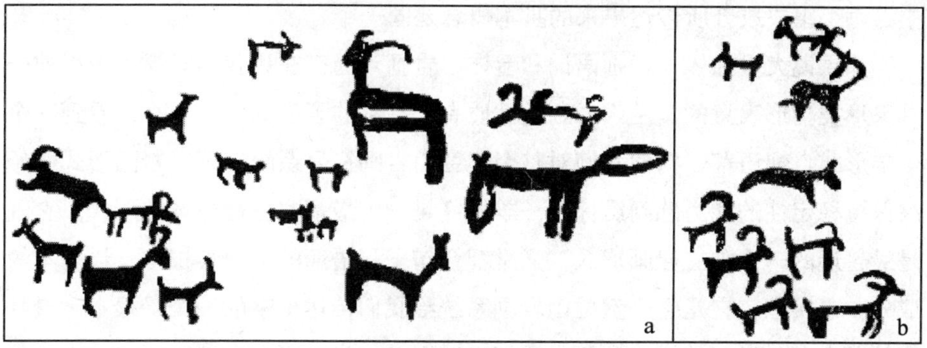

图 G5

篇里既有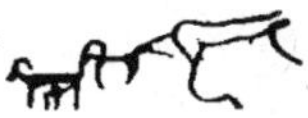、、、和这样一些整个贺兰山岩画里唯一复杂形类，也有、、、、、和这样简单的形类。同一语篇内部成分之间的这种差异主要是内部形式结构和不同形式元素的运用导致的。如图 G5b 上面两个成分和，不仅以其独特的形式结构区别于语篇里的其他羊成分，而且形体较大、引人瞩目。同样，图 G5a 右边两个羊形式不仅体积比语篇中其他羊形式的大，而且镂空面形式元素的运用也突出了它们在整个语篇中的地位。

尽管不同的内部形式结构和次序是产生各个羊自耦合语篇之间差异的主要原因，但是，无论每一个语篇里有多少，假如把两个以上的成分放在同一个形式里被感知，它们之间就有某种共性的东西，何况是同一性质的成分。正如两片梧桐树树叶总有基本相同的构形。任何两个羊形式也都是类似的。在这些纯粹由羊形式反复结构的语篇里，尽管语篇与语篇之间以及每一个语篇内部各成分之间，都在形式元素的选择、内部形式结构、具体形状和排列顺序等方面存在着或多或少的差异，但是，同一岩画形式里、同一性质的具象成分的反复大量出现连续冲击着我们的视觉，不断强化着“一致”、“同一”的意义，告诉我们每一个有着统一功能意义的具象成分和具象语篇整体所指称的一个最基本的对象就是羊。换言之，羊自耦合语篇整个结构系统所传达出来的基本概念和其中的每个组成成分所传达出来的基本概念是同一个。

如果说大量独体羊岩画语词和合体羊岩画句的存在让我们对惯于采用同一具象形类构形表意的贺兰山岩画的性质有了基本的了解的话，那么，看到一个个羊形式自耦语篇，则使我们对整个贺兰山岩画符号系统在不同岩画形式中始终保持稳定性的能力感到震惊——羊始终是一个最基本、最根本的形式。它既是最普遍的一个独立岩画形式，又是耦合句子和语篇的一个最根本、最基本的成分。事实上，它是整个贺兰山岩画系统给我们传达出来的一个最根本、最基本的概念。从以下的描述分析，我们可以更进一步、更深入地理解这一点。

三、派生耦合

（一）羊成分的介入

采用同一性质的具象形类结构的羊自耦合语篇在整个贺兰山岩画里相对比较少。贺兰山岩画里最普遍存在的语篇往往是由两种或者两种以上性质的成分耦合而成。依据语篇里各种成分的数量，我们把它们分为两种，即主导型耦合语篇和复合型耦合语篇。前者指在拥有两种或两种以上不同性质成分的语篇里，其中一个占绝大多数，另外一个或两个、两个以上则占极少数；后者则指在拥有两种或两种以上不同性质成分的语篇里，各种成分在语篇里的数量大致相等。贺兰山岩画语篇里最常见的是第一种。因此本部分我们论述的目标实际上是主导型耦合语篇。由于这种语篇的耦合特征是以一种成分为基本成分再附加一个或一些其他成分，所以，从整体与部分之间的功能意义出发，我们又可以把它称为派生耦合语篇。

在整个贺兰山岩画系统里，若依据组成成分的性质，我们可以把它们再次分为以其他成分为主导具象形式的和以羊成分为主导具象形式的，也即其他成分主导型（或者说其他派生）耦合语篇和羊成分主导型（或者说羊派生）耦合语篇两种。由于羊是整个贺兰山岩画里的一个最普遍成分，一个最基础的形式，因此，没有羊参与的岩画很少。贺兰山岩画语篇也如此。

为突出强调这一点，我们也可以把其他成分主导型语篇称为羊成分介入

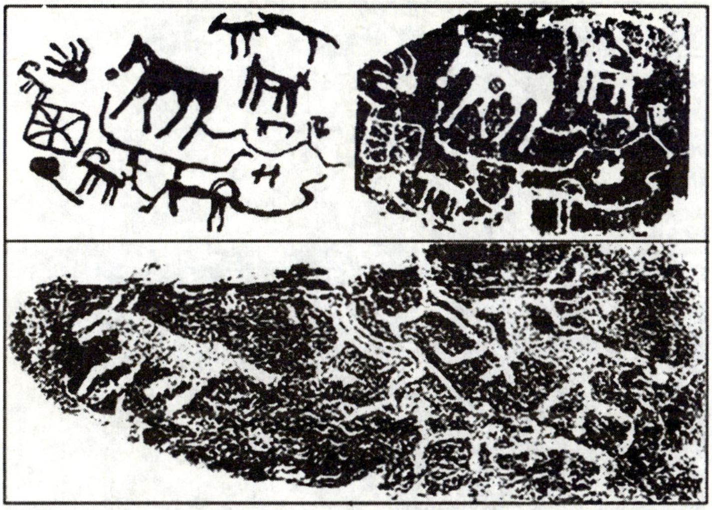

图 G6

的派生耦合语篇。贺兰山岩画里这类语篇很少见，有时，我们能见到个别由人、马、羊、虎、不知名动物及抽象成分结构的派生耦合语篇。在这类语篇里，马、人、虎、不知名动物及抽象成分主要是以主格形类出现，因而比语篇中其他成分显得突出醒目。这就是说它们在语篇里的数目并不一定比其他成分多。如图 G6[1] 所示：这两个都是主格—次格结构的语篇。每个语篇里最多的组成成分是各种各样的羊形式。然而，与分别位于语篇正中央和最前面的一个象马之形的形式和不知名动物形式相比，它们并不十分引人瞩目。形体较小的它们或者与一些抽象形式位于语篇边缘位置，围绕着形体较大的主格形类，或者整个紧缩结构成一个整体尾随在主格形类之后。

在其他成分派生耦合语篇里，有时，我们也能见到两个或两个以上主格形类。如图 G7 所示：这个语篇里有五个形体较大的形类，即虚面结构位于中心位置的一个圆圈状抽象形式、紧紧位于其下的两个复杂形类（即一个尾巴上有一同心圆圈状黏附形式的派生羊形式）、一个镂空面结构的牛形式以及右上角两个形类，即一个有着四只羊角、六条腿的复杂羊形象和一个根本牛形式。它们在整个视觉空间中占据着主导地位。其他形体较小的羊形式、人形

[1] 上图是同一个岩画的复制图和部分拓片，故不分作两图（即两者中间不加一竖线）。以下凡同时引一个岩画复制图和部分拓片的，均采用此方法。下图拓片引自《大麦地岩画》②，第 256 页。

图 G7

式以及不知名动物形式和抽象形式则或者夹杂在它们中间，或者位于其旁边。如最右下角一个形体较小的人形式位于前面一形体较大的动物形式之后，很像它的附属品。

偶尔，我们也能看到羊之外的其他某一种成分在组成成分数量上占优势的语篇。如五个虎成分参与的语篇以及人面结构语篇等。[1] 但我们比较常见的是拥有主格形类—次格结构的其他成分派生耦合语篇。从图 G6、图 G7 我们看到这类语篇具有三个主要特征：

（1）羊成分依然是主要的组成部分。每个语篇里的羊成分不仅数量多，而且差异明显。这主要既体现在羊成分之间的组合上，如图 G6 下图语篇里的非常紧密，图 G7 里的则很松散，也体现不同语篇之间，以及同一语篇内部各个羊成分能指层面的对立上，如图 G6 上面语篇里的七个羊成分，即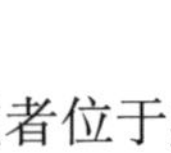、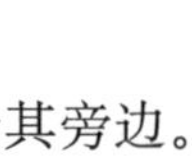、、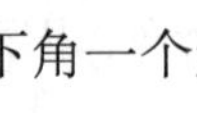、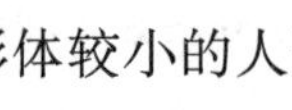、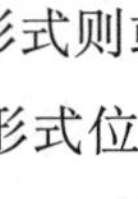和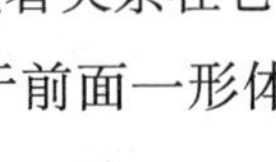彼此之间大相径庭。

（2）语篇里的成分拥有横向或纵向两种基本排列组合关系。如图 G6 下图

[1] 如大麦地苦井沟西部南侧第二道梁有一个由五个虎成分与鹿、羊成分结构的语篇。摄影图见《大麦地岩画》①，第 258 页。关于人面，我们在最后一章有论述，兹不赘述。

是一个基本横向组合的语篇，图G7里的所有成分则整体呈纵向上下倾斜组合。

（3）主格成分的主导性。图G6两个语篇里都有一个位于其他成分中间或最前面的主格形类。图G7则有五个形体较大的主格形类。除各种各样的羊成分外，与主格形类组合的其他次格形类种类比较多。它们之中有人形式，有具象动物形式（如图G7右边一个实面结构、高高站立的不知名动物成分，和其左上面一个象马之形的成分），有抽象图案和笔画状形式（如图G6里的、）。虽然同一个语篇里，次格形类的数量一般占大多数，但是，正如岩画句一样，在拥有主格—次格结构的语篇里，主格形类通常都对次格形类起着统领作用。

（二）羊主导型

在表达派生概念的复合耦合语篇里，我们最常见的是羊主导型或派生耦合语篇，也即由表示基本概念的羊形式与其他形式耦合的语篇。下面，我们按其他形式的性质，把贺兰山岩画里所有的羊主导型耦合语篇分为三类，即羊形式与其他具象形式的耦合、羊形式与其他抽象形式的耦合，以及羊形式与其他具象形式、抽象形式的耦合。

1. 羊与其他动物成分

羊形式与其他具象形式的耦合主要指各种羊成分与其他动物成分的组合。如图G8所示：这四个语篇的主体部分都是具象羊形式。它们共同传达出来的主题是羊。这些具象羊形式以各种面目出现：有的是根本形式，有的以派生形式［如图G8c里A+B型的、和以及A+(b)型的］，有的以抽象形式（如图G8a、d右下边、左上边一横线状抽象羊形式、），有的以复杂形式（如图G8b里的派生羊形式），有的以简单形式（如图G8d里的根本羊形式、和），而与它们组合的通常都是作为具象形式的另外一种或两种动物形象。这些动物有的是作为根本形式（如图G8c最右上边一不知名动物形式），但大多数是作为复杂的

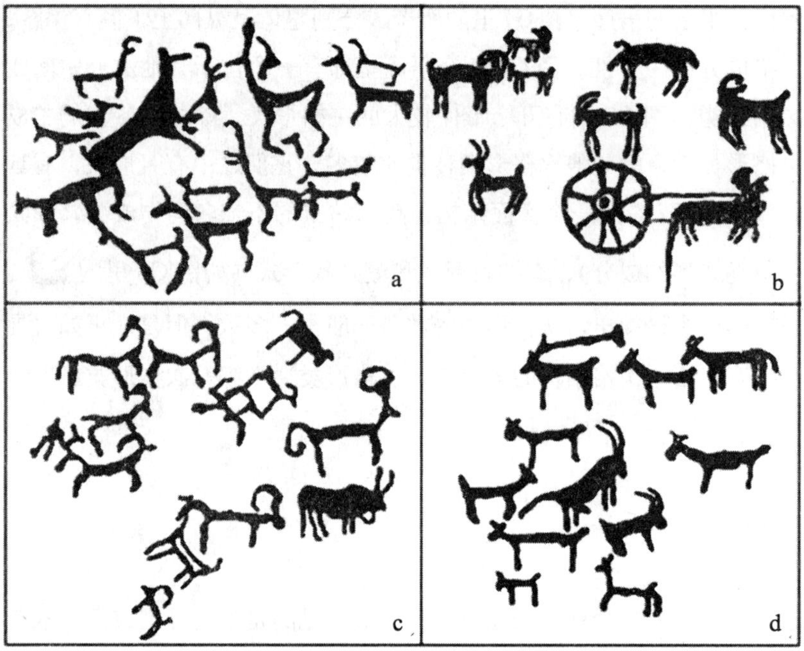

图 G8

派生形式，如图 G8a 里的鹿形式、图 G8d 里的牛形式。一般来说，一个羊主导型语篇里通常只有一种异类成分，如图 G8b 上面一个不知名动物形式和图 G8d 里的派生牛形式。有时也有例外的情形，如图 G8c 右边上面的根本动物形式，以及下面的派生牛形式。然而，不论什么类型，异类成分在羊主导型语篇里所占的数量通常都是一两个，因此，与同时在场的其他大量羊形式相比，它们似乎不足以影响整个语篇所传达出来的“羊群”基调。

2. 羊与抽象成分

贺兰山岩画里存在着不少以羊成分为主体、其他抽象形式参与的语篇。例如，图 G9 里的三个羊派生耦合语篇中都有一个或两个、两个以上其他抽象形式。这些抽象形式有的是图案，如、、，有的是点、横类简单的笔画状形式。它们在整个语篇里的位置灵活且比较醒目。例如，图

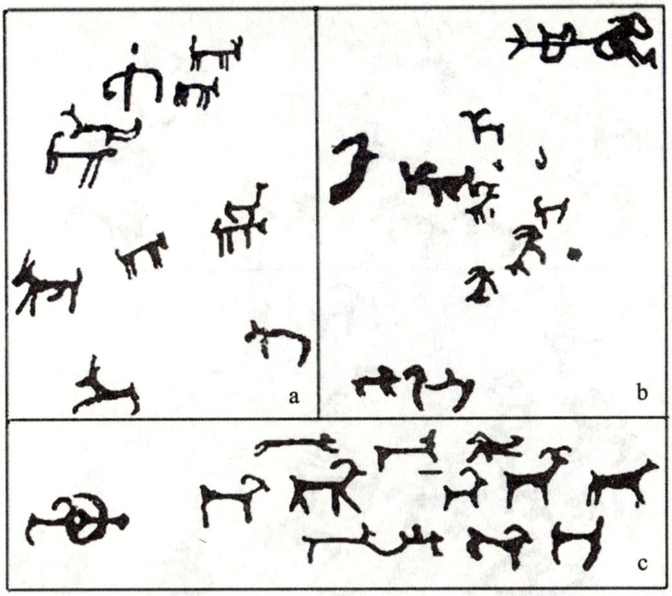

图 G9

G9b 里的位于最上面，图 G9a 里的位于上面四个羊成分的中间，图 G9c 里的位于最左面。然而，一些点、线类笔画形式往往与其周围形式密切接触，明显依附于它们。即使那些与其他成分拉开一定距离的复杂形式也并没有从根本上改变它们在整个语篇里形单影只的处境：、似乎游离在整个语篇之外。

与之相反，图 G10 两个语篇中的大部分抽象形式似乎都与其他羊形式融为一体：无论是从它们之间的距离，还是从它们在整个羊派生耦合语篇里所处的具体位置来看，都与一般羊成分没什么差别。这就是说它们似乎也是语篇中一个有着完整意义的独立存在的成分。如图 G10a 里最右边中间的两个：一个是一短弯钩笔画，一个是一简单图案，它们与其上面、下面的羊形式一样占据着相等的视觉空间，彼此之间等距离地上下纵向组合在一起，俨然就是两个组成成分。图 G10b 中间一个 S 状符号[1] 与其上面一

[1] 该语篇里抽象形式比较复杂。有的是异类形式，有的是抽象羊形式，如 S 形抽象符号上面的一个（只有羊头和身子的前半部分）和最左边最上面和最下面的一个（只有羊头），有的是不能作为独立成分单列出来的黏附形式，如最左边中间一个三角形状形式。

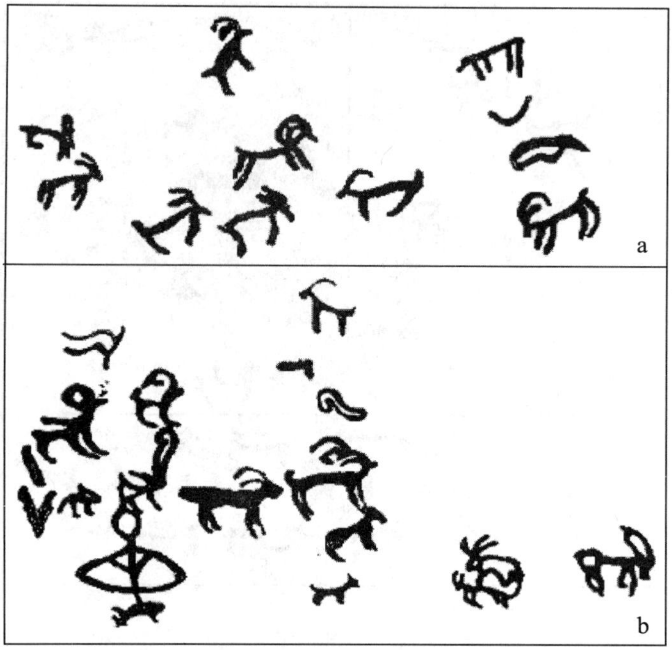

图 G10

抽象羊形式、具象羊形式和下面三个具象羊形式之间距离均等地上下纵向搭配组合在一起。即便如此，它们在整个语篇里微不足道的数量决定了它们的命运：零星地点缀在众多羊形式里，它们的在场并不能从根本上改变基本上由羊形式反反复复形成的整体结构所强加给我们的一个基本概念——羊。

从羊派生耦合语篇里抽象形式的主要功能是充当黏附形式或成分要素，我们可以更清楚地看到这一点。例如，图 G9b 羊成分之间的点状形式是明显依附于其他成分的一些非常典型的黏附形式，图 G10b 左下面一复杂图案形式只是结构 A + B 型派生形式的一个形式要素而已（上面联结着一个羊形式）。

由于具有黏附形式的功能，所以，即便是有些语篇里有很多抽象形式，它们也不影响语篇基本意义的表达。例如，假如我们有理由认为图 G11a 这个语篇最右边最上面一羊形式（双腿中间）下面的一竖状形式是羊形式的附属品——对羊形式起限定作用，我们也可以认为最左边上面边缘地带和最右下面一些点、短线状抽象形式都是用来修饰限定或补充说明其旁边某一特定形式

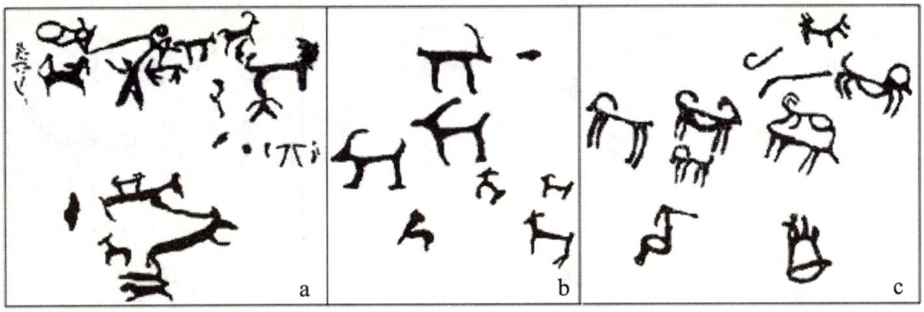

图 G11

的。因此，严格说来，这些抽象笔画类形式更像是整个语篇里的附属物。

然而，有时，我们也能看到一些特殊的抽象成分，如虽然我们不能肯定图 G11b 右上角的、图 G11c 上面两个抽象笔画形式、的所指内涵，但是，结合上下文，从语篇中其他羊形式的形式结构，我们可以断定语篇最下面两个抽象成分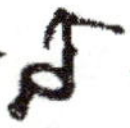、是高度抽象化的羊形式。

3. 综合羊派生耦合

羊形式与具象形式或者抽象形式的耦合是最普遍的两种羊派生耦合语篇。除此之外，还有羊成分与具象形式和抽象形式联合结构的综合羊派生耦合语篇。

在这些各种羊形式依然是主体成分的语篇里，往往同时有一个或两个、两个以上其他具象形式和抽象形式。如图 G12 所示：这三个语篇里的成分绝大多数是羊形式。这些羊形式不仅内部形式结构不同，而且有根本形式和派生形式，诸如、、、等，千奇百怪。若把它们视作一个集合的话，那么，图 G12a 里的还有五个具象形式、、、、，四个抽象形式、、、；图 G12c 里还有两个骆驼形式、和一个阿拉伯数字“3”状曲线抽象形式；图 G12b 里还有人面形式、不知名动物形式、，以及点、线

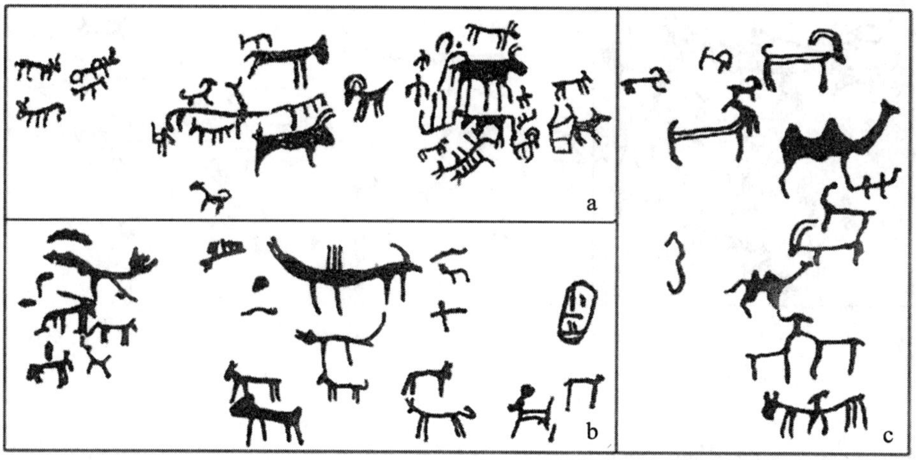

图 G12

状简单抽象形式、、、等。

这些异类成分在羊主导型语篇里有些显得很重要，有些则相反。如两个具象骆驼形式在整个图 G12c 中似乎占据着比较醒目的地位：首先，结构它们的形式元素与其他所有羊形式不同。骆驼形式主要用实面，所有羊形式则主要用线条。其次，位于整个语篇较上面的一个骆驼形式形状较大。而且，这两个骆驼形式都是 A + B 型派生形式：上面较大的一个与一抽象羊形式[1]构成一相对独立的整体（一个成分）；下面较小的一个则与其下面两个相叠、相套的羊形式是一个整体。因此，严格说来，这两个具象骆驼形式都是语篇整体里的复杂成分。它们的存在对整个语篇的功能意义起着限定作用。图 G12a 语篇里三个实面结构且位于比较醒目位置的具象动物形式也如此。在明显分为三个成分组组合的语篇里，它们分别位于两个成分组的中间位置，而图 G12c 左边单列的一抽象曲线状形式与其他成分距离较远，它或者是语篇中一个独立的组成成分，或者是对整个语篇起着解释说明作用的附加成分。

图 G12b 也是一个主要由多种形态的羊成分与其他个别异类形式耦合的语篇。语篇里一个人面像和其他动物形式都是语篇里的成分，但是，由于它们的

[1] 我们之所以把这一黏附形式确认为一抽象羊形式，是因为在整个贺兰山岩画里，类似这样的羊形式很多。

数量太少，对整个语篇的影响不大。至于其中零星地点缀在其他成分之间的一些抽象笔画形式亦如此。它们中的大部分是对其他形式起修饰限制作用的黏附形式，如最左下面羊形式上的一个点状形式（由此结构出了派生羊形式）和最右下面羊形式右下角的一条短竖线状形式（由此结构出了附带修饰元素的派生羊成分）。有的虽然是作为语篇里的成分（如中间上面一点和一横状抽象形式），但是，由于数量相对很少，它们的存在并不对整个语篇起决定性作用，而只在某种程度上起限定、修饰作用。因此，就整个语篇来说，图 G12 中的三个语篇所传达出来的还是以羊基本意义为核心的一种派生意义。

其实，无论插入的是具象形式、抽象形式，还是同时插入具象、抽象形式，对于一个统一的语篇整体也即羊主导型而言，这些异类形式能与众多羊形式同时在场被感知本身就充分说明两者之间存在着共同性。这个共同性是什么呢？这就是它们被视作一个统一的整体：它们的性质和存在是互为条件的。因此，假如把羊主导型语篇里所有羊形式的集合称为一个基本形式的话，那么，其中的另一些异类形式就是依附于它的派生形式。从功能上来看，它们或者是对整个基本形式起解释说明或点缀修饰作用的附加形式，如图 G12b 左边成分组里一些点、线笔画状抽象形式似乎完全依附于其周围的成分，对它们起着进一步规范、限制和补充的作用；或者与其他成分形成主格—次格结构。如图 G12a 右边成分组里有一个具象形式与抽象形式联合结构的主格形类，尽管它位于成分组核心位置，统率着整个成分组，但它还不是一个相对独立的形式单位，它的存在还依赖于次格形类，也即环绕着它的其他 11 个成分（其中 6 个羊成分）。这意味着，对于这个 A + B 型复杂形类而言，它只是图 G12a 右边成分组里对其他成分起限制作用的主格形类；或者仅仅作为语篇里的一个组成成分。如图 G11b 右上角的，不是明显地依附于周边某一特定的羊形式，而是与语篇中其他羊形式占据着同样大小的空间位置。图 G12b 里的、，也与其他成分保持着一定的距离，在语篇中平等地、相对独立地存在着。

尽管如此，在基本上由具象羊形式结构的语篇里，异类成分通常都显得微不足道。它们在每一个语篇里的数量相对较少，所处位置相对偏僻，一般都是在最边上、最下边或者某个角落里。因此，就整体而言，具象羊形式是结构羊主导型语篇的最基本形式，其他形式只是对它起某种限制修饰作用的派生形式，它们不同程度地隶属于基本形式。所以，如果说羊自耦合语篇指称并传达出来的是一种纯粹的基本概念或具体概念的话，那么，这种羊主导型语篇所指称并传达出来的就是派生概念。

四、关系耦合

相对岩画词与岩画句，一个岩画语篇更应该表示的是一个命题，不管它的内容多么抽象，都要跟具体感觉世界在某点或某些点上联结起来，否则它是不能成立的，而每一个可以了解的命题，至少要表达出两个根本概念。然而，要把根本概念连接在一起并构成一个确定的、基本的命题形式，一些关系性概念必须表达出来。这就是说，我们必须知道哪一个具体概念是直接或间接联系哪一个具体概念的，并且是怎样联系的。因为，在岩画语篇这个基本形式里，具体概念之间的关系是什么性质必须确定。从上面的论述我们已经知道：在整个贺兰山岩画里，绝大多数独体岩画形式（如羊、射羊、放牧）和岩画句（如射猎和放牧）明确为我们传达出了诸如指称、数、施受、主谓等关系概念。这些表达关系概念的相对独立的岩画形式和岩画句也是语篇里的基本成分和基本岩画句。我们把它们之间通过一定的关系耦合组成的语篇称为关系耦合语篇。在这些语篇里，我们探讨的主要话题是：贺兰山岩画里那些表示关系概念的常用独体岩画形式和岩画句是怎样组成语篇的？它们耦合的语篇是否也表示了同样的功能意义呢？是否亦传达出了一定的关系概念呢？下面，我们主要从它们自身所鲜明地体现出来的施受、主谓和指称关系入手，一一剖析之。

（一）施受关系

以衔接两个成分的关系为特征，结构是意义的存在方式。在贺兰山岩画里，由射手、羊（或其他动物）和射猎作为基本词汇和句子所耦合的语篇往往传达出一定的施受关系。从射猎形式在语篇中所处的地位来看，这种施受关系主要通过射猎句即是语篇、射猎句是语篇里的核心语句、射猎句只是语篇里的一般句子、射猎只是语篇里的核心词语以及射猎既是语篇里的核心句也是词语五种形式传达出来。

1. 射猎句即是语篇

在整个贺兰山语篇里，以射猎为主题的很多。如图 G13 中的两个语篇里的基本词汇是射手和羊，基本句子是射猎。无论射手和动物形象以何种形式类型及其形态出现，它们都依一定次序耦合在同一个语篇里。图 G13 中的两个语篇里都有一个射手成分，其他都是羊或骆驼成分。从射手形象在语篇里的排列次序来看，在图 G13a 里，他位于一群羊和两只骆驼的中间，正在射猎（面对一群羊形式和一骆驼形式）；在图 G13b 里，他位于整个羊群的前面（即整个语篇最右上角），正在射击它们。很明显，这两个语篇里射手与羊形式的组合具象地展示出了一个典型的施受句法结构，同时体现出了一种典型的动宾造句关系。在这一造句关系里，射手是射击行为的承担者，也即施事者，羊或骆驼则是受事者。如果我们把语篇的整体性质用 S 代表，射羊（或其他动物）句用 W 代表，那么，图 G13 里的两个语篇都可以用 S=W 代表。这表示整个语篇就是由一个射猎长句结构的，或者说整个语篇就是一个放得很大的射猎句，它的功能意义就是整个语篇的功能意义。

图 G13

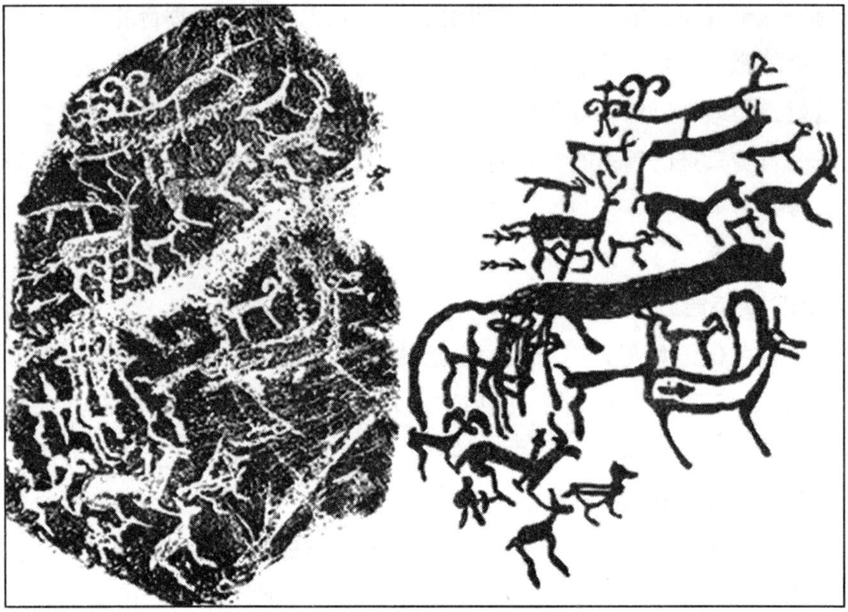

图 G14

还有一种比较独特的以整个射猎句结构的射猎语篇，如图 G14[1] 所示：这是一个比较繁复的语篇。其中各个成分由上到下或由下往上一个紧挨一个地组合在一起。位于左下角的射手形式是一个多重派生形式。它与周围三个羊形式串联在一起，形成了一个复杂射羊词语。这个词语的正前方是一根本羊形式（表示的是一只小羊形象），其上面是一个形体较大的非常繁杂的派生羊形式。它占据整个画面或语篇的中心位置。这是 A +（b）型羊形式与 A + B 型羊形式的综合：一个横跨整个画面、基本上由实面结构的、夸张的羊形式，其后腿部分有一象人之形的复杂黏附形式，而其前部腹下则是三个紧密并联的羊集合。紧挨着这一大的、繁杂的派生羊形式之上的又是一群联结得很紧凑的各种羊形式。因此，与紧缩语句一样，图 G14 实际上是一个紧缩语篇。这个语篇里的基本成分仍然是很单一的射手和羊形式。至于其最左上面的一个类似人双手叉腰形状的形式并不是一个相对独立的成分，而是与其右边的三个羊形式

[1] 拓制岩画时不可避免地会把石头表面天然的一些裂痕以及剥落处也拓下来。所以，拓制下来的一些繁复的贺兰山岩画语篇，往往更加繁杂不可辨析。为了更好地说明问题起见，此处同时附图 G15 的拓片和复制图。拓片出自《大麦地岩画》②，第 285 页。

（其中一个是抽象羊形式，只有表示角的形状）联结在一起，形成了一个A+B+C+D的复杂派生形式。这里的A代表人形式，B、C和D分别代表三个羊形式。所以，这是一个以羊形式为核心的派生形式。在这一派生形式下面，有八只可数的、正在奔跑中的羊形象，其中最左边一只较大的羊形式的后面和腹部下面分别有两个带箭头状的抽象形式和一个弓状形式。我们在其下面另一个羊形式上也能看到箭头状的抽象形式。因此，就组成成分的性质及其功能意义而言，整个语篇是一个功能耦合语篇，一个具象地暗示出动宾句法结构，表示施者（射手、人、箭和弓形式）与受者（羊形式）造句关系的集合。它给我们传达出的一个最基本的关系概念仍然是射羊。

2. 射猎句是语篇里的核心语句

在贺兰山岩画里，基本上由射猎（羊或其他动物）句结构的语篇并不多，我们常见的是射猎（羊或其他动物）只是语篇里的一个句子。如图G15b里除射手、羊形式外，还有虎和零星的抽象形式，图G15a里都是各种各样复杂或简单形类的羊形式。两个语篇里射手与其他形式组成的仍是传达出施受关系的造句结构：以射手形式为界线，两个语篇下面都有一个动宾结构。这个结构特别之处在于宾语比较多。图G15a宾语部分实际上是五个羊成分（其中一个是三羊结构的A+B型派生羊形式）结构的一个相对独立的集合，这个羊成分组与一个射手成分横向左右组合，形成了一个有着鲜明施受关系的六重句。而位于羊成分组上面的两个形体较小的羊成分（其中一个是复杂形类），虽然与之有一定的距离，但是，我们很难把它们视作与羊成分组格格不入的另类。相

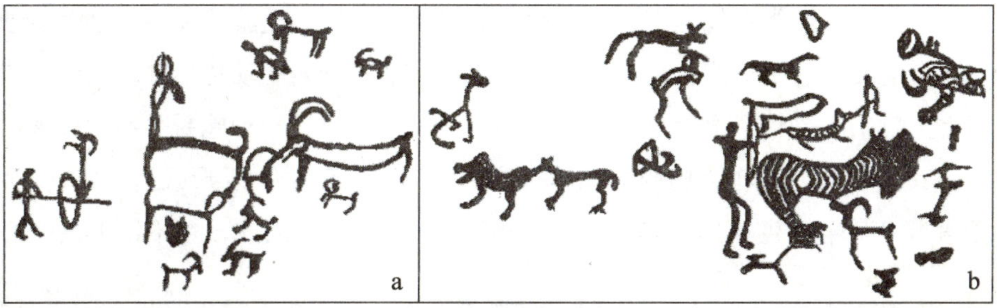

图G15

图 G16

反，我们会把它们视作整个右边视觉空间里的一部分。

同样，图 G15b 里有些宾语成分甚至与射手形式紧密连接在一起，似乎是射手形式的派生形式，有些则伴有解释说明或修饰作用的抽象形式。这一整体动宾结构与其左边四个派生羊形式和一个弓箭状形式之间保持着一些距离，表明它是语篇里一个相对完整独立存在的大句子，而其他四个派生羊形式和一个弓箭状形式只是语篇里的词汇。这样，整个图 G15b 其实就是由一个射猎的大句子和四个羊形式、一个弓箭状形式的耦合。由于射猎句在整个语篇里占主导核心地位，它传达出来的一个基本关系是施受关系。而其他五个形式（词）或者完全可以充当射手射击动作的宾语（四羊形式），或者是进一步强化说明射手射击动作的词（弓箭状形式），因此，可以说，射猎核心语句统摄着整个语篇，它的功能和意义决定着图 G15b 语篇的功能和意义。

图 G16[1] 也是由一个射猎句与其他成分耦合的语篇。右下边一射手形式面对三只虎，它们组合成一个鲜明的动宾造句结构，传达出施受关系。这个岩画句之上是五个射手形式、两个派生羊形式和一个不知名的动物形式。同样，我们看到射猎句是整个语篇里的核心语句，它传达出的是一种施受关系的关系概念。其他成分或者作为施受关系里行为的实施者（四个射手形式），或者作为受事者（两个派生羊形式和一个不知名的动物形式）。因此，且不说射猎核心

[1] 右边为它的拓片。从拓片我们可以看出该复制图并不完整。至少它的右边上下分别还有一个形状很大的羊形式和一个虚面结构的动物形式。

语句的功能意义规定了整个语篇的功能意义，就是其他八个看似与射猎语句无关的单词的出现，也无不进一步给我们暗示或强化了“射猎”的意义。

3. 射猎句只是语篇里的一般句子

与基本由射猎句法结构和以射猎句法结构为核心耦合的语篇不同，图 G17 两个语篇里存在着相对独立的三、四重射猎句。它们与其说是我们分析出来的，毋宁说是语篇自身具象地显示给我们的。在每个语篇里，作为一个意义相对完满的整体单位，它们往往结构紧凑稳固地单独存在着。图 G17a 里的所有成分是分组进行排列的，射猎是语篇中一个很明显的句子，它与语篇里的其他成分之间保持着相当大的距离，位于整个语篇最下面。一个射手成分与三羊成分结构的四重射猎句位于左下角，其右上面便是另外一个二重句，即一个射手成分与一个骑者成分结构。图 G17b 也是一个大致按两个成分组排列的语篇，其中最上面一个成分组就是一个简单的三重射羊句（一个射手形象面对一个羊形象、背对一个倒立羊形象）。

即使是在没有明显分组，所有成分都上下纵向组合的语篇里，也存在着相对独立的射猎句。如图 G18b 中间有一个最简单鲜明的二重射猎句（一个射手形式与一个羊形式组合），它与其他成分并列耦合在一起。而图 G18a 里三重射猎句（即一个射手成分与两羊成分组合，其中一个是 A + B 型派生羊形式）与其他成分之间的距离不大，但它紧密的句法结构表明它是一个相对独立的整体（岩画句），与其上下动物形式、射手形式并置在一起。总之，图 G17、图 G18 四个语篇里都存在着射猎语句。只不过从其内部形式格局和所处位置而言，它们与语篇中的其他成分之间没有鲜明的联系。因此，它们在语篇里所起的作用与前面所说的射猎句即是语篇或者语篇里的核心语句有所不同。我们看到它们的句法结构既不是整个语篇的句法结构，也不是一个能统摄整个语篇的核心句法结构，而只是语篇里的一个普通句法结构而已（由它结构的句子只是整个语篇里的一个组成部分而已）。

尽管如此，若从各个语篇组成成分的性质来看，我们仍有理由把这些语篇整体视作传达出了施受关系概念的射猎语篇。除射猎句外，这四个语篇里的其他成分要么是射手形象以及与射手形象有关的弓箭形式，要么是羊或其他动物形象。例如，结构图 G17 两个语篇的其他成分基本上都是各种羊形式，结

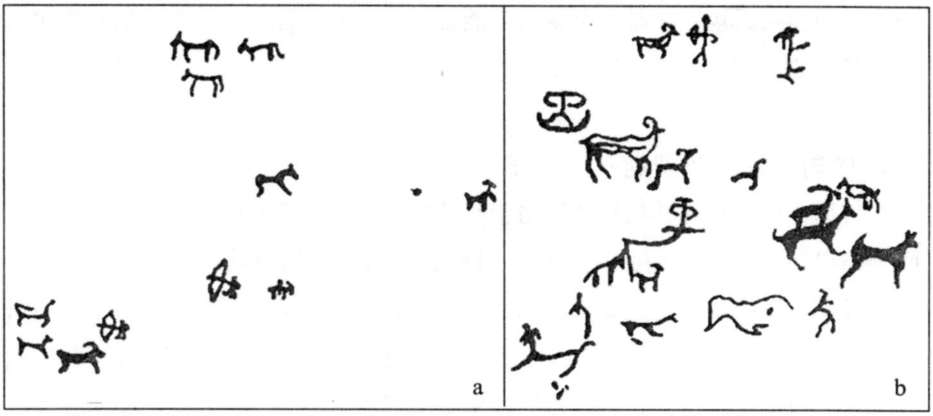

图 G17

图 G18

构图 G18 两个语篇的其他成分则基本上是射手、羊、弓箭和动物形式。因此，可以说，除射猎句外，以上四个语篇里的其他成分也都是能充当射猎句里的成分的，它们或者是射击动作的承担者，或者是射击动作的承受者。所以，从总体上看，它们实质上并没有完全游离在射猎句之外，而是它的一部分。整个语篇是一个功能耦合系统。它所传达出来的基本关系概念是施受关系。

4. 射猎只是语篇里的核心词语

一般来说，贺兰山岩画语篇里的射猎都是以句子的形式出现的，但它有时也以词的形式出现。例如，图 G19、图 G20b 两个语篇里分别都只有一个或三个射羊语词。图 G19 偌大一个语篇里只有位于左上边的一个，它与其他成分之间没有进一步结构出明确的动宾组合关系。从整个语篇里各个成分及其关系来看，这个 A + B 型派生形式只是其中的一个普通成分。

图 G20b 里的情形略有不同。该语篇有三个射猎语词，其中两个是简单形类，即和。另外一个是复杂形类，它位于整个语篇的左边。若从上往下把它分解开，则这个复杂形类里有六个成分，即射手形式、骑者形式、A + B 型派生人形式（两个紧密联结在一起的小人形式）、根本羊形式、根本人形式和根本射手形式，这六个形式上下串联形成了一个繁复的射猎派生形式。相比较之下，、与其他四个形式联结得并不紧密，尤其是后者。然而，它们微小的形状及其排列次序表明它们附属于其周围的形式。不仅如此，整个语篇右边零星分布的抽象笔画形式似乎也只是对其左边射猎这一复杂形类起进一步解释说明作用的黏附形式。因

图 G19

此，从组成成分上看，图 G20b 基本上是三个射猎语词的集合，它们的性质和存在是互为条件的。这样，作为这些成分的集合的性质，我们也不需要从外部来寻找它的根据。请设想一下：即使我们把明确传达出射猎、射手、骑者、人和羊这些基本概念意义的具象形式任意放在一个语篇里，我们也不难在心里把它们连接成一个表示施事关系的句法结构，从而得出“射猎”这一基本概念。因此，与那些明确用射猎句子表示关系概念的语篇不同的是：图 G20b 仅用一些表示单纯具体概念的物象词就能暗示出一定的关系概念。换言之，这个语篇里射猎语词所起的功能意义与射猎句无二。关于这一点，我们从下面论述中所举的例子可以更清楚地看到。

5. 射猎是语篇里的核心词语、句子

通常，一个岩画语篇里或者有一个或数个射猎句，或者有一个或数个射猎语词。它们很少会同时出现在同一个语篇里。然而，图 G20b 是个例外：简单射猎语词  （下面还有一个抽象射手形式 ）再次与位于其右边的一个根本羊成分组合，从而结构出了一个最简单的二重射猎句。这样，我们也可

图 G20

以说图 G20b 里有两个一简一繁的射猎形类和一个最简单的射猎句。这种射猎句里有射猎语词现象，在图 G21 这个复杂语篇里表现得更突出。总体来看，图 G21 是四个射猎句的集合。即位于最上面的六重句、最左边的八重句、最下面的十一重句和中间的十重句。[1] 从组成成分来看，除一个抽象圆圈成分、一个具象鹿成分，以及四个派生形式、、和外，其他完全由形态各异的根本射手、羊成分结构的六重句、八重句和十一重句则比较简单，而射猎句中有射猎词的十重句则非常复杂。句中有三个射手成分（、和）、两个羊成分（与）、两个不知名的动物成分（与）、一个派生鹿成分、一个箭成分和一个非常繁杂的成分，即 A +（b）型派生虎形式与四个根本羊形式再次组构的一个繁复的 A + B 型派生射猎语词[2]。这个射猎语词分别与位于其前后的两个射手成分、一个箭成分和两个不知名动物成分横向组合出一个六重紧缩句（其中两个射手与一个箭成分是上下组合，即）。与语篇里传达出"射羊"概念的其他三个句子相比，这个六重紧缩句更明确地传达出了"射虎"概念。由于其整体形式结构庞大且位于整个语篇的核心位置，因此，当它再次分别与位于其前后的射猎基本语汇，也即另一个射手成分、羊成分（即、），以及派生鹿、羊成分（即、）组合时（也即结构成一个庞杂的十重射猎句），我们从中读出的基本意义依然是"射虎"。这种射猎句里又有射猎语词的强化表达法，传达出一个强烈的"射杀"概念。

至于其他三个射猎句的环绕，显然对位于整个语篇中央位置的这一复杂十重句起到了进一步限定作用：它们的存在使我们对整个语篇产生了"集体狩

[1] 按我们前面岩画句、岩画语篇的分类，八重以上的合体岩画形式其实已经是语篇了。这里之所以还以句子称呼它们，是相对于整个图 G20 这个比较大的语篇而言。以下对语篇里众多成分的分析，都按此方法进行。

[2] A +（b）型派生虎形象的前腿及爪子部分套着一个圆圈状形式，这圆圈状形式又与一个箭形式再次组合出。于是就形成了一个箭与一个派生虎形式的联结——一个射猎语词（准确地说是射虎）。

图 G21

猎”的印象，而对射猎形式本身所整体表现出的句法结构没有影响。不论射手形象具体射击的对象是羊还是虎形象，不论射猎是以语词还是句子形式出现，射手形式与其他动物形式之间所固有的次序，传达给我们的一个最基本的概念是“射猎”。而它的基本句法结构仍然是一个传达出了施受关系概念的动宾句法结构。与图 G21 这个组成成分、排列次序均十分复杂的大语篇相比，图 G20a 里各个组成成分及其组合关系显得简单明了：射羊语词与射羊句显然是语篇重心所在，而由它们结构的动宾句法关系一目了然。

（二）主谓关系

这是指语篇整体上传达出了主谓关系概念。除射猎外，贺兰山岩画里另一个常见的语词是骑者，它通常与羊或其他动物形式耦合在一起，从而组构出了表达一定造句关系的主谓句。在这种主谓句法结构的岩画句里，骑者是主格词语，是句子里的表述对象，其他词语均从各个方面对它进行陈述。而它所传达出来的一个最基本概念就是放牧（准确地说是人放牧）。与射手形式一样，这种放牧句也是贺兰山岩画里最普遍、最基本的一个形式，或者说岩画符号。这一点既体现在它是贺兰山岩画里最常见的一个句子上，也体现在它的广泛运用上。而它运用的结果就是形成语篇。我们把贺兰山岩画里凡是有放牧句或放牧语词的语篇统称之为放牧语篇。[1]这意味着语篇里放牧句或放牧词的性质往往影响着整个语篇的性质。下面，我们主要按语篇中骑者数量的多少及其在语篇中的功能意义，把整个贺兰山岩画里的放牧语篇分为五种，在详细描述分析语篇内部成分及其结构的基础上，进一步通过实例说明整个语篇的性质及其功能意义。

1. 简单语篇

有一个骑者成分充当主语的放牧语篇就是简单语篇。如图 G22 两个语篇里都有一个骑者成分，它们位于很多羊形式后面，形象地耦合出了一个主谓句法结构，传达出了“人放牧”（简称“放牧”）这一基本概念。这两个骑者形象是以各具形态的派生形式出现的。图 G22a 里的属于 A +（b）型（马形象腹下一长方形黏附形式），图 G22b 里的属于 A + B 型，准确地说是 A + B + C。这里的 A 代表最上面的具象骑者根本形式，B 代表黏附在它上面的一羊形式，C 代表黏附在它下面的另一抽象骑者根本形式。两个骑者形式和一羊形式上下相套、相叠加共同结构出了一个以中间骑者形式为核心的复杂形类。因此，严格说来，图 G22b 里的骑者形式本身就是一个放牧语词（骑者与羊形式的紧密结构）。

形态上的具体差异并不能影响两个骑者成分在语篇中的主导地位。它们都是主格形类：

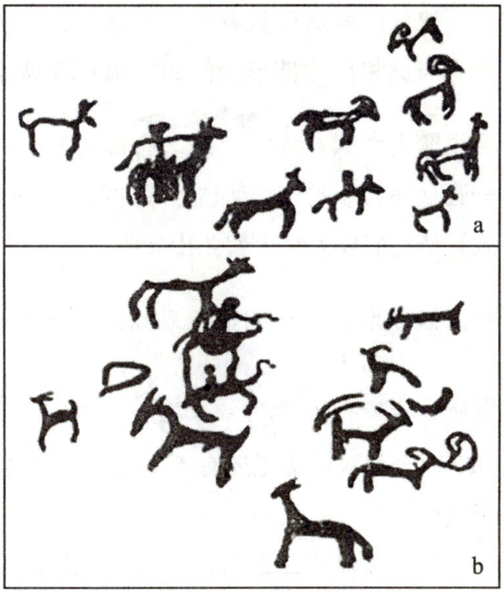

图 G22

[1] 这就是说语篇里必须要有放牧词语或句子，否则就不能称之为放牧语篇。例如，在有些分组耦合的语篇里，各个成分组各自为政地并列在一起，虽然有骑者形式和羊形式，但它们之间的排列次序并没有给我们传达出“放牧”的关系概念，也就是说它们并没有耦合成明确表达造词或造句关系的词语或者句子结构。

或者位于整个语篇的中央位置，对其他动物形式起着明显的统率作用（如图G22b），或者基本上位于语篇中其他动物形式的后面，对它们起着明显的驾驭作用（如图G22a）。至于两个语篇里用以陈述骑者行为的动物形式基本上都是各种形态的羊形式。它们中有的是根本形式，有的是派生形式。作为根本形式，它们彼此之间又因内部形式结构的区别而存在着或多或少的差异（如图G22a里有大羊、小羊形式之别）；作为派生形式，它们有的是A+（b）型，有的是A+B型，如图G22b里最右边三个：最底下羊形象头部有一圆圈状语法加号，其上有一两羊相套形式，它的旁边还有一月牙状形式。这一复杂形式的上面又是一个无后半部分的羊形式，也即有着语法减号的形式。

除了骑者、羊和其他动物成分外，图G22b里还有一个抽象符号成分。就整个语篇整体而言，它的存在并不能从根本上改变语篇的性质，而只是对语篇或者语篇里的某一个形式起某种限定作用或修饰作用的成分而已。因此，整个语篇实际上就像是一个放大了的放牧词语或句子。而且，这种放大只体现在羊形式数量的多少上。

贺兰山岩画里只有一个骑者成分的放牧语篇通常都是这么简单单纯，但也有与此相反的情形。例如，图G23两个语篇里的组成成分比较复杂。两个派生骑者形式与都是复杂形类。奇特的黏附形式（前者右上角一圆状桶状形式与一动物形式的结构）和附加成分（后者下面复杂的派生羊形式）使它们成为整个贺兰山岩画里绝无仅有的唯一形类。至于羊形式亦丰富多彩。诸如形态多样的抽象动物形式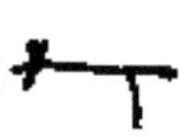、、、，以及罕见的派生羊形式、、等等。除基本语汇骑者、羊形式外，图G23两个放牧语篇里还有不少马、不知名动物、脚印、西夏文字[1]和多种抽象形式。

尽管组成成分繁杂，但是，与图G22两个语篇一样，图G23两个语篇里的主格形类依然是骑者形式。只是相比之下，图G23b比图G23a图序凌乱。然而，一个骑者形式和它周围或前面众多以羊为中心的动物形式仍是整个视觉

[1] 图G23b左上角是几个西夏文，疑是后人添加上去的。

图 G23

空间的主体或者说是语篇的主题。只要我们紧紧抓住它们，就不难梳理出整个语篇的次序。图 G23b 有着明确的主谓句法结构：骑者是主语，其他动物形式（主要是羊形式）是表述它的行为的谓语。这一句法结构给我们具象明确地传达出了“放牧”这一基本关系概念。由于这一岩画句基本贯穿整个语篇始终，因此，我们可以说图 G23b 也是一个放牧语篇——放牧句子的性质就是整个语篇的性质，因为整个语篇就是一个大的复杂的放牧句子。至于其中的脚印和其他抽象图案形式，都从各个方面对这一基本关系概念起着进一步限定作用。

2. 二重语篇

有两个骑者成分充当主语或者说有两个主谓结构句的放牧语篇就是二重语篇。这种语篇与只有一个骑者成分的简单语篇的区别集中体现在骑者成分的数量上。例如，图 G24 三个语篇里都有属于唯一形类的两个骑者成分。它们中有简单形类的、，也有比较复杂的，如（根本人形式

上有附加形式元素）、（根本马形式上有附加形式元素的 A +（b）型）、（派生骑者形式与一抽象图案形式、羊形式的再次组合）和（A + B 型的骑者与一横状抽象形式的结构）。其中是放牧语词，因为它的词法结构本身传达的就是“放牧”这一基本关系概念。

除主要各式各样的羊成分外，能与这些骑者成分结构的语法形式大都是其他动物形象。如图 G24a 里的不知名动物成分、以及图 G24c 里三个形态各异的马成分、和。那些零星点缀在各个成分周围的点、线状笔画形式，则或者明显依附于某一成分（如图 G24c 骑者形式上的一横线状形式），或者作为起连接作用的次格形类（如图 G24c 位于派生骑者形式与派生马形式之间的一短横线状形式），并没有与其前后两成分形成相互包容、限定等关系，而是与它们保持着一定的距离、相当独立地存在着。因此，在这一特定上下文里，与其说是一个黏附形式，不如说是一个成分——在两个成分之间起着连接词作用。

语篇中所用词汇往往决定着语篇的意义。图 G24 三个语篇的基本词汇由两个骑者成分和大量动物成分构成。它们多样化的形态及其数量的多少并不能

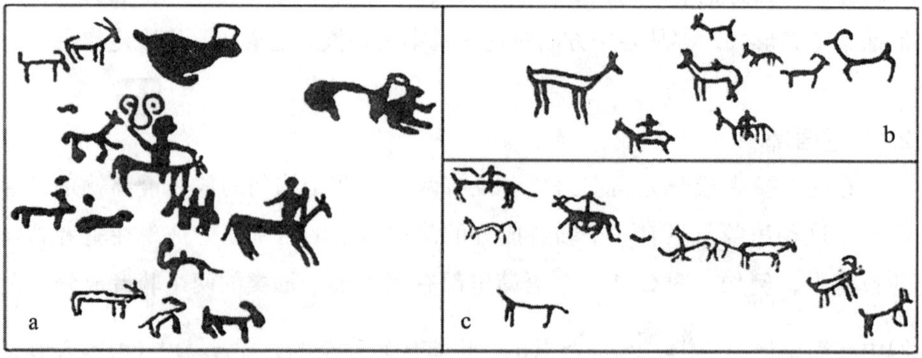

图 G24

从根本上改变它们之间所可能构成的次序，以及这一次序所具象地呈现出来的造句关系。图 G24 里的两个骑者成分都基本位于其他成分的前面或旁边，并与它们或整体呈纵向向右、左上角倾斜并列在一起，或者整体呈横向左右组合排列，从而图像化地传递出了“放牧”概念：两骑者形象在前面引领，其他动物大都尾随其后。骑者成分与以羊为中心的动物成分就这样结构出了鲜明的主谓句法结构。在这一结构里，骑者成分是主语，所有其他成分都是谓语，也即用来陈述主语行为的述词。它们之间所形成的这种次序传达出一个基本关系概念——放牧。

这一句法结构也是图 G24、图 G25 四个语篇的句法结构。只不过就语篇而言，其主语有两个或者说语篇有一个二重主语。因为我们很难把图 G24a、b、c 里的骑者成分与其他动物成分分成两组，或者说分成两个有着同样结构、传达出同样放牧关系概念的岩画句。这一点是这四个语篇本身显示给我们的：每个语篇里的两个骑者成分往往前后相随地位于其他动物形式的中间或者最前面，共同对它们起着明显的统领作用，即使在绝大多数动物成分整体呈纵向上下组合的图 G25 里，情况亦如此。因此，四个语篇里的主语实际上都是一个二重主语，也即由两个骑者形式组合的主语，而整个语篇就是有着二重主语的主谓句法结构。它们同样为我们具象地传达出了“放牧”这一关系概念。

如果说上述四个语篇里只有一个主谓结构的岩画句的话，那么，图 G26b 里的则有两个。该语篇里有两个复杂形类的放牧语词，即与。除基本羊成分外，图 G26b 右下面还有三个鸭子或水鸟形式、和。然

图 G25

而，不论放牧语词是以比较复杂的派生形式出现，也即（一根本骑者形式与一两羊前后相连的 A + B 型羊形式的组合）和（一根本放牧形式与一不知名动物形式的结构），还是与其组合的成分是羊还是水鸟形式，在联想关系里，这些可以替换的单位，不会影响到骑者与羊之间所结构出的基本组合关系。图 G26b 给我们传递出来的一个最基本的概念依然是放牧。只不过在这个语篇里，所有组成成分被明显分为左右两组：每一组里有一个骑者成分和一些动物成分。这些动物形象或者紧挨在骑者形象旁边，或者位于骑者形象前面，与骑者形象形成明显的统率和被统率关系。换言之，每一组里的骑者成分与其他动物成分之间都建构出了一种明显的表示主谓关系的句法结构，也就是说形成了两个主谓句。这两个主谓句有各自独特的骑者成分和其他动物成分。换言之，它们分别有自己独特的主语形式和谓语形式。这些形式在形态、排列次序等方面绝不雷同。事实上，两个主谓句里的所有成分几乎都左右两两相对地并列在一起。这些具象形式及其次序给我们描述了这样一个场面：两个放牧者各自驱赶着自己的牧群，邂逅在一起。因此，尽管它们的句法结构及其所表示的造句关系和基本关系概念都完全相同，但是，无论是主语还是谓语，图 G26b 里的两个句子都不能互换。因为，这是一个由两个放牧句子结构的放牧语篇，也即有着双重主语和谓语及其结构（主谓结构）的语篇。它的性质、功能和意义当然也是由其独特的双重结构所决定的。

3. 复合语篇

我们把有三个或三个以上骑者成分的放牧语篇称为复合语篇（如图 G26a）。与所有合体贺兰山岩画一样，这类语篇中各个成分因对立而互存。三个或三个以上的骑者形式如此，各种各样的动物形式亦如此。它们之间总是或多或少地存在着差异。如图 G26a 里的、和，虽然都是由相同形式元素结构的根本骑者形式，但它们内部的形式结构不同。而与它们耦合的六个成分，也即、、、、和

图 G26

也是完全由线结构的千姿百态的羊、马形式。从成分之间的结构次序来看，图 G26a 里的三个骑者成分都属于主格形类。它们一上两下呈三角形排列，位于六个羊、马成分中间，对它们起着明显的统领作用。尽管骑者与羊、马成分似乎只是简单地并列在一起[1]，但整个图 G26a 就像一个放大的“放牧”句子（它的主语、谓语分别是三个骑者成分、六个动物成分的集合），它传递的基本概念是集体放牧。

这一概念通常在骑者成分比较多的语篇里呈现得更加鲜明。例如，图 G27a 里有四个形态各异的骑者形式，图 G27b 里有八个。从组成成分之间关系来看，这是两个多主语的语篇。依据明显拉大的距离，图 G27a 里所有成分被划分为左右两组并列：右边一组是两羊上下结构，左边一组是四个骑者与众多羊形式组合。但从整体图序和成分的性质来看，这两组实为一体：位于左边一组里的大部分形象都努力地在追赶右边两个羊形象，右边里的一只羊形象又

[1] 这就是说主语与谓语之间的次序并没有明确传达出哪个骑者主语拥有哪些谓语，也即羊形式。

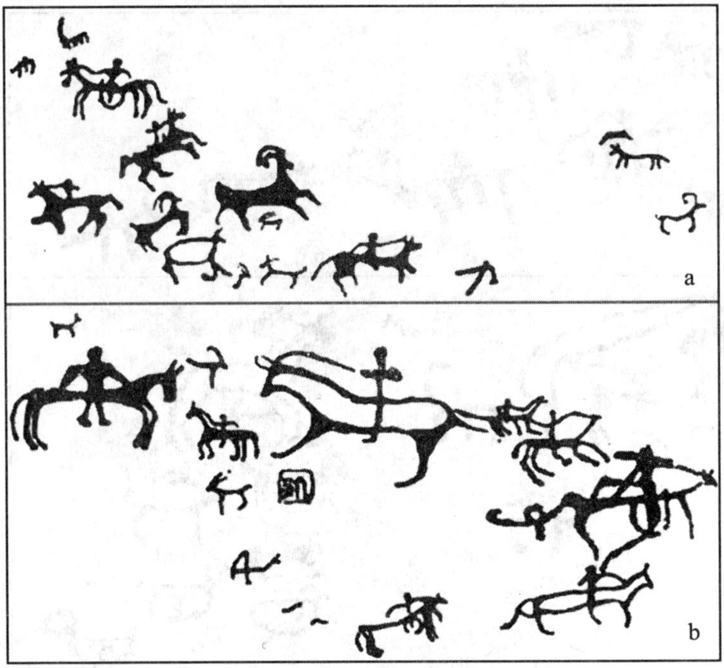

图 G27

在向左边靠拢。因此，我们可以把整个图 G27a 视作一个拥有多个主语（四个骑者成分）和谓语（十个羊成分）的放牧句。至于作者为什么要把一个原本统一的句子划分成两个部分，则是为了传达出“放牧”以外的更多信息。与主语、谓语比较紧密结合的图 G26a、图 G25[1] 相比，图 G27a 比较松散：右边两羊成分距离其他成分较远，左上面两个骑者形象、两个羊形象，以及中间两个形体较小的羊形象（即 、）与语篇里另外两个骑者形象和几个羊形象方向相反。这里呈现给我们的是一个动态的放牧场面：两个领头羊在前面遥遥领先（其中一个又回过头来招呼大家），中间尾随两个骑者形象和五个羊形式，两个向相反方向的骑者形象和四个羊形象则暗示我们其后还有其他形象（它们似乎是前去接应它们）。

同理，图 G27b 这个多主语的语篇在传达出放牧这一基本概念的同时，展示的似乎是一个骑者与其他骑者在放牧过程中邂逅攀谈的情景。从各成分之间

[1] 骑者形式或者位于中间地位、羊形式环绕其旁、整体呈横向左右排列，或者与羊形式按一定次序构成放牧句、整体呈纵向上下组合。

的排列次序，我们看到这是两个放牧句的组合。一个是位于左边呈三角形组合的三重句（一个骑者形式和两羊形式组合），另一个是位于右边所有成分呈环形排列的十一重句。后者有七个主语（其中五个串联在一起）、四个谓语（其中两个羊形式、两个抽象点状形式）。

同一个语篇里虽然有四个、七个骑者成分，但是，它们靠相互对立而存在。如图 G27a 里形式元素相同的根本骑者形式与的方向却完全不同（一个面朝左，一个面朝右），图 G27b 里人形象腿部形式与马躯体重合的三个骑者成分区别明显：里的人形象似乎耷拉着双腿、正面坐在马上，里的似乎侧面双腿跨在马上，里的则是侧面单腿骑在马上。与它们组合的羊成分亦如此。它们中有具象羊形式，如、、和等，有简化羊形式、、和，以及高度抽象的羊形式、和。能指层面的差异性依然是它们之间最基本的特征。

总之，在三个以上骑者成分结构的放牧语篇里，由于骑者成分数量的增加，各成分之间的排列次序比较复杂。但它们的基本组合关系仍然主要是由其组成成分本身的性质决定的主谓关系。

4. 一种特殊的放牧关系概念表达法

一般来说，贺兰山岩画里最明确、最常见的主谓关系表达法就是骑者与羊或其他动物形象的特殊耦合，并由此形成了贺兰山岩画里最普遍的一些主谓句和主谓语篇。除此之外，我们还可以见到一些人成分与羊或其他动物成分耦合的主谓语篇。我们先来比较一下图 G28 里的两个语篇。它们的基本成分相同，即都是两个人成分与众多动物成分的集合。然而，决定它们之间差异的是每个语篇里人形式与动物形式之间的次序。图 G28a 里的所有成分被明显地划分为成分组再进行二次搭配排列：整个语篇整体呈上下纵向排列，若按从右到左、从上到下的顺序来看，全篇有六个成分组，它们按一定次序排列组合。第一个是三个成分（两个根本羊形式和一个复杂抽象派生羊形式）的集合，它位于最右上面，其下是由一个人形式构成的第二个成分组。第三、四个成分组也是分别由一个根本羊形式和人形式构成的，它们分别一上一下地位于整个语篇的中

图 G28

间位置。而一上一下位于整个语篇最左边的是第五、第六个成分组，前者由三个动物成分构成，后者则由一个马成分构成。人成分和动物成分的内部结构及其之间的这种排列组合，没有明确地给我们传达出一定的关系概念：若把语篇里的各个成分组视作一个相对独立存在的成分的话，那么，它们之间存在着的只是一种简单的并列关系。两个人成分之间没有直接的联系，它们被分成两个不同的组，分别位于语篇中的不同位置。而人成分与其他动物之间更没有什么直接的联系。因此，整个语篇里的成分或成分组之间保持着一定的距离。它们给我们传达出了人、羊或动物等基本概念。至于它们为什么同时有序地并列在一个语篇里，以及这一语篇整体所传达出的关系概念，我们很难得知。

与之相反，在图 G28b 里，我们几乎能一眼看到人成分与众多羊以及其他动物成分之间可能存在的种种关系：人（正在）召唤动物、吆喝动物、指挥动物……该语篇也是按成分组排列的：它有三个成分组，两个人成分紧密并列在一起形成一个成分组，位于整个语篇的最右边，其下面是由一个形体较小的羊形式构成的第二组。而由众多各种形态的动物形式构成的第三组位于最左边，也即第一、二组的后面（两个人成分和一个羊成分），且占去了整个语篇中的绝大部分空间。因此，从组成成分的性质及其次序来看，人与动物是整个语篇里的基本成分，它们之间的耦合形成了一个明显的施事—受事语法结构。在这一结构里，两个人成分是作为施事者的主语，其他动物成分是人行为动作（也即谓语）的承担者。整个语法结构具象地传达出了一种主—谓或主—谓—宾关

图 G29

系概念。[1] 它同样使我们情不自禁地联想到“放牧”这一最基本的关系概念。

同理，图 G29 两个语篇中的人与羊或其他动物成分的集合也传达出了“放牧”关系概念。图 G29a 里的人成分与众多羊成分之间因距离而鲜明地分为两个成分组搭配。人形象与众多方向一致的羊形象面对面：人形象手里似乎拿着什么东西，略微弓着腰正在与众多羊形象谈论着什么，众多羊形象全都毕恭毕敬地站立着聆听——好一个具象鲜明的施事—受事语法结构的语篇！图 G29b 里的主体成分也是众多羊形式，它们占去了整个语篇绝大部分空间。一个 A+（b）型派生人形式（即象正面站立之形的根本人形式与黏附形式的组合）位于语篇上面很醒目的位置，似乎正在吆喝着羊群。这两个语篇里的动物形象们或者不紧不慢地行走着，或者在低头觅食。因此，从组成成分和人形式与众多

[1] 这一造句关系所传达出来的基本关系概念，我们可以有两种理解：一种是“人放牧”。这是一种主谓结构，人形式是主语，羊或其他动物形式所传递出来的是人的行为动作概念——放牧。另一种是“人放羊（或其他动物）”。这是一种主谓宾结构。人是句子里的主语，羊或其他动物形式是句子里的宾语，而人与羊或其他动物形式之间特殊的次序传递出了一种抽象的关系概念——放牧。

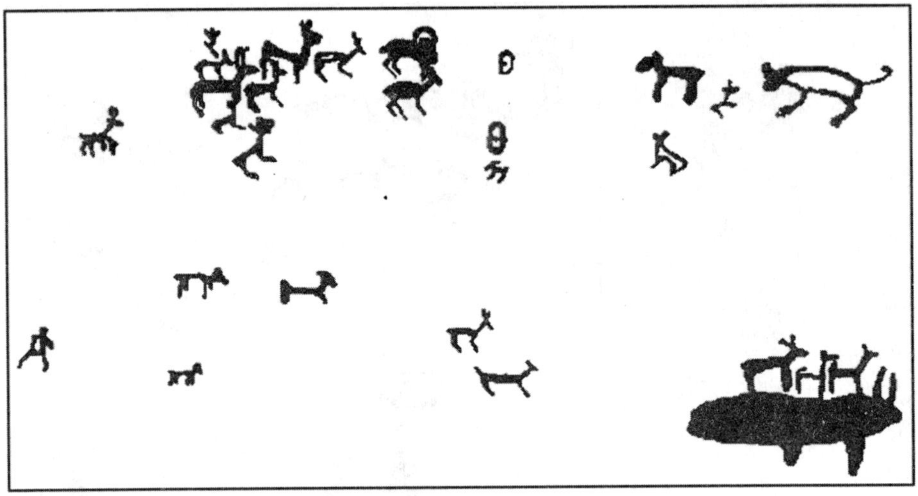

图 G30

动物形式的内部形式结构和整体次序来看，它们之间仍存在着直接的联系。只不过与骑者参与的语篇相比，这两个语篇里的人形象、动物形象都显得很悠闲。

图 G30 更明确地昭示出了这一点。这是一个拥有成分组结构的语篇。或者说是一个由单个语词、句子结构的语篇。篇中所有成分被划分为八个成分组，按 1/1/10/3/3/2/4/1 排列。若按从左往右、从上往下的顺序它们依次是：上下单列的一个羊成分、人成分；十个紧缩动物成分组合、三个呈三角形排列的羊成分、三个上下结构的成分（两个抽象成分、一个羊成分）、两个上下结构羊成分、四个大致横向组合的羊成分、一个单列复杂形类。在整个视觉空间里，位于左下角的人形象显得非常次要，他一手叉腰正面站立着，似乎正在对观看者说着什么。分组排列的动物形象们基本上都处于漫步、觅食，甚至嬉戏（如右下角一个大动物背上站着三个小羊形象）的闲散状态。

总之，图 G29、图 G30 里三个语篇描绘的不是紧张的射猎场面，也不是在骑者驱赶下匆匆行进中的放牧情景，而是一幅相对静止的、处于休闲状态的放牧图。因此，假如我们充分考虑到抽象语法形式在其间的作用，那么，严格说来，这三个语篇同样具有施事—受事语法结构，它们总体传达出来的一个基本关系概念依然是“放羊”。

5. 主语集合

以上我们按成分的性质，把表示主谓关系概念的语篇大致分为两种，即骑者与其他动物形式的耦合以及人与其他动物形式的耦合。这是贺兰山岩画里两种最常见、最普遍的主谓关系概念的表达法。除此之外，我们偶尔还能见到第三种主谓关系概念的表达法，这就是以人与骑者形式集合为主语，其他动物形式特别是羊形式为主语行为的承担者的表达方式。例如：图 G31[1] 与上述主谓语法结构语篇明显不同的是语篇里同时出现了根本人形式与骑者形式。前者位于语篇的中央位置，后者位于语篇右下角。其他都是各种具象或抽象的羊形式，它们环绕在根本人形式周围。我们还注意到：骑者形式实际上是一个 A + B 型派生形式，也即骑者形式与一个 A +（b）型羊形式的复合形式。从前面的论述我们已经知道，这一复合形式传达出来的基本概念是放牧。因此，放牧成分、人形式以及羊形式是结构图 G31 这个语篇的所有成分，它们的内部形式结构及其搭配次序传达出来的一个最基本的关系概念是放牧。只不过在这种耦合结构里，主语是一个集合（放牧形式与根本人形式的复合）。

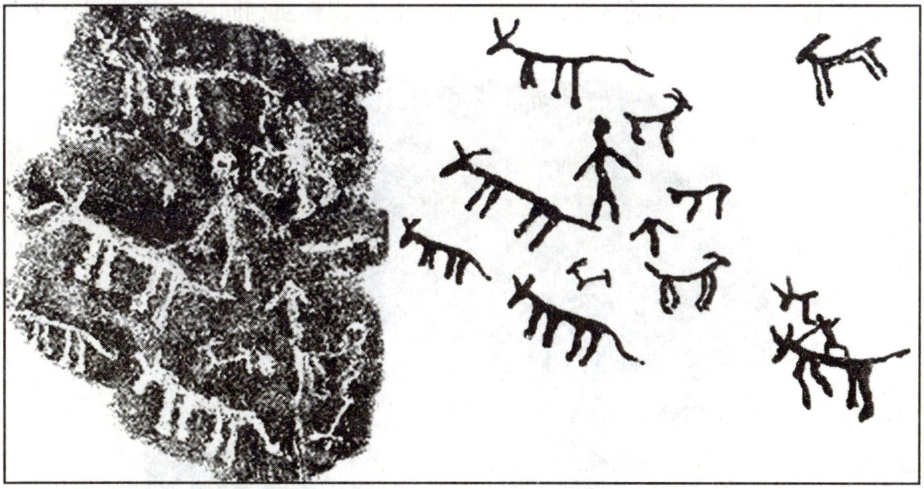

图 G31

[1] 复制图、拓片均是从一个比较大语篇中摘出的相对完整的一部分。

（三）指称关系

除以射猎和放牧为代表的语篇所具象、明确地分别传达出施受和主谓关系概念外，贺兰山岩画语篇里还相当鲜明地传达出了另一重要的关系概念，这就是指称关系。与独体岩画和七重以下合体岩画形式一样，整个贺兰山岩画里的语篇亦互不重复。换言之，没有两个完全相同的语篇。每一个语篇都是独一无二的这一个。不唯如此，每一个语篇里的成分也互不雷同。

一般来说，贺兰山岩画语篇之间的差异性是很明显的。我们往往一眼就可以看出这一点，例如，有些整体形状完全不同（如有的呈横向水平排列，有的呈纵向上下排列），有些组成成分明显不同（如有的基本上是射手与虎形式，有的则全是根本羊形式），有些成分之间排列得比较疏散，有些则比较紧密。即使那些组成成分基本相同，次序也大致相似的语篇之间也存在着比较明显的差异。如图 G29a 与图 G30 里都是一个人形象和一群羊形象，人形象都位于整个语篇的最左边，与人形象保持一段距离的羊形象都位于人形象的右边，但是，它们之间仍存在着显著的区别。

至于同一语篇里不同性质的成分之间的区别是不言而喻的。如射手与虎形式、骑者与羊形式之间的区别。即使是同一语篇里性质相同的成分之间亦存在

图 G32

着或多或少的差异。可以说每一个语篇里（尤其是那些自耦合的羊语篇），作为组成成分的射手、骑者、马、羊形式互不雷同。它们都是这一个射手、骑者、马、羊形式。关于这一点，我们以上在描述每一个语篇时几乎都已涉及并程度不同地有所分析，兹不赘述。

这里，我们再次重提此问题是为了进一步强调说明，尽管我们上述论断是就每一个语篇或每一个语篇里各成分的形式层面或者说能指层面而言的，但是，能指的存在便预设了所指的存在。如图 G32 所示：这块石头上所刻的都是羊形式。它们中有的是细线刻制的，有的是粗线刻制，形态诡异，尤其是位于最下面的两个派生羊形式。我们显然不能简单地断定它们所传递出的概念就是“羊”。事实上，我们所能肯定的只有这一点，即形态万千的能指显示出贺兰山岩画语篇意义的多元复杂。同样，我们之所以说某个语篇传递出的基本概念是“射猎”、“放牧”，是因为它们是意指的所在，也就是说有个特定的“能指”在指示它们。

五、复杂耦合语篇

（一）双重结构

羊自耦合语篇基本上由一种性质的成分构成，这是一种比较纯粹单一的语篇。派生耦合语篇和关系耦合语篇基本上由两种或两种以上不同性质的成分耦合而成。我们因此可以把它们统称为复合耦合语篇。在贺兰山岩画里，我们还能见到一些更为复杂的语篇，即同一个语篇里同时出现两种或两种以上的造句关系。最常见的就是在一个语篇里射猎和放牧两种句法结构或岩画句同时并存。例如，图 G33a 这个语篇比较简明清爽，其间最引人瞩目的是两个拥有动宾语法结构、明确传达出射猎关系概念的成分组或者说三重岩画句。一个位于语篇的右上边，一个位于语篇中央。这是两个既相互联系又彼此区别的岩画句。

首先，它们组合图式相同，即都是主格—次格结构；[1] 其次，二者都是相

[1] 两个岩画句里形状最大的是一个复杂派生射猎语词，其他形状较小的形式或者紧密依附于它，或者位于距离它较远的边缘地带。

同形式元素结构的一个根本马形式、一个根本羊形式和一个 A + B 型派生射手形式（即与）的组合。其中 A 代表射手形式，B 代表马形式（准确地说是马母子形式）。因此，这两个射手派生形式的公式其实是 A +（A + B）。然而，相比较而言，这两个相似的复杂射猎语词在很多方面存在着程度不同的差异。例如，一个射手是形状比较大的根本形式（即），一个则是形状比较小的 A +（b）型派生形式（即）；一个派生马形式主要是实面、虚面结构（即），一个则主要是虚面、线结构（即）；一个射手与派生马形式借助于一个圆圈状黏附形式（即）联结成一个相对完整的形式，一个两者之间直接联结（也即通过延长箭或人手臂的长度，两者零距离接触）；一个射手形象的弓箭直接射向面前的派生马形象，一个却指向面前派生马形象之上的另外一个马形象。除复杂派生射猎语词外，两个射猎句里的另外两个成分（也即最右上边岩画句里的、，与中间句里的、）也是既相似又相异。尽管组成成分的内部形式结构和次序上存在着明显的差异，但是这两个岩画句都明确、具象地传达出了施受关系概念。至于语篇左边，则都是一些能承担受者功能作用的马和羊形式，它们似乎进一步补充说明了以上两个句子的意义和功能。

然而，我们并不能因此得出图 G33a 这个语篇的整体意义也是射猎这一结论。因为，整个语篇里还存在着第三个成分组：一个骑者成分（即）与一个马成分（即）耦合而成的一个主谓语法结构，这一造句关系相当明确地传达出了“（人）放牧”这一基本概念。我们之所以把语篇里的骑者成分与其前面一个马成分划分为一个成分组，是语篇自身显示给我们的：它与其上两个相对完整的射猎句之间的距离表明它自身就是一个相当完满的、具有独立功能意义的形式单位。同理，在图 G33b 里同时并存着人、射手、骑射（马与射手形式上下结构）、骑者四个形象，而与它们搭配组合的基本上是羊形象，射手、骑射、骑者和羊形象之间的组合关系分别形成了两个射羊句、一个放牧

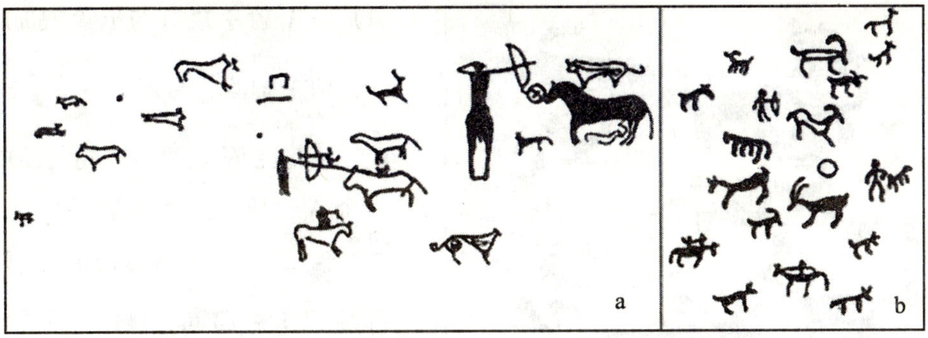

图 G33

句。所以，由两个或两个以上不同功能意义的句子耦合的图 G33 里的两个语篇，其功能意义也应该是多元的。

在一些组成成分众多且比较复杂的语篇里，这一点显得更加突出。如图 G34 所示：射猎和放牧句共时存在于语篇。上面一个放牧句（一个骑者成分和三个羊成分的组合）和下面一个二重射猎句（一个复杂骑射派生成分和一个 A + B 型羊成分的组合）构成了语篇的主体结构，也规定了整个语篇的主要功能和意义。语篇里的其他成分主要是各种形式的动物形象及其组合。它们位于整个语篇的边缘地带，例如，最下面两个派生羊成分结构的短句（）和右边单列的一个 A +（b）型羊形式（即），以及最左边单列的一个 A + B 型派生形式（即人与羊形式的结合）。这些分散、没有结构出明显的造句关系的形式都只对其旁边的岩画句或整个语篇的功能意义起着进一步补充说明或修饰作用。

图 G35 里的则是一个比较复杂的双重结构、双重功能意义的语篇。其间有骑者形式、射手形式、人形式和马、牛、羊等动物形式。成分之间的耦合次序表明，所有成分总体上分为纵向上下排列的三大组，即右边一组，中间一组和左边一组。若依据各组成成分之间所结构的造句关系，我们又可以把整个语篇划分为左右两大组成部分：右边主要由四个紧缩射猎句构成，左边主要由两个紧缩放牧句构成。从上至下，从左往右，右边四个射猎句分别是：

图 G34

（1）一个射手成分与五个马成分、两个抽象符号成分（、）组合的八重射猎句。（2）一个 A + （b）型派生射手成分与三个动物根本形式耦合的四重射猎句。（3）一个复杂奇特的 A + B 型派生射手成分（其中的射手形象双臂张开，与两个马形象左右相连）与三个动物成分（其中的是一个派生动物形式）组合的四重射猎句。（4）一个最简单的射猎句，即一个根本射手成分与一个动物成分之间的横向耦合。而若按照从上往下的顺序，左边两个放牧句分别是：两个派生人形式和一个抽象动物形式、两个牛形式的耦合，以及一个根本人形式与两个动物形式（其中一个是 A + B 型派生动物形式）的结构。

因此，四个紧缩射猎句和两个紧缩放牧句结构了图 G35，也决定了它的功能和意义。相比较之下，射猎句在语篇中显得更重要。它不仅数量多，而且占去了大部分视觉空间。放牧句则处于相对边缘的位置，尤其是整个语篇里唯一一个骑者形式（即），只是参与射猎句中马形式的组合，并不是一个独立的成分。[1] 至于语篇里的其他一些成分，由于数量少且比较分散，因此，它们的存在并不能从根本上改变整个语篇整体的性质，只是或多或少地对其周围的句子起着进一步补充、限定和连接的作用。例如，整个语篇最右上角的五个

[1] 虽然它与派生马形式组合的是一个 A + B 型复合形式（即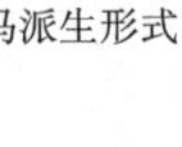），但是，从两个形式形状的大小来看，与其说这是一个骑者派生形式，毋宁说它是一个马派生形式。

图 G35

马成分（它们又按 3/2 分为两组，整体呈向右上角倾斜状排列）与位于其下面的射猎句保持着相当大的距离，似乎游离在它们之外。但考虑到五个动物形式既和射猎句都在一个垂直方向上纵向排列组合，又能作为射猎语法结构里射猎动作的承受者，所以，我们可以把它们视作一个统一的射猎整体。这一整体也包括射猎句下面一个根本人形式。这个人形象两手叉腰，动作优雅，与其旁边的射猎句形成鲜明对照：他似乎正在欣赏着射猎。我们在左上角、右下角也能分别看到这种情景：两个放牧句中间有一个似乎与它们没有什么联系的根本人形象，则两手叉腰，在一旁观看着射猎。

与这三个人成分和语篇最右上角五个马成分相反，图 G35 里还有一个具有造句功能的人成分和动物成分。语篇中间有两个上下纵向组合的射猎句（即八重射猎句和四重射猎句），一个虚面与线结构的复杂 A +（b）型派生人形式把它们（准确地说是把两个岩画句里的射手成分）串联起来。而一个正在向左前进的动物形象又把中间两个射猎句与其左边的两个放牧句连接起来了。很显然，分别穿插在两个射猎句以及射猎句与放牧句之间的这两个成分在整个语篇起着连词作用。它们不仅进一步丰富了射猎句和放牧句的内涵，而且连接了各个不同句子，使之成为一个相对完整统一的整体形式。

（二）离心结构

我们把没有传达出一个或两个相对完整统一概念的语篇所具有的结构称为离心结构。在这种语篇里，组成成分各自为政，相互之间没有形成明显的造句关系。若依据贺兰山岩画里比较明确地展示出来的射猎动宾句法结构和放牧主谓句法结构来衡量的话，贺兰山岩画里基本上存在着射手（有时也可以是射猎）或骑者（有时也可以是骑射）语词（或句子）离心结构的语篇和其他语词（或句子）离心结构的语篇两种。下面，我们将结合具体语篇逐一描述分析。

1. 羊、射手或骑者成分的参与

这是指有羊、射手（射猎）或骑者（骑射）语词或句子参加的离心结构语篇。如图 G36 所示：这两个是以羊成分为主体，并有射手、骑者形式参与的语篇。射手、骑者形式在语篇里并不是对其他成分具有很强凝聚力或统摄力的核心语词或句子，而或者只是一个相对独立的语词，或者只是一个相对独立的短句。如图 G36b 右下面有一个射猎短句。从组成成分及其次序来看，它都相当独立于其他成分：射手的射击目标主要是一个象虎之形的形式，而语篇里的绝大多数成分是羊形式。除射猎短句外，语篇里的其他成分只是简单或横向或纵向并列在一起，如位于语篇最下角的两个人形式，似乎游离在语篇之外。

在拥有两个射手形式和一个骑者形式的图 G36a 里情况也如此。该语篇里的所有组成成分总体上分成鲜明的两大组，每组都呈纵向上下排列。按照成分的性质及其之间的次序和距离，每一大组里又存在着成分组。右边一组从上往下共有三个成分组：一个由射手、两羊成分结构的三重句、一个单列根本马成

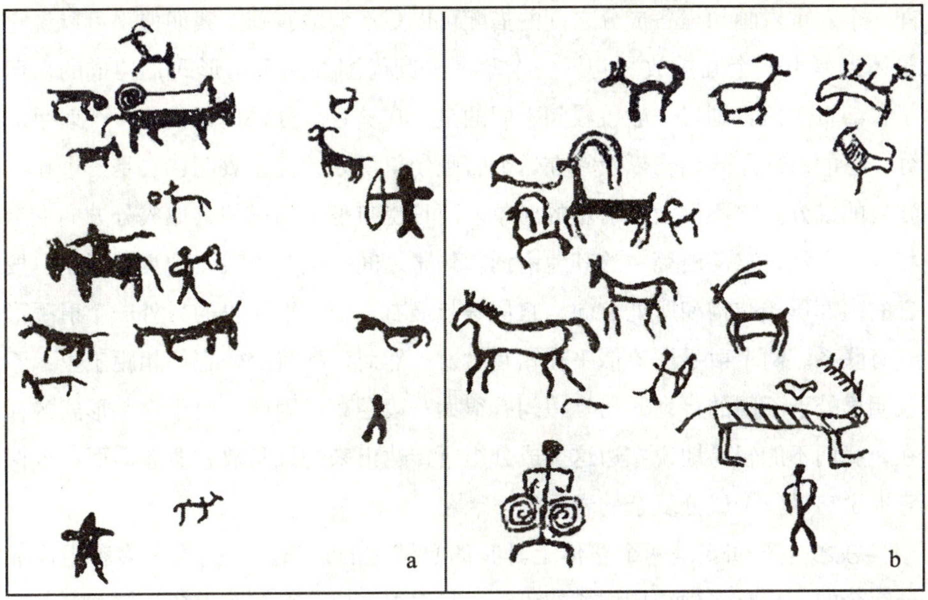

图 G36

分、一个单列根本人形式。左边一组从上往下又可以分为三个岩画句，即四重句、六重句和二重句[1]。成分组（或岩画语词、岩画句）之间或长或短的距离，以及搭配次序表明它们之间没有明显的造句关系，如右边最下面两组，也即两个单列的根本羊形式与人形式之间不仅距离大，而且一左一右方向完全相反。即使是同一个成分组里的各个组成成分之间似乎也毫不相干。如最右上面三重岩画句里两个方向完全相反的羊成分（它们之间没有直接的联系）竟然位于射手成分的上面！这种搭配一反贺兰山岩画惯用的组合图式（也即射手与羊的固定搭配所形成的射猎词或句子），把射手成分孤立起来——使它失去了射击的具体对象，也即施事者（射手形式）失去了承担其动作（射击）的受事者。换言之，这样的射手形式与其之上的羊形式结构构不成一定的造句关系，它只是一个射手成分而已。

关于这一点，我们从图 G36a 这个语篇里最大的一个成分组，也即左边中

[1] 各句里的具体成分依次是四个羊形式（其中一个是两羊上下结构的 A + B 型派生羊形式）；一个羊形式、一个射手形式、一个骑者形式和三个马形式；一个根本人形式与一个派生羊形式。

间一个六重岩画句里各成分之间的搭配可以更清楚地看到。我们似乎可以说它整体上是由一个五重放牧句（一个骑者与其周围的四个羊形式）构成的，但是，与贺兰山岩画里一般放牧句不同的是，在骑者成分之后紧挨着一个射手成分，它的内部形式结构以及它在这个岩画句里所处的位置表明：它是一个相当独立的成分。它不仅没有射击的对象，而且也与整个句里的其他成分方向完全相反。当然，它与语篇中的其他语词、句子之间更是缺乏直接的具象联系。按它的内部形式结构和所处方向，它似乎与最右上面三重句里的另外一个射手形式有联系。两个射手形象似乎在相互对射。然而，事实上，它们相距千里：不仅明显处于不同的行列，而且中间有很大一段距离。因此，由于射手形式的存在，我们不能轻易地说左边这个成分组所传达出来的只是放牧概念，而应该保守地说它是一个成分复杂的岩画句。

总之，图 G36 是两个整体上具有离心结构的语篇。它们是由多种组成成分组合的、具有多种结构样式的语篇。其中很多成分在与其他成分并列在一起的同时保持着相对的独立性。与其说图 G36 里这两个语篇是由放牧或射猎句组成的，不如说它们是由一个个不同的成分或语词结构而成的。

2. 羊与人成分结构

这是指没有射手（射猎）或骑者（骑射）形式语词或句子参加的离心结构语篇。如图 G37[1] 所示：在这个比较大的语篇里，我们看不到常出现在其他比较大的贺兰山岩画语篇里的一些基本成分，诸如射手、弓、弓箭、箭头、骑者和骑射形式等，这些能具象鲜明地给我们呈现出一定句法结构关系的简单或复杂形类。这个语篇里的基本成分是各种羊形式、人形式。若按相对独立的成分来计算：图 G37 里有六个人成分 [其中两个根本形式、两个 A +（b）型形式和两个 A + B 型形式][2]、14 个羊成分（一个是位于右边最上面的抽象羊形式，其余都是具象根本羊形式）。除了与人成分密切结合的羊成分外， 图 G37 里还有两个可以忽略的、处于非常边缘的地带的成分，即位于右下角的老虎形式和

[1] 图 G37 是个很大的语篇，复制图、拓片均为其中的一部分。拓片引自《贺兰山岩画》，宁夏人民出版社 1990 年版，第 35 页。

[2] 它们分别是中间靠下面一个、最下面一个、两个 A +（b）型（位于最上面的两个）和两个 A + B 型 [其中中间一个是两个 A +(b) 型人形式的再次组合，右下角则是一个 A +(b) 型人与虎形式的组合成分]。

图 G37

位于最右上面的一带钩“个”字形的简单图案形式。老虎形式实际上只是结构一个 A + B 型语词 [最右下角一 A + (b) 型人形式与老虎的组合结构] 的词素，也即一个派生人形式上的黏附形式而已。因此，我们可以说图 G37 基本上是人与羊成分结构的语篇。

图 G38[1] 也如此。该语篇里也有六个人成分、二十九个羊成分、八个马成分和一直竖线形抽象笔画成分（位于最左边一根本羊形式的上面）。六个人成分里有三个根本形式（即、和）、三个 A + B 型派生形式（即、、）[2]。、两个单列，分别一上一下位于语篇中间最上面。

[1] 拓片为图 G38 局部，引自西北第二民族学院编纂的《大麦地岩画》②，第 226 页。

[2] 它们的内在组合结构依次是两人一正一反上下相套的复合人形式（它借助于三线条与三只形体较大的马形式再次组构）、一个 A + (b) 型派生人形式与一个羊形式相套结构、一个派生人形式与一个根本羊形式穿插结构。

图 G38

、与 14 个动物成分整体纵向并列组合。、与三个羊成分分左右两行按 2/3 结构。语篇左边是一个众多动物结构的成分组，其中有一个与其他成分保持着距离的虎成分。在这个拥有五个成分组的大语篇里，各个成分组有的以语词形式出现（如、），有的以语句形式出现（如中间最下面的五重句），有的以语篇形式出现（如最左边、最右边两个），各自相对独立存在，传递着某种独特的概念。

语篇中的成分组具有双重性：一方面它们彼此之间具有差异性，另一方面同一成分组内部各个成分之间又具有较强的联系性。例如，左下边 11 个大小不一、具有紧缩句法结构的羊集合（这实际上又是一个小语篇），特别是在最右下面成分组里，我们看到了抽象黏附形式在造句中的作用。这是两人形式与 14 个动物形式上下排列组合，其中复杂形类人成分借助于三条明显的曲线状抽象黏附形式与三个实面与线结构的马成分组构出了一个形体较大的整体形式（即）。与主要通过距离保持独立性的其他成分组相比，成分之间的这种连接更加凝固不可分割。事实上，它已经是一个独立的语词了。

（三）向心结构

我们把能传达出一个相对完整的统一关系概念的语篇所具有的结构称为向心结构。拥有这种结构的语篇主要有以下从属的向心结构、并列的向心结构、系列的向心结构和连构的向心结构四种类型。

1. 从属

在拥有主格—次格结构的语篇里，往往有一个或两个、两个以上的主格形类，其他次格形类都或多或少地依附于它。从属是这种向心结构最显著的特点。例如，图 G39[1] 这个语篇里有两个醒目的、基本上由实面结构、形体较大的主格形类，即一个根本盘羊形式、一个根本骑者形式。与根本盘羊形式搭配的主要有位于其前面的一个根本射手形式和位于其后面的一个 A + B 型派生射手形式 。这样，根本盘羊形式与前后两个不同形态的射手形式便耦合出了一个动作—受事结构。而位于语篇最前面的是一个根本骑者主格形类，它前面是一个复杂形类，即 A + B 型派生羊形式（三个羊形式的上下结构），它们之间的耦合是一个典型的施事—动作结构。但是，我们若稍微把眼界放大一些，考虑到整个语篇并没有按成分组排列，所有成分实际上是一个整体的话，那么，我们不难发现：这个主格骑者形类事实上是以根本盘羊形式为中心形成的动作—受事结构里的一个成分。这个主格形类所代表的形象也正在参与捕捉盘羊的活动，正是它堵住了盘羊向下跑的通道。我们还注意到：正在正面射击盘羊的射手形象的后面还紧随着一个骑者成分。它显然与前面的射手形式是一个整体。因此，该语篇里的骑者成分[2] 不是一个孤立的存在，我们与其人为地把主格骑者形类与其前面的一个派生羊形式视作一个放牧句，不如把它们视作以主格盘羊形类为中心的整个捕猎活动或形式结构的一部分。因为从组成成分

[1] 拓片为图 G39 复制图局部。对照拓片，我们可以清楚地看到复制图中的一些缺陷。如拓片右上边射手形式比位于它右边的一个根本羊形式形体要大，而且，它并没有像复制图里（即 ）那样与根本羊形式联结（即成为一个 A + B 型复合形式），而是一个相对独立的成分。

[2] 整个岩画语篇位于一块相对独立存在的、整体呈一倒立三角形状大石头的石面上。复制图漏掉最上面一个骑者成分和一个羊成分。参见西北第二民族学院编纂的《贺兰山岩画》①里该岩画语篇完整的摄影图，第 262 页。

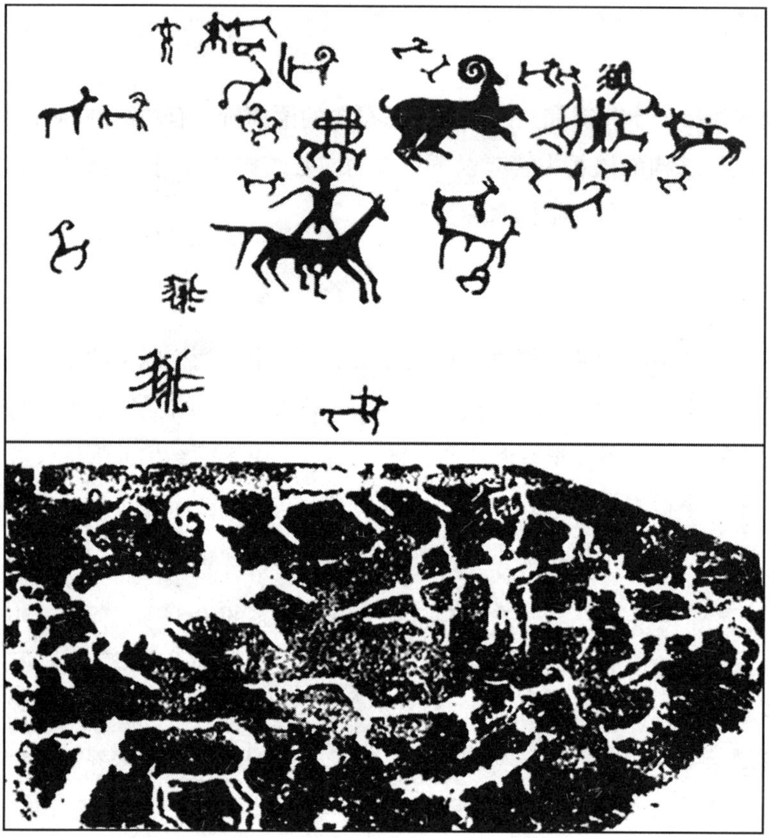

图 G39

的性质及其次序来看，在八个人成分（其中两个射手形式、四个骑者形式、两个人形式）和 22 个羊成分整体呈一倒立三角形形状排列组合的语篇里，整个语篇里的核心结构是主格形类盘羊与两个射手形式耦合的动作—受事结构，其他成分都从属于它。值得一提的是，与一般射猎句或语篇不同，这种动作—受事结构里的动作的发出者明显不是某个人而是某些人。与此相适应，整个语篇传达出来的基本关系概念也不是简单的“射猎”，而是集体狩猎。

我们从图 G40 可以更清楚地看到这一点。这个紧缩结构语篇里的基本成分是羊、动物、射手和骑者形式。它们的耦合方式很独特：视觉空间中间是两个动物形式的左右组合（即）。虽然它们的形状与其他形式差不多，但

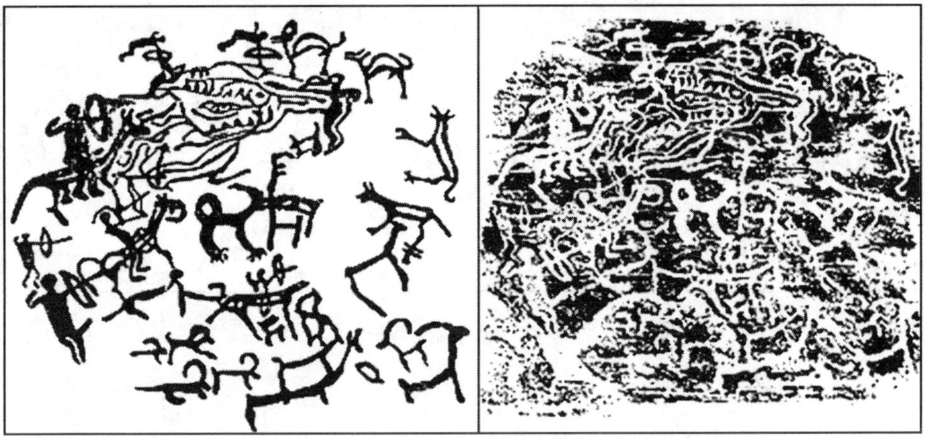

图 G40

它们位于整个语篇最核心位置，其他成分都从周围环绕着它们。显然，这是一个存在着核心成分或语词的、整体呈环行排列组合的主格—次格结构语篇。除各种各样的羊形式外，该语篇次格形类里有七个各种形式的射手形式，其中三个是 A + B 型派生形式，这里的 A 代表射手，B 代表马，它表示的是一个骑在马上射猎的形象。语篇上面、右下角虽然没有射手形式，但分别有两个、一个弓形式。因此，整个语篇是一个以两个动物形式为中心的动作—受事结构。其中的所有成分都环绕着它、从属于它，从而非常具象生动地传达出“集体狩猎”这一关系概念，因为组成成分间关系的存在是意义产生的必要的先决条件。

2. 并列

大凡语篇中各种成分相互并列在一起，传达出一个相对完整统一关系概念的结构，我们称之为并列的向心结构。如图 G41 所示：这是两个按成分组结构的语篇。图 G41a 按 1/7 组合，即上面一个成分与下面七个成分上下组合。下面整体呈横向左右组合的成分组实际上是一个七重射羊句，也即两个射手成分、两个骑者成分与三个羊成分（其中最左边是一个派生形式）的组合。从它所处位置及其成分之间的组合关系来看，这个七重射羊句是语篇的核心，位于最上面的单列羊成分并不能从根本上改变它所传递出来的基本意义。

图 G41b 里所有组成成分按它们之间搭配次序和距离的远近，明显形成五个成分组，从右到左，从上到下，它们分别是：一个根本骑者形式、一个根本

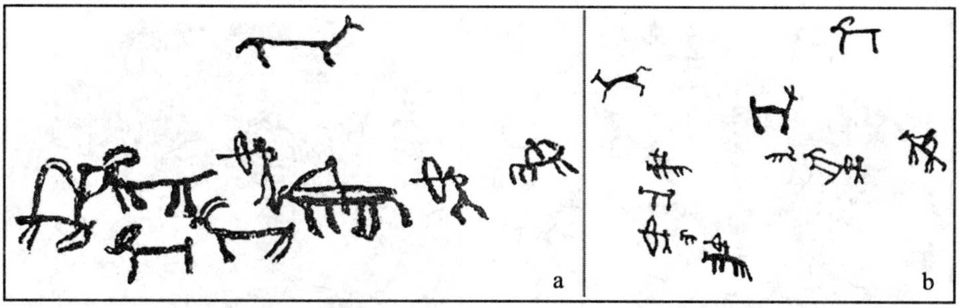

图 G41

羊形式、一个三重射猎句、一个根本羊形式和一个五重射猎句。[1] 这些成分组分散在语篇的中间和四个角落，彼此之间保持着相当一段距离。但是，从其成分的内部形式结构以及整个语篇整体来看，它们又有着内在的联系。射猎句独自位于整个语篇的中央位置，其右边一个骑者形象正在向它靠拢。骑者形象与射猎句里的一个形状较大的羊形象遥遥相望。语篇左下角是一个由三个射手形式（其中两个是 A + B 型派生形式，表达的是骑在马上正在射击的射手形象）和两个根本羊形式结构的一个相对独立的动作—受事结构[2]（它与其他成分距离较远），其整体传达出来的一个最基本的关系概念是射猎。至于整个语篇左右上角两个根本羊形式，它们与语篇里大部分成分的方向一致（除了中央射猎句里两个羊形式方向向右外，语篇其他成分都向左），且都是可以作为动作—受事结构里的受事者，因此，它们的存在不能从根本上影响其他成分组的意义，只是对它们起到了进一步补充说明的作用。所以，从功能及其意义来看，射猎既是图 G41b 里的核心语句，也是其基本结构，其他成分都从各个方面进一步补充、强化了这一基本结构。整个语篇传达出的一个基本关系概念是射猎。

---

[1] 两个岩画句分别是射猎语词与两个羊成分结构，以及两个骑猎成分、一个根本射手形式与两个根本羊形式之间的组合。

[2] 严格说来，这个成分组里，只有右边一派生射手形式与其前面的一根本羊形式的耦合才是射猎句。至于其左边三个呈纵向上下排列的形式之间没有形成造句关系，它们各个独立存在。但是，我们必须不仅要把它们视作一个整体，而且要把它们与射猎句视作一个整体。因为这是它们自己显示给我们的：三个独立形式与射猎句子共处一组，且方向完全一致，它们的存在进一步丰富了射猎句，加强了它的意义。所以，从整体上看，这是一个以射猎句为核心的成分组，其传达出来的一个最基本的关系概念是射猎。

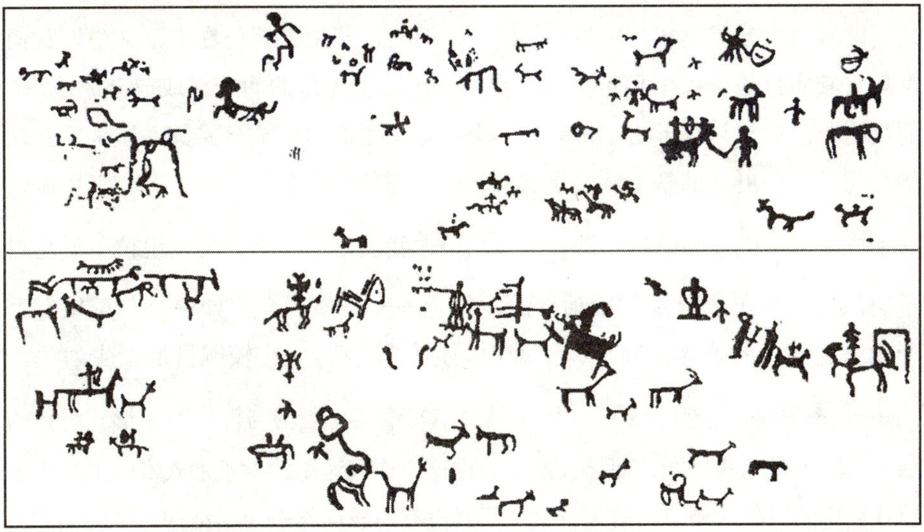

图 G42

这种并列向心结构在图 G42[1] 这个由无数形状较小的微型语词组合的巨型语篇里体现得更明显：这是一个组成成分众多，场面浩大或者说篇幅冗长的语篇。所有成分大致依据岩石天然的走向按成分组横向水平排列。尽管每一个成分组里的具体成分不同，但是，在每一个成分组里，羊、骑者、射手和人依然是最普遍的词汇，而射猎和放牧则是两种最基本的句型。例如，语篇的中心位置就是一群各种形态的羊形式和骑者、射手形式。而语篇里一些看似奇特的形式其实也都是在羊、射手和骑者这三个形式基础上形成的。诸如射手与马、人或羊形式联合结构的复杂派生形类、，派生人形式、、、和，以及繁复或奇特的派生羊形式、、、、和等等。因此，从组成成分的形式和整个语篇来看，这个语篇展示出来的是一个大型游牧场面。其间有很多骑在马上的射手形象，但是，严格说来，没有一个射猎句。尽管语篇下面有一个射猎形

[1] 这是从左到右刻制在图 A25 岩石表面的巨型岩画。这里限于篇幅，把它们分开制作。上面最右边应该稍微拉开一点距离与下面最左边相接。

式（即骑猎成分与羊成分结构），但是，若把它置放在上下文中，我们发现它其实只是语篇中相对独立存在的一个四重句里的两个组成成分而已。[1]而从这个四重句与位于它左边另外一个四重句里的组成成分及其性质来看，这两个句子传递出来的基本概念是放牧。[2]从语篇中间另外一个四重句[3]里派生射手成分与羊成分的结构（即），我们更能确信：与其说位于派生射手前面的根本羊成分是射手动作的承担者——受事者，不如说是与派生射手形象一起同行的伙伴。同理，语篇中间形体比较大、比较醒目的派生射手形式只是一个派生射手（而不是射猎）语词。因为与派生射手形式组合的另一形式不是动物形式，而是人形式。在这个构词法里，射手形式实际上失去了以往固定的搭配对象。换言之，这一形式没有形成动作—受事结构，也即造句关系，因为射手形式所表示的射击动作没有受事者承担。所以，总体上看，这个语篇里的各成分组里的基本成分是羊与骑者形式，尽管有的骑者形象手里拿着弓箭，甚至正在作着射击的姿势，但是，整个语篇并没有给我们描绘出一个激烈的射猎场面。如果说它整体传递出了什么概念的话，最基本的也应该是放牧。

3. 系列

大凡语篇中各种成分相互前后连接在一起，传达出一个相对完整统一关系概念的结构，我们称为系列的向心结构。例如：图 G43 也是一个由众多形状比较小的微型成分组合的巨型语篇。语篇整体分上下两大部分或成分组：最上面一组（实际上是最右上角）主要是六个具象、抽象羊形式和一个根本人形式结构，其下面是浩浩荡荡、波澜壮阔的各种成分的集合。它的主体是各种马和羊成分。此外，还有两个清晰可辨的骑者成分、一个骑在马上的派生射手形式和三个人形式（其中一个是派生形式）。它们零星地点缀在众多马和羊形式中间，并由此形成了一定的结构。这种结构是施事—动作结构

[1] 射手形象是站在马上，而不是像一般骑猎者那样骑在马上。这个四重句里的另外两个成分都是骑猎形象。

[2] 两个四重句都是三个骑者成分与一个羊成分的组合。两句里的骑者、羊形象们面面相对，它具象呈现的似乎是左右两队放牧者们即将邂逅时的情景。

[3] 即三个派生射手成分（即射手与马上下结构）与一个根本羊成分的组合。

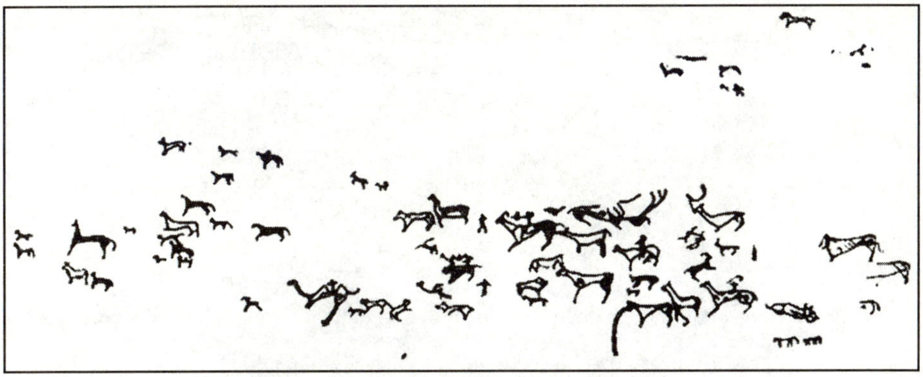

图 G43

呢？还是动作—受事结构？是单一的还是多元的？我们看到整个语篇的中间略靠右边有一个骑在马上的射手形象，它也是整个语篇里唯一的一个射手形式（也即 A + B 型派生形式）。它的目标似乎是位于其前面的两个根本马形式，然而，在两个马形式之前，还有一个根本人形式。这就是说在射手形式与其射击的对象之间横亘着一个根本人形式。根本人形式才是射手形式动作直接的承受对象。这显然不合情理，也与贺兰山岩画里一贯固定的射猎语词和句子的结构或者说构词法和造句法不同。[1] 其实，从组成成分的内部形式结构和次序以及语篇整体的排列次序来看，整个语篇里的绝大多数成分都方向一致，即所有形象都在前后相随朝左前进。它表现的不是一个宏大的射猎场面或集体狩猎的情景，而是一个大型的放牧场面。语篇的组成成分可以分为两大类：各种人形式与动物形式。整个语篇的结构就是由它们耦合的一个动作—受事结构。这一结构所体现的造句关系是主谓关系，而它所传达出来的最基本的关系概念是放牧。

4. 连构

与贺兰山岩画句一样，贺兰山岩画语篇里也存在着一些借助于抽象黏附形式凝结为一个相对稳定结构的语篇。我们把拥有这种特点的语篇结构称为连构

[1] 在贺兰山岩画里，无论是射猎构词法还是句法，射手形式与其他动物形式之间有着固定的次序：一般来说，动物形式都是位于射手形式的前面。参见前面的论述。

图 G44

向心语篇。如图 G44[1] 所示：这是由十个成分结构的语篇，其中四个人面形式里有三个被四根曲线状形式元素联结成了一个更大的整体形式。这使得原本形状就比较大且位于整个语篇核心位置的三个人面形式更加突出，与此同时，也使得位于这一整体形式周围的其他成分更加相形见绌：它们的形状不仅相对很小，而且零星地位于整个视觉空间最边缘地带，以至于我们完全可以忽略它们。因为由四条曲线凝结成的整体形式具有强大的统摄力量，它占去了绝大部分视觉空间。我们可以说它是语篇里的一个语词、短语，也可以说它是一个三重短句。总之，这个不是由组成成分之间的次序，而是由四条曲线结构的整体形式，很像一块牵引着周边其他成分的吸铁石，某种程度上规范并决定着整个语篇的意义。

有时，这种由抽象黏附形式连构的整体形式，甚至会辐射到整个语篇。如图 G45 所示：这是一个很独特的语篇：一方面我们能一一辨识出里面的 15 个组成成分，也即 10 个基本由实面结构的羊形式、一个虚面结构的马形式（位于右上角）、一个基本由虚面结构的形体较大的羊形式、一个基本由镂空面结构的虎形式和两个线结构的羊形式（位于最右边）；另一方面我们几乎无法把它们彼此分割开来：所有成分上下错落组合，整体呈纵向排列。它们或下或

[1] 引自许成、卫忠编纂的《贺兰山岩画》，摄影图右边缺少了一部分，其中有两羊形式，故此处同时附上作者制作的该岩画复制图。

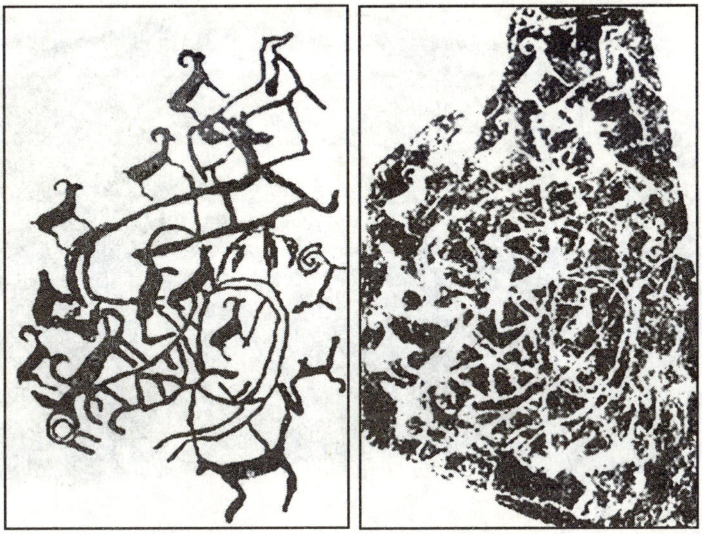

图 G45

上、或左或右，或部分形式元素，或整个形式，彼此交织或相套、相叠在一起。尤其是穿插在下面成分之间的一些长短不等的抽象线条状黏附形式，就像蜘蛛一样，把分散的成分纺织成一个更大的不可分解的整体形式。这个整体形式就像不断向上生长的藤蔓一样，具有很强的辐射力，上面的成分也与之连接起来。因此，我们显然不能仅仅凭借组成成分的性质及其次序来理解这个语篇，因为它不是一个个独立语词通过一些可辨识的语法关系组合的结果，而是通过一些似乎是任意的线条连缀的整体（试把图 G44 与图 G45 相比较）。

六、稳态结构

任何一个贺兰山岩画语篇都是一些互相联系的岩画形式的集合。[1] 这些形式是无限复杂的。有些是独体岩画形式结构的整体，有些是合体岩画形式结构的整体，有些是独体与合体岩画形式联合结构的整体。语篇中的这些形式也就是在语篇中真正起作用的组成成分。它们的性质及其相互关系决定着语篇的性

[1] 这里所使用的“集合”概念采用美国学者 M.A. 阿尔贝勃的观点。他说：“我们将研究对象（称为元素）组成的整体称为集合。比如，元素可以是点、数或者有限自动机中的状态，而点的全体，整数等就是它们组成的集合。”见其《大脑、机器和数学》，朱熹豪等译，商务印书馆 1982 年版，第 130 页。

图 G46

质和特征。从这个意义上说，贺兰山岩画语篇都是各种形式的功能耦合组织。若根据语篇中各组成成分的性质及其互相之间的关系，我们可以把所有贺兰山岩画语篇再次划分为有组织的和无组织的两大类。凡是各组成成分之间明确组合出一定结构关系的语篇，我们称之为有组织的语篇，反之，就是无组织的。成分之间无组织的语篇，其整体与组成部分之间的关系比较简单，如羊自耦合语篇和派生语篇。这是一些完全或者基本上由一种性质的成分结构的语篇。在这些语篇中，具有不同形态的、同一性质的成分往往随意并列在一起。尽管它们之间可以纵向或横向排列组合，但是，由于其各组成成分之间没有明显的关系，换言之，语篇中各组成成分之间相互作用很小，所以，语篇的性质可以近似地看作各组成成分之和，也可以看作它们的统计平均。当然，这是相对那些各组成成分之间存在着明显的结构关系的语篇而言的。[1] 相比较之下，关系耦合语篇和复杂耦合语篇里的各组成成分相互的结构给我们鲜明地呈现出了它们彼此之间存在着施受、主谓和指称关系等。很显然，对于这样有组织的语篇的特性，我们必须从功能角度对它们进行明确的定义。一般来说，正是这些组成

[1] 其实，从合体岩画形式开始，我们非常注重抽象语法形式在岩画中的重要性，我们反复强调的一点是：大凡被放置在一个视觉空间中的各种岩画形式之间天然地具有某种联系。

成分互相之间的作用产生了语篇更为复杂的性质。如图 G46 所示：在这块面积不大的石头上面、侧面有条不紊地刻制着无数形式，其中四个复杂派生抽象圆圈形式位于整个视觉空间的中心位置，几个象羊之形的形式、象虎之形的形式零星地位于石头的侧面及边缘地带。所有形式紧密相连，似乎彼此串联在一起，寓意深刻复杂。

尽管存在着明显的差异性，但是，有组织与无组织语篇都是一定成分的集合这一点是确定无疑的。因此，从剖析语篇里组成成分的性质及其结构关系入手，我们将对所有贺兰山岩画语篇的整体特性作进一步深入地洞察。

（一）整体性

所有的贺兰山岩画语篇都是由一个个独体岩画形式（也即词）和七重以下合体岩画形式（也即句子）建构的。如果以贺兰山岩画的性质和存在的条件性作为研究的出发点，那么，整个贺兰山岩画语篇就可以被规定为大量岩画的集合。它们的性质和存在是互为条件的。这样，作为这些岩画的集合的性质和存在，我们也没有必要从外部去寻找它们的依据。尤其是在每一个有组织的语篇中，岩画语词、岩画句，也即组成成分都是能服从于说明语篇特点的一些规律的。“这些所谓组成规律，并不能还原为一些简单相加的联合关系，这些规律把不同于各种成分所有的种种性质的整体性质赋予作为全体的全体”[1]。例如，施受关系语篇“射猎”和主谓关系语篇“放牧”中的意义并不是孤立存在的。我们不能在任何其他语篇里发现它们。只有当岩画词或岩画句按照“射猎”和“放牧”的语法和方式呈现出来时，这个语篇才具备了施受或主谓的结构性质，才获得了“射猎”和“放牧”的意义。这些性质和意义不同于其中每一个成分的性质和意义。这就是说：就每一个成分的性质而言，它们可以是人、射手，可以是弓箭、弓，可以是羊、马等形象，而每一个语篇的性质却是由这些成分之间关系的集合，也可以说是各个成分之间的关系或者语法程序决定的。这种关系的规律就是语篇的规律。例如，在图 G47 这两个明确分组并列组合的语篇里，如果射手成分的对面没有羊成分，

[1] 〔瑞士〕皮亚杰著，倪连生、王琳译：《结构主义》，商务印书馆 1984 年版，第 3 页。

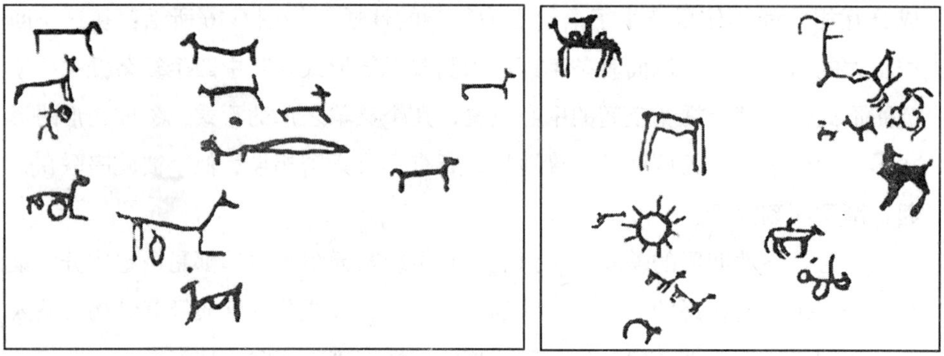

图 G47

或者与骑者成分组合的不是动物成分，那么，我们很难判断整个语篇分别传达出来的基本概念是“射羊”或“放牧”。因此，上下文语境规范并决定着语篇的意义。因为任何贺兰山岩画语篇都是一些组成成分或者随意或者遵循一定语法程序联结起来的一个有机整体，它的性质、功能和意义只是按照其组成成分的语法程序本身才展示出来的。

（二）替换性

我们说贺兰山岩画语篇具有整体性并不是说它是一个相对静止、封闭的系统。事实上，由各个成分结构的语篇所具有的这种整体性从来都是一个动态、开放的形式。这突出表现在语篇各成分所具有的转换功能上。语篇之间的成分各个不同，就是同一语篇内部各个成分之间亦不同。例如，在由双重结构、双重意义结构的复杂耦合语篇里，图 G48 可以说是一个典型的代表作。整个语篇里的核心成分是射手与羊（这里包括射猎语词）、骑者（这里包括放牧语词）与马形式。它们按性质被分成左右两大组呈纵向上下排列。右边一组里的基本成分是射手与羊形式，它们没有按成分组搭配，我们可以把它们视作一个整体（或者说一个统一的成分组），它们具象地耦合成动作—受事结构的射猎句，明确地传达出了施受关系概念。左边基本成分是骑者与马形式，它们也没有进一步划分成成分组，而是似乎随意上下并列在一起，若把它们视作一个整体（或者说一个统一的成分组）的话，那么它们的耦合形成的是一个施事—动作结构

图 G48

或者（人）放牧句，传达出了主谓关系概念。假若保持图序不变，我们用射猎词替换图 G48 右边的那个射猎词（更复杂的一个派生射猎词），或者用射手与羊形式（或这个不知名的动物形式）结构的射猎语词替换它，都不会从根本上改变整个语篇右边的基本组合关系。

至于那些完全或基本上由性质相同的成分结构的自耦合语篇和派生语篇里亦如此。例如，无论哪个羊自耦合语篇里有多少羊形式，有多少形态的羊形式，即使是在那些完全由根本形式结构的语篇里，我们都可以用、、

、这四个羊形式去替换其中的任何一个，而不会因此改变整个羊自耦合语篇的基本结构和整体性质。与有组织的语篇不同，羊自耦合和派生耦合语篇中成分的这种替换甚至允许我们可以不考虑它们在语篇中的次序。语篇成分所具有的这种转换性使贺兰山岩画具有了一定的适应性，某种程度上造成了贺兰山岩画语篇形态的无限复杂性。

（三）稳定性

然而，任何贺兰山岩画语篇中的任何成分的这种替换都不是毫无条件的。实际上，这种替换只允许在语篇所固有的组合结构关系内进行。例如，当我们准备替换图 G48 里的射猎语词时，必须充分考虑到其组成成分射手与羊之间的组合次序，这就是说我们不能超出射猎结构的边界。同理，对于无组织的羊自耦合语篇里任何一个羊形式的替换，也都要恪守一致性这个基本原则，也即我们的任何替换都只能在羊形式的范畴内进行。这一切意味着任何贺兰山岩画语篇的内部都保持着某种稳定的状态，或者说平衡。这种平衡就是每一个语篇的基本性质，而具有某种固定不变的基本性质的语篇就是一种稳态语篇。[1] 贺兰山岩画语篇所具有的这种稳态性主要体现在两个方面：首先，贺兰山岩画语篇拥有一些稳定的、基本词汇和句子。各种形式类型、各种形态的羊形式、射手形式、骑者形式以及人形式和马形式是整个贺兰山岩画语篇里的基本形式，尤其以羊形式最为普遍。这些基本形式可以以词或句子的身份，作为一个相对完整、独立的组成成分出现在语篇里，也可以以形式元素的身份，作为一个不完整的、不独立的结构成分而与其他任何形式再次结合，从而结构出语篇中形态万千的各种词或句子。换言之，贺兰山岩画语篇里存在着大量普遍形类，正是这些基本的成分结构了语篇。其次，贺兰山岩画语篇拥有一些稳定的、基本的结构关系，诸如射猎、主谓、指称等。事实上，绝大多数贺兰山语篇里都或多或少地存在着射猎、主谓和指称这三种基本结构关系。因此，成分及其结构

[1] 这里所使用的“稳态”概念是美国生理学家 W.B. 坎农最先提出来的。他认为：“稳态（homeostasis）这个词不是表示某种固定不变的事物，表示一种停滞状态。它表示这样一种情况——一种可变的而又保持相对恒定的情况。”详见〔美〕W.B. 坎农著，范岳年、魏有仁译：《躯体的智慧》，商务印书馆 1982 年版，第 8 页。

关系的相对恒定性，最终使得贺兰山岩画语篇成为这样一种稳态结构——一种可变的而又保持相对稳定性的组织。而这种稳态结构则是相对完整、独立的贺兰山岩画语篇存在的前提条件。

（四）有序性

与贺兰山岩画句一样，八重以上合体岩画语篇也是一个有序的世界。一般来说，整个贺兰山岩画里像图 G1、图 G2 那样各个成分排列紧密的紧缩语篇比较少见，大部分像图 G49 里的四个一样，成分之间存在着一定的间距。从中我们既能清晰地看到各个成分在语篇中所处的具体方位（也即孰左孰右，孰上孰下），也能分辨出它们形状的大小及其主次之别。于是，根据所处方位、形状大小或距离远近，我们发现图 G49 四个语篇存在着由两个或两个以上成分组组成的功能耦合系统。成分组里成分的数量可以是一个（如图 G49c 左边单列的一个根本牛成分），也可以是两个或两个以上，更可以是九个（如图 G49d 左边）。例如，图 G49c、d 里的所有成分因距离和形状大小

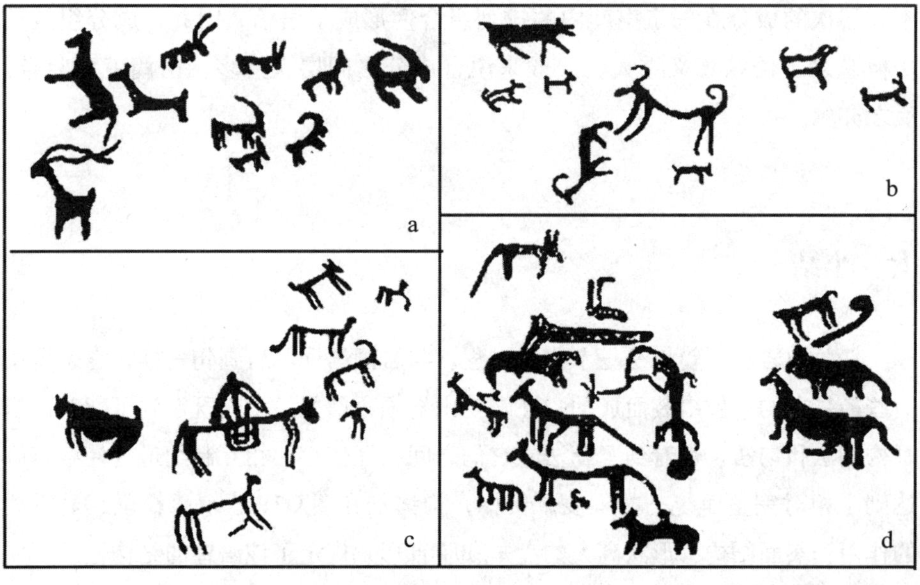

图 G49

明显分为左右两个成分组，图 G49a 里的因方位和形状大小分为左右两个成分组，图 G49b 里的则因距离分为三个成分组。两个以上成分组合的成分组内部往往又因成分之间的距离、形状大小或所处方位而存在着不同层次。如我们不仅可以很容易地把图 G49a 右边成分组里的七个羊成分再次区分出左边六个、右边一个，而且还可以把左边六个更进一步区分为右边上下两个、中间上下三个和左边一个。同样，我们不仅可以把图 G49c 右边成分组再次区分为上下两个层次（下面是骑者与羊成分组合，上面是四羊与一人成分组合），而且还可以更进一步把属于上面层次的五个成分区分为右边一个，左边上下四个。

我们这种区分有必要和有意义吗？面对图 G49c 左边制作者刻意单列出来的一个象牛之形的成分，我们的回答是肯定的。我们会认为图 G49c 是一个传递出“放牧”基本概念的语篇。然而，这只是该语篇右边成分组展示给我们的。若从整体意义出发充分考虑到语篇左边成分的存在，我们会进一步思考这两组成分之间为什么会有这样的构形？图 G49b 这个八个羊成分的集合里存在着三个成分组：上面左右两个，下面一个，整体构图呈一倒三角形状。两个一组里的一低一高呈“一”字状前后并列，三个一组里的或者一上两下呈正三角形状构形，或者一左两右呈斜三角形状结构。这些处于不同成分组、不同层次的成分在一定空间内的排列组合便形成了语篇。因此，成分组或层次概念之于语篇意义重大。一般来说，成分之间层次愈多，语篇就愈复杂。反之亦然。

七、小结

贺兰山岩画语篇也是一个构建过程。与岩画语词、岩画句一样，它也是由一些最基本的单位组装而成的。在贺兰山岩画语篇里，我们既看到了贺兰山岩画构词法和句法，也看到了篇法。它们之间相互依存、相互制约最终使各岩画达到了相对完整而统一的程度。例如，构词法在图 G39 这个语篇里起着重要的作用，实面结构、形状高大的盘羊和骑者形式规定了该语篇的结构性质，使它成为一个有中心语词的向心结构。而在图 G34 里句法起着鲜明的作用，射

图 G50

猎和放牧句结构并规定了该语篇的功能和意义。可以说，任何一个贺兰山语篇也是一个由各种形式元素结构的语词，以及各种成分结构的岩画句之间有规则的组合结果。它的构建或者说创造本质上就是一个组合的过程，[1] 而且是在岩画的真正意义上的组合过程。语篇整体内部的稳态结构更表明：组合创造了任何形式元素或者组成成分本身所不具备的东西。在这个意义上，组合的过程就是思维的过程。组合的结果（一个岩画形式）就是思维的感性表示方式。所以，应该有内在的岩画形式与外在的岩画形式之分。外在的岩画形式就是感性的岩画形式的外观，而内在的岩画形式则是指与形式相关的种种思想的渗入。它是潜藏在岩画形式里完全内在的和纯理性的部分。从本质上说，正是这部分才真正地结构了贺兰山岩画。这部分就是岩画创造使用视觉形式的用途所在。

[1] 前面已经论述：一般来说，在贺兰山岩画里绝少存在完全由单一的一个点、一条线或一个面构成的独体岩画形式。所有的独体岩画形式，哪怕是最简单的都是由两个或两个以上的形式元素或者形式成分构成。

岩画是一种被赋予了思想的表达形式。这取决于那些在它之中所体现出来的种种法则相互之间和我们在现实世界观察思维的法则之间的一致性与共同作用，如图 G50 中的岩画形式就是我们感觉思想中的骑者、人、羊、射猎等形象。因此，岩画中的种种语法形式就是创造岩画的精神活动运行的轨道，或者也可以比作岩画创造活动塑造形式的方式。这种方式就是人类精神活动的写照和直接的表达。人类这种内在的精神活动既是理性又是富有想象和情感的。[1] 在这里，没有一种灵魂的力量不在活动：在人的思想深处没有东西不进入岩画，而我们在岩画形式里所辨认出来的人的精神也是如此丰富深广。每一幅岩画的理性优势因而完全建立在史前人类在他们形成时期就井井有条的、稳定的和明确的精神组织的基础之上。

---

[1] 如果缺乏想象和情感，我们很难理解贺兰山岩画的个性化特点。

Ⅷ 象征的书写系统

盖文字者，经艺之本，王政之始，前人所以垂后，后人所以识古，故曰本立而道生，知天下之至赜而不可乱也。

盖依类象形，故谓之文。其后形声相益，即谓之字。文者，物象之本；字者，言孳乳而浸多也。著于竹帛谓之书，书者，如也。

——许慎《说文解字序》

圣人作《易》，立象以尽意。意，先天，书之本也；象，后天，书之用也。与天为徒，与古为徒，皆学书者所有事也。天，当观于其章；古，当观于其变。周篆委备，如《石鼓》是也。秦篆简直，如《峄山》、《琅邪台》等碑是也。其辨可譬之麻冕与纯焉。

——刘熙载《艺概》

以上诸部分我们把重点放在贺兰山岩画视觉语言形式上，描述和剖析了其结构，目的是厘清贺兰山岩画的语法、词法、句法和篇法，寻找隐藏在岩画形式后面的规则和范式，进而理解贺兰山岩画自身固有的本质特征。如果说我们上述的研究基本上是一种内部的研究（也即一种对贺兰山岩画内部形式结构的研究）的话，那么，从这部分开始，我们的研究可以视作一种内外结合的研究，也即综合运用考古学、文献学、文字学、人类学、民俗学等学科领域里的知识，进一步对贺兰山岩画的根本属性进行综合考察。

一、程序化的图形

考古学界把原始人刻在岩石上或洞穴中的形象以及图案符号统称之为岩画，也即岩画艺术。这一称呼本身说明人们首先把岩画视作一门原始绘画艺术。这主要是由于与一般视觉艺术一样，岩画呈现给我们的外在形式就是视觉上被感知的图像。贺兰山岩画亦如此。视觉形式是它的物质承担者，或者说载体。然而，从上面诸部分的描述我们知道：贺兰山岩画绝不仅仅只是一般的图画。就单个图像而言，大部分贺兰山岩画的形状比较小（与普通人的手掌一般大），而一些微型岩画则与一般石刻文字差不多大小。更重要的是，贺兰山岩画并不是描摹物象。塑造人物、动物形象以及创造各种表现形式，显然不是它的主要任务。在贺兰山岩画中，我们看到了一些生动形象的图画类图像，也看到了大量抽象化的图形和一些由点、线结构的笔画类形式，以及同心圆、长方形等各种简单或复杂图案形式。其实，我们所见到的人物、动物形象的图像基本上都是用线条简单勾勒出的程序化或者说样式化的图形，也即它们都是在某种程度上被抽象化了的图像。真正完全借助于实面这一形式元素忠实地塑造或描绘出各种生动写实的动物或人物形象的岩画很少。例如，在贺兰山岩画里，类似图 H1 左上图实面结构出躯体的人形象很少，常见的是其他三个线结构的人形象。它们的整体轮廓基本上是直线、曲线结构的倒“丫”字形。倒“丫”字形代表了人形象的双脚和双腿、整个身躯、头部，曲线状圆圈形式分别代表了人物的双臂和双手。这三个人形可以在写实的身体侧立、一条腿略跨出、一手略向下或双手呈射箭状，一条腿呈“稍息”状、两手叉腰的正面人形，以及

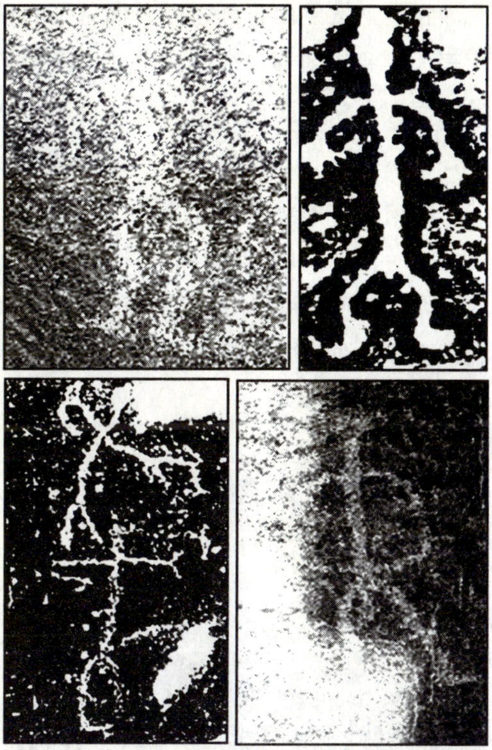

图 H1

两脚同时向外撇、两臂下垂的正面人形象中找到它们的原型。而且，正如羊、马等其他形式一样，贺兰山岩画里象人之形的形式在具体运用过程中变体繁多。如在图 H2 里，被抽象化了的人物形象形成了多种不同的图形：左图二重岩画里是一个两手放在胸前、腰间有一带状饰物、正面站立的人形象，而图 H2a 里表现的应该是一个现实生活中双臂张开、两腿叉开的男性正面人物形象，它的整个人形由一倒“半”字形纹组成。我们从图 H2c 里可以看到现实生活中双手叉腰坐着或跪着的人物形象。它由圆圈纹和一倒“丁”字形纹组成。前者代表人物的头部和双臂、双手，后者代表人物的躯干、腿部、脚部以及面部器官，甚至头发（如伸出面部的倒“丁”字形纹里的一长钩）。图 H2d 呈现的则应该是一个一条腿向旁边分开、两臂向前伸出的人形象。图 H2b 里的人形象则比较复杂。它用实面和两曲线分别表示人物的身躯和两条腿，以一横状弯曲线纹表示人物的双臂和双手，以一横置的两个三角形（似乎表示人物的两只眼睛）的图案表示人物的整个头部。我们从写实的两臂自然垂立、双腿略微弯曲、大睁着两只眼睛的写实人物形象中能找到它的原型。

因此，在以上各种形态的人物图像中，用以描摹人物形象的许多形式元素的被省略和抹去某种程度上导致了能指的隐退。凭借着想象力，我们才能恢复它。因此，以上各种形态的人物图像准确地说只是人物符号。其中以图 H1、图 H2 里线结构的最为常见。这一方面是因为这些图形相对最简单，另一方面说明贺兰山岩画人物形象已经有了比较固定的表示方法并略去了与交际或记事无关的细节（它不是刻画人物形象）。事实上，若仅就人物形象而言，在整个贺兰山岩画里，我们见到的最多最普遍的是人面像，也即以人面代表人形象的图形。即使在这些已经简略的图形里，我们常见到的也不是生动的面部形象，而是如图 H2e 那样非常明显的程序化图像。人面或者由乒乓球拍子状图形和叉状形式、扁平圆圈纹组成，或者由一蝌蚪状图形构成，甚至干脆抽象简化到仅仅由一圆圈纹表示。

同样，贺兰山岩画里的各种动物形象也被抽象化了，如图 H3b、d 里的我们几乎无法准确地辨识出它们。至于羊或其他动物形象则基本上由敲凿法刻出的粗细不等的线条结构而成。如图 H3a 里的线条既可代表羊形象的四肢，也可代

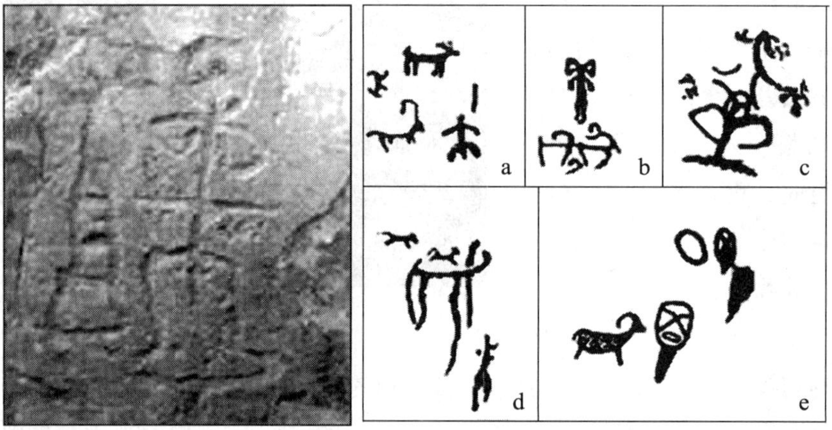

图 H2

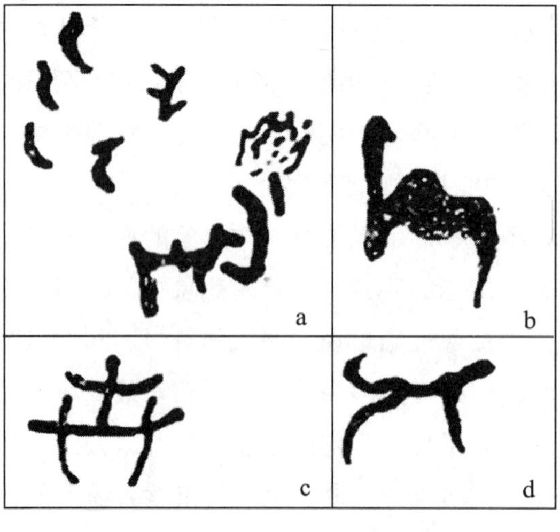

图 H3

表它的整个躯干。我们有理由认为图 H3c 里纵横五条线构造的是抽象的骑者形式。其中三条线结构的是一个马或羊形式，其上两条线结构的是一两臂张开的骑者形式。有时一条线条就可以表示羊形象，如图 H3a 里有四个类似虫状的笔画图形，参考其旁边的一个抽象羊形象，我们发现它们其实是通过对倒立羊形象的高度抽象简化而获得的。在这种样式化的图像中，作为表象对象的人或动物形象的生理特征一方面被淡忘或者忽略了，另一方面又被强化了，如图 H2a、c 里的两个羊形象、，前者羊角刻得很长，后者四肢被夸张，尤其是代表前面一条腿的一条线竟穿过了羊身躯，而代表羊另一条前腿的线条则蜿蜒得很长。这种抽象图形的岩画抛弃了对造型的准确把握和对羊形象细致的刻画，它注重线条的表现而不是形象的描摹。这种只勾勒出每种图形的轮廓，甚至仅仅只是运用一种比较固定的抽象形式的视觉表达方式，在很大程度上把人们对视觉符号的注意力转移到了符号所指称的东西：人们并不仅仅是被贺兰山岩画的图形所吸引。知道这个岩画符号代表的就是“羊”这种动物人们就满足了，至于这只羊画得像不像？它身上有无斑点？并不是人们关注的焦点。

能指的退隐使得所指充分在场：正是这种简略化、程序化的省略和抹去表示所指的能指的表现方式的存在，使得贺兰山岩画有别于一般意义上的绘画或图画艺术，[1]而具有象形文字的特性。它是指明意义而不是表现自然的“概念性图像”

图 H4

[1] 图画或绘画艺术以最大限度地追求能指为旨归。

(Conceptual image)[1]、一个有着特定构词法和句法的视觉符号系统。正如吕思勉所说："图画贵于肖物，文字取足示意而止，故其笔画必简。"而且"图画只能象有形之物，无形之物，只能于形中曲传其意；而文字不然。故凡字之直象物形，或其笔画极简者，皆初文也"。[2]更何况贺兰山岩画里还存在着不少不像具体物象的抽像形式，以及大量形状较小的微型语词、句子甚至语篇，这些形式有些甚至与我们现在使用的汉字无二，如图H4[3]所示：上图二重句左边是周围有一些点状形式元素的月牙状形式，右边就是现代汉字"月"；下图独体岩画则酷似现代汉字"四"（内部下面有一短竖线状形式元素）。

二、遵修旧文而不穿凿

当然，这并不是说文字不能具有图画艺术的某些特征或者以图画艺术的形式出现。世界文字史上不少用艺术手段制作的、甚至用多种色彩制作的图画已经被人们确认为文字。例如，墨西哥文字和古埃及圣书字的铭文。后者被称为象形文字(Hieroglyphic writing)，亦即"一种使用图画形式的文字体系"[4]，如右图所示：这个公元前4000年后期的古埃及铭文实际上是以浮雕的形式刻制的图像。前苏联文字学家B. A. 伊斯特林指出："尽管这些铭文中所见的图形同当时埃及绘画中所用的图形几乎没有

[1] 〔英〕E. H. 贡布里希著、范景中译：《图像与眼睛》，第55页。
[2] 吕思勉：《文字学四种》，上海教育出版社1985年版，第160页。
[3] 上图为作者采集的大麦地岩画，下图是贺兰山岩画管理处工作人员从其他地方收集放在贺兰口的岩画，该岩画是位于一块独立红色石头上的独体岩画。
[4] 《简明大不列颠百科全书》"象形文字"词条语。参见第八册，第559页。

区别，但前者仍应当看作是文字的文物，而不是绘画的文物。这是因为这些图形有特殊的功能，特殊的作用，还因为它们含有象征成分、约定符号，甚至显然含有音值的符号而得到证实。”[1]

既然以古埃及铭文为代表的象形文字在制作手法上与绘画无异，那么，我们也就不能仅仅凭借图像判断贺兰山岩画的根本属性。我们在前面所有部分的分析表明：贺兰山岩画具有指示能力，即它是像语言那样表述的。它通过一定的视觉形式这样的“语言”（如“羊形式”等）来完成信息传达，并利用这种视觉语言的实际含义来达到多种目的，甚至连贺兰山岩画的载体贺兰山也把某种有意义的东西传达给我们。这种情况表明，岩画在世界上的功能，最重要的是交流。它是信息的发送者和接受者：它收集并且传播信息。正如现存活的东巴文一样，贺兰山岩画的本质属性也是信息交流。如果我们把贺兰山岩画符号置于施受关系中，就可以更清楚地看到这一点。

一个有着一定词法和句法的符号系统，就不是任意的，而是具有某种约定俗成性。这就是说贺兰山岩画里的能指关系要进入施受关系之中，被文化共同体或广大接受者所认同。因为每一个贺兰山岩画的能指层面都有一定形式元素、排列组合等等方面的编码，假如这些编码不被文化共同体认同或者说不被接受者所接受就不成其为固有的能指关系，更不会形成一定的规则。所以，贺兰山岩画里的任何能指关系只有放在大的社会历史语言环境中才能成立。作为一种符号，贺兰山岩画能指的约定俗成是在施受关系中的约定俗成，能指有所指就是在施受关系中有所指。大凡贺兰山岩画符号的能指、所指都是处在人际关系、文化共同体和社会群体之中的。岩画与人类社会文化紧密相连。从这个意义上说，岩画的描述就是世界的图解。因为岩画描述的世界是为一定文化、社会共同体所共同接受的。

然而，贺兰山岩画所固有的能指关系不是一蹴而就的。它的约定俗成不是

[1] B.A. 伊斯特林在释读该图时说：“‘国王’头部右侧是两个圣书字符号：一个是七瓣花结，象征国王，另一个是蝎子，显然是表示国王名字的表音字符。浮雕的上部，在带有南部公社符号的杆上吊着凤头麦鸡，据 A.J.L. 科采约夫斯基、B.Gan、A.Scharff 等人的说法，这些凤头麦鸡象征下埃及（埃及北部）的居民。如果将此同斯科尔皮昂‘王’戴着上埃及（埃及南部）王冠加以对照，整个图象可以理解为以斯科尔皮昂‘王’为首的南部公社战胜北部公社的内容，同时也是胜利后在夺取北部公社领土上进行掘地的施法仪式的信息。后一信息可由如下画面证实：浮雕的中间刻有几根纸莎草茎，它们好象长在国王所掘的土地上，而这几根纸莎草茎是下埃及的象征。”见其《文字的产生和发展》，左少兴译、王荣宅校，北京大学出版社 1987 年版，第 109 页。

一代人完成的，而是在漫长的传承过程中约定俗成的。某一特定岩画的能指关系或形式层面的编码只有依靠传承才能变成相对稳定、固定的组合关系，才能约定下来。贺兰山岩画符号的各种组合关系是一代代地传承下来的，正因为如此，它才具有文化学的意义。这一点也为考古发现所证明。贺兰山附近旧石器时期水洞沟遗址发现的石质雕刻器以及近年来碳十四的测定都表明，最早的贺兰山岩画的刻制时间大约在 1.5 万年以前。历史文献[1] 和考古材料也证明：贺兰山为历代各游牧民族生息繁衍的地区，贺兰山岩画绝不是某一个时期、某一个时代、某一个民族的作品，它的历史非常久远绵长。贺兰山岩画上的西夏文、汉文题刻以及岩画间的打破或叠压关系也充分说明了岩画作者不可能是同一时代的同一个人。因此，从接受者的角度看，我们对每一个贺兰山岩画的任何理解都要把该岩画与其他岩画联系起来。贺兰山岩画的作者只存在于贺兰山岩画的整体系统中。

而我们首先是在岩画的形式中感受到了贺兰山岩画作者的存在。贺兰山岩画中同一种形类、组合关系和句法关系等的反复出现，不仅表明贺兰山岩画符号具有传承性，而且说明这种传承性具有很强的循环相因性。属于肖似符号的绝大多数贺兰山岩画似乎是对现实生活中实际存在的事物的一种忠实的模仿。然而，其基本上程序化的抽象图形本身证实我们的这种推断是不准确的。相反，它表明贺兰山岩画存在着这样一种可行性：它最终描绘或反映的，不是现实的物质世界，而是归为其他范畴的，亦即归为视觉活动的形式和结构的世界，即作为已有的书面符号的岩画文本的世界。因为绝大多数贺兰山岩画不单纯是人或动物表象的外化。它们实际上反映出了岩画刻制者很高的抽象概括能力。他们并不是以现实中实际存在着的事物为对象的，而是在某种程度上直接继承并采用了已经存在的、为人们长期约定俗成的一些岩画图像或者说岩画文本。怎样画这个或那个羊的技巧实际上可以被看作是简单的

[1] 据《资治通鉴·汉纪四八》和《后汉书·鲜卑传》里的记载：东汉时期贺兰山基本上是羌人和鲜卑人的游牧区。又据《晋书·北狄传》卷九七和《隋书·突厥传》卷八四记载：三国魏晋时期，鲜卑、突厥人活跃于贺兰山北部一带。此外，《旧唐书·突厥传》卷一九四、《新唐书·吐蕃传》卷二一六下以及《宋史·党项传》、《西夏书事》卷二和《明史·刘天和传》等等里的记载都表明多种游牧民族曾在贺兰山屯居游猎。

符号编码方法。[1] 舜云：“予欲观古人之象。日月星辰、山龙华虫作会，宗彝藻火粉米黼黻绨绣，以五采彰施于五色作服。”[2] 段玉裁注曰：“日月以下像其物者，实皆依古人之像为之。古人之像，即仓颉古文是也。像形、像事、像意、像声，无非像也。故曰：古人之像。文字起于像形。日月星辰、山龙华虫、宗彝藻火、粉米黼黻，皆像其物形，即皆古像形字。古画图与文字非有二事。帝舜始取仓颉依类像形之文，用诸衣裳以治天下。故知文字之用大矣，虙羲、仓颉观于天地人物之形，而画卦造书契。帝舜法伏羲、仓颉之像形，以为旗章衣服之饰。大舜之智，犹旧修不敢穿凿，况智不如舜者乎？”[3] 其实，任何岩画文本都不能完全脱离其他岩画文本。在已经存在并积淀着一定传统文化和岩画文本的情况下，以前人的岩画文本为摹本进行岩画制作是每一个岩画作者所不可避免和必须经历的一个过程。人们对某种图式的需求其实是对某个代码的需求。贺兰山岩画里的许多图形仅仅是人们利用某些已有的代码进行创作的。正如前苏联学者巴赫金指出的：“文本只是在与其他文本（语境）的相互关联中才有生命。”[4] 整个贺兰山岩画生命的延续正是在岩画文本间的相互作用（intertextuality）中完成的。这就是说岩画作者首先用符号（已经存在的岩画图像）构成符号，通过已有的符号的排列和形状的唯一表达力使被表达内容寓于符号中，这种活动不但不会在进行过程中逐渐衰退，而且还开辟了一个领域，建立了一种体系或一种传统。在解释秦以前古文字为什么“皆自相似，虽巨复见远流，其详可得略说也”时，东汉许慎认为这就是人们因循前人的结果，他说：“书曰予欲观古人之象，言必遵修旧文而不穿凿。”[5]

贺兰山岩画的形类、语法形式、构形模式、造句法以及句法关系等等不断被重复的结果主要有二：一是使图像愈来愈远离现实实物；二是使图像愈来愈程序化。例如，贺兰山岩画里最基本的成分是羊形式，其次是马形式，而骑

---

[1] E.H. 贡布里希认为：“画家的起点绝不可能是对自然的观察和模仿；一切艺术都是所谓的概念性艺术，即对一种语汇的掌握；甚至最自然主义的艺术一般也都是以我所说的某个‘图式’为起点，接着是对这个‘图式’进行修正和调整，直到使它看上去与可见世界相匹配。”在《图像与代码：程式主义在图画再现中的范围和界限》一文里，他更明确指出：“艺术史家们知道，在过去的各种风格中，图像常常是借助于必须习得的程式创造出来的。最显著的例子就是埃及风格。”见其《图像与眼睛》。

[2] 《尚书·益稷》，见《十三经注疏》，中华书局 1980 年版。

[3] 段玉裁：《说文解字注》，第 763 页。

[4] 巴赫金著、白春仁等译：《文本 对话与人文》，河北教育出版社 1998 年版，第 380 页。

[5] 许慎：《说文解字》，第 315—316 页。

者、射手和人面图像是三种最常见的人形式。这些都是相袭而成的程序化的图案形象。它们或者单独存在，或者以组合形式存在。我们上面几部分的描述分析表明：即便是贺兰山岩画里各岩画之间的搭配组合以及排列次序之间亦存在着一些固定的规则，而“这种图式化的图像可以极好地作为辅助记忆的代码”[1]。因此，与一般图画相比，绝大多数贺兰山岩画是一种图示性图像，它们更具有约定俗成的图示性和更为简化的性质，与其说它们的主要任务是用来描摹物象、创作艺术形象，不如说是用来保证理解画出的内容或更好地记忆。

三、视觉符号的自指性

如果贺兰山岩画不仅仅是一种图画艺术，那么，究竟还包括什么呢？陈兆复认为岩画是“文字的父母”。他指出：“中国的汉字起源于岩画，或基本起源于目前在中国广大地区发现的岩画。可以说，岩画就是中国象形文字之父母。”[2] 周有光认为岩画是“文字的胚芽”。他指出：“岩画有象形性质，它们是文字的胚芽。”[3] 阿纳蒂则直截了当地把岩画笼统地称为“原始文字”，指出它“实际上具有书写的形态，这些形态与文字所使用的形态相似，并表现出综合和抽象的能力”[4]。这三种不同的观点传达出了一个共同的意思，即岩画与文字有着不解之缘。尽管如此，在三位学者看来，岩画的本质属性仍是图画。在得出“中国的汉字起源于岩画”这一结论之前，陈兆复的立论是“汉字起源于图画”。周有光也明确指出：“文字起源于图画。”岩画是一种“原始图画”。阿纳蒂亦如此。他认为岩画是“没有书写文字的古人类的视觉艺术”。人类“最早的文字记载有5000多年的时间之久，而视觉艺术为人类历史的某些方面提供了时间要长10倍的见证”。因此，虽然上述三位学者指出了岩画与文字之间的某种联系，甚至直接说岩画就是“一种原始文字”，但是，在他们看来，岩画的根本属性依旧是图画，是一种视觉艺术。

---

[1]〔英〕E. H. 贡布里希著、范景中译：《眼睛与图像》，第8页。

[2] 陈兆复：《古代岩画》，文物出版社2002年版，第239页。以下所引陈兆复语出自该书231页。

[3] 周有光：《汉字和文化问题》，辽宁人民出版社2000年版，第27页。以下所引周有光语亦出自此。

[4]〔法〕埃马努埃尔·阿纳蒂著、刘建译：《艺术的起源》，第455页。以下引阿纳蒂语出自该书第459页。

促使他们得出这样的判断和结论的一个根本原因是他们固守的一个观点，即文字是记录语言的工具。[1] 其实，这是传统上有关语言和文字关系问题的经典观点。这里所说的“语言”完全是语言学意义上的。[2] 它指的是一种用声音表达观念的符号系统。[3] 文字则是一种书面的表达。我们知道，我们书写下来的是言语而不是声音。然而，在曲折变化的语言中，正是声音、语调和各种抑扬顿挫使语言形象生动，并且使某种日常用语仅仅适用于特定的场合。因此，声音与语言密不可分，人们甚至直接用“声音”或“有声语言”代指“语言”。例如，索绪尔常用“口说的词”和“书写的词”代指语言和文字。他认为“语言既然是音响形象的堆栈，文字就是这些形象的可以捉摸的形式”。因此，当人们说文字是记录语言的工具时，其实就是说文字是记录声音这一“音响形象”的形式。于是，“文字就具有了表音性，就会成为外壳，成为语言或思想—声音的外在表现”[4]。一句话，成了“音响形象”的语言的能指。正如索绪尔所说：“我们一般只通过文字来认识语言。”语言是被表示成分，文字是表示成分，“后者唯一的存在理由是在于表现前者”。这样，文字就被人为地归结为服务于语言的工具。诚如法国哲学家雅克·德里达所说：与作为声音和意义统一体的语言相比，文字始终是派生的、偶然的、特殊的、外在的，它是能指即语音的再现。[5] 因此，“文字记录语言”就意味着文字要像录音机一样，用书写的形式记录下一个个有特殊声音的语词。

可能吗？以古埃及铭文为代表的世界文字发展的历史告诉我们，有些文字符号并非如此。与着力摹写词中一连串连续的声音的表音文字不同，表意

---

[1] 如陈兆复明确论证指出：“中国汉字起源于图画的主张，现在已为多数学者所接受。图画属于艺术的范畴。它是用艺术的形式认识客观现实的一种手段，并以图画的形式来进行交流。文字则与本民族的语言密切结合，是辅助语言的一种交际工具。它们属于两个不同的范畴。我们说文字起源于原始图画，但图画并不是文字。文字是记录语言的书写符号，是书面语言的构件。能否迅速准确地记录、反映语言，是衡量该文字先进与落后的重要标准。从这一点来说，岩画同语言的关系较远。虽然岩画绘制者肯定能用语言将所绘图形表述出来，但这种表述图形的语言是不能与图形一一对应的。”

[2] 而不是在“人即语言的动物”这一哲学本体论意义上的，也不是在语言是人存在的家园意义上的或者语言的边界就是世界的边界意义上的。

[3] 如索绪尔指出：“语言是一种表达观念的符号系统”，“语言中只有音响形象”。详见其著作《普通语言学教程》第三章，商务印书馆 1980 年版。以下引索绪尔语出自该书第 51、37、47 页。

[4] 〔法〕雅克·德里达著、汪家堂译：《论文字学》，上海译文出版社 1999 年版，第 42 页。

[5] 同上书，第 40 页。

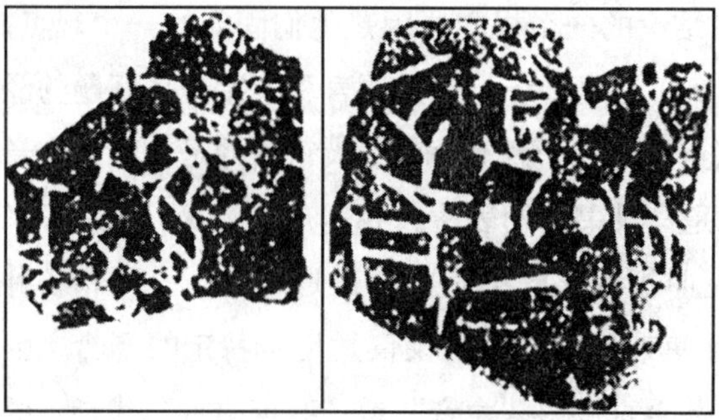

图 H5

汉字[1]基本上是与声音无关的观念符号。由于文字直接对应着观念，而不是声音，汉语各种方言表示同一观念的词都可以用相同的书写符号。甲骨文就是这种基本上只记录观念的文字符号的典型代表。如图 H5[2]刻在两块不同甲骨上的每个字都是表示一定意义的图形。中国人把这种与词的语音没有联系的、“依类象形”的表意字称之为“文”。至于表声音的“字”则是后起的，或者说是在“文”基础上产生的。东汉许慎最早就明确把象形字称为“文”，“形”、“声”相益的字称为“字”。他说：“仓颉之初作书，依类象形，故谓之文，其后形声相益，即谓之字，字者言孳乳而浸多也。”[3]清人桂馥在《说文解字义证》援引顾炎武语注曰：“春秋以上言文不言字……以文为字乃始于史记秦始皇琅邪台石刻曰：‘同书文字’。……此则字之名，自秦而立。”[4]陈梦家也解释说：“大约较古时文字称为‘文’，如《左传》和《国语》；较晚称为‘名’，如《仪礼》和《周礼》；秦和秦以后称为‘文字’或‘字’。”[5]

事实上，语言和文字是两个符号系统。前者以听觉为基础，后者以视觉为基础。尽管存在着某种程度的相互交融性，但是，听觉和视觉两种符号系统之间存在着本质的差异性。“前者把时间而不是空间作为主要的结构力量；后者使用空间而不使用时间。听觉的、时间的符号就其特征而言，倾向于象征，视

[1] “表意文字”一词由希腊词“观念”、“概念”和“写”而来，直译就是“概念书写”。前苏联学者 B.A. 伊斯特林认为：这种文字在历史上是图画文字之后的一种文字类型，如古汉字或古苏美尔文字。它有三个特征：1. 表示概念，包括一般概念和抽象概念；2. 基本手段不是直观的图形而是约定的符号，后者有时只是间接地、象征地指出其意义；3. 表意文字中所表达的信息在书写上分为各种“实义部分”，每个部分与一个特殊的表意符号相对应。详见其《文字的产生和发展》，左少兴译，北京大学出版社 1987 年版，第 30 页。

[2] 郭沫若：《甲骨文合集》第四册，中华书局 1982 年版，第 1531 页。以下引甲骨文拓片资料，如不详注，均出自此合集。

[3] 许慎：《说文解字》，第 314 页。

[4] 桂馥：《说文解字义证》，中华书局 1987 年版，第 1323 页。

[5] 陈梦家：《中国文字学》，中华书局 2006 年版，第 24 页。

觉的、空间的符号在特征上则倾向于图像。”[1] 作为听觉符号，声音是语言的灵魂，“在一种抑扬顿挫的语言中，是声音、重音及其丰富的变化，构成了语言之灵气中的核心部分”[2]。它传达出来的是情感，尤其是当语言被运用时更是如此：一个言说者可以借助于音质的变化随心所欲地赋予语言以丰富的含义和表现力。而作为视觉符号的文字传达的则是观念，“在文字中，每一个词必须合乎最普遍的用法”[3]。即使西方表音文字，它写下来的也是语词，而不是声音。这种书写下来的语言（语词）无法像那种仅仅用来言说的语言那样，始终保持生命力：当言说着的语言就像写一样时，它就是读了。因此，视觉的、空间的象征图像不仅不可能完全准确地记录下来听觉的、时间的语言符号，相反，当它这样做时常常削弱了语言。[4] 对此，卢梭曾议论道：“人们指望文字使语言固定（具有稳定性），但文字恰恰阉割了语言。文字不仅改变了语言的语词，而且改变了语言的灵魂。文字以精确性取代了表现力。言语传达情意，文字传达观念。”[5]

这一点特别体现在中国文字上。在论证文字符号的表音用法不足以败坏汉语并把它引上表音符号的道路时，法国学者 J. 热尔内说：“中国文字从未对语言作语音分析，我们绝不会感到这种文字是对言语的或多或少的忠实转达。因此，书写符号，作为表示像它自身一样独一无二的实在的记号，在很大程度上保留了它的原始声誉。我们没有理由相信，汉语口语在古代达不到与文字相同的效果。它的力量很可能因为文字的出现而黯然失色。”[6] 其实，中国人很早就论证说明了汉语语境中的语言与文字是两个完全不同的系统。《易·系辞上》云：“子曰：书不尽言，言不尽意。”孔颖达疏曰：“言有烦碎或楚夏不同，有言无字，虽欲书录不可尽竭于其言，故云书不尽言也。”而“意有深邃委曲，非言可写，是言不可尽意也”。[7] 因为“言者意之声，书者言之记。是故存言以声意，立书以记言。故《易》曰：书不尽言，言不尽意”[8]。所以，如果我们承认表意汉字

---

[1] 〔英〕特伦斯·霍克斯著、瞿铁鹏译：《结构主义和符号学》，上海译文出版社 1987 年版，第 139 页。
[2] 〔法〕卢梭著、洪涛译：《论语言的起源》，上海人民出版社 2003 年版，第 32 页。
[3] 同上书，第 32 页。
[4] 此语化用德里达语，他说：“文字本质上削弱言语。”（参见其《论文字学》，第 135 页）
[5] 〔法〕卢梭著、洪涛译：《论语言的起源》，第 32 页。
[6] 引自〔法〕雅克·德里达著、汪堂家译：《论文字学》，第 135 页。
[7] 阮元校刻：《十三经注疏》上册，中华书局 1980 年版，第 82 页。
[8] 孔颖达疏《尚书序》语，见《十三经注疏》上册，第 113 页。

是一种非常成熟完整的文字，甲骨文也是一种成熟的文字，就不能以能否“记录语言”作为衡量、判断一种东西是不是文字的唯一标准，更不能把“能否迅速准确地记录、反映语言”作为“衡量该文字先进与落后的重要标准”。

作为两个相互区别的符号系统，语言与文字各自保持着相对的独立性和自主性。“所以语言有一种不依赖于文字的口耳相传的传统，这种传统并且是很稳固的”[1]，即使在有文字的社会也存在着。卢梭认为荷马史诗最早是以口头语的形式传播的，后来才被人们用文字记录下来，他说：“诗人们在写，唯有荷马在唱。”[2]文字的书写也有着自己的特有的结构性质，它并不是简单地记录我们的语言。这主要集中表现在以下两个方面：

第一，已知的世界各地很多早期原始文字都基本上是只表意的象形文字。诸如埃及圣书字、甲骨文和纳西东巴文。（枭）、（狮子）、（链环）、（口）、（房屋）就是埃及人用来表示具体意义的词。在纳西东巴文里，一些表意字往往没有固定不变的字形，它们会在具体应用过程中，随着语言环境的改变而改变。如东巴文里的“吼”字象牛嘴出气之形，这个象形形式往往决定了字的具体确切意义。这就是说它其实表示的不是一般的抽象概念意义“吼”，而是牛“吼”之义。因为，当人们想表示“马吼”这一意义时，并不是简单地在“吼”字前加一个“马”字，而是改变“吼”字原形，即改原来象牛之形为象马之形即可。[3]显然，东巴文不是记录语言的文字体系。甲骨文亦如此。例如，[4]表示的意义是雄性牛，这是一个 A + B 型合体字，字的左边成分代表的意义“雄性”。假如我们要说雄性马，那就要把它右边的成分替换成象形“马”字，即。同样，当我们要用甲骨文记录下我们所说的“雌性羊”和“雌性虎”这两句话时，只需要写下与即可。可见，甲骨文里表示雄性和雌性意义的字不仅会因具体语言环境的变化而变化，而且它的文字排列方式（实际上根本没有，因为它只有一个字）也跟语言中的词序完全

[1]〔法〕索绪尔著、高名凯译：《普通语言学教程》，第 49 页。

[2]〔法〕让－雅克·卢梭著、洪涛译：《论语言的起源》，第 39 页。

[3] 裘锡圭曾以此为例说明古汉字、圣书字、楔形文字、纳西文字等独立形成的古老文字体系，一定也经历过把文字跟图画混合在一起使用的原始阶段。详见其《文字学概要》，商务印书馆 1988 年版，第 7—8 页。

[4] 徐中舒：《甲骨文字典》，四川辞书出版社 1989 年版。以下引甲骨文复制图，如不详注均出自此。

不相应。这说明甲骨文是借助于形体而不是声音来表示意义的。因为，要如实准确地记录语言，就意味着文字的呈现不仅仅是一个（也即一个字），至少应该有两个才能比较准确地表达出意义。而两个或两个以上文字的呈现自然就有了一定的排列，有了一定的语法次序，即先说什么，后说什么。而不仅仅只是改变一个字的字形而已。

即使在已经使用了假借字和形声字的纳西东巴文里，很多意义仍然是用图像象形表意传达出来的。[1] 甲骨文也是这样。形声字的出现并不意味着这种文字就是完全记录语言的，它只是人们造字的又一种手法。“在形声字出现之后，原始文字大概还需要经过多方面的改进，才能发展成为能够完整地记录语言的文字体系。”[2] 实际上，在汉代以前，中国人一般只用与声音无关的象形“文”字所代表的概念称呼我们今天所说的文字。例如，对于《左传》宣公十二“夫文止戈为武”、宣公十五“故文反正为乏”、昭元以及《国语·晋语》“于文皿虫为蛊”里的“文”字，杜预、韦昭的注释都云：“文，字也。”稍后，又以“名”称之。如《仪礼·聘礼》云：“百名以上书于策，不及百名书于方。”疏云：“名，书文。今谓之字者。郑注《论语》亦云：‘古者曰名，今世曰字。’许氏《说文》亦然言此者。”[3] 尽管李斯《琅邪台刻石》里“同书文字”[4] 一语明确把“文”与“字”联言。但是，当时以及汉代，“文”与“字”都是两个不同的概念。许慎在《说文解字序》里明确以其出现的先后次序和有无表音把它们区别开来，他说，“依类象形故谓之文”，“其后形声相益故谓之字”。《宋本玉篇》重复许慎语云：“依类象形，谓之文，形声相益，谓之字。所以明于万事，纪往知来也。”[5] 段玉裁《周礼汉读考序》亦云：“点画谓之文，文滋谓之字。”因此，假如我们把以甲骨文为代表的中国早期文字称为形义统一的文的话，那么，按照中国人传统的说法，我们也可以把比它更原始的贺兰山岩画称为象形文。因为既然我们不能以是否准确记录语言为标准判断甲骨文是不是

[1] 参见和即仁、姜竹仪编《纳西语简志》（民族出版社 1985 年版）和方国瑜编撰《纳西象形文字谱》（云南人民出版社 2005 年版）。

[2] 裘锡圭：《文字学概要》，第 8 页。

[3] 阮元校刻：《十三经注疏》，第 1072 页。

[4] 清梁绍壬《两般秋雨庵随笔》卷七亦云：“古人言文不言字。……以文为字，始于秦始皇琅邪台刻石曰：‘同书文字。’”

[5] 《宋本玉篇》，北京市中国书店 1983 年版，第 514 页。

一种文字的话，那么，我们为什么要以此来判定贺兰山岩画的性质呢？

事实上，在完全使用拼音文字的西方人看来，汉字似乎都是一种与声音无关的文字。美国学者芬诺罗萨（Ernest Fransico Fenollosa，1853—1908）对汉字和拼音文字作了一番比较后指出，“不以声音为基础”的汉字，就像皮影戏一样，“依从实际因果之时间先后次序”“写状自然”，实“栩栩欲活之图也”。其“简易当不减于口语，吾人日常做手势示意，即师此法也”。[1] 日本书法家南鹤溪以“走的字，跑的字”[2] 形容象形中国汉字，而在莱布尼兹看来，汉字似乎是“聋子创造的”，它具有非表音性质。他曾举例论证说：“言语是通过发音提供思想符号。文字是通过纸上的永久笔画提供思想符号。后者不必与发音相联系。从汉字中可以明显地看到这一点。”[3]

第二，除了借助于印刷术的视觉手段赋予语言以言语所不具备的可视性的空间物理存在以及发布关于它们本质的图像信息外，任何一种文字还拥有它们的书面视觉形式系统。正是这种视觉形式一方面使得各种文字之间相互区别（如甲骨文和埃及圣书字[4]）；另一方面使得同一文字体系内部形成了众多的书写文体，也即字体（诸如汉字里的楷书、草书等）。

由此可以推知：在那些与音响形象无关的文字（如埃及象形文字、甲骨文）那里，上述文字书写所拥有的第二个特点一定体现得十分显著。因为无声文字是一种典型的视觉符号。它不是用语词，而是采用象征手法、使用图像符号表达人们以最生动的方式说出的思想。换言之，它不是把它讲出来，而是把它展示出来。这种展示所呈现出来的显然不是物，而是象形文字的隐喻，是可见的视觉符号。这种视觉符号更接近文字而不是接近语言。诚如德里达所说：“象形文字已经具有寓意性。在语词出现之前言说并‘与眼睛争辩’的手势乃是原始文字的要素。”“因为在其他情况下表示需要的手势在这里能描述情感。

---

[1] 〔美〕芬诺罗萨著、张荫麟译：《芬诺罗萨论中国文字之优点》，《学衡》第56期（1926年）。

[2] 南鹤溪著、王宝平译：《文字的魅力——一个日本人眼中的汉字》，上海古籍出版社2002年版，第10页。

[3] 转引自〔法〕雅克·德里达著、汪堂家译：《论文字学》，第115页。

[4] 这两种都是“象形文字”。“埃及圣书字”旧称“埃及象形文字”。前苏联学者B.A.伊斯特林认为：“象形文字”这个词是希腊人用来表示古埃及文字的，翻译过来表示“刻在石头上的圣字”。现在“象形文字”和“象形文字体系”这两个术语具有更加广泛的含义。它们不仅用以指古埃及的文字体系，而且也用以指其他的文字体系，如汉字体系、克里特文字体系，但往往有各种不同的而且不总是正确的细微差异。见《文字的产生和发展》，左少兴译，第37—38页。

它之所以是文字，不仅是因为它像指挥棒的动作那样描画空间图案，而且是因为能指首先指称能指，而不指称物本身或直接呈现的所指。”[1]

古埃及铭文和甲骨文所具有的这种自指性（能指首先指称能指）告诉我们：我们不能把文字简单置于语言的从属地位，认为文字“是辅助语言的一种交际工具”。文字即是文字自身：一个并不描绘声音，而是直接或者寓意性地描述对象本身，就像近距离的快速手势和眼神一样能清楚地表现直接在场的语言。这种视觉语言是最生动的语言——尚未说话（发出声音），它就以图形符号传达出了一切。这里，我们之所以把以甲骨文为代表的文字称之为“视觉语言”是在把意义指定给某些类型的声音串或字符串的东西的意义上说的。“它是一个属于人类自然史之一部分的社会现象；是人类活动的一个领域，在这个领域中，人们讲着成串的声音，或者使用着可以铭记的字符串；在这个领域中，人们以思想或行动应答着他们所观察到的、已经如是产生的声音或字符。”[2] 这种意义上的语言指称某种事物或表示一定的意义，具有交流功能，而它呈现给我们的方式有两种：或者诉诸我们的听觉，或者诉诸我们的视觉。诉诸我们听觉的就是通常人们所说的话语，诉诸我们视觉的就是文字。事实上，中国人很早就在这个意义上谈论语言问题。无论是最早出现的无声的“文”还是后来在无声“文”基础上产生的有声的“字”，在他们看来都是语言。比如张怀瓘《文字论》云：“文字者，总而为言，若分而为义，则文者祖父字者，子孙察其物形得其文理，故谓之曰文。母子相生，孳乳浸多，因名之为字。”[3] 而在中国历史上，中国人常常以形声为代表的有声字训以象形为代表的无声文。例如，《左传》宣公十二、十五年里的有“夫文，止‘戈’为‘武’”和“故文，反‘正’为‘乏’”之说，[4]《国语·晋语八》里亦有“蠱”、“皿”为“蠱”之论。[5] 因此，从能代表一件事物或表达一定意义，具有一定交流功能的意义上来说，视觉符号的文字就是一种语言。

---

[1] 〔法〕雅克·德里达著、汪堂家译：《论文字学》，第 344 页。

[2] 〔美〕刘易斯（D.Lewis）：《语言与语言》，A. P. 马蒂尼奇编、牟博等译：《语言哲学》，商务印书馆 1998 年版，第 737—738 页。

[3] 陈思：《书苑菁华》，北京图书馆出版社 2003 年版，第 436 页。

[4] 其中的“文”，杜预、孔颖达均注、疏为“字也”。

[5] 《国语·晋语八》云：“蠱之慝，谷之飞实生之。物莫伏于蠱，莫嘉于谷。谷与蠱伏而章明者也。”（见《国语》，上海古籍出版社 1988 年版，第 473—474 页）

四、视而可识，察而见意

只有当澄清并还原了文字的本来面目及其纯洁性后，我们才能明白并理解贺兰山岩画的意义。尽管长期以来，我们习惯于自己现在的书写系统，但是，毫无疑问贺兰山岩画也是一种图像、一种象征的书写系统。这一点首先或者说最重要的是贺兰山岩画自身呈现给我们的。这种石头文字能自己说明或者证明自己，“这是确信自身是自身的始祖”[1]。它自身拥有象形、表达单个词、系统性、词法和句法以及形式的繁简与排列方式五个基本特征。

（一）象形

作为书写符号，贺兰山岩画或者准确地说贺兰山文与未被指称而是被描述、描画的事物保持着自然表形关系和相似关系。虽然不能完全说是图画，但是，绝大多数贺兰山岩画的整体或局部外部形态都具有“画成其物，随体诘诎”的“象形”[2]特点，令人目击事物现实。如图 H6[3] 所示，这种象物之形主要体现在以下三个方面：

第一，像事物的形状。[4]“万物各有其类，各异其形，所以依类象形的文是物各相异的。”[5]这里的事物可以是人或动物，也可以是植物（这在贺兰山岩画里不多见），也可以是自然现象，如太阳等等。这种象形又存在着像事物的全貌、部分和局部三种情形。

---

[1] 苏格拉底语，转引自〔法〕雅克·德里达：《文字学》，第 54 页。

[2] 许慎：《说文解字》，第 314 页。

[3] 宁夏博物馆收藏的贺兰山岩画，图 H7 也是。

[4] 班固《汉书·艺文志》云：“易曰：‘上古结绳以治，后世圣人易之以书契，百官以治，万民以察，盖取诸夬。’‘夬，扬于王庭’，言其宣扬于王者朝廷，其用最大也。古者八岁入小学，故周官保氏掌养国子，教之六书，谓象形、象事、象意、象声、转注、假借，造字之本也。”颜师古注云：“象形，谓画成其物，随体诘诎，日、月是也。象事，即指事也，谓视而可识，察而见意，上、下是也。象意，即会意也，谓比类合谊，以见指㧑，武、信是也。象声，即形声，谓以事为名，取譬相成，江、河是也。转注，谓建类一首，同意相受，考、老是也。假借，谓本无其字，依声托事，令、长是也。文字之义，总归六书，故曰立字之本也。”（见《汉书》（六），中华书局 1962 年版，第 1722 页。）作者在充分尊重贺兰山岩画的前提下，提出贺兰山岩画构形的一些主要法则。这里所说的三点“象形”，既与传统所说的“象形”、“象事”、“象意”有相同的地方，又有很大差异，故没有直接采用传统“六书”里“象形”、“象事”、“象意”的术语。

[5] 陈梦家：《中国文字学》，第 25 页。

第二，像事物的情态动作。既然以图像形式记录客观存在的实物，那么贺兰山岩画就不仅能法象（即呈现出）事物的一般形状，而且能法象事物的各种情态动作。这一点在贺兰山象形岩画里有充分的表现。绝大多数贺兰山岩画描摹的并不是静止中而是动态中的各种事物。这些动态中的事物既可以独自结构成一个独体岩画，也可以与其他图形组合成一个合体岩画，如处于各种情态动作中的羊、马形象。

图 H6

第三，像事物所呈现出来的意义。这一点既体现在独体岩画上也体现在合体岩画上，尤其以后者为最。绝大多数贺兰山合体岩画里两个或者两个以上的图形之间，常常借助于它们彼此之间在一定空间中分布的位置以及排列组合的次序传达出一定的意义。这种意义也是我们“视而可识、察而可见的”[1]。如人骑在马（或羊）上的组合。它们可以构成独体岩画，也可以组合成合体岩画，二者所传达出来的共同意义是“骑者”或者“骑马（或羊）”。同样，人手持弓箭的组合会让我们望文便生“射手”之意，而“射手”直接用手中的弓箭对着一个或几个动物的组合则让我们情不自禁地联想到“射猎”的意义，正如甲骨文里“皿虫为蛊”[2]一样。

值得一提的是：从能指层面上来说，这里所说的象物之形的“象形”之图形有繁简两种：一种是以棍棒状形式或最简单的笔画类形式元素结构的程序化的简化图形；一种是以点、线、面形式元素结构的写实的图像。人们通常易

[1] 许慎在解释“六书”里的“指事”时说：“象形者，画成其物，随体诘诎，日月是也。”（见《说文解字》，第 314 页）

[2] 《韩非子·五蠹》语，其云：“于文，皿虫为蛊。”

于把前一种视作文字，后一种视作与文字性质相异的图画艺术。这就是说人们常根据图形繁简程度判断岩画是文字还是绘画艺术。[1] 然而，印第安人的图画文字、古埃及象形字、甲骨文以及东巴文告诉我们，这是一种偏见。几乎世界上的所有文字都存在着由繁到简变化的趋势，在一些已经比较简化的文字体系里仍然存在着一些形体繁复的文字。如甲骨文尤其是一期里有关“虎”、“龟”、“凤”等类字笔画繁多，几乎都是对原物真实生动的描绘。我们不能因此就认为它们不是文字。总之，“象形，实居文字之初。其创制也，直取象于物”[2]。我们从贺兰山岩画里所理解的东西都是可见物。这就是说它们保留着同符号的意义直接或间接相联系的图画形态（尽管有些东西，如图形之间的排列组合以及抽象语法形式，并不是纯粹感性的东西）。这种图像形式是自指性的，因为它表示的就是它自身。在这种情况下，图像符号的能指就是所指，反之亦然。它或者直接描绘或勾勒出事物的形貌，或者以寓意性的图形描述对象。这并不是因为图像起着文字的作用，而是说这种图像本身就是文字。两者一开始就混合在一起，构成一个相对封闭的默默无声的系统：有声的言语无权进入这一系统，所有其他的符号因素也被阻隔在它之外。在这一系统中，只有对对象和行为的映像。在广义的语言意义上，这种映像（也即图像、文字）就是语言——一种无声的视觉语言，或者说“自然符号”[3]。如图 H6、图 H7 所示：无论基本上是写实或抽象的图像构造（注意：尽管石头凹凸不平，但是它们拥有上下左右的传统汉字的书写格式）、还是抽象的符号结构，我们都更有理由认为它们就是一种视觉文字。

这种文字是认识的前提：无论是借助于手势（由此构成的就是哑语）或者动物的姿态，还是声音（由此形成的就是口语或人们一般意义上所说的语言、言语），当人们在向其他人表述某一事物时，他一定也会在心里描画出这一事

---

[1] 如德国艺术史家格罗塞（Ernst Grosse, 1862—1927）指出：“就某种意义上讲，每一幅图画都是文字，因为每幅画总代表一件事物”，“然而一幅图画在本意上是不会变成一篇文字的，除非那幅图画已失去原来的目标，而仅在于说明某种意义。绘画的本来目的是印象；而文字的本来目的却在说明。一个图形如果仅是为说明，即不必求正确和精细，只要普通看去能够认识就好了。我们对于一幅图画和一篇绘画文字，只要一看图形是否有略笔简画就可以鉴别的”。（见其《艺术的起源》，商务印书馆 1984 年版，第 150 页）

[2] 吕思勉：《文字学四种》，第 158 页。

[3] 凡·吉纳肯认为手势语是第一性的，这种符号就是自然符号，因为它就是所指本身。见〔法〕茨维坦·托多罗夫著、王国卿译：《象征理论》，商务印书馆 2004 年版，第 297 页。

图 H7

物的形象。所以，当人们试图以视觉的形式呈现出某一事物或者想把自己的言语固定下来并为不在场的人所了解时，“最自然的方法就是画出事物的图形。为表达人和马的观念，他们画出它们的形状。因此，文字的最初的尝试是单纯的图画”[1]。就“像最初的语词一样，最初的象形字是模仿性的描绘和隐喻性的替代意义上的图画。事物本身与其逼真的复制品之间的距离只有通过转换来超越。最初的符号被视为图画。观念、符号与感觉的描述性替代具有本质上的关联”。[2] 当然，诚如《尚书·益稷》所云：“书用识哉。”这些“图画”是为了使我们认识事物或事件，而不是为了让我们将它们视觉化。这些图画所用的是E.H. 贡布里希所说的“概念性方法”（Conceptual method），图画作者的目的主要是告诉我们发生了“什么”，而不是“怎样”发生的。[3] 请看古埃及人用、、、、这五个明白易认的图形分别表示“打”、“飞”、“老

[1] 沃伯顿语，转引自〔法〕雅克·德里达：《文字学》，第 410 页。

[2] 〔法〕雅克·德里达著、汪堂家译：《论文字学》，第 411 页。

[3] 在《通过艺术的视觉发现》一文中，他原话是这样说的：“只有当艺术家的目的主要不是告诉我们发生了‘什么’，而是‘怎样’发生的，这时候概念性的方法才变得易受攻击。”（见《图像与眼睛》，范景中等译，第 15 页）

(的)”、“吃、说”和“走”这五个意义。东巴文用最简约的象人爬之形和象人仰卧之形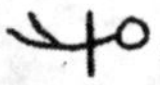，表现出了最清晰、最概念化的“爬”和“卧”的意义。我们同样有理由认为：贺兰山岩画画出一象羊奔跑之形，即是表达出“跑”这一意思。由于文字的功能再现了言语的功能，最初的书写符号反映了最初的言语：形象与图画。所以，它具有象形文字的特征。这种象形文字消除了言语或语言与文字之间的对立，将在场与缺席（不在场）联系起来。相对有声语言而言，它是一种有形言语或行动言语。这种言语本身即是指称物，而不仅仅只是指称这事物。

（二）表达单个词

然而，贺兰山岩画又不仅仅只是一种简单的“图画文字”(Pictography)。[1]最早用以指称美洲印第安人图画的“图画文字”通常是比较复杂的图画或一组图画，表达某个完整的、在图形上没有分解为单个词的信息。如图 H8 所示：这是两幅相对独立的图画文字。按前苏联文字学家 B.A. 伊斯特林的释义：上图记载的是用一头野牛、海獭和绵羊交换 30 只海狸的条件，下图是七个印第安部落请求美国总统准许他们迁移到三湖地区的要求，其中联结动物的头和心脏的线表明这几个部落的思想和感情是一致的。[2] 这两种复杂的意思，印第安人是借助于一些具象写实的人或动物图像，以及抽象的简单十字图案和点、线状笔画符号表现出来的。这些图像和符号按一定次序或者呈纵向上下组合或者横向左右组合。整体纵向组合内部又依距离远近、排列次序而程度不同地存在着分组组合现象；整体横向组合内部又存在着借助于七条长短不一的抽象黏附形式元素连构所有成分的现象。这些都与一些贺兰山岩画很相像。

[1] 18 世纪 30 年代，威廉·瓦尔博顿在《摩西的神圣使命》中就提出了图画文字说。19 世纪末 20 世纪初美国语言学界对北美印第安民族历史上留下的图画进行了全面深入研究，认为这些图画属于早期文字。19 世纪后期美国学者玛勒里（G.Mallery）首次明确以“图画文字”称呼美洲印第安人的图画（1893 年她出版了一部题名为《美洲印第安人的图画文字》的著作）。以美国文字史学家格尔伯(I.J.Gelb)和白瑟拉托为代表的 20 世纪美国普通文字学领域也使用这一术语。在 1952 年出版的《文字的研究》里，格尔伯提出了人类文字发生发展的模式，认为文字起源于“图画文字”或“语义文字”。白瑟拉托（D.S. Besserat）在 1992 年出版的《文字之前》里，以翔实的资料说明两河流域苏美尔人的楔形字的前身不是“图画文字”，而是记数的陶筹。

[2] 〔苏〕B.A. 伊斯特林著、左少兴译：《文字的产生和发展》，第 59 页。

然而，作为视觉语言符号系统的贺兰山岩画与印第安人的“图画文字”本质上存在着差异。这突出体现在贺兰山岩画里存在着大量独体岩画及其系统这一事实上，而印第安人图画文字“最重要的外部特点是：它们不是一个个单独的孤立的图形，而是一组一组复杂的叙事性的图形，或者是一套一套彼此顺序相连的图画，就像连环画故事一样”[1]。虽然一些以放牧或射猎为主题的复杂句，尤其是八重以上贺兰山合体岩画里也存在着类似具有情节叙述性质的岩画。但是，贺兰山岩画里存在着词法，而且无论多么复杂，每一个贺兰山合体岩画都反映了一种组合建构，它们大都是由一些普遍的基础形式、自由形式结构而成的形式单位。大量独体岩画的存在证实了这种解剖工作的正确性。这些独体岩画与意义直接联系，而且主要用有着固定语法规则的构形模式表示这些意义。贺兰山岩画局部（因为有独体岩画存在）或全部由表示单个语词（确切地说是以词或最简单的词组的形式出现的独立语义单位）的符号所组成。如图 H9 这两个合体岩画形式里都有一个两羊相套的 A + B 型形式，它们显然是建构贺兰山合体岩画形式的、相对独立存在语词，一个能指与其所指（意义）紧密联系的符号。所以，贺兰山独体岩画大都是表意象形字或词、词组。某一特定的图形往往对应某一特定的意义（如图 H9 上图这个岩画里的各个羊形式互不雷同）。这使得贺兰山独体岩画或者字、词、词组具有意义具体、单纯和确切的特点，而它们在各种类型的合体岩画里的反复运用则表明了它们的相对稳固性和约定性。相反，印第安人的“图画文

图 H8

[1] 〔苏〕B. A. 伊斯特林著、左少兴译：《文字的产生和发展》，第 57 页。

图 H9

字中用的图形往往应某一具体情况而作，本身（不同于表意符号）常具有很不稳定和多义的性质”[1]。因此，我们不能简单地称贺兰山岩画为图画文字。

（三）词法和句法

图画文字里通常没有固定的规则。其中所用图像很不稳定且具有随意性，往往由书写人发明。然而，贺兰山独体岩画有着自己的多种构词法。前面，我们已经对贺兰山岩画自身存在着的五种语法形式、六种类型的构形模式和三个最基础的初始符号，以及七种主要形类剖毫析厘；对贺兰山合体岩画里九种主要类型、四种组合图式和七种造句关系，以及它们所表示的一个系统化了的概念世界擘肌分理；对自耦合、派生耦合、关系耦合、复杂耦合四种基本贺兰山岩画语篇，以及它们所展示出来的稳态结构及其整体性、稳定性、有序性和替换性特征剖裂玄微。这一切均表明：作为一种视觉语言符号系统，贺兰山岩

[1] 〔苏〕B.A. 伊斯特林著、左少兴译：《文字的产生和发展》，第 57 页。

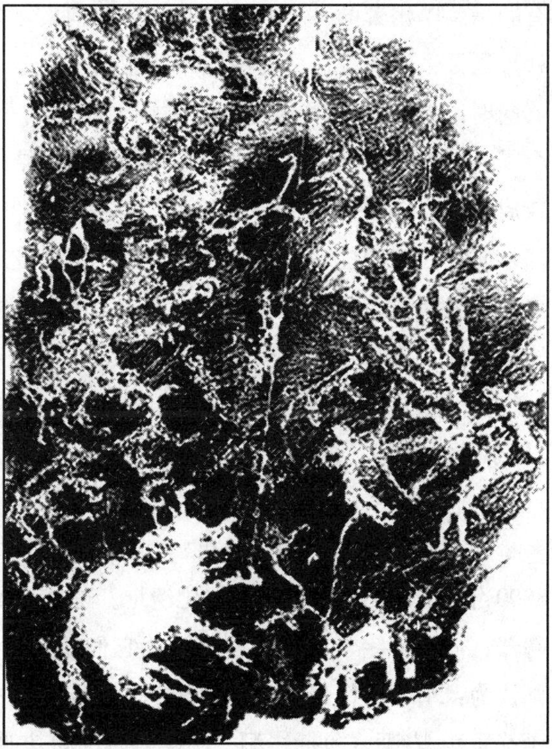

图 H10

画不仅可以被划分为一个个意义相对独立完整的独体岩画形式，而且还可以被划分为由一些基本形类、派生形类通过一定组合关系、句法结构组合的基本句子、句型，以及由一些基础形类、派生形类和句子通过一定组合关系结构的语篇。这些拥有一定句法、篇法的合体岩画形式往往具有表意功能。如射手和动物形象是结构图 H10 这个语篇的基本成分，它们被划分为左右两组上下纵向垂直排列组合，每组里又都有一个整个贺兰山岩画里普遍存在的射猎句。

因此，一定词法和句法结构的存在又一次显示了贺兰山岩画比一般图画文字更具约定性。不同形式的独体岩画的存在以及每一个绝不雷同的合体岩画里各具形态的图形的存在使得我们敢于作出以下断言：大多数贺兰山岩画符号已经获得确定的、稳固的意义，每一个意义对应于一个概念或一个词，如图 H9 上图这个语篇里的十个羊成分能指层面显然不同。它们不仅在形状大小、不同形式元素和内部形式结构方面存在着程度不同的差异，而且有的是根本形式、有的是两羊相套的 A + B 型派生形式、有的则是羊形象腹下有一小圆点的 A + (b) 型派生形式等，尽管我们不能明确地知道它们具体究竟代表的是什么。与此同时，诚如图 H10 所示：贺兰山岩画里的每一幅合体岩画都是由两个或两个以上的独体岩画组成，它的意义既不是由结构它的两个或两个以上独体岩画或成分意义中的某一个或几个决定，也不是它们或它们中的某几个的简单相加，而是在某种程度上取决于各个独体岩画或成分、词在每一个特定合体岩画里的位置和彼此间的排列次序。在贺兰山岩画里，每一个图形或符号书写的顺序也大致与它的句法结构顺序相符合。

（四）系统性

在陕西半坡、山东大汶口、甘肃大地湾等地，考古学家发现了距今约 8000 年到 5000 年前的远古文化遗址。这些遗址里出土了大量刻有各种符号的陶器。一些文字学和考古学者认为它们就是“雏形文字”。持反对意见的学者则认为：单个的符号不能作为文字。如周有光把刻符（包括陶文和木石上的刻画符号）、岩画（包括岩洞、山崖、石壁和其他处所的事物素描）、文字画（文字性的图画）和图画字（图画性的文字）称为原始文字的资料，认为“世界各地在历史上创造过许多原始文字，都不能完备地按照语词次序书写语言。有的只有零散的几个符号；有的是一幅无法分成符号单位的图画；有的只画出简单的实物，不能连接成为句子；有的只写出实词、不写出虚词，不写出的部分要由读者自己去体会”[1]。周先生的论证很有道理。文字是一个系统，我们当然不能凭借几个单独、孤立的岩画就断定文字的存在。

然而，很多考古发掘的资料已经证明，陶文并不是零散的几个符号，而是大量的、成系统的。[2] 例如，在图 H11[3] 这个彩陶上刻有 22 个象人之形的图[4]，

[1] 周有光：《汉字和文化问题》，第 27 页。

[2] 例如，在据今 6000—7000 多年前的临潼姜寨发现的陶文符号有 129 例，安徽蚌埠双墩陶文符号有 296 个，形体种类至少达 59 种之多。

[3] 宁夏博物馆藏。这是博物馆从甘肃搜集来的古陶器，疑似 4000 多年前马家窑文化遗物。

[4] 这些象人之形的形式不是复制图，而是作者对着实物一个个拍摄下来后，直接从中摘出来的。由于彩陶多处有裂痕，致使我们拍摄下来的这些图形有的部分形式元素有些模糊。

图 H11

即

。可见，它们虽然都是象站立之形的人图像符号，但变体众多，略变一下就成了另一个符号，由此形成了一个人字符号系统。贺兰山岩画亦如此。通过对大量多种类型及其形态的贺兰山独体、合体岩画的描述和解析我们已经知道：贺兰山岩画不是一般意义上的图画，也不是孤立的“没有上下文可以连续成词”的“分散的单个符号”，[1] 而是一个由一些基本形式元素结构的各种符号及其功能耦合的集合。它是一个拥有自己的构词法、句法甚至篇法的视觉符号系统。换言之，它是一个有着大量词汇、句子和语篇结构的文字系统。仅贺兰山独体北山羊形式就俯拾即是，如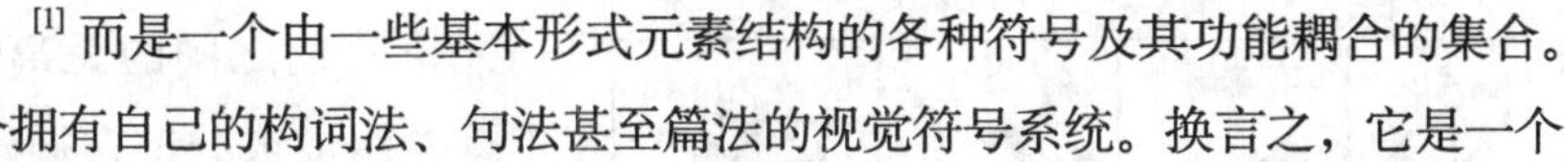

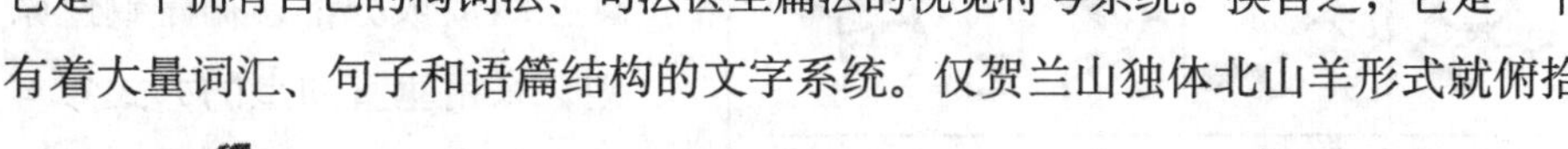

和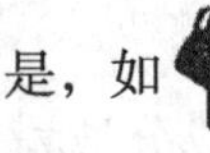（试把它们与上面 22 个独体人形式作一番比较）。

---

[1] 周有光：《汉字和文化问题》，第 27 页。

（五）繁简与组合次序

若把贺兰山岩画作为一个视觉符号系统来看，在能指层面，同一个符号往往存在着繁简两种形式。[1] 例如，在图 H12 这 14 个三重岩画句里，有些羊成分基本上是面（实面或虚面）结构，有些完全是棍状的线结构。相比较而言，完全以棍状线结构的羊形式占绝对优势，面结构的比较小。整个贺兰山岩画里的羊形式亦如此。就羊形式本身能指层面而言，一般来说，根本羊形式比较简单，派生羊形式比较繁复；面结构的比较复杂，线结构的比较简单。贺兰山岩画里普遍存在的是线结构的根本羊形式。

贺兰山岩画里有着基本组合次序，这一点我们也已经反复论述过了。[2] 而在基本上由次序决定的合体岩画形式里，各种组成成分之间的整体排列组合方式无非有两种，即横向排列和纵向排列。如图 H12 最上面两个三重岩画形式里的三个成分大致整体呈横向排列。纵向排列比较复杂，主要有以下两种情形：

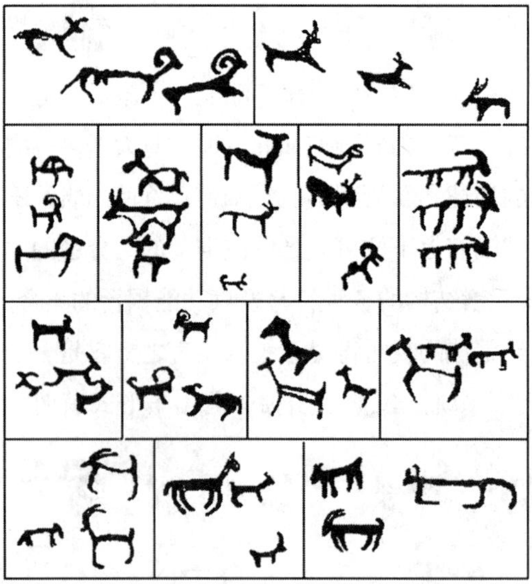

图 H12

（1）所有组成成分上下基本对齐，从上到下书写，整个岩画形式大致呈上下垂直状。如图 H12 上面五个岩画所示：无论结构每个三重合体岩画的羊形式的形态有多么的不同，无论它们之间的距离有多大，这些组成成分都遵循一致性原则，采用垂直向上的方式参与整个岩画形式的组合。

（2）三个组成成分被划分为成分组排列。如图 H12 下面七个形态各异的三重岩画所

[1] 关于这个问题，前面我们在对贺兰山岩画形式结构的描述分析中反复论述过，兹不赘述。参见Ⅵ第四部分“抽象形式”。

[2] 参见前面有关合体岩画的描述分析。

示：它们都按 2/1 排列，即两个一组，一个一组。两个一组的有的位于左边，有的位于右边，有的位于上面，有的位于下面。有的所处位置比另一个高，有的低，有的则与之大致相同。尽管仅仅从组成成分的图序，我们不能确定岩画作者刻写它们时所依据的顺序，即先从右到左、还是从左到右？但是，有一点是肯定的：他们总是先刻写完两个或一个之后再刻写另外一个或两个。

五、文象列而结绳移，鸟迹明而书契作

综合象形、表达单个词、系统性、拥有词法和句法，以及形式的繁简与排列方式五个方面的特征，我们可以初步断定：贺兰山岩画自身的特质表明它就是中国文字符号演变历程中结绳记事到甲骨文中间的一个重要的过渡环节。关于这一点，我们也可以从古代文献记载中得到佐证。已知现存的中国最早的文字是商代的甲骨文。这是一种成熟的文字，它一定有更早的祖先。然而，关于商代之前的中国文字，迄今为止还没有确凿的地下考古证明资料。我们只能从现存的商代之前的一些书写的证据和文献资料所提供的信息中去推测。

关于最早的中国文字，中国古籍中比较详细的记载主要有以下三处：

> 古者包牺氏之王天下也。仰则观象于天，俯则观法于地，观鸟兽之文与地之宜。近取诸身，远取诸物，于是始作八卦，以通神明之德，以类万物之情。作结绳而为罔罟。以佃以渔。盖取诸离。(《易·系辞下》)[1]

> 古者伏羲氏之王天下也，始画八卦，造书契，以代结绳之政。由是文籍生焉。(孔安国《尚书序》)

> 古者庖牺氏之王天下也，仰则观象于天，俯则观法于地，视鸟兽之文，与地之宜，近取诸身，远取诸物，于是始作《易》八卦，以垂宪象。及神农氏结绳为治，而统其事，庶业其繁，饰伪萌生。黄帝之史仓颉，见

[1] 阮元校刻：《十三经注疏》上册，第 87 页。本书以下凡引《周易》、《尚书》中语及其相关序、注、释、疏，如不详注，均出自此书。

鸟兽蹄迒之迹，知分理之可相别异也，初造书契，百工以乂，万品以察，盖取诸夬。[1]（许慎《说文解字叙》）

由此可见，这三个载于不同时代不同地方的说法实质上是一样的。文字创始于伏羲时期也罢，创制于黄帝时期的仓颉也好，总之，三皇五帝时期即存在着文字。这种文字是以“像”的形式呈现出来的，是圣人“法象”万物的结果。《易·系辞上》有“圣人有以见天下之赜，而拟诸其形容，象其物宜，是故谓之象”和“圣人设卦观象”、“八卦以象告，爻彖以情言”之说，《易·系辞下》也有“爻也者，效此者，象也者，像此者也”之论。孔颖达疏云：此“言爻者效此物之变动”和“象此物之形状也”。《易·系辞下》更明确指出：“易者，象也，象也者，像也。”孔颖达疏云：“易卦者，写万物之形象，故易者，象也，象也者，像也。谓卦为万物象者，法象万物，若乾卦之象法象于天也。”

这种“象”（“像”）就是刻制而成的、可以观看的文字。《尚书序》云：“古者伏牺氏之王天下也，始画八卦、造书契，以代结绳之政，由是文籍生焉。”汉代孔安国释此句云：“书者，文字；契者，刻木而书其侧，故曰书契也。一云以书契约其事也。郑玄云：以书书木边，言其事刻其木谓之书契也；结绳，《易·系辞上》：上古结绳以治，后世圣人易之以书契；文，文字也；籍，籍书。”孔颖达亦疏云：“结绳者，言前世之政用结绳，今有书契以代之，则伏牺时始有文字以书事，故曰：由是文籍生焉。……八卦画万物之象，文字书百事之名……然画亦书也，与卦相类，故知书契亦伏牺时也。……《说文》云：文者，物象之本也；籍者，借也，借此简书以记录政事，故曰籍也。”[2]在单音词占统治地位的早期古汉语里，“书契”两字联言值得我们深思。它突出强调了刻制是古人制作文字的基本方法。无论是在《易·系辞上》、《尚书序》里，还是在孔安国的释、孔颖达的疏里，“象”（“像”）都是与上古结绳、书契血脉相承的文字，只不过它们各自呈现的形式或能指层面不同而已。

因此，三皇五帝时期人们仿效自然万物而刻于木的画像，绝不仅仅只是我们今天所说的单纯的图画，而是人们“书”写的象形文。其实，基于“形

[1] 严可均：《全后汉文》（上），商务印书馆 1999 年版，第 495 页。
[2] 阮元校刻：《十三经注疏》上册，第 113 页。

见曰象，书者，法象也”[1]的认识，中国历史上“文”、“文字”之称出现得较晚。人们最早比较多的是用“象”或“书”称呼古文字。如《尚书·虞书·益稷》云：“帝曰：‘予欲宣力四方，汝为。予欲观古人之象。’”东汉许慎《说文解字叙》亦云：“仓颉之初作书，盖依类象形，故谓之文。……藉于竹帛谓之书，书者，如也。”[2]

这种法象万物刻制而成的“象”文字（也即“书”）在三皇五帝时期就普遍存在着。孔颖达《尚书正义序》释“书”云：“夫书者，人君辞诰之典，右史记言之策。”按《说文》所释：古文“典”、“策”字皆从竹。典“五帝之书也”。孔子《尚书序》云：“伏羲神农黄帝之书谓之三坟，言大道也。少昊颛顼高辛唐虞之书，谓之五典，言常道也。”然而，至今没有确凿的证据证明三皇五帝时期这些“书”究竟书写在哪里？或者说它们的书写材料到底是什么？

《易·系辞下》云：“上古穴居而野处，后世圣人易之以宫室。上栋下宇，以待风雨。盖取诸大壮。古之葬者，厚衣之以薪。葬之中野。不封不树。丧期无数。后世圣人易之以棺椁。盖取诸大过。上古结绳而治。后世圣人易之以书契。百官以治。万民以察。盖取诸夬。”根据考古学的有关理论，从北京人、山顶洞人、元谋人、蓝田人和仰韶文化、龙山文化等我国已经地下出土的人类化石和文化遗物资料来看，上述《易·系辞下》里所说的“上古”时期属于旧石器时代，而“后世”也即三皇五帝时期当属于新石器时期。目前，我们对这一距今5000年以上的史前时期的了解主要是通过考古发掘。在过去的两个世纪里，人们搜集了无数史前部落遗物，或置于博物馆中，或被收藏。其中被用于书写材料（或者说上面有人工刻痕的）的物品有可以移动的石器、陶器、骨制品和贝壳制品。但最普遍、数量最大的是那些用更耐久的或更不易被移动的材质完成的物品，这就是史前人刻在岩石上的岩画。据国际岩画委员会主席埃马努埃尔·阿纳蒂统计：在目前全世界已经发现的大约50万件史前时代的艺术物品中，岩画占其中的大部分。如今，人们对大约7万处遗迹进行了拍摄，制作了成千上万的资料。这些遗迹分布在160个国家的旷野之中和岩洞里的岩石上。当然，作为文明古国，中国也是拥有众多岩画的国家。阿纳蒂断言：中

[1] 张怀瓘：《六体书论》，陈思编：《书苑菁华》，第445页。
[2] 严可均：《全后汉文》上，第495页。

国已知的岩画“都是 10000 到 12000 年前创作的”。[1]

中国文字记载里也有伏牺前“刻石纪号”乃为文之说。孔颖达在疏上述《尚书序》里有关文字起源的说法时旁征博引指出：关于传说中造字始祖仓颉其年代说法不一，莫能有定。有的认为在三皇五帝时，有的则认为在其之前。“又依《易纬·通卦》验燧人在伏牺前，《表计寘》其刻曰：‘苍牙通灵昌之成，孔演命明道经。’郑玄注云：‘刻谓刻石而记识之据。’此伏牺前已有文字矣。《易·系辞》云：‘河出图，洛出书。圣人则之。’是文字与天地并兴焉。又《韩诗外传》称：‘古封太山禅梁甫者万余人。仲尼观焉不能尽识。’又《管子》书称：管仲对齐桓公曰：‘古之封太山者七十二家，夷吾所识十二而已。’首有无怀氏封太山禅云云，其登封者皆刻石纪号。但远者，字有雕毁，故不可识。则夷吾所不识者六十家。又在无怀氏前，孔子睹而不识，又多于夷吾。是文字在伏牺之前已自久远。”[2] 这段论证说明三皇五帝之前就存在着文字。这种文字是刻在石头上的。至于“夷吾所不识者六十家。又在无怀氏前，孔子睹而不识，又多于夷吾”则不仅充分说明了这种文字的远古久远，而且表明这种文字与“夷吾”、“孔子”时期的文字有着巨大差异。就目前考古发现和上述古籍中有关资料记载来看，即使上述古籍中所记载的三皇五帝时期的“象”文字是刻在易腐蚀变质的木或竹简上这一观点是正确的，我们今天也看不到它们了。我们今天所能看到的这一时期的刻制物最多的就是岩画。它正是史前人法象自然万物而制作的“象”（“书”），一种史前文字。至于“在伏牺之前已自久远”的、为“夷吾”和“孔子”所不能尽识的、刻在山中石头上的文字（岩画）也应该是“象”，是文字。

谈到文字，古代人们常说到的一个词就是“古文”。张怀瓘在《书断》里曾指出：“案古文者，黄帝史仓颉所造也。颉首四目通于神明，仰观奎星圆曲之势，俯察龟文鸟迹之象，博采众美，合而为字。……古文，科斗书也，科斗者即古文之别名也。仓颉即古文之祖也。”[3] 这种“科斗书”或“古文”是人

[1] 埃马努埃尔·阿纳蒂认为：“史前史”这个术语具有多重含义。从字面上来看，它表示“历史之前的”。这个词被用来形容所有古典时代之前的时期，也就是说，在有文字记载的史册和编年史开始构成史料文献的主要来源的那个时刻之前的时期。据此，他统计并评定了全世界史前时代的艺术作品。见其《艺术的起源》，第 16、20、263 页。

[2] 阮元校刻：《十三经注疏》上册，第 113 页。

[3] 陈思：《书苑菁华》，第 226 页。

们“仿象”自然万物的“神书”，其“千类万象，或龙或鱼，何词不录，何物不储，绎思通理，从心所如，如彼江海，大波洪涛，如彼音乐，干戚羽旄”。[1] 可见，所谓“科斗书”是就古文的书写形式或字体而言，杜光庭《字书优劣体意》云：“古今书体不一，有古文，有籀书，有小篆，有隶书，其后有八分，有飞白，有行书，有草书。”宋人陈思注曰：“黄帝史仓颉观鸟迹制字，号曰古文，古文之别十三，若龟书科斗书之类。”[2] 显然，古代人们所说的这种远古“龟书科斗书之类”的文字就是一种图像象形文字。三国时期的曹植在《画赞》里明确断言：“盖画者，鸟书之流也。”[3]

考古发掘资料以及主要以羊、人和马为基本形类的贺兰山岩画表明：贺兰山岩画大致属于新石器时期，它基本上已经过了结绳记事时代而步入了书契时期。阿纳蒂认为宁夏贺兰山岩画属于具有复合经济族群文化特点的新石器时代。[4] 它“代表了至少三类不同人群：（1）早期农民，至少公元前 7000 年开始在此地区发展，也可能在前 8000 年已经发展；（2）主要来自蒙古的牧民，从公元前 5000 年到近代在此地驻留过几次，前后延续了六千年；（3）狩猎采集人群，他们制作岩画，大约一万年之久。贺兰山岩画出现在其他两种岩画之前，与其他两种共同延续，几千年来，不同的社会形态与狩猎群体，农业村落以及半游牧的畜牧人口在同一区域内共存。绘制的岩画在宁夏非常少见，通常是‘岩刻’，代表了不同的风格和生活方式，与亚洲其他地区的同期岩画相一致的是，它们也是不同社会经济背景下的不同人群在岩画上所作的记录，最早的是狩猎群体，然后是存在于不同时期的牧民，但大多数岩画是混合了各种经济形态，包括农业、畜牧业及狩猎的社会的产物”[5]。这个时代大致处于三皇五帝时期，也即古籍中所记载的中国已经有了“象”文字时期。贺兰山岩画就是这种“象”文字。在贺兰山岩画和内蒙古阴山岩画的旁边，我们分别发现了

[1] 陈思：《书苑菁华》，第 227—228 页。
[2] 同上书，第 724 页。
[3] 严可均：《全三国文》，第 169 页。
[4] 详见其《艺术的起源》。
[5] 〔法〕E. 阿纳蒂：《岩画与中国的悠久文明》，西北第二民族学院编纂：《大麦地岩画》③，上海古籍出版社 2004 年版。

刻有西夏文字的题记："文字神文字"[1]、"文字的父母"[2]。

因此，这种"远古的岩画"准确地说就是一种石刻文。从前面的描述分析我们已经知道：作为一个符号系统，贺兰山岩画整体呈现出简化的趋势。其间有非常复杂具象的写实形象，也有大量高度抽象简化的形象。例如，尽管数量宏大，但是几乎不存在完全忠实全面整体地描摹"羊"和"人"形象的岩画。这一方面表明贺兰山岩画具有一般图画文字用描绘事物形状表意的特点，另一方面说明它已经不再是一种典型的图画文字。[3]其实，所谓贺兰山岩画里的"羊"岩画就是象"羊"之形的岩画形式。正如鸟虫文一样，这些形式其实就是贺兰山象形文字为了避免一图形象一物所造成的图像的繁复（书写也不方便）所采取的书写形式——用一种符号（如"羊"图形）表示几种或多种事物。[4]而贺兰山的石头则是书写载体。如图 H13 所示：这些依石头天然纹路，一行一行刻制在一块大石头上的五行岩画形式既相对独立又彼此上下联系，有的简单，有的复杂，有的象某物之形，有的完全是抽象笔画形式。

然而，无论是依类象形、法象万物情貌，还是"写其言如其意，情得展舒也"[5]，古人创作文字的最终目的是为了记事。正是从记事这一基本功能出发，结绳才被人们普遍视作中国文字在生存论存在论意义上最原始的渊源。《易·系辞下》云："上古结绳而治，后世圣人易之以书契，百官以治，万民以察，盖取诸夬。是故，易者，象也，象也者，像也。"孔颖达疏云："夬者，决也。造立书契所以决也，断万事故取诸夬也。结绳者，郑康成注云：事大，大结其绳，事小，小结其绳，义或然也。"[6]可见，中国古代人们之所以把结绳这一行为与文字联系起来完全是由于它记事的功能与书契相同。东汉许慎在沿用《周易》这一思想的同时对它作了进一步发挥，他认为：仓颉"初造书契，

[1] 此题记刻在贺兰山口岩画点。

[2] 在山峰林立、怪石丛生的磴口县和乌拉特后旗相毗邻的包头格沟的西山顶上的一面峭壁上，有一幅凿刻着两匹相背而立的马，此题记即刻在两匹马的马背上。

[3] 关于中国文字的起源，学界说法不一。但总归起来大致有两种：一种从文字创作的角度，探讨文字最源初的创作动因，认为文字产生于记事的需要。这是上述以《周易》为代表的中国古代人的普遍看法；一种从视觉形式的角度，探讨文字的存在方式，认为文字起源于图画。本书此处不涉及中国文字的起源问题。不过既然已经谈到了这里，作者认为人类最早的图画即是文字，这是本书研究贺兰山岩画所得出的最重要结论。

[4] 这种情形在埃及象形文字里也存在。其实，正是这一点加快了文字符号化的过程。

[5] 孔颖达疏：《尚书序》语，见阮元校刻：《十三经注疏》上册，第 113 页。

[6] 王弼、韩康伯语。见阮元校刻：《十三经注疏》上册，第 87 页。

图 H13

百工以乂，万品以察，盖取诸夬。‘夬，扬于王庭’，言文者宣教明化于王者朝廷，君子所以施禄及下，居德则忌也”[1]。孔颖达在经过一番考证后断定伏牺之前已有文字也是基于文字的功能。他说：《周易》之所以称伏牺始画八卦，始有书契，“如此者，文字在三皇之前未用之教，世至伏牺乃用造书契以代结绳之政，是教世之用，犹燧人有火，中古用以燔黍捭豚。后圣乃修其利，相似文字，理本有之用否，随世而渐也”[2]。可见，记事、记识、“宣教明化”的需要是文字产生的动力。

其实，“古者书籍通称为志。‘孔子曰：大道之行也，与三代之英，丘未之逮也，而有志焉。《礼记·礼运》郑注：‘志，谓识古文。’《庄子》曰：‘春秋经世，先王之志’是也。‘志’、‘识’二字古通，‘识’、‘帜’实为一字。《檀弓》：‘孔子之丧，公西赤为志焉’；‘子张之丧，公明仪为志焉。’注皆曰：‘志为章帜。’《史记·叔孙通传》：‘张旗志’，《集解》徐广曰：‘一作帜’，《汉书》

---

[1] 许慎：《说文解字叙》，严可均辑：《全后汉文》上，第 495 页。

[2] 阮元校刻：《十三经注疏》上册，第 113 页。

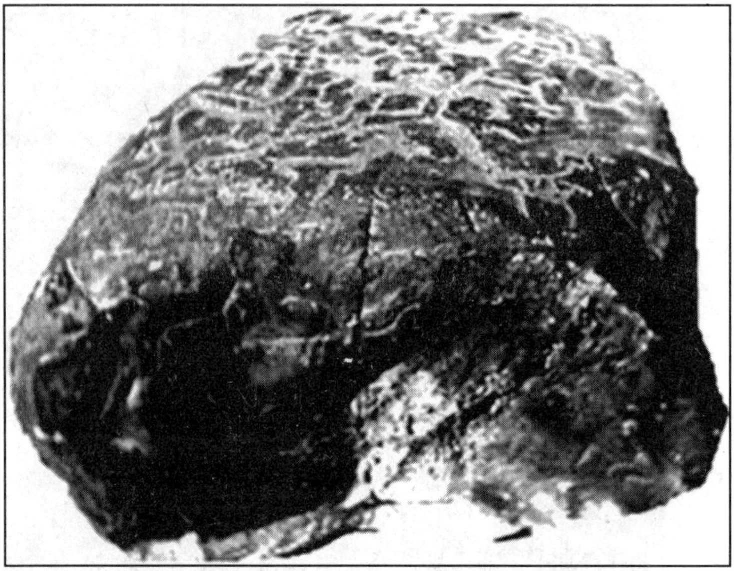

图 H14

同，师古亦曰：‘志与帜同。’《左》宣十二年‘百官象物而动’。疏曰：‘百官尊卑不同，所建各有其物，象其所建之物而行动。’夫帜各有所画之物以为识，比一姓之兴，所以必‘殊徽号’也。刻石记识，理亦同此”[1]。这一点也为世界上现存的一些原始部落人的生存状况所证实。例如，原始部落时期，我国西双版纳原始森林里的基诺族或者把多个竹片相互交叉用以记事，或者在竹板或竹片上刻上各种记号，用来记事、算账甚至表示一些指示意义。事实上，“一切民族的人民大概都会涂颜色、划线条，刻划，或雕琢，借以制成种种图像。这些图像，不谈旁的用途，有时候还能用来通讯或备忘——就是说，能够影响看见的人的行动——这样的用途还可以持续久远”[2]。

因此，从根本上说，贺兰山岩画，恰如科斗文、虫鸟文一样，就是一种具有早期文字功能的文字，而不是纯粹的图画（尽管它的字体是图像）。它遍及贺兰山山脉大大小小的崇山峻岭和沟壑岩石（如图 H14 这块岩画形式密布的石头），其岩画分布之广博充分说明它应用的广泛性，而互不相同的大量组合能力很强的独体羊岩画（组成整体贺兰山岩画的最基本成分）则说明这种书契文字符号自身的系统性和表意的丰富性——尽管我们不知道它们确切的含义。

[1] 吕思勉：《文字学四种》，第 73 页。

[2] 〔美〕布龙菲尔德：《语言论》，商务印书馆 1980 年版，第 357 页。

六、验乎甲骨，书必同文

（一）贺兰山岩画与甲骨文的可比性

任何符号自身都有一个建构、积淀、离析、解构……的不断演变过程，中国文字亦不例外。若从中国文字尤其是早期中国文字符号自身演变发展的历程来审视，贺兰山岩画是中国文字最原初的视觉符号。

英国艺术史家E.H.贡布里希在《通过艺术的视觉发现》里指出：符号成分的简约性使它们非常便于从贮存中拿来使用。而人类通过对符号（Symbol）的使用，增强了自身的回忆能力。“凡是能用符号编码的东西，相对来说也就更容易追溯和回忆。”[1]从符号学视域来看，结绳记事的确是中国文字在生存论存在论意义上最原始的渊源，因为它是一种有着固定能所关系的符号。它的能指层面是一定的、可视的形状，这种特定的形状往往代表某种特定的意义。所谓“事大大结其绳，事小小结其绳，义或然也”[2]。可见，上古时期人们就用实物象形表示一定的意义：一定的某种具体实物形状表示的就是这一形状所代表的意义。或者说，看到实物（所结的绳结的大小）形状的大小就知道它所代表的事的大小。没有史料向我们证明原始人这种以具体实物象形表示意义的行为如何演变发展到采用一定的工具把具体实物刻或画到一定物体上。[3]然而，从符号自身所具有的承传性来看，如果把结绳记事视作原初文字符号，那么，这种已经建构起来的文字符号一定在当时人们实际社会生活中流传。在漫长的历史演变过程中，它被一代一代的人约定俗成并被承传。以实物（结绳）记事的能指层面被解构了，但它所体现出来的史前人以具体实物象形表意的行为方式却积淀下来了——模仿现实生活事物的具体图画（“象”）代替了结绳。诚如刘勰所言：“夫文象列而结绳移，鸟迹明而书契作，斯乃言语之体貌，而文章之宅宇也。”[4]现存史料也告诉我们：《周易》里的八卦就是“象”（事物的图像），就是原始文字。但我们知道，八卦已经是一种非常抽象的符号。且不说

[1] 〔英〕E. H. 贡布里希著、范景中等译：《图像与眼睛》，第8页。

[2] 这是王弼、韩康伯对《周易》里这句话的注。参加《十三经注疏》附校勘记（上册），中华书局影印1979年，第87页。

[3] 《周易》等史料只告诉我们三皇五帝时期人们以契刻取代了结绳。这种契刻就是文字之始。

[4] 黄叔琳：《文心雕龙辑注》，中华书局1957年版，第340页。

先民们不可能由非常具体的实物记事一下子跳到以非常抽象的八卦符号表意的阶段。仅从中国最早的、一种成熟的文字——殷商的甲骨文来看，从结绳记事发展到甲骨文，其间一定经历了一个以刻画具体物象表意的阶段。这个阶段就是以岩画为代表的“象”文字阶段。这一定是一个非常漫长的阶段，而这个阶段距离殷商时期的甲骨文也一定非常遥远。以贺兰山岩画为例，其附近水洞沟遗址的发掘证明：距今 3 万多年以前贺兰山下就有人类生活。这种使用石叶的人类早于已知的山顶洞人。此时的人类与殷商甲骨文时期的人类距离大约 2.5 万年。虽然，我们没有足够的证据证明两万多年前就有人创制着贺兰山岩画，但是，贺兰山岩画自身的性质和常识告诉我们，这种可能是完全存在的：只要有两个人，“交流”就是存在的。“一个人一旦将另一人视为与已类似的、能感知的、能思想的存在，那么，交流感觉与思想的渴望或需要，会促使他寻找交流的方式。这些方式只能产生于感觉，这是一个人能够作用于他人的唯一手段。于是乎有了表达思想的感性符号。”[1]而欲作用于他人的感官，动作与声音是两种最基本的方法。前者可以是直接的接触或间接的手势，然其所及不过一臂之远，不适合远距离的交流；后者则可以达到目力所不及的范围。因此，唯有眼睛与耳朵才是彼此分离的人与人之间进行交流的语言的接收器官。因此，人类最早发明的交流符号一定是属于视觉和听觉的。[2]

然而，属于声音的听觉符号或者说声音语言是稍纵即逝的。我们今天所能看到的人类最远古时期的遗迹、遗物都是属于视觉的。其中最多的就是岩画，最早的岩画的创作年代可能比 4 万年还要早。[3]因此，若从最原始的生存论、存在论意义上来说，远古人类创作贺兰山岩画的动机是为了实用，为了生存，也即为了交流的目的，或者说首先为了交流。因为有交流才有人与人之间的各种合作，人才可能存活下来，才有社会。从这个意义上说，交流是远古人类得以生存下来的一种最基本的需求。作为视觉符号的贺兰山岩画就是这种需求的产物。在对距今约 2.5 万年以上，甚至 3.2 万至 3.4 万年前的南部非洲岩画作了一番深入研究后，认为岩画首先是一种绘画艺术的阿纳蒂也情不自禁地发出

[1] 这是〔法〕让－雅克·卢梭观点，参见其《论语言的起源》，第 1 页。

[2] 参见〔法〕让－雅克·卢梭：《论语言的起源》，第 2 页。至于视觉和听觉符号哪个出现的早，哪个出现的晚则是另一个话题。本书在此不涉及。

[3] 这是阿纳蒂的判断，详见其《艺术的起源》，第 131 页。

了无限的感慨并以“表意文字”称呼这些岩画。他说：“这些作品有大量的重叠、难以分辨，这既是因为钙化，也是因为在后期成千上万年的过程中，许多画积累在岩壁上的缘故。这些作品的共同点是缺少明显的场景。图像之间的联系看起来形成了表意文字的系列——一个或几个图像联结成某些象征。这些图上的人类很少，个头也很小，手法比动物像的要粗略许多。最常表现的动物是大象和长颈鹿。”[1] 中国古文字学家唐兰虽然没有直接明确地说岩画就是文字，但从他所举的例子来看，他是持这种观点的。他指出：“‘象’的图画，也许两万年以前就有了。……最古的洞穴艺术，只画出（或刻出）动物的绝对投影，它们是在静止的状态下，所以四足的动物，总只画两足，我们的文字，就是如此。洞穴图画里所常见的有野牛、大象、驯鹿、马、野猪等。而我们的原始文字，也以这些动物的象形字为最多。例如‘象’字，在西班牙一个洞里用红赭石涂画的一幅单彩画跟我们的铜器文字，正是一个很好懂的对照。”据此，他进一步指出：“象”字的语源应该是“图象”、“形象”、“象似”，原始人类把大象描画下来，别人看见了都知道是“象”，这“像”的语言就流传下来了。[2]

任何语言符号都有一个建构的历程。原始人类这种“‘像’语言”也不例外。无论它具体是何时诞生的，贺兰山岩画自身已经向我们表明：它与成熟的甲骨文之间有着巨大的差异。若按历史时间计算，这种差异要比甲骨文与我们今天所使用的汉字之间的大得多。既然我们不能把甲骨文与今天的汉字相互对认，那么，也不能把贺兰山岩画与甲骨文拿来作简单的比较，例如，把两者放在一起相互对照，看有没有相同的字，[3] 并以此判断贺兰山岩画。我们应该从历史演变发展的角度，在整个中国文字符号系统中审视贺兰山岩画与甲骨文之间的历史渊源。

在符号的能指层面，贺兰山岩画这种“象”文字承继了结绳记事以象形表意的方法。岩画中的羊、人、马、圆圈等图像，都是人们对现实生活中实物或实物形状外貌和活动的模仿。正如看见所结绳结的大小就可知道所表示的事情的大小一样，人们看见岩画所描摹的事物就可以知道它所表示的意义。这里，

[1] 〔法〕埃马努埃尔·阿纳蒂著、刘建译：《艺术的起源》，第134—135页。

[2] 唐兰：《中国文字学》，上海古籍出版社2001年版，第77—78页。

[3] 目前学术界一些明确指出贺兰山岩画是文字的人往往采用这样的手法，也即把贺兰山岩画与甲骨文和其他古文字以及东巴文字等相对照，从中找出它们中相同的一些图形或符号，并据此称贺兰山岩画就是文字。

解构了的只是实物（绳）而已。然而，解构的目的是为了重构。人们以点、线、面模仿现实存在的实物并以之代表现实存在的实物。于是，作为一种符号，在能指层面，点、线、面取代了绳，而由点、线、面结构成的图案取代了由绳结成的或大或小的圆圈。与之相对应，一定的点、线、面，特别是由它们所结构的单体或合体和复合体图案即代表或表示一定的意义。单体或合体图案（“像”）通常表现的意义比较单一，它们是后来单个字最源始的存在形态。复合图案表现的意义复杂，它们是后来句子或一段话的最源始存在形态。我们这样诠释贺兰山岩画并不是臆测，而是有着汉字符号自身发展演变规律的依据。

经过三皇五帝时期，中国历史步入夏、商、周三代。尽管我们没有确凿的证据证明夏代文字是什么模样的，但我们知道夏代社会历经四百余年。在这漫长的岁月里，社会不断进步，文明程度不断增强。姓氏、夏历的使用、诗歌的创作充分表明它已经具备初步的文化形态。至于文字，一定存在。唐兰以大量实例论证指出：卜辞里所记先公先王，一部分是在夏时期；《古本竹书纪年》、《世本》、《史记》对夏、商两代的世系、年数和史事，都有过详细的记载；春秋时期铜器铭辞记载禹的功绩，孔子称述尧、舜、禹；许多虞、夏的文化在春秋以后还保存着，这种种都可证明夏代已经是有史时期。同样，我们可以说夏时代，文字一定已经很发达。[1] 因为夏代之后，我们已知的殷商甲骨文已经是一种很成熟的文字形态。作为一种成熟的符号，它当然不是一蹴而就的。那么，它究竟是从哪里来的呢？中国各地岩画的广泛大量存在说明我们至今能看到并能寻找到的答案只有岩画（此处特指贺兰山岩画）。

前面我们已经详尽描述分析了整个贺兰山岩画符号。下面，如对贺兰山岩画的描述一样，我们将从甲骨文这种视觉语言符号的最基本成分，也即一个个单字的能指，也即形式层面入手，剖析其形式结构的类型、语法程序及其语法概念，多方面地比较说明贺兰山岩画与甲骨文之间的血脉相连。

（二）构形结构及其类型

我们曾在严格的语言学意义上，详尽描述分析了贺兰山岩画里相对独立存

[1] 唐兰：《中国文字学》，第 57 页。

在的最小的意义单位——独体岩画的形式结构类型及其特征，下面，我们将采用同样方法，对甲骨文系统中相对独立存在的最小的意义单位，也即由单个符号组成的字（古人称之为“文”）的形式结构及其基本类型进行全面系统的描述分析。

1. 根本成分

如图 H15 所示：甲骨文里也存在着大量具有相对独立完整意义的、不能再分的成分。从能指层面上来看，我们可以依繁简程度，把这类单个成分大致划分为以下三大类：

（1）最简单的笔画形式。如有的只是一点（ ）、一横（ ），有的只是一短竖（ ）、一长竖（ ），有的是一弯勾 ，有的是三撇（ ）、四撇（ ）；有些只是一些最简单的符号，如有的是一小圆圈（ ）、大圆圈（ ），有的是一小方框（ ）、大方框 。

（2）图案、符号形式。这类图形有些似乎只用一笔勾勒而成，如 (山)、 （才）与 ；有些似乎只用了两笔，如 （右），有的是 、 之类的抽象符号，有的是太阳（ ）、月亮（ ）之类的图形；两笔以上的也不少，如 （戊）、 与 等等。

（3）象人或物之形形式。这里又可以分为三种：第一种是比较写实的、象事物整体形象的图形，如 （鱼）、 （象）、 （鹿）和 （马）；第二种是比较抽象的、象简化的事物整体形象的图形，如 象

图 H15

简化形，象抽象简化正面站立人之形；第三种是象事物局部形象的图形，如（角）象动物角之形。

尽管存在着简单与复杂之别，但是，这些成分都有一个共同的特点，即它们之中的每一个都是一个特定概念的外表标记。它们代表着概念和文字表达的相互对应。这些成分里，有些是唯一形式，如、、，但绝大多数是自由形式，也即可以和其他任何形式自由组合的形式，尤其是各种象形字。

2. 异质型

根本形式 A 一般来说是能指与所指的统一体，也即一定外形往往代表一定的意义。但是，事情并不总是这么简单。甲骨文里存在着以下两种比较特殊的情形：

第一种是能指差异大，但表示同一基本概念或意义。例如，甲骨文里表示羌人的“羌”字，就主要有 24 种写法或表示法或字体，即：、、、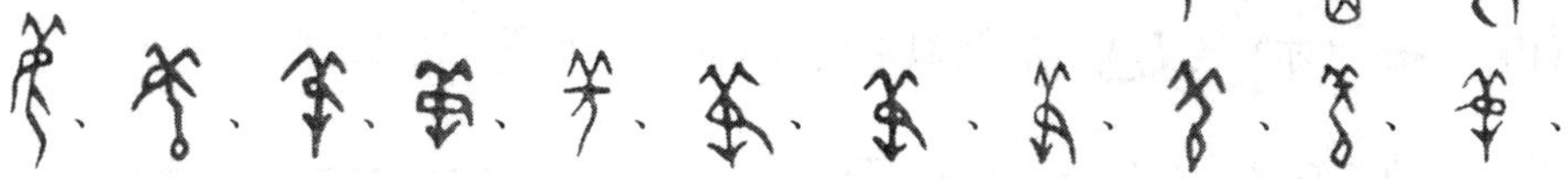和。尽管表示同一个意义，但是这些字的字体之间程度不同地存在着差异。有的大一些，如笔画繁多的与笔画简洁的之间的区别一目了然；有的小一些，如与笔画相同而方向不同。而这五个看似相近，实则不同。因此，不仅不同时期的“羌”字字体形式不同（如三期的与四期的字体区别大），就是同一时期的也不同。如与虽然都是一期，但是它们的字体判若两字。

第二种是有一些能指差异小，但表示不同概念或意义的字。例如：与

，前者表示数目，也即“三”字，后者象河床涸竭之形，象河之两岸，加于其中表示水流已尽，即汔之本字。《说文解字》云：“汔，水涸也。”又孳乳为讫，《说文解字》云：“讫，止也。”引申为尽。借为云气之“气”字。与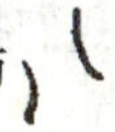也如此。前者表示数目，也即“八”字，后者表示地名。除简化抽象形式外，一些由根本形式组合的合体字也存在着这种情形，如与两字看似相似（里面的成分相同都是“见”字，外面形式略不同），实则意义不同。[1]

至于有些象形字，我们也不能望文生义。如象一简化鱼形，但它代表的是“菁”字。同理，象鹿头之形，但它表示的意义却不是“鹿”。[2] 、、、这四个字看似都是象形“人”字，实际上它们所表示的意义与“人”这一概念大相径庭。它们依次象人正立之形的“大”字，象人倾头之形的“夨”字，象人行走时两臂摆动之形的“夭”字以及象人之两胫交互之形的“交”字。显然，我们不能简单用A代表两种作为根本形式的甲骨文，即形式相似或相近意义不同的以及意义相同形式不同的。正如当我们可以用许多形式表示“花”这个意义，或者说“花”这个意义有许多相似相近的形式时，我们就不能简单地只用一个字母A来代表它们中的每一个一样。同理，为了把两个或两个以上能指层面相似相近，而所指不同的根本成分区别开来，与此同时，为了把所指意义相同，能指层面不同的根本成分联系起来，我们以A+（0）表示它们。与A型根本成分相比,A+（0）型意味着在整个甲骨文里，作为根本成分的A没有A型纯粹概念字那么单一、利索，它仿佛总牵连着一些其他附带价值，因为同时存在着一些与它的能指相似的字，也存在着与它所指完全相同的字。

当然，仅就每一个孤立的字而言，大凡A+（0）型字也都是有着一定能指，也即特殊外形，与一定所指，也即都指称着某一特定概念或意义的统一体。

---

[1] 两字在甲骨文里是两个不同的字，一个从“”形，一个从“”。

[2] 甲骨文里没有用像这样的简化鹿头之形表示“鹿”这一意义的。在甲骨文里简化鹿头之形是单列的一个字，各个时期有不同的写法。

3. 黏附型

就能指层面而言，根本形式 A 一般是相对完整统一的、不能再拆开来分析的最小的意义单位。然而，甲骨文里存在着大量 A +（b）型字，也即在原来根本形式上再添加一个或两个、两个以上黏附形式的字。下面，我们按黏附形式在根本形式上所处的位置把 A +（b）型甲骨文分为以下四种：

（1）上加型：指黏附形式加在根本形式的上面。从黏附形式的性质来看，有的是作为附加形式，如 里位于根本形式方框上面的部分，有的是作为根本形式，如 是两个根本形式，也即一圆圈和一象形爪字之间的黏合。从黏附形式和根本形式之间的组合方式来看，有的直接联结在根本形式的上面，如图 H16 左边一字和 都是在象形根本人形式（即 ）上再添加另外一个黏附成分形成的，这使两个字就像人头上套着或顶着一物品之形；有的则联结得很紧密，如 里黏附形式与根本人形式之间甚至有相互重叠的地方（象形“人”头部与黏附形式实际是一整体）。从一个根本形式上黏附形式的数量来看，有些只有一个，有些则有两个，如 。

（2）下加型：指黏附形式加在根本形式的最下面。这些下加黏附形式有些只是一些简单的笔画，如 里象形“人”字下面的一横，有的是简单的符号，如 象形侧面“人”下面的一个椭圆形符号；有些则是一些比较复杂的根本形式，如 、 和 这三个字里的根本形式，也即象太阳形 字或 字[1] 下有两个或三个象侧面站立的“人”形（这是重叠表示法），这两个或三个“人”形方向一致，紧

图 H16

[1] 实际上，甲骨文里“日”字的写法是多样的，其中就有 和 这两种形式。

密联结在一起，构成了根本形式或的一个复杂的下加黏附形式。就组合方式而言，有些下加黏附形式与其根本形式似乎只是轻轻挨上而已，如，有些相互穿插在一起，如，有些则似乎联结成了一个浑然整体，如。

（3）内加型：指黏附形式加在根本形式的里面。这类黏附形式有些是简单的笔画，如与里添加在根本象形“人”形象两腿之间的一短斜线和一短横线，里添加在根本象形“人”形象腰部的一粗横线；有些是简单的图案，如里添加在根本象形“人”形象腰部的两个小三角形结构的图案，以及穿插在与里的根本形式，也即一方框中的一钩状和“米”字状图案；有些则是一些抽象的符号，如穿插在里的根本形式，也即一方框中的十字符号；有些则是根本形式，如字里象猪之形的形式。这种内加形式，一般比较简单，但有时也比较复杂，如里的十字符号的四个角上又分别点缀有小十字符号。

（4）侧加型：指黏附形式加在根本形式的侧面。如在象形正面站立的“人”形象的右手上增加一个东西（即），这个添加的“多余”部分就是根本人形式上的黏附形式。这种黏附形式也可以同时添加在一个根本形式的两侧，如在与里，一个象正面站立之形的人形象两臂略微下垂，一手提着两个物品。这两个物品有的完全相同（两个侧立小人形象？），有的不同。这两个物品就是黏附形式。这种同时添加在一个根本形式两侧的黏附形式有时只是一些非常简单的笔画，如里添加在根本人形象两手上的两点状形式。

以上我们所说的甲骨文里的A＋（b）型文字或者采用上附加形式，或者采用下附加形式，或者采用中附加形式，或者采用侧附加形式，总之，同一个甲骨文字基本上采用一种附加方式构成。除此之外，甲骨文里还存在着两种创造A＋（b）型字的方法：一种是综合运用两种或两种以上附加方式构形。如

一个象鹿之形的形式上既有上加（背上一小房子之形）、又有下加（腹下一交叉十字之形）、中加黏附形式（身上一小方框之形）。另一种是同一个A型根本形式，往往通过多种黏附形式及其添加方法再造新字。例如，、、、、、、这七个字[1]都是在A型根本形式字上添加其他黏附形式形成的。这些黏附形式往往紧密地与联结在一起，形成了一个统一体。它们在里的位置也比较灵活。有的位于它的左边（如），有的插在它的里面（如）。这些黏附形式的种类也很多，如与里的添加成分完全不同。一般来说，一个A+（b）型字里通常只有一个黏附形式，如，但也有两个或两个以上的，如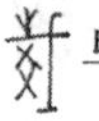与。前者左边上下同时添加有黏附形式，后者更复杂，它是在的左边增加了黏附形式后再次又与其他两个成分上下结构。

A+（b）型甲骨文里的一个观念或概念通常也是用一个固定能指表示的，但也存在着一个观念或概念用两个甚至两个以上能指表示的现象。如“女”这个概念各个时期主要有一期拾二·七、二期京三六三〇、三期拾三·五、四期通别一新九（为小母合文）、（五期陈九二）这五种书写形式。“女”字不仅各个时期有各个时期的写法，而且同一个时期的“女”字也有多种写法。如一期主要还有（一期乙一三七八）、（一期乙二九八）、（一期佚六九一）、（一期后上二三·七）、（一期佚七六八）、（一期乙一三六三）写法，三期还有写法，四期还有写法。若把视作根本形式A的话，那么，其他所有形式都是A+（b）型，

[1]　是作者对照甲骨文拓片书写下来的，以下凡是以钢笔书写的甲骨文皆如此。

也即都是在它基础上添加一些黏附形式形成的。显然，我们不能贸然用 A +(b) 这个公式代表任何一个表示“女”概念的甲骨文，而应该用 A + (b) + (0) 代表。

4. 抽象型

无论是在 A 和 A + (0) 型里，还是在 A + (b) 型里，A 都是作为整个甲骨文里一个有着完满意义的、能独立存在的成分而出现的。这就是说它本身就是一个字，一个能在整个甲骨文里反复运用的自由形式——独体字，尽管有些只是由一些简单的笔画组成。然而，在甲骨文里，还存在着一些有着一定意义的、并不独立存在的根本形式。例如，、和是三个相似相近的根本形式，它们在能指层面上明显地存在着一定的联系，这种联系也是显而易见的。我们可以从中析出这一成分，这是三个相似相近根本形式的共同成分。假如我们把用 A 来代表的话，那么，、和就可以用公式 A + (b) 来代表。然而，我们很清楚，不能简单地用 A 来表示，因为它不是独立存在的一个独体字，而是我们从其他独体字里抽象出来的。所以，我们用 (A) 代表，以区别表示纯粹根本形式的 A。这样，我们非常有必要把原来的公式 A + (b) 修改为 (A) + (b)，以便更准确地代表、和类甲骨文，并使之区别于 A + (b) 型甲骨文。然而，与贺兰山岩画里的情形一样，甲骨文里这类 (A) + (b) 型字并不多见。能与别的成分组合的大部分 A 都是作为独立的根本形式存在的。

5. 复合型

A + (b) 型和 (A) + (b) 型甲骨文字有一个共同的特征，即无论是 A 与 (b) 还是 (A) 与 (b)，两者之间都是弥合无间的。这就是说黏附形式 (b) 并不是简单地与根本形式 A 或 (A) 组合在一起，而是或者紧紧地附在它们之上（两者之间没有任何距离或空隙），或者紧密地插在它们的里面。除此之外，甲骨文里还存在着大量两个或两个以上独立成分组成的合体字。与黏附形式（b）相反，组成成分在相互组合时彼此之间往往保持着一定的距离或空隙。根据各组成成分之间的关系，我们可以把由独立形式组合的合体字大致划分为以下两种类型：

（1）并列式：指一个字里两个或两个以上的根本成分或组成成分之间不分大小、主次地直接并列在一起。例如，根本成分可以同时与另外两个成分左右并列在一起，组合成与。在组合时，同一个根本成分不仅可以和不同的根本成分组合，而且它们的位置也非常灵活。如同一个根本成分，可以简单地并置在另一根本成分的右边，组合出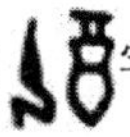字，也可以位于两个的中间，结构出字。而根本成分，可以位于两个根本形式的上面组合成字，可以与和同时上下、左右并列在一起结构出字，也可以重复组合出字。

（2）限定式：指一个字里两个或两个以上的根本成分或组成成分之间存在着大小、主次之别。这种 A + B 型字的结构非常复杂，依据各组成成分之间的关系，我们又可以把它们分为以下三种情形：

第一种：包容式。指组成一个字的各成分之间存在着相互包容的关系。这里又可以分为全包和半包两种。例如，与里的（鸟）分别位于另一根本成分的上面和下面。而且，（鸟）或者完全位于另一成分的里面，或者部分（只是鸟形象的头部）位于另一成分的里面。同一根本形式可以和另外的根本形式形成全包和半包组合关系，如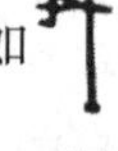可以把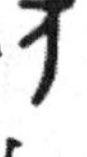完全包裹在它的左下面，从而结构出字。而与字相比，字里则位于另一成分的上面，半罩着它。同样，在里，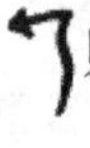则从右边的最上面半罩着。当然，类

似字里象一正面人正站在山洞里之形应该属于典型的全包式甲骨文字。

第二种：主从式。指组成一个字的各成分之间存在着一定的主次关系。例如，在与里，正面站立的人形象显然处于主导地位，而添加在其上的两点和一点状形式则处于附属的地位。同样，在象犬腹有长毛之形的里，以瘦腹及长尾卷曲为其特征的象犬形式显然处于核心地位，而位于其腹里的三撇处于次要地位。

第三种：统领式。指组成一个字的各成分之间存在着一定的统领关系。例如，两个根本形式之间的组合形成了象形字“手”正抓着上面一只大鸟的与字。这两个字是同一个字一期和二期的写法：一个比较写实，一个比较抽象简化。与两个根本成分的上下组合形成了象网笼罩鸟而擒之之形的字，而与的组合则形成了象手摘树叶之形的字。

我们这里所说的A + B型里的A、B是广义的，也就是说它们并不一定非得是根本形式。作为一个字里的组成成分，A + B型里的A、B可以是根本形式，也可以是其他类型的形式。这一点与贺兰山岩画相同。比方说，我们在正面站立的根本人形式上，可以添加两个短线，然后，再把它与另一根本形式组合，从而结构出字。同样，字也是A +（b）型正面人形式与根本形式马的二次组合。因此，这两个字的完备公式应该是[A+(b)]+B。这个A+(b)型成分，可以与另外一个成分组合，也可以与另外两个或三个、四个其他成分再次组合。比如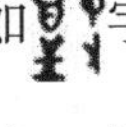字最左边最上面是一个A +（b）型成分（也即根本形式里添加了一短线，成为），又与其他三个成分结构出了并列式的四组合（上下左右四个成分的组合）。而字也是根本人形式形成的一个复杂A +（b）型字，与另外三个相同成分上下并列结构的一个[A+（b）]+B+B+B型

字。当然，一个 A + B 型结构里也可以再次添加一些黏附形式，从而结构出另外一个字，如字（一马根本形式与另一根本形式左右组合后，其上面由穿插套有一黏附形式）的公式应该写作：[A + B + (b)]。

还有一些比较特殊的甲骨文字，例如，与都是两个主从式的形式。但是，我们不能简单地说它们是主从式 A + (b) 或 A + B 型字。因为它们的结构里既有 A + (b) 结构的模式，同时也有 A + B 结构的组合模式。前一个正面人形象两腋下添加的两个成分是黏附形式，它们与根本人形式紧紧相连 [结构出了 A + (b) 型]。而正面人形式上面左右添加的部分则是一八字状的根本形式，它与其根本形式，也即正面人形式之间保持着一定的距离（又是一个 A + B 型结构）。同理，当这个象正面站立、挥动着胳膊人之形的形式的右下面紧附着一个“个”字形黏附形式时，它是一个 A + (b) 型结构。然而，当它的左上角又附着同样一个“个”字形形式时，这个形式不是黏附在根本人形式之上，而是与它保持着一定的间隙。因此，这又是一个根本形式。它与挥动着胳膊正面站立的人之根本形式之间组合而成的是 A + B 型结构。所以，以上两个同时拥有 A + B 型和 A + (b) 型结构的字严格说来是综合性或混合性复杂字。

甲骨文字里 A + B 型字的复杂性还体现在表示相同意义的一个字往往有并列式和限定式两种表示法。如甲骨文里“昃”字一期就存在着两种写法，即、。结构前一个的两个组成成分上下简单并列在一起：两者大小相当，在整个字里所占的比例也相当；结构后一个的两个组成成分之间则存在着明显的大小之别，而且它们是左右并列组合。

上述我们对不同形式类型甲骨文字的划分是相对的。其实，在实际应用中，与贺兰山岩画里五重基本构形模式相同，甲骨文里五种基本类型的字也可以在几个不同的方向变得相当复杂。(0) 可以有多种价值，换句话说，A + (0) 型字的基本意义的能指改变，可以涉及不止一个语法范畴。如表示牲畜的“牛”这个字的形式就存在着、、、、、、和、以

及、这三类一共11种表示法。[1]这三类之间尽管存在着相似相近性，但它们彼此之间的差异是很大的。都是象形字，前一组上象内环之牛角，下象简化之牛头形，中间一组象一正面站立“人”形或一倒置“人”形，最后一组则象侧面站立的牛形象。虽然都运用的是线条这一形式元素，但是，前两组是以此结构的抽象形式（或者说是图示性的形式），最后一组则是以此勾勒的图像。因此，在都传递出单数、中性（这些字能指没有指示出性别）观念的条件下，上述表示同一基本意义的三组形式所传递出来的具体形式概念完全不同。

甲骨文构形上的其他复杂化现象主要是由各部分的重复造成的。一个字可以有几个A级的成分，如完备的公式应该是A+A+A，几个（b）级形式，如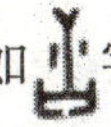字（一长方形方框根本形式上左右有两短竖线形状黏附形式，中间又有一两边加有一点的丫形形式），几个B级形式，如最完备的公式应该写作：A+B+B+B。同样，一个字也同时可以拥有几个A级成分、几个B级成分和一个C级成分，如拥有两个，拥有五个，拥有四个、四个与一个，其完整的公式应该为：A+A+A+A+B+B+B+B+C。有些甲骨文字里甚至拥有两个或者两个以上C级成分，如字最完备的公式是A+B+ C+C（其字右边是同一形式的上下组合，左边是两个根本形式的上下组合）。最后，各种类型又可以无尽地自相组合或相互组合起来。这种组合包括多样化的延续性组合，也即在各种已有组合基础上的再次或多次组合。例如，是复杂的A+B型字，也即、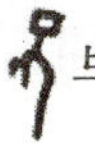与的组合，而又是一个A+（b）型形式（也即在根本形式上又黏附了一短线形式），

[1] 不同时期的甲骨文字的写法往往有着一定的差异，体现着演变发展的趋势。这是另一论题，本书下面会涉及。此处暂时把它悬置起来，对甲骨文的字形结构做共时性全面系统分析。这里所说的各种“牛”字的写法除第一组里的后两个分别属于三期粹一五一、四期甲五二五和周甲探八九外，其余都属于一期。详见徐中舒主编：《甲骨文字典》，第79页。

因此，完整的公式应该是：A+［A+(b)］+B。字左边是一复杂A+(b)型，即A+(b)型结构的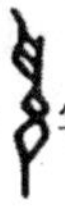字上又有黏附形式，右边是两个相近根本形式，也即与的上下组合，整个字的完备公式应该写作：[A+（b）+（b）]+B+B。而的构形则更加复杂。

总之，各种类型自身和彼此之间多种组合的多样化结构了词汇丰富的甲骨文。独体甲骨文结构的基本形式类型和贺兰山独体岩画的相似。

（三）象形为本

甲骨文与贺兰山岩画不仅在所使用的形式元素上大致相同（都基本以各种线结构而成），而且在运用形式元素构形的方法上也基本相同。尽管存在着一些形声字，但是，整体来看，甲骨文承传了岩画象形表意的特点，基本上是一种象形文。大凡生活中有着一定具体形状的事物甲骨文皆以象形表示。例如，人、各种动物、植物、器物和自然现象等等。事物的形状也用象形表示，如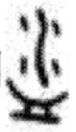（益）“象水满溢之状”，人倚树息之形是（休）。具体行为动作也用象形表示。例如，“望”写作，象人站在土堆上举目远眺之形。“北”写作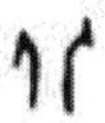象两个人背靠背之形。除借助于模仿现实生活中具有很强的具象性的人和动物的行为造字外，一些看来难以或不能象形的事物、抽象的行为或意义，甲骨文字亦以象形表示，例如，“尿”作“”，象人遗尿之形；“殃”作，象人戴枷之形。

在所有的甲骨文象形字里，人或动物结构的占大多数，这一点与贺兰山岩画完全相同。显然，人们在“近取诸身，远取诸物”（《易·系辞下》）法象自然造字时，是以动物、人为核心的。贺兰山岩画里我们见的最多的是“羊”、“马”和“人”及其组合的各种合体象形图形。甲骨文亦如此。象形动物和人字在甲骨文里经常互用，也即相互替代使用，比如前面所例举的一期“牛”字里，有的写法就是正面或倒立人形，即用正面或倒立人形代表“牛”这个意义。合体甲骨文里也有这种情形，如、和是“沈”字的三种形体，其构形或者从水从羊，或者从水从牛，或者从水从正面人，象沉羊、牛、人于水中之形。

至于以象形“人”和动物为结构的甲骨文更是繁多。例如，甲骨文里“人”或以“人”为组成成分的象形字量很大。仅根本形式而言：有些象人的全貌，如我们前面提到的象人正立之形、侧立之形、倾头之形、双手相交之形等；有些象人的各种形态。如象人略侧一手前伸一手抱拳收在腋下之形，象正面人缩着脖子两个肩膀向前隆起之形，象人正面站立、两腿长而粗壮之形；有些象人的局部器官，如有的象人首之形，其上部还有象头发之形（如），有的象妇女乳房侧面之形（如）；有些象梳妆打扮了的人，如象正立之人形，胸部有刻画之纹饰，象人之头顶有标志之形；有些象人的情态动作，如象人口液外流形，象人跽而向前张口之形；有些则是综合象形，如象人之头及身、头上有发之形；也有些是专门象某一类人形，如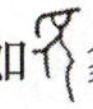象老人倚杖之形，为象幼儿在襁褓中两臂舞动之形（上象其头形，因象幼儿在襁褓中，故其下仅见一微曲之直画而不见其两胫），象小儿头大而囟门未合之形。

根本形式的象人之形的字（简称为象人形字）尚且如此丰富，其他组合形式的更不用说了。正如贺兰山岩画一样，在甲骨文里，根本象人形字几乎可以和任何字再次组合出另外一个字。例如，在 A +（b）型里，有些黏附形式仅仅是一些简单的笔画，它们添加在各种象人形字上形成了另外一个象人形字，如在侧立“人”根本形式上下加一短线，就象戴帽侧视之人站在地上，

则在正立人形下加两条短线，就象人持桡驾舟之形；有些是略改变根本形式的形状再添加进去一些附件，以此创造出另外一个象人形字，如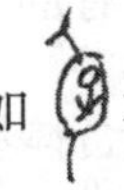在已改变的侧面人形内部再加进一个象小儿之形的字，从而形成了象女人隆其腹，以示其有孕之形。在象形齿内加入一个象形字，构成象齿内有虫之形。则在已有的根本形式外再加一不规则框状形式，象人面部轮廓之形。[1] 至于 A + B 型象形人字更加丰富多彩。例如，一个象屈膝交手之人形形式与一个象倒幼儿之形形式左右并列组合，便结构出了一个象人生产之形的字；一个象爪之形形式与一个跽伏之人形形式的上下限定组合，形成了一个象以手抑人使之跽伏之形的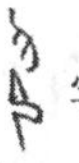字，而则象两人相向共食之形。[2] 当然，更复杂的组合体出现在像这样 A +（b）型与 A + B 型象形人字的相互组合上，这一组合形成了一个象人俯身低首、吐舌捧尊就饮之形的形式。在以象人之形组合的合体字里，人形式通常都是正面的，但也有倾斜状的，如字。值得注意的是：在这一点上，甲骨文与贺兰山岩画完全一样而与后代其他文不同。诚如清人王筠《六书总说》引《通志》所云：后代其他文里的象形文往往是独体，所谓“独体为文，合体为字是也”[3]。

正如贺兰山岩画一样，动物成了甲骨文象形字的另一主要来源。甲骨文里有大象、虎、鹿、乌龟、猴子、兔子、鸟、鱼、马、羊、猪、牛、狗、鸡等等多种知名和不知名的动物象形字（如象某种鸟形，象某种兽形）。这些象形字同样千姿百态。例如，作为根本形式，有些象动物的全貌，如象蛇之头、身、尾形，象一蹲着两耳竖起的小狗之形，象头上有丛毛

[1]　目乃面部最主要之特点，故从目。

[2]　此乃“飨”之初字。“飨”（饗）、乡（即繁体鄉字，后起字为嚮）、卿初为一字，盖宴飨之时须相向食器而坐，故得引申为“乡”，更以陪君王共飨之人分化为“卿”。《说文》云：“飨，乡人饮酒也。从食从乡。”

[3]　王筠：《说文释例》，中华书局 1987 年版，第 6 页。

冠之鸟；有些象动物的部分器官，如象动物的爪子正抓着一猎物。有些象动物的情态动作，如象猛兽张口露面齿之形。

象动物各种情态动作的根本形式 A，可以和各种形式组合，从而重新结构出另外一些象形字。例如，就 A +（b）形式而言，象一兔被圈在一不规则的大圈内之形，则象一兔头上罩着一个东西之形；象一头顶一盆状物品的乌龟之形，则象爪子正抓着一猎物昂首挺胸的鸟，而很多 A + B 型形式象动物的情态动作。如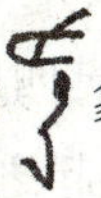象蛇啮足趾之形，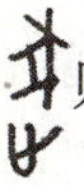则象猪踩足趾之形，象虎注视着头顶上东西之形。在这种 A + B 型形式里，有一些是 A + A 形式，如象两虎颠倒相背之形。

象形人字与象形动物字之间的再次组合是甲骨文里又一种常见的普遍象形字。这些组合亦纷彩异呈。如是抽象羊角形与侧立人的上下限定式组合，象一头戴羊角形帽子的侧立人形，是象一屈膝交手之人形与一象鱼形形式之间的左右并列组合，则是一象站在地面上的正面人形式 [A +（b）型] 与一个抽象猪形式和一个抽象马形式的横向并列组合。

总之，与贺兰山岩画一样，甲骨文也是以象形方法构筑字形结构，所象事物之形（也即字）通常就代表它所表示的意义。这就是说甲骨文基本上也是通过能指表示意义的。而且，无论是在贺兰山岩画还是甲骨文里，凡象人形之字绝大多数是正面形，凡禽兽字，则无正面形且绝大多数是两足侧面站立之形。汉代以前的文字也都比较鲜明地保持着这一特征。[1]

其实，象形不仅是贺兰山岩画和甲骨文的一个突出特征，而且也是整个中国文字的一个显著特点。清王筠《说文释例·六书总说》引前人语云：“六

[1] 清代学者王筠在《六书总说》“象形”里详尽剖析了《说文》里所收录的象形字的特点，其中就论述到了这个问题。详见其《说文释例》，第 29—49 页。

书次第，似班书首象形为是。《通志》曰：‘六书也者，象形为本’。”[1] 尽管随着汉字的演变，“文”与声符组合孳乳出大量形声字，但是，正如陈梦家所说：即使“本来是象形的文，后来为别的字借去做声符成了声假字，后来又有形声字。象形发展到形声，而形声字的一半还是象形的。中国字以形声字为最多数，所以说中国字起于象形而一直保存象形的特色，是毫无可疑的了”[2]。尤其是在那些使用拼音文字的人们眼里，中国文字就是图像文字。芬诺罗萨认为汉字最独特的特征是“用图达意”、“视而可察”、“象形动目”。他以“人見馬”三个繁体汉字为例指出：“人字，象此人张二腿而立。見字，象此人眼在空中移动，示眼下有腿奔走之形，此眼、此奔走之腿，固为变真之图画，然亦足使人一见不能忘。馬字，则此馬挺四蹄立。此等记号不独能唤起思想之影像与音符字有同等之效力，且其唤起之影像实更实在、更生动。之三字也，皆有腿者也，皆栩栩欲活者也。吾尝谓此等字之集合实带有影戏性质。”[3] 我们可以设想一下：当芬诺罗萨看见中国的甲骨文和贺兰山岩画时该作何等感慨！

（四）三种基本结构表意方式

视觉符号的能指，也即形式结构往往决定着其意义。字的构形结构及其类型、象形造字法是甲骨文和贺兰山岩画最根本的相似相通之处。它们限制并决定了甲骨文字与贺兰山岩画在其他方面的联系与区别。其中最明显的是体现在表意方式上。与贺兰山岩画一样，每个甲骨文字特殊的形式结构往往通过重叠、大小、次序和形近四种方式传递出了一定的意义。

1. 重叠

指两个相同成分在同一个字里的重复运用。无论是独体还是合体贺兰山岩画里都有一个令人瞩目的现象，即羊、马、人等一些根本成分的反复出现及其重叠组合。以上我们所描述的各种类型贺兰山合体岩画里都存在着大量由同一

[1] 王筠：《说文释例》，第 5 页。

[2] 陈梦家：《中国文字学》，第 30 页。

[3] 〔美〕芬诺罗萨著、张荫麟译：《芬诺罗萨论中国文字之优点》，《学衡》第 56 期（1926 年）。

个根本成分重复而结构的岩画。两个、三个、四个、五个同一形式相叠组合的岩画很多。事实上，正是以羊为根本基础形类的一些根本成分及其相互之间的叠沓结构了贺兰山岩画这个符号系统。

贺兰山岩画构形的这一特点，我们在甲骨文里也能看到。甲骨文里也存在着一种特殊的象形表意的构形法，即重叠。一些根本成分可以两个、三个、四个甚至五个重复运用结构出新的字。这些字的排列组合方式非常灵活。两个重叠的或者一上一下，如字象两正面人之形；或者左右相靠，上下相套，如字象两侧面人之形一正一倒的组合；或者一左一右，并肩而立，如与字分别是两个象跪坐人之形（女字）与象侧面鹿之形的重叠。三个以上重叠的有的整体呈一条横线直接并排在一起，如与字。但这样的组合比较少，大多数是像贺兰山岩画里一样，整体呈三角形上下排列的，也即它们或者一上两下，如与字，或者两上一下，如字。四个重叠的一般两上两下，如字。五个重叠的一般一个在中间，其他四个环绕在旁边，如字。

同一根本成分的反复重复，结构出的是一个个新的独立字。这些字又具有很强的再生性，也就是说它们又可以再次与其他字组合结构出另外一个新字。如、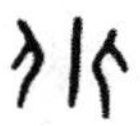、和所示：已经重叠而形成的字可以通过多种排列组合方式与其他另一字再次重新组合成一个新的字。这另一字可以位于重叠成分的上面，也可以插在它们的中间。

2. 大小

指在一个字里两个或两个以上的成分之间存在着大小之别。由以上我们可以看到：除了以独体姿态出现的 A 型甲骨文字外，其他甲骨文字在字形结构上都存在着组合问题，也即各种成分之间的搭配结合问题。这些成分或者以根本形式或者以黏附形式的面貌出现在同一个字里。一般来说，在并列式 A + B 型甲骨文字里，同一个字里的两个或几个组成成分之间在形体上通常没有太大的差异（如、、和这四个字里的两个或三个组成成分的大小基本一致，一上一下或两上一下地并列在一起），即使有差异也丝毫影响不到意义的传达。如甲骨文“既”字是一个 A + B 型结构，一期就有、[1]两种写法。在这两个字形里，结构“既”字的两个组成成分方向不一样，大小也不一样，但是，它们所表达的意义是一样的。然而，在限定性 A + B 型甲骨文字里，同一个字里的两个或几个组成成分之间在形体上往往有着大小之别。这种区别又往往决定了其意义的传达。例如，与就是由两个非常明显的一大一小成分结构的甲骨文字。每一个字里较小的成分都只是在意义上用来限定较大的成分的，前一个里较大成分象无角之鹿属，而其中较小的成分则表示它就是麠。朱熹《诗集传》云：“麠，獐也。鹿属，无角。”[2]同样，后一个字里较大成分象有角之鹿属，而其中较小的成分则表示它是雄鹿。[3]

当然，在运用组成成分形体的大小表意这一点上，A +（b）与（A）+（b）型甲骨文字占绝对的优势。相对高大的 A 与（A）来说，黏附形式（b）一般都是比较小的，它们是依附于 A 与（A）身上的附属物，从多方面对 A 与（A）起着修饰限定作用。例如，是一较大的正面站立人形式与一较小的象弓弩矢形的黏附形式的组合，弓弩击中人即有病之义，所以，此字表示的意义是“病”也。由此可见，某一个字形结构里各个组成成分形状的大小往往也透露出它们之间所存在着的主次关系：形体较大的一个一般或者位于整个字形结构的中央，或者占去整个字形结构大部分视觉空间。相反，较小的一个或两个则通常只作为它的黏附形式，要么位于它的旁边或一角，要么位于其下面。如字里由三个相对独立的成分组成，这三个成分一大两小：处于中间位置的是一个较大的形式，另外两个较小的则分别位于它的一左一右，字由两

[1] 前面的是一期乙六六六四，后面的是一期人三一一四。详见徐中舒主编：《甲骨文字典》，第 558 页。

[2] 朱熹：《诗集传》，岳麓书社 1989 年版，第 15 页。

[3] 甲骨文“牡”字的一种写法，见本书下面的相关论述。

个一大一小相对独立的成分组成，大的几乎占去了整个空间，较小的则位于它的最右上角。

3. 次序

指在同一个字里两个或两个以上的组成成分之间的排列顺序。组成成分之间的次序在有些甲骨文字里失去了意义。例如，表示同一个意义的甲骨文“区”字主要有三种写法，即、和。显然，组成这个字的两个组成成分，也即与之间没有固定的次序。可以位于的右边，也可以位于它的左边，甚至可以位于它的上边。次序的不固定性一方面说明这类甲骨文还处在不断建构、演化的过程中，另一方面说明在有些甲骨文字里组成成分之间的次序并不具有表意的作用。

然而，这并不意味着次序在甲骨文里不重要。事实恰恰相反：正如贺兰山岩画一样，无论是在独体根本形式A型文字里，还是其他所有合体文字里，次序同样既是结构方块甲骨文字能指层面的一个至关重要的因素，也是甲骨文字借以表意的一个重要的方式。在根本形式A型文字里，不同的形式元素，哪个在上哪个在下，哪个在左哪个在右，往往所表示的意义不同。例如，与，这两字都象手形，“三指者，手之列多略不过三也”[1]。前者象右手之形，后者象左手之形。虽然甲骨文正反每无别，亦用作，亦用作，但是，当它们并称时，为右，为左则分别甚明。同样，在、、、、和这六个A+B型（准确地说是A+A）甲骨文字里，方向也是决定性的因素：方向不同字义亦不同。象二人相背之形，引申为脊背之“背”，又中原以北建筑多背北向南，故又引申为北方之“北”。《说文解字》云：“北，从二人相背。”、象三人或两人相随行之义，方向都朝左；、象两人相随行之义，方向都朝右；象人一

---

[1] 许慎《说文解字》中语。他在释“又”字时说：“又，手也，象形。三指者，手之列多略不过三也。”

正一倒之形。[1] 可以说，这六个字的区别唯体现在方向上。如、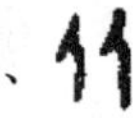无论是从两人还是从三人，只要它们方向都朝左，表示的意义就相同，这就是说它们是一字有两种写法。同理，构成、字的两个形式之间的距离无论是小还是大，只要它们的方向都朝右，表示的就是同一个意义。《说文解字》云："比，密也。二人为从，反从为比。"总之，在上下、左右结构的甲骨文里，次序是最重要的一个因素。

4. 形近

指利用能指层面相似或相近的形式进行表意。这种字通常是程度不同地调整和改变同一个根本形式，从而创造出新形式或新字。A +（0）型形式结构的甲骨文字里的第二种情形，也即能指差异小，但表示不同概念或意义的字是这方面的典型代表。例如，（上）与（下）是相同两个形式元素（一较短横线、一较长横线）颠倒的组合。（山）与（火）乍看似乎是一个字。[2] 这种形近意别的字，常常借助于对同一形式里的某一个或两个形式元素的略加改动而又造出另一字，也即另一形式。例如，只把（人）里的一形式元素略微弯曲一下就结构出了另一字（尸），而把（寅）字稍加放大一点似乎就成了（交）字。[3] 通常，甲骨文里的这种改动还是比较明显的，如、与[4] 以及与。这些字看似相似，其实，若仔细观察，它们之间的差异有时却不止一处，如与里的区别不仅体现在最下面的形式元素上，也体现在其中间两个小的形式元素上（前一个基本都由实面构成，两竖钩方向朝左；后一个基本由虚面构成，两竖钩方向朝右）。

---

[1] 尽管我们还不能准确破译出它的意义，但是，根据以上五个字形结构的特点，我们可以推知：它所传递出来的意义一定与这五个字不同。

[2] 事实上，甲骨文里的"山"与"火"字形近易混，常据具体辞例辨别之。

[3] 此处释（一期粹七三六）为"寅"采用郭沫若《甲骨文字研究·释干支》的说法。

[4] 这三个字分别是"未"（一期京四七六）、"禾"（四期人二三六六）和"来"（一期乙六三七八）字，详见许中舒主编：《甲骨文字典》，第 1598、777、616 页。

值得指出的是：我们这里所说的采用形近造字法造字表意的方式，主要是针对根本形式而言的。如果要加上其他形式［如 A +（b）和 A + B 型字］结构的字，那么，甲骨文里这种形近义别的形式就太多了。例如，对同一个根本形式稍加变动便有了、和[1]三个字。而，也即在根本形式基础上再添加一根本形式，则是 A +（b）型字。同理，与是同一根本形式的变动运用，而与看似和与相似，实际上，这是四个意义不同的字。

以形近表意其实是很多原始文字和早期文字共同的特点。例如，与是两个相近的、象人坐在地上之形的古埃及象形字，前面一个单词的意思是"男人"，后面一个是"女人"（象人梳头之形）。形式上的略微变化代表着意义的转移。东巴文也如此。如（人）、（走）、（舞）、（卧）、（跳）、（跑）、（爬）、（左）、（右）、（坐）、（站）、（死）、（跪）、（鬼）皆是通过对这个基本形式的稍加改变创造的，或者说是在它的基础上形成的，它们形近而义不同。至此，请联想一下我们前面提到的 22 个形近的人字符号和 16 个贺兰山岩画独体羊岩画：尽管我们不能确定每个贺兰山羊岩画和陶器人符号所代表的意义，但是，如果充分考虑到古埃及文、甲骨文和东巴文里变形表意的造字表意方式，我们不难得出这样的结论：这些人符号和贺兰山独体羊岩画与甲骨文一样都是 A +（0）型的象形表意字。

其实，这种形式略改，字义略改[2]的表意方式就是中国传统"六书"[3]

---

[1] （三期甲一二〇九）疑从倒巳，所会意不明。（巳，一期乙九〇六二），（一期乙二二八五），所象形不明。详见许中舒主编：《甲骨文字典》，第 1594、1595 页。

[2] 关于六书中的转注，意见纷杂。其中有一种观点认为：转注就是转变字形方向的造字方法。唐代裴务齐在《切韵序》里最早明确提出这种观点。宋元间的戴侗《六书故》和元代的周伯琦《六书正讹》等也主张此说。本书认为若以字形略变，字意义亦变解释转注造字法，则贺兰山岩画里绝大多数都是转注字。

[3] 六书之说，见于《周礼·地官》、许慎《说文解字序》以及班固《汉书·艺文志》。

中所说的转注造字法。这是文字初期人们造字的一种重要方法。《左传·宣公十五年》云："乱则妖灾生，故文反正为乏。"《韩非子·五蠹》云："古仓颉之作书也，自环谓之私，背私谓之公。"

（五）简化的趋势

或许是坚硬的甲骨，与贺兰山岩画一样，甲骨文也是一种以点、线、面为基本形式元素而结构的视觉符号。所不同的是：在甲骨文这种已经成熟的文字中形式元素"面"所占的比例非常小，且主要集中在早期的甲骨文里。很多文字往往有着同一个演变发展的过程，即从主要由面（包括实面和虚面）结构的逐渐过渡到由线结构的。例如，图 H17 里两个象鹿之形的形式，一个笔画少，一个笔画多，笔画多的更象形（有象鹿角之形的形式），笔画少的更抽象。而和则依次是甲骨文一至五期"土"字的六种主要形体。它们有一个明显的由四点或两点和虚面的结构逐渐演变发展到只用两条短线组合的结构。事实上，几乎所有甲骨文字都有着像"土"字一样的演变发展里程。只不过有些甲骨文字演变发展得快一些，有些慢一些而已。我们目前所搜集见到的甲骨文字大部分是完全由线结构的，这里也包括线勾勒的虚面结构。这就是说完全由实面结构的甲骨文字非常少。而在完全由线结构的甲骨文字里，我们也能看到一个整体的特点，即大部分甲骨文字都经历了一个由复杂到简单的过程。这就是说在同一个字里，我们也能看到笔画由繁复到简单的一个逐渐演变发展的过程。例如，甲骨文"虎"字主要有以下五种写法：[1]。前三个属于一期，第四个属于三期，第五个属于五期。可见，完全由线条结构的"虎"字笔画有着鲜明的简化趋势。

因此，就能指层面而言，作为视觉语言符号的甲骨文自身朝着两个方面演变：一方面，面的运用愈来愈少，线条化趋势愈来愈明显；另一方面，同一个字里线条的使用逐渐减少，愈来愈趋于高度抽象和简化。这一点我们从贺兰山岩画里也能看出来。大部分贺兰山岩画也是由各种线结构而成的，只不过与

[1] 前面三个分别属于一期京一四九七、一期前四、四四、五、一期前四、四四、六；第四个属于三期粹九八七、第五个属于四期人二一一五。见徐中舒主编：《甲骨文字典》，第 527 页。

图 H17

甲骨文相比，贺兰山岩画的线条像棍子一样更粗一些。但是，如果以甲骨文字的演变规律为参照系的话，那么，我们可以从文字符号自身内在形式结构演变发展的角度，对整个贺兰山岩画进行断代：那些主要以面结构的、写实性强的岩画一般来说应该先于那些以点、线结构的、更加抽象的岩画。

当然，我们这里所说的简化的趋势是就整个甲骨文字整体而言。这就是说，并不是所有的甲骨文字都是愈到后期愈表现出简化的趋势。实际上，就每一个文字来看，其结构变化往往很复杂。例如，有些字在每一个时期里都存在着繁写和简写。如果按照它们在历史上出现的先后顺序，甲骨文“封”（丰）字的顺序应该排列为：。[1] 这里，若按两个一组，它们分别属于一期、二期和五期。此字上面象禾苗或树形，下面象土形，整个字象封土成堆、植木其上之形。《周礼·地官·封人》云：“封人掌诏王之社壝，为畿封而树之。”古代植树于土堆之上以为封域，丰字正象其形。《说文》云：“封，爵诸侯之土也。”古文封与甲骨文丰字形略同。由此可见，甲骨文“封”（丰）字一期既有面与线组合的写实象形的写法，也有完全由线结构的比较简化的写法。同样，五期里的“封”（丰）字也是既有面与线组合的写实象形的写法，也有完全由线结构的简化写法。

由整个甲骨文趋于简化的趋势我们也可以推知：在整个殷商各个历史演变

[1]　这六个字分别属于一期、二期和五期。前两个分别是一期甲二九〇二和一期前五、七、一；第三、第四分别是二期佚二七一和二期续五、二八、四；第五、第六分别是五期后上二、一六和五期合集三六五三〇。详见徐中舒主编：《甲骨文字典》，第 1457 页。

发展时期里，那些在能指层面上都比较抽象简化，并且间架结构（也即写法规则）比较固定的字的历史应该是最悠久的，其被使用的频率也是较高的。换言之，这些字产生的时间一定更早，而且在不断被使用的过程中，它的结构逐渐变得约定俗成。反之，那些比较写实象形的字以及那些还没有形成比较固定写法的字的历史应该短一些，也即它们或者产生的时间要相对晚些或者使用率不是很高。假如我们这个推断是正确的，假如贺兰山岩画与甲骨文一脉相承，那么，贺兰山岩画里的最根本成分——羊形象（或者说用来象形表意的羊形式），在甲骨文里一定也应该是高度抽象简化的。甲骨文里“羊”字的写法证实了我们的这一推断。在所有表示动物的甲骨文字里只有“羊”形式高度简化。请看它在甲骨文里的四种写法：、、、。[1] 第一个属于一期，第二、三个属于三期，第四个属于四期。这四个形式都象正面羊头及两角两耳之形。甲骨文实以羊头代表羊。我们在贺兰山岩画里也见到了这种以羊形象局部代全部、以线代面的抽象表示法。甲骨文根本羊形式的各种形态也非常简化，如与。[2] 而且，A 型羊形式在与其他成分再次组合构建新字时，其形式一般也是高度抽象简化的。有些是 A +（b）型，如、、、、和；有些是（A）+（b）型，如、、、和。从这五个字里所抽象出来的（A）已经不是完整的了，而是更简化的形式：只有羊角之形；有些是 A + B 型，如、、、、和；有些是比较复杂的 A +（b）与 A + B 混合型，如与。贺兰山岩画里另外两个基本成分人与马形式的写法或者说表示法与甲骨文大致相同。甲骨文里很多字都是以正面站立人形为根本形式结构的（如前面所示），而正面站立人形是贺兰山岩画里表示人的最普遍形式。甲骨文里马的写法基本上是写实的，比

[1] 第一个就是一期前四五〇四，第二、三个分别是三期甲六一八和二四八六，第四个是四期甲六四四。详见徐中舒主编：《甲骨文字典》，第 413 页。

[2] 前者从羊从人为羌。《说文解字》云：“羌，西戎牧羊人也。”后者为字横写，所会意不明。详见徐中舒主编：《甲骨文字典》，第 416、421 页。

较复杂，如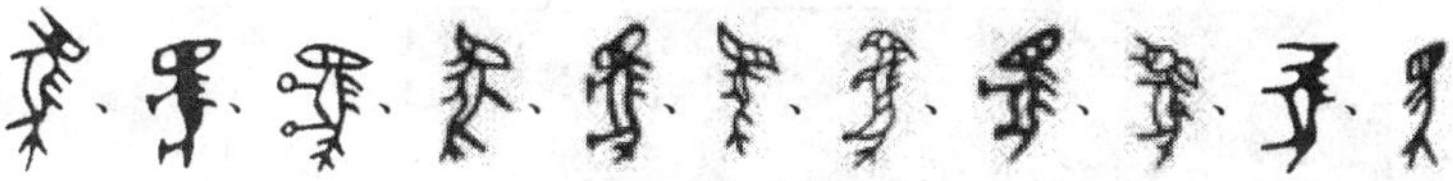和是甲骨文各个时期里“马”字写法。除分别属于三期、四期外，其他十个都属于一期。可见，一期“马”字的写法虽然形态多样，没有一个固定不变的规则，但整体的模样基本相同，总的发展趋势也是逐渐简化：由部分实面（如）和由线勾勒的虚面（如）到完全由线结构（如）。而且，大凡作为根本形式在与其他形式再次组合建构新字时，“马”都是以最简化的形式出现的。

（六）竖式书写方式

在比较研究了商代各个时期的甲骨文后，裘锡圭断言：“汉字自上而下的直行排列法，显然早在商代后期之前就已经确立。”[1]我们在贺兰山合体岩画里看到了这种排列方式，如图H18里所有象羊（或马）之形的形式分两部分上下纵向排列，虽然石头表面面积足以允许制作者左右横向刻制。实际上，所有贺兰山合体岩画里的各个组成成分之间基本上采用纵向和横向两种排列法。甲骨文亦如此。只不过，横向排列的文字在甲骨文里比较少见。总体看来，甲骨文语篇的排列已经很有规则，它基本上是自上而下，从

图H18

[1]　裘锡圭：《文字学概要》，第45页。

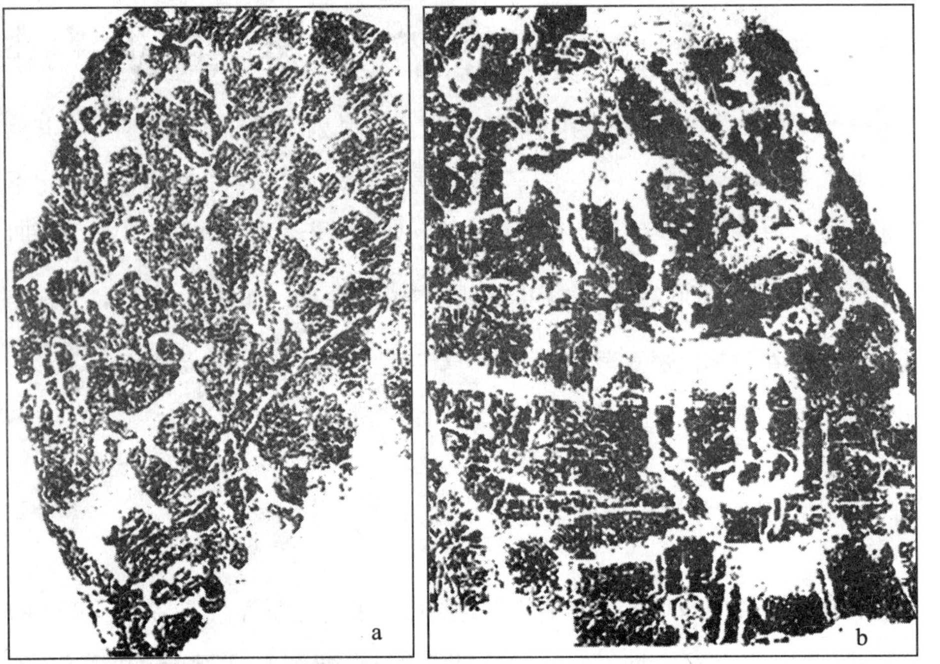

图 H19

右到左纵向排列的。可见，中国汉字符号系统一直是一个超稳定的集合，甲骨文语篇的排列方式一直沿用了3000多年！直到20世纪50年代中期，才基本上为自左而右、自上而下的横行排列法所取代。由此我们可以推知：贺兰山岩画里自上而下，从右到左纵向排列的语篇应该晚于从左到右横向排列的语篇，而那些没有明显排列顺序，各个成分似乎随意放在一起的贺兰山合体岩画产生的时代应该更早。

事实上，从前面的描述分析我们可以看到，在书写方式上贺兰山岩画与甲骨文也存在着逐渐演变、一脉相承的特点。很多贺兰山合体岩画不仅整体呈上下纵向排列，而且明显按成分组排列组合，有的甚至明显分为几行上下组合，如图 H13 所示。即使一些比较难以采用这种方式的合体岩画亦如此。我们已经知道，贺兰山岩画里“射猎”基本概念一般是通过比较典型的、拥有动宾次序结构的合体岩画表现出来的。在这种施受关系里，组成成分之间的次序起着决定性作用：射手形象往往位于动物形象的前面，也即他一定要用弓箭对着动物形象，两个成分大致呈左右横向并列组合。然而，在贺兰山岩画里，我们也能见到类似H19这两个合体岩画。[1]它们都是拥有众多成分的贺兰山岩画语篇。射手及其派生形式（即右边里的马与射手上下结构的骑射形式）、羊形式是两个语篇里的主要组成成分。左边语篇里有三个根本射手成分，其他十多个都是羊成分，尽管射手形象面对着羊形象，但是它们总体却都呈纵向排列组合。右边这个成分比较复杂的语篇也如此。除位于中央形状比较大的派生射手形式、羊形式外，它的两边还有形状较小的根本人形式和抽象形式。整个语篇令人瞩目的是中间纵向上下组合的射手和羊形式。两边成分的排列虽然比较杂乱，但它们大体上也是纵向组合。这使我们大惑不解：刻制者不仅仅只是告诉我们“射猎”，他还诉说了很多意思。一行行纵向上下组合的羊、射手成分，明确告诉我们该语篇陈述了不止一个相对独立完整的意义。所以，贺兰山岩画里分行呈纵向组合的“射猎”类合体岩画的存在表明岩画的表意性更加精细、复杂：一组或一行就是一个相对独立完整的意义，一个个意义的连缀体就是一个表达了复杂意义的语义单位。

（七）子母相生

由于基本采用象形造字法，以一个个单体字表意。所以，象形文字体系具有词汇量非常丰富的特点，因为词的数量是数以千、万计的。这对于造字者和识字者来说都是一个缺点。因此，如何做到繁而不乱，条分缕析是象形造字的难点。在最初造字过程中，中国文字就显示出了它在竭力避免繁琐。庞大的贺兰山岩画符号系统有一个非常显著的特点，即基本上以羊、人、马以及一些抽象形式组合而成。换言之，羊、人和马是整个贺兰山岩画里最基础的三个根本形类。尤其羊形类给贺兰山岩画构成了数量极多的整批形态形式，因而也给该视觉语言带来了丰富复杂的多样化以及特殊的意义。尽管我们还无法准确地破译出每一个贺兰山岩画根本成分及其组合的具体意义。

贺兰山岩画符号系统的这一特点也鲜明地体现在甲骨文里。从对甲骨文形式结构类型的解析我们已经知道：每一个甲骨文字都不是孤立的，它都是以一

---

[1] 这两个都是一个更大贺兰山岩画语篇里的一部分。左边位于一块破损的石头上。宁夏博物馆收藏。

个根本形式（或者说词根）为基础的，换言之，它都是由一个根本形式或形类演化而来，我们在它身上总是能看到或抽象出另一个根本形式。与以羊、人、马形式为核心的贺兰山岩画不同，甲骨文字里存在着大量以自由形式为根本形式（词根）的字。正如贺兰山岩画里的羊、人、马形式，这些字具有很强的再生性：它们能以多种方式与各种各样的字再次或多次组合，从而结构出一个个新字。中国人创造文字的这一大特征，很早就为人所洞悉。元代郑杓把它称作“制字之旨”。他在《衍极·书要篇》引郑樵《通志·七音》云：“《七音》序曰：‘汉人课籀隶，始为字书，以通文字之学，江左竞风骚，始为韵书，以通声音之学。’然汉儒识文字而不识子母，则失制字之旨；江左之儒识四声而不识七音，则失立韵之源。独体为文，合体为字，汉儒知以《说文》解字而不知文有子母，生子为母，从母为子，子母不分，所以失制字之旨。” 他因此提出中国古代“小学之义，第一当识子母相生”。[1] 贺兰山岩画和甲骨文里的一些 A 型根本形式即是一个个母字，它们往往借助于多种方式和手段 “生出”众多的子字。例如，由添加黏附形式所再生的 A +（b）型字，由与其他根本形式结合所再生的 A + B 型字，由变化形式元素所再生的 A +（0）型字等等。

这些由某一个根本形式 A 重新结构出的字，也即根本形式 A 的派生字因此也形成了一个系统，一个以根本形式 A 为基本成分（词根）的系统。这种具有很强的再生性的根本形式 A 就是后来中国汉字中所说的偏旁部首。[2] 甲骨文里有 74 个这种根本形式至今还保留[3] 在现代汉语中，即示（礻）、人（亻）、八、冖、大、女、子、宀、工、王、田、亯、皿、目、耳、口、齿、女、辶（彳、止）、右（又）、羽、刂（刀）、厂、氵（水）、匚、斗、木、火、山、土、贝、禾、米、隹、网、匕、戈、卩、广、石、马、犬（犭）、豕、禾、纟、艹、虫、酉、阝、雨、爪、丬、纟、阜、页、马、龙、鱼、鸟、鹿、虎、兔、羊、牛、来、黾、丙、舟、左、日、足、臣、角、豆。与贺兰山岩画里的射手、骑

[1] 郑杓：《衍极》，《四库全书》第 814 册，上海古籍出版社 2003 年版，第 446 页。

[2] 字源意义的偏旁是指古汉字中那些有构字能力的独体字和少量的复体会意字。从这个意义来说，偏旁不等于部首。偏旁有很强的部首功能，而字典中的部首并不都是偏旁。《说文》540 个部首真正具有字源性质的不过一百多。日本岛邦男《殷虚卜辞综类》分析了甲骨文的形体结构，归纳出甲骨文的基本形式为 164 个、许伟建《金文部首研究》初步归纳出 146 个构成金文的最小单位部件、日本高田忠周《说文字原谱》分析出 147 个字原。

[3] 这个统计数字依据徐中舒主编的《甲骨文字典》。

者形式一样，甲骨文里也存在着一些以其他形式充当偏旁，也即具有再生性，可以和其他形式组合的字。比方说 A+(b) 型的身、立等字以及 A+B 型的北、衣、矢、正等字。由这些字充当的偏旁同样也延续运用至今。这表明两点：一是一个字要成为偏旁部首的一个根本条件就是再生性；二是整个中国汉字符号系统是一个超稳定的聚合体。从甲骨文、金文、小篆到现代汉字，古今汉字的形体差异虽然很大，所用的基本根本形式（文字学界一般称之为形旁）却基本相同。上下几千年来，数量众多、形体千变万化的汉字不过是由 140 多个[1] 基本的形式演绎构成的。

无论是在贺兰山岩画还是甲骨文里，这种能再次自由组合的基本形式或形旁绝大多数是许慎所说的“象物之本”的独体象形字。这些字在唐代人们也称之为“字源”。[2] 按象形造字法的规则：如果人们事事都法象万物的话，那么，他们所创造的字（也即画形）应该是非常浩瀚的。但是，我们在贺兰山岩画里看到的情形证明，人们并不是如此造字表意的。相反，他们只选择了某些形类，诸如羊、马、人形式等，并以此为词根，通过不断变化它们的形式进行造字表意（如图 H20 里八个羊形式能指层面的差异性）。这就大大减少了单纯象形表意所不可避免地带来的词汇量的繁复以及书写形式的随意性。恰如哑语：人们用某种手势、某个手指，所表示的并不是简单的手势、手指。手势、手指仅仅是人们表意实物而已。这也是贺兰山岩画为什么不是简单的图画的一个原因：它有着比较固定的表意形式。贺兰山岩画里的这一个显著特征，我们在甲骨文里也看到了。

同样，象形人与动物也是甲骨文里最基础的根本形式。大部分甲骨文字都是或者以正面人形、侧面人形、女人之形、人口之形、手之形、脚之形等为根本形式（偏旁部首）结构而成的，或者是以象形动物（包括动物的全貌、局部、器官等等）为根本形式结构的。徐中舒主编的《甲骨文字典》里所收录的各种羊形式只有 64 个，但是甲骨文里羊、牛每每无别：从羊的字，也从牛，

---

[1] 对从古至今中国汉字的形旁，高明曾详细梳理过，此处所用统计数字即采用他的观点。详见其《古文字的形旁及其形体演变》，《古文字研究》第四辑，中华书局 1980 年版，第 41—91 页。

[2] 清人王筠在《六书总说》里例举说：《说文》里的部首，“自唐李腾，以其叔父阳冰书集为部首，谓之《说文》字源。见崇文总目及金石录。林罕因之，亦谓之字源。此笃信许君而失其意者也。《说文》重别，故立部首以统之。若谓之字源，则唯象形指事，乃可谓之源耳”。见王筠：《说文释例》，第 12 页。

图 H20

从牛的字也从羊。例如，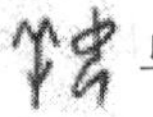与是两个（实际上是一个字的两种写法而已）由右边的根本形式“女”结构的合体字。它们的左边虽然分别是一个象羊、牛之形的形式，但是它们所表示的意义相同。因此，如果再加上从“牛”的字，甲骨文里以羊为根本形式结构的字不少。

而且甲骨文里羊、牛都是以最抽象简化的形式表示的，通常都只是象形羊、牛的角之形。若据此观之，甲骨文里不少再生型根本形式 A 也都象羊、牛的角之形或者是从它们演化而来的，比如“来”、“义”、“麦”、“屰”、“萑”等等。所以，如果再考虑到这些因素，那么，甲骨文里象羊或牛角之形的字非常多。总之，贺兰山岩画和甲骨文里以象形根本成分为核心的组合造字法，创造了大量派生字，并由此形成的该符号系统里众多基本的词汇。在中国汉字史上，东汉的许慎首次注意到了中国汉字所一贯采用的，以一些基本形类为核心的造字法。其《说文解字》“首出目录五百四十言众字之根”[1]，并“取

[1] 林罕：《字源偏旁小说序》，陈思：《书苑菁华》，第 622 页。

其形类作偏旁”[1]，分门别类，凡属于同一偏旁的都归在一起，如此，“凡十三万三千四百四十一字，其建首也立一为端，方以类聚，物以群分，同条牵属，其理相贯，杂而不越，据形系联，引而申之，以究万原”[2]，从而开启了以偏旁部首归类汉字词汇的先河。许慎所说的“部首”或者说他对133441字所作的归类标准，依据的正是字的形体。正如清人王筠所言：“许君自叙曰：‘同条牵属，共理相贯。’此谓部首之大纲，以义为次也。又曰：‘杂而不越，据形系联。’此谓部首之细目，不能据义者，以形相系而济其穷也。”[3] 许慎创立的以形系联的汉字分类、归类法，对后世影响深远，宋司马光《类篇》等皆仿照《说文》建部首，对汉字作条分缕析的分类、归类收集。

（八）能指的差异性

象形甲骨文具有一切原始文字的一个重要特点，即表意的具体细微性。在甲骨文里，世间万事万物似乎都被它所呈现出来，也即都各有其名。如、、这三字看似都是象形“鹿”字，但是，它们能指层面上的差异性表明它们是意义不同的字：第一个象鹿形，以多歧之两角为其特征，或有作一角者，当为侧视之省形，仍为鹿字。《说文解字》云：“鹿，兽也，象头角四足之形。”第二个象无角之幼鹿，当为麑之初文。《说文解字》云：“麑，鹿子也。”第三个象目上有眉之鹿。《急就篇》：“狸兔飞鼯狼麋麖。”颜师古注曰：“麋似鹿而大，冬至则解角，目上有眉，因以为名也。”可见，甲骨文里也没有完全抽象概括的“鹿”这一种属的概念，有的只是“目上有眉”的或者“无角”的、“有角”的等等某一类特别的鹿。甲骨文的这一特点给了我们理解贺兰山岩画的一个启示：尽管前面我们已经以贺兰山独体羊形式为例，论证了贺兰山岩画是一种原始肢体语言，具有表意的具体细微性。这里，我们还要再次强调一遍：图H21所示的贺兰山岩画里这九个根本羊形式的变体，完全可能

[1] 贾耽：《说文字源序》，陈思：《书苑菁华》，第613页。
[2] 许慎：《说文解字》，第319页。
[3] 王筠：《说文释例》，第12页。

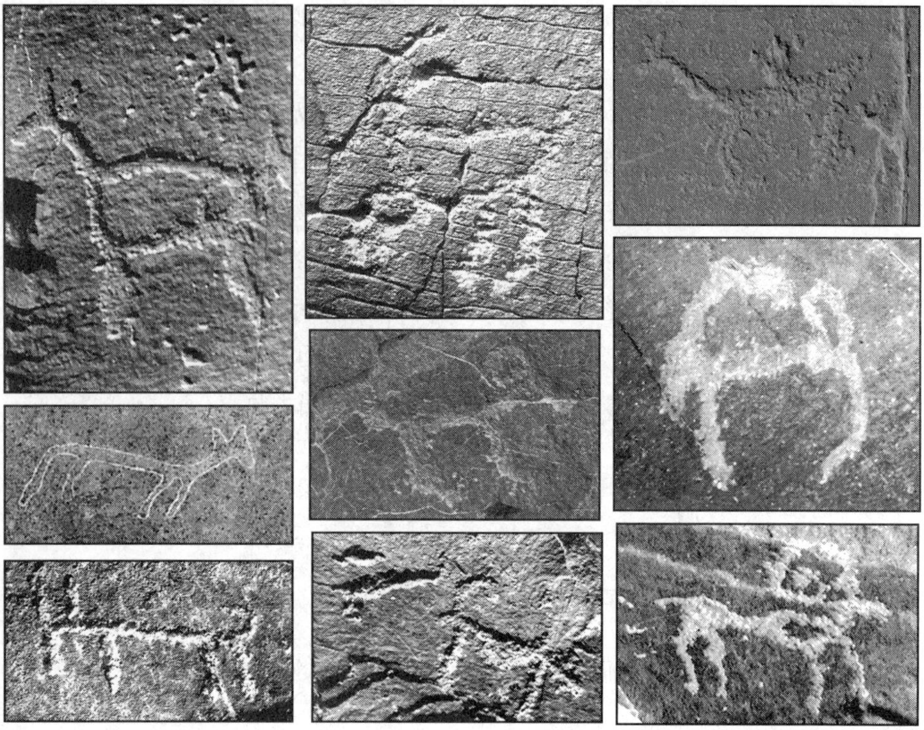

图 H21

如类甲骨文一样，是能所统一体的象形表意符号。

象形根本形式表意的具象、具体性也使得由它们再次组合的合体字亦异彩纷呈。甲骨文里存在着大量由同一个根本形式（或者说词根）结构的字。如从

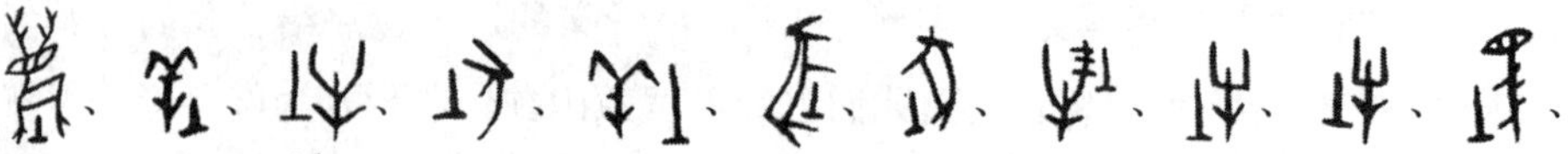

[1]之中我们看到：这 14 个 A + B 型字有一个共同的特点，即

[1] 前面九个属于一期，它们分别依次是一期前七、一七、四，一期乙二八五四，一期乙二三七三，一期乙八九〇七，一期甲三八七，一期合四六五，一期乙八八一〇，一期京一一二二。随后三个属于三期，它们依次是三期宁一、二二六，三期通七三三，三期存二、七九七。随后一个是四期粹三九六，最后一个是周甲探一三。见徐中舒主编：《甲骨文字典》，第 79 页。

它们都是由两部分或者说两个组成成分组成，其中一个成分是相同的。这个成分的位置不固定。它可以处于另一根本成分的左边、右边，可以处于它的下边(这往往是一个包容式限定性 A + B 型字，如和)。虽然如此，它所表示的意义是相同的，即雄性家畜或兽类。

另一个成分是象形根本形式，它可以象牛、鹿之形，也可以象羊、马、猪之形。而且，诸多象同一个简化形动物的形式（也即甲骨文字）的同时存在(如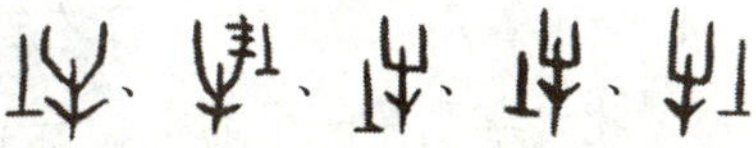，它们两个组成成分都相似，但能指存在着程度不同的差异）充分表明：这些字总是表示某一具体特殊形式的“牛”，而不表示“牛”这一牲畜种属。这就是说表示的不是简单的“雄鹿”、“雄马”和“雄羊”这些比较抽象的概念意义，而是“麚”、“骘”和“羒”，[1] 也即每一个具体的雄鹿、雄马和雄羊。后来，随着社会的发展，“农业社会中如此区别已无必要”，以上 14 个字里的绝大部分“渐为死字，乃以从牛之牡为雄畜之通称”。[2] 可见，表示高度抽象概念的字往往是在大量表示具体细微概念的字的基础上产生的，这也标志着甲骨文文字逐渐脱离原始文字而进一步走向成熟的过程。

同理，甲骨文里表示“雌性牲畜”这一抽象概念的“牝”字也是由众多表示一个个具体概念的字演化而来。例如，从甲骨文“牝”字的 29 种形式，也即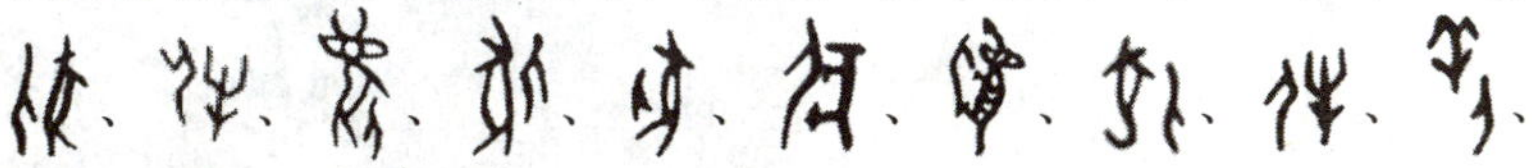
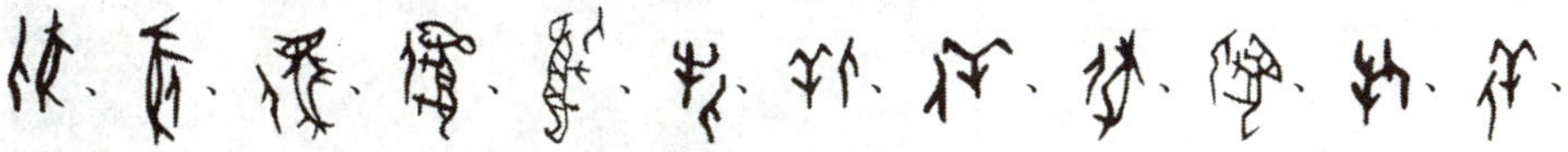
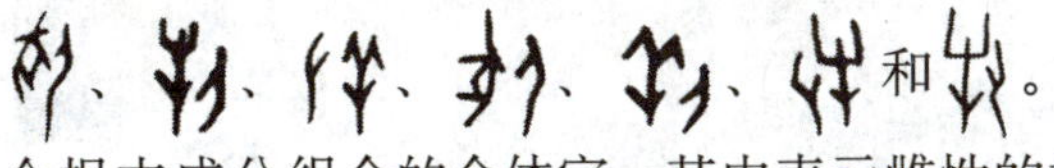。[3] 我们看到：每一个都是由两个根本成分组合的合体字，其中表示雌性的根本形式在所有字里写法都相同，而另一根本形式则可以是完全不同的根本形式。它是象羊、牛、马、猪、犬、鹿和虎之形的形式。而且，相同两个根本形式的组合往往靠次序相互区别开

[1] 这里采用的是杨树达先生的解释。见徐中舒主编：《甲骨文字典》，第 79 页。

[2] 徐中舒主编：《甲骨文字典》，第 79 页。

[3] 前 22 个属于一期，随后 2 个属于二期，再随后 1 个属于三期，最后 4 个属于四期。见徐中舒主编：《甲骨文字典》，第 81 页。

来，例如，与、与、与。这三组彼此之间的区别很细微：第一组“羊”形式都位于左边，但表示雌性的根本形式一正一倒；第二组有的表示雌性的根本形式也是一正一倒，但它们位于组合的左边（第一组位于右边）；第三组里两个字之间的区别体现在“羊”形式与另一表示雌性的根本形式所处位置的不同上。虽然大体都是上下结构，而且都是“羊”形式略靠上，另一表示雌性的根本形式略靠下，但是一个“羊”形式位于表示雌性的根本形式的左边，一个位于右边。能指的差异暗示着所指的差异：所有这些字都是骆、麀、羓、羖、牂等等雌兽的专名。“牝”字则是一个通称，一个在众多表示每个具体雌兽意义的字的基础上抽象出来的一个高度概括的、表示“雌兽”意义的字。我们在《尔雅》里能看到大量这样表意细密的字。贺兰山岩画里能指差异性的各种类型、各种形态的独体岩画形式也应该如此。它们都是一个个独具特色的语词：既能单独运用，又能相互搭配起来表达更加复杂、

图 H22

连贯的意义。例如，图 H22 完全是根本与派生羊、马形式耦合的合体岩画形式，然而，正如独体羊、马形式一样，能指的差异性在它们身上也体现得非常突出。

七、小结

长期以来，中国古文字学界形成了系统地释读古文字的一系列方法。如《说文》释字法、偏旁识字法[1]、辞例推勘法[2]等等。这些都是古文字学界普遍使用的、行之有效的手段。在释读贺兰山岩画的过程中，这些方法同样发挥着作用。然而，与释读甲骨文、金文、战国文字等诸类古文字材料不同的是，石刻贺兰山岩画存在的年代更加遥远，对我们来说也更加陌生。我们显然不能生搬硬套“六书”或《说文》去释读贺兰山岩画。对于 21 世纪的人们来说，我们能直接真切地走近、靠近贺兰山岩画的就是它所呈现给我们的视觉图像符号。这是我们能实实在在把握到的贺兰山岩画的存在。

事物的本质往往存在于其自身的形体结构之中。所以，我们认识贺兰山岩画的首要渠道就是详尽剖析其形体结构知其然，然后把它置放在整个中国古代视觉符号演变发展的历史长河中考其所以然。对于后者，我们的具体做法可分为两个步骤：第一步主要综合运用考古学、文献学、人类学和古文字学的知识考释贺兰山岩画，得出它是一种古石刻文的结论；第二步就是再次把贺兰山岩画置放在整个中国文字尤其是距离它最近的一个比较成熟的文字符号——甲骨文文字系统中，进一步审视它的建构、承传以及特点，从而进一步验证并论证它的本质属性。通过对甲骨文的构形结构类型、造字法及其特点、演变发展的趋势等方面的细致分析和考镜源流，我们再次寻觅到了贺兰山岩画的足迹，把握到了整个中国汉字的脉络，巩固了我们对贺兰山岩画的认识——与其说贺兰山岩画的本质属性是一种图画，毋宁说是一种刻在石头上的、令人敬畏的、无名的、古老的象形表意文字，或者简称之为石刻古文字。如果采用中国人对甲骨文的命名法，我们应该把贺兰山岩画准确地称之为石头文；如果采用古人对

[1] 清人孙诒让最早明确采用的方法。唐兰在《古文字学导论》里继承并运用这种方法考释甲骨文字。
[2] 在充分利用古典文献和古汉语知识的基础上，对古文字中未能确认的文字进行推断的一种方法。

“科斗书”、鸟书和虫书，以及学界对亚欧草原上碑状石刻鹿石的命名法，我们应该把贺兰山岩画准确地称之为羊文、羊书或羊石。它具有世界上所有已知最早文字的一些最基本的特点，诸如象形性（或者说图示性[1]）、表意的具体性和系统性。

历史学家通常以是否有文字把人类的全部历史大致分为两个时代，即文字发明以前和有文字记录的历史。前者有的历史学家称之为史前时期，有的则称之为前文字时代。贺兰山岩画的存在表明：人类是符号的动物。“在这场人与形式对话的历史中，岩画的复杂性和搭配，就其所提供的各种组合和记号而言，已经明显达到了很高的程度。”[2]它们是早期人类心灵里程的见证，通过它们，我们能够获知并理解远古人类。

[1] 世界上绝大多数最早期文字的文物是呈明显图示性的。

[2] 这是伊夫·科庞在给阿纳蒂《艺术的起源》一书所写的序言里的一段话。

Ⅸ　文饰

就节奏和曲调的真实本性而言，它们是愤怒、温柔、勇气、节制（和与其相对的东西）以及性格的一切其他特性的摹本……我们通过其他感官察觉的东西不是这样的摹本，比如，除了我们所见的东西以外，我们所触或所尝的东西都不是，因为形体确实带有这种性质，虽然只有一点点……

——〔古希腊〕亚里士多德《政治学》

观看先于语言。儿童学说话，先观看，后辨认，再说话。

——〔英〕约翰·伯杰《视觉艺术鉴赏》

一、书可观识

（一）书画同出

贺兰山岩画是被刻在、准确地说是书写在岩石上的，用中国传统说法它实际上是著于石头而不是竹帛上的“书”。因而，在中国传统语境中，“书”即是“文”即是“字”。人们常常“书文”（书同于文）、“字书”[1]联言。其实，当人们以“书”称文、字或者“书文”、“字书”联言时，所强调的是文字如何被写下来的以及写得怎么样。存在于人们心中的文字要被呈现出来，自然需要一定的方法和手段。所以，先秦时期人们就把“书”作为“六艺”之一而传授于人。“六艺其五曰书，书有六体，比类象形谓之文，形声相益谓之字，声成文谓之音。保氏以书教国子，大行人属瞽史谕书名听音声。六体形声独多。左右下上外内审其形而声从焉。国史六书著录次于经典。”[2]虽然如此，同一种书写方法和手段常常会因书写人、书写材料的不同而呈现出多种形态，也即多样化的文字书写形式。古人通常以“体”称呼之。秦代即有“秦书八体”。据许慎《说文解字序》云：针对当时“言语异声，文字异形”的现象，秦始皇遵循丞相李斯的建议，采取措施统一文字书写形式。“自尔秦书有八体：一曰大篆、二曰小篆、三曰刻符、四曰虫书、五曰摹印、六曰署书、七曰殳书、八曰隶书。”统一之后的文字形体的写法尚有八种（也即八种不同风格的书写形式），足见当时文字形体的繁杂。事实上，古文字[3]基本上是一种视觉象形符号，具有很强的图画性、观赏性，自有文字以来，人们就十分注重文字的书写。许慎《说文解字序》云：“汉兴有草书。”大凡出仕作吏的人必秦书“八体试之”，录用的为尚书史。“书或不正，辄举劾之。”段玉裁注曰：“试以八体，谓试其字迹。”[4]也即测试他们掌握八种古文字形体的写法。这里的“字迹”即人们书

---

[1] 如朱彝尊在《合刻集韵类篇跋》里云：“书文既同而音之不一者，统归于一。斯声音文字必相辅以行而义始备也。”司马光《类篇序》云：“若一今夫字书之于天下可以为多矣，然而从其有声也而待之以集韵，天下之字以声相从者无不得也，从其有形也，而待之以类篇。天下之字以形相从者无不得也。”见司马光等编《类篇》，中华书局1984年版，第565页、第1页。

[2] 司马光：《类篇序》，见司马光等编：《类篇》，第1页。

[3] 我们现在可以见到的最主要的、保存文字形体最多的古文字材料是甲骨文、金文、简牍帛书文字和玺印文字与货币文字五种类型。

[4] 段玉裁：《说文解字注》，第759页。

写留下来的文字。李斯《琅邪台刻石》云："同书文字。"可见，书法之重于古久矣。

"书可观识。"[1]这种被书写下来的、物质化存在的视觉文字符号因而也被称之为"书"。图像是它现身在世的基本形态。孔子说"书同文"。(《中庸》)[2]"书"者，如也，象也。以"书"称"文"或"文字"强调的是文字外观的可视性，正如人们说书体、书法时一样。中国古代因此又有"画亦书"之说。例如，唐孔颖达云："八卦画万物之象，文字书百事之名……然画亦书也，与卦相类，故知书契亦伏牺时也。……《说文》云：'文者，物象之本也。'"[3]宋郑樵在《六书证篇》象形第一条更明确指出："书与画同出，画取形，书取象；画取多，书取少。"[4]段玉裁亦论证云："文字起于象形"，"古画图与文字非有二事"[5]。我们已经知道：最早的象形文也是一种两面的心理实体，正如清人刘熙载云：古人"立象以尽意。意，先天，书之本也；象，后天，书之用也"[6]。只有把其能指（"象"，"书之用也"）与所指（"意"，"书之本也"）联结起来它才能存在。如果只保持其中的一个，这一实体就将化为乌有。因此，这里所说的"书与画同出"、"古画图与文字非有二事"强调的是远古的画与书是文这种视觉符号的能指和所指两个方面：画即是象形文的外在形式或者说能指层面（所谓"画取形"），书即是它的所指层面（其所指称某种物象，亦即文的可视性、可识性，所谓"书取象"也）。恰如有着正反面的一枚硬币一样，能所（也即画与书）不分离的贺兰山岩画作为一种表示成分，是一个有两个方面的存在物。

这种书画一体的观念消解了书与画的先后次序：不是说文字起源于图画，[7]图画是文字的父母，也即先有图画后有文字，而是说最早的图形形式即

[1] 刘熙载：《艺概》，上海古籍出版社 1978 年版，第 170 页。

[2] 朱熹：《四书集注》，岳麓书社 1985 年版，第 58 页。

[3] 阮元校刻：《十三经注疏》附校勘记（上册），第 113 页。

[4] 转引自陈梦家：《中国文字学》，第 253 页。

[5] 段玉裁：《说文解字注》，第 763 页。

[6] 刘熙载：《艺概》，第 133 页。

[7] 关于文字的起源，文字学学术界有一种比较普遍的观点就是认为文字起源或导源于图画。如唐兰云："文字本于图画。"（见《中国文字学》，第 57 页）王凤阳曾对 20 世纪初以来有关汉字源头问题的一些主要观点及其争论作过爬梳，详见《汉字学》，吉林文史出版社 1989 年版。

是文的能指层面。试比较与，前者就是通常被称作贺兰山岩画里的“人射鹿”图画，后者是甲骨文里“人射鹿”三字。很明显，两者的界限很模糊：我们可以说这三个甲骨文字的结构形式就是图画，同样，我们也完全可以说这个贺兰山岩画就是传达出了“人射鹿”意义的文字。因为就其外在形式，也即能指层面而言，它们几乎没有区别。20 世纪初的美国语言学家爱德华·萨丕尔（Edward Sapir）曾说：“所有语言的潜在内容都是一样的——都是经验的直觉的科学。两种语言从来不相同的是外表形式，因为这形式，就是我们叫做语言形态的，不多不少正是思维表达的集体艺术，一种脱尽了不相干的个人情绪的艺术。”[1] 因此，作为一种视觉语言符号，贺兰山岩画与甲骨文能指层面上的这种一致性决定了它们本质上的相似性。清末孙诒让曾以巴比伦、埃及古石刻文为例说明最远古时期的书就是图像，它们皆“画成其物”，“此原始象形字也”。[2]

中国早期汉语语境中的“画”字亦表明，我们不能以孰先孰后论说书与画问题。“画”的本义蕴涵着表识、把一事物与另一事物区别开来的意义。《说文解字》释其云：“界也，象田四界，聿所以画之。”清人桂馥援引前人语注曰：“界也者，本书介画也。疆界也。……封疆画界者，封土为台以表识疆境也。”[3] 陈梦家曾就书与画的界限问题进行过深入探讨。他举例指出：“一个古器物上画了一匹马，若是最初的目的只为美观，那末这只是一个马的图画而非文字；若是画者自己属于‘马’族，因此在器上画了自己的族名以为识别，使别人看了知道此器的所有者是‘马’族的人，这个‘马’便是文字，因为它具备文字的作用。”[4] 由“画”的本义和陈先生的释义，我们知道人类最初作“画”就是我们现在所说的写字，其最初动机是为了认知，而不是出于装饰或“美观”石头或器物。至于“绘画”意义上的“画”义，是后来的引申意义。《宋本玉篇》释“画”曰：“绘也，杂五色彩也。”[5]

世界各地考古发现证明：人类最初作画的动机一定不是为了单纯地游戏、

[1] 〔美〕爱德华·萨丕尔著、陆卓元译：《语言论》，商务印书馆 1985 年版，第 195 页。
[2] 孙诒让：《名原象形文字第三》，转引自陈梦家：《中国文字学》，第 254 页。
[3] 桂馥：《说文解字义证》，第 252 页。
[4] 陈梦家：《中国文字学》，第 254 页。
[5] 《宋本玉篇》，第 514 页。

快乐或者欣赏，也即为了作画而作画，而是生存的需求。不断繁衍生存下去应该是早期人类最大的梦想。为此，交流就成为生活中的必需。因为“一个人一旦将另一人视为与己类似的、能感知的、能思想的存在，那么，交流感觉与思想的渴望或需要，会促使他寻找交流的方式。这些方式只能产生于感觉，这是一个人能够作用与他人的唯一手段。于是乎有了表达思想的感性符号”[1]。贺兰山岩画的发明者并不是通过理性的论证，而是凭借生存的本能得出了这一结论。为了向对方说明什么，他们采用了最简单、最直接地把一个物体呈现于眼前的方式。这种直接诉诸人的视觉的方式最有力，因为“对眼睛说话比对耳朵说话更有效”[2]。贺兰山岩画自身的形式格局也表明它是拥有“画”这种视觉形象（也即能指）的一种文，是人类认知和交流的视觉符号。

（二）取饰观耳

作为一种无声、象形的视觉语言符号，除了理性的认知外，对贺兰山岩画的理解还需要我们凭借我们的眼睛、心灵去感知。实际上，我们能知觉到的贺兰山岩画的真实就是某种物体的形状，也即由一定的点、线、面要素组成的形式。如果说贺兰山岩石的表面是基础平面的话，那么，刻制在它上面的图形及其整体轮廓就是另一个面。所以，这里所说的“形式”，诚如俄国画家康定斯基所言：就是一个面与另一个面之间的边线。这种“边线”可以以各种不同的形状出现，但它绝不能超越两项外在的局限：一是形式的目的在于确定二维空间的具体对象；一是形式作为一个抽象或纯抽象的实体而继续存在下去。[3]贺兰山岩画里存在着无数具备上述两种要素的形式。在这些形式中，或者只有具体成分（如独体岩画形式与），或者其中具体成分占主导地位（如图I1a这个七重岩画形式里只有两个抽象形式，其中一个圆圈状形式，一个丁字状形式），或者只有抽象成分（如图I1b是由四个抽象形式结构的四重合体岩画形式），或者抽象成分占主导地位（如在图I1c里，相对中间一具

[1]〔法〕让－雅克·卢梭著、洪涛译：《论语言的起源》，第1页。
[2] 同上书，第5页。
[3]〔俄〕瓦·康定斯基著、查立译：《论艺术的精神》，中国社会科学出版社1987年版，第37—38页。

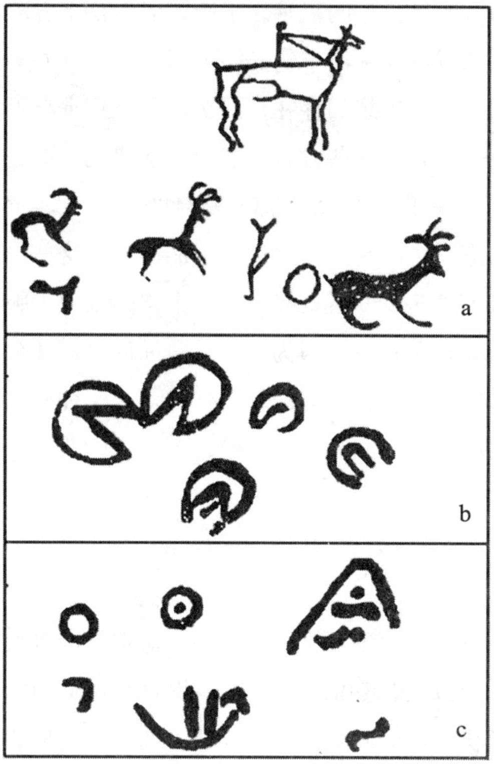

图 I1

象太阳形式外，其余都是各种抽象形式），或者两个居于平等地位（如这个二重句子是一具象羊形式与一抽象曲线形式的结合）。至于具体成分与抽象成分的样式更是变化多端。这主要体现在诸如羊、马、人等同一具体对象的不同形态以及简单笔画（如图 I1c 里的点、横折之类）、简单或复杂的图形和图案（图 I1c 里的圆圈和右上角的图形）等多样化的抽象成分上。

当然，所有这些形式都是点、线、面三种形式元素结构的结果。点、线、面在构形时的灵活运用、具体形式与抽象形式的相互组合以及一个形式里各种形式元素之间组合的技巧等，所有这些都是贺兰山岩画内部形式结构的组成因素。从图 I1 中我们还可以看到：不同的搭配、不同的组合往往会变化出无数令人赏心悦目的形态：纯粹而简单的圆形及其对称的结构，优美的回环曲线……即使同一个形式，不同或相同形式元素的选择及其运用也能变幻出无数生动的形象，如、、、和这五个形象生动、姿态优美的肖似独体马岩画符号，以及图 I2[1] 里这两个象人之形的抽象符号都引发了我们的思索：贺兰山岩画作者创制的文，不仅向我们说明、表示了某种意义，而且向我们呈现了某种形式。清代文字学家王筠把这种悦目的形式称之为“文饰”。他曾以大量字例说明：籀文、钟鼎文等古文

[1] 右图岩画位于贺兰口一废弃的羊圈旁边的一块黑青色狭长的石头上，曾被人用它来搭建羊圈；左图为大麦地岩画。

图12

字里有些字的形体结构甚至笔画的多少都与表意无关，而只是“取饰观耳”，也即书写者一味刻意追求文字形体之美的结果。他说：“古人造字，取其百官以治。万民以察而已。沿袭既久，取其悦目。或欲整齐，或欲茂美，变而离其宗矣。此其理在六书之外，吾无以名之，强名曰文饰焉尔。”[1] 我们已经知道：贺兰山岩画是一种有着一定体系的视觉语言符号系统，它有一定的构词法、句法，有一些基本的、再生及应用能力很强的词汇。整个符号系统里的形式（也即文）有繁有简，有象形，有抽象，而且有着明显的程序化的发展趋势和比较固定的书写方式。若把它与其后的甲骨文相比较，我们不难得出这样的结论：我们现在看到的贺兰山岩画是经过了漫长历史演化的正在不断发展中的岩画，它已经度过了其最初的萌芽期，而漫长的历史演变过程不仅会使岩画的表意功能愈来愈健全完善，而且会使人们岩刻的技巧，也即写文

[1] 王筠：《说文释例》，第118页。

或书法愈来愈全面纯熟。这也就是为什么我们也会像王筠所说，能在贺兰山岩画里看到“悦目”，也即具有“文饰”，甚至笔画的多少都与表意无关，而只是“取饰观耳”的岩画的原因。[1]

因此，为了全方位、准确系统地剖析贺兰山岩画的视觉符号系统，本部分我们论述的目标就是贺兰山岩画的形式，也即能指层面所带给我们的美感，准确地说就是形式感或能指优势。而我们的目的就是通过解析探究远古人类造书之妙，进一步深入理解贺兰山岩画的本质属性。在充分考虑到贺兰山岩画是一个视觉语言符号系统的前提下，我们的研究将主要包括两个步骤：首先，在这个系统内部，我们将相对共时、静态地描述并剖析贺兰山岩画形式感和能指优势的微观和宏观结构，在此基础上探讨这种形式感的表现功能；其次，我们将把每个贺兰山岩画符号置放在整个系统中，从视觉心理学角度追溯这种视觉符号的建构、积淀、离析、建构……的过程，并分析其形式感或能指优势的成因，以便更深入探究远古人类丰富的精神世界。

二、微观结构

贺兰山岩画本质上是一种图像，对它的释读始于观看。贺兰山岩画“悦目”的形式感或美感的结构中包含哪些主要的因素？或者从符号学角度看，就是构成贺兰山岩画能指优势的要素有哪些？能指优势的结构由哪些要素组成？从本部分开始，我们将主要运用系统论和结构主义的方法对其微观和宏观结构作一个全面系统的解析。

（一）明暗感

任何一个贺兰山岩画都是古人留在岩石表面上的痕迹。正是有了这种痕迹，一块普通的岩石就与天然岩石有了区别，如图I2左图岩画所示：它有两

[1] 贺兰山岩画刻制的时间跨度很大，制作人群复杂。尽管从总的符号系统来说，贺兰山岩画是一种文，但是其间我们亦不能排除一些带有图画性质的真正意义上的岩画存在。这种岩画基本上以唯一形式出现。这就是说，它们不是作为自由形式的单个词可以反复运用、出现于其他岩画形式（尤其是句子和语篇）之中，而要么只是整个贺兰山岩画这个视觉符号系统中的一个唯一形式，要么只集中分布在某一特定岩画点的特定位置上。后面的论述，我们将会涉及这些岩画。

个面，一个是基础平面（岩石自身的表面），一个是形状不等的另一面，也即象人之形的图像或形式。就制作方法而言，贺兰山岩画主要有凹文（或凹刻文、凹凿文）和凸文两种基本形式。凹文是指用一定工具敲凿或刻出低于基础平面的三度视觉空间形式（如图 I 2 右图象人之形的形式）；凸文是指用一定工具雕刻出凸出或者说高于基础平面的三度视觉空间形式（如图 I2 左图象人之形的形式）。贺兰山岩画比较普遍存在的是凹文。这种文又因具体制作方法的不同可以分为以下三种类型：

（1）敲凿凹文：即在岩石表面敲凿出一个个大小不一的坑状的形式。作为点状形式，它们可以独立存在（如图 I2 右图岩画里位于象人之形形式周围的小圆点状形式），可以两个或两个以上联合起来共同结构出另一形式，可以云集起来组成各种实面形式（如图 I 2 右图岩画里用以代表人躯体的长方形形式），也可以密集串联成线，并以此勾勒出某种轮廓（也即形成一定的虚面），从而形成一定的形式。

（2）磨刻凹文：即用工具在岩石表面摩擦所形成的形式。依据具体做法，这种形式又可细分为两种：一种是直接在基础平面上摩擦形成另一面；一种是先大致敲凿出一些坑或以密集的小坑勾勒出大体轮廓，然后再把它通体打磨平整（如图 I 2 右图岩画里用以代表人头部及两耳朵部位的小圆形形式）。

（3）线刻凹文：即用比较坚硬的工具直接以线勾勒出形式（如图 I 2 右图用以代表人四肢的线形形式）。除这三种基本的类型外，贺兰山岩画里还能见到像图 I2 右图这样综合运用敲凿、磨刻和线刻三种方法创制的凹文。这种凹文通常先以线勾勒出轮廓，然后在其中按所表现事物的需要再把这些实面通体打磨平整。

不论采用什么方法，不论人们留在岩石表面的这个痕迹（凹文、凸文）是大是小，是深是浅，是多是少，它都会与基础平面形成一定的高低关系：或者基础平面较低于另一面（也即形式）；或者基础平面较高于另一面（也即形式）。总之，这两个面之间形成了一种程度不同的深与浅的对比关系，也即我们视知觉到的明度关系。浅的明度高则亮，深的明度低则暗。明度变化越多，明暗层次越丰富。这样，贺兰山岩画[1] 首先带给我们视知觉的就是这种明暗

[1] 1995 年 4 月，人们在宁夏平罗县贺兰山腹地白芨沟上田村的一处坐北朝南的洞窟里，发现了用赭石颜料绘制的 31 组彩色岩画，大约近百个独体岩画。除此之外，其他地方的贺兰山岩画都是无色彩的。

图 I3

感。这种明暗感又因不同的构形、刻制方法以及岩石表面天然的颜色而光影变幻、错综群妙。刻制得比较浅的形式带给我们的明暗感弱，反之则强。例如，在图 I3[1] 这四个独体岩画形式里，位于左上图的独体羊形式衬上平整的岩石表面，清晰地突现在我们面前，给我们以单纯、简洁的明暗感。相比较而言，位于其下面及右边的两个深深地楔入岩石表面的独体羊和人面形式给我们的这种感觉更强烈，而图 I3 右下图和图 I4[2] 这两个岩画带给我们的明暗感更加丰富多彩。这种明暗感的生成既来自形式与基础平面一高一低的对比，更来自这两个整体形式自身的内部形式结构：前者独立岩画形式泯规矩于方圆，遁钩绳之曲直，乍显乍晦，若行若藏；后者合体岩画形式旁通敲、凿、磨之情，熔铸点、线、面之态，数画并施，其形各异，或是粗线结构，或是实面结构，或是线、面结构，或是点、线、面结构，相互接壤，互相映衬。

---

[1] 左上图、右图是大麦地岩画。左下图位于贺兰山岩画工作者收集放在贺兰口一块独立石头上，右上图位于贺兰口入口处南面的石壁上。

[2] 收藏在宁夏博物馆的贺兰山岩画。为更好地保存岩画并使其图像清晰起见，该岩画被文物保护工作者用特殊的化学药物处理过。象羊、人之形的形象和抽象形式的主体部分大多是敲凿得比较深、表面又被打磨得比较平整的实面结构，由于打磨得深浅不一，它们或略凸显或略凹陷于黑色岩石表面，图像饱满清晰。

图 I4

（二）形体感

形体感是指每一个贺兰山岩画的完形结构所带给我们视知觉的一种整体轮廓感。有了明暗感才有形体感，也即我们的视知觉对贺兰山岩画形状的一种把握。这里所说的形状，涉及的是除了贺兰山岩画在空间中的位置和方向等性质之外的那种外部整体形象。换言之，它不涉及贺兰山岩画处于什么地方，也不涉及贺兰山岩画是侧立还是倒立，而主要涉及它的边界线。例如，在黑色岩石表面与略褐色形式的对比中，我们能很容易捕捉到图 I3 左上图这个贺兰山岩画里腾跃中的羊形象，并把它与其前蹄下面的一点和一短竖线状形式区分开(周围还有其他点状形式)。在图 I3 左下图这个岩画里，其基础平面与形式的颜色几乎一致，但我们也不会把凹刻的羊形式与其周围自然的凹陷或裂痕混淆起来。同样，尽管我们分辨不出图 I3 右下图这个岩画的所指，但是，其整体轮廓及其形式格局一目了然。由于形式都是由其外部边界所组成的，因此，我们的感官也不难把图 I4 里的形式一个个挑出来，并且即使距离比较远，我们的感官也可以毫不费劲地把握到图 I5 中刻在岩石上的这些贺兰山岩画的外部边界，把它们一一分辨出来。当然，当我们看到图 I3 里的两个羊和人面形状

图 I5

时，我们所知觉到的形象并不仅仅与这些形式的实际边界线等同。我们会知觉到它们的后面，也即羊、人面形式的整体轮廓形象。

（三）线条感

线条感是指每一个贺兰山岩画里的形式元素所带给我们视知觉的一种整体感。我们的视知觉所知觉到的独体或合体贺兰山岩画的整体轮廓就是它们一般的图式。这种图式是由形式元素结构的。在脑海中形成某个贺兰山岩画的完形特征或者说粗略结构特征时，我们往往也会注意到结构它的形式元素。事实上，结构贺兰山岩画能指层面的点、线、面，也是我们的视知觉所能知觉得到的最小的、实实在在的物质存在。它们特别是线体法百变，穷灵尽妙。

1. 直线、折线及其具体运用

线是贺兰山岩画最基本、最典型的形式元素。其中最普遍存在的是直线和折线。贺兰山岩画里最基本的羊形式以及比较普遍的马、人形式基本上都是由它们结构而成的。可以说，完全没有它们参与的贺兰山岩画非常罕见。

直线是贺兰山岩画里使用得最多的一种线，其具体形态又有水平线、垂直线和对角线三种，每一种里又存在着粗细、长短等等区别。贺兰山岩画里运

图 I6

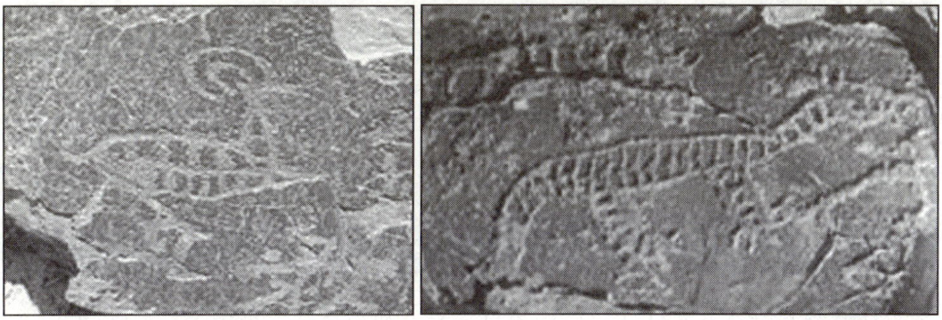

图 I7

用得比较多的是水平线和垂直线。如图 I6、图 I7 所示：它们基本上可以结构出类似后代方块字之类的独体简单、复杂抽象形式，如图 I6 左上图两横一竖、类似现代汉字“干”的简单形式，和其下数十画的复杂形式；可以结构出动物形式，如图 I6 左下图合体岩画里的羊形式，也可以结构出事物的一些个别、具体的形式，如图 I5 里代表羊形象四肢的一些短垂直线条，图 I7 里镂空面内部短直线、水平线与短直线分别结构出的动物形象的内部式样结构。

水平线、垂直线和对角线也可以相互组合运用，如两水平线和垂直线构成了图 I6 右图这个岩画的正方形轮廓，两对角线形成的“×”构成了其内部式样结构。同样，三条不同形态的横线和一条垂直线上下水平结构，形成了图 I6 左上图一个抽象形式。尽管在实际运用过程中形态万千，这三种形态直线给我

图 I8

们的基本感觉是简洁、疾速和稳重。

除直线外，由两条以上的直线所组成的带角的折线是贺兰山岩画里另一种普遍的形式元素。最单纯的折线形态是由两条线组成的。根据它们之间组合时所形成的角度的大小，我们可以把贺兰山岩画里比较常见的折线分为锐角的折线、直角的折线、钝角的折线和任意角度的折线四种。这些线又有长短、粗细等等之分。它们或者单独或者综合，广泛用以结构各种形式。如图 I8 所示：两条粗细匀称、多角度的长平行折线勾勒出了四个羊形象。这些线短长俯仰，结体峻密。有的比较细（如结构上面三个的），有的比较粗（如结构下面一个的），有的是中间通体被打磨的实面，有的则是虚面。两条折线借助于变化角度，构造了四个形态各异的羊形象。如两个长长的折线结构了前面一大羊形象的主体部分。若仔细分析，则前面两条近似直角的折线结构了它的头部轮廓，两条长长的钝角平行线勾勒了它的躯体部分，其中上面一条平行线又再次与另一条短直线形成直角折线，结构了羊角部分，下面一条平行线又再次与一条直线、折线组合成近似直角、锐角折线，从而结构了羊形象前腿、后腿和臀部部分。

图I9

多角度的折线在羊形式塑形上的运用，在图I9[1]右图这个派生羊形式里体现得非常鲜明：两个直角的折线结构了其中较大的一个羊形式的腿部结构，一条钝角的折线和一锐角的折线则分别结构了其下面一小羊形式的前腿部分和后腿部分的结构。多种折线巧妙的搭配组合，使这两个一大一小的羊形式结体飞扬绵密，笔力横绝，文形瘦健。

同一条折线或者不同形态的折线可以任意组合成另一复杂的折线形式，如图I9右图这个派生羊形式里一小羊形式的后腿形式就是直角的折线与锐角的折线混合形成的一复杂折线。

两条或两条以上折线之间相互重叠所形成的这种复杂的折线其实就是曲线。在贺兰山岩画里，它主要有两种类型：一种是犬牙形曲线。这是一种带有多角的折线，如单条、双条、三条犬牙形曲线分别构成了图I9右图小羊形象的后半部分和图I9左图两个怪兽形象的整体式样结构；另一种是波浪状曲线。这种线可以以一种能参与组合的形式元素面目出现（如图I3里用以结构羊形象四肢和角的半弧形曲线），也可以以一种相对完整的独立形式面目出现（即独体岩画形式），如图I10是三条波浪线组合的三重岩画。这两种曲线在具体运用时，还存在着长与短之分。通常，曲线愈长，角度愈多。如图I10最下面一条比较短，最上面的次之，中间的最长。

[1] 左图为宁夏博物馆收藏的贺兰山岩画，位于一块独立的石头上。

图 I 10

多样化的线或者带给我们曲折中迟、顿、挫之感（如犬牙形以及多角度曲线）、或者带给我们以流畅变化之感（如角度较少的波浪状曲线），尤其是当它们或者单独、或者彼此交叉组合起来运用时。例如，同一种折线在组合时最常见的就是复合，即一种折线的反复。就数量而言，可以分为以下三种情形：

（1）二重复合：指两条相同折线的组合形式。这是一种最为普遍的、形态多样的组合形式。如图 I 8、图 I 9 里分别由两条多角度大致平行的折线组合的羊和怪兽式样结构精绝，而由两平行曲线或一长一短（如图 I 7）或长短相当（如图 I 11）结构的羊角，以及一长一短两波浪曲线结构的近似长方形的羊形象躯干部分（如图 I 7）更是婉转优美。

（2）三重复合：指三条相同折线的组合形式。如图 I 11 里用以结构中间一形体较大的羊形象躯干的是三条延绵的波浪状曲线形式，其中上面两条平行。

（3）多重复合：指三条以上相同线的组合形式。如图 I 12[1] 里象虎之形的形象躯干上同一直角折线的反复运用。在贺兰山岩画里，同一折线的反复运用比较常见，特别是二重和多重的反复。它们或者用以结构某一形式的某一部分（如结构羊角的二重折线、结构虎的直角折线），或者用以结构整个形式，如图 I10 里的三个抽象成分都是波浪状曲线，图 I 9 里的羊形象基本上是折线结构。

虽然同一种折线可以单独结构出一个相对完整的形式，但是，我们常见的

[1] 作者采集的东沟（俗名中豁了口）岩画。位于面南的一块粉红色砂岩组成的山石上。表面为黄土覆盖，为看清楚，向导在上面泼了水。

图 I 11

贺兰山岩画往往是两种或两种以上不同类型的折线的复合结构。例如，图 I 7 左图羊形式的角部分是弧形曲线的二重复合，其整体轮廓则是直角、钝角折线的二重复合。同样，图 I12 上面波浪状曲线的二重复合勾勒出了虎形象的整体轮廓，其脊背部分是四个圆圈形曲线的复合形式结构，直角折线的多种反复叠合构成了它的内部式样。

除各种折线单独或彼此组合结构的各种形式外，贺兰山岩画里还存在着大量由直线与折线结构的式样。就线的单双而言，这主要存在着三种情形：

（1）单直线与单折线的组合。如图 I 13 右图这个独体岩画形式的右边是单直线结构的类似汉代汉字的“田”字，左边则是一单犬牙状折线结构。图 I11 右下角一小羊形式结构也如此。

（2）双直线与双折线的组合。如图 I 8 里双折线结构的两个形体比较大的羊形象，一个腿部是比较长的双直线结构，一个角部是比较短的双直线结构。

（3）两种以上直线与折线的组合。如图 I 11 中间一形体较大的羊形象的躯干是三条波浪状曲线结构（其中最上面的两条平行），其内部又交错着七条长短不等的直线。

图 I 12

当然，这三种组合方式还可以相互交叉使用。例如，图 I 13 左图这个奇特的独体羊形式就是一条单直线（代表羊形象的躯干）和一条单曲线（代表羊形象的尾巴），以及三组两两平行的曲线结构，其中一组比较短（代表羊形象的角），两组比较长（分别代表羊形象的两条前腿和后腿）。图 I 7 左图羊形象也是双折线与单直线的结构：弧形曲线的二重复合构成了羊角，多角度折线两两重合构成了羊躯体，其内部是一较长水平横线与四条较长垂直线、四条较短垂直线上下垂直交织组成的方格状形式结构。图 I 12 里的虎形象则是双折线、两种以上折线、直线结构。绵延的双波浪状曲线勾勒出虎形象的主体部分，多重直角折线的反复叠合结构出了其内部轮廓，多条短直线的反复结构了其腿部内在式样。

因此，由同一种性质的线组合后形成的复合线在贺兰山岩画里运用得很普遍。、、、和就是其中最基本的五种复合线。[1]是同一折线的反复，常常形成平面；是同心曲线的反复；是波浪状曲线的反复；是同一直线的反复；是折线的反复。这些基本的复合线与多种形态的单直线和折线，或独立，或配合，变化多端，共同结构出了形态丰富的贺兰山岩画。尤其值得一提的是：从上面所举的例子，我们不难注意到这样一个事实，即无论是直线还是折线，无论是单线还是复合线，无论是结

[1] 这里所说的组合后形成的复合线采用康定斯基的部分说法。详见其《论艺术的精神》，第 156—170 页。

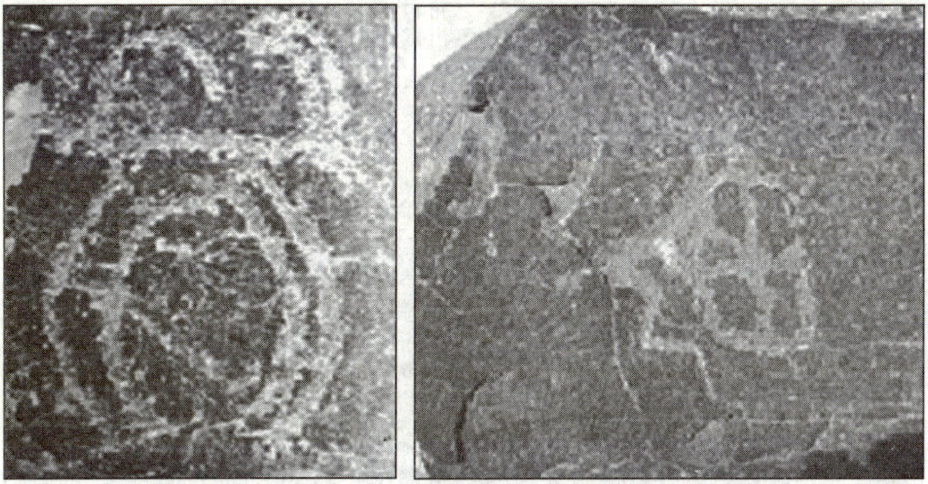

图 I 13

构何种形式，每一个形式里的线条一般都上下粗细均匀流利，没有迟、缓、涩之感，而平滑的波浪状曲线的广泛运用则常常让我们目睹形式而忘记它们是被艰难地打凿或刻在坚硬的岩石上的。

2. 点、面及其具体运用

书写工具与岩石表面最初接触时所产生的就是点。小而圆是它能指层面或者说外在形式层面上最一般的特征。这里所说的岩石的表面可以相对比较平整、光滑，也可以比较粗碎或凹凸不平，书写工具可能是比较坚硬的石头或金属器物，它在岩石上的最初接触便会留下痕迹。这种痕迹无论深浅、大小，都会在岩石上占有一定的位置，并且具有把自身与其周围加以区别的某种轮廓。在贺兰山岩画里，这种轮廓形态的表现形式无限多。从凿刻方式上来看，主要有以下三种：

（1）坑状结构：指直接凿刻在岩石表面的点状形式。如与整体羊形象所处的平面相比，图 I 3 左下图里羊形象内部及其外部的点状形式深深嵌入石头表面，显得比较深邃。它们有的比较大，有的比较小，有的形态饱满，有的瘦削。

（2）镂空结构：指浮雕于石面上的点状形式。如图 I 8 里用以表示羊形象眼睛的点状形式就是石头天然的表面形状，作者通过凿掉其周围多余岩石，让

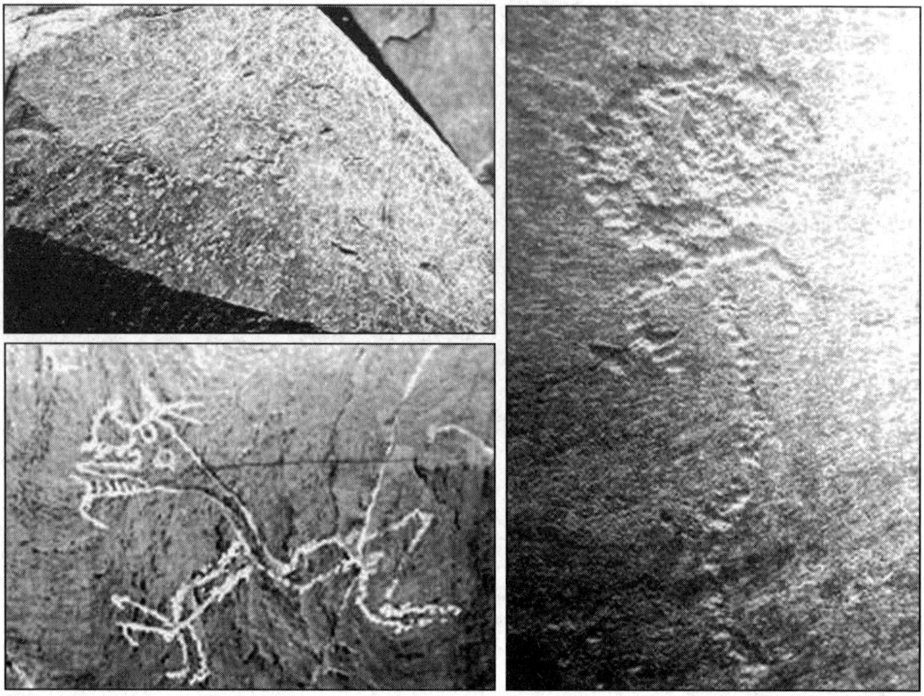

图 I 14

它凸显于岩石表面。

（3）平面结构：指直接刻画在石头表面的点状形式。如在图 I14 里，制作者在石面上画一圆圈状，用以代表怪兽眼睛。与前两种相比，这种圆圈点既不深陷也不与周围石头表面剥离。

这三种里尤其以第一种最为常见。作为一种基本形式元素，它们不仅可以参与各种各样岩画形式的建构，而且可以独立结构出多样化的岩画形式。如图 I 14 左上图和右图就是完全由一个个敲凿得清晰可见的点连缀成的图像，也即象羊、人之形的形式。[1]

从整个贺兰山岩画来看，这三种基本点状形式的呈现形态变化莫测。这突出体现在象人面之形的形式结构上。相对于其他器官，一想到人的眼睛，我们自然会把它与小而圆这样的形状观念（也即点）联系在一起。然而，我们的视

[1] 右图人形象的头部虽然是一镂空面，但它完全是由点结构的。

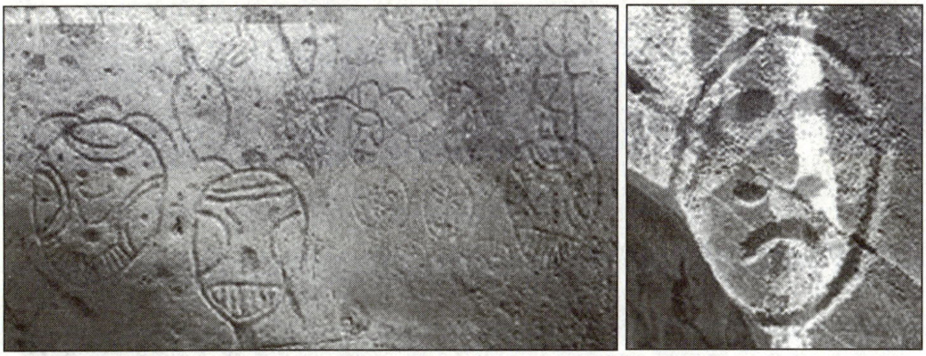

图 I 15

知觉在贺兰山岩画里能捕捉到的人眼睛的形式千奇百怪，其基本的形态就有以下 16 种：

这里，从左到右，紧密相连的两个是表示一对眼睛的形式，最后一个整体形式表示的也是一对眼睛，并有圆的形状，这种形状又有实心圆和空心圆、全圆与半圆、大圆与小圆、单圆与同心圆、多圆之分。在接近圆的其他几何学形态里，甚至有自由自在的或任意的形态。有横与竖、短与长、直与曲接近线状的各种形态，还有为表现出相对不动性的而接近四方形的形态，这种形态又有实心与虚心、半正方形和全正方形两种基本区分。而从图 I 15 我们还可以看到：一些拥有大致相同形式的“眼睛”式样，又由于制作方法的不同而有的敲凿得很深，有的则较浅，有的比较大，有的则比较小，有的表面边缘打磨得比较光滑，有的比较粗糙，如左图人面上的圆圈形点状式样。一般来说，大而深的“眼睛”点画峻厚，相反，小而浅的则灵动。总而言之，贺兰山岩画用以表示人“眼睛”这一观念的“点”形态丰富多彩，它的界限几乎是无法设定的。

面是我们能知觉到的另一种形式元素。这里所说的面是指每一个贺兰山岩画里较大的平面轮廓。这种平面轮廓一般是由各种线勾勒成的，如图 I 8 里四个形体较大的羊形式的基本轮廓为两条平行线和两条折线或直线所限定，这样就使它们独立于周围的空间。除此之外，也有比较罕见的点结构的各种面形式。如图 I 14 右图代表人形象头部的圆圈形式样结构完全是由密密麻麻的点连

图 I 16

缀而成的。图 I 16 上图这个圆圈状独体式样也是一个敲凿密集的、深浅和大小都不一样的点的集合。至于它上面及其左边零星的几个小点，则又似乎划了一条曲线，从而在圆圈状形式与其周边其他自然岩石之间标示出了界限，而结构图 I 16 下图众多点的形式，则圈定了一个相对完整的空间整体形状——植物。这种由线或点所限定的有限的特定空间形式就是面。这种面又有以下三种基本形态：

（1）虚面：指面是空的（即岩石天然的表面），其内部没有任何添加物的式样。如结构图 I 8 最上面两个羊形象主体的长方形式样，以及结构图 I 16 下图植物形象主体的长方形式样（由点构成的空间形式）。

（2）实面：指内部被通体敲凿或打磨平整的结构式样。如图 I 16 下图形式里三条垂直线是由众多实面结构的点连缀而成的，图 I 16 上图是一个通体被打磨平整的实面圆圈状独体岩画形式。这种实面应该是先用线勾勒出来，再打磨而成的。但是，由于内部被敲凿或打磨成了一个整体平面，因此，我们已经很难分辨出其中哪个是线、哪个是面了。事实上，这些线已经与周围限定它的线连成一个整体了。

（3）镂空面：指面的内部没有被完全填实，而是被一些线再次分割成一些小的虚面（如完全由镂空面结构的图 I 8 里的羊式样）。

这三种结构式样的面在贺兰山岩画里运用得非常灵活。它们可以完全独自结构出贺兰山岩画图形（如图 I 16 上图圆圈形式），可以基本上结构出相对完整、独立的贺兰山岩画（如图 I 16 下图的植物式样[1]），也可以彼此联合起来

[1] 它不是独体岩画，与它组合的还有一个羊形式。这是从贺兰山岩画工作者收集放在贺兰口的一个二重合体岩画形式里摘出的一个成分。

图 I 17

共同结构出各种贺兰山岩画。如在图 I 8 这个贺兰山合体岩画里，最上面两个羊形式基本上是虚面的结构，中间一个是实面结构，最下面一个则是中间有方格的镂空面结构。当然，面与其他形式元素之间的组合更是多种多样，不胜枚举。如图 I8 里折线、直线与各种面的羊结构式样，以及图 I16 上图实面与点的结构式样。

而用以结构贺兰山岩画各种面的形状亦姿态横生。若依据其基本的几何形状，我们又可以把贺兰山岩画里经常使用的面大致分为方形、圆形和不规则形三种。例如，如果说图 I13 右图岩画里的镂空面大体呈正方形形状的话，那么，图 I8 里用以结构四个羊形式的面则呈长方形形状，而图 I16 里有众多标准的几何圆形实面式样，至于图 I5 里用以结构羊形式主体的则是不规则形的实面。这三种里尤其以不规则形最典型。在实际运用过程中，这种面或大或小，或方或圆，各随其体，各随图形，从而能变化结构出多种形态的形式。如图I17下图基本上是一块比较大的不规则的实面象马之形的（除四肢部分外）式样，上图则是由两块一大一小、形似三角形的实面结构的一个独特的象羊之形的形式。无论实面在整个形式结构中所占的比例是大还是小，与一般线结构的马、羊形象相比，这两个形象血肉丰美，气象浑穆。

综上所述：点、线、面是贺兰山岩画最基本的书写语言。这种划分完全是相对而言的。事实上，我们看到所有的面都可以视作线。任何实面的整体轮廓都是某种由线结构的形式（正方形、长方形、三角形和圆形等），虚面和镂空面的线形结构更明晰。而我们之所以把某某形式称作面或线也是相对而言，如我们可能会不假思索地把图I11最右图上面一个羊形式称为实面的结构，下面一个称为线的结构。但当我们面对图I13右图这个抽象形式时，我们应该说它是一种线的结构呢？还是面的（尤其是其右边一镂空面结构的“田”字形状）结构？似乎都可以。其实，仅就视知觉而言，图I8里的四个羊形式于我们都是某种线的结构：对于我们的视知觉来说，上面一个羊形式的整体轮廓形状也是长线形的。

同理，点也如此。贺兰山岩画里映入我们眼帘的、用以结构人眼睛的大多是线。其中最多的是曲线形成的圆圈、半圆、重圆、半重圆、同心圆和半同心圆等等。甚至面对图I16下图这个象植物之形的形式，我们的视知觉首先捕捉到的不是其中众多的一个个的点，而是三条线（由点结构的三条垂直线）。因此，从本质上说，贺兰山岩画里最普遍的形式元素是线。多种形态的直线与折线体态百变，穷灵尽妙。它们或单线，或复线，或独立，或交叉，线与线之间，多有异趣，可谓幽深变化无际。正是在这个意义上，与其说贺兰山岩画带给我们的是一种形体感，不如说是一种线条感，准确地说就是线条形体感。

（四）方位感和比例感

每一个贺兰山岩画都带给我们视知觉一定的方位感、比例感和距离感。绝大多数贺兰山岩画都被镌刻在面朝南向阳的岩石上，特别是大麦地地区的。绝大多数贺兰山岩画里的动物形象都是侧面的，且头或者朝西或者朝东横向书写，个别有头朝上或者整体颠倒或者整体竖立的形象。人（包括人面）形象则绝大多数都是正面的，一些正在射猎的射手形象和骑者形象亦如此。独体岩画里的人、抽象形式基本上都是正面横向放置，动物形象则或者头朝左（或西）、或者头朝右（东）书写。合体岩画里各个组成成分的方位往往依据其组成成分数量的多少，具有相对性。例如，二重合体岩画里的两个或者一左一右，或者一上一下；三重合体岩画里的三个则不这么简单：无论是整体左、右还是上、下书写，它们之中总有一个中间成分。如果把左、右两个称为外在（或者旁边）的话，那么，中间的一个就是内在的了。至于三重以上的合体岩画句或语篇也如此。不论其组成成分多少，我们总能相对划分出哪个或哪些位于左、右、上、下，哪个或哪些是位于中间等等，即使像图 I4 这样看似杂乱无章，血脉支离不相贯穿的，各个成分之间也存在着一定的行间字距。若按照从上到下，从右到左的顺序，我们可以把整个图 I4 里的成分划分为四行：第一行有两个成分，即一个线结构的根本羊形式和一个不规则实面结构象“十字”状图案形式；第二行有四个成分，即抽象羊形式、A + (b) 型派生人形式（根本人形象的两腿中间添加有一短横）、形体较小的根本羊形式和 A + B 型派生羊形式（前面一个羊形象的后半部分与后面一羊形象的头部重合）；第三行有三个成分，即根本羊形式、类似横放的现代汉字 “工”样抽象形式和根本羊形式，其中一大一小两个根本羊形式的上面和下面分别点缀着一个或几个点状形式；第四行有两个成分，即正方形状实面结构的一小正方形图案形式和一个复杂的 A + B 型派生人（或羊）形式 [一后腿上有一实面结构的花瓣状黏附形式的 A + (b) 型羊形式，再次与一倒立的根本人形式相套，一点状形式点缀在其间]。因此，即使我们把零星地点缀在各个成分周围的点状形式视作依附于其邻近形式的黏附形式，我们也能清晰地看到整个图 I4 是一个 11 重合体岩画语篇。

与方位感密切相联系的是贺兰山岩画所带给我们的一定比例感。双数概念在贺兰山岩画的间架结构中占据着重要地位。[1] 例如，最基本的羊形式一般都是侧面两条腿的，四条腿的也有，但三条腿的却极少。整个合体岩画里数量最多的是二重岩画。在每一个按组或分行排列组合的合体岩画里，两个一组或两行搭配的情形最常见。从形状及其在同一个视觉空间中所占的位置来看，每一个合体岩画的各个组成成分之间存在着两种基本比例关系，即或者大致相同，

[1] 参见前面部分相关论述。

或者大小有别。如若依据从上到下，从右到左的顺序，我们可以把整个图I 18里的所有组成成分划分为两行：第一行里成分众多，有多种类型及其形态的象骑者、羊和人之形的形式，以及复杂或笔画状抽象形式。这些成分在形状大小、具体方位上存在着差异。有些比较大，有些比较小，有些大致相同，有的位于最上面，有的位于最下面，有的位于中间或某个成分的下面或上面。尽管如此，所有组成成分的总体方位是相同的，即它们都按照一上一下、纵向排列的方式组合，而且，它们在整行里所占的视觉空间位置也大体相同；第二行里成分较少，主要是各种抽象形式和羊形式。由于形体有复杂、简单之别，这些成分在形状的大小上存在着明显的差异。如最上面五个象麦穗之形的形式（其中三个借助于底下一横线联结成一体）的整体形状比较大，其下两个抽象形式的形状大体相等，中间几个点、线、钩等笔画状抽象形式的形状比较小，然而，这些性质、形状大小不相同的组成成分在本行里所占据的视觉空间位置相等。它们都依据石头天然形成的台阶式阶梯或一个一组，或两个一组，或三个以上一组排列，井然有序。尤其是中间几个抽象点、线状形式与其周围比较复杂的抽象形式、羊形式所占视觉空间基本相同。显然，它们不是一些依附于整个语篇中任何一个成分的附属品，而是一个相对独立完整的形式，也即语词。此行最下边一波浪状曲线形式与其下面一派生羊形象的角叠合，若从它们与周边其他形式之间的距

图I 18

离来审视，它们完全可以被视作一个相对完整的形式（即 A + B 型派生形式）。同理，我们也可以依据图 I 18 整个语篇里各成分之间距离的比例关系，把其最右下角一根本人形式与其左上面一半圆圈状抽象形式视作两个成分，而把该抽象形式上面，也即位于根本骑者形式左边的两个根本羊形式（形体较小）里最下面的一个与骑者形式视作一个整体，即一个组成成分（该羊形式具有修辞功能，用以补充说明骑者形式），把另一个羊形式与位于其上面的另一个骑者形式视作一个整体。

可见，无论是整个纵向排列还是单列、两个一组，图 I 18 两行成分在同一个视觉空间中所占的位置及其彼此之间距离都大体相当。贺兰山合体岩画排列组合所带给我们的这一比例感，在图 I 19 这样所有组成成分大小大体相当的合体岩画里表现得更加突出。依据从右到左，从上到下的顺序，该语篇有四行。第一行分别是一单线、虚面与单线结构的两个根本羊形式；第二行是一抽象“×”形状、一根本羊形式、A +（b）型羊形式与两个抽象形式（部分已经剥落，比较模糊）；第三行是根本人形式、抽象形式（部分已经剥落，比较模糊）、根本羊形式、横状抽象形式（部分已经剥落，比较模糊）；第四行是一个 A + B 型派生人形式（似乎是两人形式站立组合）。尽管性质不同，但是，所有组成成分不仅形状大小大体相同，而且它们在整个视觉空间中所占的空间位置亦基本相同。行与行之间、上下成分之间界限分明。正是所占空间位置的大致相当和彼此之间距离的大致均等，保证了图 I19 这个语篇形式里各组成成分之间的独立性。

而组成成分这种独立性的存在使得贺兰山岩画成为一个真正文字意义上的存在——它不是混沌的任意涂抹，而是一个由语词结构的表意单位。例如，在图 I4 这样的合体岩画里，我们也不难很快从中辨认出形状较小的象羊之形的形式，而图 I18、图 I19 则更鲜明地昭示出：贺兰山岩画带给我们的比例感来自每一个合体岩画里各个相对独立的成分之间有规律的组合。岩画作者往往遵循岩石自然纹理，依石制文。在相对平坦的石头表面，他们把所有成分或者上下纵向排列，或者左右横向组合。例如，我们可以断言图 I18 右边是一竖行，即作者是按照从上往下的顺序书写的，但不能肯定其左边也是如此。其实，由于石头自然断裂成比较平坦宽阔的台阶状（其正面及向阳侧面都刻有岩画），与右边相比，左边所有成分在总体纵向排列的前提下，内部又存在着分组左右

图 I 19

横向排列的情况。依石面所形成的台阶面积的大小，有的上面只有一个岩画形式，有的有两个或两个以上。尽管如此，在整个图 I18 这个相对独立的视觉空间内，无论是上下纵向还是左右横向排列的各个成分之间距离基本均等。换言之，每一竖或横行相邻的两个成分之间的距离基本相等。只不过图 I18 右边一竖行，以及左边最下面一较大台阶上一横行（许多点、画状抽象形式）所有成分之间的距离较短，而左边从上往下第二、三个台阶上三横行所有成分之间的距离略宽一些而已。

如果说图 I 18、图 I19 各行（竖行、横行）里成分大体按等距排列组合的话，那么，图 I 20 里所有成分之间的距离都基本相等。按从右到左，从上自下的顺序，该合体岩画里有三行：第一行里只有一个成分，即一根本羊形式；第二行里有五个成分，它们依次是派生羊形式（两羊形式组合）、两根本羊形式、抽象图案形式和根本羊形式；第三行里有一个成分，即由点、线、面结构的抽象图案形式。这七个形体大致相等的成分虽然性质不同且分行组合，但是，它们之间的距离大体相等。这既体现在同一行里上下各个成分之间，如中间一竖行五个等距组合的成分，也体现在行与行之间，如中间一竖行与其毗邻的左右两行之间基本等距。

同一个岩画形式里各成分之间依据一定的比例排列组合，这一现象在贺

图 I 20

兰山岩画里非常普遍。如图 I 21 左图这个贺兰山岩画里比较常见的形式表明：在一些看似无序的贺兰山岩画语篇里，我们也能发现同一个单位里，各成分之间的这种比例感。依据它们之间距离的远近，此语篇里的所有成分首先可以大致划分为左右三大组：整个语篇形式的最左边是一复杂抽象图案形式和一个根本羊形式和一个派生羊形式的组合；中间是大略呈一字形排列的七个形式（其中形状最大的是一复杂派生羊形式，它的上面分别有两个一小、一大的抽象形式和一抽象羊形式，它的下面分别有两个根本羊形式和一个派生羊形式形式），最右边是一个抽象复杂图案形式和两个羊形式的组合。如果把这三组看作第一个排列层次的话，那么，图里还明显地存在着第二个排列层次（若仅仅从各成分之间的距离来看），那就是位于最左上边的一组其实是两个小组的结构：其中右边是一复杂抽象形式，左边是三个羊形式（其中下面两个联结在一起，实际上是 A + B 型派生羊形式）。这种分层次的组合排列，使得图 I 21 左图这个由 13 个相对独立成分结构的语篇分行结字，脉络分明，朴茂自然，且又纵中有横，横中有纵，变态无尽。我们可以说图 I 21 这个语篇整体是按 3/7/3 的顺序从左到右排列组合的语篇，也可以说它整体是按 1/2/7/3 的顺序从上到下，从左到右排列组合的语篇。因为区分它们的唯一标准就是相对独立的各成分之间的间距。不论是按 3/7/3 的顺序，还是按 1/2/7/3 的顺序，各组与各组之间都存在着一种等距离排列的比例关系。

总而言之，贺兰山合体岩画里的各个成分之间结体章法，疏密远近，存在

图 I 21

着一定的排列和组合的秩序（也即句法或篇法），其龙蟠凤舞，纵横相涉，阖辟相生，在使得贺兰山合体岩画准确表意的同时，带给我们视知觉以一定平整均净的方位感和比例感。

（五）视觉空间感

明暗感、形体感、线条感、方位感和比例感，贺兰山岩画视觉的形式感或者说能指优势都是在视觉空间中展示的。相对于我们知觉着的、不断变化的现实世界，所有贺兰山岩画都处于可以眼见的静态之中，其中每一个成分都是在空间中并列而展开的。因此，由于贺兰山岩画所用的符号只能在空间中搭配，就必须要完全抛弃时间，所以持续的动作，正因为它是持续的，就不能成为它的表现对象。它只能满足于在空间中并列的动作或是单纯的物体。[1] 如图 I 21 右是一个现代汉字“田”状抽象形式，它可以是一个独体岩画（语词），也可以与其他抽象形式再次组合。[2] 这些形式都是单纯的物体。而这里所说的“空

[1] 此观点采用的是莱辛有关诗与画的界限的观点，详见〔德〕莱辛著、朱光潜译：《拉奥孔》，人民文学出版社 1979 年版。

[2] 其实，这是从一个三重句里摘出来的一个成分。它的右边、下面分别有一个根本羊形式。类似这种“田”字的状抽象形式在图 I 13、图 I 18 里也参与组合。

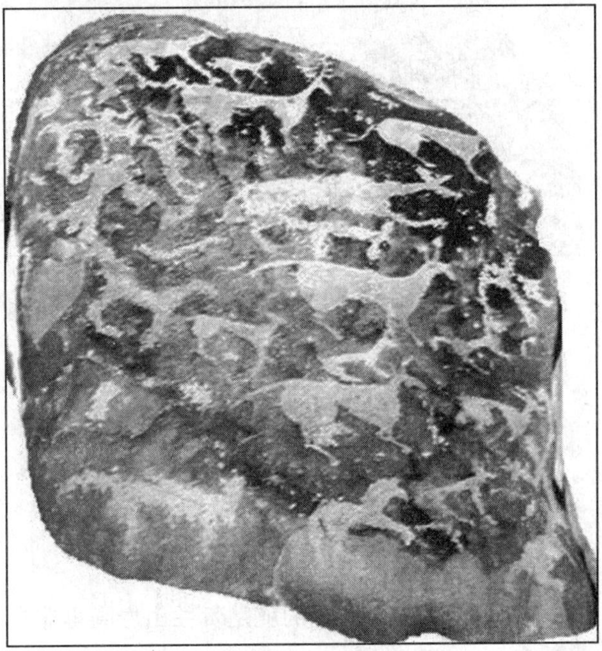

图Ⅰ22

间中并列的动作”一定要依存于人或动物。换言之，贺兰山岩画视觉空间中的动作指的是特定人或动物的动作，也即动作中的人或动物形象。它们可以独立存在，也可以与其他形式并列。如图Ⅰ22里射手、羊、鹿和马，以及抽象笔画、图案形式共时地被结构在同一个视觉空间里。人形象有的正在用弓箭射击，有的展开手臂，有的双手叉腰，动物形象则大都处于奔跑状态。

我们已经知道贺兰山岩画里最多的形式是羊图像，而且，抽象或呈静止站立状的羊形象是极少数。由于刻制者能灵活运用各种形态的直线和曲线，绝大多数羊形象呈现的都是动作中的羊，尤其是那些处于动作中的某一瞬间的羊形象：它们中有的正在凌空腾跃（如图Ⅰ3所示），有的正在俯冲（如图Ⅰ9所示），有的正在撒腿狂奔（如图Ⅰ22所示），有的正在健步急行。即使处于同一语境中的羊形象，它们的表现也不同。例如，图Ⅰ5里十几个都朝着一个方向匆匆赶路的羊形象，有的低着头，有的头部略微昂起，有的平视前方，有的甚至玩倒立。图Ⅰ22更是如此：奔跑中的羊形象栩栩如生。它们的姿态往往暗示出了某一动作，从而在静止的空间中表示出了动态，让我们的想象得以在这一视觉空间中飞腾起来，去构想并推断这一动作之前、之后羊形象可能处于何

图 I 23

种状态。如图 I 23[1] 所示的就是贺兰山岩画里非常罕见的呈卧状羊形象：即使都安详地卧着，这四个处于相对静止状态的羊形象有的双腿都弯曲在腹下，有的一条腿弯曲于腹下、一条腿前伸似乎要站起来，有的低着头，有的注视着前方，总之，各个形象生动。

事实上，整个贺兰山岩画相当明确地给我们昭示了人们创制人和动物形式的一个基本原则，这就是努力展示它们在“空间中并列的动作”。羊形象如此，贺兰山岩画里的其他形象亦如此。例如，在图 I 22 里，人、射手形象（位于左上角）似乎正在后面努力驱赶，动物形象似乎都在奔跑，有的双腿收起正在腾空跨越，有的双腿弯曲正在狂奔，有的则不紧不慢地在后面跟着等等。图 I 24 里的人和马形象更是精神飞动，结构天成。其姿态充分展示了它们的动作：骑者形象趾高气扬，正一手叉腰催赶着马，马则四蹄悬空、昂头嘶鸣表示反抗，前面牵马人则正在用力把马头往下拽，想制服它。位于他们前面的一个人、羊形象与神态悠闲傲慢的骑者形象形成了鲜明的对比：羊似乎背负着重物（注意它背上的一笔画状形式）艰难地前行，人双手高举，托着头上顶着的一个很大的“十”字状的东西，正小心翼翼试探性地走着。这些瞬间动作使得我们对其前前后后可能发生的事情也能有一个相当清楚的了解。因为图 I 24 带给我们一

[1] 宁夏博物馆收藏的贺兰山岩画。

图 I 24

种视觉空间感：人或动物瞬间动作形式，暗示出了持续性，让想象自由活动。这样的岩画就不仅仅只是告诉了我们“什么”或“发生了什么事”，而是同时传达出了“怎样”，也即手牵马、头顶东西、骑马人的神情、姿态，以及马、羊的情状等。

三、宏观结构

明暗感、形体感、线条感、方位感、比例感以及视觉空间感是贺兰山岩画形式感微观结构中的主要要素。所有这一切都使得贺兰山岩画具备了一般视觉语言的力量——构成事物的景观并将其呈现于世人的眼前。不仅如此，贺兰山岩画还以其有象性、节奏感和情感态度给我们以精神上的审美愉悦。

（一）有象性

我们在贺兰山岩画里看到一只长角站立的羊（如像这个独立形式），如果仅仅从能指层面上来看，我们看到的不是别的，只是一个构造外形的某些

细部变化而已。长角站立这些细部特征构成了粗线、曲线和形态的一部分，而这整个形态又构成了我们的视觉世界。我们本能地辨认出这构造外形是个形象（一个羊）。这些细部变化是一个静止站立的动作，一个大而长长弯曲的双角的特殊羊形态。然而，这时我们已经超越了上述纯形式感知的界限，进入了理解其含义的阶段，而我们对含义的领悟就是把这一视觉形式与我们从实际经验中认识的事物简单地等同起来。“这样领悟到的含义带有一种基本的、容易理解的性质，我们称之为事实性含义。”[1] 承载“羊”这种“事实性含义”的物质载体就是——一个有象的形式。换言之，一个有着现实物质基础的物象。因此，“我们从不单单注视一件东西：总是在审度物我之间的关系。我们的视线在不停搜寻、不停移动、不停地将事物围绕在自己的范围内，直至构成事物的景观，呈现眼前”[2]。当我们试图释读贺兰山岩画时，我们本质上其实是在企图用词语描述或解释我们是怎样看它们的——不论使用直白还是隐喻的方式。因为归根结底，贺兰山岩画是一种视知觉形象，它是我们可以看到的、存在于我们知觉中的感性物质存在。有象性是它形式感或者说符号能指层面最大的优势。

这种知觉形象可以分为实象和虚象两种。凡是我们能把它们与现实存在中的具体事物对应起来的、具有“事实性含义”的贺兰山岩画就是实象。反之，凡是我们不能把它与现实存在中的具体事物简单对应起来的、不完全或者部分具有“事实性含义”的贺兰山岩画就是虚象。这里，虽然是否与现实存在符合是我们分辨“实象”与“虚象”的一个基本标准，但是，最终的裁判权操在我们的手里。诚如德国心理学家、美学家立普斯（Theodor Lipps）所说：我们对贺兰山岩画的感知过程，某种意义上说就是一种“移情作用”（empathy），[3] 就是在一个与自我不同的感情对象中玩味自我本身，即把自我的感情、意志、思

[1]〔美〕E. 潘诺夫斯基著、傅志强译：《视觉艺术的含义》，辽宁人民出版社 1987 年版，第 32 页。

[2]〔英〕约翰·伯杰著、戴行钺译：《视觉艺术鉴赏》，商务印书馆 1994 年版，第 3 页。

[3] 立普斯（1851—1914）曾明确指出：“移情作用所指的不是一种身体感觉，而是把自己‘感’到审美对象里面去。”见立普斯：《论移情作用》，《古典文艺理论译丛》第八册，知识产权出版社 2010 年版，第 51—52 页。下面提到的美国学者 E. 潘诺夫斯基，他在论述其提出的“表情含义”时所使用的“移情作用”的概念也是借用立普斯的。

想等等移入到对象中去的过程。在这种情况下，当我们说与这两只羊很肥壮，这只蹲卧着的羊神态安详，以及是只神色匆匆正在赶路中的羊时，我们所说的不是该羊（实象）本身的东西，而是对该实象（羊）的一种感受。在我们的这种感受中，我们甚至能觉察并辨析出、和这三个都有着长长角的羊的情绪，知道它们是否快乐等等。这些心理上的细微变化将为羊（实象）的姿势赋予更进一步的含义。这种含义若采用美国学者 E. 潘诺夫斯基的话来说就是“表情含义”[1]。它与“事实性含义”的区别就在于它是通过“移情作用”，而不是通过简单认知被我们领悟到的。因此，“决定性的东西与其说是感受的表达，不如说是感受本身。这就是说，决定性的东西是一种内心活动，一种内在生命，一种内在的自我实现。”[2] 而我们对与、、以及、和的上述内在的感受（或者说我们对这些贺兰山岩画所具有的“表情含义”的理解），与“事实性含义”一样，都属于我们实际经验中的一部分，也就是说都是能等同于我们在实际经验中认识的对象。因此，严格说来，具有“表情含义”的贺兰山岩画与具有“事实性含义”的贺兰山岩画一样都是一种实象。其实，凡是具有“事实性含义”的贺兰山岩画都同时具有某种程度的“表情含义”。如我们完全可以说是一个有着长长弯曲大角的、正在低头沉思默想着的羊形象。

与之相反，贺兰山岩画里还有不少虚象，也即我们想象中的形象。它主要有两种类型。

第一种是由点、线、面形式元素结构的比较纯粹的抽象符号或图案形式。诸如图 I 26 上图岩画左边一个成分，以及、、、和类图像，我们很难把它们与现实生活中的具体事物相对应。贺兰山岩画里这类抽象形式比较少见。实际上，我们所见到的绝大多数抽象形式属于第二种，也即部分有实象的虚象。这类形象是从现实存在的具体事物中高度抽

---

[1] 〔美〕E. 潘诺夫斯基著、傅志强译：《视觉艺术的含义》，第 32 页。

[2] 〔德〕W. 沃林格著、王才勇译：《抽象与移情》，辽宁人民出版社 1987 年版，第 5 页。

图 I25

象概括出来的、有着现实生活中具体事物影子的图像。如从图 I25 这个独体贺兰山岩画形式的形态上，我们可以联想到射手形象。但是，我们又不能把它与实际生活经验中认识的射手形象完全对应起来。因为生活中不存在没有眼睛、鼻子、嘴巴、耳朵、双手等的射手形象。当我们把和、和，以及和这些贺兰山岩画分别视作羊形式、人的头部、骑者和两羊形式时情况也如此。一方面，我们认为它们是我们实际经验中的某某对象，另一方面，我们又无法把它们与我们熟知的对象等同。因为实际生活中不存在圆圈形头的羊，也不存在一尖嘴上有一复杂图案形式的羊、半个面部形状的人头，也不存在两个连在一起、没有眼睛的人头形状。当然，这样羊形式上的一钉子状形式似乎也不足以表示我们经验中的骑者形式，至于这样两个程度不同地缺少后半部分的羊形式更是与我们实际经验中的羊形象不符。我们之所以认出上述岩画里的形象并理解它们，是因为我们感到它们是射手、人头、骑者和羊——我们在我们的观看活动里面感到它们，而不是单就它们本身形式而言。从这个意义上说，它们存在于我们的联想之中。这就是说，我们在我们自身里面感觉到和体验到和这样的骑者和羊形式，和这种人面形式。这种存在于我们视知觉中的形式归根结底是存在于我们的想象之中，或者说是我们的想象把上述形象里所缺少的部分补全了。

这表明以图I25为代表的这类虚象虽然是我们观看的对象，但是，它们并不完全是我们视知觉形式。我们所知觉到的形式里面还更多、更明显地包含着我们自己的想象力。因此，与移情作用参与我们感知到的实象相比，贺兰山岩画里的虚象给我们的感知提供了更大的想象空间。这样的虚象更是这方面的典型代表。看到它，我们可以说它是一只肥壮的成年羊（当我们为它补充一个羊头时），可以说它是一匹马（当我们为它补充一个马头时），也可以说它是一头牛（当我们为它补充一个牛头时），这是因为在这些判断力里，我们的想象力发挥着巨大的作用，是它填补了视觉形式上的空白。然而，我们的这种想象力也是有限度的，它必须在视觉形式的基础上驰骋。例如，我们显然不能说这个贺兰山岩画代表的是一只鹿、一只虎。这个视觉形式规范了我们的想象力可能达到的高度和范围。同理，我们可以说图I26下面这个独体岩画表示的是一头肥胖的猪、牛，但绝不可能是羊或马。

图I26

因此，我们所作的实象（物象）、虚象（心象）之分是相对的，虚象（心象）里都有实在的影子，只是程度不同而已。例如，当我们面对图I26上图这个二重贺兰山岩画时，我们不假思索可以说它的右边是一个人形象，但我们不能说它的左边是一个人形象或羊形象。同样，当我们断言代表的是射手、

是两只老虎、是一只羊时，我们似乎完全凭借我们的联想——射手、两只老虎，羊更多的是存在于我们的想象力中。其实不然，事实上我们依旧无法摆脱我们实际生活经验中的对象的影响——因为我们显然不能把视作人面，把视作骑者，把视作马。所以，实象也好，虚象也罢，贺兰山岩画都是有象的。正因为有象，它取得了视知觉的能指优势——每一个贺兰山岩画都纵横有象，都是感性、生动地存在，都是我们能看得见，或者在想象中看得见的视觉形象、视觉形式。

从历史的角度来看，重形是中国文字的一个特性。康有为《书镜》云："中国自有文字以来，皆以形为主，即假借行草，亦形也，惟谐声略有声耳，故中国所重在形。"[1] 而甲骨文大凡鸟兽虫鱼，皆取成形，令人可识。至于"科斗鸟篆，类物象形"[2]，"及其转注假借之流，指事会意之类，莫不状范毫端，形呈字表"。[3] 汉字的简化也并没有使人们的书写完全脱离象形性。东晋书法家卫夫人在其《笔阵图》中告诫人们："每为一字，各象其形，斯造妙矣，书道毕矣。"[4] 中国"书道"上的这种"类物象形"、"形呈字表"、"各象其形"，绝不仅仅是在象万物之形层面上说的，它指的是要类万物之情、法万物之神。西晋索靖在《叙草书势》里指出：为书须"触类生变"，或若"飞燕相追而差池"，或若"元螭狡兽嬉其间，腾猨飞鼬相奔趣，凌鱼奋尾，骇龙反据，投空自窜，张设牙距，或若登高望其类"，"或若倜傥而不群"。[5] 东晋书法家王羲之在给儿子王献之传授的书法秘诀中有一条就是"视形章第三"。其开头便有"视形象体，变貌犹同，逐势瞻颜，高低有趣"[6] 之语。可以说，历代书法家们心摹手追的就是字的有象性。考虑到中国历史上有形状似蝌蚪的科斗文和形似鸟迹的鸟篆以及鸟书，那么，以羊形式为最基本形式的贺兰山岩画理当就应该是羊文或者说羊书了，而贺兰山独体岩画、合体岩画理当就是贺兰山独体文、合体文了。

---

[1] 康有为：《书镜》（又名为《广艺舟双辑》），见万木草堂本。

[2] 索靖：《叙草书势》，《书苑菁华》，第 120 页。

[3] 庾肩吾：《书品》，《书苑菁华》，第 144 页。

[4] 陈思：《书苑菁华》，第 43—44 页。

[5] 同上书，第 120—121 页。

[6] 王羲之：《笔势论十二章并序》，《书苑菁华》，第 50 页。

（二）节奏感

贺兰山岩画千类万象，或羊或人，或马或虎，或实象（物象），或虚象（心象），形体或正或斜，各尽物形，奇古生动。贺兰山岩画的生动性源于它的生命力。我们说贺兰山岩画是有象的，这就是说它们不是呆板的、僵硬的死象，而是流动、生动的活象。其间充盈、流淌着动态的节律，或者说节奏。当然，对于视知觉而言，贺兰山岩画的节奏感指的是其形式体现出来的静态节律感。形式元素以及形式之间的对称、方位和距离都能产生这种静态的节律。恰如诗文里的平、仄，音乐中的重音、轻音，它们之间的交替出现和周期性的反复循环一样，贺兰山岩画里的静态节律也基本上由两种方式产生：一种是不同形式元素或形式之间的交替出现，一种是同一形式元素或形式周期性的间歇反复。下面，我们分开论述之。

1. 异形相从，绵密疏间

同一岩画里各种不同形式元素或成分之间往往交替运用。例如，绝大多数贺兰山独体岩画都是由点特别是各种线交替结构的。其用笔有偃有仰，有敧有侧，有正有斜，有粗有细，或大或小，或长或短。每作一形式，常用两种或两种以上形式元素。最常见的情形有以下三种：

（1）多种形态的点、线组合。如图I27[1]上图是一个上下结构的独体岩画形式：上面是一个“人”字形、半圆曲线和两小点结构，下边是一个小半圆曲线和三点结构。上下形式既界限分明又紧密非常。图I27中间这个独体根本羊形式，笔画间血脉灌输，似一气呵成——我们很难把其中用以表示羊形象头部的一小圆点形实面与其后面笔画分开（也即把它看作一点状笔画），而会把它与表示整个羊形象主体躯干的一弧形曲线视作一个整体（也即一笔）。

（2）各种线的组合。如图I27下图这个看似简单的贺兰山独体岩画形式实际上是两条垂直直线与两个小直角折线（上面一左一右）、两个大直角折线（下面一左一右）和一个封闭式圆圈状曲线（圆圈形）的组合，这种结构式样紧密非常又简单大方。而图I12则是一复杂的贺兰山独体岩画。一条长曲线勾

---

[1] 这三个均是被贺兰山岩画工作者收集起来放在贺兰口的岩画。它们分别位于三块不同的石头上，是各自独立的独体岩画。

图 I 27

勒出了象虎之形的形式的整体轮廓，一短直线结构了其尾巴、多重复合直角短折线结构了它身体上的纹路，长、短直线的搭配组合了其两条腿，而它的两个爪子则是短折线结构。至于它的头部，由于自然风化腐蚀，我们不可能看到原貌，只能看到两条短、粗的曲线所勾勒出的大致轮廓。

（3）点、线、面的综合运用。如图 I 28 上图一大牛形象的整个头部及身体轮廓是一个镂空的面结构，其上又有大小、深浅、实虚不一的圆圈状式样，而大牛的四肢、尾巴、角则分别是复合垂直线、复合对角线和曲线结构，牛的脊背上又有一大点状黏附形式。

无论复杂还是简单，贺兰山独体岩画都是两种以上异质形式元素的结构。事实上，绝大多数贺兰山岩画都是多种形式元素的集合。这些形式元素或点、曲线、直线，或直线、竖线、短线、长线，或对角线、波状线、点、虚面、曲线，或短线、长线、实面、折线等等，彼此之间不仅有缓有急，有疾有涩[1]地交替在同一个结构式样中出现，而且缓急、疾涩之间，又有着关联照应。如图 I 28 里舒缓圆润的曲线与刚劲有力的折线，以及短促的短直线、点结构的虎形象。此外，我们还不难注意到：即便是在同一岩画形式里，也程度不同地存在着同一形式元素的反复结构式样。如图 I 28、图 I 12 里分别由点与短直线、折线的多重复沓所形成的虎文的内部形式

[1] 疾势、涩势是用笔最基本的原则。元代郑杓《衍极》云："书肇于自然，阴阳生焉，形势立焉。势来不可止，势去不可遏。"刘有定注曰："书有二法：一曰疾，二曰涩。得疾、涩二法，书妙尽矣。"见四库全书本。

图I28

式样。

这些同一形式元素在同一岩画形式中反复出现时并不是随意无序的，相反，其运笔爽达，结体雍容茂密，而又有疏朗之致。因此，由于同一岩画形式里，异形元素之间的互映协和以及同一形式元素之间的匀净相近，点画交替且工整精严就成为贺兰山独体岩画式样整体结构上的一个显著特征。具体而言，贺兰山独体岩画结形之点画，上皆覆下，下以承上，左回右顾，递相映带，孤露罕见。

至于间架结构，则或上或下，或左或右，绵密疏间，且不说简单的根本羊、人形式，就是图I28、图I12里这两个笔画茂密的虎文形体形势亦疏密相间，清晰可见。一般来说，凡是形式元素或笔画少的形式的节奏感要平缓一些，反之，则快或强一些。如相比较而言，图I27里的形式总的来说节奏变化不太大，而图I28里点、线、面结构的牛形式，以及融点、直线、曲线于一体的虎形式的节奏感则很强：其间不同形式元素之间的搭配运用参差变化，气韵流溢，令人目不暇接。

在贺兰山合体岩画中，贺兰山独体岩画形式结构上既顿挫有致，又浑然协和的这一特点主要体现在各个组成成分之间的体势各异与组合搭配上。这也是视觉中的贺兰山合体岩画能指层面最显著的一个特征。所谓“体势各异”是指在贺兰山岩画句和语篇中，有一部分是由不同性质的成分结构而成的，能指层面存在着明显差异的这些形式之间的组合，自然带给我们的视知觉以体貌有别、错落有致的感觉。如图 I 22 表明：贺兰山独体岩画里常见的羊、马、人、鹿和各种抽象形式，或紧密或疏远，或左或右，或上或下，分布井然，能再次相互组合出更大的合体岩画形式。

即使有的语篇里同时存在着一些性质相同的形式，它们之间也绝不雷同。其实，我们已经知道贺兰山合体岩画最引我们瞩目的是体势多变的同一形式之间的组合。这些形式可以是人、动物形式，可以是各种抽象形式，其中尤以羊形式最普遍。尽管是同一性质的形式之间的组合，但是，它们在同一合体岩画里，体态各异。下面，我们主要以羊形式自耦合的贺兰山合体岩画为例，分析说明成分差异性带给我们的节奏感。

在完全由羊形式结构的二重岩画句里，各个组成成分之间在体貌形态上存在着一定的差异。有些彼此之间差别大，如里的两个组成成分左大右小，图 I 29 上图的左横置右直立，区别显著；有的比较小，如图 I29 中间这个二重句里的两个羊成分不仅形式元素相同，羊形象的神态动作亦相似。图 I 29 下图岩画里的两个羊成分之间的区别更为微妙。若不仔细辨识，我们很难发现图 I 29 中间、下面两个岩画里羊成分之间的差异。前者的差别集中体现在前面一羊形象没有角，而后面的则有两只角；后者的差异集中体现在上面一个躯干部分宽一些且有两只小角，下面的则躯干部分窄一些且无角。总之，无论程度大小，用以结构同一个二重岩画句的羊成分区别有致，没有相同。

这种现象普遍存在于整个羊符号系统中。例如，类似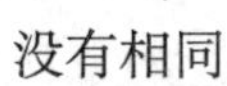这样一大一小的二重句俯拾即是。若把它们视作整个羊符号系统里的一个子系统，那么，我们就会发现：由羊成分结构的一大一小二重岩画一物众相、万形皆别。这不仅体现在此类二重合体岩画之间的差别上，而且还体现在组成每一个此类二重句的两个组成成分之间的区别上。如、、和这四个都拥有一大一小两个组成成分的二重句之间的差别是比较

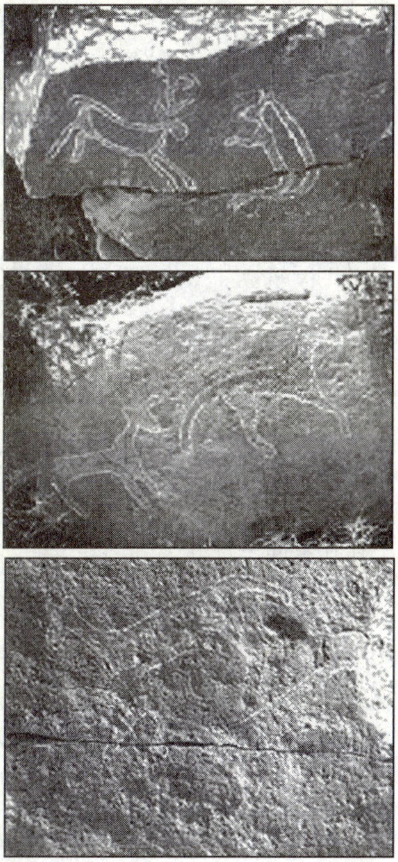

图 I29

明显的：无论是在体貌上，还是组合搭配上，它们之间都存在着比较明显的区别。这种区别主要体现在三个方面：(1) 不同形式元素的结构上。这一点我们一望便知。主要由实面结构的与主要由镂空面结构的，特别是完全由线结构的差异非常明显。(2) 内部形式结构上的区别。如里右边一个昂首跨越，左边一个则弓背低头。里右边一个有一只角，左边一个则有两只角。(3) 不同形式类型。如里一个是根本羊形式，一个是复杂派生羊形式。

在形状大小差别不大的二重羊岩画里，两个羊形象之间的差别也比较明显。如里一个垂着头、尾巴上翘，一个平视前方、尾巴平伸；里一个一只角、尾巴上翘、两条腿，一个两只角、尾巴下垂、四只腿；里一个尾巴向下、后腿很短且呈直立，一个尾巴略向上平伸、后腿很长且呈弯曲状。这三个岩画图序也差别明显。它们中有的整体呈垂直线状排列，有的呈对角线状组合，更有的则略呈向左上角倾斜状排列。

从上述例子我们也可以看到：二重羊岩画形式不仅形态各造其极，组合次序亦复落落。它们之中或者大的在前，小的在后；或者小的在前，大的在后；或者上下相对，或者上下相错，若星辰丽天，皆有奇致。因此，这种一大一小、一前一后、一上一下，且姿态横生的二重羊岩画形式所带给我们的鲜明节奏感，既来自其体貌形态本身，也来自其组合次序。两个成分大体上或者一左一右，或者一上一下组合，排列对称整齐。

当然，羊自耦合的合体岩画里羊成分的差异性绝不仅仅只体现在二重岩画里。实际上，所有合体岩画均如此。这一点我们已经反复论述过，兹不赘述。此处，我们要指出的是：若就岩画形式带给我们的节奏感而言，与独体岩画相比，二重以上合体岩画里的分组（或行）排列情形更突现了各成分组合时的对称性。如上述图I19、图I20就是如此。其分行布白，各个区别，自妙其致：或两个一行一上一下，或五个一行上下牵连，行与行之间、成分与成分之间距离均等。图I19、图I20里所有成分分别被划分为四行、三行上下纵向排列，各行之间的差别既体现在形式上，也体现在其方位上：前者里第一行（最右边）里的两个羊形象的头部都面朝右，第二、三行里三个羊形象的头部都面朝左。这样，各行里的成分一上一下，一左一右，顿挫有秩，节奏鲜明；后者里（即第一、二行）内部形式结构不同的所有羊形象的头部则一致朝右，差异性中存在着同一性。

在那些没有明显分行、分组的合体岩画里，我们也能知觉到这种节奏感。如在图I4、图I22这样两块面积并不大、整体大致呈圆形的石头表面刻制着众多独体岩画形式。形体较大的形式通常位于整个视觉空间最醒目的位置，而且其周围必有形体较小的形式，它们或左或右，或上或下，乍离乍合，与形体略大形式交替出现，相互映带。

2. 同形反复，复沓有章

这是指同一独体岩画或合体岩画里相同形式周期性地间歇出现。由于整个贺兰山岩画符号系统中完全相同的形式非常罕见，因此，这里所说的“同形反复”其实只是针对独体岩画而言，也即指同一岩画形式里相同形式元素的反复使用。例如，图I30[1]两个独体岩画里就存在着复合平行波浪曲线重复使用的情况。三条复合平行波浪曲线婉转复沓结构了两个倒“几”字形状的独体抽象形式。它们形状完全相同，最上面的比较短，最下面的最长，中间的介于二者之间，一上一下，距离均等，匀称优美。左图是一个象正面站立、展臂飞翔之形的人形象。人形象舒展的双臂就是由两条双平行波浪曲线重合结构出的一倒

[1] 这两个是被贺兰山岩画管理处工作人员从周围其他地方收集来、放置在贺兰口入口处的两个独体岩画。为清晰起见，工作人员用白色线条勾勒出了每个独体文的形状。然而，由于自然风化，这两个抽象形式部分已经变得很模糊。

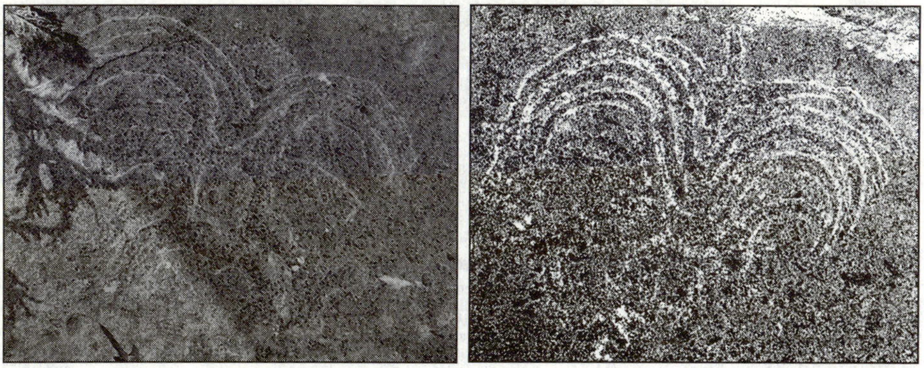

图 I 30

“几”字形状的形式表示的。一般来说，同一形式的反复往往给人单调感。但是，图 I 30 里的两个独体岩画并不是这样。其间同一种形式元素有规律地反复所形成的一上一下的双重鲜明的对称性，给我们以宁静的静态节奏感。右图一倒“几”字形状形式的上面一小波浪曲线和一短直线再次结构出的一个倒“个”字形状和下面一小半圆形曲线、短直线，以及左图表示人双臂的倒“几”字形式上面一小圆形实面（代表人头部分）、下面一正方形虚面（代表人躯干部分）、一倒半圆形曲线（代表人臀部、双腿部分）和左右两边数量不等的短弧形曲线，这些其他形式元素的介入，非但没有破坏、反而更加强了我们的这种感觉。

在贺兰山岩画里，除个别存在着点的反复使用外（如图 I 16 下面一个主要有众多点结构的植物式样、一些人面里由点结构的人眼睛的式样等等），同一个岩画形式里能反复使用的形式元素基本上是线。各种类型的线都可以反复使用。它们可以间歇反复使用，也即在同一个岩画形式里有规律地间隔出现。例如，贺兰山岩画里常见的两条直线重复结构的羊形象的四肢和图 I 15 里短横直线、对角线、两长波浪状曲线、圆圈状曲线，或上或下，或左或右，间歇反复结构出了丰富人面形式。当然，在有的岩画形式里，它们也会连续不断出现。例如，图 I18 里无数短直线在一垂直线上一左一右反反复复结构的一象麦穗状抽象形式和常用于结构老虎式样的、均等反复的对折线。这些线有规律地重复，既绵密紧致，又井井有条。这一点在图 I 31 这个独体岩画里也体现得非常鲜明：两两一组（即三组）的六条波状曲线基本上结构了独特的马形式。这三组线条的长短大小，各因马体而定。其中一组位于最上面、一组位于中间、一组位于最下面，组与组之间有着明确的规则，也即都保持着均等的距离。整个式样节奏鲜明，笔气圆流，意态跳宕。

对于我们可以称之为羊书的贺兰山岩画来说，羊式样有着突出重要的意义。一般来说，它的结构方式主要有两种：一种是各种形式元素的运用。例如，如果我们把图I29上图岩画里的两个视作点、线、虚面结构，那么，图I29中间里的两个就是点、线、实面结构；一种就是线，准确地说就是同一性质的线的反复使用。这种使用也不外乎两种情形：一是同一性质的线在同一个形式里间歇出现。如图I8、图I9里用以结构羊式样的折线之间的组合（它们分别一上一下、一前一后，结构了羊形象的躯干、头部和腿部式样）；二是同一性质的复合线在同一形式里的间歇运用。如贺兰山岩画里用以结构羊腿部式样的基本上都是各种线条。它们或者以单线的形式出现，这样结构出的往往是两条腿的羊式样，如图I4、图I6里的折线；或者以复合线的形式出现，这样结构出的往往是四条腿的羊式样，如复合折线的反复结构了图I20中间一个形体较大的羊形象的腿部式样，而复合曲线则结构了图I3左上图羊形象的腿部、角部式样。这样单线与多样化的复合对称线的式样结构紧密精严，浑劲质拙。

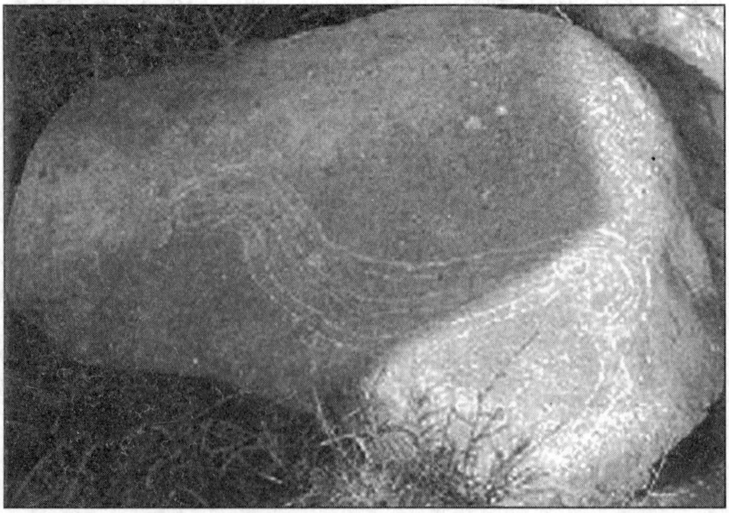
图I31

总之，从视知觉的角度来看，贺兰山岩画形式结构上所具有的异形相从，绵密疏间以及同形反复、复沓有章的特点，给我们以鲜明的静态节奏感。

（三）平衡感

这种节奏感同时又带给我们一种平衡、宁静感。一点一线，一上一下，一左一右，顿挫有节，圆转谐和。事实上，大部分贺兰山岩画都给我们以平衡感。这种平衡感当然源自异形相从、同形反复所造成的对称性。平正安稳是贺兰山独体岩画结构上的一个显著特征。如羊结构图式，无论是两条腿还是四条腿，都左右对称。人面及人体上点画的分布亦如此。例如，图I 30左图、图I 27上、下图里三个象人形独体文简洁、稳正的组合结构给我们均衡、宁静之感。前者上一倒“几”字状形式，下必安一“口”字状形式，后者右一折线，左必一折线，上一相对折线，下必亦相对折线。

双数概念在贺兰山岩画的结构中具有重要地位。大小、方向基本相似的两个成分之间的两两相配，或上或下，或远或近，相互映衬是贺兰山合体岩画分布组合的一个基本原则。如图I 32所示：这是两个平衡式样。上图一个四重句在整体呈横向排列组合的同时四个成分又分两行。每行里有两个成分，它们一上一下，呈直线或斜线状排列。尽管左边一行里的两个成分上下略相错，但是，这不影响它们之间的平行性。下图是一个整体呈横向排列组合的三重句。右边两个派生羊成分一上一下，呈一竖直线状组合，左边单列一形体较大的抽象成分。然而，这样图序所形成的整体视觉空间形状，并不是我们在三重句里常见的三角形，而是大致的长方形：制作者显然刻意向上向下（如拖得长长的一竖）延伸了左边成分的式样结构。因为无论是从石头表面实际空间面积来看，还是就左边这个抽象成分的式样结构而言，制作者完全可以把它的形状刻制得与其右边两个成分的一样大或大致相等，而不是像现在这样相差很远。他这样做的目的是为了获得左右均衡感[1]：两行成分给予我们的视觉形式式样就是两条一上一下的平行线。

视知觉心理学者的研究已经证实：对于观赏者来说，他们首先聚焦于其所

[1] 这是位于贺兰口深沟面南石壁下端的岩画。它的周围岩石已经剥落，从其整体布局来看，右边最上面可能还有一个形式。

图 I 32

看到的事物的左半部分。[1] 我们看到图 I32 里这两个三重、四重贺兰山合体岩画时就是这样：所有的成分似乎同时具有一个向左的倾斜运动力，位于左边的成分因此看起来总是比其右边的“重”一些。这既是由于贺兰山三重合体岩画左边成分所处的特殊位置（从整个岩石的最上面一直延伸至最底部），以及四重合体岩画左边一行上下向左倾斜相错，也是由于三重合体岩画左边与右边两个成分的形状大小相差很悬殊所致。这是两个有着鲜明比例感和距离感的合体岩画。其间的所有成分都严格依据一定的规则组合，即从上到下，从左到右分别按照 1/2、2/2 的比例排列。

这当然是就组成成分的数量而言。实际上，若从视觉空间位置来看，这两个合体岩画都是按左右上下两行组合的。四重合体岩画左边一行最下面一个特意向左偏斜、三重岩画左边一个刻意向上、下延伸。如此一来，左边一行的重量就比

[1] 例如，格芙伦在《论伦勃朗蚀刻画》中认为：观赏者在按照习惯的方式观赏印制出的蚀刻画时，就只能仅仅面对着作品的左半部，他往往沉溺在左半部，凡是在左半部出现的事物，在他看来都显得十分重要。亚历山大·迪恩在《论舞台演出的方向性原则》中也指出：当幕布从舞台刚刚升起时，观众的眼睛总是首先盯住舞台的左半部。在其《艺术与视知觉》中引用了格芙伦、亚历山大·迪恩上述言语之后，美国美学家鲁道夫·阿恩海姆总结说：“这说明，舞台的左半部在观众的心目中是占据着何等重要的位置。”详见〔美〕鲁道夫·阿恩海姆著，滕守尧、朱疆源译：《艺术与视知觉》，中国社会科学出版社 1983 年版，第 33 页。

右边的重。若把结构这两个合体岩画的所有成分用一条线连接起来的话，它基本上就是一个长方形，其重心是在左边。“当观赏者意识到自己是面对着画的左半部时，也就意味着在左半部已经产生出了整幅画的第二个中心。这个中心像整个画框的中心一样，是观赏者主观经验中的中心。它在观赏者心目中显得更加重要。”[1] 重力往往影响一个视觉样式的平衡感。尽管三、四重合体岩画的最下面、左下边分别多出了一部分形式元素，但是，我们不会把它们排除在这个长方形视野之外：我们视线中的这两个长方形是一个均衡稳定的式样。

在整个贺兰山岩画里，这种重力除了借助于形式形状的大小、改变其位置获得外，还主要通过增加组成成分的数量或重量来实现。例如，在一个 A+(b) 型马形式上再次添加一个羊黏附形式，增加了它的重量，使得整个图 I 33d 的重心更加向下垂、向前倾斜。而在图 I 33a 这个五重合体岩画里，各组成成分的外部形状有着明显的差异。它们中有的比较大，有的比较小。五个组成成分上下呈一垂直线状组合结构，其中比较小的位于比较大的上面，所有成分都按照大在下、小在上的次序逐层排列。而且，四个成分都是横向水平放置。因此，尽管与其他形式相比，最上面那个形状最小的羊成分仿佛受到了一股向上拉力的吸引，倾斜向上，但是，由于有了下面四个比较宽大“超重”的底座，它并不给我们以游离出整个五重合体岩画之外的感觉。相反，整个图 I 33a 带给我们的是一种垂直方向的平衡感，恰似一座具有稳固基底和均衡结构的塔。与图 I 33a 相反，图 I 33c 这个三重岩画的整体形状是上大下小，也即上面两个羊成分，下面一个羊成分。然而，这种结构同样给我们以安全、稳重感。这种感觉来自上面两个呈水平线组合的成分，更来自下面一个形体较大、厚重的成分。而从图 I 33b 我们可以看到，两组成分一上一下相错组合，其中两个羊成分垂直上下所形成的坚固而稳定的平衡性达到了如此鲜明的程度，以致它完全可以把其中下面一颠倒羊形式所带来的侵扰因素排除掉。或者说，这个颠倒的羊形式（位置不正）不影响图 I 33b 整体对称性所带给我们的平衡感觉。

如果说我们从图 I 33a 里感觉到的平衡感来自其整个构图中各个成分之间

[1] 〔美〕鲁道夫·阿恩海姆著，滕守尧、朱疆源译：《艺术与视知觉》，第 33 页。

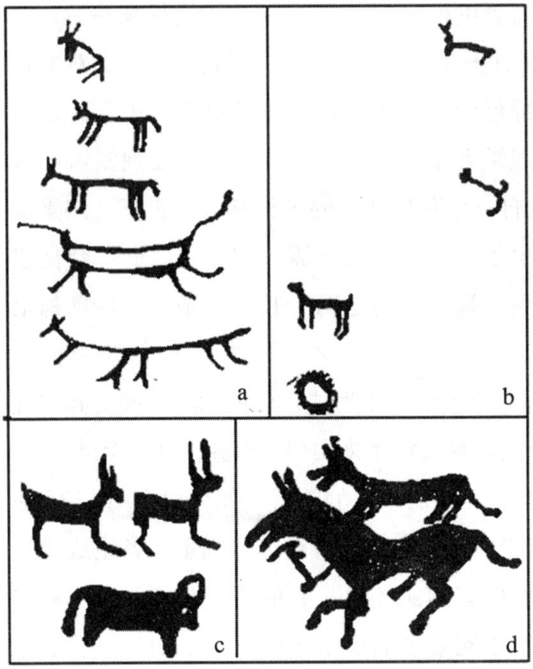

图Ⅰ33

的相互合作配合（也即由五个形状所产生的一股向上的力的作用）的话，那么，在图Ⅰ34这样的贺兰山岩画里，我们所获得的视知觉上的平衡感则来自整个构形中各个形式所产生的力之间的相互抵消。结构这个三重合体岩画的三个组成成分，位于不同位置、不同方向从而呈稳定三角形组合。其中位于右边的象骑者形象正朝左上角方向前进，而位于左下角的两个羊形象，上面一个正朝右边移动，下面一个则朝左下角方向行走。我们知道如果作用于一个物体上的各种力达到了互相抵消，这个物体就处于相对平衡状态。物理学上所说的这种平衡同样适用于视觉力的平衡。如图Ⅰ35b、c这两个二重合体岩画里的两个成分就同时具有一个向左、一个向右，一个向上、一个向下的运动力。方向是由运动暗示出来的。两个方向完全相反的组成成分之间运动的结果便是趋于相对稳定平衡。因此，无论是图Ⅰ35c里两个方向相反的成分上下垂直也好，还是图Ⅰ35b里两个方向相反的成分上下相错也好，它们都给我们上下均衡的感觉。

与图Ⅰ35b、c里两个方向相反的成分相比，图Ⅰ35e、d里五个或七个成分的方向完全一致。它们或者一致朝左、或者一致朝右横向组合，加之所有成分上下左右基本对齐，分上下两行排列，所以，即使图Ⅰ35d上面多出一个成分，图Ⅰ35e上面缺少一个成分，也不会影响两个岩画整体的平衡。[1] 从图Ⅰ35a这个乍看似乎很不平衡的式样中，我们也能寻找到这种平衡感觉。图Ⅰ35a这个

[1] 因为岩画作者主要通过利用适当增大下面一个成分的形状并在上面余留出相当于一个成分大小的空间，弥补了由于成分多少所带来的整体不对称。

图 I 34

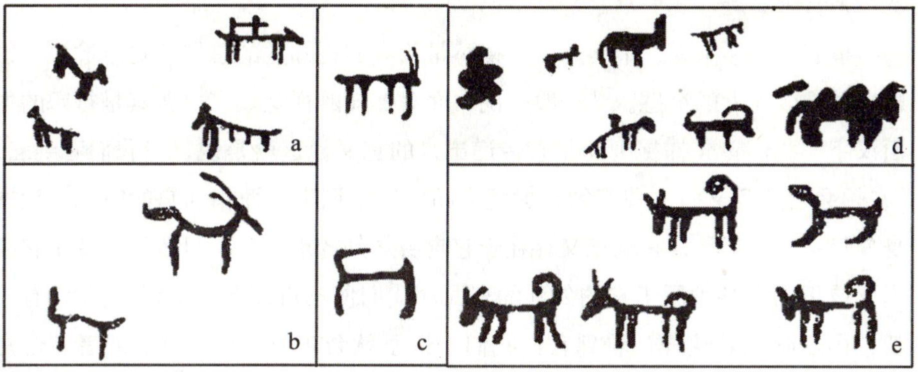

图 I 35

四重合体岩画里的四个成分按 2/2 分行次序上下排列。总体来看，这两行一右一左，行间、字间，分布均停，节奏明快。与一般分上下两行排列的四重合体岩画相比，图 I35a 各行里的两个成分在水平方向上也完全相反，它们或一左或一右。这样一上一下、一左一右的两个成分，也即彼此之间朝着相反方向运动的两个物体，其运动的最终结果就是抵消掉彼此之间的拉力，获得相对的均衡。如方向相反所形成的基本平衡性甚至能让我们看不到最左边上面一个向下倾斜放置的羊成分。

总之，各种形式所形成的多种力，使得它们之间或者相互支持，或者相互抵消，这一切都构成了整个贺兰山岩画整体的平衡性。

（四）情感态度

我们已经知道：随类赋形、纵横有象者，乃为贺兰山岩画。其为书之体，皆入物之形。或若羊行，或若马来，或若人走。亦有或若羊之跨跃、虎之捕食、马之嘶鸣、人之眺望者。能作此书者当然不仅仅是能象物之形，而是能象物之神。然“神用象通，情变所孕。物以貌求，心以理应”[1]。作者只有情动才能发之于外，才能书写出诸如图I36、I37、I38这样形神兼备、神采飞扬的贺兰山岩画。诚如刘勰所言：“夫情动而言形，理发而文见，盖沿隐以致显，因内而符外者也。”[2]正是创制者在贺兰山岩画里注入了情感，所以，观许多贺兰山岩画真迹，我们常常情动不已。

事实上，形象感、节奏感、平衡感带给我们视知觉的总体感觉是愉悦，也即一种积极向上的情感。[3]一般来说，面对熟知的视觉文字，尤其是打印的书面汉字，我们首先捕捉到的是它传递出来的意义。这就是说，当我们看到它，“在领会它的意义时，我们的兴趣就会超出这个词本身而指向它的概念。词本身仅仅是一个工具，它的意义存在于它自身之外的地方，一旦我们把握了它的内涵或识别出某种属于它的外延的东西，我们便不再需要这个词了。”[4]有的贺兰山岩画也是这样，看到它们我们一下子就会叫出“这是羊”或者“这是马”等，也即我们首先会情不自禁地对其作出语义上的判断，而忽视它的外在形式。然而，当我们看到图I36、I37、I38类贺兰山岩画时，我们不会很快就作出如此简单的判断。即使我们一望便认出它们是“人”、“鹿”，我们也会在它们面前再多停留一会儿，尤其是当我们真正在贺兰山上目睹它们时，抓住我们视线的首先不是“这个人面”、“这个鹿”和“这群鹿”，而是它们自身感性存在的形式或者式样。观图I36人面形象措笔缀形，用心精专，中正循检，矩

[1] 刘勰《文心雕龙》语，见黄叔琳：《文心雕龙辑注》，第275页。

[2] 同上书，第277页。

[3] 这里所使用的“情感”一词是最一般意义上的心理学概念。它指对外界刺激肯定或否定的心理反应，如舒适感、烦躁感、平静感，以及喜欢、愤怒、悲伤、恐惧、爱慕、厌恶等等。

[4] 〔美〕苏珊·朗格著，滕守尧、朱源疆译：《艺术问题》，中国社会科学出版社1983年版，第128页。

图 I 36

折规旋。其曲如弓，直如弦，遒密峻整，凝整沉着，有清劲方整之气。那工整对称、遒劲有力的笔触，魄力雄强，似乎连整个山石也勾勒了起来；那高凸、怒睁的环眼，似乎要夺眶而出；那坚毅而又略带忧伤的表情，撼动人心，给我们以强烈的茂密雄厚、沉郁顿挫之感。虽是眼中之物象，闭目却如在眼前——我们面对的岂止是一个石刻的“人面”！在这个贺兰山岩画里，我们看到的或者直接从中把握到的是一个浸透着情感的表象——一个峻美严整，有着旺盛生命力的、活生生的人！

至于图 I 37、I 38 里若坐若行，若飞若动，若往若来，若卧若起，若愁若喜的鹿群，与其说它们带给我们的是有关“鹿”、“鹿群”、“大鹿”、“小鹿”等这些抽象的概念，毋宁说是一种发自内心的欣喜。图 I 37 明暗影动：前面四个形体健全的鹿式样，后面若隐若现有两个鹿形式。这六个形态各异的鹿形象[1]彼此相偎依、相重叠（后面的与前面的部分形式元素重叠），乍显乍晦，若行

[1] 按从左到右的顺序，前面四个分别是母子形式、雄鹿形式、大雌鹿形式和小雌鹿形式；后面两个分别是有着火焰状形式的鹿形式、一个用一长曲线勾勒出鹿躯体大致轮廓的抽象形式。

图 I37

若藏，端姿旁逸，若鸿雁奋六翮，飘摇乎清风之上。至于其矩折规转，却密就疏，潇洒流落，翰逸神飞，则令整个六重合体岩画之体势似一笔而成：其间偶有不连，而血脉不断，风流婉约，清丰流美。图 I38 也使观者玩迹探情，循由察变，赞叹不已：独特的结构组合方式、婀娜的曲线线条结构以及严整的对称性所形成的谐和之美，非夫妙之至者，何以及此！母鹿之文或斜列，或圆转，栉比龙鳞，陨若黍稷之垂颖，蕴若虫蛇之棼缊。远而望之，若龙蛇盘卧。幼鹿之文则或横或竖，横竖上下，径挺不遒，倔强无润，规矩矜敛。母鹿与幼鹿，一大三小，相套相偎，奇姿异态，端整妍美，一幅自然祥和之象。若夫作者穷变化于笔端，合情调于石上，何能旁通点画之情，博究天伦之理。

"夫书，心画也，有诸中必形诸外。"[1] 若图 I36、I37、I38 所传达的意义（诸如"人面"、"鹿"、"鹿群"）离开了负载这种意义的、感性的、物质化的载体——贺兰山岩画，它就无法被我们把握。或者说，当我们想知道图 I36、I37、I38 所传达的意义时，我们首先看到的将会是一个个渗透着情感的表象，而不只是传达出一定意义的符号。在这三个贺兰山岩画里，真正激起我们审

[1]　郑杓：《衍极》，四库全书本。

图 I 38

美情感的是以一种独特的方式组合起来的线条及其相互关系。这些线条之间的相互关系及其组合所形成的就是给我们以审美感受的形式。因此，这样贺兰山岩画的存在告诉我们：视觉文字与艺术之间不存在断裂，视觉表现形式与表意语词的使用之间也不存在断裂。文字与视觉意象之间紧密相连。我们可以凭借从中不断唤起我们情感的这三幅贺兰山岩画的能指层面，领略到“有意味的形式”[1]（Significant Form）的魅力。那由不断回环的曲线结构的鹿形式及其排列次序感动我们，触动我们的情感，虽彼迹已緘，而遗情未尽，心存目想，欲罢不能。

综上所述：有象性、节奏感、平衡感和情感态度是贺兰山岩画形式感的宏观结构。它们与其微观结构一起共同构成了贺兰山岩画能指层面上的能指优势。这使我们在辨识、释读有些贺兰山岩画的同时，也能用感情去体验它们。

---

[1] 此乃现代英国著名美学家克莱夫·贝尔（Clive Bell，1881—1964）提出来的。他指出：有意味的形式就是那些用一种独特的方式感动我们的排列与组合。详见其《艺术》第一章，薛华译，江苏教育出版社 2005 年版。

四、能所关系及其类型

贺兰山岩画所以能以某种方式联系起来的种种形式打动我们的情感，那是因为它负载着书写者（准确地说是刻制者）的情感。换言之，书写者借这种被刻制在石头上的物化的形式在表意的同时传达出了自己的情感。观其书人面情志沉郁，书鹿母子则寓情深于笔前、笔后。然书鹿群则神采飘逸，或偃仰向背，阴阳相应，或迟涩飞动，凌空玲珑，或尺寸规度，随形变转。事实上，缀文入情是中国书法理论里的一个重要思想。近代康有为在《书镜》卷三“缀法第二十一”里明确指出：“能移人情，乃为书之至极。佛法言声、色、触、法、受、想、行、识，以想、触为大，书虽小技，其精者亦通于道焉。”[1] 从这个意义上说，贺兰山岩画是一种表现体。这里所说的“表现”一词是非常广义的，它指贺兰山岩画所呈现给我们的一切：指称对象、对事物摹写、表示的意思以及传达出来的情感、个性等。下面，我们就从贺兰山岩画符号能所关系入手，详细剖析之。

（一）指称关系

指称关系，也即能指指称着具体的对象、具体的事物，是贺兰山岩画最基本的一种关系。这是由我们使用文字的目的决定的。表示或陈述现实世界中的人、某种事物、事件的事实是我们使用文字的一个主要目的。为了达到这一目的，我们就必须以某种方式首先回答“我正在谈什么”、他是“谁”以及那是“什么”之类问题。而要回答这些问题就必须进行指称。所以，就必须要有可指称的对象。这涉及对象是否在场的问题。普通名词对象在场的情况下，就有指称对象，反之，对象不在场，就没有指称对象。从这一点看，绝大部分贺兰山岩画符号都有着明确的指称对象，它们可以被视作指述一类对象的普通名词。例如，羊、人、马、虎、鹿等等，这些类别，只要贺兰山岩画里有一个在场，我们就说它有指称对象。比如，贺兰山岩画里鸟、植物非常少，但是，只要有一只鸟、植物，我们就说贺兰山岩画里有鸟、植物这样明确的指称对象。

---

[1] 康有为：《书镜》（又名为《广艺舟双楫》）六卷，见万木草堂本。

明确指称对象的大量存在意味着贺兰山岩画具有很强的写实性，也即模仿现实存在的事物。例如，我们一看到图Ⅰ37里的图像似乎便知道它们说的是什么。因为它们如此地酷似我们在现实生活中所见到的事物。

然而，我们已经知道，出于表意的需要，大部分贺兰山岩画采用的是程序化的图式。其最基本的词汇羊、马、人的典型样式是由棍棒状的横、竖线条结构的。线条是贺兰山岩画视觉语言里最基本的形式元素。既然如此，那么，贺兰山岩画明确的指称性又是如何呈现出来的呢？

贺兰山岩画里的线条有一个重要的作用，就是用以结构出各种面。在贺兰山岩画里，我们能见到基本上由面（包括实面与虚面）结构的形式。绝大多数面的式样不是直接打磨出来的，而是先用线勾勒出其基本的轮廓，然后再进一步刻制或打磨。因此，从这个意义上说，贺兰山岩画里完全脱离线的面式样非常罕见。换言之，贺兰山岩画里绝大多数面的式样也是由线结构的。与单纯由线条结构的式样相比，由线条结构的面组合而成的形式或者式样的写实性更强。由于面积比较大，面留在岩石上的痕迹也比较大。因此，与点、线相比，面与基础平面岩石所形成的明暗对比亦最强。通常，我们总是先感知到图Ⅰ32里比较大的面的结构形式（两个正方形状虚面）。而且，面结构的形象具有很真实的质感和体积感。例如，图Ⅰ39右图躯体的主体部分由实面结构的羊形象栩栩如生，它似乎正在奋力前行，我们能感受到它的力量。图Ⅰ11主要用线勾勒的虚面结构的羊形象亦神态逼真，身上有刻意刻画上去的花纹。因此，线勾勒的虚面和磨平的实面都表明：贺兰山岩画的创制者已经不满足于仅仅用简单的棍状线条刻出形象的外在轮廓或者说某种形状，他们在追求一种逼真的效果，或者说他们力图模仿现实生活中他们真正看到过的事物。图Ⅰ17、图Ⅰ39中的马、羊和我们在现实生活中所看到的马、羊很像，令人感到具体而真实。

其实，在贺兰山岩画里，绝大多数由简单的棍状线条结构的式样，也都有着明确的指称对象，给我们以逼真感。如图Ⅰ39左图是一个常见的二重合体贺兰山岩画：仅用一小波浪状曲线和两条短复合对角线，一幼稚的小羊形象就跃然石上。而一大波浪曲线和一对角线、两条复合直线，就勾画出了一老成的大羊形象。令我们叹服的是：我们竟然也能从中轻易地看到大羊神情穆穆地注视着前方，小羊则与妈妈唱反调，调皮地往相反方向走。

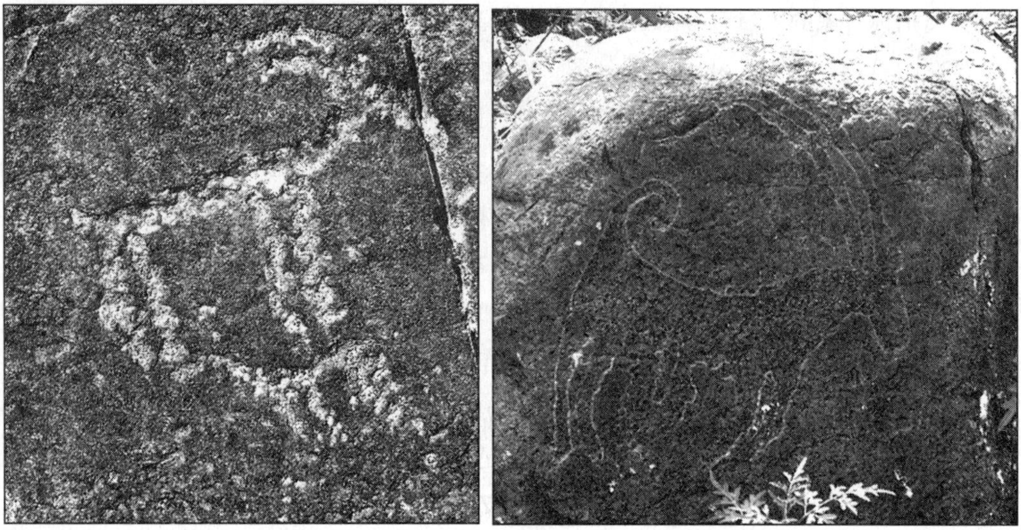

图 I 39

然而，在贺兰山岩画里，我们同样可以见到像图 I 40[1] 这样的合体岩画。结构它的七个成分的具体指称对象我们都不知道。如最上面一个形体较大的、“田”字状繁复复杂的派生形式和其下面四个抽象形式，以及两个似乎可以说是象羊之形的形式。之所以不能肯定，是因为它们有五条腿，就像我们在现实世界中找不到与这个三重岩画里的三个形式对应的对象一样。我们不能冒昧地说这个贺兰山岩画里的三个相对独立的形式分别是两个人面和一个羊形式（即、、），因为现实生活中不存在拖着长长尾巴的人面和半个人面，也不存在拥有长长弯曲的角和既上翘又拖得长长的尾巴的羊。如果说图 I 40 两个象羊形式和里的三个形式部分或大致模样像现实生活中羊、人形象的话，那么，图 I 40 里“田”字状繁复复杂的派生形式和抽象形式距离现实生活中形象更远。因此，与贺兰山岩画里

[1]　宁夏博物馆收藏的贺兰山岩画，位于一块独立的方形石头上。

图 I 40

（人面）、（人手）和（牛）这三个在场的、有着特定的指称对象的式样相比，图 I 40 里的“田”字状派生形式和抽象形式，甚至五条腿的象羊形式，以及、和这些式样的具体指称对象是什么？它们什么时候在场？我们无从知晓，尽管我们能肯定它们的能所关系是指称关系。因此，图 I 40 里的七个贺兰山岩画视觉符号没有明确、具体的指称对象，或者说其指称对象是虚构的，是个空类。由此可见，远古人类用贺兰山岩画指称着的世界并不完全是他们现实居住着的本来世界，其中有不少是他们虚构的，或者说是属于他们心灵的世界。如即使我们说、和这三个独体岩画指称的对象都是“人面”，这种“人面”也是我们心中的“人面”，确切地说是我们认为它们是“人面”。

（二）摹态关系

如果说（人面）、（人手）和（牛）具有明确的指称性，让我们知道“这是什么”、“它是谁”的话，那么，图I37、I38则不仅让我们知道 “这是什么”、“它是谁”，而且让我们知道了“它们正在做什么”以及“怎么做的”。这是因为除指称关系外，图I37、I38里贺兰山岩画的能指与所指还形成了一定的摹态关系，也即能指用以模仿现实生活中事物的各种动作、情态。例如，、、、、、、、、、、、、和，这是一些情态万千的独体岩画形式。它们的能指层面显然不只是具有某种指称关系，也即告知我们它们是什么？它们同时还表现出了事物的动作和情状。如这里的“人”符号，表现的是贺兰山岩画里比较罕见的一个两臂收在腋下、侧立站立的、气宇轩昂的人形象。其后面是七个羊式样。有正在急急赶路的小羊、有处于跳跃中的雄羊、有小心翼翼、探寻着前行的北山羊等。尽管作为普通名词，它们指称的具体对象都是“羊”，但是，它们都属于唯一形式的A＋（0）型，也即都是羊形式的变体。这七个羊式样后面的六个马形式更是如此。我们不能简单地说它们都指称的仅仅是“马”这个类的概念。因此，从能所关系上来说，假如很多具有明确指称关系的贺兰山岩画是普通名词的话，那么，这里的独体岩画形式就类似我们用以摹写具体事物状况的动词或形容词。若借用哲学家罗素的术语，我们可以把它们都统称为摹状词(description)。[1]

贺兰山岩画里这类摹状词主要通过两种渠道发挥作用。第一种就是侧重描述符号的所指层面。这基本上是借助于内部形式结构的变换实现的。例如，无论是低头臀部高高抬起的马形式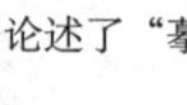，还是低头臀部向下弯曲的马形式

[1]　罗素在其哲学著作《数理哲学导论》(*Introduction to Mathematical Philosophy*, London: George Allen and Unwin Ltd., 1919, pp.167-180）里专门论述了“摹状词”，也即非限定的摹状词和限定的摹状词。我们此处只是借用他所用的“摹状”一词。

；无论是强壮有力的雄羊形式，还是后腿内收、静止站立的北山羊形式，它们内部的形式结构都有着或大或小的差异。严格说来，在整个贺兰山岩画里，它们并没有被指称而是被描述为具有“马”、“羊”这个名称的事物。这就是说，即使有些贺兰山岩画所指的和摹状词所描述的是同一个对象，这两个命题也不一样。“这是马”或者“马”、“那是羊”或者“羊”，与“这个神情凝重，漫不经心的羊”和“这个半张着口、半蹲着的雄马”显然是两个不同的命题。前者是动物界的事实，后者则是人们的主观感觉。同理，从表达方式上来看，图I41中独体岩画向我们展示出来的，也并不只是“这只羊”的概念，而是“一只前蹄踩着一个单腿站立、象鸟状形式的羊”。

与第一种相反，第二种是贺兰山岩画里有些摹状词侧重摹写符号的能指层

图I41

图 I 42

面，这基本上是借助于不同形式元素的运用实现的。例如，图 I 42[1] 中间一大动物式样，结构其躯体的虚面里面既不是空的，也不是被通体打磨平整，而是密密麻麻布满了被敲打上去的大小不一的点状形式。图 I 28 两个动物形式的表达方式也如此。只不过结构它们躯体的虚面内部或被均等地刻上了复合折线，或镶嵌着大小不等的点、线和不规则形图形。这两个式样代表的绝不只是“这个动物”、“这个牛”这层意思，因为“这个动物”、“这个牛”是两个形容什么也没有的一般意义上的“动物”、“马”（事实上是两个判断词），而不是一个描摹身上布满斑点或斜条纹、各种斑点的形容词。同样，图 I 42 上面两个分别由实面、虚面、线结构的独特羊形式（ 形体较小的躯干是实面结构，折线结构的锐利前腿插入前面动物身上。较大的躯干是虚面，头部、最后一条腿则是实面结构，角是一圆圈式样），都从各个不同的方面为我们描述出了“一个如此这般的东西”的命题。

[1]　宁夏博物馆藏。周边都已经剥落。图 I 41 也是宁夏博物馆收藏的贺兰山岩画。

图 I 43

然而，“虎豹无文，则革同犬羊，犀兕有皮而色资丹漆，质待文也”[1]。在有的贺兰山岩画里，能指层面摹写本身显现出来的主要是该符号能所关系中的指称关系而不是摹态关系。如贺兰山岩画里不存在只用线条勾勒出其轮廓的虚面结构的虎形式。所有用来结构虎式样的虚面内部都被不同程度地刻有各种形状的纹路。常见的有复合同心曲线的反复（形成螺旋线）和复合折线的反复。可以说，如果去掉这些似乎是用以进一步摹写虎这一对象的各种纹路或者说形式，那么，所谓的虎对象就不复存在。这就是说虎式样上的部分形式元素的结构（也即纹路）本身也是一种有意义的符号，在整个虎式样中，它们的意义完全保留。正是由于它们的存在，我们才可以把图 I 43[2] 里的很多式样结构称之为“虎”。因此，我们可以说贺兰山岩画里的、、和分别是身上有花点的马（很可能是豹）、身上有斜纹的马、臀

[1] 刘勰语，见黄叔琳：《文心雕龙辑注》，第 297 页。

[2] 这是从语篇中摘出的一部分。作者对原摄影图作了修复。见《大麦地岩画》①，第 258 页。

部高高翘起的山羊和有着一对圆角、一个奇特的尾巴、正面注视着我们的羊，但不能说图 I43 里的是带花纹的虎。

与很多摹状词相比，贺兰山岩画里的虎形式不是一个简单的符号。事实上，与其说它是一种摹状词，不如说它是具有明确指称对象的普通名词。其能所关系里所体现出来的摹态关系，主要不是通过摹写其能指层面实现的，而是通过变动其内部形式结构，也即所指层面实现的。如虽然都是捕食中的虎形象（它们前面有三个羊形象），但是，图 I43 上下三个虎形式的内部形式结构完全不同：最上面一个不紧不慢、神态安详，它的一条前腿与前面一只羊的头部重叠，似乎已经用它的前腿将羊头部压在下面，中间的身子前倾低头用力往前冲，下面一个则昂头弓背跳跃，它们都正在奋力扑向前面另外两只羊。

总之，主要侧重于描述能指或所指层面，很多贺兰山岩画不仅做到了“达意”，也即指称某个事物，而且做到了“摹态”，也即描摹事物的形态动作。这使得贺兰山岩画具有了很强的造词表意性。当然，虎符号的存在表明：当我们说某一个贺兰山岩画能所关系是指称关系，某一个贺兰山岩画能所关系是摹态关系时，都只能是相比较而言的。

（三）表现关系

贺兰山岩画里有一些符号非常引人瞩目：它们在指称或者摹状对象的同时具有某种表现性。有些符号的主要价值甚至不是通过形式指称什么，摹状什么，而是表现什么。因此，我们判定这些贺兰山岩画不能仅仅按其有没有包含指称关系或摹态关系来评判，而应该考虑到它们是否包含着某种表现关系。

一般来说，一些贺兰山岩画主要通过以下两种方式呈现出其所包含的表现关系：

（1）所指融化在能指之中。所有能激起我们各种情感态度的贺兰山岩画以及那些具有很强的摹态关系的贺兰山岩画都包含着程度不同的表现关系。例如，目睹图 I37、I38 里提到的鹿、鹿群式样以及图 I 11 里的羊形式，制作者倜傥闳达，萧散空灵之气，一寓于岩石间，如雾中神女，体轻神健，飘飘然欲腾霄云。这样的贺兰山岩画能指中寓所指，所指依附能指，能所交融、浑然一

图Ⅰ44

体，不可分离。制作者的性情、个性熔铸了能指层面的每根线条、每一种搭配组合，使观者睹其文而能见其人。因此，在一些贺兰山岩画里，我们能见到情感的流露、真性情的展示。如图Ⅰ44[1]里这个贺兰山岩画体变法活，如活泼儿童，天真烂漫。一个双臂张开、双腿弯曲、跃跃欲试呈跳远状姿势的人形象被组合在一个雄性牛的一只夸张的角上，意趣横生。这种结构式样（也即能指层面）即呈现出一派轻松、悠闲的田园牧歌气象。图Ⅰ45两个合体岩画亦如此：左图三个形体较大且头上分别有着特殊圆圈状饰物的羊成分呈弧形排列组合，它们中间上下交错穿插着四个形状较小的羊成分；右图一个形体较大的骑者成分位于上面、两个形体较小的象鹿、牛之形的成分一左一右位于其下。无论是成分的式样结构还是它们之间的组合结构，这两个合体岩画都具有生动气韵：制作者兴趣酣足，其闲散疏远、欢快欣悦之情溢于言表。

（2）能指具有隐喻意义。这是指所指的意义潜藏在能指的深处。这种隐喻往往有几重所指，有的在能指之内，有的在其之外，有的则隐藏在能指的最深

[1] 摄影图引自《大麦地岩画》①，第19页。拓片为宁夏博物馆收藏。

图 I 45

处。如图 I 36 这个形式的能所关系是指称关系。但是，它在指称人面的同时具有表现性、象征性。其第一重所指，也即隐喻即在能指之内。观其结体运笔，体严法备，刚毅雄特，俨然一忠义之士，正色刑场，临大节而不可夺也。其第二、三甚至四重所指则在其能指之外。这个独体岩画形式位于贺兰口沟口，在它的最东面，也即沟口最东面入口处距沟底约 2.4 米的、比较平坦的一块巨型岩石表面上分布着众多人面形式。它们一个挨一个，或上下或左右，密密匝匝，重重叠叠。由于所处位置显赫，既在沟口入口处，又距离沟底很近，所以，这些人面形式很容易被人们看到。与之相反，图 I 36 人面形式虽然离这一片人面群直线距离不足 20 米，但是，由于它距离沟底较远（大约 40 米），且处于嶙峋岩石堆内部非常隐秘的位置，[1] 所以，若不攀援到它的跟前，人们从外部很难看到它。这意味着只有创作它的创作者和神祇才会看见它。创作这个人面形式的行为以及这个人面形式所处的地点似乎才是重要的因素。[2] 而且，与整个贺兰口其他人面形式相比，图 I 36 人面形式的形状最大、式样亦独一无二。这一切都向我们暗示了图 I 36 与其东边的人面群有着鲜明的区别。它特立独行，卓尔不群，气盖山河，若神虬腾霄汉，夏云出嵩华，逸势奇状，深不可测。自从首次发现它以来，岩画学界一直称其为“太阳神”。

同理，图 I 46 这个独立式样高浑简穆。它也不只是具有指称关系，也即所

[1]　这个位置人们一般很难到达。现在贺兰口开发了岩画旅游业，专门为此凿修了一条攀爬的岩石小道。

[2]　英国考古学家保罗·G. 巴恩曾谈到地点对于理解史前作品的重要性。详见其《剑桥插图史前艺术史》，第 7 页。

图 I 46

指对象是猴头。这个独体岩画位于贺兰口沟口，准确地说是位于大面积人面群像的下面，距离沟底约 0.2 米。从其所处地理位置上来看，它也是非常特别的一个。这个独体猴头或猴面岩画同样是一个包含着表现关系的、具有多重隐喻的式样。整个猴头的整体轮廓是一个呈波浪形的三条匀称曲线的圆形组合。作者赅举其要，尽于方圆，凸现了猴突兀的嘴部，结构出了其鼻子和眼睛，从而相当逼真地勾画出了猴头形象。但是，其头部上面两个半圆形的式样以及其深陷的左眼（这显然是人们刻意打凿的）都表明，这不是一个简单的猴面符号(也即指称猴面或猴头)，而是一个隐喻、一个象征符号。它很像一个图腾，一个人们顶礼膜拜的神灵。所以，图 I 36 与图 I 46 这类贺兰山岩画的存在说明：一些形式式样是人类心灵膜拜的对象，而不仅仅只是人类认识的对象。

其实，中国人写字非常讲究寄托，也即寄书者的性情、思想、心志于笔端。宋人苏东坡常常以人品书，他说：“人貌有好丑，而君子小人之态不可掩也；言友辨讷，而君子小人之气不可欺也；书有工拙，而君子小人之心不可乱也。钱公虽不学书，然观其书，知其为挺然忠信礼义之人也。”他因此断言：“书必有神、气、骨、肉、血，五者缺一，不为成书也。”[1] 所以，在中国书法理论里，尚意并以人论书一直是一个传统。清人刘熙载有一个著名的论断，即“秦碑力劲，汉碑气厚，一代之书，无有不肖乎一代之人与文者。《金石略序》云：‘观晋人字画，可见晋人之风猷；观唐人书踪，可见唐人之典则。’谅哉！”[2]

综上所述，贺兰山岩画中主要存在着指称、摹态和表现三种基本的能所关系。其中最基本的是指称关系。同一个形式或符号可以同时具有指称关系和摹态关系，也可以同时具有指称关系和表现关系，也可以同时具有指称、摹态和表现这三种关系。一般来说，在能所关系中，贺兰山岩画整体追求的是一种确定的指称关系或者摹态关系。但是，个别贺兰山岩画在此基础上，不仅取得了审美能指优势，还同时追求一种能指与所指之间和谐的表现关系。这样，远古人类用视觉式样构造的世界不等同于现实的世界——其间有的没有确定的指称对象、摹态对象。所以，贺兰山岩画视觉式样构造的世界要比我们生存的世界丰饶辽阔得多。它同时包括人类情感的世界、心灵的世界。从这个意义上说，贺兰山岩画的制作者们是世界的“立法者”。他们通过视觉式样赋予他们所处的世界以各种价值、意义。可以说，贺兰山岩画视觉式样把价值意义给了世界，使世界对人类而言有了意义。

（四）类型及其组合运用

从贺兰山岩画能所关系里所包含的指称、摹态和表现关系来看，我们可以把作为视觉语言符号系统的整个贺兰山岩画分为肖似、写意和抽象三大类型。下面，我们将一一描述分析这三种符号类型的特点。

1. 肖似符号

这是一种由模仿现实生活中事物的情状而形成的贺兰山岩画。大凡具有明确指称关系、摹态关系的贺兰山岩画都属于肖似符号。这种符号的形式要素及其基本表现手法是采用线条勾勒出轮廓以构形的方法，如图 I 47 下面这个三重句里大小形状各异的、基本由粗细不等的线条结构的羊形式线条劲健，轮

[1] 前句话出自其文章《跋钱君倚书遗教经》，后句话出自其文章《论书》，两文见《东坡题跋》，津逮秘书本。
[2] 刘熙载：《艺概》，第 159 页。

图I47

廓鲜明，式样虽简单，但写实性很强。这是一种典型的象形贺兰山岩画的制作法。当然，也有个别像图I47上面[1]这样由线条和面随类敷彩而成的肖似符号。这种制作法凸现了马形象的体重、体积，笔锋长劲而圆，构形丰满充盈，质感强烈。它使筋骨老健、风神洒落的马形象呼之欲出。至于图I48里的两个作法更独特。它分别以线条勾画出事物的整体形象，并运用线条的复杂多变使形体产生向画面深处延伸的立体感，“呈‘X光透视’风格：可以看到肺和肠”[2]。贺兰山岩画里的虎符号基本上都是采用这种方法创制的。它突出表现了虎身上的斑纹，以此把它与实面结构的羊、马等其他动物区别开来。

无论是采用线条、面（实面、虚面），无论它们的形状差异有多么大，以上贺兰山岩画符号的所指都指称着具体的对象、具体的事物。它们是生活中的原型，是现实生活真实事物的再现。贺兰山岩画的作者用视觉语言来摹写、描绘现实生活中事物的状况。这种指称着现实生活中具体对象、具体事物的岩画符号就是肖似符号。它们在贺兰山岩画里普遍存在着，事实上，绝大多数贺兰山岩画是肖似符号。这是由象形表意贺兰山岩画自身的根本属性决定的。

这类符号在能所关系上最鲜明的特点就是视觉的真实性和客观性。不论它们写得多么简略、多么复杂，我们一眼望去都能从众多的形式里辨认出它们。

[1] 宁夏贺兰山岩画管理处工作人员从周边四处搜集放在贺兰口的贺兰山岩画。

[2] 〔法〕阿纳蒂著、刘建译：《艺术的起源》，第184页。

图 I 48

例如，贺兰山岩画里的羊、马、人等符号及其多种形态，给我们再现了现实生活中多种动作、多种情态中的人、骑者、射手形象，以及羊、马、虎、鹿、牛等动物形象，这些都使我们对远古人类当时所处的现实世界有了一定的了解。特别是有些肖似符号的组合形式具有很强的叙事性、情节性，仿佛给我们讲述了一个已经发生的故事。如在一些宏大的放牧、射猎语篇里我们都能看到一些已经发生的事，正在发生中的事和即将发生的事，这些贺兰山岩画的组合同时也具有很强的纪实性，它们往往记录了当时社会状况，反映了人们的习俗、情感等。贺兰山岩画里大量放牧和射猎语词、语句、语篇的出现，至少说明放牧、射猎是当时贺兰山岩画作者最基本的两种生活模式。图 I 49[1] 所展示的就是一个射猎故事。在这个语篇中，正在围追一群动物的六个人（其中有四个手持弓箭）构成了整个语篇情节戏剧性冲突的焦点和中心，人们追杀的对象主要是羊，此外还有鹿和另外两种不知名的动物形式。这里面一定有一个狩猎、围猎、追杀的故事。语篇选取并展示出来的是其中最典型、最激烈的射杀时的情景：动物四处奔逃，其中最醒目的是三个不知名的动物形式。最左上面一个实面结构的、形体巨大的动物式样，中间略靠左下面有一个车轮形头部、身上又有一大的半圆圈状线圈绕着的、站立的形象，它的右边是一个与之相似的、形状较小的式样，其头部是由虚实相半的圆圈状式样结构而成。这三个不知名的动物身上都已经中箭。四个射手有的正站在远处射击，有的已经冲进动物群正半蹲着瞄准

[1] 拓片引自《大麦地岩画》②，第 265 页。拓片中部分图像遗漏，所以，这里同时附上了该岩画的复制图。

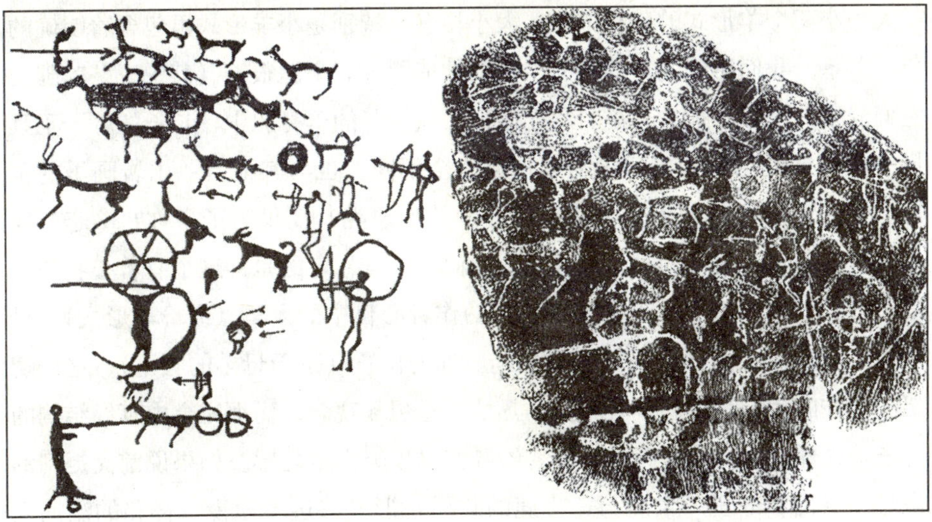

图 I 49

射击，空中到处都是飞动着的箭头。另外两个人，一个好像是小孩，正在向一位射手奔跑过来，似乎有要事相告；一个似乎身着大氅的人用一根带环的绳子或棍子套住了一只羊，正在试图靠近抓住它。这一切形象和激烈的射杀场面，都汇集为语篇的整体形象：一个现实生活中比较大的狩猎事件。

总之，明确、具体的指称对象，严格的写实性是贺兰山岩画肖似符号鲜明的特点。它在贺兰山岩画里普遍的存在进一步说明象形是整个贺兰山岩画的一个基本特征。

2. 意象符号

如果说包含着指称、摹态关系的贺兰山岩画基本上是一种肖似符号的话，那么，相比较而言，能所关系中主要包含着表现关系的贺兰山岩画就是意象符号。这里所说的“意象”指的是贺兰山岩画创制者的“意”中之“象”。它与实际生活中现实存在的形象之间既有着一定的联系，又有着一段距离。在这样的贺兰山岩画里，我们更多地看到的是一种情绪、情感的呈现。如图 I 50 所示：很显然，依照“像不像”的观点来识别这个独体贺兰山岩画注定是要失败的。然而，一望之下，我们又从中不难分辨出贺兰山岩画里惯用的、用以结构一大一小两个羊形式的一种方法：大小相套。特别是小羊形式里包含着明确的指称关系。我们感到诧异的是大羊形式的造型：五条腿很长（其中三条前腿），它们分别一前一后插入“呈‘X光透视’风格”的羊身躯中，长长的脖子笔直挺立着。这既与现实生活中的羊形象完全不同，也与其他贺兰山岩画里的羊造型迥然有别。作者为何要刻出这样的羊形象呢？仅仅为了指称？摹态？显然，这些都不是作者刻制它的理由。我们能十分肯定的是：这个有着长长的脖子、长长变形的腿的羊形象是刻制它的作者心目中的大羊（或母羊形式）。母羊与小羊形体上的巨大反差以及小羊所处的位置（位于母羊的腹下），这一切似乎都在向我们言说着作者个人的热情、思想和观念，而那完全由直线结构的母子羊式样倔强挺拔，天骨劲健，给我们以顶天立地之感。如果说前面提到的鹿母子（图I138里一大鹿与三小鹿的式样）形式渗透着慈爱、祥和的温润之情的话，那么，这个羊母子形式则似乎在高歌母亲的博大胸襟，母爱的崇高和

图I50

伟大。因此，贺兰山岩画意象符号更倾向于作者心理现实而不是实际生活的呈现。它使我们窥见到了远古人类的心灵世界。

心灵的世界属于个体，属于每一个人内在的领域。它是我们在现实生活中无法看到的世界。因此，为了把这个世界展示出来，贺兰山岩画作者往往会运用变形、夸张、重复、拟人等独特的表现手法。如里动物背上两个直立的竖线和图 I 50 里倾斜长长矗立且多余的羊腿，这些形象都超越了我们视觉曾经经验到的羊形象。而目睹图 I 51 左上角变形的牛形象[1]，我们则会感到阵阵不安和紧张。它那由一雄性羊或马式样结构出的腹部和四肢，以及缺失的臀部，都用来加强这种感觉。与之相反，看到图 I 52[2] 这个奇特的二重岩画，我们会感到轻松愉快。这里有一个羊形象：细细均衡长长的两只角和一条拖长的尾巴向后似乎无限延伸，与它面对面的则是一个张开双臂似乎欢迎它的站立兔子形象。

事实上，远古贺兰山岩画之所以“象形”完全是为了“表意”，而不是仅仅反映、写实。所以，从这一点来看，贺兰山岩画中意象符号的出现代表了中国文字演变发展的一个总趋势。这就是完全的写实性慢慢减弱，笔画意味及其表意性逐渐增强。如彩图 8 里的两个人符号，一个完全是由线条笔画结构的，象两手叉腰、挺胸、向后扭头、神态自若的人形象，它的周围有很多点状修饰成分；另一个是姿态呈蛙状正面站立的人形象。它的头上有曲线状装饰物，左边一手上有一直立羊形象，双脚有圆圈、点、线状黏附形式，两腋下左右分别有一根本羊形式和一个一手握拳、侧面虎视站立的人形象。这两个虽然都是象人之形式，但是，它们与现实生活中的人形象大相径庭。一方面，作者不求形似，省略他们的五官，只用一圆圈替代整个头部形象，或者只用两圆圈表示双手叉腰，两直线代表双臂、双腿。另一方面，作者在整个象人之形的形象上又

---

[1] 这是作者 2005 年 8 月实地采集的苦井沟岩画。位于与枣次沟平行的一条沟的北坡上，距沟底 26.80 米，面南，高 0.37 米、宽 0.58 米。由于被反复拓印，岩画严重损坏，图像有的模糊不清，有的已经剥落。为清晰起见，作者在电脑上对它进行了亮度、对比度、阴影和突显修复。按较早人们采集的样品，该岩画是六重句子，即三个根本羊形式、一个派生羊形式、根本人形式和图案形式组合（见许成、卫忠：《贺兰山岩画》，第 285 页）。若按作者所采集的现在样品，这是一个九重句子：四个点、线状抽象笔画形式、三个羊形式、一个牛形式和一个根本人形式。其中的牛形象与比较早采集的没什么出入。这是一个形态不全的牛形象，它与位于其下的一派生雄性羊形象连接紧密。

[2] 宁夏博物馆收藏岩画。岩画位于一块正方形石头上，上面破损，似乎还刻着其他岩画形式，下面完整，没有其他形式。

图Ⅰ51

图Ⅰ52

添加了侧面、直立的羊形象、人形象，以及多种形态的抽象形式。与肖似符号相比，这样的符号在似与不似之间。它们显然不是在追求肖似、画像，而是借此追求更深远的东西。

这种不绝似物象的贺兰山岩画符号，当然是托物写意。而这正是象形文字的本质之所在。如与一般射猎形式相比，独体贺兰山岩画形式（一个

意象的骑猎式样）和三重合体贺兰山岩画形式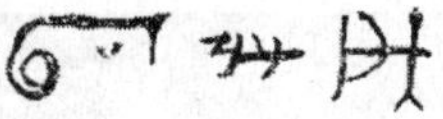（射猎语句）似乎更像文字，而不仅仅是一般意义上的简单图画。

3. 抽象符号

得于心而应于手。为了使内在的感受变为一种外在的物质存在，一种刻制在永恒的大山上的不灭的文字。人们就必须寻找到一种外在的表现形式。而一旦人们找到了这种物质形式，它就是一种能唤起人们感受的形式。正如我们的头脑里的思想观念决定了我们的言词，而绝不会是相反。所以，一个文字外在的视觉形式由不可抗拒的内在力量所决定，而人的内在世界是浩瀚无垠的。我们看到：有一些能所关系里包含着指称、表现关系的贺兰山岩画很奇特，它们指称或表现的对象不是感性、具体的现实世界，而是创制者的主观世界，一个找不到与之对应的现实世界的虚拟世界。因此，贺兰山岩画里有了只是充分展示人的精神领域的另一种类型的符号——抽象符号。这是一种纯粹诉诸笔画线条的形式（也即文或字），它完全排除了现实形象的可辨性。对这种符号的理解，需要的不是我们所掌握的实际生活经验，而是我们的内心世界。面对这种纯粹由人的精神构造的世界，我们在其中所看到的其实就是我们自己本身，而理解其实就是一种客观化的自我理解。一些贺兰山岩画抽象符号的真正含义或许我们永远都不可能知道。但是，“一个线条、一个形式的价值，就存在于它对我们来说所含有的生命价值中，这个线条或形式只是由于我们深深专注于其中所获得的生命感而成了美的线条或形式”[1]。在整个贺兰山岩画里，就其具体形态而言，这种纯粹表现人的精神世界的“美的线条或形式”（也即抽象符号形式）主要有以下两种：

（1）第一种是完全由点、线、面这些形式元素结构的抽象符号。如图 I 53 里分别是两个完全是由点与垂直线（点、画纵经横纬）、点与复合折线构成的形体巨大的独体岩画形式。之所以说它们是巨大独体岩画或抽象符号，是因为我们无法把其中的一些从其整体形式中分离单列出来，作为一个相对独立的形式，或者说又一抽象符号，这两个由两种形式元素刻制的独体岩画带给我们同一种感觉：工整中有灵动之美。两直线的一横一竖，以黑间白织其界限。复合

[1] 〔德〕W. 沃林格著、王才勇译：《抽象与移情》，第 15 页。

图 I 53

折线的有规律复沓，坚正匀净，简便痛快，其上又点缀着众多大小不一、位置不定的点。这些点画相辅相济，相映相衬，于静中求动，规矩中求妍媚。

贺兰山岩画里常见的、纯粹由形式元素结构的抽象符号大多像图 I 53 这样简洁明快。但是，也有非常复杂的。如图 I 54[1] 所示：这是一个由点、线、面联合组合结构的一个非常繁复的贺兰山岩画形式。乍看一派混乱。细看则密而有疏，疏而有密。尽管其笔画繁多，但其中心主体轮廓似乎是一条弯曲缠绕的曲线结构，它的外围则缀着众多象羊之形的形象。观其运笔偶尔有折，折又少驻，驻则有力（往往是实面结构的羊躯体式样），转多弯多，转而不滞，真乃肥瘦相混，变化多端。

然而，像图 I 53、图 I 54 这样完全由点、线、面这些形式元素结构的形状比较大的贺兰山岩画很少。我们常见的是由这些形式元素或独自或与其他形式搭配组合的、形状比较小的独体岩画或合体岩画。而且，在纯粹由点、线、面这三个形式元素结构的抽象符号形式中，最普遍的是完全由线及其相互之间的关系结构的。如基本上就是一个波浪状曲线的结构式样，是一个多种曲线的结构，也即一圆圈形曲线、两道弧形曲线和一条长的犬牙状曲线。图 I 55 右图则完全是一个内部交织着“×”状形式的线结构；左图是一个主要由曲线结构的圆圈式样结构形式和一个向下平放的“√”状形式组合的二重岩画。

除纯粹的线结构外，贺兰山岩画里比较常见的是一些线与点的结构。在这

[1]　宁夏博物馆收藏的贺兰山岩画。图 I 55 左图一个岩画也如此。

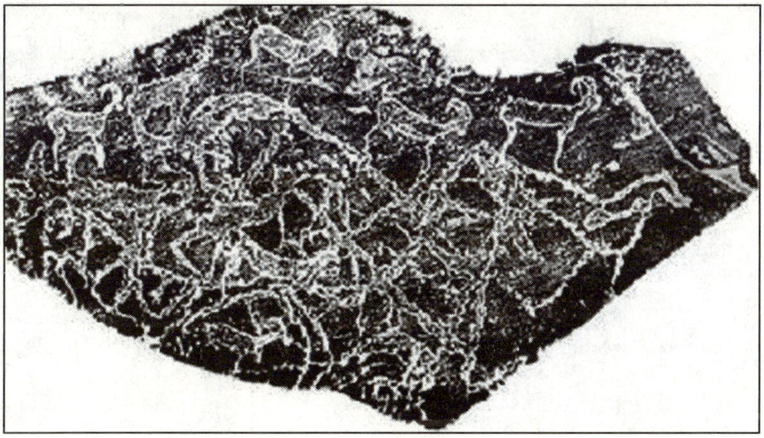

图 I 54

些结构里，线通常都占据着主导的地位，零星的点起着点睛烘托的作用。南宋姜夔《续书谱》云：“点者字之眉目，全借顾盼精神，有向有背，随字异形。”[1] 如  主要是同心圆的结构，也即一条曲线的结构，其间夹杂着五条短直线，它们的作用是连接两个同心圆和一条半方框状直角线，在这种曲线与直线的相互结构关系中，还一左、一右、一下点缀着三个小点。

尽管我们在点、线组合抽象形式中找不到与之对应的现实指称对象，但是，在那同心曲线有规律的旋转组合中，在犬牙线有力的飘浮中，以及在点与线的巧妙互衬中，具有某种必然的规律性和凝固性。诚如 W. 沃林格所说：创制或观看这些抽象合规律性的简单或复杂的绝对形式，人们的心灵获得了栖息。“几何抽象就像涤除了观赏主体一样地涤除了一切对外物的依赖性，它就是人类唯一地可想象和可谋取的绝对形式。”[2] 这种对绝对抽象形式的发现与创造是人类高度发达的理智的胜利，它拓展了象形文字表意所受到的时间、空间限制：仅仅是迅疾、简洁的几大笔，作者挥翰无滞，恣扬的性情溢于文表。

（2）第二种是以某个自然原型为基础的抽象形式。点、线结构的纯粹抽象符号在整个贺兰山岩画里比较少见。我们常见到的是那些有着现实生活影子的抽象符号。例如，在贺兰山岩画语境里，我们可以说图 I 56 主要是两个抽象骑

[1] 见四库全书本。

[2] 〔德〕W. 沃林格著、王才勇译：《抽象与移情》，第 36 页。

图 I 55

者形式的组合，也可以说它是两个派生人形式组合（其中两个人形象互相搭着肩膀），因为它们与贺兰山岩画里一般根本骑者、人形式很相像。这种抽象形式是创制者从某个或某些现实存在的对象中抽绎出来的，在这种抽象形式里，我们依稀能辨认出它的现实指称对象。如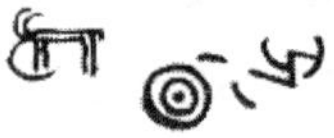最左上角的一个式样与贺兰山岩画里典型的羊式样尽管有着差异（嘴部多了一条向下弯曲的长线），但我们看到它就会把它视作羊形式：刻制者只是对指称对象——羊稍加变形而已。若联想到车轮，我们看到图 I 57 左图一个大的抽象几何形式其实是一个肖似符号，一个有着明确指称对象的形式。创制者似乎从现实原型车轮里抽离出了这个形式。在人们基本上只对平面的表现，以及轮廓、侧面感兴趣的整个贺兰山岩画里，正面站立的形式里唯一有着明确指称对象的就是人。因此，若依此观之，三重合体岩画和图 I 57 右图圆圈状抽象式样也是贺兰山岩画创制者分别从人和其他形式里综合抽象出来的两个式样。具体而言，象正在行走之人形，则象正面站立之人形，而图 I57 右图则是一个象双手叉腰、头大且有特殊饰物、脚踩一只羊背的正面站立人之形的形式。

总之，图 I 56、图 I 57 向我们展示出来的是一些既有着具体指称对象的影

图 I 56

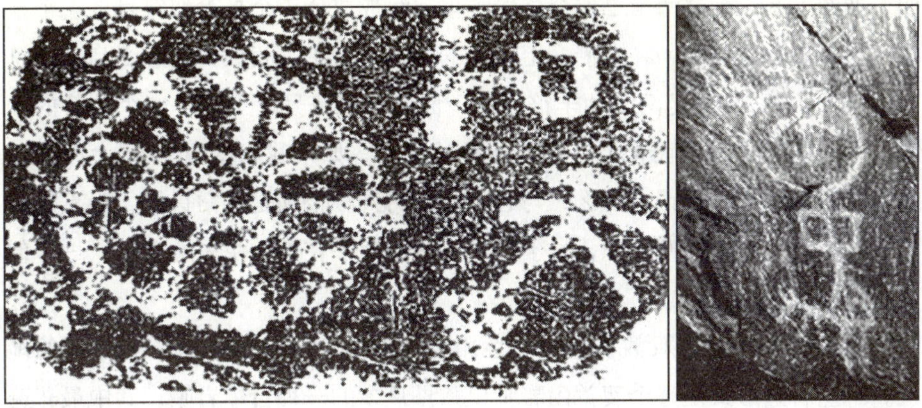
图 I 57

子，又不等于具体指称对象的某种概括抽象的形式。与完全由纯粹形式元素结构的绝对形式相比，这种形式也基本上从一味地模拟现实感性的存在对象中挣脱出来了。

4. 异体同势，奇姿诞谲：三种符号的组合运用

在整个贺兰山岩画里，肖似、意象和抽象符号既可以单独存在，即独自结构出一个独体岩画形式或单个符号，也可以相互搭配组合，结构出各种类型、各种形态的贺兰山合体岩画形式。例如，图 I 58a 就是四个肖似符号与一

个抽象符号组合而成的一个五重合体岩画形式。四个肖似符号里一个是骑者形式，三个是精雕细琢的马形式。与之相比，合体岩画的最左边则是一个似乎只用两笔勾勒出来的最简单的抽象马形式。尽管五个形式展示的都是马形象的侧影，但是其个性特征依然是很明显的：五个符号横向前后排列，最前面一马形象似乎仍在跳跃前行，后面的两只则与一手指着正前方的骑者并肩静止站立在一起，最后是一个正在奋力追赶着队伍的抽象的马形象。因此，即使仅仅从图 I58a 里五个形式排列组合的语境中，我们也能看出其最后面一个形式是从前面三个形式里进一步抽绎出来的一个更加简化的马形式或符号。这个抽象马符号与其前面五个奇姿异态的肖似马符号之间的组合搭配，前后贯穿，首尾一体。整个五重合体岩画异形而同品，寓意深远。

在有些贺兰山岩画里，肖似符号与抽象符号、意象符号之间的对比更加鲜明。如图 I 58c、b 这两个二重合体岩画里，组成成分一个是肖似符号，一个是抽象符号或意象符号。在它们一上一下的对比组合中，我们更能感受到两种符号的魅力。图 I 58b 是两个幼羊符号：下面是肖似符号，上面是一个独特的抽象符号。两者形不似而神似，堪称绝妙的一对。如果我们把图 I 58c 上面的一个称作意象马符号的话，那么，与之组合的另外一个则是非常肖似、逼真的幼羊符号，两个形象一瘦一肥，一上一下，一个似乎在天上快乐地飞翔，一个似乎在地上忧郁地奔跑着。

我们已经知道：双数在整个贺兰山岩画的组合结构中占有十分重要的地位。二重岩画形式是整个贺兰山岩画里数量最多的一种合体岩画，其中最普遍的形式又是二重羊岩画形式。结构这些岩画形式的羊式样亦是肖似、意象和抽象姿态备具且极尽变化之能事。如  与 ，我们可以说它们分别是意象羊符号（如长长的、夸张的羊角）与抽象羊符号的组合，以及抽象符号与肖似符号的组合，作者下笔劲净，笔势翩翩。至若其组合搭配则奇姿诡态，两个能指层面差异很大的羊符号上下相接，首尾相应，涵容一体（前两个上下相套、后两个回眸对视）。

除肖似符号与抽象符号、意象符号之间的组合形式外，贺兰山岩画里还存在着抽象符号与意象符号以及肖似、抽象、意象符号之间的多种组合形式。如

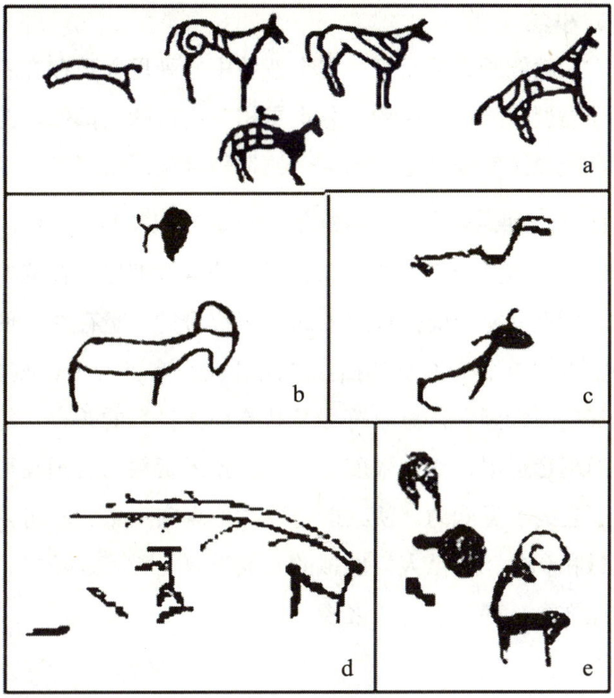

图 I 58

是一幅意象人符号与一抽象符号组合的二重合体岩画。一圆圈状式样结构出了人的两臂：这是一个两手叉腰、略微侧面站立的人形象。夸张的胳膊及其形态使这个人式样颇具喜剧色彩。图 I 58e 是一个基本上由实面结构的意象羊形式与三个形状各异的实面状抽象式样的组合。羊形式端正均衡地位于右边，三个上下纵向排列的抽象形式并列在其左边。这个四重合体岩画里最独特的是用来表示羊角的一条长长的、弯曲夸张的曲线。这俏皮的一笔使回眸凝视中的羊形象更加灵动，同时也使整个合体岩画生机盎然——打破了实面结构带给我们的凝重感。图 I58d 则是肖似、意象和抽象三种符号之间的联合结构。两个完全由线结构的一横、一捺纯粹抽象形式，一左一右地位于最左边，中间是一个呈上下纵向状的肖似羊形式，最右边是一个有着超长角的意象鹿符号。由于它那夸张变形的、竭力向后延伸的角的笼罩，整个组合形式笔法跳跃，意态奇逸。

总之，通过不同符号形式之间的巧妙组合，贺兰山岩画的表意性更强，传递出了更加丰富多彩的内容。

5. 小结

就能所关系而言，整个贺兰山岩画里大致存在着肖似、意象和抽象三种符号类型。当然，这种划分也是相对而言的。例如，意象符号其实就是一种介于肖似和抽象符号之间的综合的符号类型，或者说它具有肖似和抽象两种符号的特点。这个独体雄羊不仅是肖似符号[1]，而且是意象符号。其夸张的羊角同时蕴涵着表现的意味。三种符号类型里最普遍的一种是肖似符号。贺兰山岩画里具有明确指称对象的肖似符号的大量存在，使人们对其生存于中的外在世界的单个个体及其相互之间的关系有了一个比较全面、细致的了解和把握。贺兰山岩画中，意象符号尤其是抽象符号的并存，特别是它们与各种肖似符号的组合运用，最大限度地突破了象形贺兰山岩画在形象和时空上的限制，增强了它的表意能力，使其既可以指称现实对象，亦可以指称人们的各种情感、思想和观念，甚至人们虚拟的心灵世界。一言以蔽之，使贺兰山岩画几乎无不可达之意，亦无不可达之情。

[1] 其式样包含一定的能所关系，也即指称关系，指称现实生活中的雄羊。

X　内在形式结构的建构

从前，有一个叫纳赫克勃尼的老人，因为没有女儿，心中便一直忧虑重重。如果他没有女婿，谁来照顾他呢？因此作为一个巫医，他就用一棵樱桃树为自己雕了一个女儿。

——圭亚那印第安人的一个神话传说

视觉形象永远不是对于感性材料的机械复制，而是对现实的一种创造性把握，它把握到的形象是含有丰富的想象性、创造性、敏锐性的美的形象。一个不可否认的事实是，那些赋予思想家和艺术家的行为以高贵性的东西只能是心灵。

——〔美〕鲁道夫·阿恩海姆《艺术与视知觉》

贺兰山岩画中的有象性、线条感、对称性……以及肖似符号、意象符号和抽象符号是如何建构起来的？我们已经知道人类全部的语言符号都有一个建构的过程。贺兰山岩画存在于漫长的历史过程中，关于它的产生和发展，我们前面曾依据考古文献资料以及贺兰山岩画自身的特点作过探讨。此部分，我们将从符号学视域，主要运用视知觉心理学的方法，在最基本的心理因素分析的基础上，着眼于视觉的形式感，具体说就是线条形体感，深入剖析整个贺兰山岩画的建构过程，探讨贺兰山岩画内在形式结构的演变规律。

一、概念图式

肖似符号、意象符号和抽象符号，贺兰山岩画里这三种符号究竟哪一种先产生？抑或它们同时产生？其实，若依据后代人们所说的忠实反映现实的模仿原则，整个贺兰山岩画里绝少严格写实的、真实再现的图形或符号，其图形基本上都是程序化的，也即有着固定的词法、句法和篇法。在这样程序化的图形里，对象的比例和细节很少被考虑。因此，我们所说的贺兰山岩画里的肖似符号是相对其整个符号系统里同时存在的意象符号和抽象符号而言的，是在其象某某物之形意义上说的。我们不能把它与纯粹模仿的图像相提并论。作为一种象形式样的图形与对某个自然原型的纯粹模仿有着严格的区别。它的主要表现并不在于去精确效仿外物或复现外物的外在形象，而在于把浸透着人的意志的线条及其式样（它们是人选择的结果）以理想的方式赋予外物。这样，无论是纯粹的形式，如贺兰山岩画里的抽象符号、、、、、和，还是意象符号，如和，还是肖似符号，如、、和，都不是贺兰山岩画的最终内容，它们所起的作用都是给一个无形的情感、思想或一般概念赋予形体。这些符号自然承载着人的情感、思想和观念，而绝不是现实事物的复制。因此，当人们在给一个现实事物或自己的情感、思想寻找一个象其形的式样时，他实质上就是在进行某种抽象活动。这里所说的“抽象”是在“抽象”这个语词的意义上而言的。它主要含有从

具体事物中抽取事物本质形象的意义。要完成这一抽象活动，人们必须舍弃具体事物中一些个别的、非本质的一些属性，譬如、、和这样的羊形式或式样的获得，就说明人们已经舍弃了羊的眼睛、嘴巴、鼻孔等细节因素。若从这个意义上说，我们完全可以把贺兰山岩画里的所有符号都称之为抽象符号。因为它们基本上都不是现实事物的准确复制，而是人们对其进行选择、提炼、加工之后所得的某种表现形式。人们在这种充满人的创造力的形式中能感受到自己的存在，因为它就是客观化的自我心灵的世界。

所以，为了表现或者再现现实生活，人们总是在努力寻找着某种表现的形式或式样。事实上，在整个贺兰山岩画符号系统中，像人面、人手和牛这样一些基本上由面结构的比较写实的图像形式，以及我们在前面所例举的以图Ⅰ36、Ⅰ37、Ⅰ38为代表的“文饰”图像极少存在。[1] 表意象形的贺兰山岩画用以指称事物、表现人的情感、思想和观念的基本上是一些简化的几何式样。这是因为在观看事物时，无论是人的视觉，还是人的整个心灵，都不是像照相机那样忠实地记录下事物的一切细节。相反，人的视觉活动和心理活动是一种积极的探索活动，具有高度的选择性。观看者总是按照自己的意愿有目的地对生活中的原始经验材料进行加工处理。而且，我们总是在对某个事物感兴趣或想获取某个物体时，才真正有意识地观看这个物体。但是，观看不等于细致地观察。记住事物的每个细节意味着捕捉眼前事物的某几个最突出的特征或标记。只有如此，生活中人们才有可能把一种事物与另一种事物识别出来。对一个想呈现出某一事物的人来说，他只有通过某种事物所具有的那些基本特征，才能创造出某种象其之形的图形，并使人觉得这就代表那个实际事物的完整的形象。这种通过少数几个突出的知觉特征见出事物全貌的能力，在原始人身上表现得很鲜明。美国心理美学学者鲁道夫·阿恩海姆（Rudolf Arnheim）在用大量资料以及各种动物的原始遗传反应方面的试验报告论证“仅仅是少数几个突出的特征，就能够决定对一个知觉对象的认识，并能够创造出一个完整的式样”时，曾引证说：“容恩曾经讲过下面一件趣闻：当他把

[1]　这也从一个方面证明贺兰山岩画是一种文字，而不是一般意义上的简单图画。

一本杂志上的相片拿给一群非洲土人观看的时候，他们竟然对杂志上的相片识认不出来，直到有一个土人对照着这些相片，用手指在地面上把这相片的轮廓线描下来之后，他才惊呼：'原来这是一些白人。'" [1]

大量视知觉心理学实验也已经证明，人的视觉活动在把握外部事物特征时，常常通过创造一种与客观实际事物性质相对应的一般式样结构来感知眼前的事物的活动。英国学者 E. H. 冈布里奇引证指出：19 世纪后期以来，人们已经越来越明确地认识到了，原始人的艺术和儿童艺术所使用的是象征语言或"概念形象"，而不是自然符号。已经证明，儿童并不去观察树，他只满足于关于树的"概念"图式。这种依赖于建构而非模仿的特征，可归结于生活在他们自己的世界中的儿童和原始人的特殊的心智状态。但在孩子们制作的粗糙的世界地图和按照自然主义的形象描绘出来的更为完美的地图之间并不存在对立。一切艺术都起源于人的心灵，起源于我们与世界的相互作用，而不是起源于世界本身。[2] 原始艺术如此，贺兰山岩画亦如此。作为一种表意的形式，它更是一种典型的关于自然世界、关于人的心灵世界的"概念图式"。多种类型、多种形态的贺兰山岩画，也即"概念图式"的存在充分说明：贺兰山岩画的制作者总是倾向于从他们学会处理的图式中建立形象。正是这种图式或是说形式、式样，即对现实世界和心理世界各种材料的处理，以最直接的方式表达了远古人类与世界的各种关系，以及他们丰富、细腻的思想情感。在这一时期，感知到的现实与渴望中的想象之间的冲突达到了基本的解决。大量心理学实验证明：视觉不是对所见事物的机械照相，而是对最突出的整体结构式样的把握。若从发生学角度来看，"在心灵为获取一个由秩序的现实概念的斗争中，总是从一种法定的和合乎逻辑的方式从把握最简单的知觉式样开始，逐渐过渡到把握最复杂的式样" [3]。下面，我们就以贺兰山岩画里最简单的知觉式样为切入点，描述并分析探讨整个贺兰山岩画里各种类型、各种形态式样结构的建构。

---

[1] 〔美〕鲁道夫·阿恩海姆著，滕守尧、朱疆源译：《艺术与视知觉》，第 51 页。

[2] 〔英〕E. H. 冈布里奇著、卢晓华等译：《艺术与幻觉》，工人出版社 1988 年版，第 84 页。

[3] 〔美〕鲁道夫·阿恩海姆著，滕守尧、朱疆源译：《艺术与视知觉》，第 7 页。

二、两种普遍范式

贺兰山岩画的建构就是建构能指层面的组合关系，也就是要建构词法、句法和篇法，或者说编码关系，而点、线、面是贺兰山岩画的基本形式元素，尤其是线，它是贺兰山岩画里最基本的形式元素。没有线的贺兰山岩画符号是极少的。在由线结构的贺兰山岩画里，充斥着大量圆圈形的式样结构。这里所说的"圆圈形式样结构"是在最广泛的"圆形"意义上而言的。它指各种圆形式样，诸如单圆、同心圆、椭圆、扁圆、方圆、桃形圆等等，以及各种有着圆形式样趋势的曲线造型，诸如半圆、半圆圈、波状线圈、弧形线圈等等。在贺兰山岩画里，这些圆圈线式样可以单独存在，也即作为独体岩画存在，也可以与其他任何形式组合。这个"其他任何形式"既指任何黏附形式结构，也指任何相对独立完整的简单形式或复杂形式。从视知觉心理学的视域来看，这些没有任何方向的圆圈形就是最简单的视觉式样结构，而在贺兰山岩画最简单的圆圈形式样里，最简单的又是单圆，它演变发展的另一比较复杂的式样结构就是同心圆。

贺兰山岩画里有很多单个存在或与其他形式组合的单圆。如图 J1 所示：这两个合体岩画里程度不同地存在着一些圆圈式样。它们有的作为黏附形式，依附在另一个根本形式上面，有的则作为相对独立存在的根本形式参与其他形式的组合结构，从而形成了图 J1a 这个三重形式和图 J1b 这个语篇（有 11 个成分）。[1] 图 J1b 里八个相对独立存在的自由形式或成分表明：单个的圆圈是一个独立的表意单位。图 J1a、J1b 里两个黏附在根本羊式样上的两个圆圈也是一个语法加号，也即一个有意义的单位。它们在同一个性质的根本形式上的反复出现及其所处的相同位置都充分说明了这一点。而由处于固定位置的两个圆圈状语法加号和根本羊形式结构出的另一形式或式样（在这两个合体岩画里都是组成成分）也能在图 J1 这两个合体岩画里运用，则又表明这一组合形式或式样在整个贺兰山岩画里是相对独立存在的语词。因此，从图 J1 里，我们知

[1]　这里同时附上了它们的拓片。从拓片可以看出，图 J1a 右上面一个圆圈形式实际是中间动物形式上的黏附形式，左下角形象对面还有一个形象（上面部分剥落）。而在一个或两个象纵向侧立动物之形的形式上黏附两个圆圈形式样结构，这种形式我们在鹿石里也能见到。参见〔俄〕B.B. 沃尔科夫著，王博、吴妍春译：《蒙古鹿石》，中国人民大学 2007 年版，第 150 页。

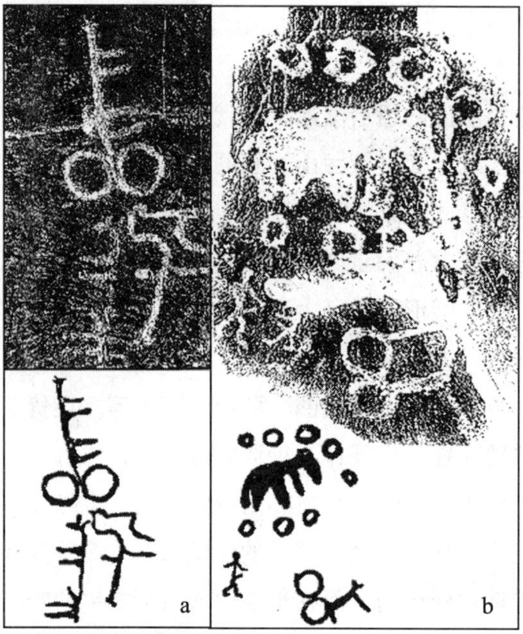

图 J 1

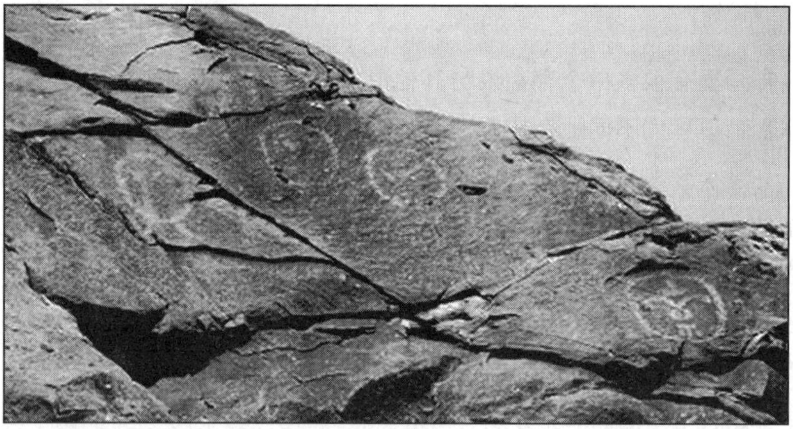

图 J 2

道单个圆圈就是一个表意的单位（无论它是作为黏附形式还是根本形式），尽管我们无法准确地释读出它们具体的所指涵义。

然而，有些贺兰山岩画里的单圆或单半圆式样结构的涵义又是显而易见的。图 J 2 就是如此。在贺兰口沟口入口处南面向阳的一块相对平整的石壁上密密麻麻地刻着大量人面像。其中就夹杂着一些单圆、单半圆等形式，诸如、和。从它们所处的位置来看，它们显然代表的就是人面。如图 J 2

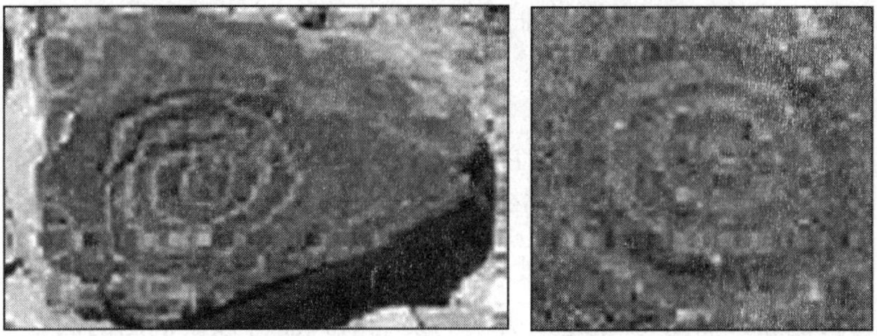
图 J3

里所拍摄到的就是其最东面的四个人面像。仅仅用一个圆形或圆圈形的半圆，人们就可以表示人面。这充分证明：贺兰山岩画中的一些单圆圈、半圆圈式样结构也都是一些有意义的语法单位。

如果说这种里面没有任何其他形式元素的（是一个虚面结构）、不突出任何方向的、以中心为对称的圆形式样结构是人类最简单的视觉式样的话，那么，在绘画单位之间的各种空间关系中，最简单的关系就是包含关系，也即在一个已经现实存在的圆形里再添加一些另外的成分。从发生学上来看，人们最先在圆形里添加的这个另外的成分也是一个圆形式样，也即最简单的视觉式样。在格式塔视觉运动实验中，当三到四岁的孩子被要求在一个圆圈内画出一个三角形时，他们画出的就是一个同心圆式样的图形。很显然，这个同心圆不是简单重复的两个单圆，而是再现出了一种更复杂的空间关系。在整个贺兰山岩画里，类似图 J3 里的同心圆式样有很多。它们或者单独存在（作为独体岩画），[1] 或者作为组成成分（黏附形式或一个合体岩画里的一个成分）而存在。这意味着人们用它表示多种事物之间的多种关系。仅以人面为例，贺兰山岩画里主要就有、、、、五种同心圆式样。之所以说它们代表的就是人面，是因为这些式样都是我们从贺兰口人面群像里（也即一个大的、相对完整的语篇）一一摘出来的。作为人面像，与最简单的圆形、半圆形式样相比，这种同心圆式样结构一定表现了更为复杂的空间关系。当然，它也标志着贺兰山岩画里圆形式样由最简单向复杂演变发展的第二个阶段——重圆式样。

[1] 值得重申的是：在整个贺兰山岩画里，像图 J3 里的单圆、同心圆形式大都是独体岩画形式或者说独立的语词（或者说字、文），而不是我们从其他复合独体岩画或合体岩画形式里任意摘出来的形式。

在重圆式样阶段，人们开始表现事物之间最简单的各种包含关系。把一大一小两个或多个圆套在一起，如和，它们表示什么？是正面的人面吗？假如我们不能肯定它们的所指内涵的话，那么，在更高一个阶段上，贺兰山岩画里那用心设计出来的、表示包含关系的式样结构，则似乎向我们比较明显地展示出了人面上的眼睛、嘴巴、鼻子、眉毛、下巴、鼻孔、胡须、装饰物等，如图 J4 就是从著名的贺兰口人面群像中摘出的两个片段，它表明单圆、同心圆都能结构出象人面之形的形式。按从简到繁的顺序，我们从下面六组图像里能区分出五类贺兰山岩画里常见的单纯表示包含关系的人面式样结构：

这些人面像都来自贺兰口人面像群。它们中有的很像人面，有的则与之相去甚远。它们不禁让我们联想到了幼儿和儿童画。实验证明：儿童尤其是幼儿看一个人首先看到的是人身上最引人注目的部位——头部，然后是眼睛，而鼻子、嘴巴、耳朵等更进一步的细节因素则可以省去。在画人体形状时，他们首先在一张纸的中间画一个大大的圆圈（人头的结构等同物），而全然不顾及其后面所要画的人体的其他部位。因此，我们看到儿童特别是幼儿画的人物像大都比例严重失调：头大身子小甚至根本没有身子是其最显著

图 J 4

的特征。幼儿和儿童人物画的这些特点，我们竟然在贺兰山岩画里都看到了。与幼儿和儿童一样，从时间上来看，在最初阶段，贺兰山岩画的作者所捕捉到的人的形象只是一个概括性最高、最突出、最简单的“概念图式”——一个最简单的圆圈或半圆圈就足以代表一个人。更进一步，对于人面，他们开始试图表现人的其他部位，如最突出的眼睛等。于是，我们看到了表示包含关系的最简单的人像——同心圆式样结构的人面。跨出这一步，人们便进入了一个崭新的、探索事物之间关系的领域。

在这一领域，人们用已经掌握了的圆圈、半圆圈式样结构表示各种不同的事物，充分施展出了他们的聪明才智。从第一组人面，我们看到他们用圆圈、半圆式样结构表示出了人的眼睛、嘴巴和其他部位。这些其他部位究竟指称的对象是什么，我们不知道。如我们可以说这个人面内部左右两个半圆代表的是人的眼睛、下面以半圆代表的是人的嘴巴，但上面一个同样的半圆代表什么？我们就不能确认。因为对于一个只能使用最简单的圆形式样的人（如幼儿、儿童）来说，圆形是他表现的唯一图式。他可以用它来表示、代表任何事物，而不仅仅用它来表示那些现实生活中具有圆形形状的事物。这一点为格式塔心理学的实验所证实。事实上，儿童看中了圆形，并不是因为他们对圆形的发现比对方形和直线形的发现更早一些。而是因为当他们处于圆形式样为主的阶段时，他还根本不能分辨形状。因此对于他们来说，圆形并不单纯代表圆形性，而是代表事物的更为普遍的性质。[1] 只有明确了这一思想，我们才会理解贺兰山岩画里为什么会有

[1] 〔美〕鲁道夫·阿恩海姆著，滕守尧、朱疆源译：《艺术与视知觉》，第 240 页。

这样脱离现实生活的、失真的、内部四周布满半圆圈形的人面像。

在圆圈内，除了各种形状的圆圈形式样外，贺兰山岩画里还存在着其他添加式样。由从简单到复杂演变发展的趋势来看，贺兰山岩画里以单圆表示包含关系的人面式样还存在着下列四种情形：

（1）简单的笔画状式样结构。这是以第二组为代表的人面。在这些人面里，人们用简单的笔画形式表示人面里的包含关系，诸如一点、一横、一竖或者一撇一捺等。这些式样形式似乎更抽象。它们中有的我们知道其指称对象，如里的两条短竖线显然代表人的两只眼睛，有的则不知道，如里的一撇一捺。与贺兰山岩画人面里的圆形一样，这些点、画显然也可以代表一切。

（2）复杂的笔画状式样结构。这是以第三组为代表的人面。这些都是由三个以上笔画结构的人面式样。与第一组相比，、类人面更像人面像了：眼睛、嘴甚至眉毛、鼻子等都被表示出来了。尽管有些式样结构的所指我们仍然不能确认，但我们知道人面内部的细节因素开始得到了人们的重视。

（3）面具式样结构。这是以第四组为代表的人面。这些人面基本上由一些几何图形拼凑而成。为了加强个别面部的某些特征，它们被刻制成夸张变形、装饰意味很浓的式样结构。与其说它们是人面，不如说是面具。

（4）写实式样结构。这是以第五组为代表的人面。这些人面精雕细刻，除眼睛、鼻子、嘴巴外，人物的眉毛、胡须甚至牙齿都被刻画出来了。不仅如此，它们还相当生动地传达出了人物丰富的面部表情：有的在微笑，有的在忧愁。

由以上描述分析可以看出：从、和这些最简单的圆圈到、这些表情丰富复杂的人面像，贺兰山岩画人面式样结构从简到繁的演变有一个规律，即人们逐渐由对具有普遍范式的式样结构的把握过渡到对某个范式内部个别具体属性的呈现。各个奇姿异态的人面式样结构也充分表明了人们对细节、对人面内部复杂空间关系的高度关注。与羊式样结构一样，在整个贺兰山岩画里没有两个完全重复的人面式样结构。不同形式里的贺兰山人面岩画如此，就是同一个形式里两个或两个以上的贺兰山人面岩画亦相互不雷同。如上

述所列的第六组就是我们分别从两个合体岩画里摘出来的。前面七个，也即、、、、、和出自一个合体岩画，后面三个，也即、和出自一个合体岩画。我们看到两个合体岩画里的人面整体差异很大：一个基本上都是装饰意味很浓的人面，一个则是由复杂线条笔画结构的非常抽象的人面。至于用以结构两个合体岩画的人面亦绝不雷同，如与看似相似实则不似。

三、表示方向和关系

然而，重圆圈式样以及里面有各种用以表示包含关系的附加成分的单圆式样，无论有多么复杂，它们都只能表示简单的包含关系，并不能标示出两件事物的具体形状和方向上的差异。因此，这种式样的更进一步发展，即圆圈形式样结构由简到繁演变发展的第三个阶段便是出现了在一个重圆、单圆的结合体上添加直线、圆圈或其他一些附加的黏附形式的各种圆形式样。下面就是我们从贺兰口人面像里选出来的这类人面像式样结构：

1

2

3

以上都是添加有表示方向性黏附形式的人面式样结构。它们结体大小有趣，变态无尽。若按照添加成分在人面上所处的位置，我们可以把它们大致划分为以下三种：

（1）第一种是一个部位有添加成分的人面式样结构。也就是说人面上只有一个地方插有表示方向性的附加成分或者说附加形式。如第一组所示：这些人面的一个部位上都添加有一式样。它们主要位于人面的顶部或下部。有的只有非常简单的一短竖线，如和，有的则非常繁复，如最后一个人面的头顶部位不仅附有多种形式，而且又与另一复杂的人面紧紧连接。这些简单或复杂的形式可以用来代表各种不同的事物。如、、、这些人面头顶部的长短线状式样显然是用来代表人的头发，这个人面左边的一小半圆形式样显然是用来代表人的耳朵，而、下面的式样则似乎代表的是人的胡须。至于其他人面上的添加式样，虽然我们不能确定它们确切的指称对象，但是，我们可以大致作出以下推测：大凡人面头顶部位的添加式样或者用来代表人的头发，或者用来代表人头部的装饰物（帽子或所插的对象），而人面下面的则或者用来表示胡须，或者用来表示人身体的其他部位，如考虑到整个贺兰山岩画里正面形象基本上是人的话，这个同心圆人面下面的两条长线式样，完全有可能是用来表示人的整个躯体的。所以，代表的应该是一个正面站立的人形象。

（2）第二种是两个部位有添加成分的人面式样结构。这就是说人面上有两个地方都插有表示方向性的附加成分或者说附加形式。如第二组所示：这些人面的两个部位上都添加有一式样。它们或者位于人面的顶部和下部，或者位于人面的左边和右边。同时位于人面左右边的通常都是半圆圈形式样结构，它们所指称的对象——耳朵，让我们一目了然。这一组最后一个人面左右边代表耳朵的式样上又分别增添有两条长长的线状形式，它们显然代表的是一种装饰物，而同时位于人面顶部和下部的添加式样，一般有两种：一种是长短不等的线形，一种是各种圆圈形。线形通常都位于头顶部。它们显然是用来代表人的头发的。至于圆圈形它们有的位于人面的下部，有的位于其下部。我们已经知道，贺兰山岩画的作者会用圆圈代表任何事物，因此，参照第一组人面式样结构，第二组人面顶部的圆圈无非有两种用途：一是用来代表人的头发，一是用来代表人头上的装饰物，而第二组人面下部的圆圈状式样结构则更多的也许是用来代表人面之外的整个人的身体形状的，如和。因为第一组里的和以及第二组里的这三个人面下部的式样结构似乎更像是用来代表人的胡须的。

（3）第三种是三个或三个以上部位都有添加成分的人面式样结构。这就是说人面上有三个或三个以上的地方都同时插有表示方向性的附加成分或者说附加形式。如第三组所示：这些人面或者三个部位上都有添加的式样，或者上下、左右四个部位上都有添加的式样。这些式样结构千奇百怪。就式样的繁简而言，有的简单，如线条形式样、半圆圈状式样；有的复杂，如抽象图案形式样、另一有着添加形式的人面式样（如最后一个）。就数量的多少而言，有的只有三个，如最左边两个人面的上、下及左边部位都各有一个式样，左边第三个人面左右及顶部都各有一式样。有的则很多，如四面八方缀满了 13 个小圆圈，而第三组右边第三、四个则茂密地排列着多得几乎不可数的垂直线形式。对于这些人面上众多添加式样的具体指称对象，有的我们似乎可以确定，如左右及顶部都是人头上的装饰物，有的则不可知，如横穿这个人面内外的一条横线代表什么？横穿这个人面的一线形式样（一条复合直线的两端分别缀有一圆圈状形式）又表示什么？显然，众多黏附形式的添加增加了人面自身表意的复杂性。一般来说，人面添加式样愈多愈复杂，其涵义也愈难测，尤其是圆圈形黏附形式的频繁运用。

总之，贺兰山岩画里用以表示方向和两个事物之间关系的人面式样结构丰富多彩。众多外在黏附形式的添加使得它们愈来愈远离写实，而更趋于象征性和符号性。它们中的绝大多数都可以视作面具。尽管形态迥异，但是，这些人面像上的黏附形式大致可以分为两种：一种是各种圆圈形式样，一种是线形式样，其中尤其以直线为主。这种通过在一个圆圈形形式上进一步添加圆圈形或直线形形状的式样结构被用来表示多种不同的事物。

四、圆圈式样结构

在整个贺兰山岩画符号系统里，圆圈形式样结构占据着一定地位。它们可以以、、、、和的面貌独立存在，也即以一个拥有一定意义的、相对独立完整的语词的自由形式而存在，更可以作为一个式样结构形式，再次参与另一形式的组合，从而结构出另外一个式样结构。这种新的式样结构里的各种圆圈形式样，可以被视作一种新的形式元素，也可以被视作一种特殊的黏附形式。下面，我们进一步把上述圆圈式样结构大致划分为单圆圈形式和同心圆形式两大类，在整个贺兰山岩画系统中，特别是在贺兰山岩画句和语篇的具体语境中，更深入了解它们的运用，考察圆圈形式样结构的功能及其使用者的编码过程，也即动态描述分析它们在整个贺兰山岩画里的功能和意义。

（一）单圆圈

1. 作为自由形式

单圆圈式样结构在贺兰山岩画里使用得最多。作为一个语词，它主要是与其他语词或句子一起组合成合体岩画，而不独立运用。[1] 如图 J5[2] 里是两个有着简单包含关系的圆圈式样结构之间组合的二重合体岩画：右图是两个内部有着点状物的圆状的组合，它们上小下大，结体均衡；左图则是两个形体大致相当、内外都有附加形式的单圆圈之间的上下组合。与图 J5 相比，也是一个有简单包含关系的圆圈式样与另一个内外都同时有添加形式的圆圈式样结构的组合。这是一个向心结构，两个组成成分的形状存在着非常明显的大小之别。大的几乎占去了整个视觉空间，小的则龟缩在右下角，处于依附地位。

---

[1] 在贺兰山岩画系统中，、、、、和这样的独体岩画，也即语词，最多的就是这个式样结构，也即甲骨文里表示象太阳之形的文字。

[2] 左图是被贺兰山岩画管理处工作人员从周边其他地方收集起来，放置在贺兰口的岩画，右图是作者采集的大麦地岩画。

图 J5

像图 J5 这样完全由圆圈形式样结构组合的合体岩画是很少见的。绝大部分圆圈形式样结构通常都是与其他式样结构的。换言之，贺兰山岩画里各种圆圈形式样结构主要是与异类组合，也即与其他各种式样结构形式进行组合，而不是彼此之间进行组合。这里所说的“其他各种式样结构形式”主要指各种动物，尤其是羊式样结构形式和人形式。这就是说贺兰山岩画里各种圆圈形式样结构主要在那些基本上由各种动物、人和抽象形式结构的合体岩画语境中应用。例如，图 J6[1] 是两个外部有着复杂黏附形式的圆圈形式与众多羊形式组合的语篇。其中位于左上角的是一个内外都有着添加成分的圆圈式样，右下角则是一个外部有着复杂黏附形式（一图案形式再次与一根本羊形式联结）的圆圈式样。图 J7 是六个内部有添加成分的圆圈形式、一个“中”字样弓箭形式、一个抽象羊形式和一横置的圆圈状人形式的组合。图 J8 则是一最简单圆圈形式与八个羊形式的组合。

从这三个比较典型的、有圆圈形式样结构的合体岩画的排列次序我们可以看到：贺兰山岩画的制作者明确意识到了圆圈形式与其他形式之间的差异。在这三个合体岩画里，抽象圆圈形符号往往与其他形式分开排列。作者还充分利用距离进一步突出了它们之间的不同：在每一个合体岩画里，抽象圆圈形符号或位于整个合体岩画视觉空间的最上面（如图 J6 左上角），或者集中位于最下面（如图 J7、图 J6 右下角），或者位于最中间（图 J8 是一个向心结构形式。

[1]　收藏于宁夏博物馆的贺兰山岩画。

图 J6

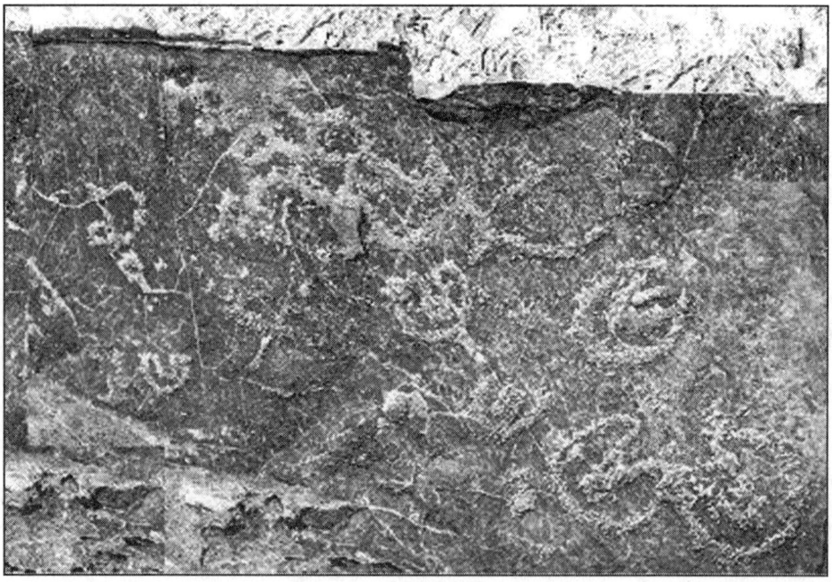

图 J7

图 J 8

实面结构的抽象圆圈形式被其他成分环绕），与其他形式保持着一定距离。当然，这样的排列也非常鲜明地呈现了抽象圆圈形符号与其他符号（肖似、意象、抽象动物形式和抽象点状形式）之间的差异。

因此，作为一个自由形式（一个语词），抽象圆圈形符号的应用非常灵活。它们既可以相互组合，也可以与肖似、意象或其他抽象符号组合。而在多种组合的语境中，它们的地位和作用也是多方面的：或者处于核心地位，起着统率的作用；或者处于边缘的地位，起着进一步解说的补充作用，或者与其他成分一样，仅仅是合体岩画里相对独立的一个成分。

2. 作为黏附形式

单圆圈形式样结构作为一种黏附形式在整个贺兰山岩画符号结构中广泛使用，它们可以用来结构任何形式。例如，图 J9 所例举的就是由内部外部都有黏附形式的圆圈状式样结构的两个独体抽象形式。它们上下用笔精工，书法紧密：左图是一个单圆圈形式，它的内部添加有两条平行线，上面有一个汉字“半”状语法加号；右图则是两个单圆圈形式上下相串结构：一个“十”字状黏附形式一方面向下插入一单圆圈形式内部，另一方面向上连接起另一单圆圈形式。

通常情况下，有圆圈式样结构的抽象形式比较引人瞩目。如图 J10 所示：

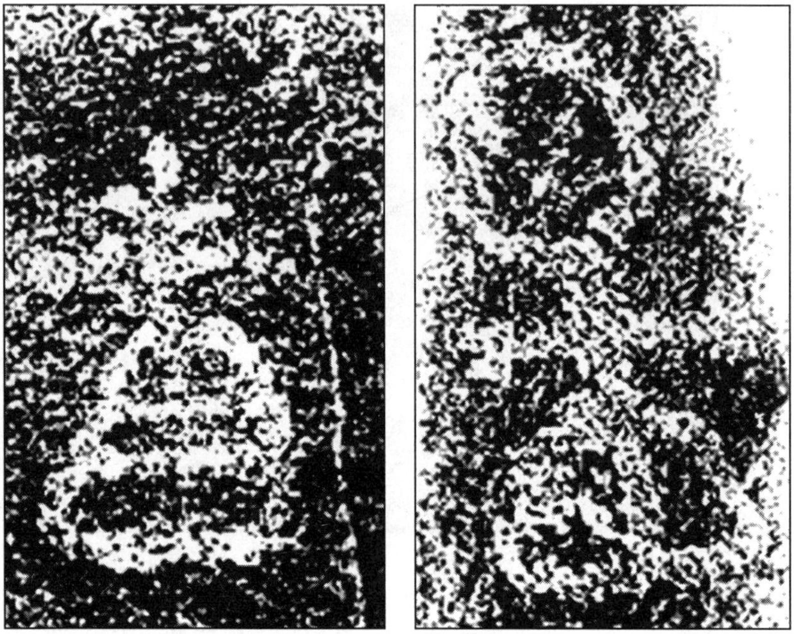

图 J 9

大小不等的圆圈状形式上下组合形成了上面左右两个象站立之形的人形式。在这两个人结构里，圆圈形式样结构显然都是有着明确指称对象的肖似符号，具有很强的表意功能。形状不同的圆圈式样结构不仅可以用来指称人圆圆的头部、双臂、向内弯曲的双腿，而且可以用来指称人圆圆隆起的腹部、丰满的胸部，更可以传达出人的神情和姿态。右上图一扁圆、左右两个横向相连的小圆圈与下面一不规则大圆圈重合式样结构表现了一个头部略向后仰、胸部高耸、腹部前挺、吃力行走着的孕妇形象，而一上半部分略向右上角倾斜的垂直线，上下串起的三个圆圈结构了左上图这个头略向右偏、两手揣在胸前、双腿向内弯曲的慵懒男人形象。与上面两个人形式相比，图 J10 下面与虎联结的一圆圈形式令我们费解：它有明确的指称对象吗？它指称什么？虽然只是一个附在虎形象前面一只蹄子上的圆圈形式，但是，圆圈形式在整个视觉空间中占有相对独立的位置。很显然，这不是 A +（b）型，而是一个 A + B 型形式。与有着明确指称对象的虎形式相比，圆圈式样结构也是一个有着明确指称对象的形

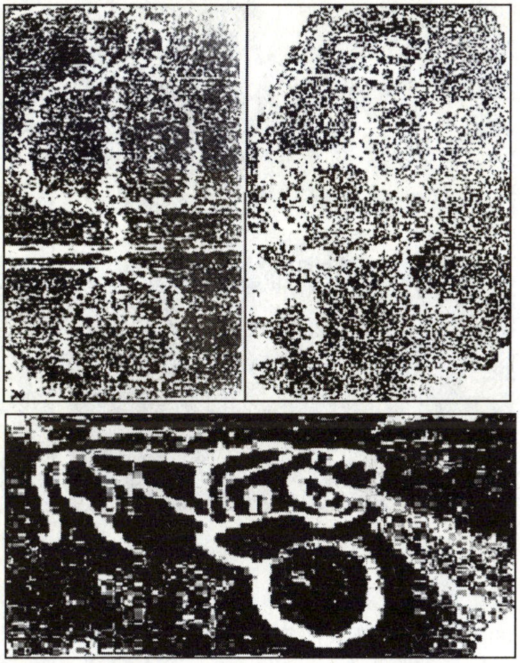

图 J 10

式——尽管我们不能确定它的所指。[1]

圆圈形式不是人们随意加上去的多余部分，而是有着丰富内涵的表意成分或形式。它们可以被当作肖似符号使用。例如，三个圆圈连环式样显然非常形象地代表的就是羊的躯体，图 J11 左上图二重羊合体岩画里两个半圆圈形式样指称羊弯弯的角和圆圆下垂的腹部，[2] 图 J11 左下图三重合体岩画里两个圆圈形式样结构表示的就是羊弯弯的尾巴：上面最简单的圆圈形式样与表示羊的躯体的一条直线好像是作者一笔勾勒而成，这使圆圈形式样结构有了比较明确的指称对象——羊尾巴。下面一个象太阳之形的圆圈形式样结构则似乎完全覆盖了羊尾巴，所以，事实上我们所看到的此羊形式的尾巴就是它。如果说我们可以把上面那个最简单的圆圈形式样结构的羊尾巴视作一个肖似符号的话，那么，下面这个象太阳之形的圆圈形式样结构的羊尾巴形式就是一个意象或抽象符号。同理，图 J11 右上图这个独体岩画里羊形象尾巴部分所系

[1] 前面已经论述，在整个贺兰山岩画里，圆圈式样结构可以用来表示任何事物。

[2] 在整个贺兰山岩画里，这种式样表示的是一孕羊。

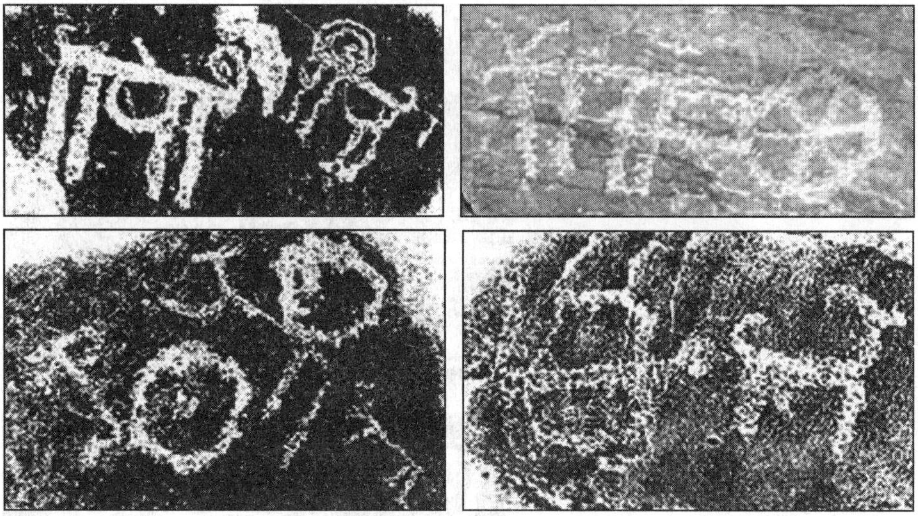

图 J 11

的“米”字状附加形式的圆圈式样，显然是肖似符号车轮，而图 J11 右下图二重合体岩画左边一个象弓箭之形的形式就是一个圆圈式样和一条横线结构。因此，从贺兰山岩画里最普遍的羊形式及其组合结构中我们看到：无论是作为黏附形式，还是独立的成分，各种圆圈形式样结构在羊形式及其组合里普遍运用且用途很广泛。它们不仅能指称羊形式的某些部位，而且具有某种程度的表情作用。因为附加在羊尾巴（或头部）部分的环形圆圈式样，可以代表羊形象的尾巴或头部，也可以代表其上的装饰物。

在整个贺兰山岩画里，羊形式结构中这种我们无法得知其具体指称对象的圆圈形式样结构形态万千。如图 J12b 这个二重合体岩画里与人组合的另一派生雄性羊形式很特殊。它的角上黏附着一个长圆圈形式样结构形式，这个形式由一小一大、一扁一长、一最简单一主要有着内部包含关系（其右下角也有一表示方向的短线形式）的两个圆圈上下重合而成，整个形状像一个广口的坛子。它黏合在（其中与羊角接触的部分与之完全重合）羊角上，似乎是羊戴的一个装饰物，其具体指称对象究竟是什么？即便是把这个有着特殊黏附形式的羊形式放在整个图 J12b 这个具体语境中（与它组合的另一对象是根本人形式），我们也无从得知。图 J12c 这个四重合体岩画里一个最大的派生羊形式也是如此。它的一条后腿，准确地说蹄子上黏附着一个内部有着包含关系的圆圈

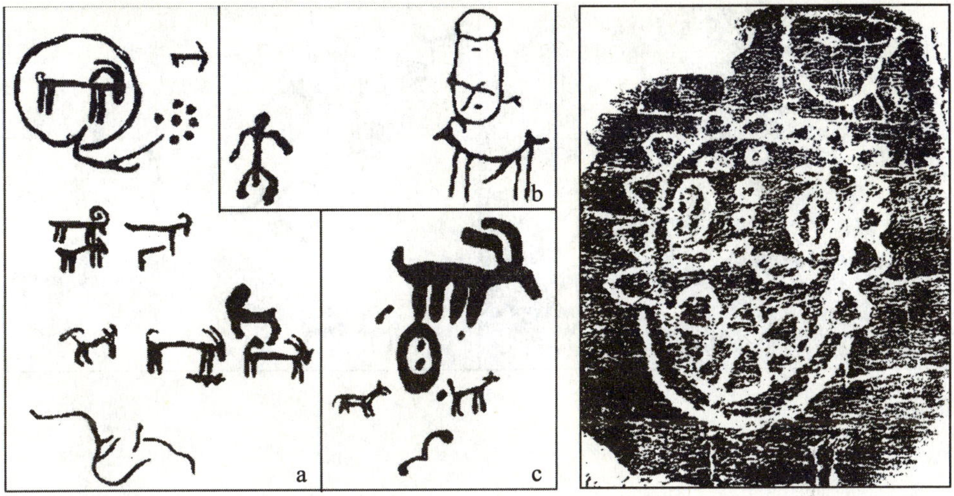

图 J 12

形式样。它指称何物？代表什么？我们也很难知道。而图 J12a 最上面一个羊形式更让我们疑惑。这是一个根本羊形式，它被一个有着复杂外在黏附形式的大圆圈圈了起来，成了这个表示一定方向的大圆圈的内部形式结构。这样，它与圆圈之间形成了一种典型的包含关系。若以大圆圈为主体、为核心，那么，羊就是圆圈内部的一个形式，而圆圈外面一个好像有着杆、叶、花瓣的一束花一样的结构形式，就是该圆圈式样的外部黏附形式。其实，在整个图 J12a 这个视觉空间最上面的语境中，我们视知觉所知觉到的、相对独立完整的一个形式（或者说成分）就是一个大圆圈，而不是一个羊形式（或成分）。如果充分考虑到大圆圈外面用来表示方向的黏附形式（一束花状形式），我们甚至完全有理由把位于其右上角的一个很小的根本羊形式也视作整个大圈圈形式样结构外部黏附形式的一部分。这样，虽然我们知道这是一个比较复杂的圆圈形式样结构——同时兼有表示包含关系和方向性差异的黏附形式，但是，我们无法了解其准确的所指内涵，特别是其具体的指称对象。因为从图 J12 右图这个人面形象[1] 我们知道：贺兰山岩画的作者几乎可以用圆圈形式样结构形式表示任何

[1] 2008 年 7 月 6 日，作者参加了“2008 中国银川国际岩画工作交流会议暨首届贺兰山岩画艺术节”，开幕式上展出了包括贺兰山岩画在内的世界各地岩画摄影图或拓片。该岩画即作者当时所拍摄的“宁夏龟德沟人面岩画”。

图 J 13

事物。这当然也包括羊形式结构上的任何一个部位，以及其结构以外的任何东西，如一些装饰物等。

以上，为了方便起见，我们从其功能出发，把整个贺兰山岩画里的单圆圈形式样结构分为自由形式和黏附形式两种，在多种合体岩画语境当中分别描述分析了它们的运用情况，并在此基础上探讨了它们在具体岩画中的地位和作用。这种分类也是从贺兰山岩画实际存在的现状出发的。在每一幅具体的贺兰山岩画里，单圆圈形式样结构或者作为自由形式出现，或者作为黏附形式出现。这就是说它们一般很少同时出现在一幅贺兰山岩画里。如贺兰山岩画里像图 J13 这样的合体岩画很少见。左图是个二重岩画句，两个组成成分一个是三个单圆圈上下相串形式，一个是复杂的派生羊形式，这个繁复羊形象的角上有三个上下相套的羊形式，尾巴上有三个单圆圈上下相串的形式。图 J13 右图是个语篇，其中有四个形态各异的、相对独立完整存在的圆圈形式样结构形式或者说成分。这样的形式或者说成分当然是一个自由形式。其中中间有一个最简单的圆圈形式，它的旁边是一个外部有着表示方向性的黏附形式的圆圈形式，它们的上面则分别有两个复杂的圆圈形式样结构成分。这两个圆圈形式样结构都既有内部也有外部添加形式，而这些添加形式里都有圆圈形式样结构。因此，除中间一个最简单的圆圈形式，其他三个圆圈形式里都还有圆圈形黏附形式。这就是说，在整个图 J13 两个合体岩画语境中，既有作为自由形式的圆圈形式，也有作为黏附形式的圆圈形式，它们不仅共存于一个成分之中，而且共存于一个语篇的上下文之中。圆圈形式样结构的这种运用情况，我们在那些有人面参与其结构的合体岩画也能看到。

3. 作为人面形式

（1）自由形式人面的使用

不论是作为自由形式，还是黏附形式，在整个贺兰山岩画符号系统中，圆圈形式样结构更多地是频频出现于人面形式或者有人面形式参与的各种合体岩画中。如果说前面我们曾把贺兰山岩画里的人面形式挑出来，对其作了一个比较详尽的共时、静态的分析的话，那么，下面，我们将把它们置放在具体语境中，动态考察它们的使用。

作为自由形式的人面可以和任何形式组合。在整个贺兰山岩画里，它们彼此之间相互组合而形成的独体岩画、合体岩画的数量最多，形态、类型亦最丰富。有二、三、四、五重合体人面岩画，有六、七、八重合体人面岩画，更有多重合体人面语篇。如图 J14 所示：这是从位于贺兰口入口处石壁上人面群像里摘出的一个相对完整的一个比较大的语篇。其间各种类型、各种形态的人面都有。有的比较大，有的比较小。最大的就像一个动物形式（如最下面一个整体形似蛙状的人面），最小的则像文章中的一个小句号（如最上面中间一个纯粹的小圆形）。相对独立的最简单的圆圈形式样结构有四个。其中两个纯粹的圆圈形式（即位于上面的与），两个半圆圈式样结构，即和。内部有添加成分，仅表示包含关系的人面有六个，其中一个是半圆圈形状（即位于最左上角的），三个比较小（即位于最左下边边缘的两个，以及位于最右边最下角的一个），两个较大的（即位于最右上面的，以及位于上面的中间部位的）。这六个人面内部的添加成分有一个共同的特点，也即人面内部大致都有三个相对独立的形式成分，它们比较明显地是分别用来表示人的两只眼睛和嘴巴的。与前面我们提到的内部有着繁复添加成分的人面相比，这是六个表示出比较简单的包含关系的人面。图 J14 里还有和这两个贺兰山岩画里比较少见的人面形式，即仅仅外部有添加成分的人面。

除以上比较简单的单圆圈式样结构外，用以组建图 J14 这个语篇的最多的成分就是内部和外部同时有黏附成分的比较复杂的 18 个人面形式。这些人面形式我们可以把它们按照繁简程度大致划分为以下两组：

第一组：

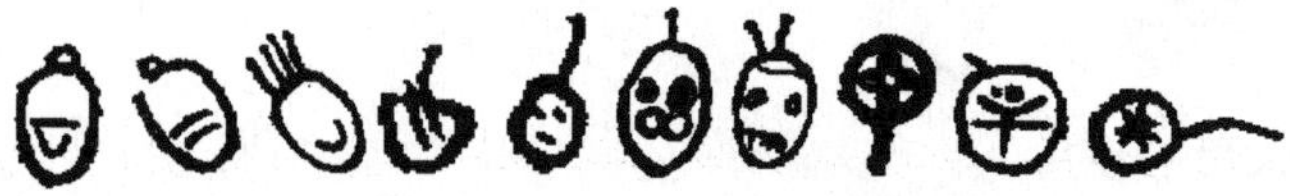

第二组：

第一组比较简单。人面内部有的只有一两个笔画状形式，有的只有一个简单的图案形式，有的则用比较简单的形式（如纯粹的圆圈形式样结构和一短横线）表示出了人面的眼睛、嘴巴等器官。外部亦如此，外部只有一个小圆圈形式的有两个，其余都是外部只有一、二或三条直线形式的，其中只有一条直线形式的有八个，有两条直线形式的有一个，有三条直线形式的有一个。第二

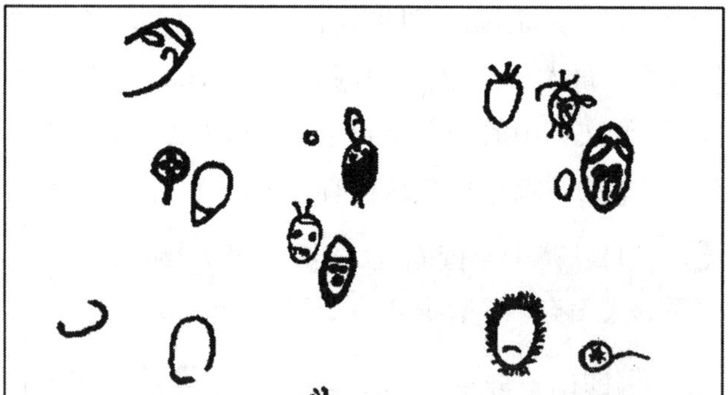

图 J 14

组比较复杂。若按从左到右的顺序，第一个内部虽然只有一短横线，但其外部四周都密密麻麻布满了一条条短直线，犹如光芒四射的太阳光。第二个比较特殊。这是一个圆圈形式与人面形式再次结合而成的一个 A + B 型派生形式。第三个是一个有着奇特外部形式的人面形式。最后三个人面有着极其复杂的内部形式结构，以至于我们根本看不清它们究竟是如何排列组合的。整个第二组中间是两个内部既有着复杂形式结构，外部上下亦有黏附形式的人面形式。总之，一般来说，简单形式的人面表达了比较简单的包含或方向性关系，复杂形式的人面则表达了比较复杂的包含关系或方向性关系。

其实，图 J14 最让我们深思的是它所呈现给我们的这样一个现象：所有人面式样结构都不一样，也即参与图 J14 这个语篇组建的 30 个人面式样结构迥异。而且，它们的差异性不是体现在外在形态的大小上，而是集中体现在其自身的内部形式结构上。显然，与羊形式、马形式一样，运用中的贺兰山岩画人面形式亦是一个典型的 A +（0）型式样结构。关于这一点，我们从人面与其他形式的组合中可以更清楚地看到。

以自由形式的身份，人面不仅彼此之间相互组合出多种合体岩画，而且还广泛与其他式样结构组合。若从组成成分的性质来看，在整个贺兰山岩画里，人面主要和两种类型的式样结构组合，即抽象形式（或者说抽象符号）与象某物之形形式（或者说肖似符号），尤其是与抽象形式的组合更为普遍。各种人面可以和各种形态的抽象形式组合成各种形式的合体岩画，即以合体岩画形式出现的各种句子和语篇。如图 J15 所例举的是三个有人面成分参与结构的合体岩画图。按从左至右的顺序，前两个是二重合体岩画，即人面分别与一站立人形式、抽象形式组合，最右边是五重合体岩画，即人面与马、人、羊、抽象形式结构。这些人面形态各异：有的形状比较大，有的比较小，有的整体轮廓是椭圆圈形，有的则是正方形。尽管都是内外部有黏附形式的人面，但是，它们的黏附形式有的复杂，有的简单，有的是单半圆形，有的是双半圆形，有的是正方形，有的是同心圆形，有的是一“×”字形符号，有的是图案。至于人面整体形象更是大相径庭：有的表示出了人的鼻子，有的没有；有的表示出了人的耳朵，有的没有；有的表示出了人的嘴巴，有的没有等等。即使它们都表示出了人面上的同一个器官，其具体形式结构也不同。如用来表示人眼睛的或是两个单半圆圈形形式，或是两个双半圆形式，或是

图 J 15

一半同心圆、一半单圆圈。

奇姿异态的人面也可以相互组合结构出合体岩画。如图 J16 就是从贺兰口两个完全由人面结构的语篇中节选出的两个片段。它充分表明：极尽变化的人面不仅可以以自由形式的身份自由地与抽象符号、肖似符号搭配组合，从而进一步结构出各种类型的合体岩画，而且也可以同时出现在同一个合体岩画里。

我们知道贺兰山岩画符号是能所的统一体。符号能指层面的差异性就是其所指层面上的差异性。各种语境中姿态横生的人面其实表达的就是极其丰富的所指内涵。如图 J17 所示，这三个合体岩画语境中的人面形式非常奇特。实际上，一看到它们我们就会叫出它们的名字——人或小人。这些都是在人面下面添加了“丫”形式样结构的象人之形肖似符号或形式。有的添加了一个，有的添加了两个。有一个“丫”形添加形式的就象一个有了整个身体（除头外）的人，有两个“丫”形添加形式的则象一个正面站立的两脚叉开的人形式。尤其是“丫”形添加形式具体所处的位置变化多端，且都相当传神地传达出了象人的某种具体动作之形。如和都是拥有两个“丫”形添加形式（即外部表示方向性关系的黏附形式）的人面，虽然都是加在人面形式的下面，但是，不仅两个人面的内部形式结构不同，而且，两个人面的“丫”形黏附形式的形状亦不同。这样，它们传达出来的意思也有了差异。象愉快悠闲地甩开双臂行走之人形，象怒睁环眼两脚叉开正面站立之人行。至于有一个“丫”形黏附形式的人面之间的微妙区别更是传神：、、、、

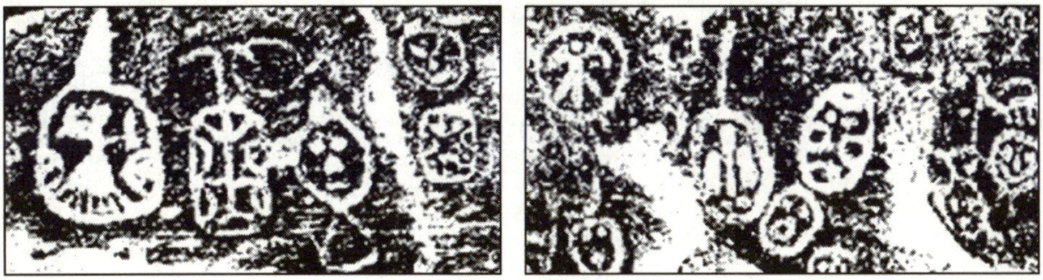

图 J 16

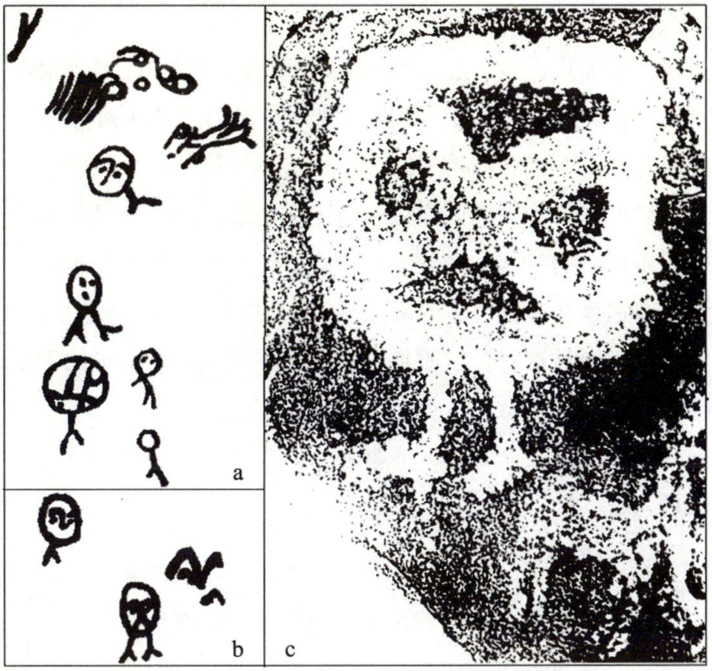

图 J 17

分别依次象人忧悒地伸长脖子侧望站立之形；象人一臂向前伸，扭头侧立之形；象人行色匆匆赶路之形；象神情凝重的一条腿在前、一条腿在后的人正面站立之形；象微笑着身子略向右倾斜正面站立之人形。

由此可见，与其说图 J17 里这些式样结构指称的具体对象是人面，不如说是人。人面下面的添加成分使得这一形式的所指内涵发生了变化：与其说它们是用来指称人面的，不如说是用来指称人的某种动作、情态的。它们进一步证实了我们前面提出的观点：如果说人面内部的形式式样表现的是一种简单的包含关系的话，那么，其外部的各种黏附形式则表现了一种方向性关系或两个事物之间的某种关系。每一个人面都是一种符号，一种特定的能所关系的统一体。其能指层面的任何变化都引起其所指意义的变化，能指与所指是一一对应的。

（2）黏附形式人面出现的语境

人面既可以以自由形式的身份参与各种类型、各种形态的合体岩画的组合，又可以以黏附形式的身份黏附于各种类型、各种形态的其他形式上。如这一个比较特殊的贺兰山二重合体岩画。其组成成分是两个 A + (b) 型派生羊形式，与一般此类羊形式相比，黏附在这两个根本羊形式上的黏附形式或者说语法加号 (b) 非常特殊，即它们都是显而易见的、贺兰山岩画里比较典型的人面式样结构形式。由于自然风化，两个人面上面的轮廓线部分有所剥落，但它们的整体式样结构还是很清晰的：一个是只有内部添加成分，也即表示出简单的包含关系的人面形式，一个是内外都有添加成分，也即同时表示出包含关系和方向性的人面形式。人面作为黏附形式在图 J18 这个四重合体岩画里运用得最独特。它添加在象正面双腿叉开之人形的下面，我们也许不能准确知道它的语法意义，但有一点是肯定的：恰如圆圈形式一样，贺兰山岩画制作者亦可以用人面代指其他事物。因为这个人面显然不是指称整个这个象人之形的人形式的人面。

在和图 J18 这两个二重、四重合体岩画里，人面所起的作用是一目了然的。换言之，我们几乎不假思索就能判定位于根本羊形式和人形式上的人面都是黏附形式，即在上下语境中，它们都不是一种相对独立完整存在的成分。这主要是由于它们自身的形状及其所处的位置决定的。与组成同一形式里的其他形式元素相比，它们都比较小，且直接依附于另一形式元素的上面。如在二重合体岩画里，两个人面都只是黏附在羊形式的头部，与整个羊形式相比，其形状显得很小。这一点在四重合体岩画里表现得很鲜明：同一个人形式里有两个人面。它们一上一下、一大一小，其在整个人形式里作用很明显：上面那个大的充当的或者说指称的是根本人形式人面，而下面那个小的是一种黏附在整个人形象臀部的黏附形式。所以，可以说，在这两个二重、四重合体岩画里，我们很容易就能识别出人面所处的依附地位。

图 J 18

然而，事情并不这么简单。在贺兰山岩画里还存在着图 J19d 这样有人面参与其组合的合体岩画。在这个语境中，人面几乎位于整个视觉空间的中间位置，它的左下角是另外一个相对独立完整的抽象形式（即成分或符号），它的右边是一个比较复杂的派生雄马形式。这个马形式比人面还要大，借助于两条短线把它的尾巴部分与人面紧紧相连，准确地说是相互穿插在一起（从人面内部延伸出来的两条短线穿过了马尾巴）。因此，人面和马形式其实是一个整体，也即一个 A + B 型派生形式，只不过这里的 A 与 B 本身又都是多处有着黏附形式的复杂的 A +（b）型派生形式。这意味着：它们自身的复杂性都不能排除这一事实，即它们只是一个大的统一整体形式里的一个形式元素而已。这就是说在由它们结构的整个 A + B 型这个派生形式里，它们的地位是平等的。它们大致相同的形状以及在整个图 J19d 语境中所处的位置，都向我们昭示了这一点。因此，对于像图 J19d 里这样使用的人面，我们不能仅仅根据它们是否紧紧与其他形式联结，简单地说它们只是一种黏附形式，而应该根据它们所处的具体上下文语境界定它们的性质。事实上，图 J19d 里的人面也是以一个特殊的自由形式的身份出现的。

人面这样的使用情况在整个贺兰山岩画里比较普遍。如图 J19a 是有十个相对独立成分结构的语篇。除中间一个象羊之形的羊形式（其实是一个有着语法减号的派生羊形式）之外，其余都是人面或人面结构的成分。不论是就它们形状的大小，还是在其结构中的位置而言，这里所说的人面结构的成分也都属于 A + B 型派生形式。从左到右它们分别是人面与圆圈、人面与羊形式以及

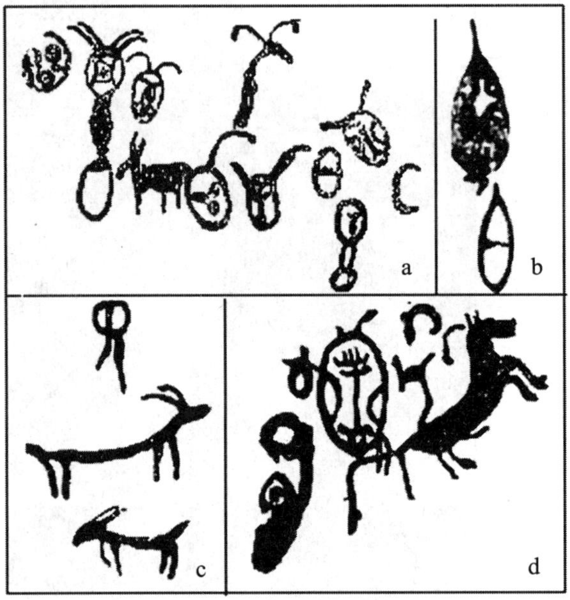

图 J 19

人面与圆圈的结构式样。除人面与羊形式以部分重叠的方式组合在一起外，其余两个都是借助于另外的黏附形式彼此串联的组合。

（3）余论

在具体语境中，人面基本上以各种形态的自由形式和黏附形式参与各种贺兰山岩画的建构，尤其是以各种形态的自由形式参与各种组合。由以上描述分析我们可以看到：为了更好地说明问题，我们所例举的人面都是象人面之形的人面，也即它们至少都是有着眼睛、嘴等内部形式结构的人面。其实，我们从前面的描述分析已经知道：贺兰山岩画的作者可以用任何圆圈形式样结构表示人面。如果考虑到这一点，那么，依据具体语境，很多贺兰山岩画里那些独立存在的各种圆圈形式样结构，我们都可以把它们视作人面形式。因此，从这个意义上说，贺兰山岩画里人面形式的具体运用范围非常广泛。如我们完全有理由把图 J19b 里两个合体岩画里的圆圈形式样结构都视作人面。这样，图 J19b 就是二重合体人面形式，即由两个人面成分上下结构的二重合体岩画。同样，依据贺兰山岩画造型的两条一般规律，即各种形态的圆圈式样都可以用来指称人面，以及所有动物基本上是侧面式样结构，正面式样最普遍的形式是人，我们也可以断定图 J19c 这个三重合体岩画最上面的一个圆圈形式样结构所代表的就是一个正面人形象。通常，在某一个特定的贺兰山岩画里，人面总是或者以自由形式出现，或者以黏附形式出现。但也有例外，即人面可以以自由形式和黏附形式同时出现在某一个特定贺兰岩画语境中。如图 J19a 里有十个相对独立的人面形式，其中有一个充当黏附形式的人面，九个相对独立存在的人面成分。总而言之，人面式样结构以多种类型、多种形态出现在贺兰山岩画语境中，事实上，在整个贺兰山岩画符号系统中，人面是运用得最多最广泛的一种单圆圈形式样结构。

（二）同心圆

1. 以自由形式参与组合

我们知道，贺兰山岩画构形有一个显著特点，即通过添加黏附形式或与另一个形式组合，一个根本形式会衍生出另外一个派生形式。以射手、骑者为典型代表的这种派生形式有些相当于基础根本形式，它们可以再次作为自由形式，参与各种贺兰山岩画的结构。由单圆内部添加语法加号演变而来的同心圆就是这样一种形式。如图 J20[1] 所示：结构这两个二重合体岩画的突出成分是同心圆形式。左图是两同心圆相联结的 A + B 型派生同心圆圈形式，与另一个同心圆成分的上下并列组合；右图两个同心圆形式，其中左边一个与位于其下的一个 A +（b）型派生羊形式紧密联结，从而形成了另外一个复杂的派生同心圆形式（即同心圆与羊形式的连接）。由此可知：作为一种自由形式，同心圆形式可以以最简单的同心圆式样结构（即两单圆相套），成为合体岩画里一个相对完整独立的成分，也可以以形态多样的、比较复杂的派生形式，成为合体岩画里相对独立存在的一个成分。

作为一个组成成分，各种各样的同心圆形式不仅可以参与任何形式的贺兰山合体岩画的创制，而且在其中往往占据着重要位置。例如，图 J21 展示给我们的是两个独立的同心圆成分，与两个手成分、三个人面成分组合出的七重合体岩画。它们之间的组合次序很独特：两同心圆左右并列位于最上面且中心位置，两手左右并列垂直位于其下，似有向上托举之意，三个人面则几乎呈一直线形纵向排列位于最右边。图 J22a 是一个同心圆与两个人面、两个单圆圈形式组合的五重合体岩画。它几乎集中了各种圆圈形式样结构：有纯粹的单圆圈

---

[1] 右图是宁夏博物馆收藏的贺兰山岩画。有关它的拓片往往把同心圈下面石头天然剥落及人为损坏的部分也拓出，致使两同心圆相连成一个成分（成为一个派生圆圈形式）。2009 年 8 月在宁夏博物馆外面看到此岩画时，作者曾仔细辨认，发现两左右并列的同心圆之间没有连线，它们与其下面羊形式之间亦没有直接连接。

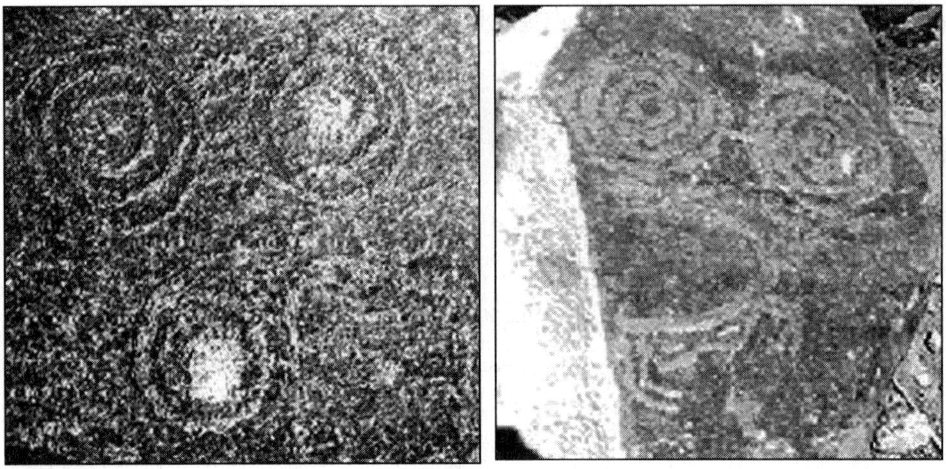

图 J 20

形式，有内部添加简单黏附形式的单圆圈形式（只表示出简单包含关系），有内外都添加简单黏附形式的单圆圈形，有内部添加有多重复杂黏附形式的单圆圈 A + B 型派生形式（准确地说是 A + B + C 派生形式，即复杂人面与两根本羊形式的组合）。在它们上面有一个特立独行的、纯粹的同心圆式样结构成分。无论是从整个贺兰山岩画语境，还是图 J22a 语境来看，我们都有理由把它视作一个表示了最简单的包含关系的人面式样结构。在图 J22a 这个视觉场或上下文语境中，它是一个相对独立存在的、完整的组成成分。

以自由形式的身份，同心圆式样结构还广泛出现在许多抽象形式的组合中。如图 J22b，这个语篇里的组成成分比较复杂。其间有四个成分比较特殊：这就是最上面两个 A +（b）羊派生形式，一个有着语法加号（羊尾巴部分叠合着一大的实面长方形式样结构），一个有着语法减号（没有后半部分式样结构的羊形式）。最左下面分别有象鹿之形和有着语法减号的派生动物形式。除此之外，图 J22b 里还有两个抽象形式成分以及六个简单的圆圈形成分。其中

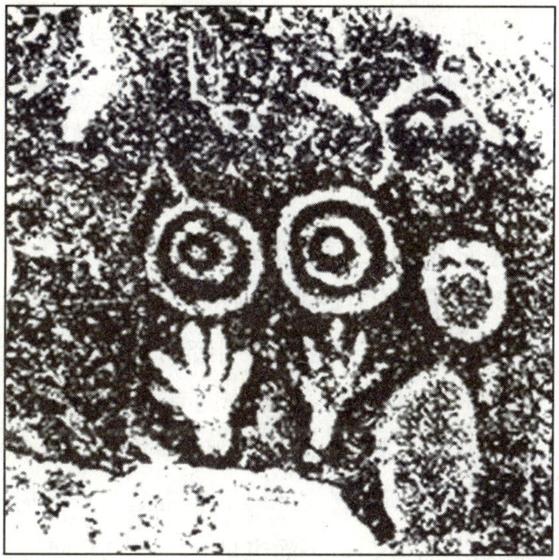

图 J 21

两个是一大一小的纯粹的单圆圈形式，两个是内部有一小点的单圆圈形式，两个是纯粹的同心圆形式（即与）。虽然简单，但是，这六个圆圈形式在整个图 J22b 上下文语境中相当独立地存在着，显然是一个以自由形式出现的组成成分。至于它们的所指内涵及其意义，我们则很难判定：因为我们已经知道贺兰山岩画的制作者们可以用纯粹的同心圆式样结构表示任何事物。

然而，相比较而言，在整个贺兰山岩画语境中，与大多数以自由形式出现的单圆圈形式样结构一样，同心圆式样结构比较常见的是用以表示人面或人。如在图 J22d 这个合体岩画里的同心圆式样结构比较特殊。最右边是一个以半圆圈形式样结构出现的成分，其左边是一个下面有着黏附形式（一个用以表示方向性或两个事物之间关系的三角形式样结构）的同心圆成分。整个合体岩画的最左上面是一个复杂的 A + B 型成分（准确地说是 A + B + C 型，即两个同心圆形式与一象正面站立之人形式的组合）。我们已经知道：贺兰山岩画制作者会用同心圆式样结构指称人面或人，所以，从 A + B 型这个成分的上下文以及整个合体岩画的语境来看，这两个下面有着黏附形式的同心圆式样结构代表的就是人，即两个正面站立的人形象。整个 A + B 型成分就是三个人形式的组合。当然，整个合体岩画里的其他两个同心圆式样结构也是如此。它们指称的具体对象都是人。因此，这个 A + B 型成分里的两个同心圆式样结构不是以黏附形式，而是以自由形式的身份参与组合的。换言之，它们在该派生形式里充当着一个特殊的相对独立完整的形式元素的作用，而不是依附于其中的某一形式元素。总之，图 J22d 最上面是三个基本上以同心圆式样结构的人形式或成分，也即、、，它们与其下面的动物形式和抽象符号形式结构成又一整体，从而表达出了丰富的意义——尽管我们还不能破译出来。

从图 J20、图 J22d 我们看到：与单圆圈形式样结构一样，同心圆式样结构也会以一种特殊的自由形式身份参与合体岩画的组建，即成为一个像这样的 A + B 型派生形式里的一个成分。在贺兰山岩画里，承担这种作用的同心圆式样结构有的非常独特，如图 J22c 所示：在两个 A + （b）型面面相对的羊形式（左边一个没有后半部分，右边一个后半部分不完整）的上面，也即整个图 J22c 的最上面、最中间有一个比较复杂的同心圆圈形式样结构。它的外面有着用以表示方向性或两个事物之间关系的黏附形式。这些黏附形式集中出现在同心圆形的左边和下面。左边是一个树枝样抽象黏附形式（它基本上由三条线组合而成），下面也是一个向左延伸的树枝样抽象形式。这个外面有着两个黏附形式的同心圆式样结构又借助于一小虫状抽象符号形式与位于其左下面的一羊形式（准确地说是与一条从羊尾巴部分延伸出来的长曲线）相连接。这样，两处有着黏附形式的同心圆圈式样与其左下面的羊形式就又再次结构出了

图 J 22

另外一个整体形式，即A+（b）型派生同心圆与A+（b）型派生羊形式组合而成的A+B型派生形式。在这个特殊的A+B型派生形式语境中，同心圆式样结构具有双重性：它既保持着相对的独立完整性，又显示出了很强的依附从属性。同心圆圈外围的黏附形式以及连接羊形式与同心圆形式的一条长线，非常鲜明地向我们昭示了贺兰山岩画制作者的意图：他努力试图暗示出此同心圆式样结构与下面羊形式之间的关系。

纵观整个贺兰山岩画，同心圆式样结构的这种用法非常普遍。例如，在图J23a里，我们看到了三个同心圆式样结构同时在同一个六重合体岩画语境中使用的情形。它们都不是完全独立于其他形式而独立存在，一个与一A+（b）型派生羊形式的一条后腿形式紧密相连，其余两个分别位于一正面蛙状人形式的左右两边，并与之结构成了一个完整的整体视觉形式。考虑到在整个贺兰山岩画语境中，同心圆圈式样结构本身即是一个有意义的单位，也即一个A或A+（0）型符号，以及它们在整个图J23a和A+（b）型派生羊形式、正面蛙状人形式里的具体语境，我们也许更应该把它们视作一个与其他形式再次组合的一个特殊的自由形式，而不是仅仅只是A+（b）型派生羊形式和正面蛙状

图J23

人形式上的一个黏附形式，也即一个语法加号。

事实上，在整个贺兰山岩画里，同心圆式样结构是一个再生性很强的根本形式。它可以和不少动物形式，特别是羊形式再次结构出另一派生形式。这种派生形式往往有着固定的编码，即同心圆式样结构与其他动物式样上下结构。例如，图 J20 里同心圆圈形式位于羊形式上面，图 J22b、图 J23 里的则位于动物形式的下面，即、和。在这种有着固定词法关系的同心圆式 A + B 型派生形式里，我们在整个贺兰山岩画里见得最多的就是图 J20、图 J22、图 J23 里所呈现出来的形式，即羊与同心圆的组合。在这种组合里，同心圆式样结构更多的是缀于羊形式前腿下面（准确地说是两个前蹄子上）。这种固定不变的组合关系使这种组合形式最终成为贺兰山岩画里的一个语词。图 J23 表明这种同心圆式 A + B 型派生形式已经成为另一自由形式，它可以出现在任何合体岩画之中。

由以上描述分析可以看到：以自由形式的身份，同心圆式样结构可以参与组合岩画句，也可以参与组合岩画语篇。而且，在每个合体岩画里，各种同心圆式样结构都相当引人瞩目：虽然与上下文中有的形式相比，它们在形状上要

图 J 24

略小一些，但是它们所处的位置一般都比较醒目。有的高高位于整个形式的上面，有的则位于其他成分的边缘。很显然，它们都是作为一个相对完整的、有意义的独立成分而参与合体岩画的组建。这一点也体现在它们还可以与其他形式再次组合成另一 A + B 型派生式样结构，而图 J24[1] 则进一步给我们昭示了同心圆这种式样结构形式本身的威力：以它为中心，它可以结构出一个典型的向心语篇。

2. 以形式元素形式参与组合

单圆圈形式样结构既可以以自由形式的身份，也可以以黏附形式的身份参与各种贺兰山岩画的建构。同心圆式样结构则不然，它虽然可以以自由形式参与很多合体岩画的组建，但是，却极少以黏附形式的身份出现。事实上，除了看到它们以自由形式身份参与多种合体贺兰山岩画的建构以及再次与其他形式结构出另一 A + B 型派生形式外，我们所能见到的同心圆式样结构基本上是某一个特定形式结构上的一个组成部分，它们往往有着非常具体明确的所指。如图 J25 所示：在这两个合体贺兰山岩画里，标准的同心圆式样结构不是出现在马形式的臀部，就是出现在鸟形式的翅膀部分。很显然，它们只是被用来结构该部分的一种特殊的形式元素而已。之所以说它们特殊是因为它们都是一些有着特定意义的语法单位。这里，贺兰山岩画的刻制者既以均衡相停、工整对称的半同心圆圈形式元素结构了鸟翅膀的式样结构，肖似逼真、整齐美观，又

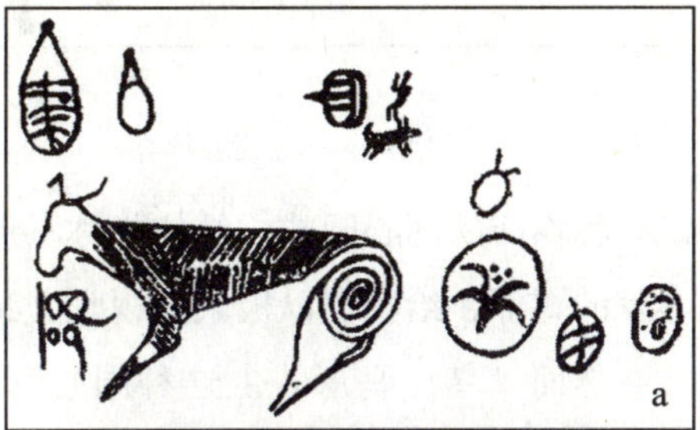
a

b

图 J 25

[1] 宁夏博物馆收藏的贺兰山岩画。这是由十个组成成分结构的语篇。中心是一个缀有一倒立羊黏附形式的 A +（b）型派生同心圆形式，六个羊形式、两个人形式和一个抽象形式从周围环绕着它。

图 J 26

以匀称均衡的同心圆式样结构指称马形式的整个臀部，完美地突现出了马形象丰腴的臀部，给我们以极大的视觉美感。

然而，鸟、马形式上这种同心圆圈形式样结构的使用并不仅仅是为了美观，也即取得能指优势，实际上，它们同时取得了所指的优势，即它们不仅形象生动地指称鸟翅膀（象鸟翅膀之形）和马的臀部（象马臀部之形），而且向我们呈现出了鸟翅膀阔大优美的形状以及马臀部（也即整个马形象）滚圆的形态，甚至更进一步向我们呈现出了鸟和马形象的情态动作（正在张开的翅膀、向后突出的臀部）。这种借助于美观的同心圆圈形式样结构以传达出更丰富内涵的表现手法，我们在许多象虎、鹿等动物之形的贺兰山岩画式样结构上也常常能看到，而它最普遍的运用语境则是在羊形式上。如图 J26a 里大部分羊成分的式样结构上都有一个同心圆圈形形式元素。它们有着具体而明确的指称对象——羊角。这些羊角，可以由一个相当完整的同心圆圈形式样结构组成，可以由一个半同心圆圈形式样结构组成，也可以由两条同心圆圈形弧线组成。总之，它们可以由各种形态的同心圆圈形式样结构组合而成。这些形态万千的同心圆圈形式样结构显然都是一些象羊角之形的意义单位。它们在准确传达出意义（其具体指称的对象是一种有着弯曲羊角的羊）

的同时又具有形式上的美感。在图 J26a 里，我们还看到了一个有着同心圆圈形式样结构羊角的羊形式再次与一纯粹同心圆形式的组合，即一个 A + B 型派生形式（最右边最上面一个）。其实，在整个贺兰山岩画符号系统里，同一个合体岩画中各种形态的同心圆圈形式的不同运用是比较普遍存在的一种现象。如在图 J26b 里，用以结构羊角的有两条线复合而成的半同心圆圈形式样结构，有三条线复合而成的半同心圆圈形式样结构，有螺旋形曲线结构的同心圆圈形式样结构，有两条弧形线结构的羊角形式等。至于合体岩画里夹杂在羊成分中间的两个实面形圆圈成分，更增添了合体岩画整体的圆圈形色彩。

（三）小结

圆圈形是贺兰山岩画里重要的一种式样结构。它以多种形态广泛存在于多种贺兰山岩画的语境中。它们可以结构出单个贺兰山岩画，也可以结构出合体贺兰山岩画，甚至可以组合出整个贺兰山岩画语篇，如图 J27 基本上就是一个由众多圆圈形式样结构的一个复杂的语篇。这里有纯粹的圆圈形式样结构，有表示最简单包含关系的圆圈形式样结构，有表示复杂包含关系的圆圈形式样结构，有表示简单方向性和两种以上事物之间关系的圆圈形式样结构，也有表示复杂方向性和两种以上事物之间关系的圆圈形式样结构。多种形态的圆圈形式样结构呈现出了多种丰富复杂的意义世界。然而，多种形态的圆圈形式样结构并不是从天上掉下来的，它有一个漫长的建构、积淀、解构、再建构、再积淀、再解构的不断循环演变的过程。若从视知觉心理学的视域来看，整个贺兰山岩画里，最简单的视觉式样结构就是纯粹的单圆圈形。它是一个可以出现在多种语境中的一个有意义的单位。尽管在有些语境中我们能明确知道它们的指称对象，诸如人面、人伸出去的双臂、羊角、羊尾巴等等，但是，在有些语境中，我们不知道它们指称什么。因为在多种类型的贺兰山岩画里，它们的存在这一事实告诉我们：贺兰山岩画的刻制者们可以用它们这种不突出任何一个方向的最简单的视觉式样结构代表一切事物、一切方向。若从视知觉视域来看，整个贺兰山岩画式样结构从简单到复杂演变发展的第二个阶段就是以同心圆圈为代表的、内部有添加成分的圆圈形式样结构。通过对特定语境中有着明确

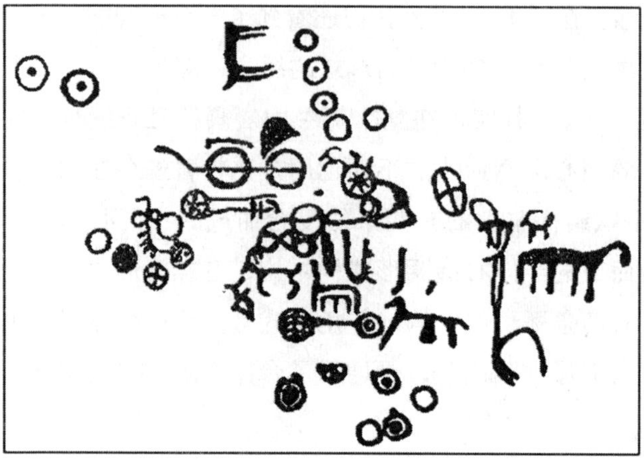

图 J 27

指称对象的人面的剖析，我们看到：这类圆圈形式样结构更加准确、逼真地指称了“人面”概念。添加成分都是一些有意义的语法单位。它们或者用来明确指称人的眼睛、嘴巴，或者用来明确指称人的鼻子等面部具体器官。与纯粹的单圆圈形式一样，贺兰山岩画里有着内部添加成分的圆圈形式样结构也可以以自由形式或黏附形式的身份出现在其他多种语境中，用来指称“人面”以外的其他事物或概念。在贺兰山岩画符号系统中，这种圆圈形式样结构更进一步地复杂化就是在它的外部开始出现了用以表示方向性的各式各样的黏附形式。于是，依照从简单到复杂的演变规律，整个贺兰山岩画式样结构的演变就进入到了第三个阶段，即外部有着黏附形式的圆圈形式。这种黏附形式可以是各种式样结构，它们有的只是非常简单的一点或一横线状形式，有的则是非常复杂的动物或图案形式。然而，无论是简单还是复杂，它们都是一些表示出了一定的方向性的有意义的单位。如添加在人面上的有些我们能明确知道它们的指称对象，诸如人的头发、人的身体（除人面以外）、人头上的装饰物等等。这些特定形式的添加物，不仅使得该人面的表意性更加丰富多彩（如它不再只代表一个简单的意思——人面，同时还传达出了“这是一个头上戴着装饰物的人面”等意义），而且某种程度上改变了“人面”的具体指称对象或所指内涵，如在人面下面黏附一个或两个添加成分（如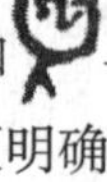与），它们的意义就完全不同了。与简单的人面式样结构相比，它们更明确地传达出来的是“人”而不是“人面”这一概念。因此，在整个贺兰山岩画式样结构由简趋繁的演变发展过程中，圆圈式样结构外部黏附形式的添加是一个重要的阶段。它表明贺兰山岩画的制作者们已经具备了一定的分辨方向的能力，初步学会并掌握了上下、左右四个方向。从此，贺兰山岩画的制作者们就进入到了具有方向性的线形式样结构的创制时期。

五、垂直—水平关系式样

从内在性的角度来看，向心的、不表示任何方向的圆圈形是一种最简洁的式样结构或形态。不管它的内部有多少添加成分，这些成分总是被封闭在一个相当完整自足的世界里。这样的世界内部似乎藏着一股不可能有方向的“向心的紧张”[1]。因此，诚如康定斯基所说：它和其周围的融合是最低限度的。即使当圆圈形成分与其他成分进行各种组合时，它们依然是在表现自身。无论是位于其他成分的上面、中间还是下面，也不管是处于水平或者垂直，它们对任何方向丝毫没有表示出移动的迹象，也不接近或疏远其他形式。然而，一旦在圆圈形式样结构外部添加其他形式的黏附形式，圆圈形自足的世界就发生了巨大变化，它开始具有了一种向外扩张，也即向四面八方扩散、延伸、融合的趋势。从以上描述我们看到：总的来说，贺兰山岩画圆圈形式样结构外部所添加的最多的一种黏附形式是直线形。它可以单个出现，也即以最简单的一竖或一横笔画式样只在圆圈形式样结构的某个位置出现，也可以成双或成群同时出现在圆圈形式样结构的某一个位置、两个或几个位置上。这是因为与仅仅内藏着一种紧张、不可能有方向的圆圈形相比，“线则无条件地具有紧张和方向”，尤其是直线“具有沿着笔直道路无止境前进倾向”。[2] 在所有反映无限运动的形态里，直线是最简洁的一种。从这个意义上说，依据从简趋繁演变发展的一般规律，整个贺兰山岩画式样结构的建构就进入了一个崭新的时期——线形。各种线条一起千变万化的类型、形态及其组合方式建构出了各种贺兰山岩画。

实际上，前面我们已经从多种角度反复论述了这一问题，即线条是贺兰山岩画里的灵魂，贺兰山岩画里最基本的形式元素或者说视觉语言形式就是各种线条，尤其是直线在贺兰山岩画里运用得很普遍。以下，我们将通过描述剖析各种贺兰山岩画式样结构的组合，继续进一步探讨贺兰山岩画符号的建构过

[1] 〔俄〕瓦·康定斯基著、查立译：《论艺术的精神》，第 110 页。

[2] 同上书，第 129 页。

程。本部分我们的论述目标是贺兰山岩画里最基本的一种式样结构——垂直—水平关系式样。

贺兰山岩画里比较典型的羊、人、马形式的整体式样结构基本呈垂直—水平关系式样。例如，、、、、、、、和，前三个人形式整体呈倒“丫”形，其他动物形式都大致呈一字水平状。而用以结构它们的基本形式元素是直线。这些直线形态或短或长，或横或竖，姿态横生，组合力极强。它们既能结构出人和动物的整体轮廓，也能结构出人的头部、足部，动物的头部、尾部、角、嘴巴以及身上的花纹斑点，更能结构出整个形象。如图 J28[1] 基本上完全是直线结构的两个岩画。上图是一个独体岩画，一条水平线和一条垂直竖线结构的一“十”字状形式代表的是骑者形式，两条水平线（结构的是一个虚面）和两个两两平行的垂直线（分别代表马形象的前后两条腿）结构出了一个主体结构形态呈水平状、略低头站立的马形象；下图是二重合体岩画，左边一个是五条较长的竖立平行、五条较短的平行线和两条上下平行的直线结构的一整体大致呈垂直长方形的抽象形式，右边抽象形式的整体轮廓也是三条较长竖立平行线结构的垂直长方形形式，其内部又有两个短直线结构的小正方形结构。虽然马形象整体略向右下角倾斜放置、两长方形外部（左边的最下面）或内部（右边的）有略呈弧形的添加物，但是，垂直线条增添了马、两长方形式样结构的稳定性。

孤立看图 J28 下图合体岩画里的两个长方形形式，我们不能确定它们的所指，若在整个贺兰山岩画人面形式里审视，它们表示的就是人面。因为在坚硬的石头上刻制圆圈很难，很多时候，人们是用简单的直线把它们刻成正方形或长方形状。这就是我们在贺兰口人面群像里能见到长方形、正方形形状人面的一个原因。在图 J28 下图这个合体岩画里，直线不仅表示人面整体轮廓，而且表示人面内部的五官特征。因为这些垂直线勾勒的长方形不是一个虚面，而是镂空面。换言之，这些垂直线贯穿整个长方形，它既表示了人面的整体轮廓，也表示其内部特征。例如，图 J29 里呈现的是我们从整个贺兰口人面群像里摘出来的两个相对独立存在的人面形式（即独体岩画）。左图

[1] 上图是作者采集的大麦地岩画，下图是贺兰山岩画管理工作者从周边收集、放置在贺兰口的岩画。

两条短直线结构了人的眼睛，一条直线结构了人的鼻子、四条或三条短直线结构出了人的牙齿（或代表嘴巴），六条两两平行的直线和两个正方形格子状形式分别表示左边这个人形象头顶、两耳边、下巴下的饰物，两条较长的平行垂直线和三条较短的平行垂直线分别表示左边这个人形象两耳边的饰物。尽管纵贯、横贯右图整个人面的“丁”字形式令人费解，但有一点是肯定的：它表示的一定是与人面相关的事物。因此，恰如单圆的运用一样，在这里，我们也看到贺兰山岩画的制作者也用最简单、最单纯的水平线和垂直线代表任何事物、任何形式。如他们还会在人面额头部分添加一个十字式样结构，

图 J 28

以及在人嘴巴上面画两条笔直且平行的水平线，这样的直线形态显然都没有明确的所指。

事实上，在贺兰山岩画这部羊书里，当我们说基本上由直线组合的式样结构比较普遍存在时，我们主要是就羊形式而言。浩如烟海、奇姿诡态的各种类型、各种形态的羊形式大部分是由直线结构而成的。由于直线形态自身的特质，它一般结构出的大都是那些处于相对静止状态中的羊形式，如图 J30 里两个独体羊岩画形式所示：一条横线和一上一下的两条竖线纵横结构了右图这个最简单的根本羊形式。引人瞩目的是那条向上的直线，它所代表或指称的对象显然是羊角，制作者用写意的方法展示出了它（整个羊形式是一个意象符号）。

图 J 29

若单纯从式样结构的角度来看，这种似乎向上无限延伸的直线羊角，与其下面一条表示羊形象前腿的直线相对称：它们一上一下用力的结果使得整个羊形式处于垂直平衡的相对静止状态。而一条较长的水平线（代表整个羊躯体）和两条较短的竖线（一条代表尾巴，一条表示雄性性别特征），以及六条两两平行的垂直线（分别代表羊形象的两只角、前后两条腿）结构出了图 J30 左图这个主体结构形态呈“丁”字状、略低头站立的羊形象。在整个贺兰山岩画里，像这样的羊形式俯拾即是。例如，、、、、、、、和这样几乎由纯粹的或短或长、或粗或细的直线形态结构的羊形式我们常常能看到。但是，我们也能看见、、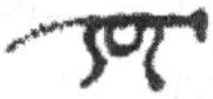、和这样比较特殊的直线形态的羊形式。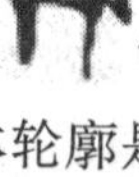所指称的对象是“小羊”。用以结构其头部的一特殊圆形式样结构的整体轮廓是一短直线状。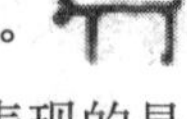的比较长的角竟是用一条与整个羊躯体平行的水平线表示。表现的是一低头缓慢行走中的羊，它的腿部仍然是成直角的直线形态。利用线与线之

图 J 30

间所形成的直角结构出了一个象行色匆匆赶路之羊形式，而则是基本上用各种直线形态结构出来的一只狂奔中的羊形象式样。

由以上描述分析我们可以看到：直线形态可以结构出各种贺兰山岩画，即它可以结构出多种肖似符号、抽象符号和意象符号。由于垂直线和水平线是线运动中最单纯、最简洁的两种线，因此，由它们结构出来的事物的大体轮廓都只有两个主要方向：水平方向与垂直方向。而且，无论一个物体的各组成部分之间成多大角度相交，都是以直角或类似直角来表示的。上述人物直立的躯干分别与平直的胳膊、下垂的胳膊之间、人物的腿与脚之间，各种抽象形式内部各个形式元素之间，各种动物的头与躯干、四肢和尾巴与躯干之间等等，都成垂直—水平关系的 T 字式样。这是因为与其他种类的角相比，直角是最简单的。这里，水平线和垂直线并不是现代艺术家们所说的表示无限的“寒冷运动”和“暖和运动的最简洁的形态”。[1] 人物那直直张开的双臂或下垂的双臂，没有我们现在所说的身体语言的特殊意义。这就是说这个人物双臂张开的姿态并不像 D. 莫里斯所说的“表示拥抱欢迎的动作”[2]，而仅仅用来表示不

[1] 〔俄〕瓦·康定斯基著、查立译：《论艺术的精神》，第 130 页。
[2] 〔英〕D. 莫里斯著，陈明福、刘君祖译：《人体秘语》，昆仑出版社 1988 年版，第 128 页。

同的方向。以这种整体呈垂直—水平关系式样结构的形式，一般表示的都是静止站立的事物。

六、倾斜关系式样

就整个贺兰山岩画而言，人们用以表示动态事物的主要方式就是倾斜，即改变垂直—水平关系式样，使所表示的物体的方向在某种程度上倾斜。由于倾斜实际上是一种被眼睛自觉地知觉为从垂直和水平等基本空间定向上的一种偏离，因此，表现动态事物的方法正是从表示静态事物的式样演化而来的。一旦人们完全熟练地掌握了简单的垂直—水平关系式样，他们就会进一步使贺兰山岩画向表现较复杂关系的倾斜关系结构方向发展。从整个贺兰山岩画的制作来看，他们主要通过两种途径使贺兰山岩画的这种发展变化得以最终实现：一是利用事物的倾斜度、倾斜方向；二是利用事物之间更加复杂的角度关系和曲线。下面，我们将具体论述之。

（一）倾斜度和倾斜方向

有目的地使用倾斜度和倾斜方向表达更复杂的事物，特别是运动中的事物，是贺兰山岩画式样结构上的一大特点。在利用这种方式表示事物之间的各种倾斜关系时，贺兰山岩画制作者们具体采取了以下两种基本方法：

（1）对角线法。这是最简单的一种表示倾斜关系的方法，即在垂直—水平相交而成的角之间加一条对角线表示倾斜。这样做的效果主要体现在三点：一是更细腻逼真地表示了事物，如、和这三个动物的总体式样结构属于垂直—水平型，整个形式完全由横竖直线结构而成，工整平行。每个形式里各个线相交之处都添有一短线，它们明显用来指称动物的尾巴部分。中间也有一短线，似乎指称雄性动物的生殖器官。二是使整个形式有了某种纵深感。如在图 J31 羊形象前腿与躯干相交的直角处有一略向后延伸的对角线，它有着明确的指称对象——羊另一条前腿。它的出现使得整个原

图 J 31

本平面的羊形式具有了某种纵深感。同理，也如此。这个羊形象的两条后腿都被呈现出来了，与前面一条腿相比，正是后面多出了一条腿，整个羊形式具有了某种立体感。三是使整个视觉空间中有了动态节律。这是对角线运用在垂直—水平式样结构事物上最显著的效果。如仅仅在上使用一条对角线，整个形象就由静止站立的牛变为低头慢步的牛（后腿与躯干相交的直角处内侧有一条短短的对角线），而把这个形式头部的直线改为向上的对角线，就使得这个原本整体呈垂直—水平式样结构的静止的羊形象（假如头部是一条水平线的话）变成了一个仰天长啸着的动态的羊形式。此外，与另一直线形成交叉状的对角线更能鲜明地传达出整个形式的动感特点，如、和，三个动物形式的腿部与躯干相交的直角处都有对角线，它们形成一倒“丫”状轮廓，生动表现出了双腿交叉行动着的动物形象。特别是这个羊形式的前腿部分有一条对角线向前方斜出，生动摹写了一两腿交叉、低头前行着的羊形象。

（2）倾斜法。这种方法比较复杂，即采用使所表现事物倾斜的方法。若按照事物倾斜的程度，我们可以把整个贺兰山岩画里这种方法的具体运用大致划分为以下两种情形：

第一，倾斜度比较小的。如图 J32 所示：这两只羊形象前面两条腿和后面两条腿不是处在一条水平线上，而是向右侧上方程度不同地略显倾斜。左图一个向上倾斜度略大一些，右图则略小一些。倾斜度的大小导致了两个羊形式之间的差异。左图一个，即倾斜度略大的，表示的是一只跳跃中的羊形象；右图一个，即倾斜度略小的，表示的是一个正在迈步行走中的羊形象。

这种借助于使所表现的事物略显倾斜从而表示出事物动态的手法在整个贺兰山岩画里运用得很普遍。一些人形象虽然整体轮廓大体呈正面垂直站立之形，但是，用以表示人物的双脚形式并不是位于一条直线上。例如，的右脚略微向后面收（脚尖似乎踮起），的右脚向后收得更厉害，以至于人物的整个身体也略向右倾斜，的右脚向右侧上方略倾斜，人物的右胳膊也同时向右侧上方倾斜。这种程度不同的倾斜就呈现出了三个似乎正在舞蹈着的、动作中的人形象。在象动物之形的式样结构里也广泛存在着类似的情形。如、、、、和就是各种形态的倾斜中的羊形象。相比较而言，它们中有些倾斜度小一些，有些大一些；有些向右侧方倾斜，有些向左侧方倾斜。倾斜角度、方向的变化，造就了羊式样结构的变化，从而展现出了处于不同动作、情态中的羊形象。甚至像、和这

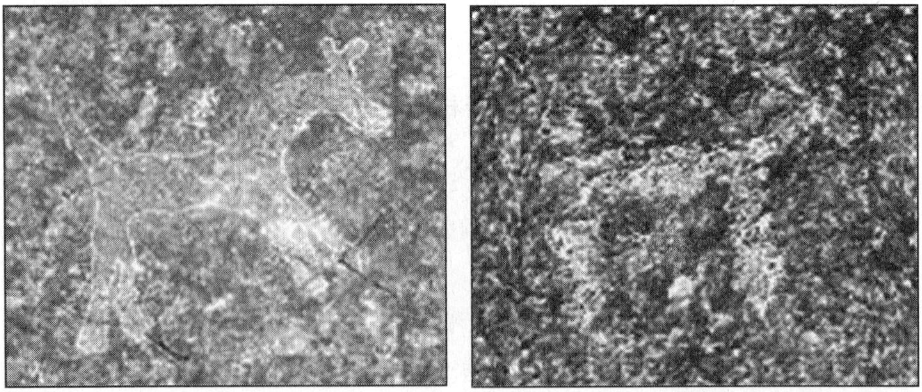

图 J 32

三个在倾斜角度和方向上大致相同的羊形式，它们之间细微的差异性也被呈现出来了：前腿大大地跨出去，注视着前方，似乎是一个处于跨跃中的羊形象；是一个神情凝重、似乎正在踱步中的羊形象；的双腿高高抬起，似乎是一个处于半跳跃中的羊形象。

第二，倾斜度比较大的。如图 J33 所示：如果说图 J32 里的羊式样结构的整体轮廓大体呈垂直—水平关系的式样的话，那么，图 J33 里的就呈倾斜状。用以代表这六个羊形象整个躯干部分的就是一条向左或右下方、上方倾斜的斜线。这样，从正面看上去，图 J33 所展示给我们的就是六个倾斜度非常鲜明的羊式样结构。同理，与两个人物形象的整个身体都向右侧，则向左侧，如此大的倾斜度不仅表现了人物形象的动态，而且某种程度上传达出了它们丰富的神情。象手持东西侧身敲打之人形；象舒展双臂侧身舞蹈之人形；象双手叉腰、昂首挺胸、傲视之侧面站立之人形。而、、则是三个倾斜度颇大的动物式样结构。它们在整个视觉空间中，显示出

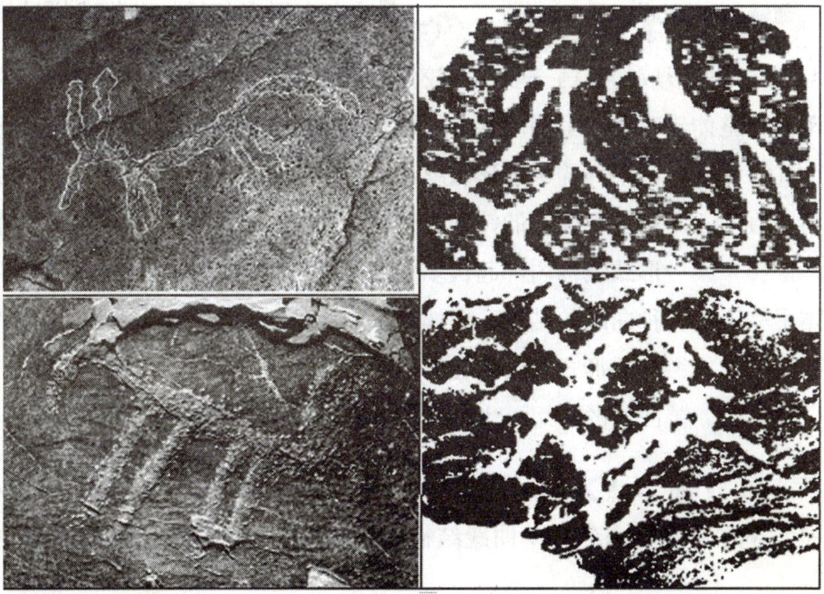
图 J 33

了非常明显地向后不断延伸的趋势，体现了某种纵深感。这样的形式给人以很强的立体感。

（二）角度关系和曲线

在整个贺兰山岩画里，我们还能见到一些利用事物之间更加复杂的角度关系和曲线表示倾斜的式样结构。与前面的相比，这属于更高一级的发展阶段。其主要的情形有以下三种：

（1）某一形式内部各部分之间的方向关系变了。如、、、、、和这七个式样结构一反一般贺兰山岩画里人、羊和马式样结构的形态。它们的整个轮廓或者像蛇一样弯曲，或者向下倾斜，或者横置，或者向下弯曲，或者凌空飞起，这就使得人、羊和马式样结构的形状显得更加复杂。当然也表现出了双手叉腰、媚态十足和头戴饰物半横斜着站立的人形象，以及正在饮食中的、跳跃中的、格斗中的等处于特殊动作中的羊或马形象。

（2）某一形式结构内部夹角部分变得更加平缓。如在、、、、、这六个形态各异的动物式样结构中，线与线之间所形成的夹角一般都比较大，且基本上都是钝角。这使得其所表现的动物的整体轮廓大致呈圆圈状，特别是动物躯干和双腿以及动物的背部所形成的几乎都是深浅不一的半圆形轮廓，动物的头部与前腿之间所形成的夹角也不再是直角，而是呈半圆状的钝角。动物臀部与后腿之间所形成的夹角亦如此。

（3）某一形式结构内部起伏多变的曲线的运用。这是指有些贺兰山岩画基本上完全是各种曲线的结构。假如按照曲线的单、双来划分，那么，贺兰山岩画里以曲线结构的形式主要存在着下面三种情况：

第一，单曲线的运用，也即基本上用单一的一条曲线结构出各种形式。例如，、、、、、、和，这是八个几乎完全由各种单曲线结构的马、羊式样结构。仅就结构动物背部轮

廓的线而言，它们就完全不同。像马形式的躯体轮廓即是一条波浪状的长曲线，是一条半圆圈状曲线，则是一条蜿蜒曲折的蛇形线。用以结构其他部位的线条也如此。如结构后腿的是一犬牙状曲线，的则是一短曲线。总之，这些单曲线的动物形式，造型简洁明快，形态万千。与单纯的倾斜相比，圆润流畅的曲线形式元素的运用更加准确、生动、逼真地再现了各种语境中动态的动物形象：它们中有的疲惫地拖着腿慢行，有的正在欢欣地吃东西，有的头低得很低，似乎在水池中喝水，有的快乐地跨跃着，有的趾高气扬，有的谦和婉转。

第二，复合曲线的运用，也即主要运用双曲线结构各种形式。如、、、和这五个是贺兰山岩画里主要由双曲线结构的动物形式。除腿部和尾巴部分外，羊形式和马形式都是长短不一的双曲线的集合。一般来说，在贺兰山岩画里，这种双曲线形式元素是用来结构动物形式的主体躯干的。就其结构出的动物主体躯干形式的形态而言，它们或者呈狭长的长方形形状（如），或者呈弯曲的拱桥形状（如），或者呈比较宽大的长方形形状（如），或者呈向上拉长变形的三角形形状（如），或者呈扁椭圆形状（如）。形状的差异反映了其所代表的动物的情态动作的差异。与单曲线相比，双曲线在展现动物的动作时更加细腻传神。如羊形式的头部是以复合半圆圈形曲线结构的，这种式样结构更形象地把一只正在猫腰、半蹲着、专心致志凝神中的羊的神态呈现给了我们。

第三，两种以上曲线的使用，即用两种以上曲线结构出的形式。如抽象符号就是三条长短不等的圆圈状曲线的结构。基本上是四条比较长的曲线结构出的一特殊的马式样结构。在整个贺兰山岩画里，这种由多种曲线结构的形式很少。

就整体形态而言，面呈现给我们视知觉的往往也是一种特殊的线，贺兰山

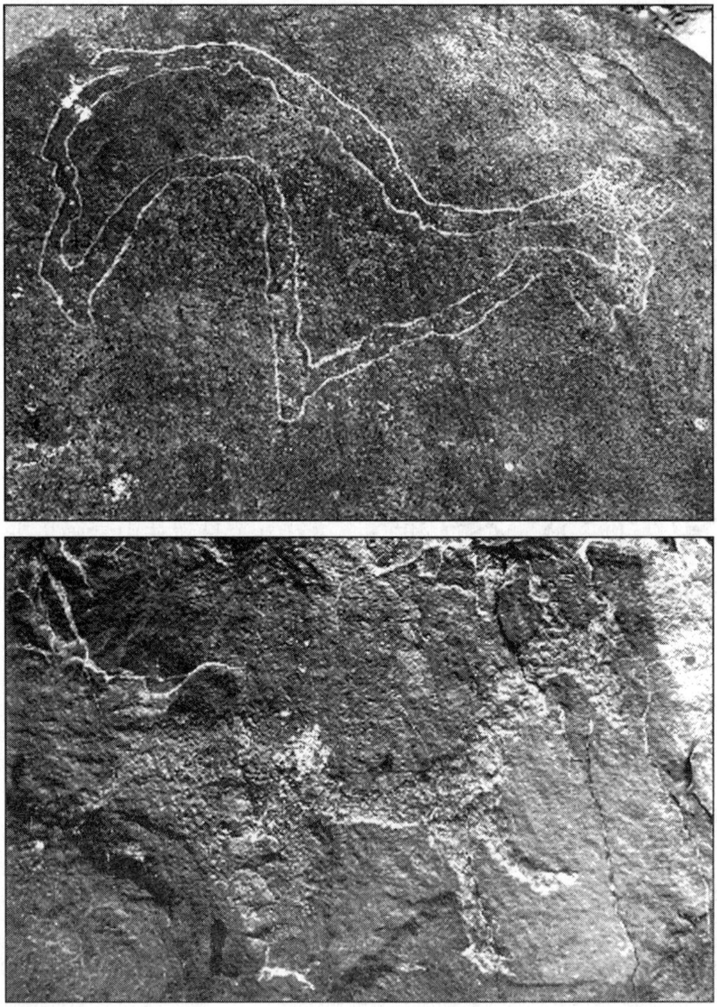

图 J 34

岩画里的面尤其如此。它们大多是这样制作的：先勾勒或打凿出事物整体的轮廓线（有的是线结构，有的是点结构），然后再通体打磨或保持原状。如图 J34[1] 上图是一个基本上由曲线勾勒的虚面羊式样结构，下图则是一整体呈曲线状实面结构的马形式。

由以上描述分析可以看出：利用事物之间更加复杂的角度关系和曲线表示

[1] 这是贺兰山岩画管理处工作人员从贺兰山周边收集来放置在贺兰口的两个独体岩画。白色线条是工作人员描出的。

倾斜，这种方法一方面使得其结构出的各种形式的形状显得更加复杂，生动逼真地展示了各种动态中的形象，使它们具有了生命力。另一方面也使得大部分贺兰山岩画成为名副其实的象物之形的肖似符号。

七、两种关系式样结构的运用

在整个贺兰山岩画里，人们主要借助两种结构方式表示事物与事物之间方向上的差异。根据从简单到复杂的原则，我们把它们称为垂直—水平关系式样与倾斜关系式样。这两种式样结构不仅结构出了各种类型、各种形态的贺兰山独体岩画，而且结构出了各种贺兰山合体岩画。下面，我们拟从视知觉心理学的角度，结合特定具体的语境，更进一步展开动态地深入探讨垂直—水平关系与倾斜关系这两种式样结构的运用。

（一）结构独体岩画

在各种形式类型的贺兰山独体岩画结构里，我们都能见到垂直—水平关系式样广泛运用中的情景。例如，它们可以结构出、、和这样简单或复杂的A+（b）型贺兰山岩画式样结构，可以结构出、、和这样简单或复杂的（A）+（b）型贺兰岩画式样结构，可以结构出与这样的（A）+（0）型形式，更可以结构出复杂多样的A+B型式样结构。如它们可以结构出与这样比较少见的结构形式，可以结构出与这样比较常见的结构形式。在这样的A+B型式样结构里，垂直—水平关系式样甚至还可以结构出一些特殊造型的形式。例如，在、、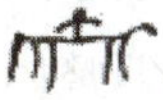、、、、、和这些形式里，不管相互搭配组合的两个或两个以上的成分之间存在

着多么大的差异，它们自身及其相互组合而成的另一整体形式都是垂直—水平关系式样。这些式样结构的 A + B 型形式表现出了丰富的内涵。如屈膝半蹲正在射猎的猎手形象（注意：猎手形象弯曲的膝盖与腿部呈直角），上下呈垂直组合的虎形式。至于四个骑者形式亦是或简或繁，骑者形象或者静止地正面坐在马身上，或者侧面催马前行。就形式元素而言，四个骑者形式里有的完全是线的结构，有的则是线与面的结构。尽管在造型、形态和形式元素的运用上，四个骑者形式都不同，但是，它们都是垂直—水平关系式样。从我们看到，即使上面一个动物形式倒立，它也与位于其下面的另一个动物形式呈上下垂直组合。图 J35 上图则是复杂的四个骆驼之间的组合。所有骆驼都是直线结构，在与其他三个进行组合时，最前面一个略微有点向上方倾斜，这并不影响整个组合形式大体呈垂直—水平关系式样。同理，图 J35 下图是贺兰山岩画里罕见的象人之形的 A + B 型派生形式。两个人形式一左一右，借助于几乎上下平行的两条线，重合为一个不可分割的独体岩画形式。[1] 这个整体形式总的轮廓呈垂直—水平关系式样结构的“十”字形，给人以一种垂直、平衡的稳重感。

我们在贺兰山岩画里也经常能看到倾斜关系式样在各种类型、各种形态的贺兰山独体岩画中的应用。例如，倾斜关系式样可以进一步组合出、、和这样 A +（b）型的形式，可以结构出与这样的（A）+（b）型形式，也可以组合出与这样（A）+（0）型形式，当然也可以结构出、、、这样一些非常典型的 A + B 型形式。而且正如垂直—水平关系式样一样，在这样的 A + B 型式样结构里，倾斜关系式样甚至可以结构众多特殊造型的形式。例如，是两个大小不一的虎形象的组合形式。在这个形式里，两个虎形式自身不是处于一条水平直线上（大的整个轮廓向右上侧倾斜，小的整个轮廓向左上侧倾斜），由它们搭配结构的整体形式也不是处于直线上（也即整体向右上侧倾斜）。不

[1] 这里的分析停留在该岩画的能指层面，也即暂时悬置起了岩画的所指。

图 J 35

过，人与马形式组合的、具有倾斜关系式样结构的骑者形式更是形态万千，它们中有些倾斜度不大，如在、里，人与马形式都是部分形式元素略微倾斜，其形式的整体轮廓大体呈垂直—水平关系式样。但是，、、、和五个形式的倾斜度就比较大：有的马形式整个都向右或向左上方倾斜，与之相应，有的人形式也整个向下或向左右方倾斜。尽管倾斜程度不同，但是，与上述由垂直—水平关系式样结构的骑者形式相比，这些由倾斜关系式样结构的骑者形式更加生动准确地展现了动态中的、处于特定语境中的骑者形象：他们骑在马上，有的悠闲地指指点点，

似乎正在向谁说着什么，有的在慢慢踱步，有的在欢快地放声高唱，有的正在勒住马头，有的正在马上射猎，有的似乎正处于悬崖勒马的刹那间，有的则正在一手牵缰绳、一手鞭打着马臀部。总之，采用多种倾斜关系方法组建的上述式样结构更加象形、逼真、写实，是一种生动特殊的肖似符号。

工整、精严、均衡的垂直—水平关系式样在贺兰山独体岩画里的广泛应用，一方面说明这些独体岩画的式样结构已经走过了不分辨方向的最初阶段，而进入到了有明确的方位感、距离感的高级发展阶段；另一方面，也是更重要的，说明贺兰山独体岩画式样结构已经形成了一定的语法，也即构词法。而多变、圆转、流动的倾斜关系式样在贺兰山独体岩画里的应用，则表明在象形表意的同时，人们开始有意识地追求象形符号能指层面的优势。

（二）组合合体岩画

垂直—水平关系式样和倾斜式式样结构在贺兰山合体岩画里广泛使用。我们已经知道：把各个不同的形式成分组合在一起，并传达出一定意义的关键是怎样构架各组成成分之间的空间关系问题。而空间关系的建立，首先涉及的仍然是各成分的方向问题。贺兰山岩画里存在着类似图 J27 这样一些合体岩画。在这类合体岩画里，我们看到各个组成成分杂乱、任意地被放在一起，没有方位感，颠倒的羊、横置着的人形象随处可见。在贺兰山岩画式样结构发展的高级阶段上，一个统一的空间概念的逐渐形成与构架是以竖式空间和水平空间这两种典型的构图模式为标志的。

1. 竖式空间和水平空间

（1）竖式空间

竖式空间指所有的成分在视觉空间中大致都是从下往上或者从上往下呈纵向垂直方向排列。例如，图 J36 里三个成分上下呈一条垂直线组合。也许是为了刻意追求这种次序，刻制者竟把一羊形式垂直倒立（即最上面一尾巴朝上、头朝下的直立羊形象）。有时，人们也会把合体岩画里的所有成分按一定比例，划分成不同的成分组，按行排列组合。如图 J37 三个合体岩画所示：右上图是一个上下排列的两重句，两个组成成分一上一下垂直排列；下图是一个三重句，三个组成成分（一个派生马形式、两个根本羊形式）分为两行：左边两个羊形式上下纵向垂直排列，右边一个派生马形式单列，其中上面一羊形式又与右边马形式左右组合呈横向水平排列；左上图是一个四羊结构的四重句。四个形态各异的根本羊形式两两一组，分为左右两行上下非常整齐地排列。这样，就图 J37 里的三个合体岩画而言，与视觉空间垂直的那一度表示成分的上下，与视觉空间呈水平方向的那一度表示成分的左右。在整个贺兰山岩画里，竖式空间组建的整体形式主要有以下两种类型：一种是所有成分一律都严格按照从上到下或从下到上的原则排列组合；一种是所有成分都实行分组或分行排列。前一种现象大都出现在合体句中，尤其是以图 J37 为代表的那些组成成分比较少的二、三、四重句中。这也说明，贺兰山岩画的制作者们很注重整个视觉形式的相对完整统一性。如果把多种成分全部排成一竖状直线，显然有碍视觉上的美观。

图 J 36

事实上，在整个贺兰山合体岩画里，凡是句子或语篇，其中的组成成分之间或者没有明显的排列组合次序，或者相反。相反的情况里就存在着明显的分组或分行纵向垂直排列的现象。这种现象在短句里存在，更在长句和语篇中存在。如图 J38[1] 是由众多不同性质成分组合的一个复杂语篇。若按从左到右、从上到下的顺序，所有成分总体被分为纵向的五行上下排列组合：第一行是一

[1] 该岩画语篇存在着明显的两次刻制现象。从图像本身的颜色来看，这两次刻制间隔的时代十分遥远。第一次刻制的图像比较少且呈深青色，凹文内积淀着深深的苔藓。第二次刻制的图像较多且呈比较浅的黄褐色。我们下面分析的语篇是第二次刻制的。

图 J 37

图 J 38

图 J39

复杂羊形式与一个根本羊形式、两个点状抽象形式组合；第二行是三四个笔画抽象形式与一个派生羊形式的组合；第三行是一个单列的人成分；第四行是一复杂抽象形式与一个手形式、根本羊形式的组合；第五行是一复杂羊形式与一个手形式的组合。尽管每行成分的数量不等，有的行上下成分之间排列得也不十分整齐，但是，图 J38 所有成分整体呈比较明显的纵向分行排列组合。而且，无论是行与行之间，还是上下成分之间，它们都保持着一定的间距。整个语篇形式整洁疏朗，节奏明快。

图 J39 呈现给我们的是另一种众多成分分行排列组合的竖式岩画语篇。这个由 10 个组成成分结构的语篇并不给我们以繁杂无序之感。相反，它有行有序，有上有下，参差错落。所有成分从右到左都按 5/1/4 的数量分三行排列。各行之间不是都位于同一条直线上，也即所处位置的高度基本相同，而是有高有低。最右边的一行位于整个视觉空间的最上面，中间一行（一个根本人形式）位于最下面，最左边一行所处位置的高低则介于其他两行之间。尽管如此，这些都丝毫不影响整个视觉空间整体所具有的竖式空间的二度性质。

（2）水平空间

贺兰山合体岩画空间排列组合中另一种典型的构图模式就是水平空间，即视觉空间中所有的成分都是横向排列，看上去处于水平空间中。如图 J40 里所例举的是马形式和骑者形式组合的二重句，无论是两个成分自身还是它们结构的合体岩画形式都呈垂直—水平关系式样。这个二重合体岩画里的根本骑者形式与一个根本羊形式更是一左一右呈鲜明的横向水平排列次序组合。尤其值得我们注意的是：两个组成成分在整个视觉空间中几乎处于同

图 J 40

一条水平直线上。组合和两个二重句的都是两个根本羊形式。它们的式样结构也相同，即都是一个呈垂直—水平关系式样，一个呈倾斜关系式样。这两个不同式样结构的羊形式之间的排列组合次序亦完全相同，也即两者都是一前一后呈横向水平排列组合。这表明组合成分里某个具有倾斜关系式样的成分一般并不能从根本上改变整个形式式样结构的性质。这个二重合体岩画更加有力地说明了这一点。在这个短句里，两个组成成分都是倾斜关系式样。其中的骑者形式基本上是运用最简单的，也即在垂直水平相交而成的各种角之间加一条对角线表示倾斜的方法结构而成的，它使得视觉空间中有了动态的节律，使整个骑者形象，尤其是这个形式里回首张望的马形象更加灵动，而整个句子里的另一马成分则基本上是曲线的结构。它也一改原来的直线为起伏多变的曲线，准确而生动逼真地再现了马飞速奔跑的神态。然而，就是这样两个具有如此鲜明特征的倾斜关系式样之间的组合，也不能改变这样一个事实，也即由它们所结构的二重句形式整体呈横向水平排列，或者说它们位于一个水平空间。

每一个岩画句里，个别具有倾斜关系式样的组成成分不能改变整个句子所呈现给我们的总的视觉空间（如），即使一个岩画句里的所有成分都具有某种程度的倾斜关系式样亦如此（如）。除此之外，组成

图 J 41

成分的性质（如抽象符号、肖似符号或意象符号）及其形状的大小，通常也不能从根本上改变整个岩画句或语篇在整个视觉空间里所处的位置。如图 J41 基本上是一个三重句。从右到左，其三个组成成分分别是两个肖似符号（一个派生羊形式、一个派生骑者形式）和一抽象符号形式。它们的形状以及繁简程度也都存在着很大差别：抽象符号比较简单且形状小，肖似符号比较复杂且形状大。两个复杂肖似符号之间又存在着繁简、大小之别：骑者形式最大，羊形式较小。最大的骑者形式位于最中间，其他两个较小的形式则一左一右位于最边缘地段，而且它们所处的具体位置要略高于骑者形式。但是，我们看到：由这三个差异性比较大的成分所组合的整个岩画句，大致依然处于横向水平空间。同理，不管我们把视作一个单个的语词，也即把其左边一个小的、粗横线状形式看作依附于其右边一个大的抽象形式的一个黏附形式（作为一种修饰），还是把它视作一个相对独立完整的成分（注意：它并没有与其右边大的形式黏附在一起），都不能改变整个横向水平排列组合的事实。

然而，由以上描述分析我们可以看出：拥有倾斜关系式样、性质不同的符号以及大小、位置不同的组成成分的岩画句，可以通过各种方式组合在同一个水平空间里。从这种组合的视觉空间来看，其所表现的物体的整体运动的趋势比垂直方向上的强。尽管竖式空间和水平空间之间存在着这样的差异，但是

图 J 42

它们之间有一点是共同的，即都是按照一定的原则或规律组织而成的视觉整体形象。这种视觉整体形象有一个十分突出的特征——整体的同一性。视觉空间中的对称性以及比例的合理性，都表明处于此阶段上的贺兰山岩画刻制者们在一定程度上是依照各个成分在整体中应有的位置对它们进行排列组合的，他们已经对某些整体形式有了一个完整的概念。这也表现在他们对图像载体石头整体形状的把握上。如图 J42 所示：刻制者几乎完全依据整块石头表面面积的大小，刻制了三个图像：上面是两个略跃起、前面一条腿相交，呈左右排列的马形象，下面是一个直线结构的呈水平状组合的羊形象。整个构图呈正三角形，三个成分依石在竖式、水平空间中同时展开，布局完整，稳固中有灵动，体现了贺兰山岩画刻制者们强烈的空间方位感。

2. 竖式空间和水平空间的建构

当然，人们对整体的这种视知觉一定也有一个逐渐建构演变的过程。在整个贺兰山岩画里，我们能看到并梳理出这一过程。在最初阶段上，合体岩画中各成分之间的组合排列是没有某种规则、秩序和规律可循的。它们往往随意放在一起。如我们很难一下子捕捉到图 J43 上图这个视觉空间的整体形式。这显然是一个语篇，虽然我们的视觉从这个空间中知觉一种连续的上下或前后、左右一致的运动，然而，与贺兰山岩画里那些十分有序的语篇相比，这个语篇里的各种组成成分的排列比较零乱，各个成分的方向也不一致。它们似乎是被堆放在同一个视觉空间里，彼此之间甚至叠压在一起。有的成分在上、有的在下，有的横置、有的竖置，有的正面、有的倒立，我们几乎无法分辨出它们的式样结构及其所代表的事物，寻找到它们之间组合的规则。

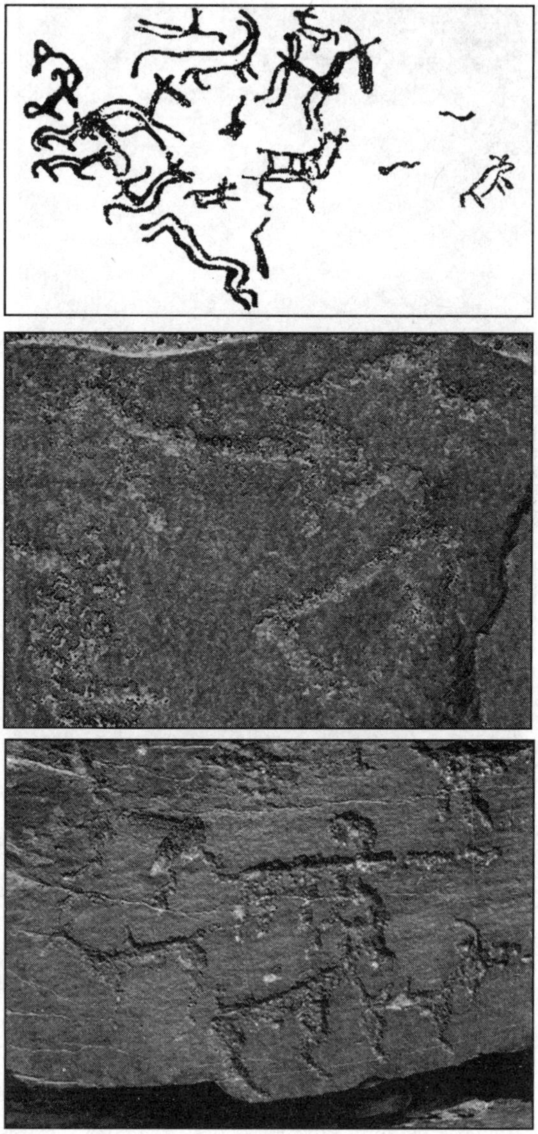

图 J 43

贺兰山岩画一些短句里也存在着这种现象。图 J43 下面所例举的就是两个比较典型的例子。我们知道每一幅贺兰山岩画都不是孤立存在的，它们都是整个贺兰山岩画里一个不可分割的组成成分。因此，若把图 J43 下面两幅合体岩画置放在整个贺兰山岩画符号系统中，特别是置放在短句这个具体语境中，那么，我们就会发现：这是两个比较杂乱无序的短句，尽管我们可以分辨出每个句里的组成成分，但是由它们所形成的统一的整体形式并不能令我们满意。

因此，从一个完满的统一形式最终形成的角度来看，整个贺兰山岩画中上

图 J 44

述合体岩画演变发展的第二个阶段就是一个大致相对统一的整体形式的出现。如图 J44 所示：这也是两个合体岩画，准确地说是短句。把它们与图 J43 里的两个比较一下，我们一眼就可以看出它们之间的差异。从图 J44 上图这个合体岩画里我们能一一分辨出来的相对完整的式样结构有五个。其中一个是骑者式样结构，另外四个可以视作肖似或抽象羊符号。它们中有的是根本形式，有的是派生形式 [如最左边和最右边上面都是 A +（b）型羊形式。左边一个上面有一点状羊形式，最右边上面是只有前半部分的羊形式]。这五个典型的贺兰山岩画单词却相互串联在一起。然而，从整个贺兰山岩画来看，它并不是我们常见的 A + B 型复杂派生形式，也即一个相对独立完整的语词，而是一个短句。它有一个大致比较统一的视觉空间——竖式空间，尽管其中有些成分之间的排列依然比较零乱。

与图 J44 上图这个合体岩画相比，图 J44 下图这个合体岩画则把一种统一的视觉空间式样明晰地传递给了我们。在这个四重岩画句里，四个组成成分有的所处位置较高（其中一个比较突出），有的较低，但是，它们的方向一致且都呈横向排列组合。如此形成的整体形式（也即整个句子式样结构）就具有水平空间所拥有的统一性。

而图 J45 这个整体处于竖式空间中的语篇，更清晰地把一种统一的概念展示给了我们：除两个骑者成分外，其他所有成分都是形态各异的根本羊形式。尽管它们有的是虚面结构，有的是实面结构，有的是线结构，有的倒立，有的倾斜，但都一律纵向上下排列组合，整体呈略向左下方倾斜状。而且绝大多数

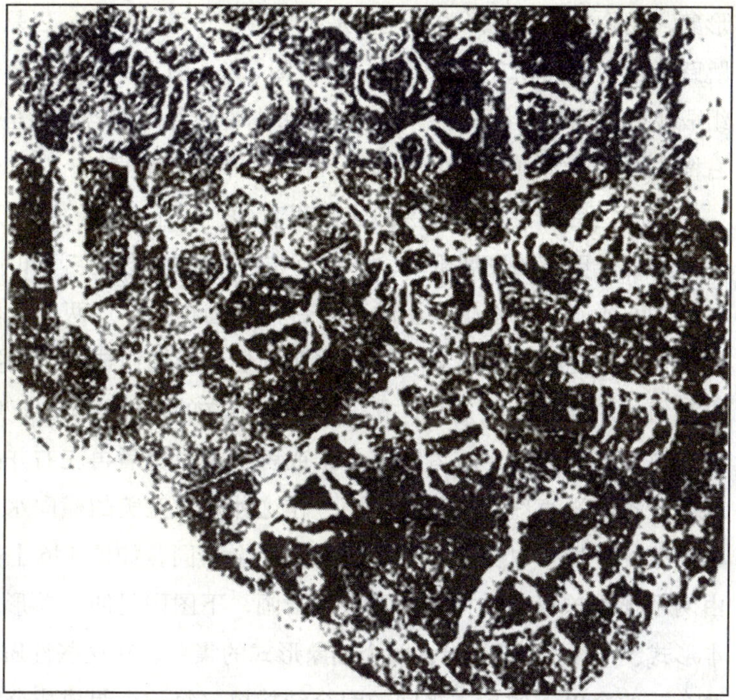

图 J 45

图 J 46

形象，无论是骑者还是羊，无论是缓步行走、策马扬鞭，还是匆忙赶路、奔跑跳跃，都一律面朝左。总而言之，在图 J44、图 J45 这样的合体岩画中，各个组成成分之间相对统一的排列次序和方向性已经昭然若揭，虽然各个成分在左右横向或上下纵向排列时还不完全具有水平性和垂直性。

在此之后，我们在贺兰山岩画里看到：一个完满的统一形式的出现就进入了另一个更高的发展阶段，即组合排列工整的竖式空间和水平空间的形成。如图 J46 所示：与图 J44 里的两个合体岩画相比，这两个合体岩画看上去显得更完整、更统一、更具有视觉的明晰性。不论组成成分的数量有多少，不论它们的形体是大还是小，在一个相对独立的合体岩画里，它们都前后保持着大致均等的距离，或者左右并列或者上下组合后再左右并列，其整体形式就像一条水平直线：单纯、简洁。在这种几近完美的横向水平空间里，其组成成分的性质可以完全相同，也可以完全不同。如图 J46 上图就是一个完全由两个根本羊形式结构的二重合体岩画，下图则是四个羊形式（其中两个根本形式、一个派生形式）、四个抽象形式的集合。在这些性质相同或不相同的两个或两个以上的形式之间的组合结构里，每一个组成成分可以是垂直—水平式样结构，也可以是倾斜式样结构。但是，它们共同结构的合体岩画的整体视觉轮廓形式一定处于水平空间，而且呈垂直—水平关系式样结构。

当然，贺兰山岩画里也同时存在着处于竖式空间中的，整体轮廓形式呈垂直—水平关系式样结构的合体岩画。如图 J47 里两个合体岩画就是如此。这两个合体岩画组成成分的性质更加复杂。在左图这个仅有两个成分的合体岩画，也即短句子里，有一个“月”字形形式（它左边还有一竖状修饰成分），一个复杂派生动物形式（它的右下角也有一竖状抽象笔画修饰成分）。两个不同性质的成分都面朝左（“月”字形下面开口度、动物头部都向左），上下纵向组合，整个视觉空间给人以一条垂直线的感觉。图 J47 右图从上到下依次是一派生羊形式、点状抽象形式、象牛之形的动物形式、竖立羊形式和一派生羊形式（它的左边还有一点状修饰成分），中间基本呈垂直—水平式样的动物形式，奠定了整个岩画句的语调，它上面、下面两两分别等距排列的四个形式与其又结构出了一纵向空间。这样，整个五重合体岩画就是一个垂直—水平关系式样结构的、统一的整体形式。

图 J48 则向我们比较明确地呈现出了处于此演变发展阶段上的贺兰山合体

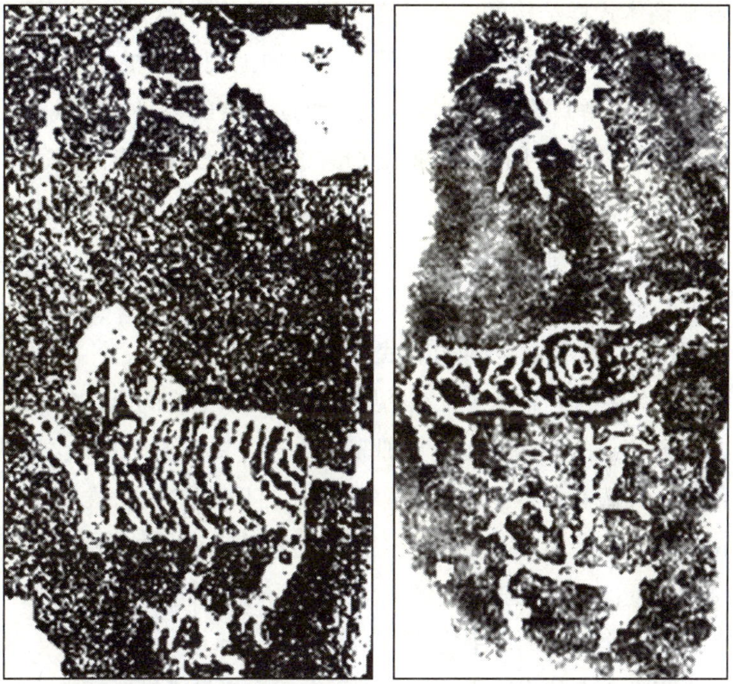

图 J 47

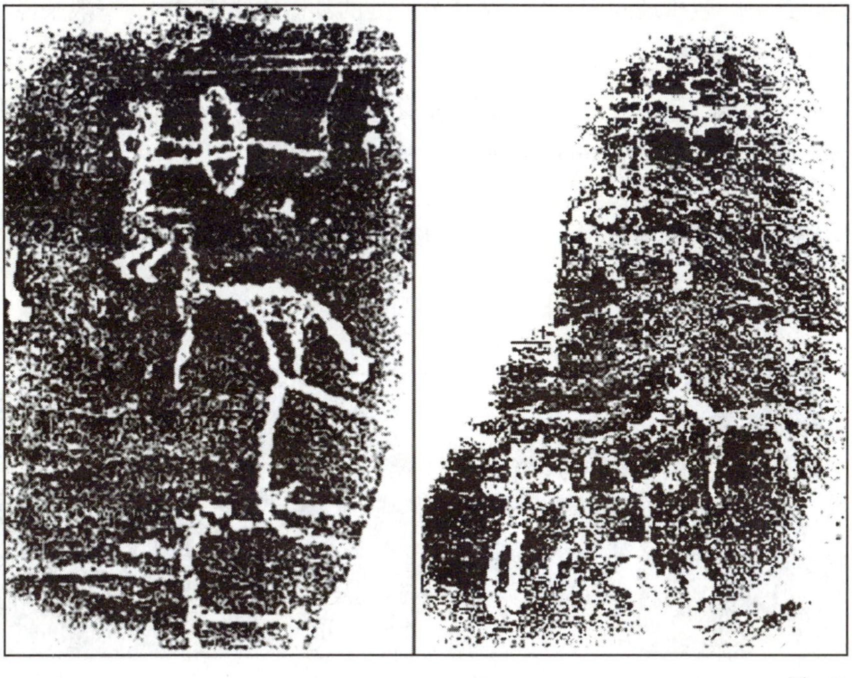

图 J 48

岩画整体式样结构的一种演变发展趋势：即对竖式空间和水平空间的孜孜以求。那在贺兰山岩画里比较罕见的、向上倒立的根本羊形式和射手向上举起（而不是平举）的弓箭，以及上下纵向组合的射猎语词（一般都是横向组合）都告诉我们：即使在用象事物之形的符号或者视觉形式表达“正在射猎”这一意义时，贺兰山岩画的制作者们也试图把所有成分都结构在一个统一的竖式空间里，从而维持整个组合形式的整体式样结构。

3. 倾斜式的水平空间和竖式空间

在组合排列均衡、工整的竖式空间和水平空间里，各个组成成分在空间方向方面相似的构图看上去更加完整统一，具有视觉的简洁明快、均衡对称性。但是，我们看到不管怎样排列组合，它们却只有两个维度，没有显示出平面与深度的关系。因此，就先后出现的时间性而言，在更晚一些，贺兰山合体岩画结构中便出现了比较明显的倾斜式水平空间和竖式空间。

（1）倾斜式的水平空间

贺兰山合体岩画中倾斜式水平空间主要是通过以下三种结构模式实现的：

第一，较少地改变一个组成成分所处的具体位置或方向。一般来说，正如图 J49 两个二重句所示，岩画里的两个组成成分并不是处于一条水平直线上，总是一个低一些，一个略高一些。在有些岩画里，就其所代表的形象而言，它们的方向也不同。如里一个正面（象正面人之形），一个侧面（象侧面驱马前进的骑者之形），里一个侧面（象向右侧立之羊形），一个

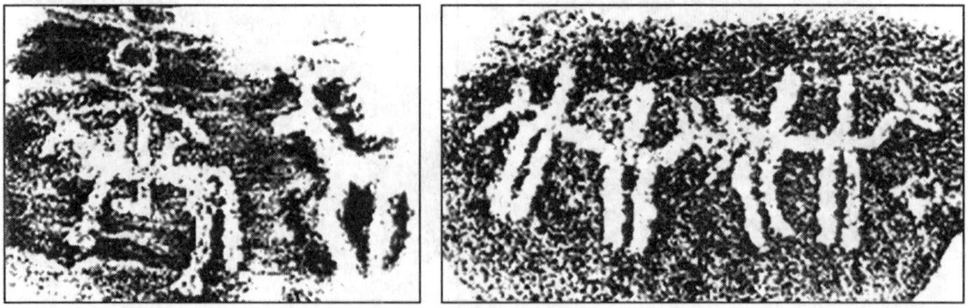
图 J49

背面（象背面羊之形）。相比较而言，里的人形式和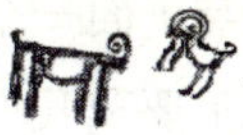里左边的羊形式基本上都是呈垂直—水平关系式样结构。而里的骑者形式和右边的羊形式则基本上都是呈倾斜关系式样结构。而且，在组建句子时，它们也是或者向右上方倾斜排列，或者向纵深方向倾斜排列，从而表现出了一定的深度。很显然，这样的二重组合式样结构，说明贺兰山岩画的制作者们开始有了最初的深度概念。

第二，较大地改变一个组成成分所处的具体位置或方向。在很多二重合体岩画中，组成成分之间有着统一的方向性，但其中一个成分所处的位置总是比另一个或两个要高一些。它或者呈向下严重倾斜的倒立状，而与另一基本呈垂直—水平关系式样结构的成分组合，如；或者呈垂直—水平关系式样而与另外两个呈垂直—水平关系式样结构的成分组合，如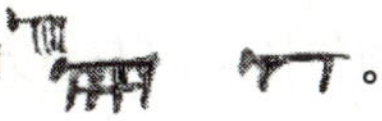。虽然，这两个合体岩画里都有一个成分呈比较明显的向上排列，但是，我们并不能因此而轻易地说这两个合体岩画就属于竖式空间类型。因为，严重向下倾斜或与下面一个成分严重上下相错（以至于其整体呈明显的一前一后状）的结果就是使整个合体岩画的整体形式大体位于水平空间之中。只不过这个水平空间有着比较明显的向右或向左上方倾斜的趋势。从视知觉心理学上来说，这样倾斜式水平空间组合模式比较明显地表现了物体的深度。不管是严重向下倾斜，

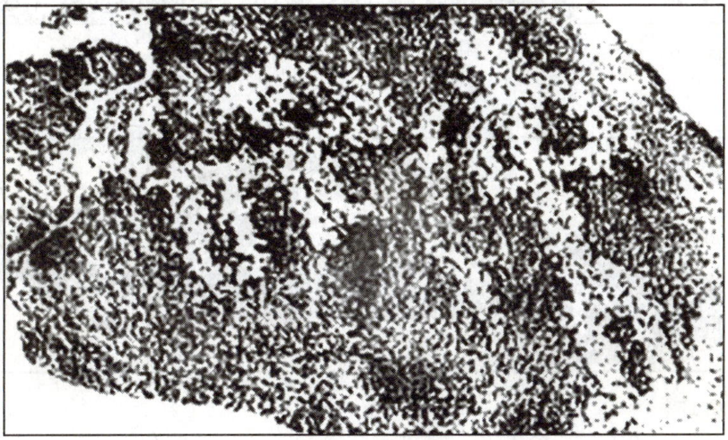
图 J 50

还是与下面一个严重上下相错，这两个被严重改变了方向和位置的成分看起来都似乎要离我们更远一些。图 J50 里的两个分别略向右上和左上角倾斜的成分更鲜明地体现出了这一点。

第三，整体改变一幅合体岩画所处的位置或方向。如图 J51 所示：这两幅二重、四重合体岩画里的组成成分比较单一，或者都是骑者形式，或者都是羊形式。左图两个成分都左右横向排列，但都呈略向左上方倾斜；右图四个成分两两一组上下组合，但都同时一致向右下方倾斜。图 J52a 这幅六重合体岩画里的组成成分比较复杂，既有肖似、意象符号，也有抽象符号；既有根本形式，也有派生形式。象骑射、弓箭、羊之形的各种成分的前后左右的并列组合，所传递出来的整体意义是射猎。这一整体意义也是借助于一个相对完整统一的式样结构形式呈现出来的，这个整体形式的轮廓是一条斜线，也即一条向左下方严重倾斜的斜线，而不是水平直线或垂直直线。换言之，这幅六重合体岩画整体呈向左下方倾斜的一字状排列，其所形成的视觉效果就是所有成分整

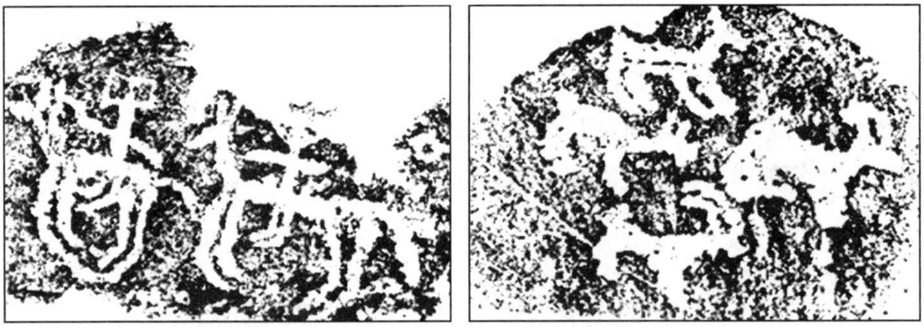

图 J 51

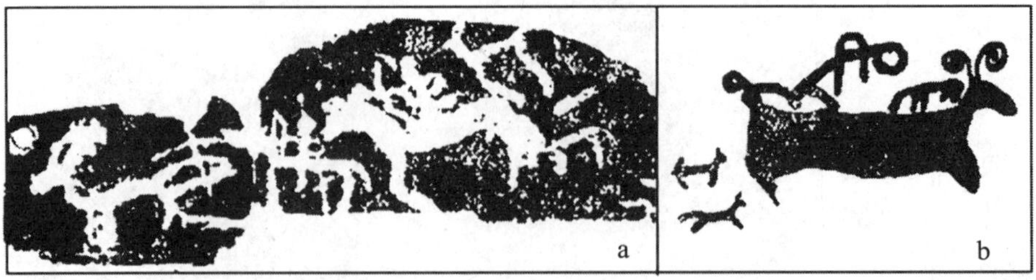

图 J 52

体处于一个十分突出的倾斜式水平空间中。

除以上三种比较普遍的结构模式（也即主要借助于改变组成成分或整体形式的方向和位置来组建）外，贺兰山岩画里还有另外一种比较少见的结构模式，这就是通过改变某个或某些组成成分形状的大小来表示出处于倾斜式水平空间中的形象。如图 J52b 所示：这幅三重合体岩画非常独特，它的组成成分都是羊形式，其中最大的是一个奇特的 A +（b）型（羊臀部上面有一个带有两小圆圈状的黏附形式）与 A + B 型（大羊脖子部分有一个小羊形式）混合的派生羊形式，另外两个是相对很小的两个根本羊形式。整个视觉空间的最下面是两个最小的羊形式，它们一上一下大致呈垂直—水平方向排列。然而，其前面最大的复杂羊形式并没有和它们一起，也即处于同一条水平直线上，而是呈向右上方倾斜的方向。很明显，对还没有掌握透视法的人来说，这种结构法主要是区别三个羊形式所处位置的不同，并以此显示出它们分别位于离地面不同高度的地方。这样的排列组合结构，使我们能感到那个最大的倾斜的复杂羊形式要比下面两个小羊形式离我们远些。

由以上描述分析可以看出：用以组建出倾斜式水平空间的四种结构模式，所采用的基本方法是很简单的。这种基本上不改变组成成分本身的形式，而只是不同程度地改变它放置的方向或形体的大小，从而通过两维平面暗示出深度知觉效果的方法，在下面将要论述的倾斜式竖式空间中运用得更好、更普遍。

（2）倾斜式的竖式空间

与倾斜式水平空间一样，倾斜式竖式空间中的合体岩画也基本上是通过把画面上的两度式样加以变形而建构的。其建构常见的模式主要有以下三种：

第一，改变竖式空间中一个或两个成分的式样结构。如图 J53 所示：这两幅整体位于竖式空间中的三重合体岩画上下似乎并不十分垂直，其原因是各个组成成分的式样结构不同。图 J53a 三个组成成分中，最下面一个（根本羊形式）是垂直—水平关系式样结构，上面两个都是倾斜式式样结构。其中最上面一个（根本骑者形式）的倾斜度相对要小一些，而其下一个根本羊形式（即整个三重合体岩画里排列在最中间的一个）的倾斜度则很大，以至于改变了方向，也即与其他两个成分的方向不同。这样，由于上面排列的是两个倾斜式式样结构的成分，所以，图 J53a 这幅整体位于竖式空间中的三重合体岩画就呈现出一种向左上方略为倾斜的趋势。图 J53b 比较特殊。这是由三个完全相

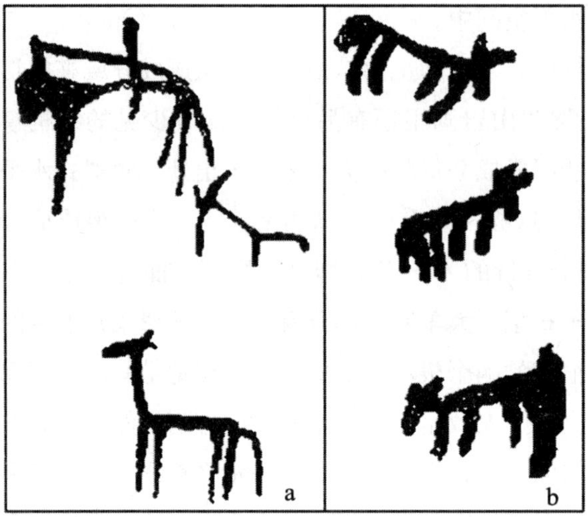

图 J 53

同式样结构的成分组合的一个三重句。三个组成成分都是倾斜式式样结构，只不过有的倾斜度大一些，有的小一些而已。另外，就方向性而言，这三个象羊之形的形式之间也存在着差异：上面两个都面朝右，下面一个则面朝左。它们所处的具体位置及其排列次序也比较特殊：下面一个基本上位于一条水平直线上，整体形式呈横向水平放置。上面两个则基本上位于一条斜线上，整体形式呈倾斜方向放置：最上面一个向右下方倾斜，其下面一个向右上方倾斜。一致的方向性和倾斜的排列使得上面这两个成分似乎有从整个三重合体岩画里游离出去的趋势。因此，虽然图 J53b 整体大致呈垂直—水平关系式样结构，也即处于竖式空间中，但是，其组成成分里一些倾斜度较大的成分（尤其是它们位于最上面）对此略有所扭曲，倾斜式的竖式空间似乎更能准确地描述出它们在图 J53b 所处的整体视觉空间位置。

第二，同时改变竖式空间中两个或两个以上成分的倾斜度、形状大小。如图 J54 所示：这是贺兰山岩画里比较常见的完全由羊成分结构的二重合体岩画。与一般二重羊短句相比，它有三个特点：一是两个成分上下之间的距离很大；二是两个羊形式都是倾斜式式样结构；三是两个羊成分整体呈一向右上角倾斜的对角线状排列组合。下面是一个腹部、头上都有黏附形式的 A +（b）型派生羊形象，它一条腿向右上方跨出，头也转向右上方，整个身体也向右上方倾斜，似乎正在倾听着什么；位于它右上方的是一个根本羊形象，它双腿向右上方跨出，整个身体也向右上方倾斜，似乎注视着前方的什么东西，而由这两个倾斜式式样结构羊成分组合的二重合体岩画的整体形式也呈非常鲜明的向右上方倾斜状。由此形成了一个比较典型的倾斜式的竖式空间。从视知觉心理学上说，位于下面且倾斜度小的成分离我们更近一些，上面且倾斜度大的则相

图 J 54

对要略远一些。不仅如此，这种远近还能产生深度的知觉，使我们感到上面的成分有从当前这个视觉空间语境中挣脱出去的趋势，而两个成分同时向右上方倾斜的、偏离一般竖式空间常规的排列组合，也更加强化了我们的这种感觉。

这样，图 J54 这样依据形式结构及其排列次序显示出远近的合体岩画，就产生了通过两维平面暗示出某种深度知觉的效果。因此，与处于一般竖式空间中的合体岩画相比，我们要在这些总体处于竖式空间中的合体岩画的前面加上“倾斜式”这一定语。

第三，改变竖式空间的整体形态，使之向某个方向倾斜。如图 J55 所示：与上述四个合体岩画相比，这两个竖式空间中的合体岩画整体呈比较明显的倾斜状。图 J55 左图四个象羊之形的组成成分的形状两大两小，下面两个羊形式（其中上面是一个复杂的派生羊形式）基本上是垂直—水平关系式样结构，上面两个羊形式则是向左上方倾斜式式样结构，四个羊形式上下组合密切，整体形状呈向左上方倾斜式，夹杂在其中的两个垂直—水平关系式样结构的抽象形

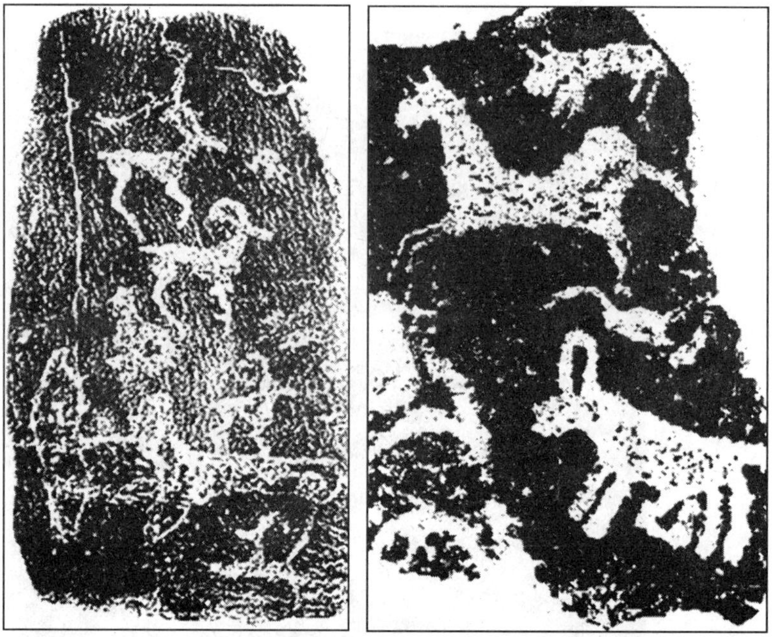

图 J 55

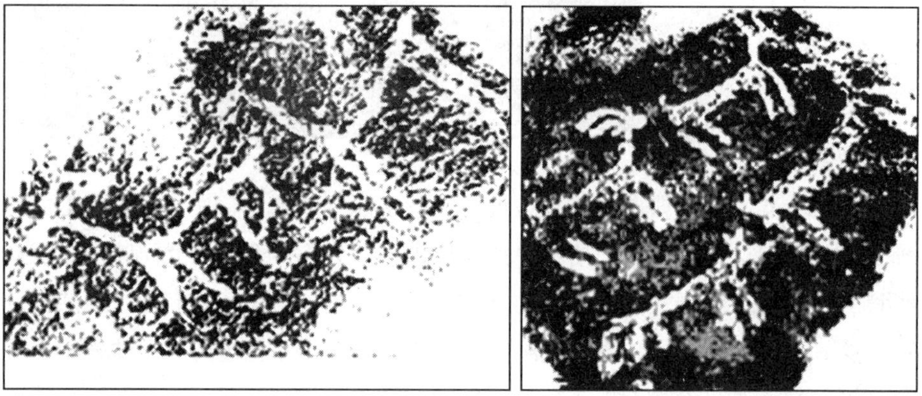

图 J 56

式成分也改变不了这一事实。图 J55 右图里四个组成成分明显分为上下两组纵向排列：下面一组里有两个成分（左下面一派生动物形式与其上一抽象形式），它们纵向垂直排列，也即位于竖式空间中；上面一组里也有两个成分（象马、动物之形的形式），它们呈向右上方倾斜状纵向排列。而由这两组再次建构的四重句的整体排列组合形式却呈明显的向左上方倾斜状。显然，这个四重岩画句处于一个倾斜式的竖式空间中。

尽管图 J55 两幅合体岩画的整体形态都呈向左上角倾斜形式，但是，每个

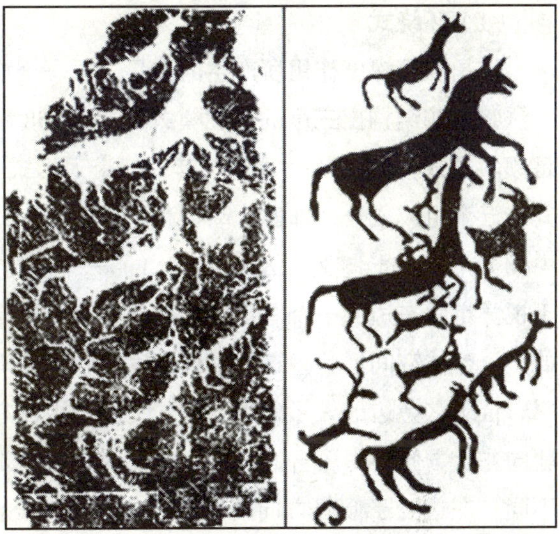

图 J 57

合体岩画里依然都有两个基本呈垂直—水平关系式样的结构。与之相比，贺兰山岩画里还存在着所有成分都呈某一个方向倾斜的竖式空间。例如，图 J56 左图二重合体岩画里两个组成成分都是倾斜式式样结构，它们方向一致，一上一下纵向排列，整体组合形式呈非常鲜明的向左下方倾斜式。图 J56 右图一个四重合体岩画里的所有羊成分分为上下垂直倾斜的两组，整齐划一地一律都朝右上方倾斜。倾斜成分组合使图 J56 这两个合体岩画整个形式的空间组合构图都变成了倾斜式。这种倾斜的最大作用是产生了一种整体的运动感，作为组成成分的羊形象的姿态也充分说明了这一点。

图 J57 最典型地展示了整体倾斜式竖式空间。各个成分之间的组合似乎杂乱无章。但是，不管其形状是大还是小，所有象动物之形的各个成分都是倾斜度很大的倾斜式式样结构，并且一律朝右上方倾斜。这种倾斜式竖式空间结构的语篇，既具有严整、均衡的统一美感，又具有强烈的动感。它生动形象地表现了一群正在向远方奔跑着的动物们的群体形象。

4. 三度空间的初现

在倾斜式水平空间和竖式空间阶段，我们在贺兰山岩画里还能看到在二度平面上，综合依据距离的远近、形状的大小以及倾斜程度等因素，所造成的大小、距离、深度方面的差别来暗示三度空间甚至结构出三度空间的合体岩画。在整个贺兰山岩画里，这样的构图模式主要有两种：一种是环绕式，一种是近大远小式。下面我们就通过对贺兰山岩画里一些比较典型的个案的描述分析一一说明之。

（1）环绕式

这是利用深度作用所产生的力量，以一个成分为核心，其他成分环绕之的方法暗示或结构出三度的构图模式。如图 J58 所示：这是一个所有组成成分都是倾斜式式样结构的六重句。其中一个人形式成分位于整个视觉空间的中间，其余五个组成成分，即四个动物和另一个人形式是成三度排列的。它们围绕着中间人形式成分排列，从而结构出了一个长方形整体轮廓。这个长方形是位于视觉空间左边的一个马形式，通过整体严重倾斜（倒立状）变化之后所形成的一个整体空间形状。这个整体空间形状随着马形式的倾斜而整个向左上方倾斜。位于它旁边的人形象也受到了它的牵引，它那以两条对角线结构出的两条腿向左上方倾斜得厉害。显然，与下面平行于正面的相对静止的两个动物成分不同，左边处于倾斜方向的马形式和人形式充满了潜在的向左上方的牵引力。这种倾斜势力必然会令形式本身及其再次组合形式产生或强或弱的改变，它使图 J58 向左上方倾斜的部分（也即马形式和人形式）看上去有渐渐偏离整个视觉空间原本处于水平—垂直轴线上的稳定位置（图 J58 这幅六重合体岩画的这种稳定性，是由下面两个动物形式及其右上面一个动物形式整体呈垂直—水平关系式样结构形成的）。这种向左上方严重的偏离，使图 J58 的构图产生了深度。我们能感觉到向左上方努力行走着的马形式离我们最远，它似乎要从整个视觉空间中消隐。至于图 J58 中间那个人形式也同时让我们感觉到了整个视觉空间的深度：这是一个象人向后坐在地上、腿部向右前方翘起之形，它被另一

图 J 58

人形式和两个动物形式环绕着，明显位于这些形式的后面。

因此，如果说图J57让我们看到了整个语篇，也即视觉空间所呈现出来的、比较明显的深度的话，那么，图J58则让我们看到了贺兰山合体岩画里三度的结构形式。在这个六重合体岩画里，所有组成成分的排列组合形成一个颇具有三度性的整体形式。这个整体形式里的每一个组成成分都同时处于两种不同的关联之中，即它们既位于正面又同时位于整个组合形式所展现的三度空间中。这个六重岩画句，也即整体形式是由两种完全不同的构图组建的：一种构图是向深度延伸的排列，另一种是在正面之内的排列。这两种构图的结合造就了一个整体性的形式。

整个贺兰山岩画里三度的构图最常见的就是类似图J58这样的，即表现某一事物被其他事物围绕着的情景，而在以羊、人、马、骑者、射手这些基本成分结构的贺兰山岩画里，三度构图所表现的一般就是放牧、射猎情景。如图J59a所示：这是一个放牧语篇。其中最核心的成分是一个象双手叉腰正面站立之人形。这个倾斜式式样结构的人形式位于整个视觉空间的最前面，且大体呈垂直—水平排列。而与它组合的其他成分都是象处于多种动作中的羊之形。这些羊成分都没有与人形式站在同一条水平横线上。相反，它们以人形式为原点，兵分三路，向上、向左、向右上方严重倾斜，以至于很多羊形式都呈倒立或向上直立排列。这样，由它们和人形式建构的这个放牧语篇的整体轮廓形式就呈一个倒三角形形状：其中人形式是三角形最底部的一个顶点。其他三路羊形式的排列分别结构出了整个三角形的其他三个边的轮廓。这个倾斜的倒三角形内部并不是虚空的。

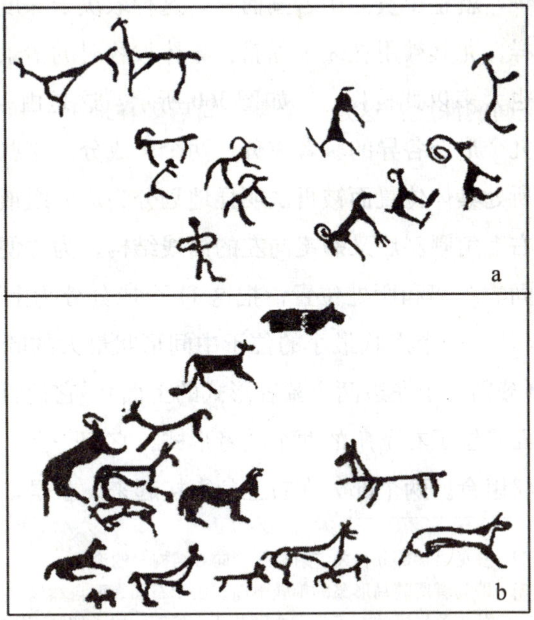

图J 59

图 J 60

而是有三个羊形式，其中两个向右上方倾斜、一个向下方倾斜。这三个倾斜式式样结构的羊形式在深度距离上又发生了倾斜：由它们再次组合的是一个向右上方严重倾斜的、对角线形状的三重合体岩画，它被围困在倒三角形的内部，离我们这些观看者的距离要比其他成分远。图 J59b 的构图也与此类似。

就整个贺兰山岩画而言，这种取决于深度作用所产生的力量的三度构图式样，尤其被用在表现围猎、集体放牧时的情景。那些拥有向心结构的合体岩画也大多以此构图。[1] 如图 J60 所示：这是由 11 个成分结构的岩画语篇。其中九个形态各异的骑者成分，两个羊成分。这些成分并没有依据方向、距离及其所处具体位置而被再次明显地划分为成分组或行搭配组合，而是整体呈一条向右上角倾斜后又蜿蜒向左的曲线结构。为方便分析起见，我们可以依据它们之间的距离和所处位置，把这 11 个成分分为上下两部分。上面有七个骑者成分（其中一个形状最小的位于中间形状最大的骑者形式的下面）[2] 和两个羊成分（分别位于左边两个骑者形式的上面），它们整体大致呈一条横线左右组合；下面是位于右下角的两个骑者形式，它们一上一下整体呈向右上角倾斜的对角线状组合。两个部分在右上角衔接起来。于是，一条向右上角倾斜的环形式样结

[1]　参见语篇部分有关“射猎”、“向心结构”的论述。

[2]　即骑者所骑马形象的前腿下面。由于石面表面自然风化严重，我们已经看不到中间还刻着什么。另外，该岩画的左下角完全剥落了。然而，这一切并不影响我们对该岩画所作的上述分析。因为即使该岩画视觉空间中间、左下角还有其他组成成分，它也是一个拥有环形式样的向心结构的语篇。

构形成了。这是一种向心结构：无论是骑者成分还是羊成分都围绕着整个视觉空间中心位置排列组合，致使整个语篇的整体形状呈一左边敞开、右边闭合、横置的半椭圆形。然而，与一般围绕着某一个特定语词或岩画句的向心结构语篇不同，整个图 J60 视觉空间的中心位置是空的，也即没有其他成分。它的上面、右下面、右边区域则一个挨一个布满了骑者形式。这一方面进一步增强了整个语篇半圆圈状形状的特征，另一方面，使得半椭圆形的内部有了深度感，看上去就像是一个立体的圆形物体的底部。与右下面两个骑者形象相比，上面七个骑者形象离我们最远。这种构图似乎给我们讲了一个故事：11 个放牧的骑者被面前一个湖泊挡住去路，只能前呼后拥从它的右边绕道而行。

（2）近大远小式

这是遵循近大远小的原则，用表现同一个合体岩画中各个成分远近差别的方法暗示出三度的构图模式。贺兰山岩画主要借助于左大右小或右大左小，以及前大后小三种方法结构出了这样的构形：

第一，左大右小。指就结构整个视觉空间的组成成分的形状而言，左边的比右边的要明显地大一些。例如，图 J61a 这个合体岩画首先映入我们眼帘的是左边这个比较复杂的派生骑者形式或成分，它比其他成分的形状要大得多。而且，联结这个合体岩画的左底部到右顶部的是一条向右上方倾斜的对角线，而联结这个合体岩画右底部到左顶部的则是一条向左下方下降的对角线。这种构图，使得位于左边的那个最大的复杂骑者形式看起来不仅比其他成分距离我们近一些，而且要显得“重”一些。似乎正是它所拥有的这种重量把整个构图压得向右上角倾斜。因此，从我们视知觉心理学的角度来看，图 J61a 这个合体岩画左半部分的骑者形式在我们心目中最有分量。它既是整个合体岩画的中心，也是我们心理体验到的中心。当然，由于它在观赏者心目中显得更加重要，因而就不可避免地会影响整个图 J63a 这个合体岩画的式样结构：位于整个视觉空间右半部分的五个形状较小的羊形象离我们较远，它们正在向画面右上角纵深处走去。

第二，右大左小。指就结构整个视觉空间的组成成分的形状而言，右边的比左边的要明显地大一些。例如，与图 J61a 恰恰相反，图 J61b 这个二重合体岩画右边一个羊成分的形状比左边的要大得多。它霸道地高高矗立着且占去了大部分视觉空间，左边另外一个羊成分相形见绌：形体小的它似乎被挤得没了

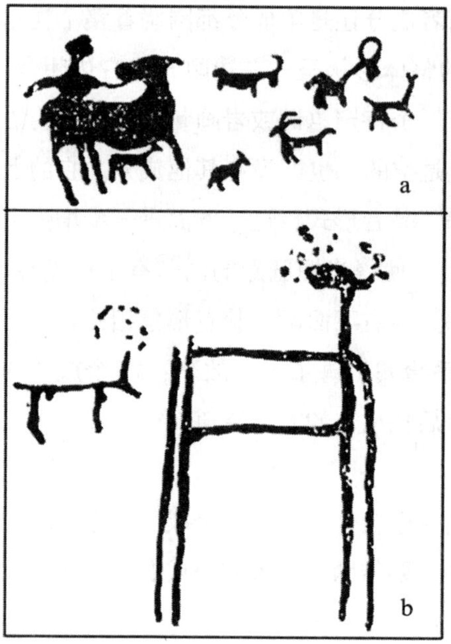

图 J 61

位置（也即不能与右边成分左右并肩并列），以至于退缩到了左上面。而它带给我们的心理感觉是它退缩到了右边形体较大的羊成分的后面，离我们较远。

在贺兰山合体岩画里，类似图 J61 这样的构形还存在着一种比较特殊的情形，即结构整个视觉空间左半部分的可以是一个成分组。如图 J62 下图所示：这是 14 个成分结构的语篇。依据成分形状的大小和所处的位置，所有成分可以被划分为左右两大组。左边一组都是比较粗的线条结构，右边一组都是比较细的线条结构。除形式元素不同外，左右两组的排列组合方式亦存在着差异。虽然都整体朝右上方倾斜，但是，它们的倾斜程度不同。相比较而言，左边一组的要小一些，右边的要大一些。左边五个象羊之形的成分上下组合，整体呈纵向；右边一组里的八个象羊之形的成分和一个抽象“个”字形的符号则沿着一条向右上方倾斜的对角线排列。这种排列又因其之间的距离可以分成前后两组：后面一组五个，前面一组三个。所以，若从一个相对完整的整体形式和各个成分之间的距离来看，图 J62 下图这个语篇又可以被视作三个成分组的集合：最左边五个一组，中间六个一组，最右边三个一组。无论就它们所处的位置的高度，还是排列组合来说，左边一组与中间一组之间的差别最鲜明。它们的整体形式之间存在着大小、高低、纵横之别。显然，制作者有意突现左边一组。而当我们目睹图 J62 下图这个语篇时，也同样能强烈地感到左边一组在整个语篇中的重要性。它显得更大、距离我们最近。图 J62 上图这个四重合体岩画也如此。四个成分被明显地划分为两组整体呈横向组合。左边三个成分相依相靠得如此紧密，以至于形成了另一个相对完整统一的紧缩语词。这个语词的整体形状比单列于右上边的一个组成成分的形状大得多，也因此在我们心里显得分量很重、距离很近。而另一成分形单影只，不仅与紧缩语词保持着相当大的一段距离，而且位于它的右上面，显得离我们较远，有被排斥在整个视觉空间之外的趋势。

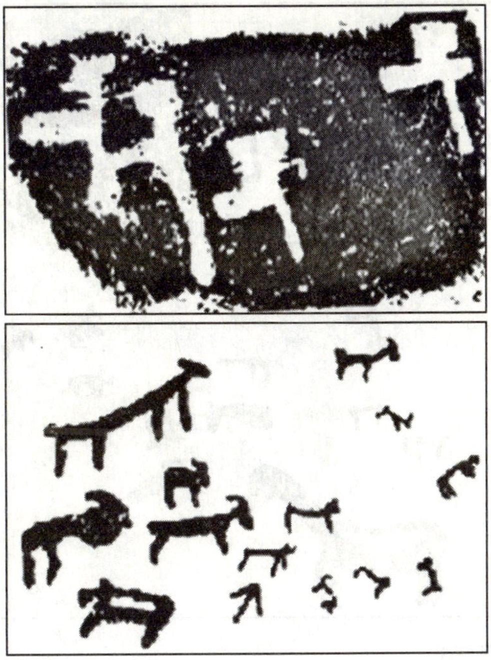

图 J 62

第三，前大后小。指就结构整个视觉空间的组成成分的形状而言，下面的比上面的要明显地大一些。如图 J63 所示：这三个都是所有组成成分按照大小排列组合的合体岩画。整体轮廓形状最大的一个成分被排列在整个视觉空间的最底部，相反，形状较小的一些成分则被排列在其上方。所有成分纵向上下排列组合。对于我们的视知觉来说，形状最大且位于最下面的似乎离我们较近（如、），而形状较小且位于上面的似乎离我们较远。如在所有成分大体呈直线上下排列组合里，随着前后距离的远近，我们明显感到图 J63a 左上面一个羊成分离我们最远。至于图 J63c，我们一望便知它是一个语篇，而且能准确分辨出其中的 11 个组成成分。它们也因距离远近比较明显地呈分组状上下纵向且略向右上方倾斜排列组合，形成了一个整体形式。这个形式的整体轮廓形状是一个向后，特别是向右上方倾斜的三角形。其最底部，也即最左下角，与其最右上角呈一对角线状，其方向是由左底部向上、向右上角上升的。同样，联结最左下面、最左上角的直线，其方向则是由左下面向左上面上升的。这种构形的左边显得重一些。但它特殊的地方是所有成分依照其整体形状的大小被分成前、中、后三组，它们整体向左上方尤其是右上方倾斜排列。第一组，也即形状最大的，位于整个视觉空间最前面，也即最前排；第二组成分较多，它们的整体形状比小一些且都分别位于它后面的左上方或右上方。位于左上方的是两个

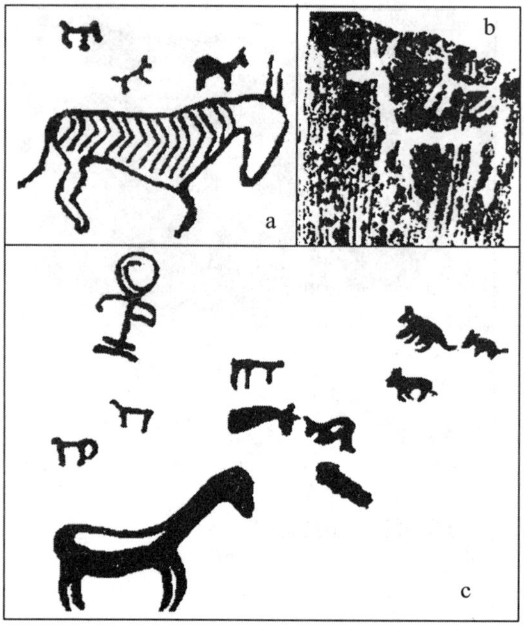

图 J 63

略向右上方倾斜的根本羊形式的组合（即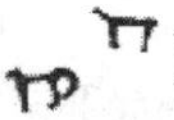），位于右上方的是三个羊形式与一个抽象形式略向左上方倾斜的上下组合（即）；第三组有四个成分，它们分别是位于第二组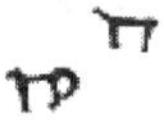之上的人形式，以及位于第二组右上方的。如果说位于最左下面的与位于其上面的两组成分，也即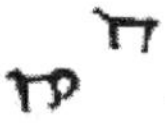与所形成的整体轮廓形状是一个向左上方垂直的正长方形的话，那么，它与位于其右上方的两组成分，也即与所形成的整体轮廓形状就是一个向右上方倾斜的较大的扁长方形。这意味着尽管位于之上的所有形状较小的成分都距离我们较远，但是相比较而言，数量较多且位于右上方的成分距离我们更远。因为这种构形把我们的视线向后向纵深处延伸，使我们感到前面最大的离我们最近，最右上方的离我们最远。

3. 小结

垂直—水平关系式样结构和倾斜式式样结构在合体岩画中广泛存在，且主要体现在各个成分之间的排列次序上。依据由简单到复杂的演变发展规律，合体岩画里各个成分之间的组合大致经历了五个阶段：第一个阶段就是无序的阶段，也即各个成分随意堆放在一个视觉空间里；第二个阶段就是整个大致有序的阶段，即合体岩画的整体轮廓或者大致呈纵向排列，或者大致呈水平排列；第三个阶段就是竖式空间和水平空间阶段，即合体岩画里的所有组成成分基本上或者整体呈垂直方向排列，或者整体呈水平方向排列；第四个阶段就是倾斜式水平空间和竖式空间阶段，即由各个组成成分结构的合体岩画的整体轮廓形式或者位于倾斜式的竖式空间里，或者位于倾斜式的水平空间里；第五个阶段就是三度空间的出现，即合体岩画里的组成成分借助于形状大小、距离远近、方向和位置的变化而结构出的具有三度空间特点的整体形式的出现。

图 J 64

在整个贺兰山岩画里，处于第三个阶段的合体岩画较多，第二、第四个阶段次之，第一、第五个阶段更次之。这意味着大多数贺兰山合体岩画的排列组合都程度不同地存在着一定的次序，没有明显结构次序和像图 J64 这样众多成分上下纵向排列组合，疏密相间，整体轮廓形状向右上角倾斜的图序比较少见。当然，像图 J65 这两个横向排列工整的合体岩画，以及  用洗练流畅的曲线刻制的、表现逼真的合体岩画更是少之又少。至于能暗示或显示出三度空间的视觉整体形式更罕见。

本部分我们论述的基本目标是探讨贺兰山岩画的能指优势，而且我们也看到，贺兰山岩画里的确存在着能指优势很突出的视觉式样结构形式。但是，就整个贺兰山岩画这个符号系统而言，这样的视觉形式非常少。这也从另一个方

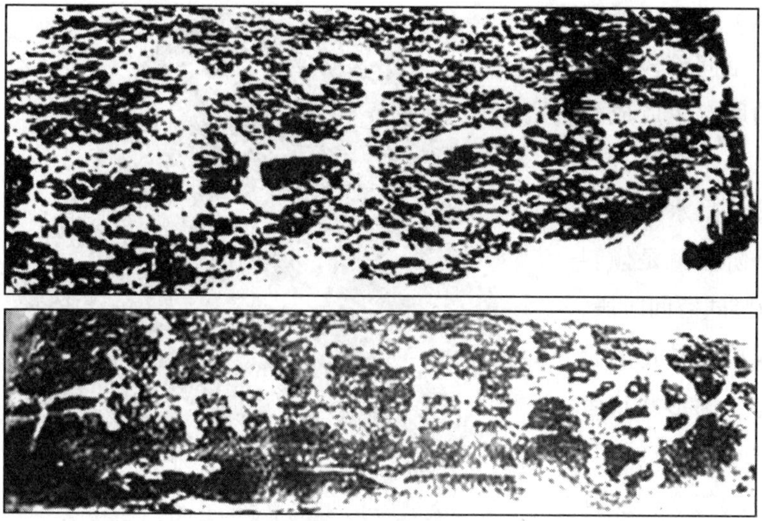

图 J 65

面进一步证明贺兰山岩画不是一种简单绘画意义上的图画艺术，而是一种特殊的表意文字。因为作为文字，它最重要的不是追求能指优势，而是追求所指的准确和明晰。

八、内在的岩画形式

贺兰山岩画是一种视觉形式。因此，从最基本的视知觉心理学出发，依据从简单到复杂的原则，以上我们为整个贺兰山岩画能指层面的演变发展梳理出了一个脉络。它表明整个贺兰山岩画有一个演变的过程。这个过程当然不是一蹴而就的，它有一个逐渐生成、演化的历程。这个历程，也即贺兰山岩画的建构、积淀、解构、再建构、再积淀、再解构的不断循环演变过程与人类自身的进化发展紧密联系在一起。人类在不同的发展时期往往与特定的贺兰山岩画式样结构发展阶段相一致。贺兰山岩画式样结构总的特点是简单。不同式样之间的区别不大，主要是借助于逐渐增加一些最简单的线条或几何形状完成。偶尔，我们也能见到类似图 J66 这样完全由曲线结构的、生动形象的象动物之形的贺兰山岩画。

贺兰山岩画式样结构中最简单的是没有任何方向性的圆形。之后出现了在圆圈形式样结构内部添加圆圈（形成同心圆）或其他形式，从而结构出表现最简单的包含关系的式样结构形式。在此基础上，人们又通过在圆圈形式的外部增加各种黏附形式，诸如圆圈形式、直线形式等，从而进一步结构出用以表示方向性或两个事物之间关系的式样结构形式。然而，一幅贺兰山岩画各组成成分之间的方向性关系都是比较简单的方向性关系。由简单的垂直—水平关系过渡到倾斜角度相交的关系，即使是一些比较复杂的多重合体岩画，也即长句或语篇，也只不过是由几个简单的式样结合而成的语词构成的。况且，用以结构贺兰山岩画的主要形式元素是线条，其中最基本的又是最简洁的直线，也即水平线和垂直线，其次才是对角线和曲线。世间万事万物由简趋繁，贺兰山岩画也不例外。因此，就贺兰山岩画式样结构的特点以及由简单到复杂的演变发展规律来看，大部分贺兰山岩画应该属于人类童年时期的创制物。

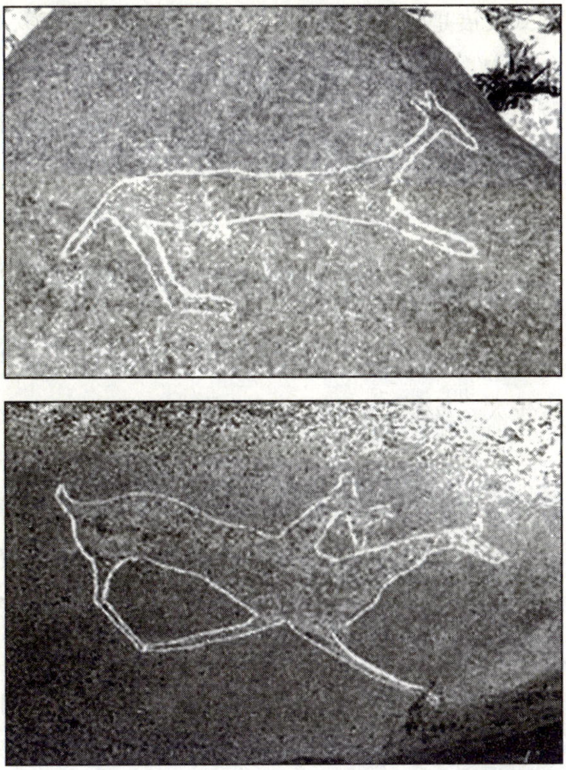

图 J 66

当然，这种归属只是相对的。我们之所以把自然发展变化的贺兰山岩画式样结构描述成一个由各个不同的阶段组成的一个有秩序的序列或者说过程，将各个阶段独立出来，并把它们编排成一个由简单到复杂的演变发展过程，只是为了阐释一种理论的特殊需要。这个演变过程只能做到大体与贺兰山岩画这一特殊的视觉式样结构的发展过程相一致，而不可能做到完全一致。其实，人类自身的进化发展与人类视觉形式各个阶段之间并不存在一一对应的关系。视觉形式发展是极不平衡的，社会经济文化的发展，人们个性的差异等等这些外部的因素，都会对原本有序的发展产生重大影响。此外，即使当人类社会发展到高级阶段后，原始阶段的痕迹有时仍然会保留着，并且在视觉形式上，人们甚至还会追求用儿童和史前人的眼光审视世界。许多现代艺术家们对原始艺术产生共鸣，“毕加索同原始艺术物体的关系最初表现在其形式的表达水平上”[1]。因此，我们也不能否认从式样结构的发展看，贺兰山岩画中的一些理应属于早期的人类视觉形式也许是后人仿造前人刻制的，或者就是后人刻制的——毕竟，漫长的历史时期，多个民族曾在贺兰山下繁衍生存过，而且，一些时间跨度较大、反复被刻制过的贺兰山岩画的存在本身也证明了这一点。

但是，用于不同的历史时期、不同的地方，书写文字这种特殊的视觉形式往往有着一些更深刻的内涵。除了最基本的记事、表意功能外，中国的书法历来就是被作为一种视觉艺术而为人们赏玩。贺兰山岩画也不例外。有些贺兰山岩画被凿刻在非常险峻陡峭的悬崖上，也有些被刻制在异常隐秘之处。这种现象表明：这些贺兰山岩画似乎并不是简单被使用的。人类学家的研究已经证实：人类早期思想观念里充满着互渗律。[2] 他们相信：物体的图形与物体的实体之间存在着一种互渗联系，刻制物体就能够影响物体或占有物体。若以此观之，贺兰山岩画的刻制者们在凿刻这些特殊的贺兰山岩画时，重要的就不是按我们的标准看“这个式样结构好不好、美不美”，而是它能不能发挥巫术的作用。因此，他们才会仅用一个圆圈式样结构就代表一个人。对他们来说，一旦他在某块岩石上凿刻出一个简单的面孔后，这块岩石就不同寻常了，它就变成了具有魔力的东西，没有必要再让它更像真人了。用它，史前人就可以取代人，可以记录和传递信息，可以对那些不在眼前的事物施以魔法。这也意味着我们不能仅凭此就断定他们只会画圆圈形式样结构。

然而，后代人模仿史前人刻制的贺兰山岩画，就不会有这些深层次的所指

[1] 道格拉斯·弗雷塞《原始艺术的发现》语，见周宪等编：《当代西方艺术文化学》，北京大学出版社1988年版，第460页。

[2] 例如，法国列维－布留尔详细描述分析了“在原始人关于人与物彼此产生的影响（通过接触、转移、亵渎、感应、占有等等）的观念中表现的互渗律”。详见其著作《原始思维》，商务印书馆1981年版。英国詹·乔·弗雷泽也详尽研究分析了同类相生或果必同因，以及物体一经互相接触，在中断实体接触后还会继续远距离的互相作用的交感巫术。详见其《金枝》，中国民间文艺出版社出版1987年版。

内涵。至于现代艺术家们，他们渴望简洁明了，推崇史前视觉形式直率简单的式样结构。从史前视觉形式里，他们学到的是如何用几个简单的要素结构一个面孔。热爱原始艺术的塞尚告诫年轻的画家们“在组成图画时，应该永远不忘那些基本实体形状”，要“以球形、圆锥和圆柱的观点去观察自然”。[1] 因此，当我们说贺兰山岩画式样结构的总体特点是简单时，并不意味着原始人对视觉形式本身仅仅具有原始的知识。贺兰山岩画中那些形象逼真、造型优美的式样结构，显示了他们高超的技艺。诚如英国艺术史家贡布里希所言：与我们不同之处不是他们的技艺水平，而是他们的思想观念。事实证明：整个视觉形式发展史不是技术熟练程度的发展史，而是观念和要求的变化史。[2] 只有当人们有目的地把贺兰山岩画作为一种视觉艺术作品（也即书法）来欣赏时，他们才会追求贺兰山岩画的形式感或能指优势，才会刻意表现它。

[1]〔英〕E. H. 贡布里希著、范景中译：《艺术发展史》，天津人民美术出版社 1991 年版，第 319 页。
[2] 同上书，第 21 页。

结语

远古的贺兰山岩画在给我们的一切启示中使用的语言主要是由象羊之形的形式所构成，犹如梦一般的隐喻表达呈现在图画般简单明了的视觉空间中。我们不禁会问：它是真正的语言吗？

“常言道，上帝能够创造一切，只是不能创造违反逻辑规律的东西。这就是说，我们不能说一个‘非逻辑的’世界会是什么样子。”“每一个图像同时也是一个逻辑图像。”[1] 因此，从图像描写出发，分析贺兰山岩画的各种呈现形式及其结构、运作方式，我们发现属于视觉语言符号范畴的贺兰山岩画只能是视觉语言的，这就是说它拥有视觉语言结构，其形式是视觉语言意义上的衔接与组合，这种衔接与组合的法则、方式是存在的，而且在很大程度上是比较固定的。这表明贺兰山岩画是怎样的，这一点并不神秘；而贺兰山岩画存在着，这一点是神秘的。

[1] 〔奥〕维特根斯坦著、贺绍甲译：《逻辑哲学论》，商务印书馆 1999 年版，第 30、31 页。维特根斯坦：《哲学研究》。

主要参考书目

一、中文部分

许成、卫忠、宁夏文物考古研究所编辑：《贺兰山岩画》，文物出版社 1993 年版。

西北第二民族学院编纂：《大麦地岩画》，上海古籍出版社 2004 年版。

西北第二民族学院编纂：《贺兰山岩画》，上海古籍出版社 2007 年版。

王系松、许成、李文杰、卫忠编：《贺兰山岩画》，宁夏人民出版社 1990 年版。

许成、卫忠编：《贺兰山岩画拓本萃编》，文物出版社 1993 年版。

李详石、朱存世著，宁夏文物管理委员会办公室编：《贺兰山与北山岩画》，宁夏人民出版社 1993 年版。

周兴华编：《中卫岩画》，宁夏人民出版社 1991 年版。

王雅生主编：《曼德拉山岩画》，甘肃人民出版社 2003 年版。

阮元校刻：《十三经注疏》，中华书局 1980 年版。

司马光撰：《资治通鉴》，中华书局 1956 年版。

班固：《汉书》，中华书局 1962 年版。

范晔撰：《后汉书》，中华书局 1965 年版。

严可均辑：《全后汉文》，商务印书馆 1999 年版。

严可均辑：《晋书》，中华书局 1974 年版。

刘昫等撰：《旧唐书》，中华书局 1975 年版。

欧阳修、宋祁撰：《新唐书》，中华书局 1975 年版。

魏徵等撰：《隋书》，中华书局 1973 年版。

脱脱等撰：《宋史》，中华书局 1985 年版。

张廷玉等撰：《明史》，中华书局 1974 年版。

李吉甫撰：《元和郡县图志》，中华书局 1983 年版。

陈思编纂：《书苑菁华》，北京图书馆出版社 2003 年版。
顾祖禹撰：《读史方舆纪要》，中华书局 2005 年版。
郦道元著、王国维校：《水经注校》，上海人民出版社 1984 年版。
许慎：《说文解字》，中华书局 1963 年影印。
桂馥注：《说文解字义证》，中华书局 1987 年版。
司马光等编：《类篇》，中华书局 1984 年版。
梁绍壬：《两般秋雨庵随笔》，北京市中国书店 1983 年版。
吕思勉：《文字学四种》，上海教育出版社 1985 年版。
唐兰：《中国文字学》，上海古籍出版社 2001 年版。
王筠撰：《说文释例》，中华书局 1987 年版。
刘熙载撰：《艺概》，上海古籍出版社 1978 年版。
黄侃：《说文笺识》，中华书局 2006 年版。
杨树达：《积微居金文说》，中华书局 2004 年版。
黄叔琳撰：《文心雕龙辑注》，中华书局 1957 年版。
郭沫若主编：《甲骨文合集》，中华书局 1982 年版。
徐中舒主编：《甲骨文字典》，四川辞书出版社 1989 年版。
〔俄〕B. B. 沃尔科夫著、王博、吴妍春译：《蒙古鹿石》，中国人民大学 2007 年版。
〔英〕梅芙·肯尼迪著、牟翔等译：《考古的历史》，希望出版社 2005 年版。
〔德〕恩斯特·卡西尔著、甘阳译：《人论》，上海译文出版社 1985 年版。
〔英〕特伦斯·霍克斯：《结构主义和符号学》，上海译文出版社 1987 年版。
〔瑞士〕索绪尔著、高名凯译：《普通语言学教程》，商务印书馆 1980 年版。
〔法〕埃米尔·本维尼斯特著、王东亮等译：《普通语言学问题》，生活·读书·新知三联书店 2008 年版。
〔法〕卢梭著、洪涛译：《论语言的起源》，上海人民出版社 2003 年版。
〔德〕J. G. 赫尔德著、姚小平译：《论语言的起源》，商务印书馆 2009 年版。
〔法〕雅克·德里达著、汪堂家译：《论文字学》，上海译文出版社 1999 年版。
〔美〕爱德华·萨丕尔著、陆卓元译：《语言论》，商务印书馆 1985 年版。
〔美〕A. P. 马蒂尼奇编、牟博等译：《语言哲学》，商务印书馆 1998 年版。
〔德〕威廉·冯·洪堡特著、钱敏汝译：《语言与人类精神》，北京师范大学出版社 1997 年版。
〔法〕罗兰·巴特著，董学文、王葵译：《符号学美学》，辽宁人民出版社 1987 年版。

〔法〕罗兰·巴特著、孙乃修译：《符号帝国》，商务印书馆 1994 年版。
〔法〕罗兰·巴特著、李幼蒸译：《符号学原理》，生活·读书·新知三联书店 1988 年版。
〔意〕翁贝尔托·埃科著、王天清译：《符号学与语言哲学》，百花文艺出版社 2006 年版。
〔法〕爱弥尔·涂尔干、马塞尔·莫斯著：《原始分类》，上海世纪出版集团 2005 年版。
〔美〕E. G. 波林著、高觉敷译：《实验心理学史》，商务印书馆 1981 年版。
〔美〕加德纳·墨菲、约瑟夫·柯瓦奇著，林方、王景和译：《近代心理学历史导引》，商务印书馆 1980 年版。
〔法〕克劳德·列维－斯特劳斯著、李幼蒸译：《野性的思维》，商务印书馆 1987 年版。
〔古希腊〕亚里士多德著、吴寿彭译：《形而上学》，商务印书馆 1959 年版。
〔英〕维特根斯坦著、李步楼译：《哲学研究》，商务印书馆 1996 年版。
〔德〕亚里士多德著、秦典华译：《论灵魂》，中国人民大学出版社 1991 年版。
〔英〕维特根斯坦著、贺绍甲译：《逻辑哲学论》，商务印书馆 1996 年版。
〔美〕M. A. 阿尔贝勃著，朱熹豪、金观涛译：《大脑、机器和数学》，商务印书馆 1982 年版。
〔瑞士〕皮亚杰著，倪连生、王琳译：《结构主义》，商务印书馆 1984 年版。
〔美〕W. B. 坎农著，范岳年、魏有仁译：《躯体的智慧》，商务印书馆 1982 年版。
〔苏〕B. A. 伊斯特林著、左少兴译：《文字的产生和发展》，北京大学出版社 1987 年版。
〔俄〕巴赫金著、白春仁等译：《文本对话与人文》，河北教育出版社 1998 年版。
〔法〕列维－布留尔著、丁由译：《原始思维》，商务印书馆 1981 年版。
〔英〕爱德华·泰勒著、连树声等译：《原始文化》，上海文艺出版社 1992 年版。
〔英〕弗雷泽著、徐育新等译：《金枝》，中国民间文艺出版社 1987 年版。
〔法〕埃马努埃尔·阿纳蒂著、刘建译：《艺术的起源》，中国人民大学出版社 2007 年版。
〔俄〕康定斯基著、查立译：《论艺术的精神》，中国社会科学出版社 1987 年版。
〔法〕茨维坦·托多罗夫著、王国卿译：《象征理论》，商务印书馆 2004 年版。
〔德〕莱辛著、朱光潜译：《拉奥孔》，人民文学出版社 1979 年版。
〔美〕E. 潘诺夫斯基著、傅志强译：《视觉艺术的含义》，辽宁人民出版社 1987 年版。
〔德〕W. 沃林格著、王才勇译：《抽象与移情》，辽宁人民出版社 1987 年版。
〔美〕鲁道夫·阿恩海姆著、滕守尧等译：《艺术与视知觉》，中国社会科学出版社 1983 年版。
〔英〕保罗·G. 巴恩著、郭小凌、叶梅斌译：《剑桥插图史前艺术史》，山东画报出版社 2004 年版。
〔英〕E. H. 冈布里奇著、卢晓华等译：《艺术与幻觉》，工人出版社 1988 年版。

〔英〕E. H. 冈布里奇著、范景中等译：《图像与眼睛》，浙江摄影出版社 1988 年版。

〔英〕贡布里希著、范景中译：《艺术发展史》，天津人民美术出版社 1991 年版。

二、外文部分

Paul G. Bahn, *Prehistoric Rock Art:polemics and Progress,* New York: Cambridge University Press, 2010.

Robert G. Bednarik, *Rock Art Science:The Scientific study of Palaeoart*, New Delhi: Aryan Books International, 2007.

Thomas Heyd and John Clegg, *Aesthetics and Rock Art*, Burlington, VT: Ashgate, 2005.

Dowson Thomas, *Rock Art and the Shaman,* Cambridge: Cambridge University Press, 2005.

Willcox, Alexander Robert, *The Rock Art of South Africa*, London: Nelson, 1963.

Joakim Goldhahn, *Rock Rrt as Social Representation: Papers from A Session Held at the European Association of Archaeologists Fourth Annual Meeting in Goteborg 1998*, Oxford, England: Archaeopress, 1999.

Tony Judd, *Rock Art of the Eastern Desert of Egypt: Content, Comparisons, Dating and Significance*, Oxford: Archaeopress, 2009.

I.J.Gelb, *A Study of Writing*, University of Chicago Press, 1952, Second Edition 1963.

D.S. Besserat, *Before Writing*, University of Texas, 1992.

Bertrand Russell, *Introduction to Mathematical Philosophy*, London: George Allen and Unwin Ltd.1919.

后记

本书作为国家社会科学基金艺术学项目“贺兰山岩画研究”（立项号为05BF042，结项号为2009034）最终研究成果，同时也是广东省“211工程”三项重点学科建设项目“人文学中心建设”子项目“羊书：一种象形表意石头文”（GDUFS211-2-050）研究成果。

该项目的顺利完成取决于两项基础工作：一是田野作业。自21世纪初以来，在宁夏博物馆、宁夏社会科学院、宁夏贺兰山岩画管理处和中卫市、石嘴山市、阿拉善右旗等文物管理处工作人员的协同帮助下，我多次跋山涉水、风餐露宿，深入贺兰山腹地及其周边地区，考察了贺兰山东麓大口子沟、小滚钟口、拜寺口和贺兰口，以及内蒙古阿拉善右旗曼德拉山等处的文化遗存，尤其是贺兰山附近旧石器时代的水洞沟遗址，以及平罗县暖泉、贺兰金山林场等贺兰山沿线发现的新石器时代的遗址，调查、摄制了分布在北起麦如井、黑石峁，中经贺兰口、苏峪口，南至苦井沟、大麦地等地的千余幅岩画。实地的考古勘察触动了我的心灵，它既为整个研究提供了大量感性鲜活的第一手资料，也激发了我的灵感；二是岩画卡片的制作与研读。除田野亲自采集的外，我还对从宁夏博物馆、银川世界岩画馆、网络、书籍等处搜集来的各种贺兰山岩画图片资料进行了翻拍、制作，即把它们制作成一张张图片。成千上万个岩画图的制作、整理过程，特别是对图片的朝夕把玩，分门别类，互对互比，互照互识，使我发现了那些不断重复的图像、异质性的形式元素、特殊的语法形式和一致的形式结构等，也让我对整个贺兰山岩画的特质有了一个全新的认识。

它是那样的既熟悉又陌生。诚如瑞士心理学家荣格（C.G.Jung）所言：其实，我们找不出什么根据可以证明原始人的思想、感觉或理解力和我们有显著差异。“Archaic”这个词的意思是原始的、根本的。每个文明人，不管他的意识进展如何，在他心灵深处仍然保留着古代人的特性。正如人体与哺乳动物所具有的关联性，以及那些需要追溯到爬虫时代的早期进化阶段所遗留下来的残存特征一样，人类的心灵也是进化的产物，倘若我们追溯它的来源的话，一定会发现它仍然表现出无数的古代特征。

这，就是贺兰山岩画至今仍震撼我们的原因，也是我们必须咀嚼其义，研究它的原因——如果我们想更好地把握今天、走向明天的话。

然而，茫茫往代，既沈予闻；眇眇来世，倘尘彼观。也许我所醉心的一切沉思、揣想和诠释等，如盲人暗摸，离之甚远，然能晓生民之耳目，写岩画之辉光，则余心有寄矣。

毓红

壬辰三月初六日记于羊城广州正心斋